Hans-Jürgen Beug

Leitfaden der Pollenbestimmung
für Mitteleuropa
und angrenzende Gebiete

Bibliografische Information Der Deutschen Bibliothek

Die Deutsche Bibliothek verzeichnet diese Publikation in der Deutschen Nationalbibliografie;
detaillierte bibliografische Daten sind im Internet über
http://dnb.ddb.de abrufbar.

Gedruckt mit Unterstützung des
Förderungs- und Beihilfefonds Wissenschaft der VG WORT

Druckvorstufe: Verlag Dr. Friedrich Pfeil, München
CTP-Druck: grafik + druck GmbH Peter Pöllinger, München
Buchbinder: Thomas, Augsburg

ISBN 3-89937-043-0

Printed in Germany

– Gedruckt auf chlorfrei gebleichtem und alterungsbeständigem Papier –

Verlag Dr. Friedrich Pfeil, Wolfratshauser Straße 27, D-81379 München
Tel.: (089) 74 28 270 • Fax: (089) 72 42 772 • E-Mail: info@pfeil-verlag.de
www.pfeil-verlag.de

Leitfaden der Pollenbestimmung

für Mitteleuropa und angrenzende Gebiete

von

Hans-Jürgen Beug

Göttingen

Mit 120 Tafeln, 29 Abbildungen und 13 Tabellen

 Verlag Dr. Friedrich Pfeil · München · Februar 2004

Gewidmet

dem Andenken an meine liebe Frau

Erika Beug geb. Engel
1931–2002

sowie

meinem verehrten Lehrer

Franz Firbas
1902–1964

zu seinem 100. Geburtstag

und

den Begründern des
Textbook of Modern Pollen Analysis

Knut Faegri und **Johannes Iversen**

Inhalt

14. Tricolporatae.

PK mit psilaten, scabraten, verrucaten oder microverrucaten Skulpturen

16. Tricolpatae, Tricolporoidatae und Tricolporatae.

PK mit clavaten, baculaten, verrucaten oder gemmaten Skulpturen 211

17. Tricolpatae, Tricolporoidatae und Tricolporatae.

PK mit echinaten Skulpturen 220

18. Tricolpatae. PK mit striaten, striat-reticulaten oder rugulaten Skulpturen 246

23. Tricolporoidatae. PK mit reticulaten (per- und suprareticulaten), microreticulaten oder fossulaten Skulpturen 359

20

Vorwort

Im Jahre 1950 erschien von K. FAEGRI & J. IVERSEN das »Textbook of Modern Pollen Analysis«. Mit diesem Werk wurden die pollenanalytischen Methoden und Bestimmungsmöglichkeiten auf eine neue Grundlage gestellt. 14 Jahre später erschien die zweite Auflage, ergänzt durch ein Kapitel über die präquartäre Pollenanalyse von H. T. WATERBOLK.

Da der »Faegri-Iversen« in den 14 Jahren nach Erscheinen der ersten Auflage überall, wo vegetationsgeschichtliche Forschung betrieben wurde, seinen festen Platz gefunden hatte und nach seinen Anweisungen verfahren wurde, lautete der Titel fortan »Textbook of Pollen Analysis«. Das Werk hat bis heute weitere Auflagen erfahren und zeichnet sich dadurch aus, daß es ausgehend von großen vegetationsgeschichtlich-pollenanalytischen Erfahrungen geschrieben wurde und dadurch optimal auf die Belange der pollenanalytisch Arbeitenden abgestimmt ist. Der geographische Umfang der einbezogenen Flora wurde in der 2. Auflage mit folgenden Worten beschrieben:

»… comprizing those pollen types that may be expected in north European Pleistocene pollen analysis. The key is based on an examination of pollen from, among others, the great majority of all recent trees and shrubs, water- and bog-plants, and anemophilous plants within the area. The key also comprises a few American and Asiatic taxa known from Neogene deposits in Europe.«

Mit der schwerpunktmäßigen Beschränkung auf Nord-Europa sind allerdings Nachteile für die Verwendung im mitteleuropäischen Raum verbunden, da hier zusätzlich Sippen mit kontinentaler und südlicher Verbreitung eine Rolle spielen, die in Nord-Europa fehlen. Das gilt auch für die Flora der Alpenländer und für die Erfordernisse der etwa seit 1960 einsetzenden Untersuchungen über die südeuropäische Vegetationsgeschichte. Auch die Bearbeitung spätglazialer, hochglazialer, interstadialer und interglazialer sowie pliozäner Floren erfordert eine Übersicht über die pollenmorphologischen Verhältnisse einer Flora, die weit über die Pflanzenwelt von Nord- oder W-Europa hinausgeht. Es sei angefügt, daß der Bestimmungsschlüssel von Faegri und Iversen 1993 in deutscher Sprache erschien.

Seither erschienen 1987 (2. Auflage 1991) von P. D. MOORE, J. A. WEBB & M. E. COLLINSON ein Lehrbuch »Pollen Analysis« und in den Jahren 1974-2003 die bisher unvollendete »Northwest European Pollen Flora« unter Beteiligung zahlreicher Autoren und unter der Herausgabe von W. PUNT, S. BLACKMORE & G. C. CLARKE. Beide Werke decken aber ebenfalls nicht die mitteleuropäische Flora ab. Während MOORE, WEBB & COLLINSON eine Einteilung nach den Pollenklassen vornahmen und Bestimmungsschlüssel für die Pollenformen der einzelnen Pollenklassen vorlegten, besteht die »Northwest European Pollen Flora« aus der Bearbeitung einzelner Pflanzenfamilien. Zu nennen ist ferner der Bildatlas der südeuropäischen und nordafrikanischen Flora von REILLE (1992 ff.), in dem aber keine Bestimmungsschlüssel vorgesehen wurden. Für Südeuropa ist ferner das Bestimmungswerk von CHESTER & RAINE (2001) zu nennen

Im Jahre 1957 fragte mich Franz Firbas, damals Direktor des Sytematisch-Geobotanischen Instituts der Universität Göttingen, ob ich – anschließend an pollenmorphologische Studien im Rahmen meiner Dissertation – ein Buch schreiben möchte, das der Bestimmung fossiler Pollenkörner für den Bereich der gesamten mitteleuropäischen Flora förderlich sei. In den folgenden drei Jahren wurde dafür ein Konzept entwickelt und eine erste Lieferung zum Druck gegeben. Geplant waren etwa 3 weitere Lieferungen. 1961 wurde die erste Lieferung vom G. Fischer Verlag in Stuttgart und 1963 von dem VEB Fischer Verlag in Jena in vorzüglicher Ausstattung und mit einem Vorwort von F. Firbas herausgebracht. Unverzüglich begannen dann die Arbeiten an dem Manuskript für eine zweite und dritte Lieferung, die vor allem die tricolpaten und tricolporaten Pollenformen umfassen sollten.

Diese Arbeiten konnten aber bald nicht mehr in dem geplanten Maße durchgeführt werden und kamen schließlich über viele Jahre hinweg zum Erliegen. Franz Firbas verstarb im Februar 1964. Als einziger Dozent an dem Systematisch-Geobotanischen Institut kamen auf mich die Verpflichtungen der kommissarischen Institutsleitung und der Durchführung des Lehrbetriebes zu. 1967 ergab sich die Notwendigkeit eines Wechsels auf eine Dozentur an der Universität Hohenheim. Nach der Berufung an die Universität Göttingen im Jahre 1969 konnten die Arbeiten zwar zunächst wieder aufgenommen werden, mußten aber durch die Wahl in das Amt des Rektors der Universität in der

Zeit von 1976-1979 erneut unterbrochen werden. Als Direktor des 1985 errichteten Instituts für Palynologie und Quartärwissenschaften mußte ich das Institut dann mit Forschungsprojekten auslasten, die in Deutschland starke interdisziplinäre Bündelungen erforderten, wie z.B. im Rahmen des Deutschen Klimaprogrammes. Wieder konnten die pollenmorphologischen Arbeiten nicht wirksam fortgesetzt werden. Erst nach meinem Ausscheiden aus dem aktiven Dienst im Jahre 1997 gelang die Wiederaufnahme und kontinuierliche Fortführung der Arbeiten, und das faktisch nach einer Unterbrechung von einem Vierteljahrhundert, in dem ich allerdings immer wieder von Kollegen ermuntert worden war, den »Leitfaden der Pollenbestimmung« doch fortzusetzen und zu beenden.

Das geographische Einzugsgebiet des Werkes war bereits für die erste Lieferung festgelegt worden. Es sollte die mitteleuropäische Flora einschließlich der Alpen berücksichtigt werden. Das entspricht etwa den Gebieten, die die »Flora von Mitteleuropa« von Hegi berücksichtigt. Hinzugenommen wurden auch viele der in den südeuropäischen Florengebieten wichtigen Holzpflanzen, Sträuchern sowie Vertreter einiger Familien, die nicht der mitteleuropäischen Flora angehören. Einbezogen wurden ferner Holzpflanzen, die nach derzeitiger Kenntnis im Pliozän und/oder in den pleistozänen Warmzeiten der mitteleuropäischen Flora angehörten, um das Buch auch für das gesamte Quartär und für die jüngsten Teile des Neogens einsatzfähig zu machen. Einzelne wichtige nordeuropäische und westeuropäische Sippen wurden ebenfalls einbezogen; insgesamt konnte aber außerhalb des mitteleuropäischen Raumes keine Vollständigkeit angestrebt werden.

Vollständigkeit wurde somit für den mitteleuropäischen Raum im Sinne des in dem Werk von Hegi aufgeführten Sippenbestandes angestrebt und auch weitgehend erreicht. Dabei wurde die Nomenklatur soweit möglich auf den neuesten Stand gebracht und zwar nach Wisskirchen & Haeupler (1998), ergänzt durch die Flora Europaea. Diskrepanzen zwischen beiden Werken wurden nicht ausdiskutiert. In unsicheren Fällen wurden alte Namen beibehalten. Für außereuropäische Sippen wurden regionale Florenwerke herangezogen.

Zu nennen sind schließlich diejenigen, die mit wissenschaftlicher oder technischer Hilfe zum Gelingen des Buches beigetragen haben.

Vor allem danke ich meiner Frau Erika Beug für ihre Unterstützung bei den langwierigen Arbeiten, für ihr kritisches Korrekturlesen und für ihre Nachsicht, die sie meiner starken zeitlichen Inanspruchnahme durch dieses Werk insbesondere in den letzten Jahren immer entgegengebracht hat. Sie hat dabei auf Vieles verzichten müssen. Die Vollendung des Buches konnte sie nicht mehr erleben.

Dem Verlag Dr. Friedrich Pfeil, München, danke ich sehr herzlich für die vorbildliche Drucklegung.

Für die Herstellung der Pollenvergleichspräparate gilt mein Dank Frau Ursula Grothmann und Frau Ursula Nüsse-Hahne in Göttingen, sowie dem Labor des Brandenburgischen Landesinstituts für Denkmalpflege, zunächst unter der Leitung von Herrn Dr. Felix Bittmann und dann von Frau Dr. Susanne Jahns. Für die Entwicklung der zahlreichen Filme mit Pollen-Mikrofotografien danke ich Frau Sibille Hourticolon, Göttingen. Verschiedene Kollegen haben mich mit Material für die Herstellung von Vergleichspräparaten unterstützt. Zu nennen sind auch unveröffentlichte Examensarbeiten für das Höhere Lehramt an Schulen, Arbeiten, die noch unter Franz Firbas durchgeführt wurden. Es handelt sich um die Bearbeitung der Getreide-Arten von Erika Rohde (1959) und der Boraginaceae von Karl-August Rausch (1962). Susanne Philippi geb. Mahn untersuchte im Rahmen eines von F. Firbas geleiteten DFG-Projektes die Pollenformen der Rosaceae und Gentianaceae. Von diesen Untersuchungen wurden in verschiedenem Maße Teile übernommen, wenn auch die betreffenden Sippen erneut gründlich durchgearbeitet wurden. Der Mühe des Korrekturlesens hat sich zunächst noch meine Frau unterzogen, dann Herr Studiendirektor Dr. H. Willutzki, Braunschweig, und Herr Dr. Frank Schlütz, Göttingen. Allen hier genannten gilt mein besonderer Dank.

Göttingen, den 1. 12. 2002   Hans-Jürgen Beug

2. Einleitung

2.1 Allgemeine Hinweise für die Benutzer

Durch die Einbeziehung der gesamten mitteleuropäischen Flora sind die Bestimmungsschlüssel vieler Pollenklassen im Vergleich mit anderen Bestimmungsbüchern länger, komplizierter und die Benutzung schwieriger geworden. Bei der Bestimmung fossiler PK darf das vorliegende Buch nicht als alleiniges Hilfsmittel angesehen werden. In vielen Fällen geben die pollenmorphologischen Beschreibungen und Hinweise im Text zwar ein abgerundetes Bild, aber erst rezentes Vergleichsmaterial wird in besonders schwierigen Fällen die Entscheidung zwischen zwei oder mehr morphologisch einander nahestehenden Pollenformen geben können. Eine ständig auszubauende eigene Sammlung rezenter Vergleichspräparate muß daher der Benutzung dieses Bestimmungsbuches immer zur Seite stehen. Außerdem ist der Aufbau eines Fotoarchivs zu empfehlen. Die Fotografien sollten im Allgemeinen die PK 1000fach vergrößert wiedergeben, da dann die Größen leicht zu handhaben sind (1 cm auf dem Bild = 10 µm). Bei der Mikrofotografie sollte zur Ausschöpfung der optischen Bildauflösung ein Schmalband-Grünfilter verwendet werden. Günstig ist ein Fotomikroskop mit Belichtungsfühler, der auf die jeweiligen gegebenen Helligkeitsunterschiede eines PK eingestellt werden kann.

Die optischen Voraussetzungen, die ein Mikroskop für anspruchsvolle pollenmorphologische Untersuchungen bieten muß, entnehme man dem Kapitel »Mikroskopische Untersuchungen, Mikrofotografie« (S. 25).

Die Bestimmungsschlüssel sind binär aufgebaut. Erfahrungsgemäß machen solche Pollenformen Schwierigkeiten, die im Bereich der Colpen äquatorial nur Andeutungen einer zusätzlichen Apertur besitzen. Das ist besonders bei den artenreichen Pollenklassen Tricolpatae und Tricolporatae der Fall. Es wurde deswegen versucht, diese Schwierigkeit etwas zu umgehen, indem den tricolpaten PK (eindeutig ohne Poren) und den tricolporaten PK (eindeutige mit Poren) die Gruppe der tricolporoidaten PK zur Seite gestellt wurde. Sie entsprechen dem, was von Faegri & Iversen mit »furrow equatorially constricted or with a thin, indistinct and usually ruptured poroid area« oder ähnlich ausgedrückt wird. Auch Erdtman (1952) verwendet den Begriff »poroid«. Diese Erweiterung von 2 auf 3 Gruppen kann aber die Schwierigkeiten der Übergänge zwischen tricolpaten und tricolporaten PK nicht voll ausgleichen. Grenzfälle wurden deswegen nach Möglichkeit in alle der jeweils beteiligten Gruppen aufgenommen. Man sollte aber davon ausgehen, daß damit noch nicht die volle Variabilität des Merkmalkomplexes colporat-colporoidat-colpat in den Bestimmungsschlüsseln berücksichtigt werden konnte, und daß man in schwierigen Fällen immer wieder beide der in Frage kommenden Bestimmungsschlüssel benutzen sollte.

Bei den Bestimmungsschlüsseln wurde versucht, soweit wie möglich quantitative Merkmale zu verwenden. Das ist aber nicht immer möglich, insbesondere wenn die Merkmale nahe der Auflösungsgrenze des Lichtmikroskopes liegen oder wenn es sich um Kontrastunterschiede bei der Skulpturierung oder der Strukturelemente handelt. Um solche Nachteile auszugleichen, wurde das Buch reichlich mit fotografischen Darstellungen versehen, die in Verbindung mit rezentem Vergleichsmaterial benutzt werden sollten.

Ein Problem stellen die in Mitteleuropa vertretenen großen stenopalynen Familien dar. Dabei handelt es sich insbesondere um Poaceae, Cyperaceae, Brassicaceae, Chenopodiaceae und Asteraceae, sowie um einen Teil der Rosaceae. Lediglich die Asteraceae lassen sich in mehrere gut charakterisierbare Pollentypen aufteilen. Bei den anderen Familien scheinen keine oder kaum Möglichkeiten zur Aufgliederung zu bestehen. Vielleicht helfen hier später einmal monographische Bearbeitungen, die aber im Rahmen der Arbeiten an diesem Buch nicht durchgeführt werden konnten.

2.2 Die Göttinger Pollenreferenzsammlung

Das für die Referenzsammlung benötigte Blütenmaterial stammt vor allem von Exkursionen, aus dem Botanischen Garten Göttingen und dem Herbarium Goettingense. Die heute bestehende Sammlung für die mitteleuropäische und südeuropäische Pollenflora wurde von Franz Firbas in den Jahren 1948-1952 begründet. Fortgeführt wurde sie von H.-J. Beug zunächst in den Jahren 1955-1971. Es folgte dann eine längere Unterbrechung. Bei der Wiederaufnahme der Arbeiten an dem »Leitfaden der Pollenbestimmung« waren die meisten Präparate bereits über 25 Jahre alt. Deswegen wurde in den Jahren 1997-2002 eine vollständige Erneuerung der Sammlung durchgeführt. Die Angaben in dem vorliegenden Buch beruhen auf der Auswertung dieser Sammlung.

2.3 Herstellung der Pollenpräparate

1. Das getrocknete Blütenmaterial wird vorsichtig durch ein Metallsieb (Maschenweite ca. 200 µm) gerieben, so daß PK und zerriebene Blütenteile durch einen Trichter in ein Zentrifugenglas fallen.
2. Zusatz geringer Mengen von *Corylus*-Pollen.
3. Azetolyse: Die Probe wird im Zentrifugenglas bei 100 °C im Wasserbad mit einem Gemisch aus Essigsäureanhydrid und konz. Schwefelsäure 10:1 behandelt; ggf. umrühren. Dauer der Behandlung ca. 5 min, das Azetolysegemisch nimmt dabei eine dunkelbraune Färbung an.
4. Azetolysegemisch abzentrifugieren und Probe mindestens zweimal in Wasser waschen.
5. Proben in Wasser aufschlämmen und halbieren.
6. Bleichen: Den im Zentrifugenglas verbliebenen Rest abzentrifugieren und 5 ml Eisessig zusetzen. Dazu zunächst 2 Tropfen einer konz. Lösung von $KClO_3$ und danach 2 Tropfen konz. HCl zusetzen. Die Probe entfärbt sich; schnell abzentrifugieren. Bleichen ist im Allgemeinen nicht notwendig, wenn es sich um zarte und dünnwandige PK handelt (z.B Cyperaceae, Poaceae). Besonder bei dickwandigen PK (z.B. viele Asteraceae) ist das Bleichen immer zu empfehlen.
7. Zweimal in Wasser waschen; den nicht gebleichten Teil hinzufügen und nochmals abzentrifugieren.
8. Einschluß einer geeigneten Menge der Pollenmasse in Glycerin-Gelatine nach Kisser (50 g Gelatine, 175 ml Aq. dest, 150 ml Glycerin, Desinfektionsmittel) zu einem Dauerpräparat. Es empfiehlt sich, die Glycerin-Gelatine des Präparates durch eine Lackumrandung (z.B. farbloser Nagellack) abzuschließen.

Silikon-Öl wurde als Einschlußmittel nicht verwendet, da die Pollenkörner in solchen Präparaten im Allgemeinen kleiner sind als bei einem Einschluß in Glyzerin-Gelatine. Es entstehen dadurch Nachteile bei der Untersuchung von solchen Einzelheiten im Bau der Pollenkörner, die der Auflösungsgrenze des Lichtmikroskopes nahekommen.

Die Pollenkörner wurden nicht angefärbt, da im allgemeinen die Anfärbung durch die Azetolyse den Einzelheiten der Exine genügend Kontrast gibt, wenn auch in manchen Fällen diese Anfärbung minimal ist oder überhaupt nicht erfolgt (z.B. Cyperaceae, *Lamium*). Nur bei den sehr kleinen PK bestimmter Borraginaceae (*Myosotis* u.a.) wurde eine nach BROWN (1960) etwas modifizierte Färbung mit Bismarckbraun vorgenommen. Dadurch erhalten die PK eine Braunfärbung, die mit der durch die Azetolyse bei anderen Sippen vergleichbar ist. Das Zentrifugat der azetolysierten und gewaschenen PK wird mit 3 Tropfen einer 0,5%igen alkoholischen Bismarckbraunlösung (75%iger Alkohol) versetzt und mit 4 ml aq.dest. aufgefüllt. Das Pollenzentrifugat muß gut in der Lösung verteilt werden. Nach 10-15 Minuten wird abzentrifugiert und ausgewaschen.

Der Zusatz von *Corylus*-PK verfolgte ursprünglich das Ziel, Größenveränderungen ermitteln zu können, die im Laufe der Zeit bei Glyzerin-Gelatine-Präparaten aufzutreten pflegen. Das hat sich jedoch als nicht erforderlich herausgestellt. Der Zusatz von *Corylus*-Pollen hat sich aber bewährt, weil damit eine so große Pollenmenge in den Aufbereitungsgang eingebracht werden kann, daß nach dem Abzentrifugieren die überstehende Flüssigkeit abgegossen werden kann, ohne daß auch das Zentrifugat verloren geht.

Größenveränderungen, die mit zunehmendem Alter des Präparates entstehen, sind schwer vorauszusehen oder quantifizierbar. Die folgenden Beispiele zeigen, mit welcher Größenveränderung bei älteren Glycerin-Gelatine-Präparaten u.U. gerechnet werden muß.

Gagea minima	0 Jahre	41,4- 56,2 µm, MiW 47,0 µm;	50 PK
	8 Jahre	57,8- 71,8 µm, MiW 62,7 µm;	50 PK
Iris pumila	0 Jahre	87,5- 71,8 µm, MiW 100,5 µm;	50 PK
	8 Jahre	92,8-131,8 µm, MiW 106,1 µm;	50 PK
Abies alba	0 Jahre	114,3-158,3 µm, MiW 134,9 µm;	100 PK
	9 Jahre	132,4-188,6 µm, MiW 146,8 µm;	100 PK

Die Erfahrungen über die Zunahme der Pollengrößen in Abhängigkeit von dem Alter eines Glyceringelatine-Präparates sind aber nicht immer so eindeutig. Bei den vielen routinemäßigen Größenmessungen neu hergestellter Präparate ergaben sich auch fast identische Werte mit mehr als 6 Jahre alten Präparaten, manchmal waren neu azetolysierte Pollenkörner sogar etwas größer als die in den alten Präparaten.

Die Größenmessungen werden im Text in folgender Weise dargestellt.

Taxus baccata L. (2)
19,3-29,8 µm, MiW 23,5 µm; 50 PK, 1a

(2)	2 Herkünfte wurden untersucht
19,3 µm	Kleinster Meßwert
29,8 µm	Größter Meßwert
23,5 µm	Mittelwert
50 PK	Anzahl der gemessenen PK
1a	Alter des Präparates zur Zeit der Größenmessung in Jahren

Gemessen wurden in der Regel 50 PK. Auf die Angabe eines Mittelwertes wurde verzichtet, wenn weniger als 30 PK für die Größenmessung zur Verfügung standen. Für andere Messungen (Dicke der Exine, Elemente der Exine, Pollenform-Index, Polarfeld-Index u.a.) wurden 5-20 Messungen durchgeführt. Alle Messungen außer der Größe, des Pollenform- und des Polarfeld-Index wurden bei 1250facher Vergrößerung durchgeführt. Die Größenangaben stammen immer von nur einer Herkunft. Gemessen wurde die Größe, der Pollenform- und Polarfeld-Index bei 500facher Vergrößerung. Abstände der Teilstriche betrugen 2,5 bis 3,6 µm je nach Art des verwendeten Mikroskop-Typs. Bei sehr kleinen PK wurden halbe Teilstriche gezählt oder mit einem Immersions-Objektiv gemessen (1 Teilstrich = 1 µm). Der größte und kleinste Wert innerhalb der gemessenen PK einer Herkunft wurden auf 0,1 Teilstriche geschätzt.

Bei sphäroidischen, prolaten und perprolaten PK wurde die Länge der Polachse gemessen. Ein »Ä« kennzeichnet oblate und peroblate PK, bei denen sich die Größenangaben auf den Äquatorialdurchmesser beziehen. Bei Tetraden wurden die Größenangaben durch das »T« gekennzeichnet, bei Dyaden durch ein »D«. Bei inaperturaten, periporaten oder pericolpaten PK wurde der größte Durchmesser gemessen, wenn die PK ellipsoidisch oder unregelmäßig ausgebildet waren.

2.4 Mikroskopische Untersuchungen, Mikrofotografie

Die Untersuchungen wurden mit einem binokularen Zeiss Standard-Gfl Mikroskop durchgeführt, das mit Neofluar-Objektiven ausgerüstet war (Objektiv 40, num. Apertur 0,75; Objektiv 100 Öl für Hellfeld und Phasenkontrast, num. Apertur 1,30) sowie mit KPl-Okularen 12,5fach (Weitwinkel-Okulare). Ab 1970 stand ein Zeiss-Fotomikroskop II zur Verfügung, ausgerüstet mit Plan-Apochromaten (Objektiv 40, num. Apertur 0,95; Objektive 100 Öl für Hellfeld und für Phasenkontrast, num. Apertur 1,30) und einem achr. apl. Kondensor mit der num. Apertur 1,40 für Hellfeld-, Phasenkontrast- und Interferenzkontrast-Untersuchungen. Das Gerät ist mit KPl-Okularen 10fach und mit einem Optovar ausgerüstet, das die Okular-Vergrößerung mit den Faktoren 1,25, 1,6 und 2,0 erhöht.

Außerdem stand eine Interferenz-Kontrast-Einrichtung mit einem Plan-Achromat 100, num. Apertur 1,20, zur Verfügung, sowie eine Polarisationseinrichtung.

Die Arbeiten am rezenten und fossilen Material haben gezeigt, daß für pollenmorphologische Untersuchungen und anspruchsvolle Bestimmungen fossiler Pollenkörner die Verbindung von Kpl-Okularen 12,5fach und Objektiven 100 Öl mit hoher numerischer Apertur, d.h. mit einer Gesamtvergrößerung von 1250fach optimal ist.

Die mikrofotografischen Arbeiten wurden für die Aufnahmen in der 1963 erschienenen Lieferung 1 noch mit dem Zeiss-Standard Gfl Mikroskop in Verbindung mit einer Aufsatzkamera ohne automatische Belichtungsmessung durchgeführt. Zur Verwendung kam der Film Agfa L IFF 12°. Später wurde ausschließlich ein Zeiss Fotomikroskop II verwendet, dessen Belichtungsautomatik Punktmessungen ermöglicht. Für die Aufnahmen wurden Agfa-AGPX 100 DIN Professional Kleinbildfilme in Verbindung mit einem Schmalband-Grünfilter verwendet. Belichtungszeiten von etwa 8-12 sec wurden zur Minimierung der Gefahr einer Verwacklung angestrebt. Bei Phasenkontrast-Aufnahmen ergaben sich Belichtungszeiten von etwa 15-20 sec.

2.5 Terminologie, Erklärungen und Abkürzungen

Für die Beschreibung eines PK gibt es verschiedene Möglichkeiten. Zur Bestimmung fossiler PK, bes. aus quartären Ablagerungen (Paläo-Palynologie), ist die Terminologie von IVERSEN & TROELS-SMITH (1950) weit verbreitet. In der Actuo-Palynologie wird dagegen im Allgemeinen die Terminologie von ERDTMAN (1952) verwendet. Inzwischen dürfte bei allen Palynologen die Kenntnis beider Terminologien Allgemeingut geworden sein, so daß die Verwendung der einen oder anderen Möglichkeit im Wesentlichen unproblematisch ist. Insbesondere unter den Paläo-Palynologen dürfte die Terminologie von IVERSEN & TROELS-SMITH durch die ständige Benutzung des »Textbook of pollen analysis« von FAEGRI & IVERSEN seit langer Zeit Allgemeingut sein. So wird diese Terminologie und Nomenklatur auch hier weitestgehend verwendet. Bezüglich der Herkunftsnachweise der einzelnen Termini wird auf das Werke von KREMP (1965) »Morphologic encyclopedia of palynology« und von PUNT et al. (1994) »Glossary of pollen and spore terminology« verwiesen.

Ä: Die Größenmessung bezieht sich auf den Äquatorialdurchmesser.

ÄFormI: Bei monocolpaten der PK: Quotient aus Länge (in Richtung des Colpus) zu der Breite des PK.

Äquator: Schnittlinie zwischen der Oberfläche eines PK und einer Ebene, die durch die Mitte der Polachse geht und senkrecht zu dieser steht.

AKontur: s. Kontur.

äquatorial: Im Bereich des Äquators gelegen.

angulaperturat: s. Polansichten.

angular: s. Polansichten

Anulus, *pl.* **-i:** Bei einem Anulus handelt es sich um ein Areal, das eine Pore ringförmig umgibt und das sich von der übrigen Exine durch Abweichungen in der Ektexine unterscheidet, so z.B. durch größere oder geringere Dicke oder eine abweichende Skulpturierung oder Strukturierung. Oft fälschlich auch »Annulus« geschrieben. Die Schreibweise »Anulus« ist vorzuziehen. In manchen Fällen wird die Umrandung der Pore durch eine Verdickung der Ektexine gebildet. Ringförmige Verdickungen der Endexine werden als Costae bezeichnet (siehe dort). Sie können zusätzlich zu einem Anulus vorhanden sein.

Apertur: 1. Palynologie: Sichtbarer präformierter Austrittsbereich für einen Pollenschlauch.
2. Mikroskop: Numerische Apertur als Maß für die optische Auflösung.

Apicalfeld: Bei bestimmten syncolpaten PK das polar gelegene, je nach Zahl der Colpi drei- bis vieleckiges Feld, in das die Colpi einmünden.

apiculat: Polar zugespitzte PK.

Arcus, *pl.* **-us:** Bogenförmig von Pore zu Pore verlaufende Verdickungen des Tectum bei *Alnus*.

areolat sind PK, deren Ektexine in runde oder polygonale Bezirke (Areolae) zerteilt ist, zwischen denen die normale Skulpturierung und Strukturierung fehlt.

Areola, *pl.* **-ae:** s. areolat.

Azetolyse: Behandlung der PK mit einem Gemisch aus Essigsäureanhydrid und konz. Schwefelsäure 10:1 bei 100 °C im Wasserbad zur Präparation der Exine.

Baculum, *pl.* **-a:** Langgestrecktes, senkrecht auf der Exine stehendes Skulpturelement. Größter Durchmesser größer als seine Länge. Länge über 1 µm, nicht zugespitzt und nicht distal verdickt. Siehe auch Microbaculum.

baculat: Mit Bacula versehen. Nur für Skulpturen zu verwenden. Die Begriffe simpli-, diplo- und multibaculat werden durch das Suffix »-columellat« ersetzt (siehe dort).

Brochus, *pl.* **-i:** Masche von einem Reticulum. Ein Brochus besteht aus dem Lumen und den angrenzenden Hälften aller Muri, die das Lumen umgeben und es von den benachbarten Lumina abgrenzen.

Cavum, *pl.* **a:** s. Vesiculum.

Circular: s. Polansichten

Clava, *pl.* **ae:** Langgestrecktes, senkrecht auf der Exine stehendes Skulpturelement, das distal verdickt (keulenförmig) und länger als 1 µm ist. Größter Durchmesser so groß wie die Länge oder kleiner. Siehe auch Microclava.

CL-Index: Colpus-Längen-Index. Quotient aus Länge der Polachse zur Colpus-Länge. Die Colpus-Länge wird in Aufsicht gemessen.

coaperturat: Tetraden, bei denen Aperturen benachbarter Einzelpollenkörner ineinander übergehen. Deckt sich nicht mit dem Begriff syncolpat.

colpat: Mit Colpi versehen.

Colpus, *pl.* **i:** Eingedeutscht (pl.) Colpen. Langgestreckte Apertur, bei der das Längen-Breiten-Verhältnis größer als 2:1 ist.

Colpus equatorialis, *pl.* **-i, -es:** Äquatorial umlaufender Colpus (»Ringfurche«), häufig durch syncolpate Verbindung der Colpi transversales.

Colpus-Index: Quotient aus Länge der Polachse zur Länge der Colpi. Bei Tetraden Quotient vom Tetraden-Durchmesser zur Länge der (coaperturaten) Aperturen.

Colpus-Membran: Exine im Bereich eines Colpus.

Colpus transversalis, *pl.* **-i, -es:** Colpus, der einen anderen ± senkrecht kreuzt.

Columella, *pl.* **ae:** Säulenförmiges Elemente der Exine. Columellae stehen auf der Endexine und tragen das Tectum.

columellat (simpli-, dupli-, multicolumellat): Muri mit einer, zwei oder mehreren Reihen Columellae. Ersetzt das hierfür bisher meist verwendete Suffix »-baculat« (siehe dort).

Costa, *pl.* **ae:** Verdickungn der Endexine im Umkreis einer Aperturen.

Costae colpi: Verdickungen der Endexine, die einen Colpus einrahmen.

Costae porae: Verdickungen der Endexine, die eine Pore einrahmen.

C-Seite: s. Apiaceae S. 164.

D: Dyade

Dicolpatae: Pollenklasse für PK mit 2 Colpi.

dicolpat: Mit 2 Colpi ausgestattet.

Dimorphismus: Auf PK ein und derselben Art angewendet: Ausbildung der PK (Struktur, Skulptur, Aperturen) in charakteristischer, zweifacher Weise.

Diporatae: Pollenklasse für PK mit 2 Poren.

diporat: Mit 2 Poren ausgestattet.

distal: Vom Tetradenmittelpunkt entfernt (z.B. distale Seite eines PK) oder vom Pollenmittelpunkt entfernt (z.B. distales Ende eines Skulpturelementes).

Dorsalseite: Proximale Seite bei PK mit 2 Vesiculae.

duplibaculat, duplicollumellat: s. baculat bzw. columellat.

Dyadeae: Pollenklasse für Pollenzwillinge.

Dyade: Pollenzwilling.

Echinus, *pl.* **-i:** Vorwiegend langgestrecktes, senkrecht auf der Exine orientiertes Skulpturelement, das distal zugespitzt und länger als 1 µm ist. Siehe auch Microechinus

echinat: Mit Echini versehen.

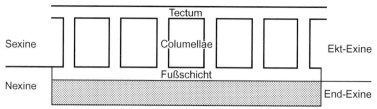

Abb. 1. Aufbau einer tectaten Exine. Bezeichnung der Schichten links nach Erdtman, rechts und Mitte die Gliederung bei der Verwendung der Termini Ektexine und Endexine. Da Fußschicht und Endexine an fossilen PK im Regelfall nicht als selbständige Schichten erkannt werden können, wird für beide gemeinsam die Bezeichnung »Endexine« verwendet. Aus Faegri & Iversen (1993), verändert.

ED: Exinen-Dicke

Einzelpollenkorn: Abgekürzt EPK, einzelnes PK in einer Polyade, Tetrade oder Dyade.

Ektexine: Teil der Exine außerhalb der Endexine, meist bestehend aus Columellae-Schicht, Tectum und Skulpturlementen. Zu unterschiedlichen Auffassungen bei der Bezeichnung des Aufbaus der Exine vergl. Abb. 1.

Ektoapertur: Apertur in der Ektexine.

Endexine: Proximaler Teil der Exine. Im Lichtmikroskop als einschichtige, selten als zweischichtige Lamelle erkennbar.

Endoapertur: Apertur im proximalen Teil der Exine, meist in der Endexine.

Endoreticulum: s. Intrareticulum und Reticulum..

EPK: Einzelpollenkorn.

eurypalyn: Pflanzensippen (Gattungen, Familien), deren PK nur eine große morphologische Variabilität besitzen.

Exine: Die vornehmlich aus Sporopollenin aufgebaute Wand eines PK. Vergl. auch Abb. 1.

F: s. Focus

Falte: s. Colpus.

Focus: Optische Ebene bei der Betrachtung von PK im Mikroskop.
   F0: im Bereich der Skulpturelemente oberhalb des Tectums
   F1: im Bereich der Oberfläche des Tectums
   F2 und F3: optische Ebenen zwischen F1 und der Endexine
   F4: eine optische Ebene zwischen F3 und F5
   F5: optischer Schnitt

Formindex, äquatorialer: Quotient aus dem größten und kleinsten Äquatorialdurchmesser, gemessen in Polaransicht.

fossulat: Skulptur-Typ: Exine mit zerstreut stehenden, verlängerten Vertiefungen versehen.

foveolat: Skulptur-Typ: Exine mit Löchern oder Gruben versehen, die 1 µm oder größer und deren Abstände größer als ihr Durchmesser sind.

frustillat: Skulpturtyp: synonym mit areolat.

Gemma, *pl.* ae: In Aufsicht ± kreisförmiges Skulpturelement mit proximaler Einschnürung; größter Durchmesser etwa so groß wie die Höhe und größer als 1 µm. Siehe auch Microgemma.

gemmat: mit Gemmae versehen.

Gigasform: Anormal große PK, z.B. gelegentlich bei *Populus*.

heterobrochat: Reticulum mit dimorphen (verschieden großen) Brochi.

heterocolpat: PK, bei denen nicht jeder Colpus (sondern meist jeder zweite) eine Pore besitzt.

Heterocolpatae: Pollenklasse für heterocolpate PK.

heteropolar: PK mit unterschiedlicher Ausbildung der distalen und proximalen Seite.

homobrochat: Brochi monomorph.

IC-Seite: s. Apiaceae S. 164.

Inaperturatae: Pollenklasse für PK ohne Aperturen.

inaperturat: Ohne Aperturen.

IKontur: s. Kontur.

interangular: s. Polansichten.

Intercolpium: Eingedeutscht »Intercolpe, n«. Areal, das von den Colpus-Rändern und den Verbindungslinien benachbarter Colpus-Spitzen begrenzt ist. Diese Definition weicht aus praktischen Gründen von der von Faegri & Iversen (1950) vorgeschlagenen Form ab.

Intercolpium-Rand: Die Begriffe »Colpus-Rand« und »Intercolpium-Rand« können nicht als Synonyme verwendet werden. Es ist notwendig, für die Beschaffenheit des Intercolpiums an der Grenze zum Colpus einen Terminus zu verwenden. Dabei handelt es sich um Einkrümmungen, die Bildung einer Margo, körnige Auflösungen u. dergl., d.h. um Veränderungen des Intercolpiums in seinen Randbereichen, nicht etwa der Randpartie des betreffenden Colpus. In der Regel wird daher der Begriff »Intercolpium-Rand« verwendet, der die Beschaffenheit der Intercolpien an den Rändern der Colpi beschreibt. Dasselbe gilt für die Bezeichnung »Interporium-Rand«, die meist die Bezeichnung »Porenrand« ersetzt.

Interporium: Areal zwischen zwei benachbarten Poren eines poraten PK von der Breite des Durchmessers der Poren. Diese Definition weicht aus praktischen Gründen von der bisherigen Verwendung wie im Fall des Terminus »Intercolpium-Rand« ab.

Interporium-Rand: s. Intercolpium-Rand.

intectat: Die Skulpturen stehen direkt auf der Endexine. Eine Columellae-Schicht und ein Tectum fehlen.

Intine: Innere, nicht aus Sporopolleninen bestehende Schicht der Pollenwand.

Intrareticulum: Strukturtyp: von einem Tectum bedecktes Reticulum. Auch Endo- oder Infrareticulum.

Keimpapille: s. Papille.

KOH-Methode: Ältere Methode zur Aufbereitung fossiler PK: Das pollenführende Material wird mit 10%er KOH einige Minuten lang gekocht wird.

Kontur: Umriß eines PK. **AKontur:** Äußerer Umriß. Spezielle Verwendung bei Apiaceae s. S. 167.
  IKontur: Innerer Umriß. Spezielle Verwendung bei Apiaceae s. S. 167.

Kryptotetrade: PK, das aus einer Tetrade durch völlige Rückbildung von 3 EPK entstanden ist (Beispiel: Cyperaceae).

Lacuna, *pl.* **ae:** Dünne Bereiche in der Ektexine außerhalb der Aperturen. In der Literatur sind die Definitionen nicht eindeutig. Es werden Pseudoporen und Pseudocolpen unter dem Begriff »Lacunae« zusammengefaßt oder nur rundliche Bereiche in der Ektexine. Nach allgemeinem Brauch werden bei den fenestraten PK der Cichoriaceae die von echinaten Rippen eingefaßten Bereiche der Exine – denen die Ektexine fehlt – als Lacunae bezeichnet. Zur komplizierten Terminologie der verschiedenen Lacunae bei den Cichoriaceae vergl. S. 416-417. Lacunae gibt es auch bei den PK bestimmter *Polygala*-Arten (dort im Polarbereich) und bei *Ribes*.

Längsfurche: Meridional verlaufende schmale Verdünnung der Exine, die keine normale Austrittsöffnung für den Pollenschlauch darstellt (bei *Ephedra*). Richtiger: Pseudocolpus.

Längsrippe: Meridional verlaufende Verdickung der Exine (bei *Welwitschia, Ephedra*).

LO-Analyse: Beurteilung eines optischen Effektes, der darin besteht, daß ein hervortretendes Skulptur- oder Strukturelement bei hoher optischer Ebene hell (**L**ux), bei tiefer optischer Ebene dunkel (**O**bscuritas) erscheint.

Luftsack: s. Vesicula.

Lumen, *pl.* **-ina:** Der von Muri umgebene Innenteil eines Brochus.

Macrobrochus, *pl.* **-i:** Bei Lamiaceae: Brochi, bei denen das Tectum über den Lumina reticulat (mit Microlumina) ausgebildet ist. Entsprechend werden die Begriffe Macro- und Microlumen verwendet.

Margo, *pl.*-**ines:** Areal, das einen Colpus gürtelförmig umgibt und das sich von der übrigen Exine des PK durch Abweichungen im Bau der Ektexine unterscheidet. Vergl. auch Anulus und Costae.

marginat: Mit einer Margo bzw. Margines ausgestattet.

Massula, *pl.* **-ae:** Allgemeiner Terminus für eine Einheit aus mehr als 4 PK (vergl. Polyade, Pollinium) (z.B bei Orchidaceae). Nachkommen einer Pollenmutterzelle, die im Polyadenverband zu 8, 12, 16, 32 oder 64 mit einander verbunden bleiben.

Membran: Anderer Terminus für Exine (nur gelegentlich verwendet).

meridional: Senkrecht zur Äquatorialebene angeordnet.

Mesine: Elektronenoptisch dichte Schicht zwischen Ektexine und Endexine.

micro-: microbaculat, -clavat, -gemmat, -echinat, -reticulat; auch substantivisch verwendet: Microbacula, Microclava usw. Hiermit werden Skulpturtypen charakterisiert, deren Elemente in ihrer größten Ausdehnung kleiner als 1 μm sind. Sammelbegriff: scabrat.

Microlumen: s. Macrobrochus.

Microreticulum: s. Reticulum.

Monocolpatae: Pollenklasse für PK mit einem distalen Colpus.

monocolpat: Mit einem distalen Colpus ausgestattet.

monolet: Bei Farnsporen: Mit einer langestreckten Apertur ausgestattet.

monoporat: PK mit 1 Pore.

Monoporatae: Pollenklasse für PK mit 1 Pore.

Murus, *pl.* **-i:** Gerader Teil eines Brochus.

multibaculat, multicolumellat: s. baculat bzw. columellat.

Nebencolumellae: Bei bestimmten Ranunculaceae: Kurze und dünne Columellae im Umkreis von einer langen und dicken Columella.

Netzstruktur: Ein vom Tectum bedecktes Reticulum oder Microreticulum (Intra- oder Endoreticulum).

Netzwerk: s. Reticulum.

oblat: s. Pollenform-Index.

Operculum, *pl.* **-a:** Ein innerhalb eines Colpus oder einer Pore zentral gelegener Bereich. Die Operculum-Struktur und/oder -Skulptur ist oft von ähnlicher, wenn auch reduzierter Beschaffenheit im Vergleich mit der Exine außerhalb der Aperturen.

operculat: Mit einem Operculum versehener Colpus oder Porus.

optischer Schnitt: Einstellung des Mikroskopes, bei der der Umriß eines PK im Schärfebereich liegt.

Papille: Vorgestülpter, in Aufsicht rundlicher Bereich der Exine als präformierte Öffnung für den Austritt eines Pollenschlauches (bei Taxodiaceae).

Perine: Äußerer, aufgelagerter Teil der Exine, nicht immer azetolyse-resistent.

Perispor: Die der Perine entsprechende Schicht bei Farn- und Moossporen.

peroblat: s. Pollenform-Index.

perprolat: s. Pollenform-Index.

perreticulat: Die Lumina des Reticulums sind Aussparungen (Löcher) im Tectum. Vergl.: suprareticulat.

PFeldI: s. Polarfeld-Index.

PFormI, PFormI-S: s. Pollenform-Index.

Phako: Phasenkontrastbild.

PK: Pollenkorn oder Pollenkörner.

planaperturat: s. Pollenform.

PMT: Pollenmittelteil vesiculater PK.

Pol: Schnittpunkt der Polachse mit der Oberfläche des PK.

Polachse: Symmetrieachse bei radiär-symmetrischen PK. Falls mehr als eine Symmetrieachse vorhanden ist, wird nur diejenige als Polachse bezeichnet, die während der Bildung des PK durch das Zentrum der Tetrade geht. In solchen Fällen ist die Polachse nur im Tetradenverband feststellbar.

Polaransicht: Termini charakterisieren die Form eines PK in Polaransicht und dabei die Position der Aperturen. In der pollenmorphologischen Literatur werden zahlreiche Formen beschrieben, von denen hier nur die folgenden drei benötigt werden.

- **angular (angulaperturat):** PK in Poarlansicht dreieckig mit Aperturen an den Spitzen des Dreiecks.
- **interangular (planaperturat):** PK in Polaransicht dreieckig mit Aperturen in der Mitte der Seiten des Dreiecks.
- **circular:** PK in Polaransicht kreisförmig.

Polarfeld: Areal, das einen Pol umgibt und von den Verbindungslinien benachbarten Colpus-Spitzen oder Porenränder begrenzt wird.

Polarfeld-Index (PFeldI): Verhältnis der Größe des Polarfeldes zum größten Quermaß des PK. Es wird dabei unterschieden:

PFeldI =0   Polarfeld fehlt
PFeldI <0,25   Polarfeld klein
PFeldI 0,25-0,5   Polarfeld mittelgroß
PFeldI 0,5-0,75   Polarfeld groß
PFeldI >0,75   Polarfeld sehr groß

Pollenform-Index (PFormI): Verhältnis der Länge (Polachse) zum größten Quermaß eines PK. Es wird dabei unterschieden:

PFormI > 2,0   perprolate PK
PFormI 2,0-1,33   prolate PK
PFormI 1,33-0,75   sphäroidische PK
PFormI 0,75-0,5   oblate PK
PFormI < 0,5   peroblate PK

Pollenform-Index-S (PFormI-S): Bei Apiaceae: PFormI in einer Position des PK, bei der 1 Intercolpium und 1 Pore im optischen Schnitt liegen.

Pollenmembran: s. Exine.

Pollinium: Pollenverband aus allen PK eines Pollensacks.

Polyadeae: Pollenklasse für Polyaden

Polyade: Pollenverband der Polyadeae. Verbände von PK, die aus mehreren Pollenmutterzellen hervorgegangen sind

Porus: Apertur, deren Längen-Breiten-Verhältnis kleiner als 2,0 ist (eingedeutscht: Pore).

porat: Besitz von Poren.

prolat: s. Pollenform-Index.

proximal: Zum Tetraden-Mittelpunkt oder zum Pollen-Mittelpunkt hinweisend.

Pseudocolpus, *pl.* **-i:** Langgestreckter colpus-artiger dünner Bereich in der Exine, der nicht der Keimung des PK dient.

psilat: PK ohne Skulpturelemente.

Querfalte: s. Colpus transversalis.

Reticulum: Die Skulptur besteht aus über 1 μm großen Brochi.

  Microreticulum: Brochi < 1 μm.

  Endoreticulum: Das Reticulum ist von einem Tectum bedeckt.

reticulat: mit einem Reticulum versehen, vergl. auch perreticulat und suprareticulat.

Reticuloid-Schicht: s. Dipsacaceae S. 237.

retipilat: Mit einem Reticulum versehen, das aus frei stehenden, d.h. nicht miteinander verbundenen Bacula besteht.

Ringfurche: s. Colpus equatorialis.

rugulat: Mit in Aufsicht verlängerten, über 1 μm langen Skupturelementen versehen, diese ohne oder ohne vorherrschende Ordnung.

scabrat: Mit Skulpturelementen unter 1 μm Größe, Skulpturelemente in Aufsicht punktförmig oder verlängert. Netzige Ausbildungen (microreticulat) sind meist ausgenommen. Kann mit Termini wie microbaculat, microgemmat usw. näher beschrieben werden.

Schmetterlingspore: Insbesondere bei bestimmten Fabaceae mit tricolporaten PK: Poren, die im Bereich des Colpus meridional verengt sind.

Seite: IC-Seite: s. Apiaceae S. 164.

  C-Seite: s. Apiaceae S. 164.

simplibaculat, simplicolumellat: s. baculat bzw. columellat.

Skulptur: Die als Relief an der Oberfläche der Exine hervortretenden Formelemente.

Stäbchenschicht: Columellae-Schicht.

sphäroidisch: s. Pollenform-Index.

spiraperturat: Colpi verlaufen schraubig.

stenopalyn: Pflanzensippen (Gattungen, Familien), deren PK nur eine sehr geringe morphologische Variabilität besitzen.

Stephanoporatae: Pollenklasse für PK mit mehr als 3 Poren im Äquator.

stephanoporat: Mit mehr als 3 Poren im Äquator.

striat: Mit in Aufsicht verlängerten, über 1 μm langen, vorwiegend parallel angeordneten Skulpturelementen versehen.

Struktur: Ausbildung der Exinenelemente zwischen Tectum und Endexine.

sulcat: Mit einem Colpus in polarer Situation versehen.

suprareticulat: Die Brochi des Reticulums liegen auf dem geschlossenen Tectum bei tectaten PK.

Syncolpatae: Pollenklasse für PK, deren Colpi als Ringe oder Schrauben ausgebildet sind oder die polar miteinander in Verbindung stehen.

syncolpat: Die Colpi stehen polar miteinander in Verbindung oder sind als Schrauben (spiraperturat) oder Ringe ausgebildet. Wird nicht bei bestimmten Tetraden verwendet (vergl. coaperturat).

T: Tetrade, Tetraden.

Tectum: Teil der Exine, der als Schicht ohne oder mit Perforationen (bei einem Tectum perforatum) die Columellae überzieht.

Tectum perforatum: Tectum mit Löchern, die meist kleiner 1 μm sind (Perforationen). Der Durchmesser der Perforationen dabei ist kleiner als der Abstand der Perforationen untereinander. Übergänge zwischen einem Tectum perforatum und einem Microreticulum sind möglich.

tectat: PK mit einem Tectum, das die Columellae-Schicht bedeckt.

Tetradeae: Pollenklasse für Tetraden.

Tetrade: Pollenverband aus 4 Einzelpollenkörnern (EPK).

transversal: Im oder parallel zum Äquator orientiert.

trichotomocolpat: PK mit 3 Colpen, die in einem Punkt zusammentreffen, bzw. mit einem dreiarmigen Colpus.

Tricolpatae: Pollenklasse für PK mit 3 Colpen.

tricolpat: Mit 3 Colpi versehen.

Tricolporatae: Pollenklasse für PK mit 3 Colpen, von denen jeder eine Pore oder einen Colpus transversalis besitzt.

tricolporat: PK, bei denen jeder der 3 Colpen eine Pore besitzt.

trilet: Farn- und Moossporen, bei denen 3 verlängerte Aperturen vom proximalen Pol ausgehen.

triporat: PK mit 3 Poren.

Triporatae: Pollenklasse für PK mit 3 Poren.

Tubulus, *pl.* **-i:** Trichterförmige Einsenkung des Tectums.

tubulat: Mit Tubuli ausgestattete Exine.

Vallum, *pl.* **-a:** In Aufsicht langgestrecktes, unverzweigtes oder schwach verzweigtes (meist nur gabeliges) Skulpturelement, das um ein Mehrfaches länger als breit ist. Einheit der striaten Skulpturierung.

Ventralseite: Distale Seite bei PK mit 2 Vesiculae.

Verruca, *pl.* **-ae:** Ein in Aufsicht punktförmiges, über 1 μm großes Skulpturelement, das weder distal verdickt noch zugespitzt ist, und bei dem der größte Durchmesser größer als seine Höhe ist. Vergl. auch Microverruca.

verrucat: Mit Verrucae versehen.

Vesiculatae: Pollenklasse für PK mit Luftsäcken.

Vesicula, *pl.* **ae:** Hohlraum in der Exine, die durch Ablösung der Ektexine von der Endexine entsteht. Auch als Cavea, *pl.* ae bezeichnet.

vesiculat: mit Vesiculae (Luftsäcken) versehen.

Vestibulum, *pl.* **-a:** Vorwölbung der Exine in der engeren Umgebung einer Pore. An der Vorwölbung können Ektexine und Endexine oder nur die Ektexine bzw. das Tectum beteiligt sein. Beide Schichten der Exine können im Vestibulum bis zum Porenrand verbunden bleiben oder sich am Rand des Vestibulums voneinander gelöst haben oder die Endexine fehlt im Bereich des Vestibulums. Andere Definitionen beschränken den Begriff Vestibulum auf Fälle, bei denen im Bereich der Poren Ekt- und Endexine getrennt sind.

Viscine-Faden: Lange fädige Fortsätze an der Exine der PK von Oenotheraceae.

Zwischentectum: Schicht zwischen äußerer und innerer Columellae-Schicht bei Asteraceae und Cichoriaceae.

2.6 Nomenklatur

Es ist seit langem bekannt und unbestritten, daß pollenmorphologische Merkmale nur in relativ wenigen Fällen zu Artbestimmungen führen können, auch wenn man nur die Flora eines geographisch eng begrenzten Gebietes einbezieht. Die Bestimmung fossiler Pollenkörner führt in den meisten Fällen vielmehr zu taxonomischen Einheiten, die z.B. mehrere Arten, eine Gattung, mehrere Gattungen, eine Familie oder einen Teil einer Familie oder auch Teile mehrerer Familien bzw. mehrere Familien umfassen können. Diese »taxonomischen Einheiten der Pollenbestimmung« müssen in sinnvoller Weise definiert und bezeichnet werden. Man verwendet entweder die Namen von Familien, Gattungen und Arten oder die Bezeichnung »Typ« im Sinne von »Pollentyp«.

Zweckmäßig ist der Vorschlag von BIRKS (1973), der allgemeine Anerkennung gefunden hat (vergl. BERGLUND, 1986). Ihm wird hier im wesentlichen mit einigen zusätzlichen Ausführungen gefolgt. Nach BIRKS ist an Hand der von ihm angeführten Beispiele wie folgt zu verfahren:

»**Gramineae.** Family determination certain, types or subgroups undetermined or indeterminable.

Thalictrum. Genus determination certain, types or subgroups undetermined or indeterminable.

Plantago lanceolata. Species determination certain.

Sedum **cf.** *Sedum rosea.* Genus determination certain, species identification less certain because of imperfect preservation of fossil grain or spore, inadequate reference material, or close morphological similarity of the grain or spore with those of other taxa. In each case, the reason is explained in the notes on the determination.

Plantago major/P. media. One fossil type present; only two taxa are considered probable alternatives, but further distinctions are not possible on the basis of pollen or spore morphology alone. In view of their modern ecology and/or distribution, the occurrence of both taxa in considered equally likely.

Angelica type. One fossil type present, three or more taxa are possible alternatives, but further distinctions are not possible on the basis of pollen or spore morphology alone. The selection of the taxon name is based on modern ecological and/or phytogeographical criteria. The notes on the determination list all known possibilities.

Rosaceae undifferentiated (undiff.). Family determination certain, some morphological types distinguished and presented separately. Curve represents fossil grains or spores that were not or could not be separated beyond family level.

Stellaria **undiff.** Genus determination certain, some morphological types distinguished and presented separately. Curve represents fossil grains or spores that were not or could not be separated beyond genus level.«

Die Anweisung von BIRKS enthält auch Vorbehalte hinsichtlich der Erhaltung fossiler Pollenkörner und des Umfanges der individuell zur Verfügung stehenden Referenzsammlung. Die Einbeziehung ökologischer und pflanzengeographischer Gesichtspunkte erfordert zweifellos Umsicht und Zurückhaltung, da sich diese Parameter unter veränderten Klima- und Konkurrenzbedingungen unerwartet verhalten können.

Für eine Pollenflora, die von rezentem Material ausgeht, können die BIRKSSchen Anweisungen in folgendem Umfang verwendet werden, wobei sich alle Angaben auf die heutige Flora eines definierten Untersuchungsgebietes beziehen und von einer vollständigen pollenmorphologischen Erfassung dieser Flora ausgegangen wird.

1. Wenn eine bestimmte Pollenform nur einer Art zuzuschreiben ist oder alle Arten einer Gattung oder einer Familie repräsentiert, werden die Namen der betreffenden Art, Gattung oder Familie ohne Zusatz verwendet.

2. Repräsentiert eine Pollenform mehrere, aber nicht alle Arten einer Gattung, so wird von einem Pollentyp gesprochen, der nach einer im Untersuchungsgebiet besonders wichtigen Art benannt

wird. Sind nur zwei Arten betroffen, so können die Namen beider Arten genannt werden, wobei der Suffix »Typ« fortgelassen werden kann (*Plantago major-media*-Typ oder *Plantago major/P. media*). Entsprechend ist auf Gattungs-Niveau zu verfahren. Der Suffix »Typ« wird auch verwendet, wenn einzelne Arten aus mehreren Gattungen derselben Familie morphologisch identisch sind.

3. Mehrfachnamen für einen Pollentyp sollten mit Zurückhaltung verwendet werden, wenn ein Pollentyp Arten aus verschiedenen Familien oder aus mehreren Gattungen einer Familie enthält. In diesen Fällen kann u.U. die Bezeichnung »Sammelgruppe« verwendet werden. Aus mehr ergonomischen Gründen wurde mehrfach auch die Bezeichnung »-Gruppe« verwendet. Eine solche »Gruppe« umfaßt zwei oder mehrere Pollentypen, die dann im Zusammenhang mit der Beschreibung im Text weiter aufgeschlüsselt werden. Es wird dadurch verhindert, daß Bestimmungsschlüssel unnötig lang oder kompliziert werden.

4. Wenn innerhalb einer großen Familie einzelne Sippen (Gattungen, Arten, Typen) pollenmorphologisch abgetrennt werden können, der Rest aber undifferenziert bleiben muß, so ist nach dem Vorschlag von BIRKS zu verfahren (Zusatz: »indiff.«). In dieser Weise kann u.U. bei Ranunculaceae, Rosaceae, Apiaceae, Cyperaceae, Lamiaceae u.a. verfahren werden. Zu diesem Verfahren wird man auch greifen, wenn aufgrund nicht einwandfreier Erhaltung von einer weitergehenden Bestimmung abgesehen werden muß.

Erwähnt werden soll schließlich die Darstellung von DE KLERK et al. (1997). Hier verwenden die Autoren grundsätzlich die Bezeichnung »Typ« für alle der oben aufgelisteten Fälle, d.h. auch dort, wo Familie, Gattung oder Art eindeutig als solche bestimmbar sind (z.B. *Thalictrum*-Typ statt *Thalictrum*). Gegenüber dem Konzept von BIRKS sind keine Vorteile zu verzeichnen; es handelt sich eher um einen Rückschritt, zumal der Suffix »Typ« dann auf zwei verschiedenen hierarchischen Ebenen verwendet wird.

Bei der Wahl des Namens für einen Pollentyp wird in dem vorliegenden Buch oft unabhängig von den in den Literatur bereits bestehenden Namen verfahren. Es galt in solchen Fällen sich für einen innerhalb der mitteleuropäischen Flora sinnvollen Namen zu entscheiden, wenn der betreffende Pollentyp mehrere Arten oder Gattungen umfaßte. Andererseits wurden bestimmte, in der Literatur bestehende Namen für einen Pollentyp als Nomina conservanda betrachtet, wenn sich der Name der betreffenden Pflanzensippe inzwischen verändert hatte (z.B. *Polygonum bistorta*-Typ u.a.).

2.7 Einbezogene Pflanzensippen aus Südeuropa (inkl. Kleinasien und N-Afrika) und aus den pliozänen Floren Mitteleuropas

Die folgende Zusammenstellung dient dem Zweck, sich eine Übersicht zu verschaffen, welche Sippen aus Südeuropa, Kleinasien und N-Afrika und welche Sippen des pliozänen Florenelementes in Mitteleuropa in die Bestimmungsschlüssel zusätzlich zu dem Bestand der mitteleuropäischen Arten aufgenommen wurden. Dabei sei darauf hingewiesen, daß die mitteleuropäische Flora i.S. von Hegi bereits eine große Zahl von Pflanzensippen mit einem Verbreitungsschwerpunkt in Südeuropa enthält.

Südeuropa, Kleinasien, N Afrika

Acanthaceae: *Acanthus*
Aceraceae: *Acer* p.p.
Amaryllidaceae: *Sternbergia*
Anacardiaceae: *Pistacia*
Apocynaceae: *Nerium*
Araliaceae: *Parthenocissus*
Asclepiadaceae: *Periploca*
Asteraceae: *Crupina, Carthamus*
Cactaceae: *Opuntia*
Caesalpiniaceae: *Cercis, Ceratonia*
Capparidaceae: *Capparis*

Caprifoliaceae: *Lonicera* p.p., *Viburnum* p.p.
Celastraceae: *Euonymus* p.p.
Cistaceae: *Cistus, Fumana* p.p., *Helianthemum* p.p.
Clethraceae: *Clethra*
Cneoraceae: *Cneorum*
Cucurbitaceae: *Cucumis, Cucurbita*
Cupressaceae: *Juniperus* p.p., *Cupressus*
Cynocrambaceae: *Theligonum*
Dioscoreaceae: *Tamus*
Dipsacaceae: *Scabiosa* p.p.
Ebenaceae: *Diospyros*
Elaeagnaceae: *Elaeagnus*
Ephedraceae: *Ephedra* p.p.
Ericaceae: *Arbutus, Erica* p.p., *Vaccinium* p.p., *Rhododendron* p.p.
Fabaceae: *Galega, Cicer, Spartium*
Fagaceae: *Fagus* p.p., *Quercus* p.p.
Hamamelidaceae: *Liquidambar*
Iridaceae: *Romulea*
Lamiaceae: *Lavandula, Phlomis, Rosmarinus*
Lauraceae: *Laurus*
Liliaceae: *Aphyllanthes, Asphodelus, Asphodeline, Hemerocallis, Ruscus, Simethis*
Loranthaceae: *Arceuthobium*
Morinaceae: *Morina*
Myrtaceae: *Myrtus*
Oleaceae: *Phillyrea, Fraxinus* p.p., *Jasminum, Olea, Syringa*
Palmae: *Chamaerops*
Papaveraceae: *Hypecoum*
Pinaceae: *Picea* p.p., *Pinus* p.p., *Abies* p.p., *Cedrus*
Plantaginaceae: *Plantago* p.p.
Platanaceae: *Platanus*
Punicaceae: *Punica*
Rafflesiaceae: *Cytinus*
Rhamnaceae: *Rhamnus* p.p., *Paliurus*
Rosaceae: *Poterium*
Rutaceae: *Citrus*
Santalaceae: *Comandra, Osyris*
Styracaceae: *Styrax*
Tamaricaceae: *Tamarix*
Tiliaceae: *Tilia* p.p.
Valerianaceae: *Centranthus*
Verbenaceae: *Vitex*
Zygophyllaceae: *Tribulus*

Besondere Sippen der mitteleuropäischen Pliozänfloren

Actinidiaceae: *Actinidia*
Bignoniaceae: *Catalpa*
Cercidiphyllaceae: *Cercidiphyllum*
Cupressaceae: *Thujopsis, Thuja, Libocedrus, Cunninghamia, Cephalotaxus, Cryptomeria*
Elaeagnaceae: *Shepherdia*
Eucommiaceae: *Eucommia*
Fagaceae: *Castanea* p.p., *Fagus* p.p., *Quercus* p.p.
Ginkgoaceae: *Ginkgo biloba*

Hamamelidaceae: *Corylopsis, Forthergilla, Hamamelis, Liquidambar, Parrotia*
Iteaceae: *Itea*
Juglandaceae: *Carya, Engelhardia, Juglans p.p., Platycarya, Pterocarya*
Lauraceae: *Laurus, Cinnamomum*
Nymphaeaceae: *Brasenia, Euryale*
Nyssaceae: *Nyssa*
Magnoliaceae: *Liriodendron, Magnolia*
Pinaceae: *Tsuga, Keteleeria, Cedrus, Pseudotsuga, Sciadopitys*
Rhamnaceae: *Berchemia, Ceanothus, Koelreuteria*
Rutaceae: *Ptelea*
Simaroubaceae: *Ailanthus*
Sterculiaceae: *Sterculia*
Styracaceae: *Styrax, Halesia, Pterostyrax*
Symplocaceae: *Symplocos*
Taxodiaceae: *Taxodium*
Ulmaceae: *Zelkova*

2.8 Bestimmungsschlüssel für die Skulpturtypen

Schematische Darstellungen nach FAEGRI & IVERSEN (1964) und mit freundlicher Genehmigung des Verlages aus PUNT et al. (1994).

1   Exine nicht skulpturiert. Tectum, wenn vorhanden, ohne (1) oder mit Perforationen (Tectum perforatum, 2) .... **psilat**

–   Oberfläche der Exine mit Vertiefungen oder hervorragenden Skulpturelementen oder Tectum netzförmig durchbrochen 2

2   Oberfläche der Exine mit Vertiefungen 3

–   Oberfläche der Exine mit hervorragenden Skulpturelementen oder Tectum netzförmig durchbrochen 5

3   Oberfläche der Exine mit runden Vertiefungen ....**foveolat**

–   Oberfläche der Exine mit langgestreckten (rinnenförmigen) Vertiefungen 4

4   Die langgestreckten Vertiefungen stehen isoliert ....**fossulat**

–   Die Vertiefungen schließen sich zu einem Netzwerk zusammen .... **frustillat** oder **areolat**

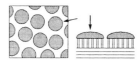

5 Skulpturelemente in Aufsicht ± isodiametrisch (rund, polyedrisch) 6

– Skulpturelemente in Aufsicht verlängert 11

6 Durchmesser oder Länge der Skulpturelemente bis 1 µm groß (Sammelbegriff: umfaßt micro-echinate, -gemmate, -clavate, -verrucate, -baculate und -reticulate Skulpturen). (1) in tectater, (2) in intectater Position. .... **scabrat**

– Durchmesser oder Länge der Skulpturelemente größer 7

7 Skulpturelemente zugespitzt. (1) in tectater, (2) in intectater Position. .... **echinat**

– Skulpturelemente nicht zugespitzt 8

8 Höhe der Skulpturelemente höchstens so groß wie ihr Durchmesser 9

– Höhe der Skulpturelemente größer als ihr Durchmesser 10

9 Skulpturelemente proximal verengt ..... **gemmat**

– Skulpturelemente proximal nicht verengt .... **verrucat**

10 Skulpturelemente proximal verengt .... **clavat**

– Skulpturelemente proximal nicht verengt .... **baculat**

11 Skulpturelemente in netziger Anordnung 12

– Skulpturelemente nicht in netziger Anordnung 13

12 Netzige Skulpturierung aus geschlossenen Brochi, entweder perreticulat (semitectate Skulpturierung) oder suprareticulat (tectate Skulpturierung) .... **reticulat**

– Skulpturierung besteht aus netzig gestellten Bacula oder Clavae .... **retipilat**

13 Skulpturelemente in ± paralleler, zumindest in scharenweise paralleler Anordnung .... **striat**

– Skulpturelemente unregelmäßig (nicht netzig oder parallel) angeordnet .... **rugulat**

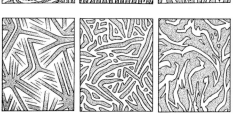

2.9 Bestimmungsschlüssel für die Pollenklassen

Schematische Darstellungen nach FAEGRI & IVERSEN (1964).

1 PK zu zweien, vieren oder zu vielen vereinigt (Dyaden, Tetraden, Polyaden, Pollinien) 2

– PK einzeln 4

2 PK zu vielen vereinigt .... **Polyadeae**

– PK zu vieren oder zu zweien vereinigt 3

3 PK zu vieren vereinigt .... **Tetradeae**

– PK zu zweien vereinigt .... **Dyadeae**

4 PK mit 2 getrennten Luftsäcken oder mit einem ringförmigen Luftsack .... **Vesiculatae**

– PK ohne Luftsäcke 5

5 PK ohne Poren oder Colpen, z.T. mit Längsrippen und unverzweigten oder beidseitig verzweigten Pseudocolpen und dann perprolat (Polyplicatae: nur *Ephedra*) ....
.... **Inaperturatae (1), Polyplicatae (2)**

– PK mit Poren und/oder mit Colpen 6

6 PK mit rundlichen oder eckigen Bereichen (Lacunae), in denen die Ektexine fehlt, und die von Rippen eingefaßt sind .... **Fenestratae**

– PK ohne solche Lacunae 7

7 PK mit 1 Pore oder 1 Colpus 8

– PK mit mehr als 1 Pore und/oder 1 Colpus 9

8 PK mit 1 Pore .... **Monoporatae**

– PK mit 1 Colpus .... **Monocolpatae**

9 Colpen mit einem ring- oder schraubenförmigen Verlauf oder mit zwei oder drei Colpen, die polar miteinander verbunden sind oder mit Colpen, die die Oberfläche des PK in eckige Bereiche aufteilt und miteinander verbunden sind ...
.... **Syncolpatae**

– Colpen anders angeordnet, nicht miteinander verbunden 10

10 PK mit 2 Colpen und/oder Poren 11

– PK mit mehr als 2 Colpen und/oder Poren ... 13

11 PK nur mit 2 Poren oder 2 Colpen................... 12

–   PK mit 2 Colpen, die äquatorial je eine Pore
    besitzen .... **Dicolporatae**

12 PK mit 2 Colpen .... **Dicolpatae**

–   PK mit 2 Poren .... **Diporatae**

13 PK mit 3 Poren .... **Triporatae**

–   PK mit mehr als 3 Poren oder mit 3 Colpen, die
    zusätzlich in der Mitte je 1 Pore besitzen oder mit
    mehr als 3 Colpen, die zusätzlich in der Mitte
    1 Pore besitzen können 14

14 PK mit 3 Colpen (a-b) oder zusätzlich mit 3 in
    der Mitte der Colpen orientierten Poren (c-d)
    oder porenähnlichen Veränderungen (nicht dar-
    gestellt) ....
    ..... **Tricolpatae, Tricolporatae, Tricolporoidatae**

    a   b   c   d

–   PK mit mehr als 3 Colpen und/oder Poren ... 15

15 PK mit 4 oder mehr Colpen, die Poren besitzen
    können, oder mit 4 oder mehr äquatorial ange-
    ordneten Poren 16

–   Aperturen mehr oder weniger regelmäßig über
    die Exine verteilt 19

16 PK nur mit Colpen oder nur mit Poren 17

–   PK mit Colpen und Poren 18

17 PK nur mit Colpen (hier aber nicht *Ephedra*, ver-
    gl. S. 64) .... **Stephanocolpatae**

–   PK nur mit Poren..................... **Stephanoporatae**

18 Jeder Colpus mit 1 äquatorialen Pore ....
    .... **Stephanocolporatae**

– Nur jeder zweite Colpus mit einer Pore ....
.... **Heterocolpatae**

19 PK nur mit Poren .... **Periporatae**

– PK mit Colpen oder mit Colpen, die je eine Pore
besitzen 20

20 PK colpat .... **Pericolpatae**

– PK colporat .... **Pericolporatae**

3. Polyadeae

Verbreitet bei den nichteuropäischen Mimosaceae *(Acacia)*. Größere Einheiten aus miteinander verwachsenen PK sind ferner die Pollinien bestimmter Orchidacaeae und Apocynaceae *(Orchis, Dactylorhiza, Ophrys, Goodyera, Epipogon* u.a.; *Vincetoxicum)*. Fossile Funde von Pollinien dürften kaum zu erwarten sein und werden daher hier nicht berücksichtigt.

4. Tetradeae

1 EPK reticulat-areolat (Tafel 1: 1-2), ca. 60-80 µm groß .... **4.1** *Catalpa* (S. 43)
– EPK nicht areolat 2
2 EPK echinat (Tafel 2: 1-2) .... **4.2** *Drosera* (S. 43)
– EPK nicht echinat 3
3 EPK inaperturat, sehr dünnwandig, nicht skulpturiert (wenn reticulat, vergl. Orchidaceae: *Epipactis*-Typ und *Spiranthes*, S. 44 und 50) .... **4.3 Juncaceae** (S. 43)
– EPK mit Poren und/oder Colpen (meist tricolpat, monoporat oder triporat) 4

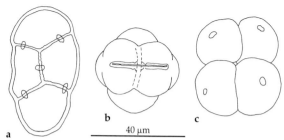

Abb. 2. Coaperturate Tetraden: **a** *Periploca graeca*, **b** *Daboecia cantabrica*. Nicht coaperturate Tetrade: **c** *Typha latifolia*.

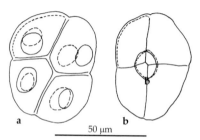

Abb. 3. a *Neottia nidus-avis*, **b** *Spiranthes aestivalis*.

4.1 Catalpa
(Tafel 1: 1-2)

Tetraden groß, ohne Aperturen. Exine reticulat-areolat. Reticulum mit Columellae, Brochi ca. 1-2 µm groß. Das Reticulum ist auf ca. 15 µm große Bereiche (Areolae) beschränkt, zwischen denen die reticulate Skulptur fehlt.

Catalpa bignonioides WALT. (1)
61,5-80,5 µm, MiW 67,6 µm; 50 T, 1a

4.2 Drosera
(Tafel 2: 1-2)

EPK echinat, Echini z.T. verschieden lang. Die Tetraden werden hier wegen der geringen Deutlichkeit der Aperturen als inaperturat bezeichnet. Tatsächlich sind die EPK stephanoporat, denn auf ihrer proximalen Seite befindet sich neben den Verwachsungslinien benachbarter EPK eine größere Anzahl von Poren (bei *D. intermedia* 10-15) in kreisförmiger, ± äquatorialer Anordnung (Tafel 2: 2).

1 Große Echini 1,5-2,5(4,0) µm lang, mit Abständen von 3-5 µm. Kleine Echini nur ca. 0,8 µm lang (Abstände ca. 1 µm) und sehr dünn, alle scharf und lang zugespitzt. Selten können wenige stumpfe Echini beigemischt sein, Exine 2,0-2,5 µm dick (Tafel 2: 1-2) ....
.... **4.2.1 Drosera rotundifolia-Typ**

Drosera rotundifolia L. (4)   *Drosera longifolia* HUDS. (4)
51,8-70,5 µm, MiW 62,0 µm; 50 T, 0a   61,0-81,3 µm, MiW 70,8 µm; 50 T, 0a

– Echini höchstens 1,5 µm lang, stumpf zugespitzt, nicht selten baculum-artig. Am Rande der EPK stehen oft auch Clavae. Ein Skulpturdimorphismus ist sonst nicht oder nur ganz schwach entwickelt. Exine ca. 1,5 µm dick .... **4.2.2 Drosera intermedia**

Drosera intermedia HAYNE (3)
47,3-69,5 µm, MiW 56,6 µm; 50 T, 0a

4.3 Juncaceae

Wegen der uncharakteristischen und sehr zarten Exine wird dieser Pollentyp im fossilen Zustand kaum ansprechbar sein. Außerdem lösen sich die EPK leicht voneinander. Von einer eingehenden Bearbeitung wurde abgesehen.

Vidi: *Juncus effusus* L., *J. squarrosus* L., *Luzula campestris* (L.) DC., *L. luzuloides* (LAM.) DANDY & WILM., *L. pilosa* (L.) WILLD., *L. silvatica* (HUDS.) GAUD.

4.4 Periploca
(Tafel 1: 6, Abb. 2a)

Tetraden meist langgestreckt. Jedes EPK hat 4-6 kleine Poren Die Innenwände der Tetraden sind deutlich perforiert. *Vincetoxicum hirundinaria* MEDIK. hat ca. 250 µm lange Pollinien.

Periploca graeca L. (1)
46,5-65,3 µm, MiW 55,7 µm; 50 T, 0a

44

4.5 *Spiranthes*
(Abb. 3b)

Tetraden reticulat. Die EPK liegen in einer Ebene. Sofern die Tetraden rundlich-länglich sind, bilden die EPK Quadranten. Oft sind die Tetraden langgestreckt und erreichen dann Längen von über 80 µm. Bei regelmäßiger Anordnung der EPK im Tetradenverband (wie in Abb. 3b) ist die Wand der Tetrade in der Mitte eingekrümmt. Hier liegt auf beiden Seiten von jedem EPK je 1 Pore, und diese 4 Poren sind beiderseits coaperturat verschmolzen. Die beiden coaperturaten Bereiche sind undeutlich begrenzt und tragen Rudimente des Reticulums. Tetraden mit abweichenden Porenverhältnissen sind nicht selten. Die Poren können fehlen oder schwer erkennbar sein. Inaperturate Formen werden zu dem *Epipactis*-Typ gestellt, da auch hier inaperturate Tetraden vorkommen können (s. S. 50). Niemals treten aber bei *Spiranthes* wie bei dem *Epipactis*-Typ große Poren in distaler Lage auf. Die Brochi sind (1,5)2,0-4,0(5,0) µm groß, die Columellae sind deutlich erkennbar. Die Exine ist 1,5-2,0 µm dick.

Spiranthes aestivalis (POIR.) RICH. (2)
41,5-72,5 µm, MiW 52,3 µm; 50 T, 0a

Spiranthes spiralis (L.) CHEVALL. (2)
35,0-63,0 µm, MiW 48,3 µm; 50 T, 0a

4.6 *Aldrovanda versiculosa*
(Tafel 1: 5)

Große Tetraden mit tricolpaten EPK. EPK mit ca. 2 µm langen Echini. Colpi bis 12,5 µm breit.

Aldrovanda vesiculosa L. (1)
71,0-91,1 µm, MiW 55,7 µm; 50 T, 0a

4.7 Ericaceae-*Empetrum*-Gruppe
(Tafel 1: 7-10; Tafel 2: 3-4, 12-13, Abb. 4a-b)

Umfaßt Ericaceae, Empetraceae und alle Pyrolaceae, deren Arten Tetraden besitzen.

Alle Größenangaben beziehen sich auf die Tetraden, sofern nicht anders angegeben. Die relative Länge der Colpi – und zwar die Gesamtlänge der zwischen benachbarten EPK ineinander übergehenden Colpi – wird durch den Colpus-Index (Tetradendurchmesser : Colpuslänge) angegeben.

1   EPK gegeneinander deutlich abgesetzt, d.h. der optische Schnitt der Tetraden zeigt dort, wo die EPK aneinanderstoßen, deutliche Einschnürungen 4

–   EPK nicht oder nur ganz schwach gegeneinander abgesetzt, Die Tetraden sind im optischen Schnitt nahezu kreisförmig oder etwas dreieckig, aber ohne deutliche Einschnürungen 2

2   Innenwände der Tetraden dicht perforiert .... **4.7.1** *Arctostaphylos alpina*
     Arctostaphylos alpina (L.) SPRENG. (3)
     47,3-54,3 µm, MiW 50,9 µm; 50 T, 0a

–   Innenwände nicht oder kaum perforiert 3

3   Skulptur scabrat, Innenwände der Tetraden nur mit wenigen Perforationen ....
     ....**4.7.2** *Arctostaphylos uva-ursi*
     Arctostaphylos uva-ursi (L.) SPRENG. (3)
     38,7-46,3 µm, MiW 42,8 µm; 50 PK, 1a

▷

Tafel 1

1-2 *Catalpa bignonioides*, **3-4** *Epipactis palustris*, **5** *Aldrovanda vesiculosa*, **6** *Periploca graeca*, **7,10** *Calluna vulgaris*, **8-9** *Empetrum nigrum*, **11-12** *Ledum palustre*. – Vergrößerungen 1000fach.

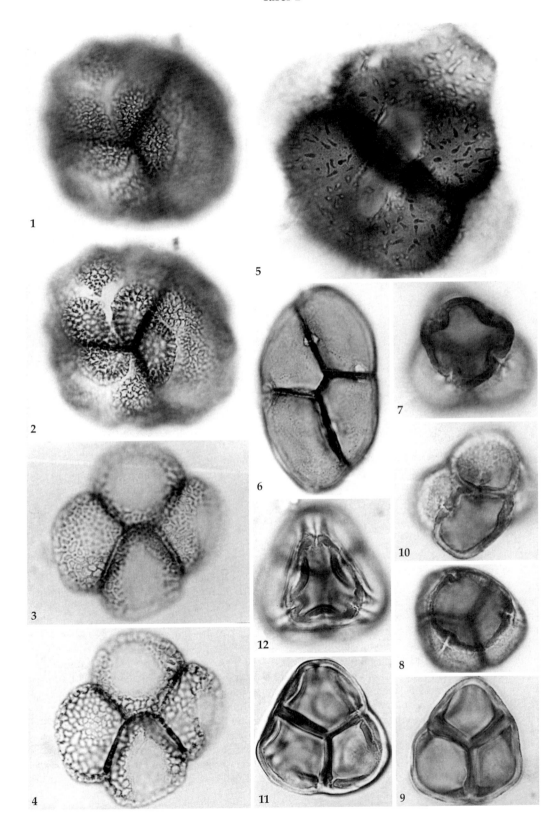

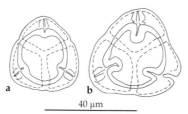

40 μm

Abb. 4. a *Empetrum nigrum,* **b** *Ledum palustre.*

– Skulptur psilat, Innenwände nicht perforiert ....**4.7.3** *Arbutus*

Arbutus unedo L. (2)   *Arbutus andrachne* L. (1)
48,7-53,7 μm, MiW 53,5 μm; 50 PK, 1a   46,6-53,7 μm, MiW 48,8 μm; 50 PK, 1a

4   EPK in den meisten Fällen mit 4 kurzen, breiten Colpi. Tetraden stets unregelmäßig ausgebildet, Skulptur grob scabrat bis verrucat, EPK gelegentlich in einer Ebene oder einer Reihe (Tafel 1: 7 und 10) .... **4.7.4** *Calluna vulgaris*

Calluna vulgaris (L.) HULL (6)
34,0-48,0 μm, MiW 39,4 μm; 50 PK, 0a

– EPK nur mit 3 Colpi 5

5   Innenwände der Tetraden deutlich dicker als die Außenwände, meist über 2 bis 3,5 μm (Tafel 1: 8-9; Abb. 4) .... **4.7.5** *Empetrum/Ledum*

Empetrum nigrum L. s.str. (5)
32,8-39,5 μm, MiW 36,6 μm; 50 PK, 0a
Skulptur scabrat, Colpus-Länge 11,3-18,6 μm, Polarfelder 11,3-13,8 μm

Empetrum hermaphroditum HAGERUP (2)
30,0-45,5 μm, MiW 38,3 μm; 50 PK, 0a

Zu *Empetrum:* Colpus-Länge 11,3-20,5 μm. Über 39 μm große fossile *Empetrum*-Tetraden dürften überwiegend zu *E. hermaphroditum* (2n = 52)gehören. Von ERDTMAN (1954) und SLADKOV (1954) werden als Grenze zwischen den Tetradengrößen beider Arten 34 bzw. 35 μm angegeben. Beide Autoren fanden bei *E. hermaphroditum* keine Tetraden, die in den Größenbereich von *E. nigrum* (2n = 26) fielen. Übersicht über bisher veröffentlichte Größenangaben bei ANDERSEN 1961.

Ledum palustre L. (4)   *Ledum groenlandicum* OEDER (1)
32,0-42,0 μm, MiW 35,5 μm; 50 PK, 0a   28,5-38,8 μm, MiW 32,2 μm; 50 PK, 0a

Zu *Ledum:* Skulptur scabrat. Ein sehr hoher Prozentsatz der *Ledum*-Tetraden zeigt das für *Empetrum* typische Merkmal der dicken Innenwände. Die Colpi sind zwar länger (16,3-24,8 μm) als bei *Empetrum* und die Polarfelder kleiner (6,8-13,8 μm), doch überschneiden sich die Werte von *Ledum* und *Empetrum*. Dreht man die Tetraden so, daß man ein EPK in Polaransicht sieht, so ist bei *Empetrum* von den Colpen fast nur eine Einkerbung im optischen Schnitt zu sehen (Tafel 1, 8 und Abb. 4 a), während bei *Ledum* die Colpen deutlich weiter zum Pol des EPK reichen (Tafel 1, 12 und Abb. 4 b). In dieser Lage (Polaransicht) erscheinen die EPK im optischen Schnitt bei *Empetrum* rund, bei *Ledum* daneben auch dreieckig (Tafel 1, 12). Tetraden mit stark verdickten Innenwänden vom »*Empetrum-Ledum*-Typ« konnten auch vereinzelt bei anderen Arten festgestellt werden, so bei *Cassiope hypnoides, Phyllodoce coerulea* und *Loiseleuria procumbens.*

– Innenwände der Tetraden so dick wie die Außenwände oder dünner 6

▷

Tafel 2

1-2 *Drosera rotundifolia,* **3-4** *Erica tetralix,* **5-7** *Nymphaea alba,* **8-9** *Scheuchzeria palustris,* **10-11** *Typha minima,* **12-13** *Moneses uniflora,* **14** *Listera cordata* (Phako). – Vergrößerungen 1000fach.

Tafel 2

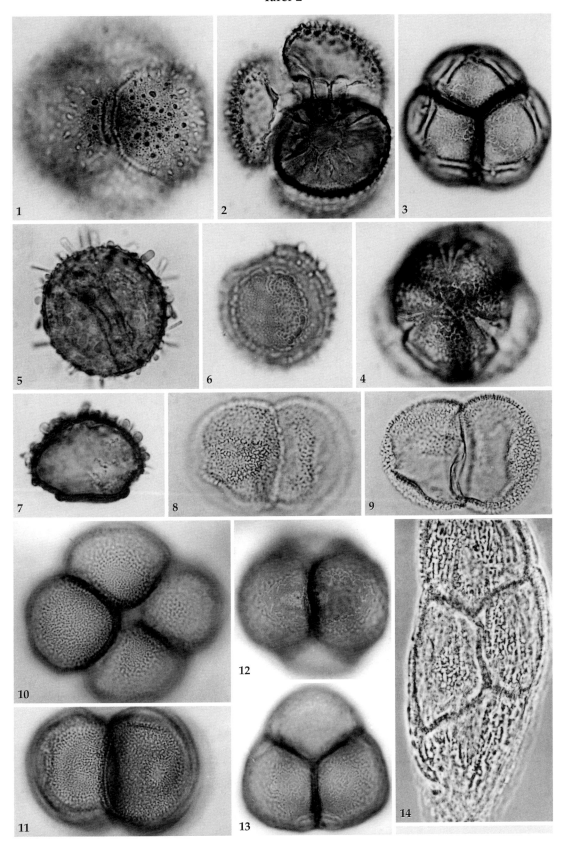

6   Colpen sehr kurz, Colpus-Index größer als 3,3. Tetraden deutlich scabrat bis schwach verrucat, nicht derbwandig. Colpus-Index 3,3(3,6)-4,5, MiW 4,1, 10 T (Tafel 2: 12-13) ....
....**4.7.6** *Moneses uniflora*

Moneses uniflora (L.) A. GRAY (1)
41,8-53,0 µm, MiW 45,3 µm; 50 T, 0a

–   Colpen länger, Colpus-Index < 3,3; wenn größer, dann Tetraden fast psilat und deutlich derbwandig. Skulpturierung im Einzelnen unterschiedlich, psilat, scabrat, auch rissig-fein löcherig.........
.... **4.7.7 Sammelgruppe** *Vaccinium*-**Typ**

Vaccinium vitis-idaea L. (4)
37,0-45,5 µm, MiW 41,6 µm; 50 T, 0a

Vaccinium myrtillus L. (6)
37,0-50,5 µm, MiW 43,6 µm; 50 T, 0a

Vaccinium uliginosum L. s.l. (4)
39,8-55,5 µm, MiW 45,1 µm; 50 T, 0a

Vaccinium oxycoccus s.l. L. (4)
30,0-45,5 µm, MiW 38,6 µm; 50 T, 0a

Vaccinium arctostaphylos L. (1)
39,4-52,4 µm, MiW 46,2 µm; 50 T, 1a

Zu *Vaccinium arctostaphylos*: Skulptur scabrat. Die Tetraden sind oft der Kugelform stärker genähert (ähnlich *Arctostaphylos* und *Arbutus*), als das bei den anderen *Vaccinium*-Arten der Fall ist.

Erica tetralix L. (3) (Tafel 9, 3-4)
40,5-50,0 µm, MiW 49,7 µm; 50 T, 0a
Skulptur verrucat-scabrat, selten fein scabrat.

Erica cinerea L. (0)
44,5-59,5 µm, MiW 51,0 µm; 50 PK, 0a

Erica ciliaris L. (2)
32,5-38,5 µm, MiW 36,3 µm; 50 T, 1a

Erica carnea L. (2)
30,5-39,8 µm, MiW 35,4 µm; 50 T, 0a

Erica verticillata FORSK. (1)
27,5-35,5 µm, MiW 31,5 µm; 50 T 1a

Erica multiflora L. (1)
27,5-35,5 µm, MiW 31,5 µm; 50 T, 1a

Erica arborea L. (2)
28,8-37,3 µm, MiW 33,7 µm; 50 T, 0a

Erica scoparia L. (1)
27,5-33,0 µm, MiW 29,7 µm; 50 T, 1a

Erica vagans L. (1)
28,0-38,3 µm, MiW 31,6 µm; 50 PK, 0a

Andromeda polifolia L. (5)
47,0-62,0 µm, MiW 53,1 µm, 50 T, 0a

Cassiope hypnoides (L.) DON (1)
24,0-34,1 µm, MiW 28,2 µm; 50 T, 1a

Cassiope tetragona (L.) DON (3)
24,0-32,1 µm, MiW 27,1 µm; 50 T, 0a

Ledum palustre L. (3)
vergl. S. 46

Ledum groenlandicum OEDER (1)
vergl. S. 46

Kalmia angustifolia L. (1)
25,5-33,5 µm, MiW 30,4 µm; 50 T, 1a

Phyllodoce coerulea (L.) BAB. (2)
30,5-42,5 µm, MiW 35,6 µm; 50 T, 1a
Skulptur scabrat bis verrucat.

Chamaedaphne calyculata (L.) MOENCH (3)
33,5-45,8 µm, MiW 38,8 µm; 50 T, 0a

Daboecia cantabrica (HUDS.) K.KOCH (1)
31,0-39,0 µm, MiW 33,2 µm; 50 T, 1a

Loiseleuria procumbens (L.) DESV. (4)
32,3-44,5 µm, MiW 38,1 µm; 50 T, 0a

Rhodothamnus chamaecistus (L.) RECHB. (1)
43,7-58,8 µm, MiW 48,6 µm; 50 T, 1a
EPK selten mit 4 Colpen

Rhododendron ferrugineum L. (2)
40,0-49,5 µm, MiW 44,4 µm; 50 T, 0a
Colpus-Index 1,8-2,7 (2,4)

Rhododendron hirsutum L. (2)
30,5-43,3 µm, MiW 38,4 µm; 53 T, 8a

Rhododendron intermedium TAUSCH (1)
31,5-42,0 µm, MiW 35,4 µm; 50 T, 1a
Colpus-Index 2,1-2,5 (2,3)

Rhododendron koschyi SIMK. (1)
33,5-44,5 µm, MiW 39,3 µm; 50 T, 1a
Colpus-Index 2,1-2,5 (2,3)

Rhododendron lapponicum WG. (1)
38,5-50,7 µm, MiW 45,2 µm; 50 T, 1a

Zu den vorstehenden 6 *Rhododendron*-Arten: Skulptur fein scabrat. *Rh. lapponicum* und die 3 folgenden Arten der Gattung *Rhododendron* sind nicht nur grösser, sondern auch wesentlich derbwandiger als die vorangestellten Arten. Colpus-Index 2,2-3,6, MiW 2,8; 10 PK.

Rhododendron ponticum L. (1)
48,7-66,5 µm, MiW 59,0 µm; 50 T, 1a
Colpus-Index 2,2-3,1, MiW 2,8, 10 T

Rhododendron flavum G. DON (1)
51,0-74,0 µm, MiW 61,5 µm; 50 T, 1a
Colpus-Index 3,0-4,1, MiW 3,6, 10 T

Rhododendron caucasicum PALL. (1)
48,0-69,0 µm, MiW 57,0 µm; 50 T, 1a

Zu den vorstehenden 3 *Rhododendron*-Arten: Schwach scabrat, Colpus-Index 2,5-4,3, MiW 3,4; 10 PK. Die Tetraden der Gattungen *Rhododendron* und *Rhodothamnus* besitzen meist gut ausgebildete Querfalten.

Pyrola media Sw. (1)
36,5-44,0 µm, MiW 40,2 µm; 50 T, 6a
Skulptur scabrat, stark körnig.

Pyrola chlorantha Sw. (3)
32,5-42,5 µm, MiW 38,3 µm; 50 T, 0a
Skulptur deutlich scabrat.

Pyrola minor L. (3)
33,0-39,5 µm, MiW 36,5 µm; 50 T, 0a
Skulptur psilat bis fein scabrat.

Pyrola rotundifolia L. (3)
33,3-42,3 µm, MiW 37,3 µm; 50 T, 0a
Skulptur fein scabrat.

Non vidi: *Erica lusitanica* RUDOLPHI, *E. hibernica* (HOCKER & ARNOTT) SYME.

Die Sammelgruppe umfaßt Arten aus den verschiedenen Teilen Europas und aus Kleinasien. Wenn auch innerhalb dieser 36 Arten insgesamt keine eindeutige Artbestimmung möglich zu sein scheint, so könnte das doch innerhalb bestimmter geographisch begrenzter Räume der Fall sein. Wünschenswert wäre eine derartige Möglichkeit besonders für *Erica tetralix* in W- und NW-Europa und für *Loiseleuria procumbens* in den Alpen und in Skandinavien. Bei *Loiseleuria* sind durchgreifende Unterschiede gegenüber den Tetraden der *Vaccinium*-Arten, *Ledum palustre* und den alpinen *Rhododendron*-Arten nicht erkennbar. *Erica tetralix* (Tafel 2: 3-4) läßt sich möglicherweise von den *Vaccinium*-Arten, von *Andromeda* und von *Pyrola* aufgrund ihrer stärker ausgebildeten verrucaten Skulptur innerhalb gewisser Fehlergrenzen absichern. Bei *Erica tetralix* sind die Verrucae ca. 1-3 µm groß, deutlich gebuckelt, während sie bei den genannten anderen Arten nur 0,5-1,0 µm groß sind.

In Skandinavien ist eine Bestimmung von *Rhododendron lapponicum* aufgrund des höheren Colpus-Index (2,3-3,6, MiW 2,8; 10 T) gegenüber den *Vaccinium*-Arten (Colpus-Index z.B. bei *V. uliginosum* 1,6-1,7, MiW 1,7; 10 T) möglich. Ebenfalls durch den Colpus-Index ist eine Unterscheidung zwischen *Vaccinium arctostaphylos* (1,7-2,2, MiW 2,0; 10 T) einerseits und *Rhododendron ponticum* (2,2-3,1, MiW 2,8; 10 T) sowie *Rh. flavum* (3,0-4,3, MiW 3,7; 10 T) andererseits möglich. Bei den übrigen *Rhododendron*-Arten einschließlich *Rh. kotschyi* scheint keine Aussicht auf eine Gattungs- und Artbestimmung zu bestehen.

4.8 *Chimaphila umbellata*
(Tafel 3: 1-3)

Skulptur fein scabrat. Colpen meist mit Colpi transversales. Die Tetraden kleben häufig in Klumpen zusammen.

Chimaphila umbellata (L.) BARTON. (3)
33,3-46,0 µm, MiW 38,6 µm; 50 T, 0a

4.9 *Typha latifolia*-Typ
(Tafel 2: 10-11, Abb. 2c)

Die monoporaten EPK sind in einer Ebene angeordnet, seltener in einer Reihe. EPK reticulat, Brochi (1-2 µm) oft nicht vollständig geschlossen. Poren bis 6 µm groß. Exine ca. 2 µm dick, Endexine 1 µm, Columellae-Schicht deutlich. – *T. angustifolia* besitzt keine Tetraden, sondern monoporate PK (s. S. 91).

Typha latifolia L. (5)
41,3-57,3 µm, MiW 47,8 µm; 50 T, 0a

Typha minima FUNK (3)
45,0-57,5 µm, MiW 51,4 µm; 50 T, 0a

Typha laxmanni LEPECH. (2)
46,3-62,8 µm, MiW 53,2 µm; 51 T, 0a

Typha shuttleworthii W.D.J. KOCH & SOND. (2)
35,7-48,5 µm, MiW 42,2 µm; 30 T, 0a

4.10 *Epipactis*-Gruppe
(Tafel 1: 3-4, Tafel 2: 14, Abb. 3a)

Große reticulate oder striate (striat-reticulate) Tetraden mit 1 oder 2 Poren pro EPK. In den Tetraden liegen die EPK in tetraedrischer Anordnung, in einer Ebene oder mehr oder weniger aneinandergereiht. Vor allem bei *Neottia* und *Listera* wurden Tetraden beobachtet, bei denen die Poren nicht oder schwer erkennbar sind, und die bei der Bestimmung als inaperturat angesprochen werden dürften. Die Pollenwand wird durch die Azetolyse nicht oder kaum angefärbt. Der Aufbau der Wand stimmt mit dem von *Cephalanthera* und *Limodorum* überein (S. 92).

Bei *Cephalanthera* und *Limodorum* sind die EPK monoporat und nicht im Tetradenverband zusammengeschlossen (S. 92). *Cypripedium calceolus* hat dicolpate PK (S. 120). *Spiranthes* hat coaperturate Tetraden (S. 44).

1   Skulptur striat(-reticulat) .... **4.10.1** *Listera cordata*

–   Skulptur reticulat 2

2   EPK mit 1 oder 2 großen Poren 3

–   EPK inaperturat .... *Listera* **p.p.**, *Neottia* **p.p.**, *Spiranthes* **p.p.**

3   EPK mit 1 Pore, Tetraden reticulat skulpturiert .... **4.10.2** *Epipactis*

–   EPK mit 2 Poren, Tetraden reticulat oder reticulat-striat skulpturiert .... **4.10.3** *Neottia*-Typ

4.10.1 *Listera cordata* (Tafel 2: 14). Meist langgestreckte Tetraden. Skulpturierung in Längsrichtung der Tetraden striat-reticulat. Bei stark langgestreckten Tetraden sind die in Längsrichtung verlaufenden Muri z.T. bis über 10-20 µm lang und manchmal gewellt. Die reticulate Vernetzung ist nur fragmentarisch ausgebildet. Bei kürzeren Tetraden tritt die reticulate Vernetzung etwas stärker in Erscheinung. EPK mit 1-2 oft undeutlichen Poren. Einzelne Tetraden können bis über 100 µm lang sein.

Listera cordata (L.) R. BR. (2)
49,3-94,3 µm, MiW 66,2 µm; 50 T, 0a

4.10.2 *Epipactis* (Tafel 1: 3-4). Bei regelmäßig tetraedrischer Anordnung liegen die 12-25 µm großen, runden bis eckigen Poren meist in distaler Position. Tetraden gelegentlich heterobrochat. Brochi ca. 1,0-5,5 µm groß, Muri ca. 0,8-1,5 µm breit. Columellae meist deutlich. Die Exine ist 2,0-2,5(3,0) µm dick, die Endexine dünn. Das Verhältnis zwischen der Dicke des Tectums und der Länge der Columellae wechselt von Art zu Art bzw. von Herkunft zu Herkunft. Besonders deutlich waren die Columellae in Aufsicht bei *E. purpurata* zu erkennen.

Epipactis atrorubens (HOFFM.) BESSER (2)
53,3-74,8 µm, MiW 63,5 µm; 50 T, 0a

Epipactis palustris (L.) CRANTZ (2)
45,0-,62,0 µm, MiW 53,2 µm; 50 T, 0a

Epipactis helleborine (L.) CRANTZ (1)
51,0-79,0 µm, MiW 64,9 µm; 50 T, 0a

Epipactis purpurata SM. (1)
54,8-76,0 µm, MiW 65,4 µm; 50 T, 0a

Epipactis microphylla (EHRH.) SW. (1)
46,5-75,0 µm, MiW 57,0 µm; 52 T, 0a

4.10.3 *Neottia*-Typ. EPK mit je 2 Poren (Abb. 3a). Poren in äquatorialer, nicht distaler, oft auch in proximal genäherter Position. Poren deutlich oder undeutlich, u.U. nicht erkennbar. Es gibt Tetraden, bei denen einzelne EPK nur eine Pore besitzen oder inaperturat sind. Die Porenbegrenzungen sind oft sehr unregelmäßig ausgebildet und durch Brochus-Reste begrenzt. Aufbau der Exine im wesentlichen wie bei *Epipactis*.

Neottia nidus-avis (L.) RICH. (2)
51,8-83,8 µm, MiW 64,3 µm; 50 T, 0a

Listera ovata (L.) R. BR. (2)
46,0-78,8 µm, MiW 54,2 µm, 50 T, 0a

5. Dyadeae

5.1 *Scheuchzeria palustris*
(Tafel 2: 8-9)

Einziger Vertreter mit Dyaden im Untersuchungsgebiet. PK inaperturat und kugelig. Brochi 1,0-2,5 µm groß, Muri schmal, oft unterbrochen, Columellae nicht immer erkennbar. Exine 1,2-1,5 µm dick, Endexine dünn.

Scheuchzeria palustris L. (2)
36,3-50,0 µm, MiW 44,4 µm; 51 D, 0a

6. Vesiculatae

1 PK oblat, mit einem ringförmigen, äquatorial verlaufenden Luftsack, der auch in viele kleine Bläschen (Vesiculae) aufgelöst sein kann (Tafel 3: 4-5, Abb. 5p) .... **6.1 *Tsuga*** (S. 51)

– PK mit zwei Luftsäcken 2

2 Exine des Pollenmittelteils (PMT) dorsal (proximal) bis 4 µm dick (selten bis 4,5 µm; beachte *Cedrus* mit 4-7 µm) 3

– Exine des PMT dorsal dicker als 5 µm (man beachte *Cedrus* mit 4-7 µm) 5

3 Luftsäcke bis halbkugelig, selten etwas mehr als halbkugelig (so bei *Picea orientalis* und *P. omorica*). Vergl. Abb. 5n und o .... **6.2 *Picea*** (S. 54)

– Luftsäcke deutlich mehr als halbkugelig 4

4 Luftsäcke nicht aus dem Äquatorialbereich auf die Ventralseite des PMT verschoben (Abb. 5a-f). PK ca. 50-110 µm lang, bei mitteleuropäischen Arten ca. 60 bis 100 µm ....**6.3 *Pinus*** (S. 55)

– Luftsäcke deutlich auf die Ventralseite des PMT verschoben (Abb. 8). PK 100-140 µm lang ....
.... **6.4 *Keteleeria davidiana*** (S. 59)

5 Luftsäcke mehr als halbkugelig, meistens dreiviertelkugelig, Exine des PMT dorsal 6-10 µm dick (Abb. 5 m). PK 95-190 µm, europäische Arten ca. 120 bis 160 µm lang .... **6.5 *Abies*** (S. 59)

– Luftsäcke meist nur halbkugelig. Exine des PMT dorsal 4-7 µm dick, an der Ansatzstelle der Luftsäcke noch dicker (Tafel 3: 6-7; Abb. 5g-l). PK ca. 75-110 µm lang .... **6.6 *Cedrus*** (S. 60)

6.1 *Tsuga*
(Tafel 3: 4-5; Abb. 5p)

PK oblat, Durchmesser ca. 55-90 µm. Luftsack ringförmig, äquatorial verlaufend, entweder ± ungeteilt umlaufend oder in viele kleine, über 5 µm hohe und in der Aufsicht bis 10 µm lange, gewundenfaltige Vesiculae aufgelöst. Gelegentlich kann der Luftsack an zwei einander gegenüberliegenden

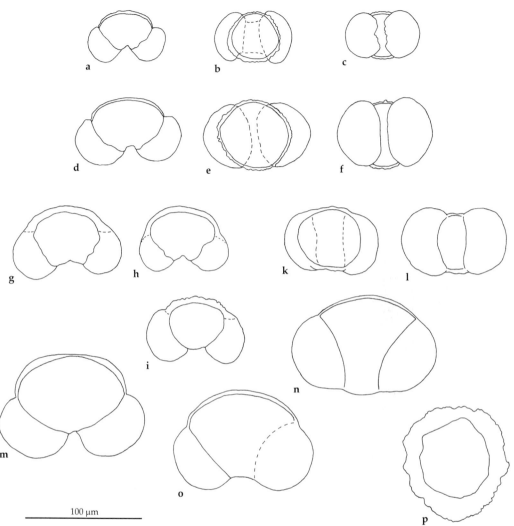

100 µm

Abb. 5. a-c *Pinus mugo*, **d-f** *Pinus cembra*, **g,h,k,l** *Cedrus libani*, **i** *Cedrus atlantica* (gestrichelte Linien in g-i: Grenzen zwischen Luftsack und dorsaler Wand des PMT im optischen Schnitt), **m** *Abies pinsapo*, **n** *Picea excelsa*, **p** *Tsuga diversifolia*, **o** *Picea omorica*.

Bereichen erweitert sein. PK heteropolar, die Skulpturierung der distalen und proximalen Seite besteht aus kleinen Vesiculae. Auf der proximalen Seite sind diese bis ca. 5 µm hoch, in der Aufsicht unregelmäßig gewunden-gefaltet. Auf der distalen Seite besteht die Skulptur dagegen aus nur 1-2 µm hohen, zu Verrucae reduzierten Vesiculae.

▷

Tafel 3

1-3 *Chimaphila umbellata*, **4-5** *Tsuga diversifolia* (4 distale Seite, 5 optischer Schnitt), **6-7** *Cedrus libani*. – Vergrößerungen 1000fach.

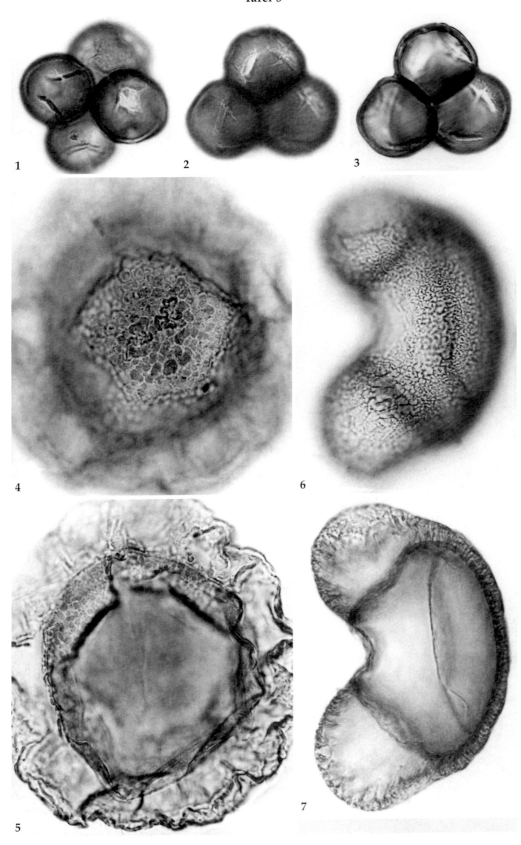

54

6.1.1. *Tsuga diversifolia*-Typ. Luftsack und Vesiculae der proximalen Seite locker mit 2-3 µm langen und sehr dünnen Echini besetzt. PK mit ringförmigen Luftsäcken, die jedoch nicht selten in viele kleine Vesiculae aufgelöst sind. Nach KRUTZSCH (1971) gehören zu diesem Typ außerdem *Tsuga sieboldii* CARR., *T. dumosa* (D. DON.) EICHLER, *T. chinensis* (FRANCH.) PRITZ. und *T. yunnanensis* (FRANCH.) PRITZ.

Tsuga diversifolia (MAXIM.) MAST. (1)
61,3-79,0 µm, MiW 70,0 µm; 50 PK, 0a

6.1.2. *Tsuga canadensis*-Typ. PK ohne Echini. Luftsack bei *T. canadensis* in viele kleine Vesiculae aufgelöst.

Tsuga canadensis (L.) CARR. (1)
56,3-87,0 µm, MiW 73,7 µm; 50 PK, 0a

6.2 *Picea*
(Abb. 5n und o)

Luftsäcke bis halbkugelig, selten etwas mehr als halbkugelig, bei *P. omorica* und *P. orientalis* meistens (Abb. 5o), bei *P. abies* seltener (Abb. 5n) gegen den PMT abgesetzt. Exine des PMT bei *P. abies* um 3 µm, bei *P. omorica* und *P. orientalis* bis 4,5 µm dick.

Die Unterscheidung zwischen *Picea abies* und *Picea omorica*/*P. orientalis* aufgrund der Luftsackhöhe (Durchmesser der Luftsäcke an der Ansatzstelle, gemessen in Äquatorialansicht) wurde schon von FIRBAS (1927) vorgenommen. FIRBAS verwendete mit KOH aufbereitetes Material. Am azetolysierten Material wurden daher die Luftsackhöhen erneut gemessen.

Picea excelsa	53,8-83,3 µm, MiW 66,4 µm; 50 PK	
	47 -85 µm, MiW 66,7 µm	(FIRBAS)
Picea omorica	33,8-73,6 µm, MiW 48,8 µm; 76 PK	
	33 -70 µm, MiW 49,8 µm	(FIRBAS)
Picea orientalis	36,3-76,3 µm, MiW 43,6 µm; 50 PK	
	33 -70 µm	(FIRBAS)

Zweigipflige Größenverteilungskurven sprechen für die Anwesenheit beider Arten. Die in N-Amerika beheimatete *P. mariana* gehört ebenfalls zum *Picea omorica*-Typ.

Zu beachten ist, daß man die Luftsackhöhe nicht an gequetschten PK messen darf, da dann die Werte für die Luftsackhöhe zu hoch sind. Man muß darauf achten, daß zwischen Deckglas und Objektträger eine genügend dicke Schicht des Einschlußmittels vorhanden ist.

Zur Unterscheidung isolierter PMT von *Picea* und *Abies* ist die Struktur auf der Dorsalseite wichtig. Bei diesen Strukturen handelt es sich um eine Art unvollständiger Kammerung, um ein fragmentarisch entwickeltes inneres Netzwerk (Endoreticulum). In Aufsicht haben die Kammern oder die Maschen des Netzwerkes bei *Picea* in allen optischen Ebenen höchstens eine Größe von 2 µm (ähnlich: *Pinus*, *Keteleeria*). Bei *Abies* und *Cedrus* ist ein sehr deutlicher zweischichtiger Aufbau vorhanden. Die in tiefer optischer Ebene erkennbaren bis zu 4 µm großen Kammern gehen bei hoher optischer Ebene in kleine Kammern über (1-2 µm). Isolierte Luftsäcke von *Abies* und *Pinus* bestimmt man nach ihrer Form. Unbestimmbare Luftsäcke beider Gattungen kann man im Verhältnis der bestimmbaren PK von *Picea* und *Abies* aufteilen.

Picea abies (L.) H. KARST. (3)
2 Herkünfte:
110,0-147,5 µm, MiW 124,5 µm; 100 PK, 0a
106,5-157,2 µm, MiW 128,1 µm; 60 PK, 0a

Picea omorica PANCIC (3)
2 Herkünfte:
96,2-139,0 µm, MiW 119,0 µm; 50 PK, 1a
90,5-122,5 µm, MiW 103,7 µm; 50 PK, 1a

Picea orientalis LINK & CARR. (1)
85,0-115,0 µm, MiW 100,3 µm; 100 PK, 0a

Picea mariana MILLER (1)
78,0-109,8 µm, MiW 93,5 µm; 50 PK, 0a

6.3 *Pinus*
(Abb. 5a-f, Abb. 6-7)

Luftsäcke mehr als halbkugelig, hängend bis abgespreizt, deutlich gegen den PMT abgesetzt. Exine dorsal bis 3 μm dick.

Die schon vor längerer Zeit viel diskutierte Frage der größenstatistischen Unterscheidung der PK von *Pinus*-Arten soll hier im Einzelnen nicht wieder behandelt werden. Die allzu starke Überschneidung der Häufigkeitskurven am rezenten Material und die Unsicherheit in der Frage einer sediment-bedingten Größenänderung (F. & I. FIRBAS 1936) haben derartige Versuche weitgehend scheitern lassen. Die von RUDOLPH (1936) vorgenommene Aufteilung in einen *Sylvestris*-Typ und einen *Haplo-xylon*-Typ (hier als *Pinus cembra*-Typ bezeichnet) ist dagegen ein brauchbares und allgemein aner-kanntes Prinzip zur pollenmorphologischen Gliederung der Gattung *Pinus*. Das von RUDOLPH be-schriebene Unterscheidungsmerkmal besteht darin, daß gewisse Arten der Untergattung *Haploxylon* an der ventralen (distalen) Seite des PMT eine im Verhältnis zur Breite der Luftsäcke längere gerade Ansatzlinie der Luftsäcke besitzen als alle anderen Arten. Setzt man die Luftsackbreite a ins Verhält-nis zur Länge der geraden Ansatzlinie b (Abb. 6), so ergeben sich für *P. cembra* und *P. peuce* Quotienten, die dem Wert 1 näher kommen, als das bei allen anderen europäischen Arten der Fall ist. Abb. 6. zeigt aber auch, daß sich die Häufigkeitskurven des Quotienten a/b für *P. cembra* und *P. peuce* mit denen von *P. sylvestris*, *P. mugo* und *P. nigra* so stark überschneiden, daß eine einigermaßen saubere Trennung aufgrund dieses Merkmals allein nicht möglich ist. Der hierbei auftretende Fehler wird erst dann stark herabgedrückt, wenn man als weitere Merkmale die Länge des PMT dargestellt und die Luftsackbreite einführt (Abb. 6 und 7). In Abb. 7A ist zunächst der Quotient a/b in Abhängigkeit von der Länge des PMT dargestellt. Ein ohnehin nur geringer Fehler ergibt sich, wenn man, wie das durch die gestrichelte Linie geschehen ist, bei dieser Darstellungsweise einen Cembra-Bereich (PK mit großen PK und relativ kleinem a/b) und eine Sylvestris-Mugo-Nigra-Bereich (PK mit kleinerem PMT und größerem a/b) voneinander trennt. Als Faustregel läßt sich für die Festlegung der Grenze zwischen beiden Bereichen sagen, daß man für PK von *P. cembra*, deren PMT über 55 μm lang sind, einen maximalen Quotienten a/b von 1,6 als Grenzwert annehmen kann. Bei kleineren PK läßt man diesen Grenzwert von 5 zu 5 μm jeweils um den Wert von 0,1 sinken (vergl. Abb. 7A). Fehler ergeben sich vor allem dadurch, daß b (Ansatzlinie) oft nicht genau meßbar ist (bei PK von *P. sylvestris* oft an einem PK von unterschiedlicher Länge), ferner durch den Quellungszustand der PK. Das rezente und fossile Material sollte immer sofort nach der Azetolyse gemessen werden.

Die in Abb. 7A nicht in den Cembra-Bereich fallenden PK von *P. cembra* lassen sich durch ihre relativ große absolute Luftsackbreite (Abb. 6) von den anderen *Pinus*-Arten abtrennen. Als Grenzwert kann 50 μm eingesetzt werden. PK von *P. sylvestris* und *P. mugo* erreichen nach dem vorliegenden Material diesen Wert nicht (Abb. 7A, bei *P. nigra* kommen allerdings höhere Werte vor, doch dürfte *P. nigra* im Verbreitungsgebiet von *P. cembra* wohl niemals eine Rolle gespielt haben). Umgekehrt lassen sich PK anderer *Pinus*-Arten nahe der gestrichelten Linie innerhalb des Cembra-Bereiches durch ihre kleineren Luftsackbreiten von *P. cembra* abtrennen. In Abb. 7A war das bei 6 von 8 PK ohne weiteres möglich. Als Grenzwert wurden 47 μm angenommen (Abb. 6). PK, die bei der Darstellungs-weise wie in Abb. 7A im Bereich der Grenze zwischen dem Cembra- und dem Sylvestris-Mugo-Bereich liegen und eine Luftsackbreite von 47-50 μm haben, lassen sich daher nicht bestimmen.

Zwei Beispiele für die Anwendung dieses Verfahrens zeigen die Abb. 7B und 7C. Bei Abb. 7B handelt es sich um eine Oberflächenprobe oberhalb der Baumgrenze aus dem Gaißbergtal bei Obergurgl (Ötztal, Österreich) bei ca. 2200 m NN. *Pinus cembra* bildet im Gebiet die Baumgrenze und ist reichlich vorhanden. *P. mugo* kommt nur selten vor, jedoch ist mit größerem Anflug von *P. sylvestris*-PK aus dem 40 km entfernten Inntal und aus den Waldgebieten südlich der Ötztaler Alpen zu rechnen. Es ergaben sich 59,6 % *Pinus cembra* und 40,4 % von *Pinus sylvestris* und/oder *P. mugo*. Stark deformierte, nicht mehr meßbare PK wurden nicht berücksichtigt. Die umrandeten Punkte bedeuten PK von *P. cembra* außerhalb, bzw. PK von *P. sylvestris* und/oder *P. mugo* innerhalb des Cembra-Bereiches (korrigiert nach der Breite der Luftsäcke).

Das *Pinus*-Material von Abb. 7C stammt aus dem Radauer Born (Oberharz, 800 m NN) und aus der Eichenmischwald-Fichtenzeit (Pollenzone VII nach FIRBAS). Im Harz dürfte *P. cembra* im Postgla-

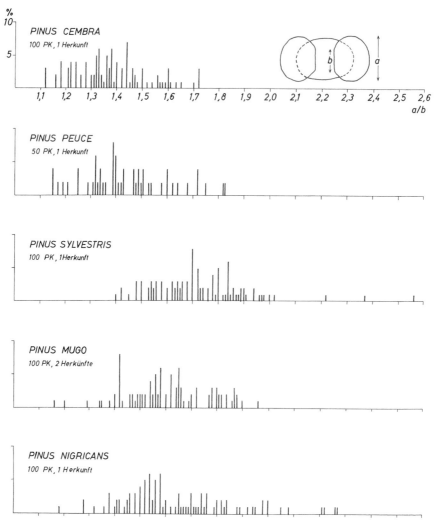

Abb. 6. Messungen zur Form der Luftsäcke bei Arten der Gattung *Pinus*.
Links: Größe des Quotienten a/b von verschiedenen Pinus-Arten.
Rechts: Breite der Luftsäcke. Vergl. Text S. 55 ff. Der Kurvenverlauf bei *Pinus peuce* (besonders die Werte von a) ist statistisch weniger gut gesichert, da hier nur 50 PK gemessen werden konnten.

zial niemals vorgekommen sein. Das Material vom Radauer Born zeigt eine etwas stärkere Quellung als die rezenten PK. Nur 3 PK mit Luftsackbreiten von 46, 46,5 und 47 μm fallen in den Bereich von *P. cembra*. Diese Werte liegen dicht an dem angegebenen Bereich von 47-50 μm, in dem Grenzfälle nicht eindeutig bestimmbar sind.

Die weitere Anwendung dieser Methode hat ergeben, daß sie nur bei einwandfreier Pollenerhaltung brauchbare Ergebnisse liefert. Besonders dürfen PK, bei denen die dünne Exine zwischen den Luftsäcken zerrissen ist, wegen der damit verbundenen Formveränderungen nicht verwendet werden. Proben, bei denen eine hoher Prozentsatz der *Pinus*-PK als Fragmente vorliegt, eignen sich ebenfalls nicht.

Über die Größenveränderungen von *P. sylvestris*-PK durch Quellung berichtet Aytug (1960). Er kommt zu dem Ergebnis, daß eine Quellung besonders stark kurz nach der Präparation erfolgt und

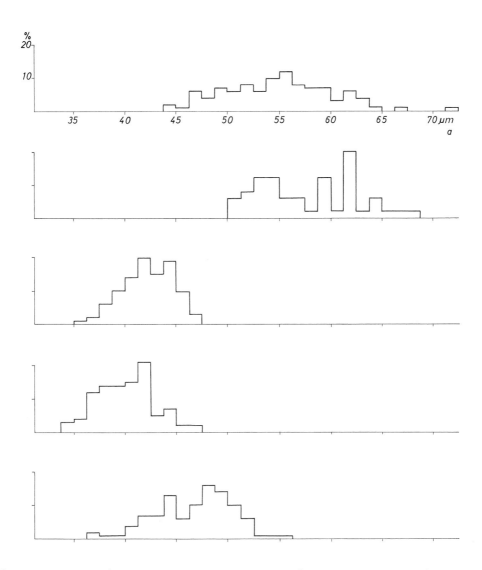

nach 4 Monaten abgeschlossen ist. Es ist anzumerken, daß hier die PK für die größenstatistische Abgrenzung unmittelbar nach der Azetolyse gemessen wurden.

6.3.1 *Pinus cembra*-Typ

Pinus cembra L. (1)
73,8-99,0 µm, MiW 84,4 µm, 100 PK, 0a
PMT: 48,8-66,2 µm, MiW 56,5 µm; 100 PK

Pinus peuce GRISEBACH (1)
71,1-96,3 µm, MiW 82,0 µm; 50 PK, 0a

6.3.2 *Pinus sylvestris*-Typ

Pinus sylvestris L. (3)
2 Herkünfte:
62,2-83,7 µm, MiW 73,5 µm; 100 PK, 0a
PMT: 43,7-58,8 µm, MiW 51,2 µm, 100 PK
59,5-80,0 µm, MiW 68,7 µm; 100 PK, 0a

Pinus mugo TURRA s.str., 2 Herkünfte:
63,8-87,0 µm, MiW 75,5 µm; 100 PK, 0a
62,2-76,2 µm, MiW 69,2 µm; 100 PK, 0a
PMT: 41,2-57,8 µm, MiW 52,2 µm; 100 PK

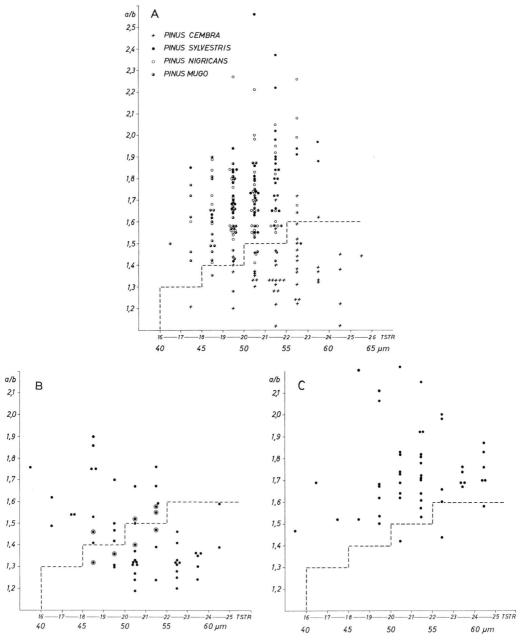

Abb. 7. Beispiele für die Unterscheidung zwischen dem *Pinus sylvestris*- und dem *Pinus cembra*-Typ.
A Abhängigkeit des Quotienten a/b von der Länge des PMT, **B** Subrezentes *Pinus*-Pollenspektrum (Oberflächen-probe aus dem Ötztal), **C** Fossiles *Pinus*-Pollenspektrum (Oberharz: Radauer Born, 800 m NN, Eichenmischwald-Fichten-Zeit, Pollenzone VII). Vergl. Text S. 55 ff.

Pinus nigra F. J. ARNOLD (2)
62,5-83,3 μm, MiW 73,3 μm; 100 PK, 0a
PMT: 44,8-58,8 μm, MiW 51,4 μm; 100 PK

Pinus pinea L. (1)
58,0-82,5 μm, MiW 67,3 μm; 50 PK, 0a

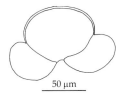

50 μm

Abb. 8. *Keteleeria davidiana.*

Pinus leucodermis ANTOINE (2)
64,8-100,0 μm; MIW 76,5 μm; 37 PK, 0a

Pinus halepensis MILL. (3)
71,8-101,7 μm, MiW 80,5 μm; 50 PK, 0a

Pinus maritima POIR. (2)
82,2-113,8 μm, MiW 96,0 μm; 50 PK, 0a

Kleinasiatische und nordamerikanische Arten:

Pinus brutia TEN. (1)
75,0-94,3 μm, MiW 84,3 μm; 50 PK, 0a

Pinus banksiana LAMBERT (1)
53,3-69,5 μm, MiW 61,3 μm; 50 PK, 0a

Pinus contorta DOUGLAS (1)
65,3-82,8 μm, MiW 73,6 μm; 50 PK, 0a

Pinus strobus L. (1)
66,3-88,5 μm, MiW 75,4 μm; 50 PK, 0a

Pinus rigida MILLER (1)
77,8-100,3 μm, MiW 86,6 μm; 50 PK, 0a

Bei *P. rigida* und *P. strobus* kommen Übergangsformen
zum *Pinus cembra*-Typ vor.

6.4 *Keteleeria davidiana*
(Abb. 8)

PK in Form der Luftsäcke und Größe ähnlich wie *Abies*, jedoch ist die Exine des PMT dorsal nur
3-4 μm dick. Die Luftsäcke sind stets, wie man das auch oft bei *Abies* beobachten kann, deutlich auf
die Ventralseite des PMT verschoben. Dadurch entsteht die eigentümliche, hochgebaute Form der PK
von *Keteleeria* (Abb. 8). Die Luftsäcke haben ventral eine kurze Ansatzlinie.

Keteleeria davidiana BEISSN. (1)
99,2-136,3 μm, MiW 116,6 μm; 100 PK, 0a

6.5 *Abies*
(Abb. 5m)

Luftsäcke mehr als halbkugelig, stets deutlich gegen den PMT abgesetzt. Exine des PMT dorsal und
lateral 6-10 μm dick, Oberfläche im optischen Schnitt fast stets deutlich gewellt. Die Exine ist auf der
Dorsalseite, abgesehen von der Wellung, ± gleichmäßig dick oder in der Mitte deutlich dünner. Die
Luftsäcke sind nicht selten, ähnlich wie bei *Keteleeria*, auf die Ventralseite des PMT verschoben. Über
die Unterschiede zwischen isolierten PMT von *Abies* und *Picea* vergl. S. 54.

Ein größenstatistisches Verfahren zur Bestimmung von *Abies*-Arten wurde von DYAKOWSKA (1958)
ausgearbeitet. Der Quotient aus der Länge des PMT zum Durchmesser der Luftsäcke in seitlicher
Lage des PK erreicht bei *A. fraseri* Werte unter 1. Bei *A. alba, A. balsamea, A. nordmanniana* und
A. veitschii kommen dagegen Werte unter 1 fast nicht vor. Keine der hier untersuchten Arten zeigte
ähnliche Verhältnisse wie *A. fraseri*. Es muß jedoch beachtet werden, daß bei Kümmerformen häufig
der PMT sehr klein ist, während die Luftsäcke annähernd ihre normale Größe beibehalten. Solche PK
dürfen bei der Messung nicht berücksichtigt werden, da man sonst nach der Methode von DYAKOWS-
KA zu falschen Ergebnissen kommt.

Europa

Abies alba MILL. (4)
114,3-158,3 μm, MiW 134,9 μm; 100 PK, 0a

Abies pinsapo BOISS. (1)
124,0-160,0 μm, MiW 138,0 μm; 50 PK, 0a

Abies numidica DE LANNAY (1)
123,0-183,5 µm, MiW 146,8 µm; 50 PK, 0a

Abies cephalonica LINK (1)
130,0-183,5 µm, MiW 160,2 µm; 50 PK, 0a

Kleinasien

Abies cilicica CARR. (1)
121,0-173,0 µm, MiW 136,0 µm; 50 PK, 0a

Abies bornmülleriana MATTF. (1)
134,3-187,2 µm, MiW 151,0 µm; 50 PK, 0a

Abies nordmanniana SPACH (2)
119,8-190,0 µm, MiW 149,2 µm; 50 PK, 0a

Nordamerika

Abies grandis LINDL. & GORD. (1)
100,5-130,0 µm, MiW 114,9 µm; 50 PK, 0a

Abies amabilis FORBES (1)
120,0-153,5 µm, MiW 138,2 µm; 50 PK, 0a

Abies concolor LINDL. & GORD. (1)
125,5-167,0 µm, MiW 143,1 µm; 50 PK, 0a

Abies nobilis LINDL. (1)
135,5-184,5 µm, MiW 157,7 µm; 50 PK, 0a

Abies balsamea MILLER (1)
130,0-172,0 µm, MiW 166,7 µm; 50 PK, 0a

Japan

Abies homolepis S. & Z. (1)
100,0-128,0 µm, MiW 113,0 µm; 50 PK, 0a

Abies veitchii CARR. (1)
95.0-128.0 µm, MiW 113,0 µm; 50 PK, 0a

6.6 *Cedrus*
(Tafel 2: 6-7, Abb. 5g-l)

Luftsäcke halbkugelig, hängend oder selten etwas gegen den PMT abgesetzt. An der Ventralseite haben die Luftsäcke eine lange Ansatzlinie. Struktur des PMT dorsal und lateral allmählich in die der Luftsäcke übergehend. Exine des PMT dorsal 4-7 µm dick, an der Ansatzstelle der Luftsäcke noch dicker (wichtiges Merkmal!). Wandstruktur *Abies*-artig (S. 59).

Cedrus atlantica MANETTI (1)
82,0-100,0 µm, MiW 89,0 µm; 50 PK, 10a

Cedrus deodara LOUDON (1)
78,8-107,0 µm, MiW 89,0 µm; 50 PK, 10a

Cedrus libani LOUDON (2)
75,2-99,8 µm, MiW 83,5 µm; 50 PK, 1a

7. Inaperturatae inkl. Polyplicatae

In diese Gruppe wurden neben den typisch inaperturaten Pollenformen (PK ohne Poren oder Colpen) auch solche Pflanzensippen aufgenommen, deren Aperturen bei pollenanalytischen Arbeiten am fossilen Material im allgemeinen nicht oder nur schwer erkannt werden dürften (*Thesium*) oder deren Besitz oder Nichtbesitz von Aperturen unterschiedlich klassifiziert werden kann (*Nymphaea, Ephedra*). Hingewiesen wird auch auf *Daphne*, deren PK zwar periporat sind, bei denen aber die kleinen Poren oft so kontrastschwach sind, daß inaperurate Verhältnisse vorgetäuscht werden können (vergl. S. 490). In tertiären Pollenfloren können stark spindelig verformte PK von *Ginkgo* inaperturate Verhältnisse vortäuschen.

1　PK als dreiseitige Pyramide ausgebildet, (15)18-27(32) µm groß, Kanten und Ecken der Pyramide psilat, Flächen reticulat mit bis zu 5(6) µm großen Brochi (Tafel 5: 12-17) .... **7.1 *Thesium*** (S. 62)

–　PK nicht als Pyramide ausgebildet 2

2　PK oblat bis sphäroidisch, heteropolar: distale Seite clavat, gemmat und/oder baculat, seltener ganz verrucat und evtl. mit einzelnen Clavae, proximale Seite verrucat oder am Rande verrucat und in der Mitte psilat, von dem proximalen Teil durch eine Art Ringfurche geschieden (Tafel 2: 5-7) .... **Nymphaea** (S. 73)

16 Exine ca. 1 µm dick, Echini ca. 1 µm lang und sehr dünn (Abb. 9m) .... **7.14** ***Smilax*** (S. 70)
– Exine unter 0,5 µm dick, hyalin, dicht mit stumpfkegeligen, kurzen Echini besitzt, meist nur fragmentarisch erhalten (Abb. 9n) .... **7.15** ***Laurus, Cinnamomum*** (S. 70)

17 PK prolat, im Umriß elliptisch 18
– PK kugelförmig bis eckig-eiförmig 19

18 PK meistens etwas gebogen (Abb. 10). Reticulum heterobrochat, an drei Stellen mit undeutlich ausgebildetem Reticulum (Tafel 4: 14; Abb. 10) .... **7.16** ***Ruppia maritima*** (S. 70)
– PK nicht gebogen, Reticulum gleichmäßig ausgebildet (Tafel 4: 15) .... **7.17** ***Callitriche obtusangula*** (S. 71)

19 Reticulum ohne Columellae oder Columellae nur vereinzelt erkennbar (Phako) (Tafel 4: 16) .... **7.18** ***Triglochin*** (S. 71)
– Columellae deutlich erkennbar (Phako) 20

20 Reticulum hauptsächlich aus kräftigen, evt. distal etwas verdickten Columellae bestehend. Muri nur schwach angedeutet oder erst bei tiefer optischer Ebene sichtbar. Oft stehen Columellae auch ohne Verbindung in netziger Anordnung (Tafel 5: 1-5) .... **7.19** ***Callitriche stagnalis*** (S. 71)
– Muri deutlich ausgebildet 21

21 Columellae etwa so breit wie die Muri, daher wenig auffallend (Tafel 4: 17) .... **7.20** ***Potamogeton natans*-Typ** (S. 72)
– Columellae dicker als die Muri, daher deutlich sichtbar (Tafel 4: 18) .... **7.21** ***Potamogeton pectinatus*-Typ** (S. 72)

7.1 *Thesium*

(Tafel 5: 12-17)

PK von der Form eines Tetraeders (dreiseitige Pyramide), reticulat und heteropolar. Proximale Spitze des Tetraeders breit abgerundet (Tafel 5: 13), in Aufsicht dreieckig mit einer Kantenlänge von 10-12(15) µm, psilat. Hier kann in der Mitte ein kleiner reticulater Bereich vorhanden sein (Tafel 5: 14). Von den anderen 3 Spitzen des Tetraeders geht je ein dreiarmiger Colpus aus (Tafel 5: 17), und darunter befindet sich je eine dreieckige bzw. dreilappige Endoapertur, die deutlich breiter als der dreiarmige Colpus ist. Die 4 Flächen des tetraedrischen PK sind flach bis konkav und reticulat skulpturiert (Tafel 5: 12, 15). Brochi 1,5-5,0(6) µm groß, Muri 0,8-1,0 µm breit. An den Rändern der nicht skulpturierten (psilaten) Kanten der PK sind die Brochi vorwiegend klein. Columellae sind nicht erkennbar. Gemessen wurde für die Größe der PK die Länge der Polachse, d.h. die Höhe des Tetraeders, ausgehend von der abgerundeten Spitze.

Größenmäßig bestehen gewisse Unterschiede zwischen den einzelnen Arten, die sich aber für die bestimmung fossiler PK höchstens für *Th. rostratum* verwenden lassen.

Thesium alpinum L. (2)
17,8-27,0 µm, MiW 21,7 µm; 50 PK, 0a

Thesium bavarum Schr. (2)
18,5-23,3 µm, MiW 21,7 µm; 50 PK, 0a

Thesium divaricatum JAN (1)
15,0-22,5 µm, MiW 18,2 µm; 50 PK, 0a

Thesium dollineri MURB. (1)
17,5-25,8 µm, MiW 22,5 µm; 50 PK 0a

▷

Tafel 4

1-7 *Juniperus communis,* **8-9** *Cryptomeria japonica,* **10-13** *Taxus baccata,* **14** *Ruppia maritima* (Phako; a Reticulum mit reduzierten Muri, b normales Reticulum), **15** *Callitriche obtusangula,* **16** *Triglochin palustris* (Phako), **17** *Potamogeton pusillus* (Phako), **18** *Potamogeton pectinatus* (Phako). – Vergrößerungen: 1-13, 15: 1000fach; 14, 16-18: 1500fach.

Tafel 4

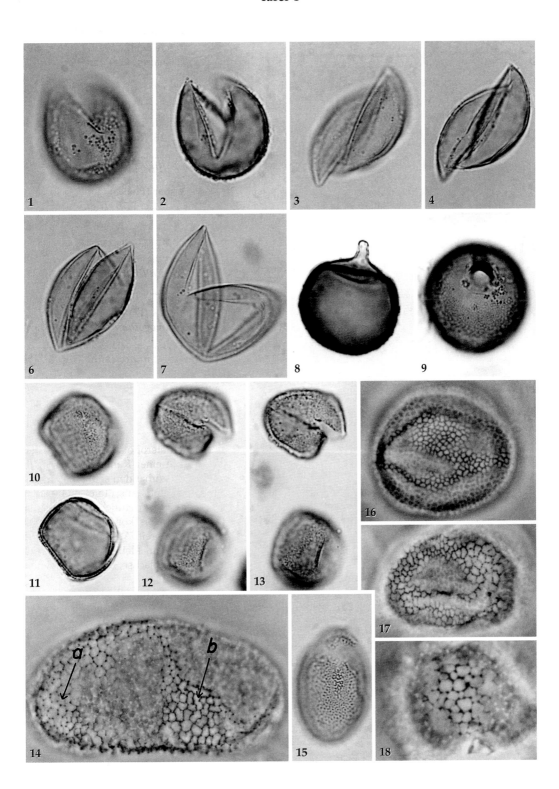

Thesium ebracteatum HAYNE (1)
20,0-27,0 µm, MiW 23,9 µm; 50 PK 0a

Thesium humifusum DC. (1)
18,0-23,0 µm, MiW 20,9 µm; 50 PK, 0a

Thesium linophyllon L. (1)
17,5-22,5 µm, MiW 20,4 µm; 50 PK, 0a

Thesium pyrenaicum POURR. (1)
17,5-25,0 µm, MiW 22,5 µm; 50 PK, 0a

Thesium ramosum HAYNE (1)
17,5-25,0 µm, MiW 22,3 µm; 50 PK, 0a

Thesium rostratum MERT. & KOCH (1)
24,5-32,0 µm, MiW 28,5 µm; 50 PK, 0a

7.2 *Ephedra*
(Abb. 9d-e)

Polyplicate PK, prolat bis perprolat, selten sphäroidisch, im Umriß elliptisch bis spindelförmig, mit Längsrippen und je einem Pseudocolpus zwischen zwei Längsrippen. Die Pseudocolpen sind unverzweigt und gerade (Abb. 9e) oder zickzackförmig und dann meist verzweigt (Abb. 9d). Die Exine ist zweischichtig; die Rippen entstehen durch Ablösung der äußeren von der inneren Schicht der Exine.

1　Pseudocolpi zickzackförmig und verzweigt, PK mit 3-8 Rippen (Abb. 9d) ....
　　...**7.2.1** *Ephedra distachya*-Typ
–　Pseudocolpi unverzweigt, gerade oder schwach geschlängelt bzw. zickzackförmig, PK mit mehr
　　als 8 Rippen (Abb. 9e) 2
2　PFormI 1,5-2,3, PK mit (9)11-17 Rippen .... **7.2.2** *Ephedra fragilis*-Typ
–　PFormI 1,1-1,4, PK mit 16-20 Rippen .... **7.2.3** *Ephedra foliata*-Typ

7.2.1 *Ephedra distachya*-**Typ** (Abb. 9d). PK prolat bis perprolat, PFormI 1,69-2,19. PK mit 3-8 Rippen. Zwischen den Rippen je ein zickzackförmiger, verzweigter Pseudocolpus. Die Seitenäste können miteinander, aber auch mit denen benachbarter Pseudocolpi anastomosieren oder auch so stark reduziert sein, daß es nur zur Ausbildung einer unverzweigten Zickzacklinie kommt. Aufgrund der Ausbildung der verästelten Pseudocolpi und der Zahl ihrer Seitenäste lassen sich keine konstanten Unterschiede zwischen *E. distachya* s.l. und *E. major* s.l. feststellen.

Ephedra distachya L. s.l. (3)
39,9-51,0 µm, MiW 46,2 µm; 50 PK, 2a

Ephedra distachya L. subsp. *helvetica* C.A. MEYER (9)
38,7-59,0 µm, MiW 47,7 µm; 50 PK, 2a

Ephedra distachya L. subsp. *monostachya* L. (1)
36,3-59,0 µm, MiW 45,7 µm; 50 PK, 2a

Ephedra major HOST. var. *villarsii* G. et G. (1)
38,8-63,8 µm, MiW 50,9 µm; 50 PK, 7a

Ephedra major HOST. var. *procera* (F. M.) A. G. (2)
41,3-61,5 µm, MiW 55,0 µm; 50 PK, 2a

7.2.2 *Ephedra fragilis*-**Typ** (Abb. 9e). PK prolat bis perprolat, PFormI 1,56-2,30. PK mit (9)13-17 überwiegend geraden und unverzweigten Pseudocolpi bzw. Rippen (Abb. 9e). Es gibt auch PK mit schwach ausgebildetem Zickzackverlauf, so besonders bei *E. strobilacea*. Sie sind von entsprechenden Pollenformen bei dem *E. distachya*-Typ durch die höhere Rippenzahl leicht zu unterscheiden.

　　Die PK der in N-Afrika und Ägypten beheimateten Arten (vor allem *E. altissima* und *E. aphylla*) können ebenso wie Staub aus der Sahara durch Südwinde bis nach Mitteleuropa transportiert werden.

　　Angaben über mögliche Bestimmungsmerkmale von *E. strobilacea* gehen auf WELTEN (1957) zurück.

Ephedra altissima DESF. (2)
30,0-52,3 µm, MiW 41,6 µm; 50 PK, 0a

Ephedra aphylla FORSSKAL (2)
43,8-59,0 µm, MiW 50,6 µm; 50 PK, 0a

Ephedra fragilis DESF. (3)
36,3-48,8 µm, MiW 41,9 µm; 50 PK, 2a

Ephedra foeminea FORSKAL (3)
45,8-58,8 µm, MiW 52,8 µm; 50 PK, 0a

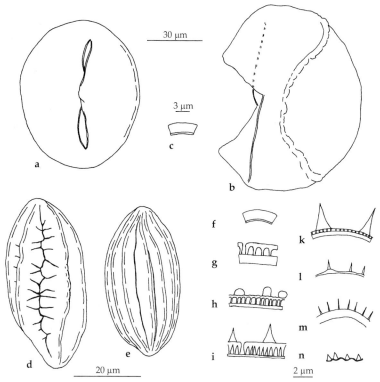

Abb. 9. a-c *Larix decidua* (a Längsspalt in Aufsicht, dieser in b durch Quetschung unnatürlich weit geöffnet, c Wandaufbau), **d** *Ephedra distachya*-Typ (*E. major* var. *procera*), **e** *Ephedra fragilis*-Typ (*E. fragilis* var. *campylopoda*), **f** *Arum maculatum*, **g** *Aristolochia rotunda*, **h** *Asarum europaeum*, **i** *Crocus nudiflorus*, **k** *Elodea densa*, **l** *Hydrocharis morsus-ranae*, **m** *Smilax aspera*, **n** *Laurus nobilis* (f-n schematische Zeichnungen des Wandaufbaus).

Ephedra strobilacea BUNGE (2)
43,0-59,5 µm, MiW 50,9 µm; 50 PK, 0a

7.2.3 *Ephedra foliata*-Typ. PK mit 16-20 Rippen, PK sphäroidisch, PFormI 1,08-1,41.

Ephedra foliata BOISS. (1)
40,5-56,3 µm, MiW 48,1 µm; 50 PK, 0a

7.3 *Cryptomeria*-Typ
(Tafel 4: 8-9)

PK dickwandig, Exine bis 5 µm dick, mit dünnwandiger, schlauchartig verlängerter, bei *Cryptomeria japonica* bis 10 µm langer Keimpapille. Hinsichtlich die Skulptur gilt dasselbe wie für den *Juniperus*-Typ. Nach UENO (1951) gehören hierher noch *Sequoia*, *Metasequoia* und *Glyptostrobus*.

Cryptomeria japonica DON (2)
26,3-33,8 µm, MiW 27,3 µm; 50 PK, 1a

7.4 *Juniperus*-Typ
(Tafel 4: 1-7)

Von den hier bearbeiteten Arten haben nach ERDTMAN (1957) alle Taxodiaceae und von den Cupress-aceae die Gattung *Libocedrus* eine Keimpapille. Jedoch nur bei *Cryptomeria, Sequoia, Metasequoia* und *Glyptostrobus* (vidi: nur *Cryptomeria*; vergl. aber MÜLLER-STOLL 1948 und UENO 1951) ist sie lang schlauchförmig ausgebildet und dadurch von guter Formstabilität. Bei den anderen Gattungen ist die Papille dagegen kurz stumpf-kegelig und im eingestülpten oder deformierten Zustand nur schwer oder nicht erkennbar. Schwer erkennbare Poren wurden bei *Juniperus* und *Cupressus* beobachtet, treten aber wahrscheinlich auch bei anderen Cupressaceae auf.

Eine wichtige Erscheinung ist das Aufplatzen der Taxodiaceae- und Cupressaceae-PK durch Quel-lung der Intine bei Anfeuchtung frischer PK. Hierbei kommt es zu ganz erheblichen Formverände-rungen (Tafel 4: 1-7). Ein geringer Prozentsatz der PK behält allerdings seine kugelige Form bei.

Die PK sind sphäroidisch und meist dünnwandig. Die Skulptur besteht aus kurz gestielten Microgemmae oder Microclavae, die leicht abfallen und dadurch gewöhnlich sehr unregelmäßig auf der Oberfläche der PK verteilt sind. Die Exine ist zweischichtig; die äußere der beiden Schichten kann stellenweise etwas abgehoben sein und zeigt bei starker Vergrößerung ein schwaches OL-Muster. Eine Keimpapille ist bei den Cupressaceae (außer bei *Libocedrus*) nicht vorhanden. Bei den anderen zum *Juniperus*-Typ gehörenden Familien bzw. Gattungen ist sie stumpf-kegelig ausgebildet und im fossilen Zustand offenbar durchweg nicht zu erkennen.

Es kann als sicher angenommen werden, daß die Exine aller unten angeführten Arten durch Quellung der Intine aufplatzt, auch wenn dies noch nicht überall am rezenten Material nachgeprüft worden ist (vergl. MÜLLER-STOLL, 1948). Im fossilen Zustand findet man nach den in Göttingen vorliegenden Erfahrungen (wohl überwiegend PK von *Juniperus*) zum ganz überwiegenden Teil PK mit aufgerissener Exine, sehr selten solche in der ursprünglich sphäroidischen Form, dann aber mit einem kurzen Riß in der Pollenwand. Tafel 4: 1-7 zeigt die verschiedenen Formen, die die geplatzte Exine annehmen kann. Wichtig ist ferner, daß sich die Ränder des Risses nach innen einrollen. Die der Exine in unmittelbarer Nähe der Rißränder aufsitzenden Microgemmae gelangen auf diese Weise in den Innenraum des PK, wo sie vor mechanischen Einflüssen besser geschützt sind als in ihrer ursprünglichen Position. An den eingerollten Rändern bleiben die Microgemmae daher lange auf der Exine erhalten. Eine Beobachtung der häufig vorhandenen Pore (Duchmesser bis ca. 2,5 µm) wird dadurch erschwert, daß der Riß oft durch sie hindurchgehen dürfte. – Größenangaben im folgenden an ungeplatzten PK.

1 PK dünnwandig, Exine bis ca. 0.5 µm dick ....7.4.1 *Juniperus communis*-Typ

Juniperus communis L. s.str. (4)
18,8-31,3 µm, MiW 25,2 µm; 50 PK, 7a

Cupressus sempervirens L. (1)
18,8-36,3 µm, MiW 27,4 µm; 50 PK, 1a

Juniperus communis L. subsp. *alpina* CELAK. (1)
23,8-33,8 µm, MiW 27,0 µm; 50 PK, 12a

Thujopsis dolabrata S. & Z. (1)
28,8-43,8 µm, MiW 37,9 µm; 50 PK, 1a

Juniperus phoenicea L. (1)
23,8-36,4 µm, MiW 28,0 µm; 50 PK, 1a

Thuja orientalis L. (1)
23,8-36,3 µm, MiW 28,4 µm; 50 PK, 1a

Taxodium distichum RICHARD (2)
23,8-33,8 µm, MiW 27,2 µm; 50 PK, 1a

Libocedrus chilensis ENDL. (1)
23,8-33,8 µm, MiW 28,5 µm; 40 PK, 4a

– PK dickwandig, Exine ca. 0,5-1,5 µm dick 2

▷

Tafel 5

1-5 *Callitriche stagnalis* (3-4 Phako), **6-11** *Ginkgo biloba*, **12-17** *Thesium rostratum*, **18-22** *Sparganium hyperboreum* (20-22 Phako). – Vergrößerungen: 5-22: 1000fach; 1-5: 1500fach.

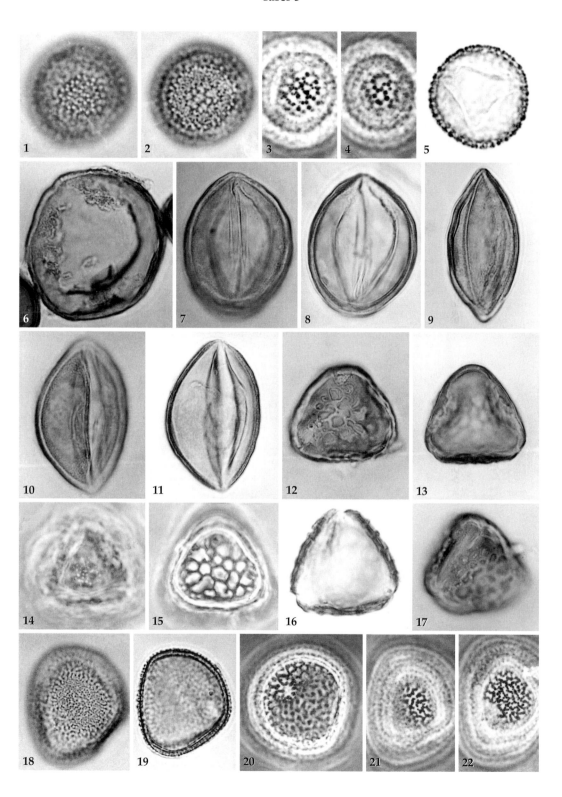

2   Microgemmae unregelmäßig über das PK verteilt .... **7.4.2** *Juniperus excelsa*-**Typ**

Juniperus sabina L. (1)
19,5-28,5 μm, MiW 23,8 μm; 50 PK, 0a

Juniperus foetidissima WILLD. (1)
28,8-43,8 μm, MiW 36,4 μm; 50 PK, 0a

Juniperus excelsa M. BIEB. (1)
28,3-38,5 μm, MiW 31,2 μm; 50 PK, 0a

–   PK meist nur im Bereich einer schwer erkennbaren Keimpapille mit gestielten (?) Microgemmae
bzw. mit Microclavae .... **7.4.3** *Cunninghamia*-**Typ**

Cunninghamia lanceolata LAMB. (1)
21,3-31,4 μm, MiW 26,5 μm; 50 PK, 1a

Cephalotaxus drupacea S. & Z. (1)
26,3-36,2 μm, MiW 32,0 μm; 50 PK, 1a

7.5 *Larix, Pseudotsuga*
(Abb. 9a-c)

PK groß, kugelig, im fossilen Zustand oft deformiert. PK mit einem klaffenden Längsspalt, der bei *Larix decidua* bis 70 μm lang sein kann (Abb. 9a-b). Exine zweischichtig, 2-3 μm dick, äußere Schicht ca. 4 × so mächtig wie die innere (Abb. 9c). Auf der dem Längsspalt entgegengesetzten Seite verläuft meistens ein verdicktes Band (Abb. 9b) um das PK herum. Dieses Band hat bei *L. decidua* einen Durchmesser von ca. 70 μm, es ist ca. 10 μm breit und ca. 4 μm hoch, manchmal ist es warzig aufgelöst. Längsspalt und verdicktes Band sind erfahrungsgemäß auch am fossilen Material zu erkennen.

Larix decidua MILL. (3)
74,0-104,0 μm, MiW 87,9 μm; 50 PK, 1a

Larix gmelini (RUPR.) LEDEB. (1)
66,8-104,8 μm, MiW 82,6 μm; 50 PK, 0a

Larix leptolepis GORD. (2)
74,0-101,0 μm, MiW 86,5 μm; 50 PK, 1a

Pseudotsuga taxifolia BRITTON (1)
71,0-104,0 μm, MiW 88,5 μm; 50 PK, 1a

Larix sibirica LEDEB. (1)
59,0-94,0 μm, MiW 78,0,6 μm; 50 PK, 1a

7.6 *Arum*
(Abb. 9f)

Kleine, sehr unscheinbare PK, die weder strukturiert noch skulpturiert sind. Exine 1,0-1,5 μm dick, zweischichtig, äußere Schicht dicker als die innere (Abb. 9f). Die PK spalten leicht der Länge nach auf. Es ist fraglich, ob dieser Pollentyp etwa neben ähnlichen Pilzsporen bestimmbar ist. Die PK von *Acorus calamus* (S. 107) sind ähnlich, besitzen aber einen manchmal schwer erkennbaren Colpus.

Arum maculatum L. s.l. (2)
19,3-40,0 μm, MiW 24,2 μm; 50 PK, 1a

Arum italicum MILL. (1)
22,7-36,7 μm, MiW 26,4 μm; 50 PK, 1a

7.7 *Aristolochia*
(Abb. 9g)

PK tectat, mit gut ausgebildeter Columellae-Schicht. Skulpturelemente fehlen, Exine meist 1,0-1,5 μm dick. Bei *A. sipho* ist die Oberfläche schollig ausgebildet und die Exine über 2 μm dick.

Aristolochia clematitis L. (2)
29,8-54,2 μm, MiW 43,7 μm; 50 PK, 1a

Aristolochia sipho L'HERIT. (1)
33,3-50,8 μm, MiW 42,2 μm; 50 PK, 1a

Aristolochia rotunda L. (1)
29,8-61,3 μm, MiW 44,5 μm; 50 PK, 1a

7.8 *Populus*

Intectate PK mit einer 0,7-1,0 µm dicken Exine (inkl. Skulpturierung). PK dicht microechinat oder mit stumpfen Skulpturelementen (microbaculat oder -gemmat) versehen. Die Skulpturelemente können auf einem schwach angedeuteten Microreticulum stehen. In anderen Fällen sind die Skulpturelemente selber netzig und dann multibaculat gestellt. Die runde Form und der intectate Aufbau der Exine sind die wichtigsten Unterschiede gegenüber den mit Tectum und Columellae-Schicht ausgestatteten PK der Cyperacae.

Populus alba L. (1)
15,8-29,7 µm, MiW 21,2 µm; 50 PK, 1a

Populus nigra L. (2)
24,8-37,8 µm, MiW 29,8 µm; 50 PK, 0a

Populus tremula L. (4)
29,0-35,3 µm, MiW 32,3 µm; 50 PK, 0a

7.9 *Taxus*
(Tafel 4: 10-13)

PK meist eiförmig-eckig, intectat. Die Skulpturelemente sind distal etwas verdickt und haben daher eine gewisse Ähnlichkeit mit denen der Cupressaceae und Taxodiaceae. Sie stehen jedoch sehr dicht nebeneinander und fallen vor allem nicht ab. Frische PK platzen bei Anfeuchtung durch Quellung der Intine auf. Die dadurch entstehenden Formveränderungen (Tafel 4: 10-13) sind aber viel geringer und weniger auffällig als bei dem *Juniperus*-Typ. Nur selten findet man daher zweischalig aufgesprungene PK von *Taxus*. Im Allgemeinen bleibt die für *Taxus* typische eckig-eiförmige, abgerundet-dreieckige Gestalt der PK erhalten. Es hinterbleibt aber ein Riß von unterschiedlicher Länge in der Exine. Die Aufrißstelle scheint präformiert zu sein, da sie an der Seite des PK liegt, wo die innere Schicht der Exine dünner ist und die Skulpturelemente etwas lockerer gestellt sind als auf der gegenüberliegenden Seite. Der Anteil der PK, die nicht aufplatzen oder bei denen der Riß nicht in Erscheinung tritt, ist viel größer als bei dem *Juniperus*-Typ.

Taxus baccata L. (3)
19,3-29,8 µm, MiW 23,5 µm; 50 PK, 1a

7.10 *Asarum europaeum*
(Abb. 9h)

Ein einheitlicher Skulpturtyp läßt sich für *Asarum* offenbar nicht angeben. Die Exine trägt gestauchte Clavae und Bacula, deren extrem verkürzte Formen Gemmae oder Verrucae darstellen. Eine deutlich erkennbare Columellae-Schicht ist vorhanden.

Asarum europaeum L. (2)
35,8-50,8 µm, MiW 43,6 µm; 50 PK, 1a

7.11 *Crocus vernus*-Typ
(Abb. 9i)

PK kugelig, echinat, Echini vom Grunde an scharf zugespitzt, (0,8)1,0-1,2 µm dick und ca. 1,0 µm, selten 2,0-3,0 µm lang (Abb. 9i). Die Echini stehen in Abständen von 2-3(4) µm und können zu Verrucae reduziert sein. Exine 1,0-1,5 µm dick. Columellae-Schicht vorhanden. Wegen ihrer Größe und relativ dünnen Exine sind die PK wenig formbeständig.

Crocus vernus (L.) HILL. (4)
70,8-107,5 µm, MiW 90,4 µm; 54 PK, 0a

Crocus nudiflorus SM. (2)
93,8-125,5 µm, MiW 110,7 µm; 50 PK, 0a

7.12 *Elodea*
(Abb. 9k)

Echini vom Grunde an scharf zugespitzt. Columellae-Schicht sehr dünn. Das Tectum ist offenbar nur als dünne, schwer erkennbare, hyaline Lamelle ausgebildet. Die Columellae täuschen daher einzeln stehende Microbacula von ca. 0,5 µm Länge vor.

Elodea densa MICHX. (1)
50,0-66,0 µm, MiW 57,4 µm; 50 PK, 1a

7.13 *Hydrocharis morsus-ranae*
(Abb. 9l)

Die Echini sitzen auf kleinen Verdickungen der Exine, die z.T. miteinander verbunden sind, so daß ein Reticulum angedeutet wird. Exine ca. 0,5 µm dick, Echini ca. 1 µm lang.

Hydrocharis morsus-ranae L. (2)
18,0-34,0 µm, MiW 25,5 µm; 50 PK, 1a

7.14 *Smilax*
(Abb. 9m)

Echini sehr dünn, Exine ca. 1 µm dick. PK meist mit Rissen und Löchern in der Exine.

Smilax aspera L. (1)
18,0-23,8 µm, MiW 21,3 µm; 50 PK, 0a

7.15 *Laurus, Cinnamomum*
(Abb. 9n)

Exine sehr dünn (dünner als 0,5 µm), hyalin, dicht mit kurzen kegeligen Echini besetzt (Dicke basal ca. 1 µm, Länge ca. 1 µm). PK meist nur in kleinen Fetzen erhalten.

Laurus nobilis L. (2)
22,0-38,0 µm, MiW 29,8 µm; 17 PK, 1a

Cinnamomum camphora NEES (1)
22,0-34,0 µm, MiW 27,2 µm; 50 PK, 1a

7.16 *Ruppia maritima*
(Tafel 4: 14; Abb. 10)

PK langgestreckt, meist etwas gebogen. Columellae fast ausschließlich an den Ecken der Brochi erkennbar, etwas dicker als die Muri (Tafel 4: 14, Pfeil b). An drei Stellen der PK – in der Mitte und an beiden Enden – sind die Muri fast völlig reduziert (Tafel 4: 14, Pfeil a; Abb. 10), PK daher heterobrochat, Brochi 1-3 µm groß.

Ruppia maritima L. (1)
38,0-74,0 µm, MiW 52,0 µm; 44 PK, 9a

Ruppia maritima L. var. *rostellata* KOCH (1)
38,0-62,0 µm, MiW 50,0 µm; 42 PK, 9a

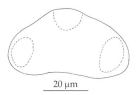

20 µm

Abb. 10. *Ruppia maritima* var. *rostellata*. Die gestrichelten Linien umgrenzen die Bereiche mit nur schwach entwickelten Muri.

7.17 *Callitriche obtusangula*
(Tafel 4: 15)

PK ausgeprägt elliptisch, fein reticulat. Brochi ± einheitlich, ca. 1 µm groß.

Callitriche obtusangula LE GALL (1)
19,2-36,8 µm, 29,2 µm; 50 PK, 1a

Non vidi: *C. hermaphrodita* L., *C. hamulata* KÜTZ. ex W.D.J. KOCH.

7.18 *Triglochin*
(Tafel 4: 16)

PK kugelig bis eiförmig, reticulat. Reticulum ohne oder nur mit vereinzelten, schwer erkennbaren Columellae (Unterschied zu dem *Potamogeton natans*-Typ, nur im Phasenkontrastbild zu entscheiden). Brochi 1,0-2,5 µm groß. Exine um 1,5 µm dick, Endexine sehr dünn.

Triglochin maritimum L. (2)   *Triglochin palustre* L. (2)
25,0-32,8 µm, MiW 29,0 µm; 50 PK, 0a   23,3-31,3 µm, MiW 27,7 µm; 50 PK, 0a

7.19 *Callitriche stagnalis*
(Tafel 5: 1-5)

Callitriche stagnalis dürfte wegen fehlender Aperturen bestimmbar sein. Da bei *C. palustris* und verwandten Arten (*Callitriche palustris*-Typ) die Aperturen oft schwer erkennbar sind, werden sie in dem folgenden Bestimmungsschlüssel erwähnt. Untersuchung im Phasenkontrastbild ist erforderlich.

1   PK inaperturat oder mit einigen Bereichen reduzierter Skulpturierung .... *Callitriche stagnalis*
–   PK mit 2, selten 3 oder 4 breiten, unregelmäßig geformten und begrenzten, länglichen bis rundlichen Aperturen (Tafel 96: 1-4) .... *Callitriche palustris*-**Typ** (S. 424)

Callitriche stagnalis. PK rundlich bis schwach länglich oder eiförmig. Exine ca. 1 µm dick. Columellae deutlich, bis 1 µm dick, netzig gestellt, Brochi bis 2 µm groß. Ein Teil der Columellae steht frei (retipilat), andere scheinen durch kontrastschwache Muri (?basal) miteinander verbunden zu sein. Größere Elemente mögen durch distale Verschmelzung von 2-3 Columellae entstanden sein. Es gibt 2 oder (?)3 aperturen-ähnliche, längliche Bereiche, auf denen die Columellae und ihre netzige Anordnung etwas reduziert sind.

Callitriche stagnalis SCOP. (2)
15,5-25,5 µm, MiW 19,8 µm; 50 PK, 0a

Non vidi: *C. hermaphrodita* L., *C. hamulata* Kütz. ex W.D.J. KOCH.

7.20 *Potamogeton natans*-Typ
(Tafel 4: 17)

Reticulum deutlich mit Columellae (Unterschied gegenüber *Trichlochin*, s. S. 71, möglichst nur im Phasenkontrastbild entscheiden). Brochi ca. 1 µm groß, die einzelnen Muri meist mit mehreren Columellae.

Groenlandia densa (L.) FOURR. (1)
23,8-38,7 µm, MiW 31,6 µm; 50 PK, 9a

Potamogeton acutifolius LINK (1)
21,3-33,7 µm, MiW 25,3 µm; 50PK, 9a

Potamogeton alpinus BALB. (1)
21,2-33,8 µm, MiW 27,8 µm; 50 PK, 9a

Potamogeton × angustifolius J. PRESL. (1)
19,3-29,8 µm, MiW 23,2 µm; 50 PK, 1a

Potamogeton coloratus HORNEM. (1)
21,3-28,8 µm, MiW 23,5 µm; 50 PK, 9a

Potamogeton compressus L. (1)
18,7-28,7 µm, MiW 23,9 µm; 50 PK, 9a

Potamogeton crispus L. (2)
23,8-41,4 µm, MiW 31,3 µm; 50 PK, 9a

Potamogeton friesii RUPR. (1)
18,0-26,0 µm, MiW 21,5 µm; 50 PK, 9a

Potamogeton gramineus L. (1)
16,2-26,2 µm, MiW 21,2 µm; 50 PK, 9a

Potamogeton lucens L. (1)
18,0-30,0 µm, MiW 25,1 µm; 50 PK, 9a

Potamogeton natans L. (2)
18,0-30,0 µm, MiW 24,4 µm; 50 PK, 9a

Potamogeton × nitens WEBER (1)
18,0-26,0 µm, MiW 23,4 µm; 50 PK, 9a

Potamogeton nodosus POIR. (1)
18,8-26,2 µm, MiW 22,8 µm; 50 PK, 9a

Potamogeton obtusifolius MERT. & W.D.J. KOCH (1)
20,3-30,5 µm, MiW 25,0 µm; 50 PK, 9a

Potamogeton perfoliatus L. (1)
18,0-30,0 µm, MiW 24,5 µm; 50 PK, 9a

Potamogeton polygonifolius POURR. (2)
18,0-26,0 µm, MiW 21,6 µm; 50 PK, 9a

Potamogeton praelongus WULFEN (2)
22,0-38,0 µm, MiW 29,0 µm; 50 PK, 1a

Potamogeton pusillus L. (1)
19,3-33,1 µm, MiW 26,7 µm; 50 PK, 1a

Potamogeton rutilus WOLFG. (1)
15,7-26,1 µm, MiW 21,0 µm; 50 PK, 1a

Potamogeton trichoides CHAM. & SCHLTDL. (1)
19,3-29,8 µm, MiW 23,4 µm; 50 PK, 1a

7.21 *Potamogeton pectinatus*-Typ
(Tafel 4: 18)

Gesamtes Reticulum ähnlich wie bei *Ruppia* in den dortigen 3 Bereichen mit schmalen Muri. Columellae überall deutlich dicker als die Muri. Brochi bis 4 µm groß. Normales Hellfeldbild genügt für die Bestimmung.

Potamogeton filiformis PERS. (2)
33,0-53,8 µm, MiW 40,4 µm, 50 PK, 0a

Potamogeton pectinatus L. s.str. (3)
26,2-43,7 µm, MiW 35,5 µm; 50 PK, 9a

8. Monoporatae

1 PK oblat bis sphäroidisch, distaler Teil clavat, gemmat und / oder baculat, selten ganz verrucat und mit einzelnen Clavae. Die große Pore auf der proximalen Seite ist operculat. Das Operculum ist verrucat skulpturiert (Tafel 2: 5-7) .... **8.1** *Nymphaea* (S. 73)

– Pore ohne Operculum oder PK ohne Clavae, Gemmae und Bacula 2

2 Skulptur verrucat bis gemmat, PK sphäroidisch, dickwandig, sehr dicht skulpturiert. Apertur groß, häufig etwas verlängert, meist unregelmäßig und eckig begrenzt (Tafel 8: 11-12) ....
.... *Sciadopitys verticillata* (S. 99)

– PK reticulat, echinat, psilat oder microgemmat 3

3 Pore mit Anulus und Costa, Skulptur psilat-scabrat (Tafel 6 und 7, Tafel 8: 1-4, Tafel 9: 5-6, Abb. 11-17) .... **8.2 Poaceae** (S. 74)

– Pore ohne Anulus und Costa 4

4 PK psilat, rund und abgeflacht, Pore 20-25 μm groß (Tafel 5: 6-11) .... *Ginkgo biloba* (S. 110)

– PK reticulat oder echinat 5

5 PK echinat (Tafel 8: 5-6) .... **8.3 Lemnaceae** (S. 91)

– PK reticulat 6

6 Pore bis 6(8) μm groß (Tafel 5: 18-22, Tafel 9: 1) .... **8.4** *Sparganium*-**Typ** (S. 91)

– Pore über 10 μm (bis 33 μm) groß. Porenmembran, wenn vorhanden, feinreticulat oder scabrat. (Tafel 9: 2-4) .... **8.5** *Cephalanthera*-**Typ** (S. 92)

8.1 *Nymphaea*
(Tafel 2: 5-7)

PK oblat bis sphäroidisch, heteropolar: Distale Seite clavat, gemmat und / oder baculat, seltener ganz verrucat und evt. mit einzelnen Clavae. Proximale Seite mit einer großen, operculaten Pore. Operculum verrucat oder am Rande verrucat und in der Mitte psilat.

Nymphaea alba L. (1)
31,3-38,7 μm, MiW 34,9 μm; 50 PK, 9a
Bacula 1,0-1,5 μm dick, Clavae bis 3 μm dick (Tafel 2: 5-7).

Nymphaea alba L. subsp. *sphaerocarpa* CASPARY (1)
33,7-43,7 μm, MiW 39,5 μm; 50 PK, 11a
Skulpturelemente kleiner, Bacula bis 1 μm dick.

Nymphaea candida C. PRESL. (4)
42,5-53,0 μm, MiW 47,9 μm; 50 PK, 0a
1 Herkunft nur mit Verrucae. Bei den anderen Herkünften waren Bacula (meist 0,5, selten 1,0 μm dick) reichlich vorhanden. Clavae bis 2 μm dick.

Nymphaea tetragona GEORGI (1)
23,8-33,0 μm, MiW 29,8 μm; 50 PK, 1a
Vorliegendes Material nur verrucat.

8.2 Poaceae
(Tafel 6 und 7, Tafel 8: 1-4, Tafel 9: 5-6, Abb. 11-17)

Die Poaceae besitzen einen relativ einheitlichen Pollentyp. Die PK sind sphäroidisch bis prolat, Poren mit Anulus und Costa. Die Anteile von Anulus und Costa können unterschiedlich sein. Die Exine ist tectat und besitzt eine Columellae-Schicht (Abb. 11). Das Tectum ist scabrat bis microechinat skulpturiert, in einigen Fällen im optischen Schnitt gewellt oder microverrucat. Im Phasenkonstrastbild – seltener schon im Hellfeld – erkennt man ein Muster aus punktförmigen Elementen (Abb. 12) oder aus Punktgruppen (Abb. 13) oder aus unregelmäßig geformten, meist langgestreckten Elementen, die meist erkennbar aus punktförmigen Elementen zusammengesetzt sind (Punktklumpen, Abb. 14), neben denen meist noch einzeln stehende punktförmige Elemente vorhanden sind. In anderen Fällen setzt sich das Muster aus mehr oder weniger polygonalen Feldern zusammen (Tafel 8: 1). Bei den punktförmigen Elementen handelt es sich um microechinate Skulpturelemente, nicht um die Columellae. Colmellae sind nur in wenigen Fällen im Phasenkontrastbild in einer tieferen Ebene zu erkennen. Im Fall von Punktgruppen stehen die Microechini gruppenweise auf niedrigen Verdickungen des Tectums (Abb. 11). Diese Verdickungen sind im Fall von Punktklumpen so hoch, daß die auf ihnen stehenden einzelnen Microechini nicht mehr oder nur noch am Rande der Punktklumpen erkennbar sind. Zu weitergehenden Erläuterungen vergl. S. 80.

Durch elektronenoptische Untersuchungen konnten ROWLEY, MÜHLETHALER & FREY-WYSSLING (1959) und ROWLEY (1960) zeigen, daß es sich bei den von ihnen untersuchten Arten *(Coix lacryma-christi, Zea mays, Phleum pratense, Sorghum vulgare, Secale cereale, Cynodon dactylon* und *Calamagrostis canadensis)* um tectate PK mit einer Columellae-Schicht handelt. In regelmäßigen Abständen von 0,1-0,7 mm sitzen sehr kleine Micro-Echini (0,07-0,2 × 0,08-0,3 µm) auf dem Tectum. Außerdem beschrieben die Autoren ein »polygonales System von Rissen« in der Oberfläche des Tectums, auf das wahrscheinlich die schon früher im Lichtmikroskop beobachteten »Netzstrukturen« zurückgehen (ERDTMAN 1944). ROWLEY, MÜHLETHALER & FREY-WYSSLING beschreiben außerdem noch 140-250 nm weite Kanäle, die in einigen Fällen die ganze Exine durchziehen. ROWLEY vermutete bereits, daß das im Phasenkontrast sichtbare Muster nur auf die Verhältnisse an der Oberfläche des Tectums zurückgeht. In anderen Fällen ist eine Felderung im Phasenkontrast-Bild gut sichtbar, so z.B. bei *Phleum* und *Nardus*.

Die Bestimmung fossiler PK der Poaceae hat sich als ein besonders wichtiges und erfolgreiches Instrument in der siedllungsgeschichtlichen Forschung erwiesen. Größenmessungen und Phasenkontrastuntersuchungen haben nicht nur Bestimmungsmöglichkeiten für Getreide-PK en bloc verbessert, sondern sie auch für einzelne Getreide-Gattungen eröffnet. Die pollenmorphologische Untersuchung der nicht kultivierten Gräser Mitteleuropas wurde dagegen bisher weitgehend vernachlässigt.

Die erste erfolgreiche Unterteilung der PK der Poaceae in zwei Typen, nämlich in einen Wildgras- und einen Getreide-Typ (vergl. Tafel 4: 1-2 und 3-6) gelang FIRBAS (1937) aufgrund von Messungen des Pollendurchmessers, die dann, gekoppelt mit groben morphologischen Merkmalen, zu vorläufig

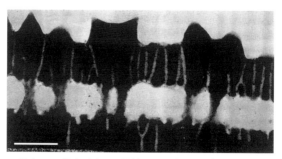

Abb. 11. Aufbau der Poaceae-Exine am Beispiel von *Triticum aestivum* (Ultramikrotomschnitt). Meßstrecke 0,5 µm. Aus EL-GAZALY & JENSEN (1986), verändert.

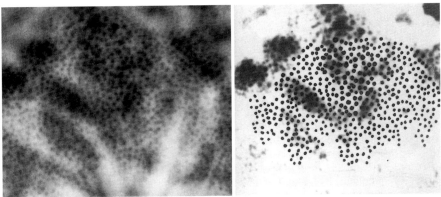

Abb. 12. *Hordeum*-Typ, Phasenkontrast-Muster (Beispiel: *Hordeum distichon*). Links photographische Aufnahme, 2200×, Phasenkontrast; rechts Zeichnung derselben Skulpturierung bei gleicher Vergrößerung.

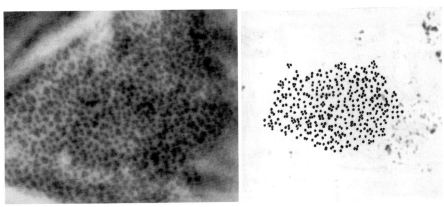

Abb. 13. *Triticum*-Typ, Phasenkontrast-Muster (Beispiel: *Triticum spelta*). Darstellung wie in Abb. 12.

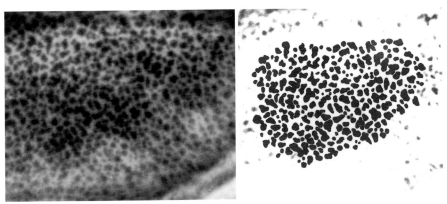

Abb. 14. *Avena*-Typ, Phasenkontrast-Muster (Beispiel: *Avena sativa*). Darstellung wie in Abb. 12.

recht guten Bestimmungsmerkmalen führten. Seine Beschreibungen bezogen sich auf mit KOH behandelte rezente PK, die den fossilen, ebenfalls mit KOH behandelten PK in ihrer Größe entsprachen.

Zu dem FIRBAS'schen Getreide-Typ gehören mit wenigen Ausnahmen (anteilig die PK einiger *Setaria*-Arten und von *Panicum miliaceum*) alle Getreide-Arten Mitteleuropas. Die Wildgräser gehören zum größten Teil zum Wildgras-Typ, doch mußten einige Arten aufgrund ihrer Pollengröße zum Getreide-Typ gestellt werden. FIRBAS überprüfte insgesamt 215 mitteleuropäische Arten auf ihre Zugehörigkeit zum Wildgras- oder Getreide-Typ. Lediglich 16 in Mitteleuropa sehr seltene, südeuropäische oder alpine Arten fehlen. Von den 215 Arten wurden 103 näher untersucht. Hierbei zeigte es sich, daß 30 Arten ganz oder teilweise dem Getreide-Typ angehören.

Seit den grundlegenden Untersuchungen von FIRBAS wurde in vielen vegetationsgeschichtlichen Arbeiten Getreide- und Wildgraspollen (Typen) voneinander getrennt. Die Grenze zwischen beiden Typen wurde für das mit KOH behandelte Material auf 35 µm festgelegt, für azetolysiertes Material auf 40 µm (OVERBECK 1958) oder auf 43 µm (STRAKA 1952) geschätzt.

Die Entdeckung eines Phasenkontrastmusters in der Poaceen-Exine geht auf KÖRBER-GROHNE (1957) zurück. KÖRBER-GROHNE zeigte, daß das Phasenkontrastbild der Poaceen-Exine verschieden sein kann, nutzte das aber noch nicht für systematische Untersuchungen zur Unterscheidung der PK von gebauten und nicht gebauten Gräsern. Dieses wurde erstmals durch eine von FIRBAS im Jahr 1958 angeregte Arbeit für das Höhere Lehramt in Angriff genommen (ROHDE 1959, unveröff.). Die dabei erzielten Ergebnisse wurden von BEUG und ROHDE ergänzt, ausgewertet, zusammengestellt (BEUG 1961) und in den folgenden Jahren von BEUG weiterentwickelt.

Da sich heute pollenanalytische Untersuchungen ausschließlich auf azetolysiertes Material beziehen, mußten die Größenangaben von FIRBAS überprüft werden, um die Grenze zwischen Wildgras- und Getreide-Typ neu festzulegen. An Hand einer möglichst großen Anzahl von Herkünften wurde versucht, die Variabilität der Pollengrößen und der morphologischen Merkmale zu erfassen. Gemessen wurden von ROHDE von jeder Herkunft die Durchmesser von 150 PK bei 1250 facher Vergrößerung, für Detailmessungen (Pore, Anulus) im allgemeinen nur 10 PK, jeweils in Größenklassen von halben Teilstrichen (0,66 µm). Tabelle 1 gibt eine Zusammenfassung dieser Meßwerte, in Einzelfällen ergänzt und ersetzt durch neue Messungen.

Aufgrund der Größenmessungen am azetolysierten Material in Glycerin-Gelatine-Präparaten lautet die neue Definition für den Getreide-Typ:

Größer Durchmesser   > 37,0 µm
Porendurchmesser   > 2,7 µm
Anulus-Breite   > 2,7 µm
Anulus-Dicke   > 2,0 µm (meist 3,0 µm)

Es müssen alle 4 Bedingungen erfüllt sein, um ein Poaceae-PK zum Getreide-Typ rechnen zu können.

Die untere Grenze von 37 µm wurde so gewählt, daß von jeder Art aus den Gattungen *Triticum*, *Secale*, *Hordeum* und *Avena* mindestens 98 % erfaßt werden können. Sie ist im Vergleich zu anderen Autoren niedrig gezogen, aber mit diesem Grenzwert können insbesondere die PK von *Triticum monococcum* und die der *Avena*-Arten mit n = 7 in dem Getreide-Typ verbleiben. Die oben angeführten Größenangaben für Pore und Anulus stellen die niedrigsten Werte dar, die bei den Arten der genannten Getreide-Gattungen gefunden wurden.

Die gebauten Arten der Gattungen *Panicum*, *Setaria* und *Sorghum* bleiben nach unserer Definition genau wie bei FIRBAS anteilig im Wildgras-Typ. Auf eine mögliche Bestimmung wird später eingegangen (s.S. 86).

Die folgende Liste enthält die untersuchten mitteleuropäischen Poaceen-Arten, deren PK ganz oder teilweise zum Getreide-Typ gehören.

Gebaute Arten:

Avena nuda   *Secale cereale*
Avena brevis   *Sorghum halepense*
Avena strigosa   *Triticum monococcum*
Avena byzantina   *Triticum dicoccum*
Hordeum distichon   *Triticum durum*
Hordeum vulgare   *Triticum compactum*

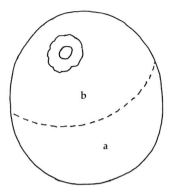

Abb. 15. Verteilung des typischen Phasenkontrastmusters bei PK vom Getreide-Typ. Meist zeigt nur die Zone a das charakteristische Muster. In der Zone b können die Elemente des Musters so nahe zusammenrücken; daß das typische Muster unkenntlich wird. Die Lage der Grenze zwischen a und b ist von PK zu PK verschieden.

Triticum aestivum   *Zea mays*
Triticum spelta   *Panicum miliaceum* p.p.

Begleiter menschlicher Siedlungen und Kulturen einschließlich südlicher Arten:
Avena fatua   *Setaria glauca* p.p.
Bromus erectus p.p.   *Triticum dicoccoides*
Bromus inermis   *Secale montanum*
Bromus mollis p.p.   *Aegilops ovata*
Hordeum murinum   *Triticum aegilopoides*
Setaria pumila p.p.

Gräser feuchter Wuchsorte:
Glyceria fluitans p.p.   *Gylceria plicata* p.p.

Halophyten und Dünengräser:
Agropyron junceum   *Hordeum nodosum*
Agropyron littorale p.p.   *Hordeum maritimum* (p.p.)
Ammophila arenaria   *Spartina maritima*
Leymus arenarius

Ferner:
Agropyron caninum   *Lygeum spartum*
Agropyron intermedium

Die Gattungen *Agropyron* und *Bromus* sind noch nicht genügend untersucht. Es ist möglich, daß aus diesen Gattungen noch weitere Arten wenigstens teilweise zum Getreide-Typ gestellt werden müssen.

Die oben im Text mit »p.p.« gekennzeichneten Arten gehören nach ihrer Größe und der Beschaffenheit von Pore und Anulus nur teilweise zum Getreide-Typ. Bei *Glyceria plicata* sind weniger als 50 % der PK größer als 37 µm. Mehr als 50 % aller PK (Mittelwerte 37-42 µm) gehören bei *Agropyron caninum, A. littorale, Ammophila arenaria, Bromus erectus, B. mollis, Glyceria fluitans* und *Setaria pumila* zum Getreide-Typ. Aufgrund der Poren- und Anulus-Merkmale (Tabelle 1) gehören von diesen Arten wiederum *Bromus mollis* und *Setaria pumila* nicht vollständig zum Getreide-Typ, doch dürften die größten PK dieser Arten auch vorwiegend die größten Poren- und Anulus-Werte aufweisen.

Von Beug (1961) wurden unter Berücksichtigung der Phasenkontrastmuster 3 Pollentypen unterschieden, *Hordeum*-Typ, *Triticum*-Typ und *Avena*-Typ. Hinzu kommen der *Panicum*-Typ und mit einigem Vorbehalt ein *Sorghum*-Typ. Bei den Bestimmungen ist es notwendig, das Phasenkontrastmuster immer nur auf der der Pore gegenüberliegenden Seite des PK zu beurteilen (Abb. 15). In der näheren Umgebung der Pore rücken die Elemente des Phasenkontrastmusters oft (insbes. bei dem

Tabelle 1. Größenmessungen an Poaceen-PK. Größenangaben in µm (aus Rohde 1959). * nachträglich ergänzt.

Art	PK Durchmesser		Pore	Anulus	
	Min.-Max.	MiW	Durchm.	Breite	Dicke
Maydeae					
Zea mays L.	53,1-138,0	86,5-90,9	3,7-8,6	4,0-6,6	3,3-5,0
Andropogoneae					
Bothriochloa ischaemon (L.) Keng.	15,9-40,5	31,1-32,7	2,7-5,3	2,0-2,7	2,4-3,0
Sorghum halepense (L.) Pers.	*39,5-48,3	*43,2	2,0-4,0	2,0-2,7	2,0-2,4
S. bicolor (L.) Moench s.l.	*43,0-54,0	*47,2	2,0-4,7	2,0-2,7	2,0-2,7
Paniceae					
Panicum miliaceum L.	*35,0-47,3	*41,0	2,4-4,7	2,7-4,0	2,7-3,3
P. bulbosum H.B. & K.	31,2-43,8	38,0	3,3-6,6	2,4-2,7	2,0-2,7
Setaria italica (L.) P.Beauv.	*27,5-36,5	*33,2	2,0-2,9	2,0-2,9	2,7
S. pumila (Pior.) Roem. & Schult.	*38,0-50,3	*44,1	2,0-3,3	2,9-4,0	2,4-3,3
*S. glauca (L.) P.Beauv.	40,0-54,0	46,9			
*S. verticillata (L.) P.Beauv.	32,0-43,5	36,4			
*S. viridis (L.) P.Beauv.	30,5-40,5	34,6			
Oryzeae					
Oryza sativa L.	*36,3-48,0	*42,7	3,7-5,0	2,7-2,9	2,7-2,9
Phalarideae					
Phalaris arundinacea L.	21,9-39,8	33,0	2,0-4,7	2,0-2,7	2,3
Ph. canariensis L.	35,8-48,4	39,0	3,1-4,0	2,0-2,7	2,3
Anthoxanthum aristatum Boiss.	25,2-33,8	28,7	1,6-3,1	2,0-2,7	2,0-2,1
A. odoratum L. s.str.	23,9-48,4	32,2-36,0	2,7-4,0	2,0-3,3	2,0-2,7
Hierochloe australis (Schrad.) Roem. & Schult.	22,6-33,2	27,8-28,7	2,0-3,7	2,0-2,7	2,2-2,4
*Spartina maritima (Curts) Fernald	43,0-56,5	49,3	4,0-4,5	2,5-3,0	2,0-2,5
Agrostideae					
Milium effusum L.	19,9-34,5	28,1-29,0	2,1-2,7	2,4-2,7	2,0-2,3
Phleum phleoides (L.) H. Karst.	20,6-31,9	27,5	1,7-2,7	2,4-2,7	2,0
Ph. hirsutum Honck.	18,6-39,1	28,8-32,9	1,7-4,7	2,0-2,7	2,5
Ph. alpinum L. s.str.	22,6-39,1	29,6-32,5	2,0-4,0	2,0-2,9	1,7-2,7
Ph. pratense L. s.str.	31,9-44,5	38,0	2,7-4,0	2,7	2,0-2,4
Alopecurus geniculatus L.	26,5-37,8	32,0	2,0-2,7	2,0	1,3-2,0
A. pratensis L.	25,2-51,1	34,9-38,5	2,7-4,0	2,7-3,3	2,0-2,7
Ammophila arenaria (L.) Link	31,9-43,8	38,4	3,3-4,0	3,3-4,0	2,4-2,8
Aveneae					
Deschampsia. flexuosa (L.) Trin.	21,2-32,5	28,5	2,5-3,3	2,7-2,9	1,5-2,4
D. caespitosa (L.) P.Beauv. s.str.	21,9-31,1	26,4-27,2	2,4-3,6	2,0-2,7	1,5-2,4
Avena nuda Höjer	34,5-47,8	42,3	3,5-4,8	2,7-4,0	2,5-3,3
A. brevis Roth	37,2-49,1	44,2	2,9-4,7	2,7-2,9	2,5-2,7
Avena strigosa Schreb.	37,8-66,4	45,4	4,0-4,8	2,7-2,9	2,0-2,7
A. byzantina C. Koch	41,1-57,7	50,2	4,0-5,7	3,1-4,7	2,7-4,7
A. fatua L.	43,8-65,0	50,3	4,7-5,4	3,3-4,7	2,7-2,9
Avena sativa L.	41,8-62,4	49,1-55,0	4,0-6,6	2,7-4,0	2,0-4,0
Helictotrichon pubescens (Huds.) Pilg.	22,6-35,8	29,5-31,6	2,0-3,3	1,5-2,7	1,5-2,4
H. versicolor (Vill.) Pilger	24,6-47,1	32,3-39,3	2,7-4,7	2,0-2,7	2,0-2,7
Arrhenatherum elatius (L.) P.Beauv. ex J. & C. Presl	27,9-43,1	36,7-37,3	2,7-5,3	2,4-2,7	2,0-2,4
Chlorideae					
Cynodon dactylon (L.) Pers.	18,6-31,9	27,4	2,4-3,3	1,6-1,7	1,5-1,6
Festuceae					
Melica ciliata L.	27,2-37,2	33,5	2,3-2,6	2,0-2,7	2,0
M. transsilvanica Schur	29,9-40,5	34,7	2,7-3,7	2,0	2,0

Art	PK Durchmesser		Pore	Anulus	
	Min.-Max.	MiW	Durchm.	Breite	Dicke
Festuceae ff.					
Briza minor L.	24,6-36,5	28,5	2,4-4,0	2,0	1,5
B. media L.	21,2-36,5	28,0-31,1	1,6-4,0	2,0-3,3	1,7-2,7
B. maxima L.	27,2-47,1	35,5	2,4-3,3	1,6-1,7	1,3-1,7
Dactylis glomerata L. s.str.	23,2-41,8	33,1-36,1	2,4-4,0	2,0-2,7	1,6-2,4
D. polygama HORV.	19,9-35,2	26,7	1,3-2,7	2,0-2,7	1,5-2,0
Cynosurus cristatus L.	19,2-37,8	28,7-31,0	2,0-2,7	2,4-2,7	1,3-2,0
C. echinatus L.	26,5-41,8	34,4	1,6-3,1	2,0-2,7	1,5-2,7
Glyceria fluitans (L.) R. BR.	30,5-43,8	38,7-40,3	4,0-5,3	2,7-4,0	2,7-4,0
G.. maxima (HARTM.) HOLMB.	29,2-39,1	34,9	2,7-3,3	2,7-2,9	2,4-2,8
G. notata CHEVALL.	29,9-42,5	37,7	3,3-6,0	2,7-4,0	2,9-3,7
Bromus madritensis L.	33,2-41,8	37,1	2,7-4,0	2,1-2,7	2,7
B. hordaceus L.	26,5-47,8	35,6-39,3	2,4-3,7	2,4-3,7	2,0-2,7
B. erectus HUDS.	32,5-48,4	40,0-41,6	2,7-6,6	2,7-2,9	2,0-3,1
B. catharticus M. VAHL.	27,9-47,8	41,1	2,7-4,0	2,7-3,3	2,0-2,7
B. inermis LEYSS.	39,8-55,7	48,7	4,0-6,6	2,7-3,7	2,7
B. ramosus HUDS. s.str.	–	ca. 43	2,9-3,7	2,7	2,7
B. breviaristatus BUCKL.	–	ca. 50-53	2,7-4,0	2,7	2,7
Brachypodium pinnatum (L.) P.BEAUV.	–	ca. 33-34	2,7-3,0	2,7	2,0
B. sylvaticum (HUDS.) P. BEAUV.	24,6-35,8	31,9	2,7-3,3	2,4-2,7	1,7-2,2
Hordeae					
Nardus stricta L.	19,9-42,5	28,7-28,8	1,6-3,7	2,0-2,7	1,6-2,7
Lolium perenne L.	23,9-37,8	31,5-33,5	2,4-3,3	2,7	2,0-2,7
L. multiflorum LAM.	23,2-40,5	34,1-34,9	2,4-3,6	2,0-3,3	2,0-2,7
Elymus hispidus (OPIZ) MELDERIS	33,2-47,8	39,6	2,7-3,3	3,3	4,0
E. repens (L.) GOULD s.str.	37,2-49,1	43,9	4,0	2,0-2,7	2,9-3,3
Elymus antheriscus (LINK) KERG.	29,2-51,1	41,8	3,3-5,3	2,7	2,0-3,3
E. caninus (L.) L.	36,5-51,8	45,1	3,3-5,3	2,7-3,3	2,7-2,9
E. farctus (VIV.) RUNEM.	38,5-55,1	49,5	4,6-5,3	3,3-4,0	3,3-4,0
Secale cereale L.	31,9-65,0	50,8-55,8	2,7-5,3	2,7-4,0	2,4-3,3
Secale montanum GUSS.	27,9-51,8	43,2	2,7-4,0	2,7-3,7	3,3-4,0
Aegilops ovata L.	40,5-54,4	48,1	4,0-6,0	3,3-4,0	4,0
Triticum monococcum L.	32,5-59,1	43,2-46,6	2,7-6,6	2,7-4,0	2,7-3,3
T. aegilopoides BAL.	41,8-58,4	46,9	3,3-4,0	3,3-4,0	3,3-3,7
T. timopheevi ZHUK.	37,8-61,0	47,7	4,0-5,3	4,3-4,7	3,9-4,0
T. dicoccoides (KÖRN.) SCHULZ	44,5-57,7	49,3	3,7-6,0	4,0-5,3	3,3-4,0
T. dicoccum SCHRANK	38,5-71,0	49,2-57,6	4,0-6,6	4,0-5,3	2,0-4,0
T. durum DESF.	38,5-62,4	51,8-54,7	4,0-6,6	4,0-5,3	3,3-4,0
T. compactum HOST	44,5-66,4	54,8-56,7	5,3-9,3	3,7-5,3	3,7-4,7
T. aestivum L.	39,8-69,0	55,2-57,6	5,3-9,3	4,0-5,3	3,3-4,7
T. spelta L.	41,8-72,3	53,8-63,7	5,3-9,3	3,3-5,3	3,3-6,0
Hordeum jubatum L.	43,5-49,8	41,6	3,3-5,3	4,0	3,3-4,0
H. nodosum L.	27,9-50,4	43,1	4,0-5,3	2,7-4,0	2,7-4,0
H. murinum L.	37,2-53,7	54,3	3,7-5,3	2,7-4,0	3,3-4,3
H. spontaneum C. KOCH	38,5-50,4	45,3	3,3-4,0	2,7-4,0	2,7-3,1
H. vulgare L.	35,2-53,7	44,6-47,0	3,1-5,0	3,1-3,7	2,1-3,0
H. distichon L.	37,8-58,4	44,8-47,8	2,7-4,3	3,3-4,7	2,7-3,3
Hordelymus europaeus (L.) JESS. ex HARZ	35,8-50,4	43,4	3,1-4,0	1,6-2,7	2,6-2,3
E. condensatus PRESL.	39,1-53,1	46,9	3,9-5,0	2,7-3,3	2,8-3,7
Leymus arenarius (L.) HOCHST.	37,8-57,7	49,0	2,9-4,9	2,7-4,0	2,7-3,3
Lygeeae					
*Lygeum spartum LOEFL. ex L.	74,5-94,5	83,4	5,8-6,8	4,0-5,0	3,5-4,0

Hordeum- und *Triticum*-Typ) so stark zusammen, daß die typischen Muster nicht ausgebildet werden. Man achte auch darauf, daß bei plattgedrückten PK, bei denen 2 Exinen übereinander liegen, Punktgruppen vorgetäuscht werden. Sind solche PK vom *Hordeum*-Typ, dann könnten sie einen *Triticum*-Typ vortäuschen. Handelt es sich um PK vom *Triticum*-Typ, so kann ein PK vom *Avena*-Typ vorgetäuscht werden. Außer den genannten Größen-Merkmalen und dem Phasenkontrastmuster spielt bei der Bestimmung der PK von *Secale* die Form der PK und bei *Zea mays* die Größe der PK eine Rolle.

In den auf die Darstellung von BEUG (1961) folgenden Jahren wurde wiederholt über das Thema der Bestimmung von Getreide-PK gearbeitet und veröffentlicht. Von ANDERSEN & BERTELSEN (1972) stammen erstmalig rasterelektronenoptische Aufnahmen von der Oberfläche der PK verschiedener Getreide-PK. Sie zeigen für *Hordeum* und *Secale* (sowie für *Ammophila arenaria*, *Leymus arenarius*, *Agropyron repens* und *Glyceria fluitans*) erwartungsgemäß kleine, runde, isoliert stehende Skulpturelemente. Bei *Triticum*-Arten stehen 2 bis 4 von diesen Elementen auf warzenartigen Erhöhungen (bei *T. monococcum* meist schwach entwickelt). Für *Avena sativa* scheint die einzige Aufnahme im Vergleich mit den *Triticum*-Arten etwas kompaktere bzw. wulstigere Verhältnisse zu zeigen. Die Autoren schlossen daraus, daß *Triticum* und *Avena* mit diesen Merkmalen pollenmorphologisch nicht zu trennen seien. Es muß bedauert werden, daß aufgrund dieser Veröffentlichung in mancher siedlungs- und vegetationsgeschichtlich orientierten Arbeit in den folgenden Jahren deswegen nicht zwischen einem *Triticum*- und einem *Avena*-Typ unterschieden wurde, denn durch die ausführlicheren raster-elektronenmikroskopischen Untersuchungen von KÖHLER & LANGE (1979) konnte die Existenz eines vom *Triticum*-Typ abtrennbaren *Avena*-Typs entsprechend den Angaben von BEUG (1961) gesichert werden. Nach der Terminologie von KÖHLER & LANGE (1979) stehen die Spinulae (=Microechini) bei dem *Hordeum*-Typ einzeln. Bei dem *Triticum*-Typ stehen (1-)3(-5) relativ kleine Spinulae auf einer Insula (Verdickungen des Tectums). Der *Avena*-Typ hat »larger irregularly polygonal or elongated insulae studded with several (1-)4-6(-10) spinules«. KÖHLER & LANGE gehen auch auf die Gattungen *Panicum*, *Oryza*, *Setaria* und *Sorghum* ein.

ANDERSEN (1979) knüpft an die Ergebnisse von ANDERSEN & BERTELSEN (1972) an und gibt zusätzlich Größenmessungen an gebauten Gräsern und einer größeren Zahl von Wildgras-Arten. Die Ergebnisse von KÖHLER & LANGE (1979) bezüglich der Bestätigung eines *Avena*-Typs sensu BEUG wurden hier noch nicht berücksichtigt.

Für die Praxis der Bestimmung fossiler PK von verschiedenen Getreide-Typen muß weiterhin das Phasenkontrast-Verfahren eingesetzt werden. Bei künftigen Untersuchungen sollten stets Anstrengungen gemacht werden, den *Avena*-Typ gesondert abzutrennen, damit nicht durch eine Vermischung mit dem *Triticum*-Typ wichtige, anderweitig nicht zu erhebende Daten zum vor- und frühgeschichtlichen Getreidebau unberücksichtigt bleiben.

Insgesamt kann die Bestimmung nach den folgenden Merkmalen erfolgen, die anschließend näher erläutert werden.

1	PK kleiner als 37 µm	**8.2.8 Wildgras-Typ** (S. 87)
	PK größer als 37 µm	2

2	Porendurchmesser mindestens 2,7 µm, Anulus-Breite mindenstens 2,7 µm und Dicke des Anulus (inkl. Costa) >2,0 µm (meist um 3,0 µm)	3
–	Maße von Pore und Anulus kleiner	**8.2.8 Wildgras-Typ** (S. 87)

3	Phasenkontrastbild nur mit einzeln stehenden Punkten (Abb. 12)	4
–	Phasenkontratsbild mit Punktgruppen (Abb. 13), Punktklumpen (Abb. 14) oder mit einer bis 1-2 µm großen Felderung (Tafel 8: 1), einzeln stehende Punkte können vorhanden sein	7

4	PK 53-138 µm groß, sphäroidisch, Porendurchmesser 3,7-8,6 µm	**8.2.1 Zea mays** (S. 81)
–	PK kleiner oder prolat oder mit kleinerem Porendurchmesser	5

5	PK prolat bis perprolat	6
–	PK sphäroidisch, rundlich bis eiförmig	**8.2.2 Hordeum-Typ** (S. 81)

Erfahrungsgemäß muß man damit rechnen, daß trotz Anwendung der oben geschilderten Bestimmungskriterien im fossilen Material gelegentlich relativ kleine PK vom Getreide-Typ – oft mit einem nicht eindeutigen Phasenkontrast-Muster – über längere Zeiträume eine Rolle spielen können und eine mehr oder weniger undifferenzierte Kurve ergeben. Sofern das im Widerspruch zu einem zeitlich differenzierten Verhalten der Kurven der anderen Siedlungszeiger steht, wird empfohlen, die Grenze zwischen dem Wildgras- und dem Getreidetyp zumindest versuchsweise von 37 auf 42 oder 45 µm heraufzusetzen. Damit werden Anteile von dem in der Getreide-Summe wahrscheinlich noch verbliebenen PK vom Wildgras-Typ stark herabgesetzt oder sogar eliminiert, wenn auch einige PK vom Getreide-Typ dabei verloren gehen können. Meist zeigt dann der Verlauf der Getreide-Kurve oder der einzelnen Getreide-Typen einen stärker differenzierten Verlauf als bisher.

8.2.1 *Zea mays* (Tafel 6: 11). PK 53-138 µm groß, sphäroidisch. Das Phasenkontrastmuster besteht aus isolierten Punkten (*Hordeum*-Typ). *Zea* ist daher von großen *Triticum*- und *Avena*-PK leicht zu unterscheiden. PK von *Hordeum* überschreiten die Grenze von 53 µm kaum.

8.2.2 *Hordeum*-Typ (Tafel 6: 7, 11; Tafel 7: 9-26; Abb. 12). Das Phasenkontrastmuster besteht aus einzeln stehenden Punkten, die relativ groß, kontrastreich und gleichmäßig verteilt sind. Nur selten bilden 2-3 Punkte andeutungsweise eine kleine Gruppe. Das kann zu Schwierigkeiten bei der Zuordnung von *Triticum monococcum* zum *Triticum*-Typ führen. In anderen Fällen kann der Abstand der Punkte zueinander sehr groß sein, und die Verteilung dann unregelmäßig. Auch innerhalb einer Herkunft können Kontrast, Punktgröße, Punktabstand und Punktverteilung variieren.

Hordeum distichon *Elymus arenarius*
Hordeum vulgare *Agropyron junceum*
Hordeum murinum *Agropyron intermedium*
Hordeum nodosum *Agropyron caninum*
Hordeum maritimum *Spartina maritima*
Oryza sativa

Anteilig können eine Rolle im *Hordeum*-Typ spielen:
Glyceria fluitans *Bromus inermis*
Glyceria plicata *Agropyron littorale*
Bromus mollis *Secale cereale*
Bromus erectus *Triticum monococcum*

Manchmal stehen die Punkte sehr eng und können dann relativ kontrastarm sein, und es kann durch kleine Abweichungen in der Entfernung benachbarter Punkte zu zufälligen Gruppenbildungen kommen. Derartige PK dürften u.U. nicht von den PK von *Triticum monococcum* oder anderen

Triticum-Arten unterschieden werden können. In anderen Fällen kann der Abstand der Punkte zueinander sehr groß sein, die Verteilung unregelmäßig.

Hordeum. *Hordeum murinum* und *H. nodosum* haben im Vergleich zu den Getreide-Arten einen dickeren und stärker nach außen vorspringenden Anulus (Tafel 5: 12,13,17). *Hordeum marinum* konnte nicht eingehend untersucht werden.

Glyceria. *Glyceria fluitans* und *G. plicata* stehen der Größe nach an der unteren Grenze des Getreide-Typs. Nach KÖRBER-GROHNE (1957) kann der relativ schmale Anulus zur Abtrennung von den Getreidearten herangezogen werden. Eigene Messungen (Anulus-Durchmesser : Poren-Durchmesser) ergaben an je einer Herkunft (jeweils 15-20 Messungen) folgende Werte:

Glyceria plicata	1,57-2,20
Glyceria fluitans	2,07-2,88
Hordeum distichon	2,39-3,21

Somit läßt sich *Glyceria plicata* gut von *Hordeum distichon* abtrennen, *G. fluitans* dagegen nicht. Allerdings gibt GROHNE gerade für *G. fluitans* einen sehr schmalen Anulus an. Offenbar kann die Anulus-Breite bei *Glyceria* ganz erheblich schwanken. PK mit einem Quotienten < 2 (Pore mehr als doppelt so groß wie die Anulus-Breite) dürften beim *Hordeum*-Typ sicher für ein Wildgras sprechen (*Glyceria*, aber auch *Agropyron* und *Bromus*).

Bromus. Wohl nicht immer von *Hordeum* zu unterscheiden, von *Triticum* dagegen mit großer Sicherheit durch den (bei *Bromus*) dünneren Anulus und durch das Phasenkontrastmuster (weite Punktabstände).

Agropyron und **Elymus.** Durchgreifende Unterschiede zu *Hordeum* fehlen. Die Gattung *Agropyron* ist noch nicht genügend untersucht worden.

Spartina maritima. Phasenkontrastmuster mit deutlichen, bis 1 µm voneinander entfernt stehenden kontrastscharfen Punkten.

8.2.3 Secale (Tafel 6: 5-8). PK prolat, Lage der Pore seitlich, um etwa ⅓ der Länge von der Schmalseite des PK entfernt. Ein gewisser Prozentsatz der PK von *Secale cereale* kann allerdings sphäroidisch sein. Solche PK müssen zum *Hordeum*-Typ gerechnet werden. Der Längen/Breiten Quotient (PFormI) ist im Allgemeinen deutlich kleiner als bei den ähnlichen PK von *Lygeum spartum* und liegt bei 1,30-1,55. *Secale montanum* verhält sich wie *S. cereale*.

8.2.4 Lygeum spartum (Tafel 9: 5-6). Bei diesem *Secale* ähnlichen Pollentyp liegt die Pore nahezu oder ganz auf der Mitte der Schmalseite. Die Porenseite des PK ist konvex, die der Pore abgewandte Seite abgeflacht bis etwas konkav. Der Umriß des PK von der Porenseite zeigt mehr oder weniger parallele Seitenränder und eine flaschenartige Verbreiterung in der Mitte. Der Längen/Breiten-Quotient (PFormI) beträgt 1,82-2,16 bei Ansicht auf die Pore und 2,44-2,88, wenn die Pore im optischen Schnitt liegt. Durchmesser der Pore 5,8-6,8 µm, Breite des Anulus 4,0-5,0 µm, Dicke des Anulus 3,5-4,0 µm. Das Phasenkontrastmuster besteht aus relativ kleinen einzeln stehenden Punkten (*Hordeum*-Typ). Bei tiefer optischer Ebene wird dieses Bild von dem Muster der sehr feinen Columellae überlagert.

PK von *Lygeum spartum*, einer wichtigen Art der mediterranen Steppen N-Afrikas, können durch Windtransport nach S-Europa und an den Südfuß der Alpen gelangen und wurden hier auch vereinzelt schon in holozänen Ablagerungen nachgewiesen. Ein Transport bis nach Mitteleuropa ist nicht auszuschließen. Einzelfunde von vermeintlichen *Secale* PK sollten daher entsprechend überprüft werden.

▷

Tafel 6

1-2 *Phragmites australis,* **3-4** *Triticum aestivum,* **5-8** *Secale cereale* (7-8 Phako), **9-11** *Zea mays* (Phako). **12** *Avena nuda* (Phako), **13** *Avena strigosa* (Phako), **14-15, 19** *Avena sativa* (14-15 Phako), **16** *Avena fatua* (Phako), **17** *Avena byzantina* (Phako), **18** *Avena brevis.* – Vergrößerungen: 1-6: 1000fach; 7-19: 1500fach.

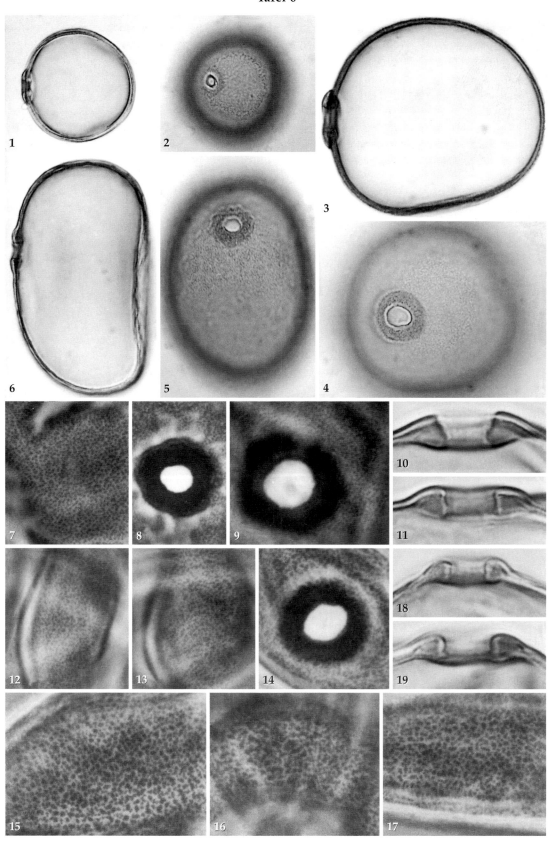

Lygeum spartum LOEFL. ex L. (1)
74,5-94,5 μm, MiW 83,4 μm; 50 PK, 0a

8.2.5 *Avena*-Typ (Tafel 6: 12-18; Abb. 14). Das typische Phasenkontrastmuster besteht aus mehr oder weniger zu Punktklumpen zusammengesetzten Punkten. Die Punktklumpen sind von unregelmäßiger Gestalt und Größe, sehr häufig länglich (Abb. 12). Randlich kann der Besatz mit Punkten erkennbar sein. Größen bzw. Längen der Punktklumpen von 1 μm können überschritten werden. Neben Punktklumpen treten meist auch einzeln stehende Punkte auf. Ihr Anteil ist ganz erheblichen Schwankungen unterworfen. Die Form der PK ist sphäroidisch bis schwach oval-länglich.

Avena sativa
Avena byzantina

Avena fatua
Avena strigosa ?

Anteilig spielen eine Rolle:
Avena nuda
Avena brevis

Setaria div. spec.

Hierher gehören vor allem die *Avena*-Arten mit der Chromosomen-Zahl n=21, d.h. *A. sativa* (Abb,12; Tafel 6: 14, 15, 19), *A. byzantina* (Tafel 6: 17) und *A. fatua* (Tafel 4: 16). Bei ihnen ist das Muster in der Regel sehr kontrastreich ausgebildet. Es treten meist relativ wenig einzeln stehende Punkte auf.

Bei *Avena nuda* (Tafel 6: 12), *A. brevis* (Tafel 6: 18) und *A. strigosa* (Tafel 6: 13) mit der Chromosomenzahl von meist n=7 sind die Punktklumpen weniger deutlich ausgebildet. Häufig treten hier nur einzelne Punkte auf (*Hordeum*-Typ) oder man sieht nur stellenweise Ansätze zur Bildung von Punktklumpen. Im letzteren Fall müssen dann die PK zum *Triticum*-Typ gestellt werden. Den Verhältnissen der Arten mit n=21 am nächsten kommt offenbar *Avena strigosa*, doch treten gerade innerhalb dieser Sammelart auch höhere Polyploidie-Grade auf (*Avena barbata* s.str.).

Die Ausbildung des typischen *Avena*-Musters ist somit offenbar stark von der Chromosomenzahl abhängig. Bei den Arten mit n=21 ist das Muster so charakteristisch ausgebildet, daß eine Verwechselung ausgeschlossen erscheint. Die Arten mit n=7 gehören dagegen nur teilweise dem *Avena*-Typ an. Der geringe Kontrast ihres Musters erschwert manchmal die Bestimmung.

Außerdem müssen einige Arten der Gattung *Setaria* zum *Avena*-Typ gezählt werden, soweit Größen über 37 μm erreicht und deutlich überschritten werden. Es handelt sich anteilig um *S. glauca* und *S. pumila*. Hier können allerdings auch PK mit einer mehr feldrigen Musterbildung auftreten.

8.2.6 *Triticum*-Typ (Tafel 7: 1-8; Abb. 11, 13). Charakteristisch sind Punktgruppen aus (2)3-4 Punkten, die häufig von einem »Hof« umgeben sind. Dieser Hof ist im Phasenkontrastbild ± hellgrau getönt und beruht offensichtlich darauf, daß das Tectum im Bereich der Punktgruppen verdickt ist (Abb. 11). Die Punktgruppen sind polygonal oder auch etwas länglich. Daneben findet man stets eine Anzahl von einzeln stehenden Punkten. Punktklumpen treten kaum auf.

Bei *Triticum* nimmt die Größe der Strukturelemente und der Kontrast mit steigender Chromosomenzahl bzw. steigendem Polyploidiegrad zu. Bei *Triticum monococcum* (n=7; Tafel 7: 1) hat nur ein geringer Teil der PK typische *Triticum*-Merkmale. Auch sind hier die Punkte sehr klein und kontrastarm. Ein gewisser Teil der PK von *Triticum monococcum* muß daher zum *Hordeum*-Typ gerechnet werden. Bei den Arten der Emmer- und Dinkel-Reihe (n=14, n=21) überwiegen jedoch die typischen *Triticum*-Merkmale bei weitem.

Außer den Vertretern der Gattung *Triticum* können *Avena*-Arten mit n=7 teilweise dem *Triticum*-Typ angehören (Tafel 6: 12-13). Auch *Ammophila arenaria* spielt im *Triticum*-Typ eine gewisse Rolle,

▷

Tafel 7

1, 7 *Triticum monococcum* (1 Phako), **2-3** *Triticum durum* (Phako), **4** *Triticum dicoccum* (Phako), **5** *Triticum compactum* (Phako), **6** *Triticum spelta* (Phako), **8** *Triticum aestivum*, **9** *Hordeum distichon* (Phako), **10, 11, 13** *Hordeum vulgare* (10, 11 Phako), **12, 14-16** *Hordeum murinum* (14-16 Phako), **17** *Hordeum nodosum*, **18-20** *Agropyron junceum* (19-20 Phako), **21** *Glyceria fluitans* (Phako), **22-23** *Glyceria plicata* (Phako), **24-26** *Leymus arenarius* (Phako). – Vergrößerungen: 1-6: 1000fach; 7-26: 1500fach.

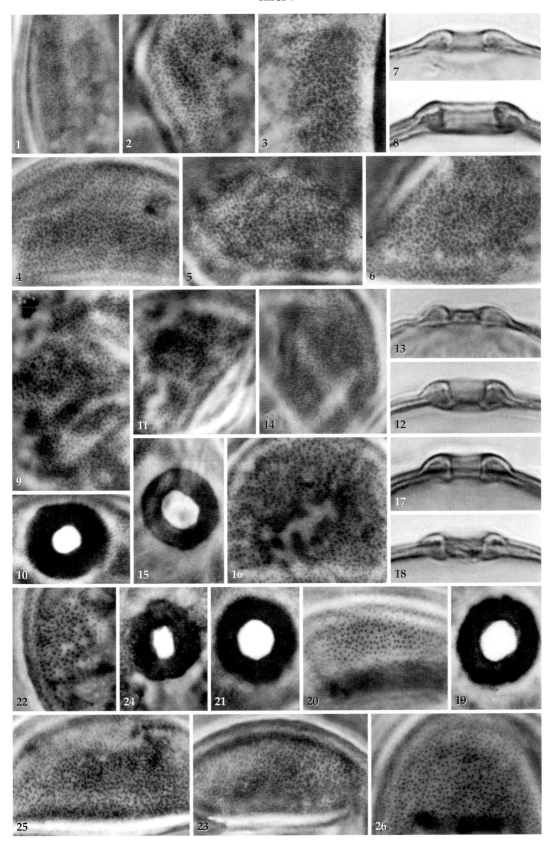

ebenso die noch nicht vollständig untersuchten Gattungen *Bromus* und *Agropyron* und vielleicht einzelne PK von *Lymus arenarius*. Im Vergleich mit den Wildarten der Gattung *Hordeum* achte man besonders auf den dicken Anulus bei den *Triticum*-Arten mit n = 14 und n = 21 (Tafel 6: 8 und z.B. 12). Außerdem kommen bei *Triticum* selber gelegentlich PK vom *Hordeum*-Typ vor. Ein Beispiel dafür gibt Tafel 7: 4 *(Triticum dicoccum)*.

Triticum dicoccum	*Triticum aestivum*
Triticum durum	*Triticum spelta*
Triticum dicoccoides	*Triticum monococcum* p.p.
Triticum compactum	*Triticum aegilopoides* p.p.

Ausnahmsweise mit vereinzelten PK:

Avena brevis	*Bromus* div spec.
Avena nuda	*Hordeum* div spec.
Avena strigosa ?	*Agropyron* ?
Ammophila arenaria	*Leymus arenarius*

8.2.7 *Panicum*-Typ. Ein schwierig zu erkennender und vom *Triticum*-Typ nicht leicht zu trennender Pollentyp. Die Punktgruppen umfassen max. 5-6 Punkte. Daneben kommen kleinere Punktgruppen vor, und stellenweise können wie bei dem *Hordeum*-Typ nur einzelne Punkte vorhanden sein. Überwiegend scheinen die Punkte etwas größer und kontrastreicher zu sein als bei dem *Triticum*-Typ. Zur sicheren Identifizierung fossiler PK vom *Panicum*-Typ ist ein Studium von Vergleichsmaterial dringend erforderlich.

Panicum miliaceum

Das Hirse-Problem (Tafel 8: 1-4)

Untersucht wurden außer der Echten Hirse *(Panicum miliaceum)* die Gemeine Mohrenhirse oder Durra *(Sorghum vulgare,* syn. *S. bicolor),* die Wilde Mohrenhirse *(Sorghum halepense),* ferner aus der Gattung *Setaria* (Borstenhirse) die Arten *S. italica* (Kolbenhirse) und deren Stammform *S. viridis* (Grüne Borstenhirse), sowie *S. glauca* und *S. verticillata.* Von diesen Hirse-Arten gehört *Panicum miliaceum* zu dem etwas problematischen *Panicum*-Typ (s. oben).

Hauptvertreter eines möglicherweise definierbaren »***Sorghum*-Typs**« ist *S. halepense* (Tafel 8: 1). Die PK von *Sorghum halepense* haben ein gefeldertes Muster im Phasenkontrastbild. Die Felder sind mehr oder weniger polygonal und meist über 1 µm groß. Längliche Elemente fehlen in dem Muster weitgehend, ebenso einzelne Punkte. Die Felderung ist relativ dicht und reicht unverändert bis an die Pore heran. *S. vulgare* gehört anteilig zum »*Sorghum*-« und zum *Avena*-Typ.

Alle *Setaria*-Arten müssen zum *Avena*- bzw. *Avena*-TypW (s. S. 90) gestellt werden. Alle oder die ganz überwiegende Zahl der Elemente des Musters sind nur bis max. 1 µm groß. Viele sind gestreckt, und es herrschen relativ große Größenunterschiede vor.

Sorghum halepense
Sorghum vulgare

Anwendungsbeispiele der Getreide-Pollenanalyse

Zunächst wird darauf hingewiesen, daß mit Hilfe des Phasenkontrastmusters und der größenstatistischen Merkmale nur Pollentypen bestimmt werden. Eine zweifelsfreie Zuordnung eines jeden PK zu einer bestimmten Gattung kann nicht erreicht werden. Auch sollten Getreide-PK, deren Phasenkontrastmuster nicht zweifelsfrei eingeordnet werden kann, immer als »Getreide indet.« geführt werden. Dennoch hat sich die Verwendung der hier beschriebenen Pollentypen in der Siedlungsgeschichte als sehr erfolgreich erwiesen und gehört heute zur Standardmethode pollenanalytischer Untersuchungen. Ihre Aussagefähigkeit für siedlungsgeschichtliche Fragen soll im folgenden an einigen Beispielen erläutert werden.

In Abb. 16 ist oben ein mittelalterliches Poaceen-Pollenspektrum dargestellt, das von einem kleinen Moor am NW-Hang des Wurmberges (etwa 950 m NN) bei Braunlage (Hochharz) stammt.

Hauptsächlich ist hier unter den PK vom Getreide-Typ *Secale* vertreten. Bekanntlich besitzt der Roggen gegenüber anderen Getreiden eine relativ hohe Pollenproduktion (I. MÜLLER, 1947). Daneben kommen auch PK vom Triticum- und *Hordeum*-Typ vor. Bei dem zweiten Beispiel stammt das Pollenspektrum aus einer neolithischen Kulturschicht des Illmensees in Oberschwaben und enthält hauptsächlich Getreide-PK vom *Triticum*-Typ. Außerhalb der Zählung von 100 PK wurde auch 1 PK vom *Hordeum*-Typ gefunden. Die Ergebnisse stimmen gut mit den Erfahrungen über den neolithischen Getreidebau überein, wie sie aus archäobotanischen Untersuchungen in der Region bekannt sind.

Die Angaben in Abb. 17 stammen aus Untersuchungen an den Ablagerungen des Luttersees (BEUG 1992), der in der Lößlandschaft des westlichen Harzvorlandes liegt (Unteres Eichsfeld, Landkreis Göttingen). Da die Pollenspektren ungewöhnlich hohe Anteile der Getreide-PK führten, konnten größenstatistische Untersuchungen an den PK vom *Triticum*-Typ durchgeführt werden. Dabei wurden auch ansatzweise die Größenunterschiede zwischen diploiden, tetraploiden und hexaploiden *Triticum*-Arten ausgewertet. Zum Vergleich werden die Größenverteilungskurven rezenter PK von *Triticum monococcum*, *T. dicoccon* und *T. aestivum* nach ROHDE (1959) dargestellt. Im älteren Teil der Zeit der älteren Linienbandkeramik spricht die Größenverteilungskurve für den Anbau von *T. monococcum*, *T. dicoccon* und daneben aber auch schon für hexaploiden Weizen. In ihrem jüngeren Teil (inkl. Rössen), in dem erhebliche Anteile vom *Hordeum*-Typ hinzukommen, verschwindet der Größenbereich von *T. monococcum* weitgehend und der Anteil der Größenkategorien von hexaploiden Weizen hat zugenommen. Im Mittelneolithikum ändert sich daran wenig, wenn auch die statistische Basis hier gering ist. Im Jungneolithikum ist die statistische Basis wieder gut, und das bisherige Bild bleibt erhalten. In dem Zeitraum von der älteren Bronzezeit bis zur römischen Kaiserzeit hat der Anbau hexaploider Weizen-Arten gegenüber den tetraploiden deutlich zugenommen, um anschließend (Mittelalter, vielleicht noch späte römische Kaiserzeit) wieder zurückzugehen. Bei geeigneter Datenmenge erlaubt somit die Getreidepollen-Analyse Einblicke in den wechselnden Anbau von Weizen-Arten, wie das durch Untersuchungen an Makroresten in einer einzelnen Landschaft kaum einmal möglich sein dürfte.

8.2.8 Wildgras-Typ. Die größenstatistische Untersuchung von Poaceae-PK hat, wie oben ausgeführt, ergeben, daß PK verschiedener nichtgebauter Arten mit erheblichen Anteilen ihres Größenspektrums in den Bereich der PK gebauter Arten fallen. Das sind vor allem PK der Gattungen *Agropyron*, *Bromus* und *Glyceria*. Von diesen Arten wurden die PK auch auf ihr Phasenkontrastmuster hin untersucht. Von der großen Zahl der sonstigen, in Mitteleuropa beheimateten Poaceae-Gattungen fehlen aber bisher Angaben über das Phasenkontrastmuster ihrer PK. Deshalb wurden 71 nichtgebaute Arten aus 62 Gattungen auf ihr Phasenkontrastmuster hin untersucht. Diese Untersuchungen haben vorerst nur den Charakter eines Pilotprojektes, da nicht alle mitteleuropäischen Arten erfaßt und nur 1 oder selten 2 Herkünfte bzw. Arten aus den z.T. sehr artenreichen Gattungen untersucht wurden. Es sollte dabei festgestellt werden, ob die Wildgräser auch die von den Getreide-Arten abgeleiteten Phasenkontrast-Typen zeigen, und ob hier weniger oder mehr Typen als bei den Getreide-Arten vorkommen. Die Ergebnisse zeigen, daß zwar alle Typen des Phasenkontrastmusters vorkommen, daß aber die Grenzen zwischen den einzelnen Typen oft wenig scharf sind. Für die Bestimmung von Wildgräsern dürfte nach bisheriger Kenntnis daher wohl nur in seltenen Fällen eine Gattungsbestimmung mit Hilfe des Phasenkontrast-Musters möglich sein.

8.2.8.1 *Hordeum*-Typ W. Diese Grupppe von Wildgräsern wird nach Kontrast und Dichte der Punkte provisorisch aufgeteilt. (W=Wildgras).

1. Kontrastreiche Punkte mit einem Abstand von ca. 0,5-1,0 µm.

Arundo donax L. (1)
36,5-52,0 µm, MiW 41,7 µm; 50 PK, 0a

Leersia oryzoides (L.) Sw. (1)
30,0-42,8 µm, MiW 36,4 µm; 50 PK, 0a

Leymus arenarius (L.) HOCHST. (1)
54,5-67,5 µm, MiW 62,0 µm; 50 PK, 0a

Piptatherum miliaceum (L.) COSSON (1)
29,0-35,0 µm, MiW 31,8 µm; 43 PK. 0a

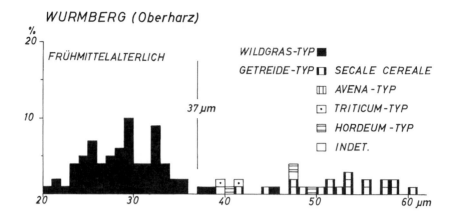

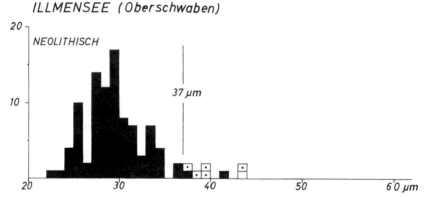

Abb. 16. Anwendungsbeispiele für die Poaceae-Pollenanalyse. Pollenspektren aus dem Mittelalter und dem Neolithikum. Erklärungen S. 86-87.

Stipa calamagrostis (L.) WAHLENB. (1)
25,5-34,5 µm, MiW 28,9 µm; 50 PK, 0a

Stipa pennata L. s.str. (1)
33,8-47,0 µm, MiW 40,9 µm; 50 PK, 0a

Stipa capillata L. (1)
28,3-41,0 µm, MiW 34,8 µm; 46 PK, 0a

2. Kontrastarme Punkte mit engen Abständen.

Anthoxanthum odoratum L. s.str. p.p. (1)
30,5-43,5 µm, MiW 38,4 µm; 50 PK, 0a

Bromus racemosus L. (1)
35,8-44,8 µm, MiW 41,0 µm; 50 PK, 0a

Bromus squarrosus L. (1)
36,3-49,5 µm, MiW 42,3 µm; 50 PK, 0a

Scolochloa festucacea (WILLD.) LINK. (1)
31,8-41,3 µm, MiW 37,4 µm; 50 PK, 0a

Ventenata dubia (LEERS) COSS. (1)
31,0-38,8 µm, MiW 34,5 µm; 50 PK, 0a

Gaudinia fragils (L.) P.BEAUV. (1)
27,8-36,8 µm, MiW 31,9 µm; 50 PK, 0a

Lagurus ovatus L. (1)
34,3-43,0 µm, MiW 38,6 µm; 50 PK, 0a

Melica uniflora RETZ. (1) p.p.
32,8-45,0 µm, MiW 38,3 µm; 50 PK, 0a

Vulpia myurus (L.) C.C.GMEL. (1)
32,5-42,0 µm, MiW 37,4 µm; 50 PK, 0a

3. Kontrastarme Punkte mit extrem engen Abständen; Musterbildungen durch Zufall möglich.

Hierochloë odorata (L.) P.BEAUV. (1)
25,8-35,8 µm, MiW 31,6 µm; 50 PK, 0a

Puccinellia maritima (HUDS.) PARL. (1)
34,8-43,3 µm, MiW 38,4 µm; 50 PK, 0a

Trisetum spicatum (L.) K.RICHT. (1) p.p.
35,0-46,8 µm, MiW 40,0 µm; 50 PK, 0a

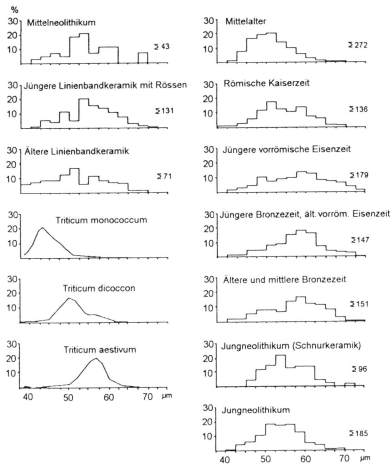

Abb. 17. Beispiel für eine Auswertung der Größenverhältnisse an fossilen PK vom *Triticum*-Typ. Erklärungen S. 87. Aus Beug (1994), mit freundlicher Genehmigung des Verlags.

4. Mit Neigung zur Bildung kleiner Gruppen bzw. Reihen. Die Gruppen haben keinen grauen Hof.

Brachypodium sylvaticum (Huds.) P.Beauv. (1)
30,5-44,0 µm, MiW 36,3 µm; 52 PK, 0a

Helictotrichon pratense (L.) Besser (1)
42,5-55,0 µm, MiW 49,0 µm; 50 PK. 0a

Helictotrichon versicolor (Vill.) Pilg. (1)
37,5-51,3 µm, MiW 43,9 µm; 54 PK, 0a

Trisetum flavescens (L.) P.Beauv. (1)
26,8-35,5 µm, MiW 31,3 µm; 50 PK, 0a

8.2.8.2 *Triticum*-TypW. Bei einem kontrastarmen Punktmuster oft schwer zu beurteilen. Beste Beispiele wurden bei *Deschampsia* und *Mibora* gefunden.

Agrostis capillaris L. (1) p.p
26,3-37,0 µm, MiW 31,3 µm; 50 PK, 0a

Anthoxanthum odoratum L. (1) p.p.
30,5-43,5 µm, MiW 38,4 µm; 50 PK, 0a

Apera spica-venti (L.) P.Beauv. (1) p.p.
20,0-32,8 µm, MiW 26,4 µm; 50 PK, 0a

Arrhenatherum elatius (L.) P.Beauv. p.p. (1)
35,5-49,3 µm, MiW 42,2 µm; 51 PK, 0a

Briza media L. (1) p.p
30,5-40,0 µm, MiW 36,5 µm; 51 PK, 0a

Calamagrostis stricta (Timm.) Koeler (1)
30,5-40,8 µm, MiW 35,4 µm; 50 PK, 0a

Corynephorus canescens (L.) P.Beauv. (1)
21,5-26,3 µm, MiW 23,9 µm; 50 PK, 0a

Deschampsia cespitosa (L.) P.Beauv. (1)
26,5-35,0 µm, MiW 31,2 µm; 50 PK, 0a

Deschampsia flexuosa (L.) Trin. (1)
27,5-35,0 µm, MiW 31,8 µm; 50 PK, 0a

Festuca altissima All. (1) p.p.
25,5-35,0 µm, MiW 29,2 µm; 50 PK, 0a

Gastridium ventricosum (Gouan) Schinz & Thell. (1)
24,5-32,8 µm, MiW 28,4 µm; 50 PK, 0a

Holcus lanatus L. (1) p.p.
30,0-39,8 µm, MiW 33,2 µm; 51 PK, 0a

Melica uniflora Retz. (1) p.p.
32,8-45,0 µm, MiW 38,3 µm; 50 PK, 0a

Mibora minima (L.) Desv. (1)
24,3-37,0 µm, MiW 27,7 µm; 50 PK, 0a

Milium effusum L. (1) p.p.
28,5-40,0 µm, MiW 35,2 µm; 50 PK, 0a

Parapholis strigosa (Dumort.) C.E.Hubb. (1) p.p.
27,5-36,0 µm, MiW 31,9 µm; 50 PK, 0a

Phalaris arundinacea L. (1)
32,8-42,5 µm, MiW 38,0 µm; 50 Pk, 0a

Phalaris canariensis L. (1)
40,0-48,0 µm, MiW 43,9 µm; 50 PK, 0a

Polypogon monspeliensis (L.) Desf. (1) p.p.
32,5-45,5 µm, MiW 38,2 µm; 50 PK, 0a

8.2.8.3 *Panicum*-Typ W. Ähnlich dem *Triticum*-Typ, aber maximal mit einer höheren Zahl von Punkten in den Punktgruppen. Die Punkte sind meist größer und kontrastreicher als bei dem *Triticum*-Typ.

Sesleria albicans Kit. & Schult. (1)
34,3-45,0 µm, MiW 38,3 µm; 50 PK, 0a

8.2.8.4 *Avena*-Typ W. Punktklumpem sind vorhanden, daneben einzelne Punkte und evt. auch Punktgruppen. Die Punktklumpen sind länglich, unregelmäßig geformt, unter 1 µm bis gelegentlich etwas über 1 µm groß. Die Punktklumpen können randlich die Zusammensetzung aus Punkten erkennen lassen. Neben den typisch unregelmäßig geformten Punktklumpen treten auch polygonal geformte Elemente auf. Sie können in unterschiedlichen Anteilen vertreten sein, sind aber nicht über 1 µm groß (Abgrenzung gegenüber *Sorghum halepense*). Beispiele für hohe Anteile polygonaler Elemente sind *Molinia caerulea* und *Chrysopogon gryllus*. Zwischen polygonalen Elementen und Punktklumpen kann ein fließender Übergang bestehen. Übergänge wurden auch zwischen dem *Avena*-TypW und dem *Triticum*-TypW gefunden. Die mit »p.p.« gekennzeichneten Arten der Gattungen *Setaria* gehören anteilig zum Getreide-Typ.

Agrostis capillaris L. (1) p.p
26,3-37,0 µm, MiW 31,3 µm; 50 PK, 0a

Aira praecox L. (1)
24,3-33,0 µm, MiW 29,4 µm; 50 PK, 0a

Alopecurus pratensis L. (1)
35,5-45,0 µm, MiW 39,8 µm; 50 PK, 0a

Bothriochloa ischaemon (L.) Keng (2)
31,5-42,8 µm, MiW 37,2 µm; 50 PK, 0a

Apera spica-venti (L.) P.Beauv. (1) p.p.
20,0-32,8 µm, MiW 26,4 µm; 50 PK, 0a

Arrhenatherum elatius (L.) P.Beauv. p.p. (1)
35,5-49,3 µm, MiW 42,2 µm; 51 PK, 0a

Briza media L. (1) p.p
30,5-40,0 µm, MiW 36,5 µm; 51 PK, 0a

Calamagrostis epigejos (L.) Roth (1)
25,0-36,3 µm, MiW 31,1 µm; 51 PK, 0a

Catabrosa aquatica (L.) P.Beauv. (1)
30,0-40,5 µm, MiW 36,4 µm; 50 PK, 0a

Chrysopogon gryllus (L.) Trin. (1)
35,8-45,5 µm, MiW 40,4 µm; 50 PK, 0a

Coleanthus subtilis (Tratt.) Seidl (1)
22,3-32,0 µm, MiW 27,0 µm; 51 PK, 0a

Crypsis aculeata (L.) Aiton (1)
32,0-40,0 µm, MiW 35,8 µm; 50 PK, 0a

Cynosurus cristatus L. (1)
32,8-41,8 µm, MiW 37,9 µm; 50 PK, 0a

Dactylis glomerata L. s.str. (1)
33,5-45,5 µm, MiW 40,4 µm; 50 PK, 0a

Digitaria ischaemon (Schreb.) Mühlenb. (1)
28,8-38,8 µm, MiW 34,8 µm; 50 PK, 0a

Echinochloa crus-galli (L.) P.Beauv. (1)
37,5-45,0 µm, MiW 41,2 µm; 50 PK, 0a

Eragrostis minor Host (1)
22,8-32,8 µm, MiW 28,0 µm; 50 PK, 0a

Holcus lanatus L. (1) p.p.
30,0-39,8 µm, MiW 33,2 µm; 51 PK, 0a

Festuca richardsonii Hooker (1)
31,8-40,5 µm, MiW 36,4 µm; 50 PK, 0a

Festuca altissimia All. (1) p.p.
25,5-35,0 µm, MiW 29,2 µm; 50 PK, 0a

Koeleria macrantha (LEDEB.) SCHULT. (1)
30,3-42,5 µm, MiW 37,4 µm; 50 PK, 0a

Parapholis strigosa (DUMORT.) C.E.HUBB. (1) p.p.
27,5-36,0 µm, MiW 31,9 µm; 50 PK, 0a

Milium effusum L. (1) p.p.
28,5-40,0 µm, MiW 35,2 µm; 50 PK, 0a

Molinia caerulea (L.) MOENCH s.str. (1)
25,8-35,0 µm, MiW 31,2 µm; 50 PK, 0a

Phleum alpinum L. s.str. (1)
35,0-48,9 µm, MiW 42,2 µm; 50 PK, 0a

Phragmites australis (CAV.) TRIN. (1)
26,3-37,0 µm, MiW 31,3 µm; 50 PK, 0a

Poa pratensis L. s.str. (1)
30,8-42,5 µm, MiW 37,5 µm; 50 PK, 0a

Poa glauca VAHL (1)
32,0-40,3 µm, MiW 36,8 µm; 51 PK, 0a

Polypogon monspeliensis (L.) DESF. (1) p.p.
32,5-45,5 µm, MiW 38,2 µm; 50 PK, 0a

Setaria glauca (L.) P.BEAUV. (1) p.p.
40,0-54,0 µm, MiW 46,9 µm; 50 PK, 0a

Setaria italica (L.) P.BEAUV. (1)
27,5-36,5 µm, MiW 33,2 µm; 50 PK, 0a

Setaria pumila (POIR.) SCHULTE (1) p.p.
38,0-50,3 µm, MiW 44,1 µm; 50 PK, 0a

Setaria verticillata (L.) P.BEAUV. s.l. (1)
32,0-43,5 µm, MiW 36,4 µm; 50 PK, 0a

Setaria viridis (L.) P.BEAUV. (1)
30,5-40,5 µm, MiW 34,6 µm; 50 PK, 0a

Slerochloa dura L. P.BEAUV. (1)
31,0-42,0 µm, MiW 37,5 µm; 50 PK, 0a

Tragus racemosus (L.) ALL. (1)
17,3-24,3 µm, MiW 20,3 µm; 50 PK, 0a

Trisetum spicatum (L.) RICHT. (1) p.p.
35,0-46,8 µm, MiW 40,0 µm; 50 PK, 0a

8.3 Lemnaceae
(Tafel 8: 5-6)

An den zwei untersuchten Arten wurden folgende Merkmale festgestellt: PK sphäroidisch, oft gedrungen eiförmig. Echini bis 2,5 µm lang, basal dünner als 1 µm, vom Grunde an zugespitzt. Exine ca. 1 µm dick. Die Pore ist ± rund, bis 2,5 µm groß und unscheinbar (auf Tafel 8: 5-6 nicht sichtbar).

Lemna trisulca L. (1)
19,3-26,3 µm, MiW 22,4 µm; 30 PK, 1a

Lemna minor L. (1)
15,8-26,3 µm, MiW 20,4 µm; 50 PK, 1a

Non vidi: *Lemna gibba* L. (Abbildung bei ERDTMAN, 1952, S. 232), *Spirodela polyrrhiza* (L.) SCHLEID., *Wolffia arrhiza* (L.) HORKEL ex WIMM.

8.4 *Sparganium*-Typ
(Tafel 5: 18-22; Tafel 9: 1)

PK sphäroidisch bis eiförmig oder rundlich-eckig, reticulat. Pore 3,0-6,0(8,0) µm groß, kontrastarm begrenzt. Brochi 1,0-3,0 µm, meist unregelmäßig geformt, oft langgestreckt und nicht geschlossen. Exine 1,8-2,1 µm dick, Endexine 0,8-1,0 µm. Reticulum sehr variabel. Muri 0,8-1,0 µm breit, aber auch von wechselnder Breite im Bereich eines einzigen Brochus. Columellae einreihig oder doppelreihig.

Sparganium angustifolium MICHX. (3)
19,4-31,0 µm, MiW 26,2 µm; 50 PK, 0a

Sparganium erectum L. s.l. (2)
24,8-33,1 µm, MiW 28,8 µm; 50 PK, 0a

Sparganium erectum L. subsp. *neglectum* (BEEBY) SCHINZ & THELL. (1)
19,8-33,1 µm, MiW 25,0 µm; 50 PK, 0a

Sparganium friesii BEURL. (1)
27,5-33,5 µm, MiW 31,2 µm; 50 PK, 0a

Sparganium glomeratum LAEST. (1)
28,0-37,5 µm, MiW 32,3 µm; 50 PK, 0a

Sparganium hyperboreum LAEST. (1)
26,3-37,0 µm, MiW 31,6 µm; 53 PK, 0a

Sparganium natans L. (2)
22,0-29,5 µm, MiW 26,1 µm; 50 PK; 0a

Sparganium emersum REHMANN. (2)
21,6-29,5 µm, MiW 26,4 µm; 50 PK, 0a

Typha angustifolia L. (2)
25,0-32,5 µm, MiW 29,3 µm; 50 PK, 0a

8.5 *Cephalanthera*-Typ
(Tafel 9: 2-4)

PK reticulat, rundlich bis länglich-eiformig, halbkugelig, mit sehr großer Pore auf der flachen Seite. Poren 17-33 µm groß (bei *Cephalanthera*; bei *Limodorum* nur 12-25 µm), rundlich bis eiförmig, Rand unregelmäßig. Brochi 1-9 µm groß (bei *Limodorum* 1-6 µm), manchmal offen, am Porenrand klein. Porenmembran, wenn vorhanden, feinreticulat mit schmalen Muri, bei *Limodorum* scabrat. Muri 1-2 µm breit, vielfach duplicolumellat. Bei *Limodorum* ist häufig ein bis zu 5 µm breiter feinreticulater Anulus erkennbar (Brochi hier nur 1-2 µm groß). PK gelegentlich heterobrochat. Exine 1,2-2,2 µm dick, Endexine dünn, Columellae kurz und dick.

Cephalanthera damasonium (MILL.) DRUCE (1)
30,0-48,5 µm, MiW 37,3 µm; 50 PK, 0a

Cephalanthera rubra (L.) RICH. (1)
27,0-40,8 µm, MiW 34,4 µm; 50 PK, 0a

Cephalanthera longifolia (L.) FRITSCH (2)
28,0-40,8 µm, MiW 34,4 µm; 50 PK, 0a

Limodorum abortivum (L.) SW. (2)
32,5-49,0 µm, MiW 40,0 µm; 50 PK, 0a

9. Monocolpatae

Bei den hier aufgeführten Arten mit monocolpaten PK befindet sich die Apertur auf der distalen Seite des PK und verläuft durch den distalen Pol. Auf die im allgemeinen langgestreckten monocolpaten PK kann daher die Bezeichnung »prolat« nicht korrekt angewendet werden. Man müßte von ± oblaten PK sprechen, wobei die langgestreckte Form durch Streckung in der Äquatorialebene, d.h. senkrecht zur Polachse zustande kommt. Der Einfachheit halber wird aber trotzdem die Bezeichnung »prolat« verwendet. Zur Charakterisierung der Form dient auch der »äquatoriale Formindex« (ÄFormI). Dieser Index ist der Quotient aus dem Durchmesser des PK in Colpus-Richtung und dem senkrecht darauf stehenden Durchmesser. Als »Breite« wurde immer der größte Durchmesser des PK senkrecht zur Colpus-Richtung gemessen.

Die meisten Einzelheiten, die den Aufbau des Reticulums betreffen, können nur im Phasenkontrastbild sicher erkannt und beurteilt werden.

Zwischen verschiedenen Pollentypen gibt es nicht unbeträchtliche Überschneidungen und Unsicherheiten. Ursprünglich (BEUG 1961) waren die hier aufgeführten Pollentypen mit den Nummern 16, 19, 20-25 einerseits und 32, 35, 36, 38 andererseits in zwei Sammelgruppen zusammengefaßt. Diese beiden Sammelgruppen wurden jetzt, soweit vertretbar, aufgelöst.

Man achte schließlich darauf, daß hier monolete Sporen der Farne nicht mitangeführt sind. Im Gegensatz zu den monocolpaten PK tragen diese ein Perispor, das die wesentlichen Bestimmungsmerkmale trägt, aber häufig fehlt.

1   PK in Polaransicht ± kreisförmig oder senkrecht zum Colpus in der Äquatorialebene etwas gestreckt, peroblat. Colpen spitz zulaufend. Skulptur psilat-scabrat oder reticulat (Tafel 8: 7-10) .... **9.1 *Asphodelus*-Gruppe** (S. 98)

–   PK in Polaransicht meist in Richtung des Colpus langgestreckt (prolat oder perprolat), wenn in Polaransicht kreisförmig oder breit oval, dann PK entweder sphäroidisch und Skulptur psilatscabrat oder reticulat oder Colpen mit angerundeten Enden 2

▷

Tafel 8

1 *Sorghum halepense* (Phako), **2** *Setaria italica* (Phako), **3-4** *Setaria pumila*, **5-6** *Lemna minor*, **7-8** *Asphodelus cerasifer*, **9-10** *Asphodelus fistulosus* (F2 und F3), **11-12** *Sciadopitys verticillata*, **13-14** *Paradisia liliastrum* (F1 und F3), **15** *Anthericum liliago*, **16** *Hemerocallis flava*, **17** *Lilium martagon*. – Vergrößerungen: 1-4: 1500fach; 5-15, 17: 1000fach; 16: 500fach.

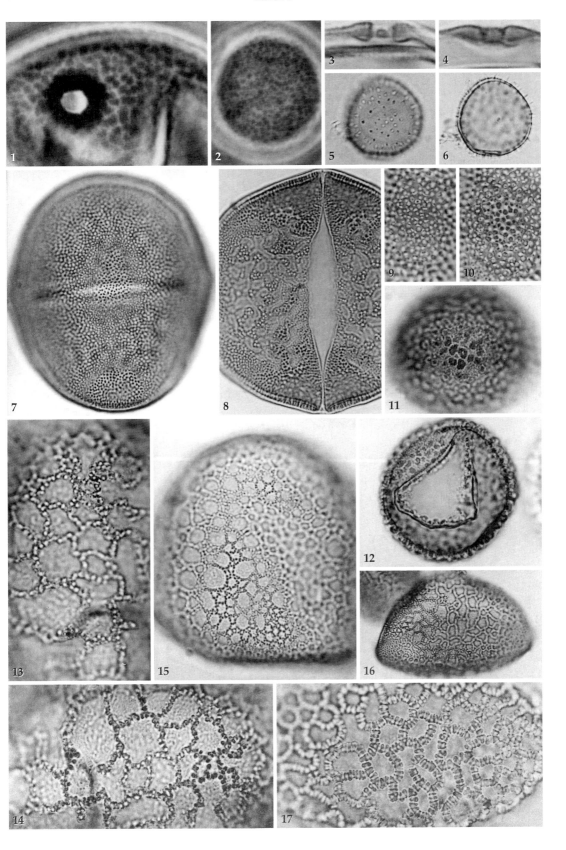

2 PK mit Längsrippen .... **9.2** ***Welwitschia mirabilis*** (S. 98)
– PK ohne Längsrippen 3

3 PK verrucat, gemmat oder rugulat bis rugulat-reticulat 4
– PK mit anderer Skulpturierung 5

4 PK verrucat bis gemmat, d.h. sehr dicht mit kleinen Vesiculae skulpturiert, sphäroidisch, Colpus meist kurz und breit .... **9.3** ***Sciadopitys verticillata*** (S. 99)
– PK verrucat (keine Vesiculae), rugulat bis rugulat-reticulat, zwischen den Skulpturelementen mit oder ohne Brochi, PK langgestreckt, Colpus lang. (Tafel 9: 7-14) .... **9.4 Magnoliaceae** (S. 99)

5 PK echinat, baculat oder clavat 6
– PK psilat, scabrat oder reticulat, aber nicht rugulat-reticulat 8

6 PK echinat 7
– PK clavat-baculat .... **9.5** ***Iris pumila*-Typ** (S. 99)

7 PK prolat oder perprolat, Echini kräftig, 5-6 µm lang. Exine ohne Columellae-Schicht .... **9.6** ***Nuphar*** (S. 100)
– PK sphäroidisch, Echini 3-4 µm lang, Columellae vorhanden .... **9.7** ***Stratiotes aloides*** (S. 100)

8 PK reticulat 9
– PK scabrat, psilat oder microreticulat (Brochi bis 1 µm groß) 26

9 Brochi größer als 4 µm (4-18 µm) 10
– Brochi 1-4 µm groß 15

10 Reticulum heterobrochat (Tafel 6: 15) 11
– Reticulum ± homobrochat: Die Brochi sind zwar häufig von unterschiedlicher Größe, aber sie verteilen sich aber nicht auf zwei deutlich verschiedene Größenklassen 12

11 Margo schmal (3-4 µm), PK relativ schmal, ÄFormI 1,40-2,07 .... **9.8** ***Pancratium*** (S. 100)
– Margo breit (8-12 µm), PK relativ breit, ÄFormI meist 1,00-1,55 (Tafel 8: 15) .... **9.9** ***Anthericum*** (S. 100)

12 Muri aus schmalen Segmenten aufgebaut (Tafel 8: 17). Lumina der Brochi ohne Skulpturelemente. Margo vorhanden .... **9.10** ***Lilium*** (S. 101)
– Die Muri sind nicht aus schmalen Segmenten aufgebaut oder Lumina der Brochi mit Skulpturelementen 13

13 Muri microechinat (Tafel 8: 13-14) .... **9.11** ***Paradisia liliastrum*** (S. 101)
– Muri glatt, ohne Microechini 14

14 An den Enden der PK befindet sich je ein deutlich abgesetzter Bereich mit einem feinmaschigen Reticulum (Tafel 8: 16) .... **9.12** ***Hemerocallis*** (S. 101)
– PK ohne Bereiche mit einem feinmaschigen Reticulum an den Enden der PK. (Tafel 10: 1-2) .... **9.13** ***Iris germanica*-Typ** (S. 102)

Tafel 9

1 *Typha angustifolia*, **2-4** *Cephalanthera damasonium* (3 Phako), **5-6** *Lygeum spartum*, **7-11** *Liriodendron tulipifera* (8, 11 Phako), **12** *Magnolia acuminata*, **13** *Magnolia kobus* (Phako), **14** *Magnolia stellata* (Phako), **15-18** *Acorus calamus*. – Vergrößerungen 1000fach.

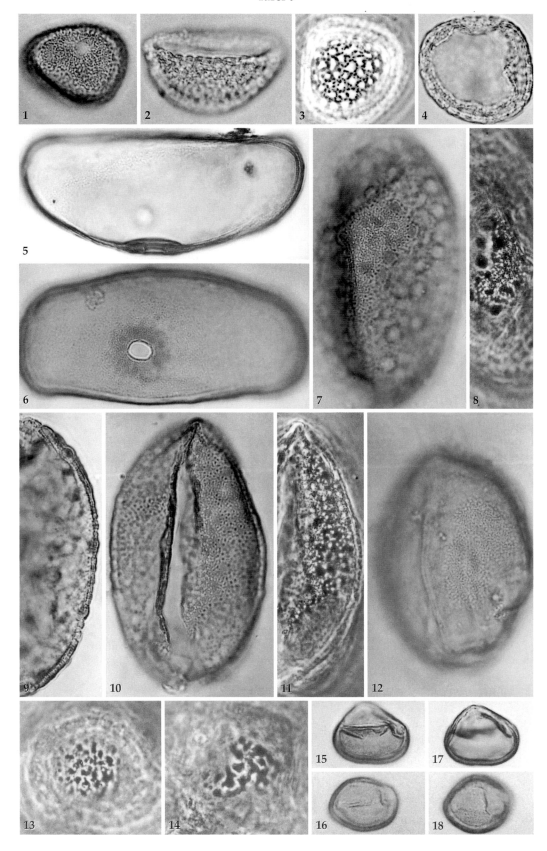

15 Colpus länger als das PK, d.h. der Colpus reicht mit seinen Enden bis auf die proximale Seite des PK (Tafel 10: 3), Reticulum an den Enden der PK und entlang des Colpus kleinmaschig, sonst heterobrochat mit großen Brochi bis 3 µm ....**9.14** *Muscari* (S. 102)

– Colpus höchstens so lang wie das PK 16

16 Muri duplicolumellat, wenn aus Segmenten zusammengesetzt, vergl. *Lloydia* (S. 104) ....
....**9.15** *Polygonatum verticillatum* (S. 102)

– Muri simplicolumellat 17

17 Reticulum heterobrochat 18

– Reticulum homobrochat 21

18 Brochi bis 4 µm groß 19

– Brochi bis 1,5(2,0) µm groß ....**9.16** *Asparagus acutifolius* (S. 103)

19 PK langgestreckt, meist schmal. Die großen Brochi (1,5-4,0 µm) befinden sich in relativ geringer Zahl vorwiegend auf der proximalen Seite des PK, umgeben von vielen kleinen Brochi (Tafel 10: 4) .... **9.17** *Ornithogalum umbellatum*-Typ (S. 103)

– Große Brochi überwiegen zahlenmäßig, zumindest außerhalb der Intercolpium-Ränder. Kleine Brochi liegen zwischen den großen 20

20 PK breit oval, über 65 und bis 97 µm groß; die kleinen Brochi liegen einzeln zwischen den großen Brochi .... **9.18** *Erythronium dens-canis* (S. 103)

– PK schmäler, kleiner als 65 µm ....**9.19** *Fritillaria* (S. 104)

21 Brochi bis 4 µm (vergl. *Sternbergia* S. 107) 22

– Brochi bis 1,5 (max. 2,0, selten 2,5) µm groß (vergl. *Sternbergia* S. 107) 25

22 Die Muri bestehen aus meist scheibenförmigen Segmenten ....**9.20** *Lloydia serotina* (S. 104)

– Muri ungegliedert 23

23 PK 50-100 µm groß, breit oval, ohne Margo .... **9.21** *Iris pseudacorus*-Typ (S. 104)

– PK kleiner als 50 µm (25-47 µm), mit oder ohne einer breiten, kleinmaschigem Margo 24

24 Margo bis ca. 10 µm breit, mit bis 1 µm großen Brochi .... **9.22** *Butomus umbellatus* (S. 106)

– Margo kaum angedeutet, Brochi entlang der Colpus-Ränder etwas kleiner als auf der proximalen Seite .... **9.23** *Veratrum* (S. 106)

25 Muri so breit wie der Durchmesser der Lumina. Brochi 1,0-1,5 µm groß (Tafel 10: 5) ....
....**9.24** *Gagea*-Typ (S. 106)

– Muri schmäler als der Durchmesser der Lumina .... **9.25** *Narcissus poeticus*-Typ (S. 106)

26 PK psilat, um 17-23 µm groß (Tafel 9: 15-18) ....**9.26** *Acorus calamus* (S. 107)

– PK größer als 25 µm, oder PK microreticulat 27

27 PK mit Tectum perforatum ....**9.27** *Gladiolus*-Typ (S. 107)

– Tectum ohne Perforationen oder PK intectat 28

28 PK gebogen (Tafel 10: 6-9), mit verdickten Enden .... **9.28** *Sisyrinchium bermudiana* (S. 107)

– PK nicht gebogen oder Enden nicht verdickt 29

29 Enden der PK stumpf abgerundet, Intercolpium-Ränder meist stark eingekrümmt (Abb. 18a-c). Die PK klaffen oft zweiteilig. PK psilat oder schwach microreticulat, bis 38 µm groß, Exine ca. 1 µm dick ....**9.29** *Leucojum*-Typ (S. 108)

– Enden der PK meist spitz zulaufend. Intercolpium-Ränder nicht oder nur schwach eingekrümmt, wenn deutlich eingekrümmt, dann PK über 40 µm groß 30

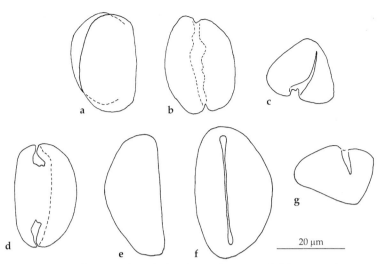

Abb. 18. a-c *Galanthus nivalis* (a Äquatorialansicht, b Polaransicht proximal, dabei Intercolpium-Ränder gestrichelt, c Ansicht auf ein Ende des PK). **d** *Allium vineale*-Typ (Beispiel: *Allium porrum*) Polaransicht proximal, dabei distaler Verlauf des Colpus gestrichelt. **e-g** *Allium ursinum* (c Äquatorialansicht, f Polaransicht distal, g Ansicht auf ein Ende des PK).

30 Colpus länger als das PK, d.h. der Colpus reicht auf die proximale Seite des PK hinüber (Abb. 18d, Tafel 10: 10) .... **9.30** *Allium vineale*-**Typ** (S. 108)

– Colpus so lang wie das PK oder kürzer 31

31 PK microreticulat oder microreticulat-rugulat, auch Skulpturen mit sehr kleinen Lumina und relativ breiten Muri (z.T. ähnlich einem Tectum perforatum) 32

– PK psilat 36

32 PK 70-85 μm groß .... **9.31** *Iris humlis* (S. 108)

– PK kleiner als 65 μm 33

33 PK microreticulat-rugulat .... **9.32** *Majanthemum*-**Typ** (S. 108)

– PK nur microreticulat oder mit sehr kleinen Lumina und relativ breiten Muri 34

34 Muri nicht breiter als der Durchmesser der Lumina 35

– Muri breiter als der Durchmesser der Lumina (kann einem Tectum perforatum ähnlich sein) .... **9.33** *Asparagus officinalis*-**Typ** (S. 109)

35 Brochi auf der proximalen Seite der PK größer als in einem breiten Streifen an den Colpus-Rändern (Margo). Wenn auf der proximalen Seite nur mit zerstreuten Lumina oder Perforationen, vergl. *Polygonatum odoratum*-Typ (S. 110) .... **9.34** *Narthecium ossifragum* (S. 109)

– Brochi entlang der Colpen nicht kleiner als auf der proximalen Seite .... **9.35** *Convallaria*-**Typ** (S. 109)

36 Colpus oft von einer distalen Position etwas seitlich verschoben, Colpus-Enden oft erweitert, sonst schmal (Abb. 18e-g) .... **9.36** *Allium ursinum*-**Typ** (S. 110)

– Colpus nicht seitlich verschoben, Colpus-Enden nicht erweitert 37

37 PK psilat, 27-53 μm groß, Columellae nicht oder nur stellenweise erkennbar. Exine 1,2-1,8 μm dick, stellenweise bis 2,0 μm. (Tafel 5: 5-11) .... **9.37** *Ginkgo biloba* (S. 110)

– PK psilat oder scabrat, Tectum z.T. mit einzelnen Perforationen, Exine gleichmäßig mit einer Columellae-Schicht ausgestattet .... **9.38** *Polygonatum odoratum*-**Typ** (S. 110)

9.1 *Asphodelus*-Gruppe
(Tafel 8: 7-10)

PK peroblat, in Polaransicht kreisförmig oder nahezu kreisförmig. Die hier untersuchten Arten lassen sich aufgrund ihrer Skulptur bzw. Struktur zu einer Reihe anordnen, die von einer reticulaten Skulptur über eine Art von Tectum perforatum bis zu einem völlig oder nahezu völlig geschlossenen Tectum verläuft oder umgekehrt. Der Colpus ist stets in der Mitte (polar) am breitesten (5-10 µm), seine Ränder laufen gegen den Äquator hin im spitzen Winkel zusammen, liegen eine kurze Strecke dicht aneinander und enden äquatorial mit einer kleinen, kreisförmigen Erweiterung (Tafel 8: 8).

9.1.1 *Asphodelus fistulosus*. Exine 4-5 µm dick, PK reticulat, Brochi bis 3 µm groß. Muri 1-1,5 µm breit, Columellae 1-1,5 µm dick (Tafel 8: 9-10). Die Skulptur ist auf beiden Seiten des PK in gleicher Weise ausgebildet.

Asphodelus fistulosus L. (2)
77,6-109,4 µm, MiW 94,2 µm; 50 PK, 1a
Breite: 70,2-88,2 µm, MiW 81,3 µm; 10 PK
ÄFormI: 1,06-1,29; 10 PK

9.1.2 *Asphodeline lutea*. Exine 2-3 µm dick, Brochi bis 2 µm groß, Muri relativ breit (über 1 µm), Columellae dünner als 1 µm. Übergang von einem Reticulum zu einem Tectum perforatum; es gibt auch PK mit einem echten Tectum perforatum. Oberfläche auf der proximalen Seite glatt, auf der distalen Seite im optischen Schnitt wellig.

Asphodeline lutea (L.) Rchb. (1)
70,8-76,8 µm, MiW 78,3 µm; 50 PK, 0a
Breite: 65,5-88,0 µm, MiW 70,9 µm; 10 PK
ÄFormI: 1,06-1,12; 10 PK

9.1.3 *Asphodelus albus*-Typ. Exine 1,5-2 µm dick, mit geschlossenem Tectum, nicht reticulat. Auf der distalen Seite befinden sich zahlreiche verschieden geformte Bezirke ohne Struktur (Tafel 8: 7-8). In Einzelfällen scheinen Perforationen im Tectum angedeutet zu sein. Columellae ca. 1 µm dick.

Asphodelus albus Mill. (2)
52,6-73,1 µm, MiW 62,6 µm; 50 PK, 0a
Breite: 60,8-66,6 µm, MiW 63,7 µm; 10 PK
ÄFormI: 0,92-1,11; 10 PK

Asphodelus cerasifer Gay (1)
45,0-81,7 µm, MiW 63,9 µm; 50 PK, 1a
Breite: 55,8-77,4 µm, MiW 66,9 µm; 10 PK
ÄFormI: 0,89-0,99; 10 PK

9.2 *Welwitschia mirabilis*

PK perprolat, spindelförmig, mit ca. 20 Längsrippen, ähnlich dem *Ephedra fragilis*-Typ, (vergl. S. 64) aber mit einem breiten Colpus. Die in SW-Afrika beheimatete *Welwitschia* wird hier erwähnt, weil bei *Ephedra*-Arten gelegentlich entsprechende monocolpate PK auftreten und zu Verwechslungen Anlaß geben können (Beug, 1956).

Welwitschia mirabilis Hooker (1)
45,4-70,2 µm, MiW 57,0 µm; 50 PK, 3a

9.3 *Sciadopitys verticillata*
(Tafel 8: 11-12)

Exine proximal ca. 3 µm dick, Endexine ca. 0,5 µm dick. Die Skulpturelemente sind kleine Vesiculae, die einen Durchmesser von 2-3 µm haben. Zwischen den Vesiculae befinden sich zahlreiche kleine Skulpturelemente von meist baculum-artiger Gestalt. Die Vesiculae sind hohl und durch einige randlich gestellte Columellae mit der Endexine verbunden. Auf der distalen Seite befindet sich der Colpus bzw. eine colpus-artige Apertur, die häufig nur wenig länger als breit ist. *Sciadopitys* wurde deswegen auch unter den monoporaten PK aufgeführt (S. 73). Die Ränder der Apertur sind oft eingerissen (Tafel 8: 12). Die Vesiculae werden gegen die Colpus-Rand hin kleiner, niedriger und stehen weiter voneinander entfernt.

Sciadopitys verticillata (THUMB.) SIEB. & ZUCC. (1)
36,5-48,8 µm, MiW 41,3 µm; 50 PK, 1a

9.4 Magnoliaceae
(Tafel 9: 7-14)

Langgestreckte PK mit langen Colpen, wenn gestaucht, dann mit stark geöffneten Colpen. Skulpturierung sehr variabel: verrucat, verrucat-rugulat oder rugulat-reticulat, zwischen den Skulpturelementen mit oder ohne Brochi. Die PK färben sich meist durch die Azetolyse nur schwach an. Columellae-Schicht meist erkennbar.

1 PK verrucat bis rugulat, zwischen den Skulpturlementen mit Brochi, Exine über 2 µm dick. (Tafel 9: 7-11) .... **9.4.1** *Liriodendron tulipifera*

– PK verrucat, rugulat oder rugulat-reticulat skulpturiert, höchstens vereinzelte Brochi zwischen diesen Skulpturelementen. Exine dünner als 2 µm. (Tafel 9: 12-14) .... **9.4.2** *Magnolia*

9.4.1 *Liriodendron tulipifera* (Tafel 9: 7-11). PK verrucat (Skulpturelemente auch etwas verlängert: verrucat-rugulat). Verrucae 2-4(5) µm groß, im optischen Schnitt deutlich erkennbar. Exine zwischen den Verrucae reticulat mit 0,8-1,2 µm großen Lumina und breiten Muri. Exine 2,0-2,8 µm dick, Endexine dünn, Columellae niedrig.

Liriodendron tulipifera L. (2)
62,5-85,3 µm, MiW 72,7 µm; 50 PK, 0a

9.4.2 *Magnolia* (Tafel 9: 12-14). Skulpturierung überwiegend verrucat (*M. acuminata*; Tafel 9: 12), verrucat und rugulat, rugulat (*M. stellata*; Tafel 9: 14) oder rugulat-reticulat (*M. kobus*, Tafel 9: 13; *M. liliiflora*). Selten kleine Brochi zwischen den Skulpturelementen. Gelegentlich treten Perforationen in den Skulpturelementen auf (*M. liliiflora*). Exine 1,0-1,8(1,9)µm dick. Columellae selten deutlich (*M. liliiflora*), meist nur im Phasenkontrastbild erkennbar, oft nicht erkennbar.

Magnolia acuminata L. (2)
53,0-75,5 µm, MiW 63,4 µm; 50 PK, 0a

Magnolia liliiflora DESR. (1)
51,8-86,5 µm, MiW 65,1 µm; 50 PK, 0a

Magnolia kobus DC. (1)
42,5-64,8 µm, MiW 52,2 µm; 50 PK, 0a

Magnolia stellata (SIEB. & ZUCC.) MAXIM. (2)
41,0-62,5 µm, MiW 52,3 µm; 50 PK, 0a

9.5 *Iris pumila*-Typ

PK in Polaransicht breit oval bis fast kreisförmig intectat, Skulpturierung dimorph. Die Endexine ist dicht mit 0,8-1,2 µm dicken und bis 1,5-2,0 µm langen Bacula und / oder Clavae besetzt. In Abständen von ca. 5-10 µm ragen aus dieser Schicht 3-5 µm lange und bis 4 µm dicke Clavae (basaler Durchmesser bis 1,5 µm) und Bacula heraus. Die großen Skulpturelemente können schwach netzig angeordnet sein. Die PK sind wenig formbeständig und zerreißen leicht bei der Präparation. Die Größenangaben können daher nicht sehr genau sein. – Andere *Iris*-Pollentypen vergl. S. 102, 104 und 108.

Iris chamaeiris BERTOL. (1)
78,5-119,2 µm; 27 PK, 0a

Iris lutescens (TIMM) DC. (2)
47,3-64,8 µm, MiW 55,5 µm; 50 PK; 6a

Iris pumila L. (2)
95,0-127,5 µm, MiW 111,3 µm; 34 PK, 0a

9.6 *Nuphar*

PK prolat bis perprolat, Colpus lang und breit, Intercolpium-Ränder eingekrümmt. Exine ohne Columellae-Schicht, bis 2 µm dick, dicht mit Echini besetzt. Echini bis 12 µm lang, an der Basis etwas verdickt (2-3 µm dick) oder ein kurzes Stück zylindrisch und dann scharf und lang zugespitzt. Größenmessungen der PK ohne Echini.

Nuphar lutea (L.) SIBTH. & SM. (3)
50,8-68,8 µm, MiW 58,5 µm; 50 PK, 0a

Nuphar pumila (TIMM) DC. (3)
57,5-80,0 µm, MiW 68,2 µm; 50 PK, 0a

Nuphar spenneriana GAUDIN. (3)
49,0-62,5 µm, MiW 55,4 µm; 50 PK, 0a

9.7 *Stratiotes aloides*

PK sphäroidisch oder etwas langgestreckt. Der Colpus ist meist schwer zu erkennen, da die PK leicht deformiert werden und zerreißen. Exine 1,8-2,0 µm dick, Tectum dünner als die Endexine. Columellae-Schicht vorhanden. Echini 2-4 µm lang, basal ca. 1 µm dick, vom Grunde an zugespitzt oder bis über die Hälfte zylindrisch und dann zugespitzt, seltener stumpf.

Stratiotes aloides L. (3)
48,0-72,3 µm, MiW 63,8 µm; 43 PK, 0a

9.8 *Pancratium*

ÄFormI 1,40-2,07, Enden der PK oft apiculat zugespitzt. Das Reticulum ist außer an den Enden der PK und in der Margo heterobrochat. Große Brochi (3)4-7 µm groß, kleine Brochi 1-3 µm. 3-4 µm große Brochi sind nur spärlich vertreten. Kleine Brochi sind weniger zahlreich als bei *Anthericum*. Die Muri sind schmal (0,8-1,0 µm), die Columellae 0,8 µm dick. An den Ende der PK und auf der 3-4 µm breiten Margo ist das Reticulum weitgehend homobrochat mit 1-2 µm großen Brochi. Der äußerste Rand der Margo ist oft nicht skulpturiert. Exine um 1,5-2,2 µm dick.

Pancratium illyricum L. (1)
59,0-79,5 µm, MiW 68,8 µm; 50 PK, 0a

Pancratium maritimum L. (1)
67,5-86,8 µm, MiW 75,2 µm; 50 PK, 0a

9.9 *Anthericum*
(Tafel 8: 15)

ÄFormI 1,00-1,49, selten größer. Das Reticulum ist außer an den Enden der PK und auf der Margo heteroborchat und besteht aus bis zu 3-6 µm großen Brochi (vergl. Anmerkung über *A. ramosoum* unten) und aus kleinen Brochi (ca. 1-2 µm). Die kleinen Brochi ziehen sich an den Seiten oder zumindest an einigen Seiten der großen Brochi hin, wodurch ein charakteristischer Netztyp entsteht (Tafel 8: 15). Diese die großen Brochi umrandenden Züge kleiner Maschen verschmelzen in manchen Fällen zu breiten, multicolumellaten »Muri«. Einfach, simplicolumellate Muri sind um 1 µm breit. Die Margo ist 8-12 µm breit, aber nicht scharf begrenzt, da zum Colpus-Rand hin das heterobrochate Reticulum in das engmaschige, ± homobrochate Reticulum der Margo übergeht. Im Vergleich mit den

PK von *Pancratium* sind im heterobrochaten Reticulum von *Anthericum* die kleinen Brochi häufiger. Exine 1,5-2,0 µm dick.

Bei *A. ramosum* können PK auftreten, deren große Brochi nur 3-4 µm sind und bei denen die kleinen Brochi weniger zahlreich sind. Ein entsprechender Hinweis findet sich bei *Erythronium dens canis* (S. 103), da der Bestimmungsschlüssel zu dieser Art führen könnte, wenn derartige PK von *Anthericum ramosum* vorliegen.

Anthericum liliago L. (5)
63,4-103,7 µm, MiW 77,1 µm; 50 PK, 0a

Anthericum ramosum L. (3)
45,7-65,2 µm, MiW 56,3 µm; 50 PK, 0a

9.10 *Lilium*
(Tafel 8: 17)

PK homobrochat, Brochi 3-15 µm groß. Die bis 2 µm breiten und relativ hohen Muri bestehen aus schmalen Segmenten, die z.T. frei stehen, z.T. miteinander ganz oder teilweise verwachsen sind (Tafel 8: 17). Zu jedem Segment gehören 1-2 kurze Columellae. Manchmal verwachsen mehrere Segmente zu einem großen Komplex mit entsprechend hoher Zahl an Columellae. So findet man an den Ecken der Brochi, wo mehrere Muri zusammenstoßen, meistens derartige Gebilde, die dreieckig oder viereckig sind. Eine Margo kann vorhanden sein, sie ist bei *L. bulbiferum* 5-8 µm breit. Hier sind die Brochi kleiner (ca. 2,5 µm). Die Margo ist nicht immer scharf von den normal ausgebildeten Brochi der proximalen Seite abgegrenzt. Exine (2,5)3-4 µm dick, Endexine dünn. – Ebenfalls aus Segmenten zusammengesetzt sind die Muri bei *Lloydia serotina* (S. 104). Die PK von *Lloydia* haben kleinere Brochi (bis 4 µm).

Lilium bulbiferum L. (2)
83,0-101,8 µm, MiW 92,6 µm; 50 PK, 0a

Lilium martagon L. (2)
73,3-95,0 µm, MiW 84,0 µm; 50 PK, 0a

Lilium carniolicum BERNH. (1)
68,0-92,2 µm, MiW 80,1 µm; 50 PK, 0a

9.11 *Paradisia liliastrum*
(Tafel 8: 13-14)

ÄFormI 1,09-1,44. PK homobrochat. Brochi bis 18 µm groß. Die Muri werden von verdickten Endabschnitten der Columellae gebildet, die ganz oder teilweise miteinander verschmelzen. Die Muri tragen distal und lateral Microechini, sie verlaufen meist gebogen oder geschlängelt. Selten findet man einen Segmentaufbau ähnlich wie bei *Lilium*. Die Lumina der Brochi sind scabrat bis verrucat skulpturiert. Das Reticulum ist im Allgemeinen an den Enden der PK etwas feinmaschiger ausgebildet als auf der proximalen Seite. Exine 3,5-4,0 µm, Endexine 1 µm dick, Columellae kurz.

Paradisia liliastrum (L.) BERTTOL. (4)
75,3-100,8 µm, MiW 91,0 µm; 50 PK, 0a

9.12 *Hemerocallis*
(Tafel 8: 16)

ÄFormI 1,42-2,06. PK homobrochat, Brochi 3-15 µm groß, gelegentlich mit unterbrochenen Muri. Kleine Brochi (bis ca. 4 µm) treten nur vereinzelt zwischen den großen auf. Die Muri sind 1-2 µm breit und meist duplicolumellat. In den Lumina der Brochi befinden sich bis 1 µm große scabrate Skulpturelemente. An den Enden der PK gibt es je einen deutlich begrenzten, feinreticulaten Bereich mit nur ca. 1 µm großen Brochi (Tafel 8: 16). Eine Margo fehlt oder ist kaum angedeutet. Columellae kurz, Exine 3-4 µm dick, an den Colpus-Rändern und im Bereich der feinreticulaten Enden der PK nur etwa 2 µm dick.

Hemerocallis liliosphodelus L. (1)
73,1-108,4 µm, MiW 91,4 µm; 50 PK, 0a

Hemerocallis fulva (L.) L. (2)
88,8-114,8 µm, MiW 103,0 µm; 50 PK, 0a

9.13 *Iris germanica*-Typ
(Tafel 10: 1-2)

PK in Polaransicht breit oval mit einem stark klaffenden, langen Colpus. Die PK sind wenig formstabil. Brochi verschieden geformt, bis 18 µm groß, maximale Größe von Art zu Art verschieden. Unvollständig geschlossene Brochi sind nicht selten. Die um 2 µm breiten Muri lösen sich bei tiefer optischer Ebene in verschieden lange Teilstücke auf (Tafel 10: 1-2), da nicht das ganze Reticulum auf Columellae steht. Lumina mit scabrater Skulpturierung (meist einzelne ca. 1 µm große runde Skulpturelemente). Bei *Iris pallida* und *I. variegata*, beide mit relativ kleinen Brochi, ist der Aufbau der Muri meist sehr regelmäßig, d.h. größere Murus-Anteile ohne Columellae treten fast nie auf. Intercolpium-Ränder oft mit kleinen Brochi. (angedeutete Margo). Exine bis 2,8-3,5, max. 4-5 µm dick. – Andere *Iris*-Pollentypen siehe S. 99, 104 und 108.

Iris aphylla L. (2)
87,5-131,8 µm, MiW 100,5 µm; 47 PK, 0a

Iris sambucina L. (1)
66,2-120,2 µm, MiW 83,2 µm; 50 PK, 0a

Iris arenaria WALDST. & KIT. (2)
62,0-80,3 µm, MiW 69,7 µm; 50 PK, 0a

Iris squalens L. (1)
78,1-106,2 µm, MiW 92,5 µm; 50 PK, 0a

Iris germanica L. (2)
95,3-137,0 µm, MiW 114,9 µm; 50 PK, 0a

Iris variegata L. (2)
74,5-120,0 µm, MiW 90,7 µm; 50 PK, 0a

Iris pallida LAM. (1)
52,6-94,0 µm, MiW 71,3 µm; 44 PK, 0a

9.14 *Muscari*
(Tafel 10: 3)

Colpen länger als die PK: Die Colpen enden auf der proximalen Seite der PK (Tafel 10: 3). Die größten Brochi (bis 3 µm) liegen auf der proximalen Seite oder äquatorial. Das Reticulum ist hier heterobrochat (kleine Brochi 0,8-1,0 µm). Exine 1,5-2,0 µm dick. Columellae gut erkennbar, im Bereich der großen Brochi oft duplicolumellat.

Eine pollenmorphologische Aufgliederung ist nach der Größe der PK möglich. PK mit einer Größe um 40-45 µm sollten aber nicht für eine nähere Bestimmung verwendet werden.

1 PK bis 43 µm groß .... **9.14.1** *Muscari neglectum*-Typ

Muscari botryoides (L.) MILL. (2)
30,5-42,5 µm, MiW 36,9 µm; 50 PK, 0a

Muscari neglectum GUSS. ex TEN. (3)
22,0-38,5 µm, MiW 29,7 µm; 100 PK, 0a

– PK größer als 43 µm (Tafel 10: 3) .... **9.14.2** *Muscari comosum*-Typ

Muscari comosum (L.) MILL. (2)
44,5-57,0 µm, MiW 48,9 µm; 50 PK, 0a

Muscari tenuiflorum TAUSCH (2)
45,0-57,8 µm, MiW 52,3 µm; 50 PK, 0a

9.15 *Polygonatum verticillatum*

PK heterobrochat, mit 10-15 µm breiter Margo und mit 1,0-1,5 µm großen Brochi. Außerhalb der Margo sind die Brochi 1,5-3,5(4,0) µm groß. Muri bis 1,5 µm breit, duplicolumellat. Exine 1,5-1,8 µm dick, Columellae deutlich. Man beachte, daß auch die PK von Arten der Gattungen *Ornithogalum* und *Scilla* heterobrochat sind und scheinbar duplicolumellate Muri besitzen. Diese sind aber als Reihen von kleinen Brochi anzusehen, die die großen Brochi einrahmen und deren Lumina den Charakter von Perforationen angenommen haben.

Polygonatum verticillatum (L.) ALL. (3)
40,5-54,8 μm, MiW 47,0 μm; 50 PK, 0a

9.16 *Asparagus acutifolius*

PK heterobrochat, gelegentlich undeutlich. Große Brochi bis 3 μm, kleine in geringer Zahl, 1,0-1,5 μm groß. Kleinmaschige, ca. 5 μm breite Margo. Exine ca. 1,3 μm dick, Columellae schwer erkennbar.

Asparagus acutifolius L. (1)
22,0-38,5 μm, MiW 29,3 μm; 50 PK, 0a

9.17 *Ornithogalum umbellatum*-Typ
(Tafel 10: 4)

Umfaßt Arten der Gattungen *Ornithogalum, Scilla* und *Hyacinthoides*.

Die PK sind heterobrochat. Die großen Brochi sind meist 2-4 μm groß, die kleinen 1,0-2,5 μm. Die großen Brochi werden von den kleinen in großer Zahl eingerahmt. Bei Reihen von besonders kleinen Brochi scheint es zu duplicolumellaten Muri zu kommen, deren Tectum-Anteile Perforationen besitzen (vergl dazu *Polygonatum verticillatum*, S. 102). Die typische Ausbildung des heterobrochaten Reticulums liegt auf der proximalen Seite der PK. Zu den Colpus-Rändern hin nimmt die Zahl und Größe der großen Brochi ab. Große Lumina liegen nur noch in größeren Abständen voneinander vor. Die kleinen Brochi sind perforations-artig ausgebildet oder die Exine ist zwischen den großen Brochi tectat und psilat d.h. ohne Lumina bzw. Perforationen. Dieser in der Ausbildung des Reticulums abweichende Bereich (der als Margo aufzufassen ist) kann 20-25 μm breit sein und überzieht auch die Enden der PK. Exine meist 1,5-1,8 μm dick, Columellae deutlich. Colpen breit und meist mit glatten Rändern. – Bei *Ornithogalum pyrenaicum, O. tenuifolium, O. pyrenaicum* und *Scilla verna* ist die Exine nur 1,0-1,2 μm dick. *O. comosum, O. narbonense* und *Scilla verna* werden hier nur bedingt genannt, da wegen der geringen Brochus-Größen das Reticulums nicht mehr als heterobrochat bezeichnet werden kann.

Hyacinthoides non-scripta (L.) CHOUARD ex ROTHM. (2)
61,0-74,5 μm, MiW 65,6 μm; 50 PK, 0a

Ornithogalum boucheanum (KUNTH) ASCHERS. (1)
71,6-99,0 μm, MiW 85,8 μm; 50 PK, 0a

Ornithogalum comosum L. (1)
42,8-57,2 μm, MiW 48,8 μm; 50 PK, 0a

Ornithogalum gussonei TEN. (2)
51,5-70,6 μm, MiW 61,5 μm; 50 PK, 0a

Ornithogalum narbonense L. (2)
47,2-60,8 μm, MiW 52,4 μm; 50 PK, 0a

Ornithogalum nutans L. (2)
83,0-101,8 μm, MiW 90,1 μm; 50 PK, 0a

Ornithogalum pyrenaicum L. (1)
47,3-71,8 μm, MiW 62,3 μm; 50 PK, 6a

Ornithogalum umbellatum L. (2)
58,8-85,0 μm, MiW 70,2 μm; 50 PK, 0a

Scilla autumnalis L. (2)
43,5-64,5 μm, MiW 54,5 μm; 50 PK, 0a

Scilla bifolia L. (2)
41,3-56,8 μm, MiW 48,6 μm; 50 PK, 0a

Scilla verna HUDS. (1)
49,0-63,4 μm, MiW 56,5 μm; 50 PK, 0a

9.18 *Erythronium dens-canis*

PK breit oval (ÄFormI 1,19-1,41), auf der proximalen Seite meist nur schwach heterobrochat. Große Brochi sind hier bis 3 μm, kleine Brochi ca. 1,0-1,5 μm groß; große Brochi sind häufiger als kleine. Auf einer breiten Zone entlang des Colpus ist das Reticulum nur kleinmaschig (Margo). Exine ca. 1,8 μm dick.

Erythronium dens-canis L. (3)
67,0-96,8 µm, MiW 84,2 µm; 50 PK, 0a

9.19 *Fritillaria*

PK relativ schmal, ÄFormI 1,39-1,74 *(F. meleagris)*. Proximaler Bereich heterobrochat, große Brochi 2-4 µm groß, kleine Brochi 1,0-1,5 µm. Kleine Brochi sind in wechselnden Anteilen vorhanden; sie umgeben die großen Brochi einzeln, in Gruppen oder in Reihen (dann ähnlich wie bei *Anthericum*). Das Reticulum ist gegen die Intercolpium-Ränder hin kleinermaschig und mehr oder weniger homobrochat. Ausnahmsweise kommen ganz homobrochate PK vor. Exine 1,3-1,6 µm dick, Columellae deutlich. – Bei *F. tenella* sind die großen Brochi nur 2 µm, die kleinen 1 µm groß, und der Unterschied im Reticulum zwischen Intercolpium-Rand und proximalem Bereich gering.

Fritillaria burnati PLANCH. (1)
45,0-63,4 µm, MiW 53,5 µm; 50 PK, 0a

Fritillaria meleagris L. (3)
51,0-62,5 µm, MiW 56,6 µm; 50 PK, 0a

Fritillaria tenella BIEB. (1)
41,0-59,0 µm, MiW 48,5 µm; 50 PK, 0a

9.20 *Lloydia serotina*

Brochi bis 2-4(5) µm groß, PK gelegentlich schwach angedeutet heterobrochat. Die ca. 1,0 µm breiten Muri bestehen aus ± untereinander verbundenen, in Aufsicht segmentartigen und/oder polygonalen Elementen. Brochi vielfach offen, denn die Muri bestehen oft aus kurzen Stücken, die ihrerseits aus schmalen Segmenten zusammengesetzt sind. Entlang des Colpus und im Bereich der Enden der PK sind die Brochi kleiner als auf der proximalen Seite. Exine 1,8-2,0 µm dick, Columellae kurz, schwer erkennbar. Offenbar stehen die Segmente der Muri auf je 2 Columellae.

Lloydia serotina (L.) RCHB. (2)
43,8-64,1 µm, MiW 57,8 µm; 40 PK, 6a

9.21 *Iris pseudacorus*-Typ

PK mit breit abgerundeten Enden, ÄFormI 1,0-1,5, Reticulum homobrochat, Brochi 1,0-4,0 µm groß, sie sind an den Intercolpium-Rändern und an den Enden der PK nicht oder kaum kleiner als auf der proximalen Seite. Muri 0,8-1,0 µm breit, Columellae deutlich. Exine (1,2)1,6-2,0 µm dick. Da die PK von *Iris graminea* Brochus-Größen bis nur 1,5(2,0) µm aufweisen, könnten Verwechslungen mit *Narcissus poeticus* möglich sein. Man achte darauf, daß bei *N. poeticus* eine breite kleinmaschige Margo vorhanden ist. Vgl. auch *Sternbergia* (S. 107). – Andere *Iris*-Pollentypen vergl. S. 99, 102 und 108.

Iris pseudacorus L. (2)
84,5-110,3 µm, MiW 96,6 µm; 50 PK, 0a
Brochi 1,0-2,5 µm

Iris sibirica L. (2)
59,3-90,0 µm, MiW 74,6 µm; 50 PK, 0a
Brochi 1-4 µm

Iris foetidissima L. (1)
59,0-78,5 µm, MiW 70,8 µm; 50 PK, 0a
Brochi 1-3 µm

Iris graminea L. (2)
50,8-68,3 µm, MiW 61,3 µm; 50 PK, 6a
Brochi 1,0-1,5(2,0) µm

Tafel 10

1-2 *Iris sambucina* (F1-2 und F3), **3** *Muscari tenuiflorum*, **4** *Ornithogalum gussonei*, **5** *Gagea fragifera*, **6-9** *Sisyrinchium bermudiana*, **10** *Allium porrum*, **11-13** *Brasenia purpurea*. – Vergrößerungen 1000fach.

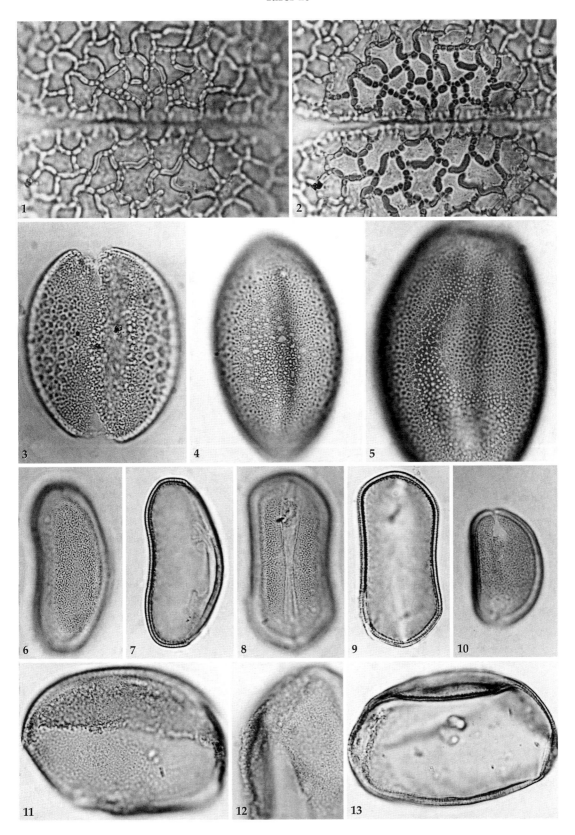

Iris spuria L. (3)
58,8-77,3 µm, MiW 66,9 µm; 50 PK, 0a
Brochi 1,0-2,5 µm

9.22 *Butomus umbellatus*

Reticulum homobrochat, Brochi proximal 1,5-3,0 µm groß, Muri 0,6 µm breit, Columellae gut sichtbar, ihr Durchmesser entspricht etwa der Breite der Muri. PK mit Margo, Margo bis etwa 10 µm breit und mit ca. 1 µm großen Brochi. Exine ca. 1,6 µm dick.

Butomus umbellatus L. (2)
29,3-37,0 µm, MiW 33,3 µm; 50 PK, 0a

9.23 *Veratrum*

Reticulum homobrochat, Brochi 1,2-4,0 µm groß, bei langgestreckten Brochi auch bis 4,5 µm. Columellae mäßig gut sichtbar, dünner als die Breite der Muri (0,6-0,8 µm), streckenweise duplicolumellat. PK ohne Margo, Brochi unmittelbar am Intercolpium-Rand und an den Enden der PK etwas kleiner als auf der proximalen Seite. Exine bis 2,0 µm dick.

Veratrum album L. (2)
39,8-50,5 µm, MiW 44,2 µm; 50 PK, 0a

Veratrum nigrum L. (1)
30,6-41,8 µm, MiW 37,4 µm; 50 PK, 0a

9.24 *Gagea*-Typ
(Tafel 10: 5)

Umfaßt die Gattungen *Gagea* und *Tulipa*.
    Brochi 1,0-1,5 µm groß. Vielfach sind die Lumina (< 1 µm) nur so groß wie die Breite der Muri oder kleiner. Die Breite der Muri kann auf kurzer Strecke stark wechseln. Exine 1,5-2,0 µm dick. Columellae deutlich.

Gagea bohemica (ZAUSCH) SCHULT. & SCHULT. F. (2)
49,53-67,0 µm, MiW 56,2 µm; 52 PK, 0a

Gagea fragifera (VILL.) EHR. BAYER & G. LOPEZ. (1)
56,2-85,3 µm, MiW 68,1 µm; 50 PK, 1a

Gagea lutea (L.) KER GAWL. (2)
51,5-74,2 µm, MiW 61,9 µm; 50 PK, 0a

Gagea minima (L.) KER GAWL. (2)
41,4-56,2 µm, MiW 47,0 µm; 50 PK, 0a

Gagea pratensis (PERS.) DUMORT (1)
53,3-78,8 µm, MiW 63,3 µm; 50 PK, 8a

Gagea pusilla (SCHMIDT) ROEM. & SCHULT. (1)
41,8-60,5 µm, MiW 49,7 µm; 50 PK, 0a

Gagea spathacea (HAYNE) SALISB. (2)
55,8-88,6 µm, MiW 68,3 µm; 50 PK, 0a

Gagea villosa (M. BIEB.) SWEET (2)
58,8-71,8 µm, MiW 68,0 µm; 50 PK, 6a

Tulipa australis LINK (1)
47,9-71,5 µm, MiW 60,8 µm; 50 PK, 0a

Tulipa sylvestris L. (3)
65,5-82,5 µm, MiW 77,0 µm; 55 PK, 0a

Non vidi: *Tulipa didieri* JORD

9.25 *Narcissus poeticus*-Typ

Brochi 1,0-2,0(2,5) µm groß. Breite Margo mit bis 1,0 µm großen Brochi. Exine 1,5-1,8 µm dick, Columellae deutlich. PK in Äquatorialansicht mit spitzen Enden, mit gerader proximaler und stark konvexer distaler Seite.

Narcissus poeticus L. (3)
51,3-62,8 µm, MiW 55,5 µm; 50 PK, 0a

Non vidi: *Narcissus biflorus* CURT.

Angeschlossen werden kann hier die Gattung *Sternbergia*. Bei *St. colchiciflora* sind die Brochi auf dem ganzen PK 1,0-1,5 µm groß. Bei *St. lutea* sind sie 1,5-4,0 µm groß, in einzelnen Fällen nur 1-2 µm. Bei PK von *St. lutea* mit großen Brochi auf der proximalen Seite gibt es einen schmalen Bereich entlang des Colpus mit nur 1-2 µm großen Brochi. *Sternbergia* nimmt z.T. eine Zwischenstellung zwischen dem *Narcissus poeticus*-Typ und dem *Iris germanica*-Typ (S. 102) ein.

Sternbergia colchiciflora WALDST. & KIT. (1)
41,8-61,9 µm, MiW 51,8 µm; 50 PK, 0a

Sternbergia lutea (L.) KER-GAWLER (2)
63,5-83,5 µm, MiW 74,7 µm; 50 PK, 0a

9.26 *Acorus calamus*
(Tafel 9: 15-18)

PK psilat, länger als breit, PFormI 1,09-1,39. Colpen lang, 2-5 µm breit, Colpusmembran oft körnig bekleidet, Intercolpium-Ränder unregelmäßig ausgebildet. Exine 1,7-1,8 µm, Endexine um 1,0 µm dick. Tectum dünn, Columellae nicht erkennbar.

Acorus calamus L. (3)
17,3-22,5 µm, MiW 19,9 µm; 50 PK, 0a

9.27 *Gladiolus*-Typ

PK oval mit breit abgerundeten Enden, ÄFormI 1,08-1,47. Exine scabrat, ca. 2 µm dick. Die Skulpturelemente stehen überwiegend über den Columellae. Tectum ca. 1 µm dick, dicht perforiert. Perforationen 0,5-0,7 (1,0) µm groß, auch im optischen Schnitt sichtbar. Columellae 1-1,5 µm dick, in Aufsicht kreisrund bis länglich. Colpus breit (ca. 15 bis > 40 µm), Intercolpium-Ränder körnig aufgelöst, keine Margo.

Gladiolus communis L. (2)
66,8-90,4 µm, MiW 80,8 µm; 50 PK, 0a

Gladiolus illyricus W.D.J. KOCH (1)
53,3-72,7 µm, MiW 63,9 µm; 50 PK, 0a

Gladiolus imbricatus L. (2)
65,0-82,5 µm, MiW 72,5 µm; 50 PK, 0a

Gladiolus paluster GAUDIN (2)
62,5-86,8 µm, MiW 75,2 µm; 50 PK, 0a

Gladiolus segetum KER-GAWLER (1)
53,6-92,9 µm, MiW 53,5 µm; 50 PK, 0a

Romulea columnae SEBASTIANI & MAURI (2)
44,3-68,0 µm, MiW 53,5 µm; 50 PK, 0a

Romulea bulbocodium (L.) SEBASTIANI. & MAURI (1)
59,3-77,0 µm, MiW 65,3 µm; 53 PK, 0a

9.28 *Sisyrinchium bermudiana*
(Tafel 10: 6-9)

PK perprolat, in Polaransicht schwach hantelförmig (Tafel 10: 8-9) und in Äquatorialansicht gebogen (Tafel 10: 6-7). Colpus auf der konvexen Seite, lang und schmal (ca. 2 µm breit), mit glatten Intercolpium-Rändern. Exine psilat, bis 2 µm, Endexine bis 1 µm dick. Columellae dünn, dicht gestellt.

Sisyrinchium bermudiana L. s.l. (2)
41,8-52,5 µm, MiW 47,3 µm; 50 PK, 0a

9.29 *Leucojum*-Typ
(Abb. 18a-c)

Enden der PK breit und stumpf bis breit abgerundet (Abb. 18 a), Intercolpium-Ränder meist deutlich eingestülpt. Die distale Seite ist konvex, die proximale Seite plan. Die PK klaffen oft zweischalig bei aufgerissener Colpus-Membran. Exine 0,8-1,0 μm dick, mit sehr feinen Columellae, psilat (*Galanthus, L. aestivum*) oder sehr fein und kontrastschwach microreticulat (*L. vernum*). Sofern *Leucojum aestivum* keine Rolle spielt, können die PK von *L. vernum* und *Galanthus nivalis* größenstatistisch getrennt werden.

Leucojum aestivum L. (2)
27,4-35,6 μm, MiW 32,2 μm; 50 PK, 0a

Leucojum vernum L. (3)
37,0-42,8 μm, MiW 39,4 μm; 50 PK, 0a

Galanthus nivalis L. (3)
25,8-32,5 μm, MiW 30,2 μm; 50 PK, 0a

9.30 *Allium vineale*-Typ
(Tafel 10: 10; Abb. 18d)

PK psilat, proximale Seite plan, distale konvex. Der Colpus reicht mit seinen Enden 8-9 μm weit auf die proximale Seite des PK hinüber. Die Colpus-Enden können verbreitert sein. PK tectat, Columellae dünn und dicht stehend. Exine 1,2-1,5 μm dick.

Allium ampeloprasum L. (1)
29,9-34,6 μm, MiW 32,4 μm; 50 PK, 0a

Allium porrum L. (2)
30,2-36,4 μm, MiW 32,8 μm; 50 PK, 0a

Allium scorodoprasum L. s.l. (3)
30,8-36,8 μm, MiW 33,8 μm; 50 PK, 0a

Non vidi: *Allium sativum* L.

Allium scorodoprasum L. ssp. *rotundum* (L.) STEARN (2)
31,3-38,8 μm, MiW 35,4 μm; 53 PK, 0a

Allium sphaerocephalon L. (2)
30,2-38,2 μm, MiW 34,3 μm; 50 PK, 0a

Allium vineale L. (3)
30,5-41,3 μm, MiW 35,2 μm; 50 PK, 0a

9.31 *Iris humilis*

PK in Polaransicht breit oval, ÄFormI 1,07-1,38. Die Microbrochi sind oft schwer erkennbar, weil das Tectum sehr dünn ist. Exine um 1,5 μm dick, Columellae deutlich erkennbar. Andere *Iris*-Pollentypen s. S. 99, 102 und 104.

Iris humilis M.B. (2)
70,0-84,5 μm, MiW 77,8 μm; 50 PK, 0a

9.32 *Majanthemum*-Typ

Die Skulptur leitet sich von einem Microreticulum ab, bei dem die Lumina 0,5-1,0 μm groß sind. Die Muri sind z.T. schmal, z.T. sind sie verdickt, und diese verdickten Murus-Teile, die z.T. von verschiedenen, benachbarten Brochi stammen, bilden 1,0-2,5 μm lange und bis 1,5 μm breite, gestreckte, gebogene oder auch verzweigte zusätzliche Skulpturelemente. Die Skulptur kann deswegen als microreticulat-rugulat bezeichnet werden. Innerhalb der Variabilität können die rugulaten Elemente auf Kosten der Microbrochi überwiegen. In anderen Fällen überwiegen die Microbrochi und das gelegentlich bis zum völligen oder fast völligen Verschwinden der rugulaten Skulpturierung. Solche PK stehen dann dem *Convallaria*-Typ (S. 109) nahe. Exine 1,6-1,7 μm dick, Columellae deutlich.

Majanthemum bifolium (L.) F.W. SCHMIDT (3)
36,0-46,8 μm, MiW 40,9 μm; 50 PK, 0a

Paris quadrifolia L. (4)
49,5-62,0 μm, MiW 55,4 μm; 60 PK, 0a

9.33 *Asparagus officinalis*-Typ

Bei *Asparagus officinalis* besitzen die Brochi breite Muri und kleine Lumina, ähnlich einem Tectum perforatum. Lumina ca. 0,5-0,8 µm groß, Muri meist 0,8-1,0 µm breit. Diese Skulpturierung ist über die ganze Exine gleichförmig. Exine ca. 1,2 µm dick, Columellae dünn und meist schlecht erkennbar. Der typische Aufbau der Exine bzw. des Tectums variiert. Die Breite der Muri kann unregelmäßig wechseln, so daß eine microreticulat-rugulate Skulptur entsteht und solche PK zum *Majanthemum*-Typ gezählt werden müssen. PK mit sehr breiten Muri und ausnahmsweise kontrastreichen Columellae kommen *A. acutifolius* nahe.

Unsicher ist die Zuordnung von *A. tenuifolius*, die hier nur provisorisch erfolgt. Vielfach findet man Verhältnisse wie bei *A. officinalis* angedeutet, daneben kommen offensichtlich psilate und auch microreticulate PK vor.

Asparagus officinalis L. (1)
26,3-36,8 µm, MiW 31,1 µm; 50 PK, 0a

Asparagus tenuifolius LMK. (2)
27,0-36,4 µm, MiW 32,1 µm; 50 PK, 0a

9.34 *Narthecium ossifragum*

PK im Umriß meist elliptisch, microreticulat. Brochi auf der proximalen Seite 1 µm, vereinzelt etwas größer, auf der distalen Seite entlang dem Colpus meist < 1 µm. Exine bis 1 µm dick, Columellae nicht erkennbar.

Narthecium ossifragum (L.) HUDS. (4)
22,3-36,3 µm, MiW 29,4 µm; 50 PK, 0a

Hierher gehört auch die südeuropäische Art *Allium narcissiflorum*. Ihre PK stimmen in wesentlichen Merkmalen mit denen von *Narthecium* überein. Bei *A. narcissiflorum* sind die Enden des Colpus meist etwas erweitert. Da sich die heutigen Verbreitungsgebiete beider Arten nicht überschneiden, kann die Bestimmung von *Narthecium* in Mitteleuropa als sicher gelten. In Südeuropa können ggf. noch andere *Allium*-Arten diesem microreticulaten Typ angehören.

Allium narcissiflorum VILL. (2)
29,5-36,4 µm, MiW 33,3 µm; 50 PK, 0a

9.35 *Convallaria*-Typ

PK microreticulat, Brochi bis 1,0 µm groß, nur ausnahmsweise bis 1,2 µm. Exine 1,0-1,8 µm dick, Columellae meist erkennbar. Eine gewisse Unterscheidung zwischen den PK der 3 Gattungen ist bei Berücksichtigung der Dicke der Exine, des ÄFormI und der Regelmäßigkeit bzw. Unregelmäßigkeit im Muster des Microreticulums möglich (Tabelle 2).

Convallaria majalis L. (3)
37,0-47,5 µm, MiW 42,0 µm; 50 PK, 0a

Narcissus incomparabilis L. (1)
47,5-59,4 µm, MiW 53,6 µm; 50 PK, 0a

Streptopus amplexifolius (L.) DC. (2)
45,0-64,3 µm, MiW 54,5 µm; 50 PK, 0a

Narcissus pseudonarcissus MILL. (2)
48,5-60,0 µm, MiW 54,0 µm; 50 PK, 0a

Non vidi: *Narcissus biflorus* CURT.

Tabelle 2. *Convallaria*-Typ. Vergleichende Merkmale.

	ÄFormI	Dicke der Exine (µm)	Muster des Microreticulums	
			regelmäßig	unregelmäßig
Convallaria majalis	1,07-1,61	1,0		+
Narcissus spec.	(1,4)1,50-2,17	1,5-1,8	+	
Streptopus amplexifolius	1,08-1,45	1,0-1,2	+	

9.36 *Allium ursinum*-Typ
(Abb. 18e-g)

PK tectat, psilat, selten schwach scabrat. Proximale Seite gerade, distale Seite konvex. Exine 1,0-1,6 μm dick, Columellae meist gut sichtbar, oft proximal deutlicher als distal. Gelegentlich scheinen vereinzelt Microbrochi oder Micro-Endobrochi oder Perforationen vorhanden zu sein. Colpus oft von der distalen Seite etwas verschoben. Colpus-Enden mit einer kleinen Erweiterung.

Allium angulosum L. (3)
29,5-35,0 μm, MiW 31,8 μm; 50 PK, 0a

Allium ascalonicum L. (1)
33,1-39,2 μm, MiW 34,9 μm; 50 PK, 0a

Allium carinatum L. s.str. (2)
39,3-46,0 μm, MiW 42,3 μm; 50 PK, 0a

Allium carinatum L.
subsp. *pulchellum* BONNIER & LAYENS (1)
35,6-42,5 μm, MiW 39,5 μm; 50 PK, 0a

Allium cepa L. (1)
27,4-35,6 μm, MiW 32,8 μm; 50 PK, 0a

Allium fistulosum L. (1)
31,0-41,4 μm, MiW 35,2 μm; 50 PK, 0a

Allium flavum L. (1)
34,2-40,7 μm, MiW 37,6 μm; 50 PK, 0a

Allium globosum RED. (2)
31,0-35,6 μm, MiW 34,7 μm; 50 PK, 0a

Allium moschatum L. (1)
22,0-33,1 μm, MiW 29,9 μm; 50 PK, 0a

Non vidi: *Allium sativum* L.

Allium ochroleucum WALDST. & KIT. (1)
30,6-40,0 μm, MiW 36,9 μm; 50 PK, 0a

Allium oleraceum L. (3)
38,3-49,5 μm, MiW 44,1 μm; 50 PK, 0a

Allium schoenoprasum L. (3)
30,3-37,3 μm, MiW 34,1 μm; 50 PK, 0a

Allium senescens L. (3)
35,0-43,0 μm, MiW 39,8. μm; 50 PK, 0a

Allium strictum SCHRAD. (2)
44,0-55,8 μm, MiW 49,7 μm; 50 PK, 0a

Allium suaveolens JACQ. (3)
29,8-36,8 μm, MiW 32,9 μm; 50 PK, 2a

Allium triquetrum L. (1)
32,0-38,2 μm, MiW 35,6 μm; 45 PK, 1a

Allium ursinum L. (2)
34,2-41,8 μm, MiW 35,5 μm; 50 PK, 0a

Allium victoriale L. (2)
34,3-42,5 μm, MiW 39,4 μm; 50 PK, 0a

9.37 *Ginkgo biloba*
(Tafel 5: 6-11)

PK psilat, entweder spindelfömig schmal oder abgeflacht rund bis oval. Die Apertur erscheint bei runden PK als Pore (Tafel 5: 6), bei ovalen bis spindelförmigen als langer, breiterer oder schmalerer Colpus (Tafel 5: 7, 8, 10, 11). Bei runden PK ist die Pore 20-25 μm groß, die Porenmembran scabrat und eingesenkt. Die Exine ist 1,2-1,8 μm dick, stellenweise mit geringen Dickenunterschieden und hier bis 2,0 μm dick. Die Exine besitzt ein Tectum, eine oft nur andeutungsweise erkennbare Columellae-Schicht und eine Endexine.

Ginkgo biloba L. (2)
runde bis ovale PK   27,5-49,5 μm, MiW 36,1 μm; 53 PK, 0a
spindelförmige PK   34,5-52,8 μm, MiW 44,4 μm; 52 PK, 0a

9.38 *Polygonatum odoratum*-Typ

Ruscus aculeatus L. (2)
35,6-49,7 μm, MiW 42,8 μm; 50 PK, 0a

Exine psilat mit welliger Tectum-Oberfläche, bis 1,5 μm dick. Columellae oft unregelmäßig verteilt, in Gruppen stehend. Endexine sehr dünn. Colpus-Ränder meist glatt.

Polygonatum multiflorum (L.) ALL. (4)
49,5-60,5 µm, MiW 53,8 µm; 50 PK, 0a

Polygonatum odoratum (MILL.) DRUCE (4)
52,5-71,3 µm, MiW 62,4 µm; 50 PK, 0a

Polygonatum latfolium DESF. (2)
36,7-55,1 µm, MiW 49,5 µm; 50 PK, 0a

Exine psilat, bis 1,5 µm dick. Columellae meist ± gleichmäßig verteilt, auch in Gruppen. Intercolpium-Ränder unregelmäßig ausgebildet, oft zerrissen. Durch dieses Merkmal in Verbindung mit der Größe der PK von *Ruscus* zu unterscheiden.

Brasenia (Tafel 10: 11-13). Exine ca. 1,5 µm dick, deutlich scabrat, mit Columellae. In einigen Fällen sind die PK intectat, und die Columellae tragen dann verdickte Köpfchen, die sich gegenseitig z.T. berühren oder miteinander verwachsen sind, aber keine lückenlose Schicht bilden. Die Intercolpium-Ränder liegen dicht nebeneinander, PK mit klaffendem Colpus wurden nicht beobachtet (Tafel 10: 11-13). Beim genauen Studium der Verhältnisse dürften fossile PK von *Brasenia* bestimmbar sein. Man achte besonders auf den geschlossenen Colpus mit etwas unregelmäßig ausgebildeten Rändern und das Fehlen eines microreticulaten Musters. Auch die tonnenförmige Gestalt der PK kann zur Bestimmung herangezogen werden.

Brasenia purpurea CASP. (2)
43,5-66,8 µm, MiW 56,4 µm; 50 PK, 0a

10. Syncolpatae

Umfaßt colpat-syncolpate, spiraperturate und trichotomocolpate Pollenformen. Nicht aufgenommen sind alle tricolpaten, tricolporaten, stephanocolpaten und stephanocolporaten Pollentypen, die nur ausnahmsweise syncolpat ausgebildet sein können (z.B. *Ligusticum mutellina, Ranunculus ficaria, Sanguisorba officinalis* u.a.).

Man beachte, daß die trileten Farn- und Moossporen nicht in diese Pollenklasse gehören. Ähnlichkeit mit trileten Sporen haben die dünnwandigen, reticulaten PK von *Simethis planifolia* (Tafel 11: 10), die aber kein Perispor besitzen und als trichotomocolpat bezeichnet werden.

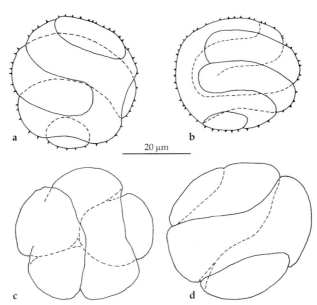

Abb. 19. Syncolpate PK. Beispiele für die Schraubenführung der Colpi. **a-b** *Eriocaulon septangulare*. **c-d** *Berberis vulgaris*.

6   Die Colpen gliedern die Exine in eckige oder runde bzw. ovale Felder 7

–   Colpen anders angeordnet 8

7   Die Exine ist in 5-10(12) runde oder ovale Felder aufgeteilt, die von syncolpat verbundenen Colpen umgeben sind (Tafel 12: 1-3) .... **10.6 *Mahonia*** (S. 115)

–   Die Exine ist in viereckige oder fünfeckige Felder aufgeteilt, die von syncolpat verbundenen Colpen umgeben sind (Tafel 12: 4).......................... **10.7 *Pseudofumaria (Corydalis) lutea*** (S. 115)

8   PK als dreiseitige Pyramide ausgebildet, ca. 20-25 µm groß, Kanten und Ecken der Pyramide psilat, Flächen reticulat mit bis zu 4 µm großen Brochi, dreiarmige bzw. dreieckige Aperturen auf 3 Ecken der Pyramide (Abb. 5: 12-17) .... *Thesium* (S. 62)

–   PK nicht als dreiseitige Pyramide ausgebildet 9

9   PK 14-17 µm groß, microreticulat, heteropolar mit einem zugespitzten und einem konkaven Polarbereich (hier Colpen syncolpat) .... **10.8 *Annarhinum bellidifolium*** (S. 115)

–   PK mit anderer Merkmalskombination 10

10 PK dicolpat-syncolpat (Tafel 11: 15-17) .... **10.9 *Pedicularis palustris*-Typ** (S. 115)

–   PK tricolpat-syncolpat, tricolporat-syncolpat oder mit mehr als 4 Colpen 11

11 PK rugulat (Tafel 11: 11-12).. **10.10 *Nymphoides peltata*** (S. 116)

–   PK psilat oder scabrat 12

▷

Tafel 11

1-3 *Tamus communis* (1 Intercolpium, 2 optischer Schnitt in Polaransicht, 3 in Colpus-Ansicht), **4-5** *Berberis vulgaris*, **6** *Crocus biflorus*, **7-9** *Eriocaulon septangulare*, **10** *Simethis planifolia*, **11-12** *Nymphoides peltata*, **13-14** *Loranthus europaeus*, **15-17** *Pedicularis comosa*, **18-19** *Myrtus communis*, **20-21** *Cortusa matthioli*. – Vergrößerungen 1000fach.

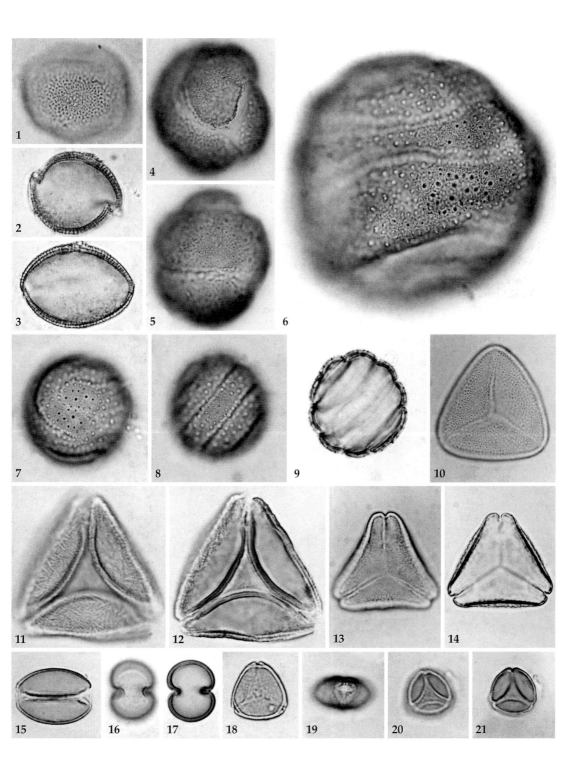

10.1 *Berberis vulgaris*
(Tafel 11: 4-5; Abb. 19c-d)

PK spiraperturat, sphäroidisch, Colpen mit 1-2 Schraubenwindungen. Intercolpien bis 15 μm breit. Exine psilat oder schwach scabrat, deutlich strukturiert (endo-microreticulat).

Berberis vulgaris L. (4)
30,2-42,5 μm, MiW 37,7 μm; 50 PK, 1a

10.2 *Crocus biflorus*-Typ
(Tafel 11: 6)

PK spiraperturat, sphäroidisch, in Äquatorialansicht mit 4-5 je 10-15 μm breiten Intercolpien. Exine 1,5-2,0 μm dick, echinat, mit Columellae. Echini max. 1,5 μm lang, meistens um 1 μm und 1,2-1,5 μm dick, vom Grunde an zugespitzt. Schraubenführung der Colpen unregelmäßig.

Crocus biflorus MILL. (1)   *Crocus reticulatus* BIEB. (1)
66,2-89,3 μm, MiW 78,7 μm; 50 PK, 2a   63,3-94,5 μm, MiW 79,9 μm; 50 PK, 0a

10.3 *Aphyllanthes monspeliensis*

PK spiraperturat, sphäroidisch, echinat, in Äquatorialansicht mit mindestens 6-7 μm breiten Intercolpien. Schraubenführung der Colpen unregelmäßig, häufig unterbrochen. Echini meist 1,5 μm lang, vom Grunde an zugespitzt. Exine bis 2 μm dick, mit über 0,5 μm dicken Columellae.

Aphyllanthes monspeliensis L. (1)
26,6-64,1 μm, MiW 30,3 μm; 50 PK, 0a

10.4 *Eriocaulon septangulare*
(Tafel 11: 7-9; Abb. 19a-b)

PK spiraperturat, sphäroidisch, in Äquatorialansicht mit 4-5 je ca. 5-7 μm breiten Intercolpien. Schraubenführung der Colpen unregelmäßig, Exine 1,5-2,0 μm dick, echinat, Columellae undeutlich, dünner als 0,5 μm oder nicht erkennbar. Echini höchstens 1 μm lang, vom Grunde an zugespitzt.

Eriocaulon septangulare WITH. (1)
26,6-38,9 μm, MiW 33,7 μm; 50 PK, 0a

10.5 *Simethis planifolia*
(Tafel 11: 10)

PK trichotomocolpat, in Polaransicht dreieckig. Auf der distalen Seite befinden sich 3 Colpen, die aus äquatorialer Position zum distalen Pol verlaufen und sich dort miteinander vereinigen. Exine 1,0-1,5 µm dick, reticulat. Brochi ± 1 µm groß, ohne Columellae.

Simethis planifolia (VAND.) GG. (1)
24,1-36,4 µm, MiW 30,3 µm; 50 PK, 0a

10.6 *Mahonia*
(Tafel 12: 1-3)

PK im Umriß rundlich. Die Exine ist in 5-10(12) runde bis elliptische Felder (Intercolpien) aufgeteilt, die durch 1-2 µm breite Colpen voneinander getrennt sind. Intercolpium-Ränder eingekrümmt. Die Exine ist reticulat mit bis 2 µm großen Brochi, nur ca. 0,8-1,2 µm großen Lumina und breiten Muri. Stellenweise geht das Reticulum in ein Tectum perforatum über. Exine 1,8-2,0 µm dick.

Mahonia aquifolium (Pursh) NUTT. (2)
40,8-53,0 µm, MiW 46,5 µm; 50 PK, 0a

10.7 *Pseudofumaria lutea* (syn. *Corydalis lutea*)
(Tafel 12: 4)

PK kugelig, Colpen syncolpat zu Vierecken (insgesamt dann mit 12 Colpen) oder Fünfecken angeordnet, PK selten mit nur 6 Colpen. Colpen schmal. Tectum fossulat, Columellae-Schicht nicht erkennbar. Exine ca. 2 µm dick. Gelegentlich sind nicht alle Colpen syncolpat miteinander verbunden.

Pseudofumaria lutea (L.) BORKH. (2)
41,0-57,8 µm, MiW 48,8 µm; 50 PK, 0a

10.8 *Anarrhinum bellidifolium*

PK tricolpat-syncolpat, sphäroidisch (PFormI 0,95-1,21), heteropolar mit einem konkaven und einem zugespitzten Polarbereich. Auf dem konkaven Polarbereich sind die Colpen syncolpat, auf dem zugespitzten Polarbereich gibt es ein kleines Polarfeld. Colpen mit äquatorialer Verengung. Exine ca. 0,8 µm dick, Brochi um 0,5 µm groß, Columellae in Aufsicht nicht erkennbar.

Anarrhinum bellidifolium (L.) DESF. (2)
14,0-17,0 µm, MiW 15,1 µm; 50 PK, 0a

10.9 *Pedicularis palustris*-Typ
(Tafel 11: 15-17)

PK dicolpat-syncolpat, sphäroidisch bis prolat, mit einer meridional verlaufenden, deutlich eingesenkten Ringfurche. Die beiden Intercolpien können sich teilweise, d.h. in den Polarbereichen, voneinander lösen. Beide Intercolpien nehmen dann eine schiffchenartige Gestalt an und sind oft etwas gegeneinander verschoben. Exine psilat, ohne Columellae. Intercolpium-Ränder eingerissen oder körnig aufgelöst, seltener glatt. Gelegentlich ist der ringförmige Colpus an einem Pol oder auf beiden Polen unterbrochen.

Pedicularis aspleniifolia FLOERKE (1)
21,6-32,0 µm, MiW 26,3 µm; 50 PK, 1a

Pedicularis barrelieri RCHB. (1)
20,2-28,1 µm, MiW 23,6 µm; 50 PK, 1a

Pedicularis comosa L. (1)
17,3-23,0 µm, MiW 20,7 µm; 50 PK, 1a

Pedicularis elongata A.KERN. (1)
16,2-28,4 µm, MiW 24,3 µm; 50 PK, 1a

Pedicularis exaltata BESSER (1)
14,4-23,0 µm, MiW 19,2 µm; 50 PK, 1a

Pedicularis foliosa L. (2)
17,5-25,0 µm, MiW 21,3 µm; 50 PK, 0a

Pedicularis gyroflexa VILL. (1)
23,4-29,5 µm, MiW 26,5 µm; 50 PK, 1a

Pedicularis hacquetii GRAF. (1)
17,0-22,5 µm, MiW 20,4 µm; 50 PK, 0a

Pedicularis hirsuta L. (1)
23,0-30,2 µm, MiW 25,8 µm; 50 PK, 1a

Pedicularis lapponica L. (1)
18,7-29,9 µm, MiW 24,8 µm; 60 PK, 1a

Pedicularis palustris L. (2)
22,0-29,5 µm, MiW 25,3 µm; 50 PK, 0a

Pedicularis portenschlagii SAUT. (1)
18,0-33,1 µm, MiW 26,8 µm; 50 PK, 1a

Pedicularis recutita L. (1)
19,1-35,6 µm, MiW 22,6 µm; 50 PK, 1a

Pedicularis raetica A.KERN. (1)
24,5-35,5 µm, MiW 30,5 µm; 51 PK, 0a

Pedicularis rosea WULF. (1)
20,9-29,2 µm, MiW 25,2 µm; 50 PK, 1a

Pedicularis rostrato-capitata CRANTZ (3)
24,3-34,5 µm, MiW 29,1 µm; 50 PK, 0a

Pedicularis rostrato-spicata CRANTZ (2)
23,0-32,5 µm, MiW 27,5 µm; 50 PK, 0a

Pedicularis sylvatica L. (2)
30,0-40,3 µm, MiW 36,1 µm; 50 PK, 0a

Pedicularis sudetica WILLD. (2)
17,0-22,5 µm, MiW 19,9 µm; 50 PK, 0a

10.10 *Nymphoides peltata*
(Tafel 11: 11-12)

PK tricolpat-syncolpat, meist oblat, PFormI 0,49-0,75, in Polaransicht dreieckig. Exine bis 2 µm dick, rugulat. Skulpturelemente ca. 0,8 µm breit und 2-10 µm lang, gerade, ungeregelt. Columellae-Schicht vorhanden, Columellae deutlich, einzeln und in kleinen Gruppen. Apicalfeld dreieckig, bis 17 µm groß, rugulat skulpturiert. Ein Apicalfeld ist gelegentlich nur auf einer Seite vorhanden; die Colpen sind dann dort nicht syncolpat.

Nymphoides peltata (S.G.GMEL.) KUNTZE (2)
45,3-62,0 µm, MiW 52,6 µm; 50 PK, 0a Ä

10.11 *Pedicularis verticillata*-Typ

PK tricolpat-syncolpat. PFormI oft kleiner als 1,0. Exine psilat, knapp 1 µm dick. Intercolpium-Ränder unregelmäßig eingerissen oder körnig aufgelöst, seltener glatt. Bei *P. oederi* wurden auch dicolpat-syncolpate PK gefunden.

Pedicularis oederi VAHL (2)
17,5-25,8 µm, MiW 21,6 µm; 50 PK, 0a

Pedicularis verticillata L. (2)
16,3-22,5 µm, MiW 19,6 µm; 50 PK, 0a

10.12 *Loranthus europaeus*
(Tafel 11: 13-14)

PK tricolpat-syncolpat, in Polaransicht dreieckig mit konkaven Intercolpien, oblat (PFormI 0,52-0,61). PK in der Äquatorialebene gebogen, d.h. mit einer konvexen und einer planen oder schwach konkaven Seite. Exine bis 2 µm dick, gegen den Äquatorialbereich der Colpen hin dünner (bis 1 µm).

Endexine um 1 µm dick. PK scabrat, Skulpturlemente bis 1 µm groß, in Aufsicht unregelmäßig geformt, Columellae dünn und kurz. PK ohne Apicalfelder.

Loranthus europaeus JACQ. (2)
25,3-33,8 µm, MiW 29,7 µm; 50 PK, 0a Ä

10.13 *Myrtus communis*
(Tafel 11: 18-19)

PK tricolporat-syncolpat, peroblat, seltener oblat, Exine psilat bis scabrat, ohne Columellae. PK in Polaransicht dreieckig. Polachse ca. 7-8 µm lang. Apicalfelder beiderseits vorhanden, ca. 3 µm groß, scabrat und meist konkav. Colpen äquatorial mit je einem ca. 5 µm langen und 1-2 µm breiten Colpus transversalis.

Myrtus communis L. (2)
14,4-17,3 µm, MiW 16,0 µm; 50 PK, 3a Ä

10.14 *Primula farinosa*-Typ
(Tafel 11: 20-21)

PK tricolpat-syncolpat, psilat, in Polaransicht dreieckig, sphäroidisch. Apicalfelder 3-4 µm groß, nicht skulpturiert, mit Operculum. Bei *Primula farinosa* und *P. stricta* kommen infolge Heterostylie zwei verschiedene Pollengrößen vor. Die kleinen PK sind 8-11 µm groß; die großen PK um 30 µm. Diese Größenmessungen beziehen sich bei den kleinen Formen auf *P. farinosa*, bei den großen Formen auf *P. stricta*. Das Vergleichsmaterial von *Cortusa matthioli* enthielt nur kleine PK.
 Primula farinosa: Kleine PK: PK oblat, PFormI 0,50-0,72. Apicalfelder 1,5-2,0 µm groß. Äquatorialbereich der Colpen etwas vorgezogen, hier evt. schwach poroide Verhältnisse. Exine 0,7-0,9 µm dick, Tectum und Endexine u.U. erkennbar, Columellae nicht.

Primula farinosa L. (3)
9,3-11,8 µm, MiW 10,8 µm; 50 PK, 0a

Primula stricta HORN. (2)
29,3-38,8 µm; 20 PK, 6a

Cortusa matthioli L. (2)
14,3-16,5 µm, MiW 15,7 µm; 50 PK, 0a

11. Dicolpatae

11.1 *Tamus communis*
(Tafel 11: 1-3)

PK etwa doppelt so lang wie breit, meist mit stumpf abgerundeten Enden. Exine bis 2 μm dick, Brochi 1,0-1,5 μm groß, mit Columellae. Margo vorhanden, die Brochi nehmen zu den Intercolpium-Rändern hin an Größe ab.

Tamus communis L. (2)
27,4-39,2 μm, MiW 32,5 μm; 50 PK, 0a

11.2 *Chamaerops humilis*

PK prolat, reticulat, Exine 1,0-1,5 μm dick, Brochi bis 1,5 μm groß, ohne Columellae. Die Colpen liegen auf einer Seite des PK dicht nebeneinander (Abstand etwa 5-8 μm).

Chamaerops humilis L. (1)
24,8-33,8 μm, MiW 29,5 μm; 50 PK, 0a

11.3 *Calla palustris*

PK ± sphäroidisch. Exine bis 1,5 μm dick, rugulat-reticulat, seltener reticulat oder fossulat, ohne Columellae. Bei reticulaten PK sind die Brochi 0,5-2,0 μm groß, die Muri relativ breit und die Lumina klein. Colpen sehr lang, Polarfelder klein. Die Intercolpium-Ränder sind meist eingekrümmt, unregelmäßig ausgebildet, auch etwas körnig aufgelöst.

Calla palustris L. (3)
21,6-30,6 μm, MiW 26,1 μm; 50 PK, 0a

11.4 *Tofieldia*

PK prolat bis perprolat, im Umriß elliptisch. Exine ca. 1 μm dick. Brochi 0,5-2,0 μm groß, mit relativ breiten Muri. Columellae fehlen bei beiden Arten. Colpen lang, keine Margo.

Tofieldia calyculata (L.) WAHLENB. (1)
15,8-26,3 μm, MiW 21,9 μm; 50 PK, 6a

Tofieldia palustris (MICHX.) PERS. (2)
22,0-34,5 μm, MiW 26,4 μm; 50 PK, 0a

Tafel 12

1-3 *Mahonia aquifolium*, **4** *Pseudofumaria lutea*, **5-8** *Tordylium maximum*, **9-10** *Morina persica*. – Vergrößerungen: 1-8: 1000fach; 9-10: 500fach.

Tafel 12

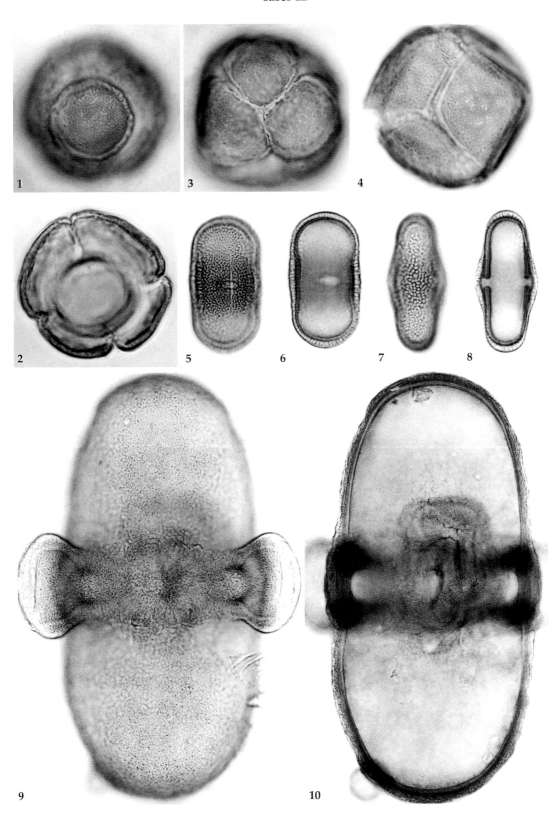

11.5 *Hypecoum pendulum*

PK sphäroidisch, Exine bis 1,5 μm dick, scabrat oder psilat, mit Columellae und dickem Tectum. Colpen lang, Intercolpium-Ränder etwas körnig aufgelöst.

Hypecoum pendulum L. (1)
23,0-28,8 μm, MiW 26,2 μm; 50 PK, 0a

11.6 *Cypripedium calceolus*
(Tafel 120: 16-20)

PK prolat bis perprolat, im Umriß unregelmäßig geformt, mit zugespitzten Enden (Abb. 175 c bei ERDTMAN, 1952). Abstand der Colpen etwa 10 μm. Exine bis 1 μm dick, psilat oder scabrat, ohne Columellae. Intercolpium-Ränder körnig aufgelöst. Es treten auch PK mit 3 Colpen auf, die nicht symmetrisch angeordnet, sondern einander genähert sind.

PK vom *Pedicularis palustris*-Typ (S. 115) können ausnahmsweise nicht dicolpat-syncolpat, sondern dicolpat sein.

Cypripedium calceolus L. (2)
25,6-38,9 μm, MiW 31,5 μm; 50 PK, 0a

12. Dicolporatae

12.1 *Tordylium maximum*
(Tafel 12: 5-8)

Einziger Vertreter in der mitteleuropäischen Flora. PK prolat bis perprolat, PFormI 1,90-2,22. PK in Polaransicht abgeflacht, Aperturen auf den flachen Seiten. Colpen kurz, CL-Index 0,33-0,51. Poren äquatorial verlängert, 2,0-3,0 × 5,0-7,0 μm groß, mit parallelen Rändern und gelegentlich mit Costae. Exine meist äquatorial auffällig verdickt, hier (3,0)3,5-4,0 μm dick. Polar 3,0-3,5 μm dick. Im subäquatorialen Bereich ist die Exine am dünnsten. Columellae polar um 1,0 μm, äquatorial 1,3-1,7 μm lang, polar und subäquatorial meist etwas dicker und mit größeren Abständen als im Äquatorialbereich. Tectum äquatorial meist gewellt. Endexine 1,0-1,2 μm dick.

Tordylium maximum L. (2)
33,0-42,0 μm, MiW 37,3 μm; 50 PK, 0a

13. Tricolpatae

PK mit psilaten, scabraten, verrucaten oder microverrucaten Skulpturen

Tricolpate PK

PK mit 3 Colpen, diese stets ohne zusätzliche, äquatoriale Aperturen in der Endexine bzw. in der Endexine und in der Columellae-Schicht oder in der Colpus-Membran. Intercolpium-Ränder in der Regel glatt oder auf ihrer ganzen Länge körnig aufgelöst. Bei PK mit ± schwacher äquatorialer Unterbrechung der Intercolpium-Ränder oder mit einfacher oder s-förmiger äquatorialer Verengung der Colpen ist es ratsam, auch nach dem Bestimmungsschlüssel für tricolporoidate PK (S. 201) vorzugehen. Meistens stehen solche Fälle jedoch in erster Linie bei den tricolpaten PK (z.B. *Quercus* und *Viola*).

Tricolporate PK .... S. 155

PK mit 3 Colpen, diese stets mit einer deutlich, d.h. kontrastreich begrenzten, runden, transversal oder meridional verlängerten Pore oder mit je einem Colpus transversalis oder einem Colpus equatorialis. Diese zusätzlichen Aperturen können durch Costae ganz oder teilweise umrandet sein. Colpi transversales sind gelegentlich spaltartig ausgebildet. Sind diese Spalten so kurz, daß sie nicht oder nur kaum über die Colpus-Ränder auf die Intercolpien übergreifen, so ist entweder nur oder auch der Bestimmungsschlüssel für tricolporoidate PK (S. 201) zu berücksichtigen.

Tricolporoidate PK .... S. 201

PK mit 3 Colpen, diese stets mit je einer zusätzlichen äquatorialen Apertur, die nicht kontrastreich und deutlich begrenzt, oft von unregelmäßiger Form (z.B. mit eingerissenen Rändern), nie mit Costae versehen und gelegentlich auf die Colpus-Membran beschränkt ist. Oft sind nur die Intercolpium-Ränder im unmittelbaren Äquatorialbereich unterbrochen. Die kontrastarmen, zusätzlichen Aperturen können auch in transversaler Richtung gestreckt sein und dann nur wenig oder gar nicht von der Colpus-Membran auf die Intercolpien übergreifen. Auch PK mit sehr kurzen, spaltartigen Colpi transversales und solche mit einfacher oder s-förmiger äquatorialer Verengung der Colpen werden hier mitangeführt.

Besondere Bedingungen und Schwierigkeiten des Bestimmungsganges:

1. PK mit Tectum perforatum. Wegen verschiedener Fälle von Übergängen zwischen einem Tectum perforatum und einer microreticulaten Skulpturierung werden PK mit Tectum perforatum unter den Begriffen psilat oder scabrat geführt.
2. Bei verschiedenen tricolporaten Pollentypen können durch Verlust der Poren tricolpate Formen auftreten. Das ist u.a. gelegentlich bei *Polygonum aviculare*, *Bistora officinalis*, *B. vivipara* und *Fagus* der Fall.
3. Unter den überwiegend dicolpaten PK von *Cypripedium calceolus* (S. 120) können auch tricolpate PK mit einander genäherten, d.h. asymmetrisch angeordneten Colpen vorhanden sein.

1   PK über 200 µm groß, mit 3 trichterförmigen äquatorialen Ausstülpungen, an denen sich je ein ca. 15-17 µm langer Colpus befindet (Tafel 12: 9-10) .... **13.1** *Morina persica* (S. 126)
–   PK kleiner, nicht mit trichterförmigen äquatorialen Ausstülpungen 2

2   PK mit 3 meridionalen, versiculaten Wülsten, die sich polar vereinigen und äquatorial die Colpen in sich einschließen (Tafel 13: 1) .... **13.2** *Trapa natans* (S. 126)
–   PK ohne solche vesiculaten Wülste 3

3   **PK psilat**: Exine ohne Skulpturierungen, Außenseiten im optischen Schnitt völlig glatt. Geringfügige, ganz schwache und unregelmäßig begrenzte Unebenheiten auf der Außenseite des Tectums (gelegentlich in Aufsicht sichtbar) werden nicht als Skulpturen angesehen. Tectum mit oder ohne Perforationen. Es ist aber im Phasenkontrast-Bild zu prüfen, ob evt. kontrastschwache reticulate, microreticulate oder microechinate Skupturierungen vorliegen 4

–   **PK scabrat, microechinat** oder **microverrucat**: Exine mit in Aufsicht deutlich begrenzten, bis 1,0 µm, selten bis 1,5 µm großen rundlichen oder unregelmäßig geformten, gleichmäßig oder ungleichmäßig verteilten Skulpturelementen. Die Skulpturelemente sind nicht notwendigerweise im optischen Schnitt sichtbar. Es gehören hierher auch PK, bei denen dünne und dicke Columellae (Haupt- und Nebencolumellae) nebeneinander auftreten (Ranunculaceae). Die oft schwer erkennbaren Skulpturelemente (Phasenkontrast verwenden) stehen dabei stets über den dicken und oft auch längeren Hauptcolumellae 27

4   Polarfelder im typischen Fall mit deutlich kappenartig verdickter Columellae-Schicht; Columellae polar meist auch dicker und weiter voneinander entfernt. Um diese Verdickungen an kleinen PK oder an PK mit kleinen Polarfeldern erkennen zu können, müssen die PK in eine exakte Äquatorial-Ansicht gebracht werden 5

–   Columellae-Schicht im Bereich der Polarfelder nicht dicker als äquatorial oder subpolar, oder Columellae polar nicht verdickt und nicht weiter voneinander entfernt stehend, oder Columellae-Schicht auch im Phasenkontrast-Bild nicht erkennbar (bei *Valerianella* nimmt die Dicke der Exine vom Äquatorialbereich zu den Polen kontinuierlich zu) 8

5   Endexine bis ca. 1,2 µm dick, höchstens polar gelegentlich bis 1,5 µm 6

–   Endexine überall 1,5-2,0 µm dick oder wenigstens polar deutlich über 1,5 µm 13

6   Endexine der Intercolpium-Ränder grob schollig aufgelöst, Exine polar bis 5,5 µm dick, äquatorial (2,0)2,5-3,0 µm (Tafel 13: 2-3) .... **13.3 *Adonis aestivalis*-Typ** (S. 128)

–   Colpus-Membranen grob körnig skulpturiert, die Endexine der Intercolpium-Ränder kann grobschollig aufgelöst sein. Exine polar 1,8-3,2 µm dick, äquatorial 0,9-1,8 µm. Wenn Tectum doppelt so dick wie die Endexine, vergl. den *Saxifraga hirculus*-Typ (S. 143) 7

7   PK 17-50 µm groß, Columellae in Aufsicht äquatorial undeutlich und unregelmäßig verteilt, wenn erkennbar, dann PK > 20 µm (*Consolida*) (Tafel 13: 4-6, 10) .... **13.4 *Aconitum*-Gruppe** (S. 128)

–   PK 14-18 µm groß, Columellae auch äquatorial erkennbar (Tafel 13: 7-9) ....
  ....**13.5 *Polycarpon tetraphyllum*** (S. 129)

8   PK oblat bis sphäroidisch, PFormI (0,70-0,83), PK in Polaransicht dreieckig; heteropolar: distale und proximale Seite verschieden stark gewölbt (Tafel 13: 11-15) **13.6 *Comandra elegans*** (S. 129)

–   PK sphäroidisch, PFormI > 0,85 oder PK prolat 9

9   PK mit äquatorial stark verdickten Opercula 10

–   PK ohne Opercula oder Opercula äquatorial nicht stark verdickt 11

10 PK kugelig, PFormI 0,94-1,05, Exine 1,4-2,6 µm dick (Tafel 13: 16-17; Abb. 29) ....
  ....**13.7 *Sanguisorba minor*-Typ** (S. 130)

–   PK rhomboidisch, PFormI 1,11-1,40. Exine 3,3-4,8 µm dick (Tafel 13: 18-19) ....
  .... **13.8 *Sanguisorba dodecandra*** (S. 130)

11 Exine überall oder wenigstens äquatorial bis subpolar über 2,5 µm dick; wenn dünner, dann Colpen mit breiten und stark verdickten Opercula 12

–   Exine mindestens äquatorial bis subpolar dünner als 2,2 (2,5) µm; Colpen niemals mit verdickten Opercula 15

12 Columellae im distalen Drittel verzweigt, PK 40-80 µm groß, mit Tectum perforatum (Tafel 14: 1-4)
  ....**13.9 *Convolvulus arvensis*-Typ** (S. 130)

– Columellae unverzweigt, PK bis 45 µm groß 13

13 Endexine 1,5-2,0 µm dick, wenn äquatorial etwas dünner, dann mindestens polar deutlich über 1,5 µm dick (Tafel 14: 5-6) .... **13.10** *Valerianella* (S. 131)

– Endexine nur bis ca. 1,2 µm dick 14

14 Exine äquatorial bis subpolar deutlich dicker als im Polarbereich. PK in Polaransicht dreieckig und planaperturat oder PK mit stark verdickten Opercula (Tafel 14: 7-20) ....
.... **13.11** *Alchemilla*-**Gruppe** (S. 131)

– Exine überall gleichmäßig dick, Colpen ohne Opercula, PK kugelig (Tafel 14: 21-23) ....
.... **13.12** *Polygonum alpinum* (S. 132)

15 PK auf den Intercolpien mit je einer kreisförmigen Abplattung, diese oft mit wulstig verdicktem Rand. PK < 25 µm (Tafel 16: 1-3) .... **13.13** *Melampyrum* (S. 132)

– Intercolpien ohne solche Abplattungen oder Verdickungen 16

16 PK mit deutlich erkennbaren Columellae 17

– PK ohne Columellae oder Columellae in Aufsicht nicht erkennbar 22

17 Columellae ca. 0,5-1,0 µm dick, kontrastreich 18

– Columellae unter 0,5 µm dick, ziemlich kontrastarm 20

18 PK 36-41 µm groß, mit breiten und dicht körnig bekleideten Colpen (Tafel 15: 21-24) ....
.... **13.14** *Helleborus niger* (S. 134)

– PK 17-32 µm groß, mit körnig, aber nicht dicht körnig bekleideten Colpen 19

19 Columellae unregelmäßig verteilt, Endexine dicker als das Tectum (Tafel 15: 1-10, Tafel 16: 4-6)
.... **13.15** *Spergularia*-**Typ** (S. 134)

– Columellae stehen einzeln und sind ziemlich regelmäßig verteilt. Tectum ohne oder nur selten mit einzelnen, schwer erkennbaren Perforationen. Endexine dicker als das Tectum (Tafel 15: 11-20, Tafel 16: 7-9) .... **13.16** *Cuscuta europaea*-**Typ** (S. 136)

20 Exine mit Perforationen (Phasenkontrast), Endexine dick. Schwieriger Pollentyp (Tafel 17: 1-5).
.... **13.17** *Myricaria germanica* (S. 136)

– Exine ohne Perforationen 21

21 Columellae auch im Phasenkontrastbild nicht oder kaum erkennbar. Colpen eingesenkt, Intercolpium-Ränder im Äquatorialbereich körnig aufgelöst. Colpen gelegentlich äquatorial vorgezogen oder mit äquatorialer Brücke bzw. äquatorial verengt. PK prolat oder sphäroidisch. Exine 1,0-1,5 µm dick, Endexine dicker als das Tectum (Tafel 16: 10-12) .... **13.18** *Viola odorata*-**Typ** (S. 136)

– Columellae mindestens im Phasenkontrastbild deutlich erkennbar. Colpen nicht oder nur schwach eingesenkt, Intercolpium-Ränder niemals nur im Äquatorialbereich körnig aufgelöst, PK aber oft mit breiten Colpen, deren Membran körnig skulpturiert ist. Endexine dünner als das Tectum, gleich dick oder dicker. Exine meist über 1,5 µm dick (Tafel 16: 13-19) ....
.... **13.19** *Rhinanthus*-**Gruppe** (S. 138)

22 PK heteropolar, d.h. Polarfelder verschieden groß 23

– Polarfelder gleich groß 24

23 PK ca. 15-20 µm groß, Columellae nicht erkennbar (Tafel 32: 19-24) ....
.... *Gratiola officinalis* (S. 204)

– PK (22)25-50 µm groß, Columellae in Aufsicht meist sehr kontrastarm (Tafel 16: 10-12) ....
.... **13.18** *Viola odorata*-**Typ** (S. 136)

24 PK größer als 60-80 µm (Tafel 120: 8-9) .... **13.20** *Vinca minor* (S. 140)

– PK kleiner als 60 µm 25

25 Polarfelder groß, PFormI < 1,0, PK 22-27 µm groß (Tafel 17: 6-10) ....
.... **13.21** *Monotropa hypopitys* (S. 142)
– Polarfelder klein bis mittelgroß, PFormI deutlich größer als 1,00 26

26 Exine 0,8 µm dick, PK prolat bis perprolat, 26-34 µm groß, PFormI 1,57-2,17, Polarfelder klein. Colpus-Membranen nicht körnig bekleidet, Colpen oft mit angedeuteten Poren (Tafel 33: 20-23, siehe Tricolporoidatae) ....*Erinus alpinus* (S. 208)
– Exine dicker, PK mit körnig bekleideter Colpus-Membranen, Polarfelder klein ....
.... **13.22** *Lamium album*-**Typ** (S. 142)

27 PK mit Opercula 28
– PK ohne Opercula 29

28 Tectum polar 2-3-mal so dick wie im Äquatorialbereich, außerdem an den Intercolpium-Rändern dünner als in der Mitte der Intercolpien. Columellae-Schicht dünn, Columellae im Äquatorialbereich in Aufsicht meist schlecht zu erkennen (Tafel 16: 20-22) .... **13.23** *Teucrium* (S. 142)
– Tectum polar nicht so stark verdickt und an den Intercolpium-Rändern nicht dünner als in der Mitte der Intercolpien. Columellae überall gleich gut sichtbar (Tafel 17: 11-16) ....
.... **13.24** *Saxifraga hirculus*-**Typ** (S. 143)

29 Tectum (ohne Skulpturelemente) doppelt so dick wie die Endexine oder dicker oder Tectum mit einer stark lichtbrechenden Schicht *(Artemisia)* 30
– Tectum dünner 31

30 Tectum ohne stark lichtbrechende Schicht. Exine bis 2,2 µm, Columellae unter 1 µm dick (Tafel 17: 11-16) .... **13.24** *Saxifraga hirculus*-**Typ** (S. 143)
– Tectum mit stark lichtbrechender Mittelschicht, Columellae deutlich und dick, PK sphäroidisch, oft etwas gestreckt, regelmäßig scabrat-microechinat skulpturiert, sehr variabel, oft mit poroider Region (Tafel 28: 1-12) .... *Artemisia* (S. 188)

31 Skulpturelemente in Aufsicht 0,5-1,5 µm groß, unregelmäßig geformt und verteilt, Tectum-Oberfläche daher im optischen Schnitt meist sehr unregelmäßig (wenn PK dünnwandig und wenig formbeständig, kugelig bis oblat, mit großen Polarfeldern und ganz kontrastarm begrenzten Colpen vergl. *Datura stramonium*, S. 270) (Tafel 17: 17-29) .... **13.25** *Quercus* (S. 143)
– Skulpturelemente in Aufsicht von ± einheitlicher Form und Größe (rundlich, bis 1 µm Durchmesser, nur bei *Eranthis* bis 1,5 µm), in vielen Fällen regelmäßig angeordnet; hierher auch PK mit einem Tectum perforatum 32

32 Intercolpien abgeflacht bis konkav, Colpen meist durch nahezu rechtwinklig eingebogene Intercolpium-Ränder stark eingesenkt 33
– Intercolpien konvex, Colpen meist nicht auffällig eingesenkt 34

33 Exine um 1 µm dick, wenn dicker, dann PK > 40 µm. PK mit ± undeutlichen Poren. Intercolpien stark abgeflacht bis konkav (Tafel 31: 13-23) .... *Cornus* (S. 203)
– Exine 1,5-2,0 µm dick. PK bis 30 µm groß. Colpen äquatorial höchstens verengt. Intercolpien abgeflacht, niemals konkav (Tafel 17: 17-29) .... **13.25** *Quercus* (S. 143)

34 PK mit Tectum perforatum 35
– Tectum nicht perforiert 36

35 PK 20-30 µm groß (Tafel 18: 1-5) .... **13.26** *Cimicifuga foetida* (S. 145)
– PK 35-50 µm groß (Tafel 18: 6-8) .... **13.27** *Oxalis acetosella* (S. 145)

36 PK prolat, PFormI 1,4-1,6, 30-40 µm groß, mit 2,7-3,2 µm dicker Exine (Tafel 18: 11-14) ....
.... **13.28** *Garidella nigellastrum* (S. 146)

– PK mit anderer Merkmalskombination 37

37 PK mit doppelter Columellae-Schicht. Äußere Columellae gut erkennbar, sehr dünn und dicht stehend. Innere Columellae 0,8-1,2 µm dick (Tafel 18: 15-18) .... **13.29** *Nigella* (S. 146)

– PK mit einfacher Columellae-Schicht, oft mit Haupt- und Nebencolumellae 38

38 Hauptcolumellae 0,9-1,3 µm dick, Nebencolumellae 0,4-0,8 µm. Exine 2,0-2,6 µm dick, Columellae-Schicht nur ca. 0,6-0,8 µm dick (Tafel 18: 9-10) .... **13.30** *Eranthis hyemalis* (S. 146)

– Columellae dünner und Columellae-Schicht dicker 39

39 Endexine mit auffälligen Rissen (Phasenkontrastbild) (Tafel 18: 19-23) ....
.... **13.31** *Hepatica nobilis* (S. 148)

– Endexine nicht mit auffälligen Rissen 40

40 Die Skulpturelemente (Microechini) stehen ausschließlich über ca. 0,9-1,2 µm dicken Columellae und sind wie diese ungleichmäßig angeordnet. Dabei können die Microechini auf mamillösen Vorwölbungen des Tectums stehen; das Tectum ist dann im optischen Schnitt gewellt, sonst glatt. Zwischen den dicken Hauptcolumellae können dünnere Nebencolumellae erkennbar sein, die kreisförmige »Höfe« um die Hauptcolumellae herum oder unregelmäßige Muster bilden (Phako) PK sphäroidisch, PFormI um 1,0, vereinzelt größer. Exine meist 2,0-2,2 µm dick. Endexine dicker als das Tectum oder fast gleich dick (Tafel 19: 1-30) .... **13.32** *Ranunculus acris*-**Typ** (S. 148)

– Die Skulpturelemente stehen nicht über bestimmten Columellae. Die Columellae sind einheitlich um 0,5 µm dick, stehen oft sehr dicht und können netzig gestellt oder netzartig verschmolzen sein (Brochi unter 1 µm). Die Skulpturelemente stehen meistens in Abständen von 1-2 µm und sind regelmäßig verteilt 41

41 Endexine 1,5-2 µm dick, wenn äquatorial dünner, dann wenigstens polar deutlich über 1,5 µm dick 42

– Endexine dünner, meist nur bis 1,2 µm dick, höchstens polar gelegentlich bis 1,5 µm 43

42 PK sphäroidisch (kugelig), bis 45 µm groß (Tafel 14: 5-6) .... **13.10** *Valerianella* (S. 131)

– PK sphäroidisch, aber länger als breit, > 50 µm (Tafel 43: 7-10) .... *Centranthus* (S. 242)

43 Polarfelder mit deutlich verdickter Columellae-Schicht 6

– Columellae-Schicht polar nicht verdickt oder Columellae im Bereich der polaren Exinenverdickung nicht weiter voneinander entfernt und nicht dicker 44

44 PK mit Tectum perforatum. Columellae niemals netzig verbunden 17

– Tectum ohne Perforationen oder Columellae netzig verbunden bzw. netzig angeordnet; z.T. schwierig zu unterscheidende Pollentypen 45

45 Endexine deutlich dicker als das Tectum (wenn mit undeutlichen Colpen und mittelgroßen bis grossen Polarfeldern vergl. *Scopolia*, S. 204) 46

– Endexine so dick wie das Tectum oder dünner; wenn Endexine dicker als das Tectum, dann Exine über 1,5 µm dick 47

46 Exine bis 1,5 µm dick, PK 19-32 µm groß, scabrat, mit Endo-Microreticulum, Columellae sehr dünn und schwer erkennbar (Tafel 20: 1-3) .... **13.33** *Globularia* (S. 151)

– Exine 2,0-2,2 µm dick, PK 27-35 µm groß, scabrat, nie mit microreticulaten Strukturen, Columellae deutlich erkennbar (Tafel 20: 4-7) .... **13.34** *Adonis vernalis* (S. 152)

47 Skulpturelemente in Aufsicht eckig, Columellae (Aufsicht) sehr dünn und zahlreich, PK vielfach mit einer endo-microreticulaten Struktur. Abtrennung von der *Papaver rhoeas*-Gruppe und von *Globularia* oft schwierig (Tafel 20: 8-11) .... **13.35** *Caltha*-**Typ** (S. 152)

– Skulpturelemente in Aufsicht rundlich, Columellae in Aufsicht meist schwer erkennbar, PK oft mit endo-microreticulater Struktur (dabei auch Endo-Microbrochi neben isolierten Columellae). Abtrennung vom *Caltha*-Typ oft schwierig (Tafel 20: 12-23) ....
....**13.36 *Papaver rhoeas*-Gruppe** (S. 154)

!– –Wenn PK mit anderer Merkmalkombination, vergl. tricolporoidate PK (S. 201)

13.1 *Morina persica*
(Tafel 12: 9-10)

Die PK bestehen aus einem prolat bis perprolaten, 205-250 µm großen Zentralkörper (PFormI 1,8-2,1), der in seinem Äquatorialbereich drei trichterförmige Ausstülpungen besitzt. An den Enden dieser Ausstülpungen befindet sich je ein 15-17 µm langer Colpus. Die Trichter haben basal einen Durchmesser von 13-17 µm, terminal von 21-25 µm. Die Exine ist scabrat, 6,3-7,5 µm dick und besteht aus einer Endexine und einer deutlich strukturierten Ektexine. Es gibt keine Columellae; an ihrer Stelle sind langgestreckte, schraubig gewundene und/oder knotig verdickte Elemente vorhanden, die in verschiedenen Richtungen die Ektexine unter einem relativ dünnen Tectum durchziehen.

Morina persica L. (1)
205-250 µm; 10 PK, 0a

13.2 *Trapa natans*
(Tafel 13: 1)

PK sphäroidisch, tricolpat, Colpen bis 25 µm lang. Die PK sind mit 3 meridional verlaufenden vesiculaten Wülsten versehen, die die Colpen in sich einschließen und polar ineinander übergehen. Außerhalb dieser vesiculaten Wülste, d.h. im Bereich der Intercolpien und Teilen der Polarfelder, ist die Exine ca. 2-3 µm dick. Sie besitzt dort eine dicke innere Schicht, die aus einer dünnen proximalen, stark lichtbrechenden Lamelle und einer dicken distalen Schicht besteht. Der äußere Teil der Exine ist eine dünne, schwach microverrucat skulpturierte, meist etwas wellige Schicht, die dem inneren Teil der Exine nicht oder nur teilweise aufliegt. Im Bereich der vesiculaten Wülste ist der äußere Teil der Exine auf einer Breite von etwa 10 µm stark abgehoben und in Aufsicht wie in Seitenansicht gut erkennbar gefaltet. Auch sind auf den Wülsten die Skulpturierungen größer (meist etwas über 1,0 µm große Verrucae), und der innere Teil der Exine ist dicker (bis 4,0 µm). Im äquatorialen und subpolaren Bereich sind die vesiculaten Wülste 5-10 µm hoch, polar jedoch nur bis 2,0 µm. Dadurch ergibt sich in der Äquatorialansicht ein besonders auffälliges Bild. Die Colpen stellen wohlbegrenzte Aperturen in der inneren Schicht der Exine dar und sind von der äußeren Schicht der Exine unvollständig und unregelmäßig überzogen. Liegt das PK in Äquatorialansicht mit einem Colpus im optischen Schnitt, so erkennt man, daß die Intercolpium-Ränder vorgezogen sind (Tafel 13: 1).

Trapa natans L. (4)
53,5-86,3 µm, MiW 68,3 µm; 50 PK, 1a

Tafel 13

1 *Trapa natans*, **2-3** *Adonis aestivalis*, **4-6** *Aquilegia atrata*, **7-9** *Polycarpon tetraphyllum*, **10** *Aconitum napellus*, **11-15** *Comandra elegans*, **16-17** *Sanguisorba minor*, **18-19** *Sanguisorba dodecandra*. – Vergrößerungen 1000fach.

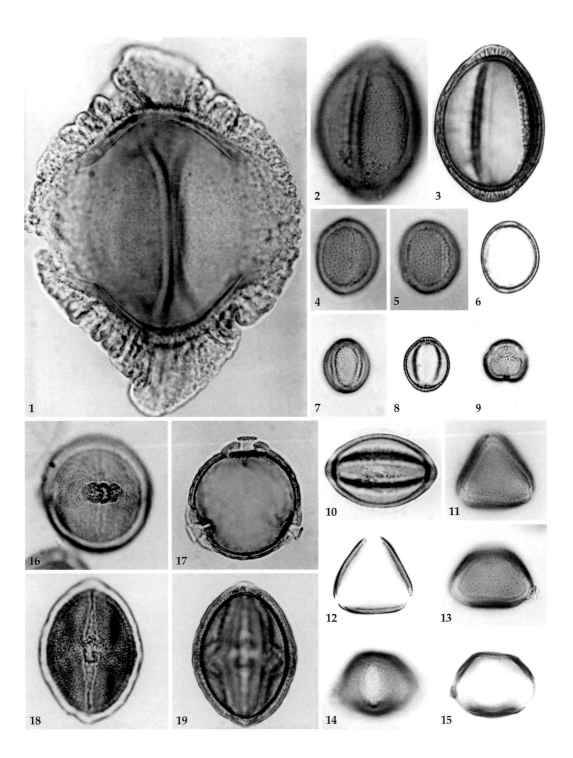

13.3 *Adonis aestivalis*-Typ
(Tafel 13: 2-3)

PK psilat, selten mit ca. 0,5 µm großen kontrastschwachen Skulpturelementen scabrat skulpturiert, prolat, seltener sphäroidisch, PFormI meist 1,33-1,64. Polarfelder mittelgroß (PFeldI 0,25-0,33). Exine auf den Polarfeldern kappenförmig bis 5,5 µm verdickt (Endexine hier bis 1,3 µm dick), äquatorial (2,0)2,5-3,0 µm dick (davon entfallen auf das Tectum ca. 1,0 µm, auf die Endexine ca. 0,8 µm). Die polare Verdickung, die gelegentlich fehlt, geht im wesentlichen auf längere Columellae zurück. Die Columellae sind dort ca. 3,0 µm, äquatorial nur ca. 0,8 µm lang, auch stehen sie polar weiter voneinander entfernt und sind etwas dicker als äquatorial. An den eingebogenen Intercolpium-Rändern ist die Endexine auffällig grobschollig aufgelöst. Zu *A. vernalis* vergl. S. 152.

Adonis aestivalis L. (2)
37,1-49,0 µm, MiW 42,2 µm; 50 PK, 1a

Adonis annua L. (2)
34,6-41,4 µm, MiW 37,4 µm; 50 PK, 1a

Adonis flammea JACQ. (3)
35,5-40,5 µm, MiW 38,6 µm; 50 PK, 0a

13.4 *Aconitum*-Gruppe
(Tafel 13: 4-6, 10)

Umfaßt die Gattungen *Aconitum, Aquilegia, Consolida* und *Delphinium.*

Sehr ähnlich dem *Adonis aestivalis*-Typ (Polarbereiche mit dickerer Endexine und längeren Columellae), aber dünnwandiger, und Colpus-Membranen grob körnig bekleidet. PK psilat, gelegentlich andeutungsweise scabrat. Die Exine ist äquatorial und subpolar 0,8-1,8 µm, polar 2,0-3,5 µm dick. Gelegentlich sind Unterschiede zwischen der polaren und äquatorialen Dicke der Exine nur gering. Die Endexine kann polar bis 1,5 µm dick sein. Die Abtrennung der Gattung *Aquilegia* ist mit ziemlich geringer Fehlermöglichkeit in den meisten Fällen durchführbar.

1   PFormI > 1,30 (bis ca. 1,80), wenn kleiner, dann PK meist über 28 µm groß 2

–   PFormI bis 1,20 (1,30), PK 17-28 µm groß (Tafel 13: 4-6) .... **13.4.1 *Aquilegia*-Typ**

2   Columellae äquatorial und subäquatorial stark verkürzt und reduziert, meist in Aufsicht nicht erkennbar (Tafel 13: 10) .... **13.4.2 *Aconitum*-Typ**

–   Columellae äquatorial und subäquatorial in Aufsicht gut erkennbar .... **13.4.3 *Consolida*-Typ**

13.4.1 *Aquilegia*-Typ (Tafel 13: 4-6). PK psilat bis scabrat (Phasenkontrast). PK sphäroidisch, PFormI meist 1,00-1,30, aber nicht unter 1,00. Polarfelder mittelgroß. Colpus-Membranen wie bei dem *Aconitum*-Typ. Exine polar 1,8-2,3 µm dick (äquatorial 0,9-1,8 µm), polar im wesentlichen infolge der dickeren Endexine (polar ca. 0,8 µm, äquatorial ca. 0,4 µm) und längeren Columellae immer dicker als äquatorial und subäquatorial. In Einzelfällen sind die Dickenunterschiede relativ gering; die PK müssen zur Beurteilung in eine korrekte Äquatorialansicht gebracht werden. Äquatorial sind die Columellae selbst im Phasenkontrastbild höchstens nur undeutlich zu erkennen. Sehr ähnlich sind die PK von *Polycarpon tetraphyllum*, bei denen aber die Columellae äquatorial in Aufsicht relativ kontrastreich sind.

Aquilegia alpina L. (2)
20,5-25,0 µm, MiW 22,9 µm; 50 PK, 0a

Aquilegia atrata W.D.KOCH (1)
18,0-23,8 µm, MiW 20,8 µm; 50 PK, 1a

Aquilegia einseliana F.W.SCHULTZ (1)
19,1-25,6 µm, MiW 22,6 µm; 50 PK, 1a

Aquilegia thalictrifolia SCHOTT & KOTSCHY (1)
18,0-25,2 µm, MiW 22,4 µm; 50 PK, 1a

Aquilegia vulgaris L. (2)
16,9-24,1 µm, MiW 20,8 µm; 50 PK, 1a

13.4.2 *Aconitum*-**Typ** (Tafel 13: 10). PK psilat und prolat bis sphäroidisch, PFormI meist > 1,30 und bis mindestens 1,60, nur bei *A. degenii* subsp. *paniculatum* 1,09-1,36. Polarfelder mittelgroß (PFeldI 0,25-0,33). Colpen max. 4-6 µm breit, grob körnig bekleidet (Skulpturelemente hier 0,6-1,5 µm groß). In Einzelfällen können auch die Intercolpium-Ränder wie bei dem *Adonis aestivalis*-Typ schollig-körnig aufgelöst sein. Exine polar mehr oder weniger deutlich kappenförmig verdickt. An der polaren Verdickung sind die Columellae-Schicht, die Endexine und u.U. auch das Tectum beteiligt. Exine polar 2,0-3,2 µm dick (äquatorial und subäquatorial 1,2-1,4 µm), Columellae-Schicht 1,0-1,5 µm dick (äquatorial 0,5-0,8 µm), Endexine 1,0-1,8 µm (äquatorial 0,5-1,0 µm). Außerhalb der Polarfelder sind die Columellae in Aufsicht nicht oder nicht deutlich erkennbar. Bei *A. septentrionale* ist das Tectum polar verdickt.

Aconitum anthora L. (1)
24,8-32,0 µm, MiW 28,2 µm, 50 PK, 1a

Aconitum lycoctonum L. (5)
29,8-38,0 µm, MiW 34,7 µm, 50 PK, 0a

Aconitum napellus L. (3)
26,6-38,9 µm, MiW 32,7 µm, 60 PK, 1a

Aconitum degenii GÀYER
subsp. *paniculatum* (ARCANG.) MUCHER (2)
24,7-32,0 µm, MiW 27,5 µm; 50 PK, 0a

Aconitum septentrionale KOELLE (2)
25,6-33,8 µm, MiW 30,4 µm; 50 PK, 1a

Aconitum variegatum L. (2)
24,5-32,0 µm, MiW 28,3 µm; 50 PK, 1a

Non vidi: *A. tauricum* WULFEN, *A. pilipes* (REICHENB.) GÀYER, *A. plicatum* KÖHLER ex RCHB.

4.3 *Consolida*-**Typ.** Columellae auch außerhalb der Polarfelder in Aufsicht deutlich erkennbar, zumindest im Phasenkontrastbild. Der *Consolida*-Typ entspricht in den anderen Merkmalen im wesentlichen dem *Aconitum*-Typ.

Consolida ajacis (L.) SCHUR (1)
31,0-36,4 µm, MiW 33,9 µm; 50 PK, 1a

Consolida regalis GRAY (3)
34,5-41,8 µm, MiW 37,1 µm; 50 PK, 0a

Delphinium elatum L. (2)
28,3-34,3 µm, MiW 31,8 µm; 50 PK, 0a

Delpinium fissum WALDST. & KIT. (1)
23,4-32,0 µm, MiW 28,1 µm; 50 PK, 1a

13.5 *Polycarpon tetraphyllum*
(Tafel 13: 7-9)

PK ca. 14-18 µm groß, Exine äquatorial 1,0-1,5 µm dick. Columellae in Aufsicht deutlich und ± kontrastreich, auch im Äquatorialbereich. Columellae-Schicht polar verdickt, Exine hier 1,5-2,5 µm dick. Die Columellae stehen polar weiter voneinander entfernt und sind auch dicker als im Äquatorialbereich. Die Endexine ist dicker als das Tectum. Die Colpus-Membranen sind meist körnig besetzt. Bei den ähnlichen PK von *Aquilegia* sind die Columellae äquatorial selbst im Phasenkontrastbild nicht oder nur undeutlich zu erkennen.

Polycarpon tetraphyllum (L.) L. (2)
14,0-18,0 µm, MiW 16,2 µm; 39 PK, 0a

13.6 *Comandra elegans*
(Tafel 13: 11-15)

PK oblat bis schwach sphäroidisch, PFormI 0,70-0,83. PK in Polaransicht dreieckig mit Colpen in den Ecken. Polarfelder groß, PFeldI 0,62-0,66. PK heteropolar, mit einer stärker und einer schwächer gekrümmten Seite. PK psilat, z.T. microreticulat, Columellae nicht erkennbar. Exine um 1,5 µm dick, Endexine dicker als die Ektexine.

Comandra scheint bisher pollenmorphologisch noch nicht untersucht worden zu sein. Interessant ist, daß die Endexine in einer etwa 5 µm breiten Zone zu beiden Seiten der sehr schmalen Colpen besonders dünn ist. In der Aufsicht auf die Colpen macht dies in ähnlicher Weise wie bei *Thesium*

(S. 62) den Eindruck einer zusätzlichen Endoapertur. Es ist daher möglich, daß die PK von *Comandra elegans* richtiger als tricolporat bezeichnet werden sollten.

Ferner ist die Ausbildung einer microreticulaten Skulpturierung, soweit sie vorhanden ist, von Interesse. Wenn sie vorhanden ist, dann nur auf den wegen der oblaten Form sehr kurzen Intercolpien und nicht auf den großen Polarfeldern (hier manchmal mit einer sehr kontrastschwachen, angedeutet fossulaten Ausbildung). *Comandra* wird aus praktischen Gründen in erster Linie bei den psilaten tricolpaten Pollenformen angeführt, ist aber auch bei den tricolpaten reticulaten bzw. microreticulaten Formen erwähnt. Es wurden PK gefunden, bei denen die Skulpturierung auf den Intercolpien sehr deutlich ist, und solche, bei denen sie schwach oder vereinzelt auftritt oder ganz fehlt.

Comandra elegans (ROCHEL) REICHENB. f. (1)
21,0-27,3 µm, MiW 23,9 µm; 50 PK, 0a

13.7 *Sanguisorba minor*-Typ
(Tafel 13: 16-17; Abb. 28)

Umfaßt *Sanguisorba minor* und *Sarcopoterium spinosum*.

PK psilat, sphäroidisch (kugelig), PFormI 0,94-1,05. Polarfelder mittelgroß (PFeldI 0,25-0,39). Exine 1,4-2,6 µm dick, Columellae sehr dünn. Tectum dicker als die Endexine, etwas wellig. Die meist spitz zulaufenden Colpen sind operculat, die Opercula äquatorial am breitesten. Das Tectum ist im Äquatorialbereich von der Endexine, die hier wie die Columellae fehlen kann, abgehoben. Die Opercula besitzen somit äquatorial eine Vesicula (Abb. 28). In ihren nicht vesiculaten Teilen sind die Opercula ähnlich wie die sie umgebende Exine aufgebaut, nur ist die Columellae-Schicht dünner. Auf beiden Seiten eines Operculums befindet sich im Äquatorialbereich je eine transversal verlaufende, etwa 3,5-5,0 µm lange wulstige Verdickung bzw. Aufwölbung der Intercolpium-Ränder (Abb. 28 unten). Diese Aufwölbungen stoßen an die Vesicula im Operculum und können mit dieser ± verwachsen sein. Ultradünnschnitte haben ergeben, daß meist alle Teile der Exine hier an der Aufwölbung teilnehmen. Im Bereich der transversalen Aufwölbungen ist der proximale Teil der Endexine oft schwammig verdickt (Abb. 28 unten). Ob diese transversalen Aufwölbungen etwas mit Aperturen zu tun haben, muß dahinstellt bleiben.

Sanguisorba minor SCOP. (5)
27,5-38,0 µm, MiW 33,8 µm; 50 PK, 0a

Sarcopoterium spinosum (L.) SPACH (1)
24,8-32,0 µm, MiW 27,9 µm; 50 PK, 4a

13.8 *Sanguisorba dodecandra*
(Tafel 13: 18-19)

PK rhomboidisch, sphäroidisch bis prolat, PFormI 1,11-1,40. Polarfelder klein bis mittelgroß (PFeldI 0,22-0,29). Exine 3,3-4,8(5,0) µm dick. Tectum 1,5-2,0 µm, Endexine um 1,0 µm dick, Tectum im optischen Schnitt oft gewellt. Columellae sehr dünn und dicht gestellt. Wie bei dem *Sanguisorba minor*-Typ besitzen die Opercula im Äquatorialbereich vesiculate Verdickungen. Diese transversalen Wülste der Intercolpium-Ränder sind bei *S. dodecandra* schwächer entwickelt.

Sanguisorba dodecandra MORETTI (3)
36,8-52,0 µm, MiW 41,2 µm; 50 PK, 0a

13.9 *Convolvulus arvensis*-Typ
(Tafel 14: 1-4)

PK psilat, sphäroidisch, schwach langgestreckt, Polarfelder klein. Colpen lang, oft unregelmäßig mit Gemmae skulpturiert, auch operculat. Exine 3-5 µm dick. Tectum perforatum dünner als die Endexine. Die Perforationen sind gut sichtbar, stehen gedrängt und sind ca. 0,4 µm groß. Columellae 2-3 µm lang, im obere Drittel verzweigt, in Aufsicht nicht rundlich, sondern meist eckig oder länglich, 0,5-1,5 μm dick. Zum *Convolvulus arvensis*-Typ gehört auch *C. tricolor* L.

Convolvulus arvensis L. (3)
58,0-79,5 μm, MiW 69,7 μm; 50 PK, 0a

Convolvulus cantabrica L. (1)
38,9-61,2 μm, MiW 53,7 μm; 50 PK, 2a

13.10 *Valerianella*
(Tafel 14: 5-6)

PK psilat, in einigen Fällen sind entfernt stehende, sehr kontrastschwache Skulpturelemente erkennbar. PK sphäroidisch, PFormI 0,97-1,15. Polarfelder mittelgroß, selten groß oder klein (PFeldI 0,23-0,51). Colpen 3-6(7,5) μm breit, körnig bekleidet. Exine (3,5)4,0-5,0(5,5) μm dick; vereinzelt nimmt die Dicke der Exine vom Äquator zum Pol kontinuierlich zu. Endexine meist 1,5-2,0 μm dick. Columellae-Schicht deutlich, Columellae 0,4-0,5 μm dick, einzeln und in Gruppen stehend.

Valerianella carinata LOISEL (2)
32,5-47,5 μm, MiW 35,3 μm; 30 PK, 0a

Valerianella eriocarpa DESV. (2)
29,0-39,7 μm, MiW 35,1 μm; 50 PK, 6a

Valerianella coronata (L.) DC. (2)
33,0-42,5 μm, MiW 37,4 μm; 50 PK, 0a

Valerianella locusta (L.) LATERR. (2)
32,0-40,0 μm, MiW 34,9 μm; 50 PK, 0a

Valerianella dentata (L.) POLLICH (1)
31,0-39,0 μm, MiW 34,0 μm; 50 PK, 0a

Valerianella rimosa BATSARD (3)
30,5-40,0 μm, MiW 35,8 μm; 50 PK, 0a

13.11 *Alchemilla*-Gruppe
(Tafel 14: 7-20)

1   Exine äquatorial bis subpolar 3-4 μm dick (Tafel 14: 9-12) .... **13.11.1** *Aphanes arvensis*-**Typ**
–   Exine äquatorial bis subpolar dünner als 3 μm (Tafel 14: 13-20) ....
.... **13.11.2** *Alchemilla pentaphyllea*-**Typ**

13.11.1 *Aphanes arvensis*-**Typ** (Tafel 14: 7-12). PK psilat, interangular, in Polaransicht dreieckig mit etwas eingesenkten Colpen. Die Dicke der Exine nimmt gegen die Intercolpium-Ränder hin deutlich ab. Polarfelder klein, Colpen äquatorial oft verbreitert und mit dünnen, unauffälligen Opercula versehen. In Äquatorialansicht bieten die PK wegen ihres rechteckigen bis langgestreckten 6eckigen Umrisses und der unterschiedlichen Dicke der Exine (äquatorial bis subpolar 3-4,5 μm, polar 1,5-2 μm) ein charakteristisches Bild (Tafel 14: 8, 10). Die Unterschiede in der Wanddicke werden durch die verschiedenen Längen der Columellae hervorgerufen. Tectum ca. 0,5-0,8 μm dick, Endexine polar und subpolar ca. 0,7 μm dick, äquatorial dünner und auf einem schmalen meridional ausgerichteten Streifen in der Mitte der Intercolpien fragmentiert.

Aphanes arvensis L. (1)
21,5-29,7 μm, MiW 24,3 μm; 50 PK, 0a

Aphanes inexpectata W.LIPPERT (1)
22,0-28,0 μm, MiW 24,3 μm; 50 PK, 0a

13.11.2 *Alchemilla pentaphyllea*-**Typ** (Tafel 14: 13-20). Hierher gehören die Arten der Untergattung *Eualchemilla*, bei denen allerdings überaus häufig nur verkrüppelte und völlig mißgestaltete PK auftreten. Bei den hier untersuchten Arten wurde nur bei *A. pentaphyllea* und in einem gewissen Umfang auch bei *A. alpina* gut entwickelter Pollen gefunden.

Bei *A. pentaphyllea* sind die PK ähnlich wie bei dem *Aphanes arvensis*-Typ gebaut, nur ist die Exine hier 2-3 μm dick, während das Tectum um 1 μm dick ist. Ähnliche PK wurden in sehr geringer Zahl auch bei *A. alpina* gefunden. Neben vielen verkrüppelten PK gibt es hier aber noch eine ausgeprägt operculate Pollenform. Obwohl diese PK gut entwickelt zu sein scheinen, ist es doch möglich, daß sie bereits als Degenerationsformen angesehen werden müssen, weil auch die stark verkrüppelten PK meist mit verdickten Opercula versehen sind. Trotzdem soll hier auf eine Beschreibung der stark operculaten PK, die in Enzelfällen auch bei *A. vulgaris* und *A. fissa* gefunden wurden, nicht verzichtet werden. Diese PK sind wie bei dem *Aphanes arvensis*-Typ langgestreckt 4-6eckig. Die Unterschiede in der Exine bzw. in der Länge der Columellae sind hier jedoch nicht groß. Auf den Intercolpien ist die Exine nur 1,5-2,0 µm dick. Die Columellae-Schicht ist weniger auffällig als bei dem *Aphanes arvensis*-Typ oder bei *A. pentaphyllea*. Eine Fragmentierung der Endexine auf der Mittellinie der Intercolpien konnte nicht beobachtet werden. Die PK besitzen operculate Colpen, die in sehr charakteristischer Weise ausgestülpt sein können; obwohl das nicht immer stark in Erscheinung zu treten braucht, wie das in Tafel 14: 19-20 dargestellt ist. Oft sind die Opercula sogar breiter als die Intercolpien, und es entsteht dadurch der Eindruck eines stephanocolporaten PK mit 6 Colpen. Die Exine der Opercula kann bis ca. 3 µm dick sein; besonders sind hier Tectum und Endexine verdickt. Die Endexine ist außerdem auffällig (aber nur im Bereich der Opercula) fragmentiert. Auch scheinen hier die Columellae nicht mehr durchgehend Tectum und Endexine miteinander zu verbinden. Die PK können psilat oder ganz striat sein (Valla ± meridional) oder die Skulpturelemente (Valla, seltener scabrate Skulpturelemente) sind auf die Opercula beschränkt. Auf diese Art von Pollenformen beziehen sich die Größenmessungen an *A. alpina* und *A. vulgaris*. Bei *A. fissa* gab es von dieser Pollenform viel zu wenige Exemplare, als daß Angaben über die Größe hätten gemacht werden können. Bei *A. subcrenata* BUSER und *A. filicaulis* BUSER wurden nur völlig mißgebildete PK gefunden.

Alchemilla pentaphyllea L. (1)
23,1-27,3 µm, MiW 24,6 µm; 50 PK, 0a

Alchemilla vulgaris L. (1)
19,8-27,1 µm, MiW 23,3 µm; 50 PK, 0a

Alchemilla alpina L. (1)
18,2-29,7 µm, MiW 23,4 µm; 50 PK, 0a

13.12 *Polygonum alpinum*
(Tafel 14: 21-23)

PK psilat, sphäroidisch, PFormI 0,88-1,17. Exine 2,5-3,5 µm, Endexine 0,5-1,0 µm dick. Polarfelder mittelgroß (PFeldI 0,32-0,36). Colpen schmal, Colpus-Membranen unregelmäßig körnig bekleidet. Columellae deutlich, bis ca. 0,8 µm dick, einzeln oder in kleinen Gruppen stehend.

Polygonum alpinum ALL. (3)
25,1-35,4 µm, MiW 30,8 µm; 50 PK, 0a

13.13 *Melampyrum*
(Tafel 16: 1-3)

PK psilat, sphäroidisch, PFormI 1,11-1,21(1,34). PK mit deutlicher Columellae-Schicht. Columellae ca. 0,5 µm lang, Exine um 1 µm dick. Colpen lang, schmal und mit glatten Rändern, Polarfelder klein bis mittelgroß. Auf den Intercolpien ist das Tectum in je einem kreisförmigen Bereich von etwa 8-11 µm Durchmesser verflacht bis konkav ausgebildet. An den Rändern dieser Abplattung ist die Exine schwach wulstig verdickt. Im Zentrum der Abplattung sind die Columellae verkürzt oder fehlen, während sie in dem Ringwulst am längsten sind. Die Exine ist hier gewöhnlich 1,5-2 µm dick, bei *M. arvense* bis 2,2 µm. Die Endexine ist als durchgehende Schicht unter den Abplattungen und den andereren äquatorialen Bereichen der Intercolpien vorhanden, polar kann sie fragmentiert sein oder fehlen. Die ähnlichen PK von *Odontites* (S. 291) sind polar microreticulat.

▷

Tafel 14

1-4 *Convolvulus arvensis*, **5-6** *Valerianella olitoria*, **7-12** *Aphanes arvensis*, **13-16** *Alchemilla pentaphylla*, **17-20** *Alchemilla alpina*, **21-23** *Polygonum alpinum*. – Vergrößerungen 1000fach.

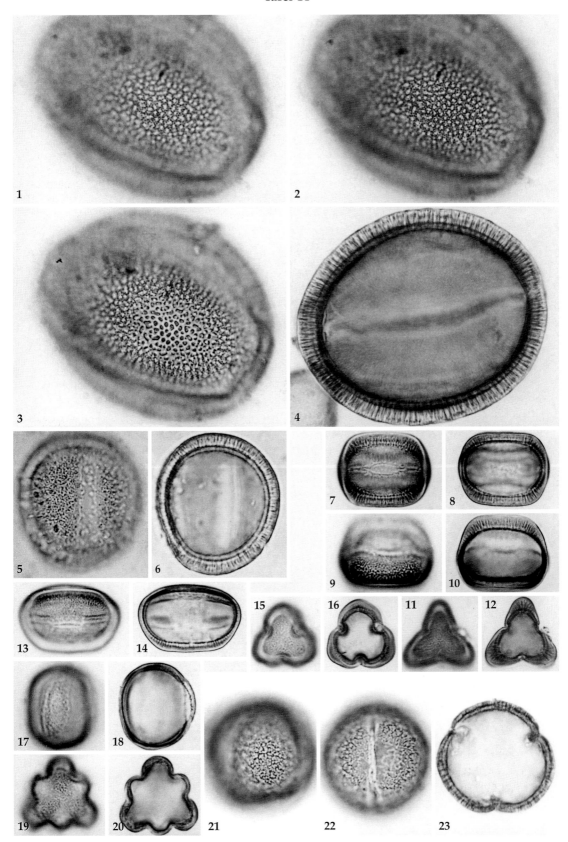

Melampyrum arvense L. (4)
19,5-24,8 μm, MiW 23,2 μm; 50 PK, 1a

Melampyrum barbatum WALDST. & KIT. (1)
15,9-23,4 μm, MiW 20,0 μm; 50 PK, 1a

Melampyrum cristatum L. (4)
16,6-23,4 μm, MiW 20,9 μm; 50 PK, 1a

Melampyrum nemorosum L. (3)
15,2-29,8 μm, MiW 17,8 μm; 50 PK, 1a

Melampyrum pratense L. (3)
21,0-25,3 μm, MiW 22,9 μm; 50 PK, 0a

Melampyrum sylvaticum L. (3)
16,0-24,1 μm, MiW 20,8 μm; 50 PK, 1a

Melampyrum subalpinum (JURATZKE) A. KERNER (2)
14,9-19,5 μm, MiW 17,9 μm, 50 PK, 1a

Non vidi: *M. bohemicum* A. KERNER, *M. saxosum* BAUMG., *M. velebiticum* BORBÁS.

13.14 *Helleborus niger*
(Tafel 15: 21-24)

PK sphäroidisch bis schwach prolat, PFormI 1,01-1,34. Polarfelder klein (PFeldI 0,21-0,18). Colpen bis ca. 6 μm breit, mit abgerundeten Enden, Colpus-Membranen dicht grobkörnig bekleidet. Exine 1,8-2,5 μm dick, manchmal polar schwach verdickt. Tectum perforiert, Columellae ca. 0,6 μm dick, deutlich, unregelmäßig verteilt. Endexine etwa so dick wie das Tectum. Vergl. auch den reticulaten *Helleborus viridis*-Typ (S. 292) und die microreticulaten PK von *H. foetidus* (S. 296).

Helleborus niger L. (2)
36,5-49,3 μm, MiW 41,9 μm; 50 PK, 0a

13.15 *Spergularia*-Typ
(Tafel 15: 1-10, Tafel 16: 4-6)

Umfaßt die Gattungen *Spergularia*, *Telephium* und *Spergula* ohne die pericolpate Art *Sp. arvensis*.

PK sphäroidisch, PFormI 0,90-1,13, psilat oder schwach scabrat. Polarfelder mittelgroß, selten klein, PFeldI (0,22)0,29-0,43. Colpen 1,5-2,0 μm breit, körnig bis schollig bekleidet. Exine psilat, mit Tectum perforatum. Perforationen wenig auffällig, aber meist im Hellfeld- oder Phasenkontrast-Bild erkennbar. Exine (1,7)1,8-2,0(2,2) μm dick. Endexine um 1 μm dick und deutlich dicker als das Tectum. Columellae ungleichmäßig verteilt, 0,3-0,5 μm dick, selten dicker. Abweichende Formen sind selten. Pericolpate und tetracolpate PK können bei *Spergularia salina* und *Sp. echinospora* auftreten.

Spergula pentandra L. (2)
20,9-31,2 μm, MiW 25,2 μm; 50 PK, 2a

Spergula morisonii BOREAU (2)
19,3-24,5 μm, MiW 21,5 μm; 50 PK, 0a

Spergularia echinosperma (CELAK.) ASCH. & GRAEB.(1)
20,5-27,0 μm, MiW 23,4 μm; 50 PK, 0a

Spergularia media (L.) C. PRESL. (1)
18,5-24,3 μm, MiW 20,9 μm; 50 PK, 0a

Spergularia salina J. PRESL & C. PRESL (3)
20,3-26,8 μm; MiW 24,4 μm; 50 PK, 0a

Spergularia rubra (L.) J. PRESL & C. PRESL (3)
19,8-25,5 μm, MiW 22,9 μm; 50 PK, 0a

Spergularia segetalis (L.) G. DON (1)
17,0-22,8 μm, MiW 20,2 μm; 50 PK, 0a

Telephium imperati L. (1)
20,2-28,0 μm, MiW 24,6 μm; 50 PK, 0a

▷

Tafel 15

1-5 *Spergularia salina* (2 und 4 Phako), **6-10** *Telephium imperati*, **11-14** *Cuscuta campestris* (12 Phako), **15-20** *Cuscuta europaea* (17 Phako), **21-24** *Helleborus niger* (23 Phako). – Vergrößerungen 1000fach.

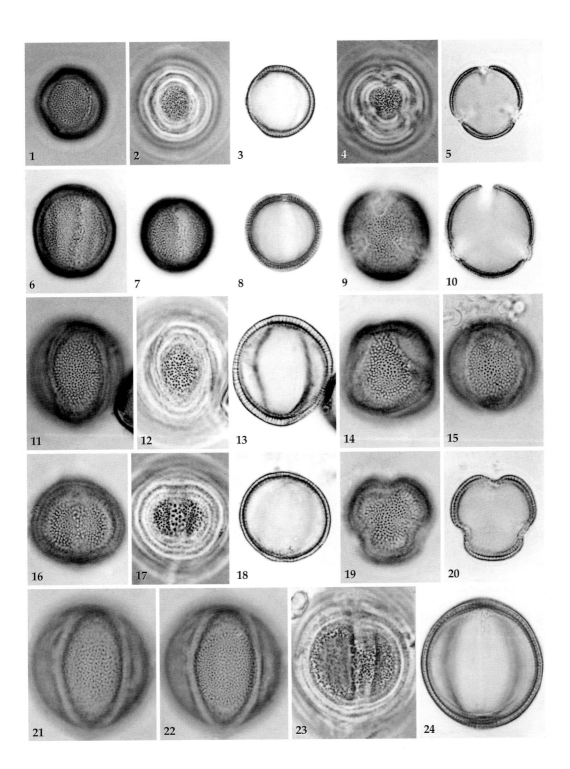

13.16 *Cuscuta europaea*-Typ
(Tafel 15: 11-20, Tafel 16: 7-9)

PK sphäroidisch, Polarfelder mittelgroß (PFeldI 0,26-0,41). Exine 1,9-2,2(2,5) μm dick, gelegentlich polar etwas dicker als äquatorial. In Einzelfällen treten pericolpatae PK auf (S. 408). Endexine um 1,0 μm dick, dicker als das Tectum. Tectum mit einzelnen, oft undeutlichen Perforationen. Columellae deutlich ausgebildet, 0,5-1,0 μm dick, Abstände um 1 μm, im Gegensatz zu dem *Spergularia*-Typ (S. 134) stets einzeln stehend, ziemlich regelmäßig verteilt und kontrastreich. Andere *Cuscuta*-Pollentypen S. 405 und 408. Bei *C. campestris* gibt es Herkünfte mit tricolpaten und pericolpaten PK.

Den hier angeführten Arten der Gattung *Cuscuta* kommen in einigen Fällen untypisch ausgebildete PK von Arten der Ranunculaceae und von *Trollius* (wenn hier die striate Skulptur unkenntlich ist) sehr nahe. Dort führt der Gang der Bestimmung dann zum *Cuscuta europaea*-Typ,

– wenn es sich um psilate PK von *Adonis aestivalis*, dem *Aconitum*-Typ und von *Polycarpon tetraphyllum* handelt, bei denen die polare Wandverdickung nur schwach ausgebildet ist oder übersehen wurde,

– wenn es sich um PK insbesondere vom *Ranunculus acris*-Typ handelt (S. 148), bei denen die kleinen Columellae unauffällig entwickelt sind oder fehlen, und bei denen die sehr kleinen Skulpturelemente über den dicken Columellae übersehen wurden.

Cuscuta campestris YUNCKER (3)
25,5-34,8 μm, MiW 30,3 μm; 50 PK, 1a

Cuscuta epithymum (L.) L. (3)
21,3-28,5 μm, MiW 24,7 μm; 50 PK, 1a

Cuscuta europaea L. (4)
22,5-29,5 μm, MiW 25,6 μm; 50 PK, 1a

Cuscuta suaveolens SER. (2)
21,2-29,6 μm, MiW 26,9 μm; 50 PK, 2a

13.17 *Myricaria germanica*
(Tafel 17: 1-5)

PK psilat, sphäroidisch, PFormI 0,86-1,12. Polarfelder mittelgroß (PFeldI 0,33-0,41). Intercolpium-Ränder meist glatt; gelegentlich zeigen die Colpen Unregelmäßigkeiten im Äquatorialbereich. Exine 1,8 μm, Endexine 1,2 μm dick. Columellae unterschiedlich deutlich, meist im Phasenkontrast in Aufsicht sichtbar. Tectum dünn, mit oft undeutlichen Perforationen. Abstände der Perforationen unregelmäßig. Schwieriger Pollentyp.

Myricaria germanica (L.) DESV. (2)
20,0-27,5 μm, MiW 23,9 μm; 50 PK, 0a

13.18 *Viola odorata*-Typ
(Tafel 16: 10-12)

PK psilat, sphäroidisch bis prolat, PFormI 0,92-1,54. Polarfelder mittelgroß bis klein (PFeldI meist um 0,23-0,37). PK in Äquatorialansicht mit abgerundeten, abgeplatteten oder spitzen Polarbereichen. Vereinzelt sind die Polarfelder verschieden groß (heteropolare PK), PK dann eiförmig, abgerundeter Pol mit größerem Polarfeld, zugespitzer Pol mit kleinerem Polarfeld. Intercolpium-Ränder deutlich eingekrümmt und äquatorial auf einer Länge von 1,4-4,0 μm schwach unterbrochen körnig aufgelöst, manchmal etwas verengt. Solche PK können u.U. als tricolporoidat bezeichnet werden. Exine 1,0-

▷

Tafel 16

1-3 *Melampyrum pratense*, **4-6** *Spergula morisonii*, **7-9** *Cuscuta epithymum*, **10-12** *Viola palustris*, **13-14** *Euphrasia alpina*, **15-16** *Rhinanthus angustifolius*, **17-19** *Veronica chamaedrys*, **20-22** *Teucrium montanum*. – Vergrößerungen 1000fach.

Tafel 16

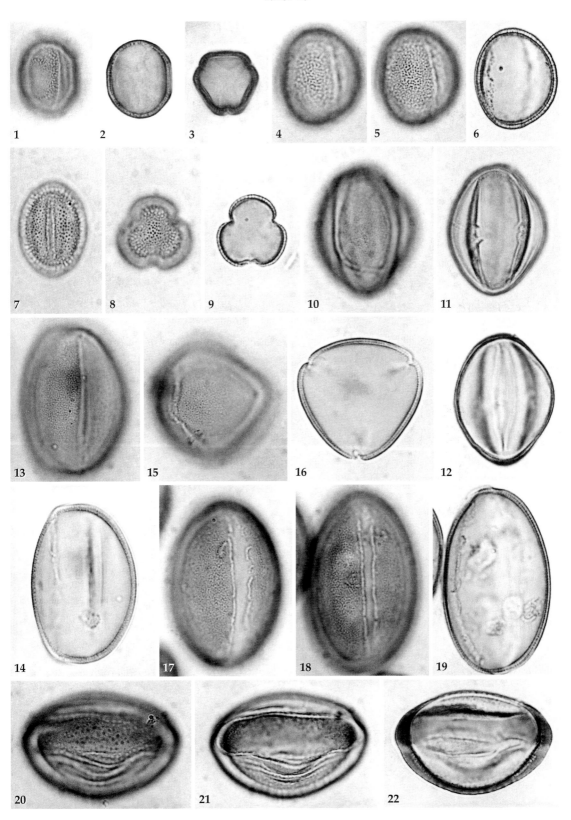

1,5 µm dick, Tectum dicker als die Endexine. Columellae kurz und dünn, meist nur schwach erkennbar.

Im Unterschied zu dem sehr ähnlichen *Veronica*-Typ ist folgendes zu beachten: Bei *Veronica* sind die Intercolpium-Ränder höchstens schwach eingesenkt. Körnig aufgelöst ist hier nur die Oberfläche des Colpus selber oder ein sehr schmaler Streifen der Intercolpium-Ränder. Verwechslungsmöglichkeiten bestehen u.U. auch mit den PK von *Soldanella*, die aber kleiner als 25 µm sind. – Andere *Viola*-Arten sind stephanocolporat (S. 394).

Viola alba Besser (2)
26,8-32,8 µm, MiW 30,0 µm; 50 PK, 0a

Viola ambigua Waldst. & Kit. (1)
29,7-39,7 µm, MiW 35,3 µm; 50 PK, 1a

Viola biflora L. (3)
29,8-36,8 µm, MiW 33,9 µm; 37 PK, 0a

Viola canina L. (2)
28,0-40,7 µm, MiW 34,4 µm; 50 PK, 1a

Viola cenisia L. (1)
24,1-31,8 µm, MiW 28,4 µm; 49 PK, 1a

Viola collina Besser (2)
27,5-40,0 µm, MiW 34,4 µm; 50 PK, 0a

Viola elatior Fr. (2)
28,3-41,4 µm, MiW 33,6 µm; 50 PK, 1a

Viola epipsila Ledeb. (2)
27,3-40,0 µm, MiW 33,5 µm; 50 PK, 1a

Viola hirta L. (3)
29,8-36,8 µm, MiW 33,9 µm; 50 PK, 0a

Viola mirabilis L. (3)
25,8-38,0 µm, MiW 32,6 µm; 50 PK, 0a

Viola odorata L. (3)
27,5-34,8 µm, MiW 31,4 µm; 50 PK, 0a

Viola palustris L. (2)
31,2-38,9 µm, MiW 35,3 µm; 50 PK, 1a

Viola persicifolia Schreb. (2)
28,0-37,0 µm, MiW 33,3 µm; 50 PK, 0a

Viola pinnata L. (1)
29,0-38,9 µm, MiW 33,7 µm; 50 PK, 1a

Viola pumila Chaix (2)
29,0-37,9 µm; 16 PK, 1a

Viola pyrenaica Ramond ex DC. (1)
22,0-29,0 µm, MiW 25,8 µm; 50 PK, 1a

Viola reichenbachiana Boreau (2)
29,7-43,2 µm, MiW 35,9 µm; 50 PK, 1a

Viola riviniana Rchb. (3)
29,7-38,9 µm, MiW 33,7 µm; 50 PK, 1a

Viola rupestris F.W. Schmidt (2)
23,3-33,3 µm, MiW 28,9 µm; 50 PK, 0a

Viola suavis M. Bieb. (1)
27,6-38,6 µm, MiW 33,4 µm; 49 PK, 1a

Viola uliginosa Besser (2)
27,5-38,8 µm, MiW 33,6 µm; 50 PK, 0a

13.19 *Rhinanthus*-Gruppe
(Tafel 16: 13-19)

PK psilat, sphäroidisch, Pole meist abgerundet, Colpen lang, oft etwas eingesenkt. Polarfelder klein bis mittelgroß. Colpen meist überall ± gleich breit, auch äquatorial verengt. Intercolpium-Ränder auf ihrer ganzen Länge unregelmäßig, eingerissen, gefranst oder körnig aufgelöst, gelegentlich äquatorial unregelmäßig verengt. Exine 1,0-2,0(2,5) µm dick. Columellae-Schicht vorhanden, Columellae in Aufsicht, mindestens im Phasenkontrastbild, deutlich erkennbar (Unterschied zu dem *Viola odorata*-Typ). Vielfach sind die PK wenig formstabil. Abweichungen vom tricolpaten Typ (dicolpate und pericolpate PK) treten gelegentlich auf. Hinsichtlich des PFormI, der Breite der Colpen, des körnigen Besatzes der Colpus-Membranen und der Ausbildung der Intercolpium-Ränder sind die Arten der Rhinanthus-Gruppe sehr variabel.

13.19.1 *Rhinanthus*-Typ (Tafel 16: 13-16). Bei den PK der Gattungen *Rhinanthus, Lathraea, Bartsia* und bei *Pedicularis acaulis* sind die PK psilat, sphäroidisch. PFormI 1,00-1,30, bei *Rh. glabra* 0,82-0,94. Polarfelder klein bis mittelgroß (PFeldI 0,17-0,31). PK meist angular, in Äquatorialansicht rundlich, oval bis rhomboidisch. Colpen schmal, Intercolpium-Ränder nicht glatt, sondern gekerbt bis eingerissen und oft körnig aufgelöst. Exine 1,3-1,8 µm dick, Endexine oft rissig und meist dicker als das Tectum, seltener gleich dick, dünner als 1 µm und deutlich weniger als die Hälfte der Dicke der Exine.

Bei den PK von *Lathraea* tendieren die Columellae zum Zusammenschluß zu einem Endo-Microreticulum. Bei *Pedicularis acaulis* erkennt man größere Gruppen von Columellae. PK einiger Arten aus der Gattung *Odontites* kommen dem *Rhinanthus*-Typ nahe, wenn der microreticulate Aufbau nicht erkennbar ist (so besonders bei *O. litoralis*, S. 291).

Bei den PK der Gattung *Euphrasia* (Tafel 16: 13-14) ist die Polaransicht meist circular und der PFormI < 1,30. Ähnlich wie bei *Lathraea* und *Pedicularis acaulis* stehen die Columellae nicht einzeln, sondern sind vielfach miteinander verbunden und/oder bilden größere Gruppen. Oft kann man an geeigneten (gebleichten) PK im optischen Schnitt und im Phasenkontrastbild einen dichten Besatz mit winzigen Microechini erkennen. Da das nicht die Regel zu sein scheint, werden die PK von *Euphrasia* nur als psilat geführt. Vielfach ist die Endexine zerrissen und dünner als das Tectum.

Rhinanthus alectorolophus (SCOP.) POLLICH (2)
33,6-40,8 μm, MiW 36,7 μm; 50 PK, 0a

Rhinanthus alpinus BAUMG. (1)
29,0-38,9 μm, MiW 35,1 μm; 50 PK, 1a

Rhinanthus angustifolius C.C. GMEL. (3)
26,6-35,4 μm, MiW 31,6 μm; 50 PK, 1a

Rhinanthus minor L. (2)
31,5-38,0 μm, MiW 34,6 μm; 50 PK, 0a

Rhinanthus rumelicus VELEN. (1)
24,8-38,9 μm, MiW 31,9 μm; 50 PK, 1a

Bartsia alpina L. (3)
29,5-40,0 μm, MiW 35,5 μm; 50 PK, 0a

Pedicularis acaulis SCOP. (3)
31,0-40,0 μm, MiW 35,9 μm; 42 PK, 0a

Pedicularis sceptrum-carolinum L. (2)
30,0-35,5 μm, MiW 33,2 μm; 53 PK, 0a

Lathraea squamaria L. (2)
33,0-40,8 μm, MiW 37,2 μm; 50 PK, 0a

Non vidi: *Rhinanthus antiquus* (STERNECK) SCHINZ & THELL., *Rh. glacialis* PERSONNAT, *Rh. ovifugus* CHAB.

Euphrasia alpina LAM. (1)
34,7-50,6 μm, MiW 40,4 μm; 50 PK, 1a

Euphrasia frigida PUGSLEY (1)
37,0-42,8 μm, MiW 40,1 μm; 50 PK, 0a

Euphrasia micrantha REICHENB. (1)
35,4-44,6 μm. MiW 40,4 μm; 50 PK, 1a

Euphrasia hirtella JORD. ex REUT. (1)
31,9-44,6 μm, MiW 38,4 μm; 50 PK, 1a

Euphrasia illyrica WETTST. (1)
36,1-48,5 μm, MiW 41,1 μm; 30 PK, 1a

Euphrasia minima JACQ. ex DC.(1)
31,9-46,0 μm; 25 PK, 1a

Euphrasia nemorosa (PERS.) WALLR. s..l. (2)
37,5-47,8 μm, MiW 41,7 μm; 50 PK, 0a

Euphrasia officinalis L. s.l. (7)
30,4-45,3 μm, MiW 38,9 μm; 50 PK, 1a

Euphrasia salisburgensis FUCK ex HOPPE (3)
38,3-47,3 μm, MiW 42,5 μm; 50 PK, 0a

Euphrasia stricta D. WOLLF (4)
37,0-45,0 μm, MiW 41,9 μm; 50 PK, 0a

Euphrasia tricuspidata L. 21)
35,1-46,4 μm, MiW 42,1 μm; 50 PK, 1a

13.19.2 *Veronica*-Typ (Tafel 16: 17-19). Umfaßt die Gattungen und *Pseudolysimachion*. Der *Veronica*-Typ zeichnet sich gegenüber dem *Rhinanthus*-Typ durch eine dicke Endexine aus. Sie ist um 1 μm dick und macht mindestens die Hälfte der Dicke der Exine aus. PK sphäroidisch bis prolat, PFormI 0,90-1,47. Prolate PK sind selten und finden sich z.B. bei *V. prostrata* (PFormI 1,27-1,47). PK mit einem kleinen PFormI findet man meist bei Arten mit kleinen PK (z.B. *V. fruticulosa* mit 0,90-1,02). Exine meist um 2,0 μm dick (1,9-2,1 μm, selten dünner). Davon entfällt auf die Endexine um 1 μm. Die Dickwandigkeit der Endexine kann gegenüber dem *Rhinanthus*-Typ als typisch gelten. Intercolpium-Ränder und Colpus-Membranen wie bei dem *Rhinanthus*-Typ. Die Colpus-Membranen sind mit wenigen Körnern bis dicht mit relativ großen Körnern bekleidet. Colmellae deutlich, zumindest im Phasenkontrastbild. Bei einigen Arten mit sehr dickwandigen PK (z.B. *V. aphylla, V. arvensis, V. fruticulosa, V. cymbalaria, Pseudolysichachion spurium*) können offenbar Vernetzungen zwischen benachbarten Columellae auftreten.

Veronica acinifolia L. (2)
23,0-30,0 μm, MiW 26,0 μm; 50 PK, 0a

Veronica agrestis L. (2)
27,0-34,5 μm, MiW 31,2 μm; 50 PK, 0a

Veronica alpina L. (3)
23,8-36,3 μm, MiW 29,2 μm; 50 PK, 0a

Veronica anagallis-aquatica L. (2)
30,5-40,5 μm, MiW 36,0 μm; 50 PK, 0a

Veronica anagalloides GUSS. (2)
20,0-31,8 µm, MiW 25,7 µm; 50 PK, 0a

Veronica aphylla L. (1)
21,2-34,0 µm; 16 PK, 1a

Veronica arvensis L. (2)
19,8-29,3 µm, MiW 24,1 µm; 30 PK, 1a

Veronica austriaca L. (1)
35,0-44,3 µm, MiW 39,3 µm; 50 PK, 0a

Veronica beccabunga L. (2)
25,5-34,5 µm, MiW 30,1 µm; 50 PK, 0a

Veronica bellidioides L. (3)
30,0-39,3 µm, MiW 34,7 µm; 50 PK, 0a

Veronica chamaedrys L. (3)
32,5-41,3 µm, MiW 37,3 µm; 50 PK, 0a

Veronica cymbalaria BODARD (1)
24,4-39,3 µm, MiW 31,1 µm; 31. PK, 1a

Veronica dillenii CRANTZ (2)
25,5-33,8 µm; MiW 30,7 µm; 50 PK, 0a

Veronica fruticans JACQ. (2)
35,0-42,5 µm, MiW 39,8 µm; 50 PK, 0a

Veronica fruticulosa L. (2)
33,3-44,3 µm, MiW 37,9 µm; 50 PK, 0a

Veronica hederaefolia L. (1)
26,2-40,7 µm, MiW 34,3 µm; 30 PK, 1a

Veronica montana L. (2)
29,5-38,3 µm, MiW 34,9 µm; 50 PK, 0a

Veronica officinalis L. (2)
29,0-37,5 µm, MiW 33,2 µm; 50 PK, 0a

Veronica opaca FR. (1)
24,4-31,9 µm; 14 PK, 10a

Veronica peregrina L. (1)
19,1-26,6 µm, MiW 23,0 µm; 40 PK, 1a

Veronica persica POIR. (1)
26,9-37,2 µm, MiW 33,4 µm; 40 PK, 1a

Veronica polita FR. (1)
23,0-35,8 µm, MiW 28,9 µm; 50 PK, 1a

Veronica praecox ALL. (2)
23,5-30,8 µm, MiW 28,7 µm; 50 PK, 0a

Veronica prostrata L. (2)
29,0-37,5 µm, MiW 32,6 µm; 50 PK, 0a

Veronica scutellata L. (2)
23,4-32,2 µm, MiW 28,5 µm; 50 PK, 2a

Veronica serpyllifolia L. (3)
26,5-33,0 µm, MiW 29,7 µm; 50 PK, 0a

Veronica teucrium L. (2)
34,5-44,0 µm, MiW 40,3 µm; 50 PK, 0a

Veronica triphyllos L. (1)
24,8-33,3 µm, MiW 29,2 µm; 40 PK, 1a

Veronica urticifolia JACQ. (3)
24,0-29,3 µm, MiW 26,2 µm; 50 PK, 0a

Veronica verna L. (1)
23,4-34,0 µm, MiW 28,9 µm; 50 PK, 1a

Pseudolysimachion longifolium (L.) OPIZ (3)
19,5-25,5 µm, MiW 22,8 µm; 55 PK, 0a

Pseudolysimachion spicatum (L.) OPIZ (2)
24,5-30,0 µm, MiW 27,4 µm; 50 PK, 0a

Pseudolysimachion spurium (L.) OPIZ (1)
19,2-24,8 µm, MiW 21,9 µm; 30 PK, 9a

13.20 *Vinca minor*
(Tafel 120: 8-9)

PK sphäroidisch, dünnwandig, wenig formstabil. PForm I um 1,0, PFeldI um 0,45-0,50. Exine psilat, 1 µm dick, färbt sich durch die Azetolyse nicht an. Colpen 7-12 µm breit, Intercolpium-Ränder unregelmäßig ausgebildet bis körnig aufgelöst. Columellae-Schicht nicht erkennbar.

Vinca minor L. (1)
83,5-93,0 µm; 13 PK, 0a

▷

Tafel 17

1-5 *Myricaria germanica* (3 Phako), **6-10** *Monotropa hypopitys* (9 Phako), **11-12** *Saxifraga hirculus*, **13-14** *Saxifraga rotundifolia* (13 Phako), **15-16** *Saxifraga bulbifera*, **17-20** *Quercus robur*, **21-24** *Quercus pseudosuber*, **25-29** *Quercus ilex*. – Vergrößerungen 1000fach.

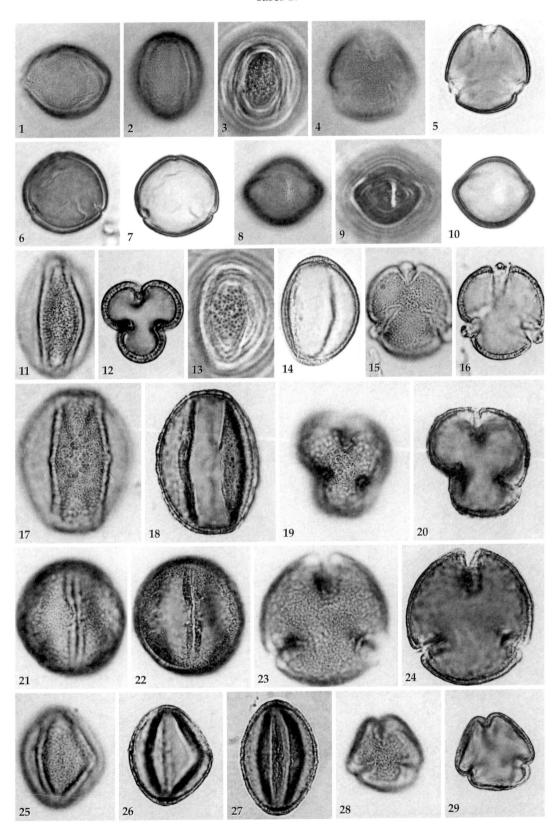

13.21 *Monotropa hypopitys*
(Tafel 17: 6-10)

PK psilat, sphäroidisch, PFormI 0,82-0,90, Polachse 19,5-22,5 µm. PK in Polaransicht schwach dreieckig. Polarfelder groß, PFeldI 0,59-0,69. Colpen ca. 5,5-8,5 µm lang, um 1 µm breit, äquatorial gelegentlich mit einer porenähnlichen, bis etwa 3 × 5 µm großen Struktur. Exine 1,5-1,7 µm dick, ohne erkennbare Columellae-Schicht. Endexine um 1,0 µm. Gelegentlich findet man bei *Monotropa* auch pericolpate PK.

Monotropa hypopitys L. (3)
22,5-27,0 µm, MiW 25,3 µm; 50 PK, 0a, Ä

13.22 *Lamium album*-Typ

PK langgestreckt, sphäroidisch bis prolat (PFormI 1,05-1,55), Polarfelder klein (PFeldI um 1,2). Die Exine ist 1,5-2 µm dick, ihre Oberfläche vollständig glatt. Columellae sind nicht erkennbar. Die Intercolpium-Ränder können etwas körnig aufgelöst oder ausgefranst sein und die Colpus-Membranen sind körnig skulpturiert. Die PK färben sich im Azetolyse-Verfahren nicht oder kaum an. Fossile PK sind vermutlich schwer mit Sicherheit anzusprechen.

Lamium album L. (4)
22,5-30,3 µm, MiW 27,1 µm; 50 PK, 0a

Lamium maculatum L. (4)
24,8-32,6 µm, MiW 29,1 µm; 50 PK, 0a

Lamium galeobdolon (L.) L. (3)
31,5-38,9 µm, MiW 35,2 µm; 35 PK, 0a

Lamium orvala L. (2)
32,6-45,7 µm, MiW 39,4 µm; 50 PK, 0a

13.23 *Teucrium*
(Tafel 16: 20-22)

PK prolat, selten perprolat (PFormI 1,39-2,05), scabrat bis verrucat. Polarfelder klein, PFeldI 0,10-0,23. Skulpturelemente in Aufsicht rund, meist 0,5-1,0 µm groß (bei *T. botrys* bis 1,4 µm). Exine mit Columellae. Tectum polar stark verdickt, hier bis 3,5 µm dick und bis 3,5-mal so dick wie im Äquatorialbereich. Die Columellae sind polar und subpolar meist länger (bis 1 µm) als äquatorial und subäquatorial (hier < 0,5 µm oder reduziert). Colpen mit deutlichen Opercula (Tafel 16: 21). Exine polar bis 4,5 µm, äquatorial bis 2,0 µm dick, gegen die Intercolpium-Ränder dünner. Endexine dünn. Bei den Arten mit kleinen PK kann die Skulpturierung sehr schwach (Phasenkontrast verwenden) und der Unterschied in der Dicke des Tectums gering sein.

1   PK > als 50 µm ....**13.23.1** *Teucrium botrys*

   Teucrium botrys L. (2)
   48,8-65,5 µm, MiW 58,0 µm; 36 PK, 0a

–   PK < 45 µm, ggf. Überschneidungbereich zwischen 45 und 50 µm unberücksichtigt lassen (Tafel 16: 20-22) .... **13.23.2** *Teucrium chamaedrys*-Typ

   Teucrium chamaedrys L. (2)
   32,5-42,0 µm, MiW 37,5 µm; 50 PK, 0a

   Teucrium scordium L. (3)
   32,0-39,3 µm, MiW 35,4 µm; 50 PK, 0a

   Teucrium montanum L. (2)
   34,5-45,0 µm, MiW 39,0 µm; 50 PK, 0a

   Teucrium scorodonia L. (2)
   27,3-36,5 µm, MiW 30,7 µm; 50 PK, 0a

   Teucrium polium L. (1)
   28,0-49,9 µm, MiW 36,8 µm; 50 PK, 0a

13.24 *Saxifraga hirculus*-Typ
(Tafel 17: 11-16)

PK scabrat oder psilat, sphäroidisch bis prolat, PFormI 0,98-1,74. Colpen lang, Polarfelder mittelgroß bis klein. Colpus-Membranen körnig oder schollig bekleidet oder operculat. Exine (0,8)1,0-2,0(2,5) μm dick, Tectum dicker als die Endexine (oft Tectum ca. 1,0 μm, Endexine um 0,5-0,8 μm dick), Endexine bei kleinen PK oft schwer erkennbar. Die Columellae sind unregelmäßig verteilt, in Aufsicht gut erkennbar und bei den einzelnen Arten verschieden dick. Die Exine kann polar dicker als im Äquatorialbereich sein; meistens sind dann die Columellae äquatorial stark verkürzt. Das Tectum trägt meist bis 1 μm große, in Aufsicht rundliche Skulpturelemente. Schwierigkeiten bestehen darin, daß bei einzelnen Arten in wechselnden Mengen schwach striate PK auftreten können, so z.B. bei *S. tridactylites*, *S. rivularis* und *S. cernua*.

Saxifraga aphylla STERNB. (1)
23,8-33,1 μm, MiW 27,3 μm; 50 PK, 1a

Saxifraga arachnoidea STERNB. (1)
19,1-32,4 μm, MiW 27,2 μm; 50 PK, 1a

Saxifraga bulbifera L. (1)
21,6-32,4 μm, MiW 27,3 μm; 50 PK, 0a

Saxifraga cernua L. (3)
33,0-45,3 μm, MiW 38,7 μm; 50 PK, 0a

Saxifraga granulata L. (3)
37,4-59,4 μm, MiW 46,9 μm; 50 PK, 1a

Saxifraga hirculus L. (2)
23,8-32,4 μm, MiW 28,6 μm; 50 PK, 1a

Saxifraga hypnoides L. (2)
25,5-34,0 μm, MiW 29,7 μm; 50 PK, 0a

Saxifraga moschata WULFEN (4)
22,0-34,5 μm, MiW 28,3 μm; 50 PK, 0a

Saxifraga paradoxa STERNB. (1)
17,3-26,6 μm, MiW 22,7 μm; 50 PK, 1a

Saxifraga pedemontana ALL. (1)
25,9-34,9 μm, MiW 30,6 μm; 50 PK, 1a

Saxifraga petraea L. (2)
19,8-24,8 μm, MiW 22,2 μm; 50 PK, 0a

Saxifraga rosacea MOENCH L. (3)
20,2-35,3 μm, MiW 26,0 μm; 50 PK, 1a

Saxifraga rivularis L. (2)
21,2-36,7 μm, MiW 28,5 μm; 50 PK, 1a

Saxifraga rotundifolia L. (2)
27,3-37,8 μm, MiW 31,2 μm; 50 PK, 0a

Saxifraga sedoides L. (1)
18,4-31,7 μm, MiW 25,1 μm; 50 PK, 1a

Saxifraga tenella WULF. (1)
15,8-25,2 μm, MiW 21,0 μm; 50 PK, 1a

Saxifraga tridactylites L. (5)
18,5-26,3 μm, MiW 21,9 μm; 50 PK, 0a

Non vidi: *S. facchinii* KOCH, *S. presolanensis* ENGLER.

13.25 *Quercus*
(Tafel 17: 17-29)

Während die mitteleuopäischen Eichen einem einheitlichen Pollentyp angehören, bestehen in Südeuropa für verschiedene immergrüne und wintergrüne Eichen (*Quercus ilex*, *Q. coccifera*, *Q. suber.* *Q. crenata*, *Q. cerris*) gute Bestimmungsmöglichkeiten.

Auf die besonderen Verhältnisse bei *Q. ilex* machten bereits VAN CAMPO & ELHAI (1956) aufmerksam. Ihre Ergebnisse, die hier im wesentlichen bestätigt werden konnten, wurden in der Folgezeit erst spärlich angewendet, so z.B. von ELHAI (1959, 1961) und REMY (1958). BEUG (1961 a, b) erweiterte die Bestimmungsmöglichkeiten auf eine größere Zahl europäischer Arten.

Der wesentliche Unterschied zwischen dem von BEUG benannten *Q. robur-pubescens*-Typ und dem Q. ilex-Typ besteht in der unterschiedlichen Größe des Äquatorialdurchmessers. Allerdings wurde ein Überschneidungsbereich zwischen beiden Pollentypen von 4 μm bei etwa 21-25 μm gefunden. Man kann evt. auch die Länge der PK als Unterscheidungsmerkmal verwenden, doch ist der äquatoriale Durchmesser wegen des geringen Überschneidungsbereiches wohl das beste Merkmal, um beide Pollentypen voneinander zu trennen. Bei sedimentbedingten Größenveränderungen kann es allerdings zu Fehlbestimmungen kommen, und man wird deswegen nach Möglichkeit alle Merkmale zur Unterscheidung heranziehen, d.h. einen Merkmalskomplex, der im folgenden beschrieben werden soll. So kann beispielsweise ein großer Teil der im Überschneidungsbereich liegenden PK durch zusätzliche Merkmale, wie durch die polar tonnenförmig abgeplattete (*Q. robur-pubescens*-Typ) oder die vielfach rhomboidische Form (*Q. ilex*-Typ) sicher bestimmt werden. Daneben bleibt aber erfahrungsgemäß ein kleiner Teil der PK im Überschneidungsbereich unbestimmbar. Das ist besonders dann zu beachten, wenn einer der beiden Pollentypen nur in sehr geringen Mengen auftritt. Weitere Unterscheidungsmerkmale werden bei der Beschreibung der 3 Pollentypen dargestellt.

13.25.1 *Quercus robur-pubescens*-Typ (Tafel 17: 17-20). Exine 1-2 µm dick, deutlich scabrat. Die Skulpturelemente sind meistens verschieden groß (Durchmesser ca. 0,5-1,2 µm), unregelmäßig geformt, meist unregelmäßig verteilt und ungleich hoch. Das ist besonders bei den häufigen Arten *Q. robur*, *Q. petraea* und *Q. pubescens* der Fall. Die Skulpturelemente stehen meist dicht mit Zwischenräumen von 1 µm und weniger. Sie sind im optischen Schnitt abgerundet bis spitz und unregelmäßig hoch. Eine Columellae-Schicht ist stets vorhanden, selten undeutlich. Die Columellae sind in Aufsicht als sehr kleine Punkte sichtbar. Das Tectum ist so dick wie die Endexine oder dicker.

Die Form der PK ist sehr variabel. Häufig sind die Pole abgeplattet. Die Äquatorialansicht erhält dadurch eine tonnenförmige bis nahezu rechteckige Form. PK mit elliptischem Umriß sind daneben immer vorhanden. Die Colpen sind deutlich bis schwach eingesenkt. Sie klaffen gewöhnlich (durch Aufreißen der Colpus-Membranen) und sind gelegentlich einfach oder s-förmig verengt, auch äquatorial etwas vorgezogen. Die Polarfelder sind 5-10 µm groß.

Quercus robur L. (3)
Polachse   31,0-40,0 µm, MiW 36,0 µm; 50 PK, 0a
Äquatorialdurchmesser   26,3-32,0 µm, MiW 28,9 µm; 20 PK, 0a
PFormI   1,02-1,36, MiW 1,21; 20 PK, 0a

Quercus petraea LIEBL. (4)
Polachse   29,2-41,0 µm, MiW 33,8 µm; 50 PK, 1a
Äquatorialdruchmesser   21,3-33,5 µm, MiW 26,7 µm; 30 PK, 1a
PFormI   1,05-1,51, MiW 1,25; 30 PK, 1a

Quercus pubescens WILLD. (2)
Polachse   27,4-35,6 µm, MiW 31,8 µm; 50 PK, 1a
Äquatorialdurchmesser   22,0-32,5 µm, MiW 27,3 µm; 20 PK, 1a
PFormI   1,09-1,49, MiW 1,25; 20 PK, 1a

Quercus frainetto TEN. (1)
Polachse   26,3-38,2 µm, MiW 32,7 µm; 50 PK, 1a
Äquatorialdurchmesser   22,3-27,5 µm, MiW 24,9 µm; 20 PK, 1a
PFormI   1,25-1,46, MiW 1,35, 20 PK, 1a

Ferner gehören hiezu zahlreiche mediterrane sommergrüne Arten und nordamerikanische Arten. Von ihnen liegen folgende Größenmessungen vor.

Quercus palustris MÜNCHH. (1)   *Quercus macrolepis* KOTSCHY (1)
26,3-39,2 µm, MiW 34,6 µm; 50 PK, 1a   23,4-37,5 µm, MiW 30,5 µm; 50 PK, 1a

Quercus rubra L. (1)   Außerdem gehört noch *Q. toza* (nach VAN CAMPO & ELHAI
27,0-43,6 µm, MiW 36,7 µm; 50 PK, 12a   1956) zu dem *Q. robur-pubescens*-Typ.

13.25.2 *Quercus cerris*-Typ (Tafel 17: 21-24). Bei *Q. cerris*, *Q. suber* und *Q. crenata* treten völlig runde PK auf. Sie haben ganz enge, meistens äquatorial nicht vorgezogene Colpen, die oft äquatorial unterbrochene Ränder aufweisen. Eine äquatoriale Unterbrechung der Intercolpium-Ränder kann eine Pore vortäuschen. Besonders bei *Q. crenata* kann es deswegen evt. zu Verwechslungen mit *Fagus* kommen.

Quercus cerris L. (1)
Polachse   24,8-36,7 µm, MiW 32,5 µm; 50 PK, 1a
Äquatorialdurchmesser   27,5-34,0 µm, MiW 31,2 µm; 20 PK, 1a
PFormI   0,92-1,19, MiW 1,03; 20 PK, 1a

Quercus crenata LAM. (1)

Polachse	27,4-41,4 µm, MiW 33,1 µm; 50 PK, 1a
Äquatorialdurchmesser	25,3-35,0 µm, MiW 30,4 µm; 20 PK, 1a
PFormI	0,91-1,26, MiW 1,09; 20 PK, 1a

Quercus suber L. (1)

Polachse	24,5-37,4 µm, MiW 32,5 µm; 50 PK, 1a
Äquatorialdruchmesser	24,5-33,5 µm, MiW 32,5 µm; 20 PK, 1a
PFormI	0,99-1,41, MiW 1,16; 20 PK, 1a

13.25.3 *Quercus ilex*-Typ (Tafel 17: 25-29). PK von sehr verschiedener Gestalt: Deutlich prolate PK haben meist zugespitzte Enden. Nur bei einer Herkunft von *Q. coccifera* wurden auch prolate PK mit abgeplatteten Polen gefunden. Bei den prolaten PK sind auch die Colpen äquatorial nicht vorgezogen, während das bei den ± sphäroidischen PK der Fall ist und ihnen dann einen in Äquatorialansicht rhomboidischen Umriß gibt. Zwischen den prolaten und rhomboidischen Formen gibt es alle Übergänge. Gemeinsam ist allen PK gegenüber dem *Q. robur-pubescens*-Typ die geringere Göße, ein kleineres Polarfeld (3-6 µm), schmale, äquatorial verengte Colpen mit häufig äquatorial unterbrochenen Rändern und eine schwächere Skulpturierung. Außerdem ist das Tectum äquatorial oft gewellt, und die Exine ist hier etwas dünner als an den Polen.

Besonders die sphäroidischen PK zeigen in Polaransicht einen charakteristischen Umriß mit stark abgeflachten Intercolpien und fast rechtwinklig nach innen gebogenen Colpusrändern (Tafel 17: 28-29). Bei den mehr prolaten PK, deren Colpen äquatorial nicht vorgezogen sind, ist der Umriß in Polaransicht meist rundlich und nicht durch abgeflachte Intercolpien eckig. Die Rundung der Intercolpien verläuft hier ohne Knick bis zu den Colpus-Rändern.

Der kritische Bereich des Äquatorialdurchmessers von ca. 21-25 µm (nach VAN CAMPO & ELHAI mit den etwas höheren Werten von 23-27,5 µm) wird vor allem von langgestreckten PK mit einem PFormI von über 1,2 eingenommen. Zu Verwechselungen können nur die relativ wenigen, deutlich sphäroidischen PK Anlaß geben, die über 21 µm breit sind. Von diesen dürften aber wiederum manche durch den eckigen Umriß in der Polaransicht sicher bestimmbar sein.

Quercus ilex L. (2)

Polachse	21,2-30,2 µm, MiW 26,4 µm; 50 PK, 1a
Äquatorialdurchmesser	15,2-24,7 µm, MiW 19,9 µm; 50 PK, 1a
PFormI	1,00-1,65, MiW 1,27; 50 PK, 1a

Quercus coccifera L. (3)

Polachse	20,2-31,0 µm, MiW 25,8 µm; 50 PK, 1a
Äquatorialdurchmesser	16,4-22,8 µm, MiW 19,1 µm; 50 PK, 1a
PFormI	1,05-1,58, MiW 1,30; 50 Pk, 1a

13.26 *Cimicifuga foetida*
(Tafel 18: 1-5)

PK scabrat, sphäroidisch, PFormI > 1,0. Polarfelder klein bis mittelgroß. Exine 1,5-2,0 µm, Endexine 0,8-1,0 µm dick, Tectum mit Perforationen. Große Columellae sind zahlreich vorhanden, um 1 µm dick, kleine Columellae sind stark reduziert. Die Skulpturelemente sind klein.

Cimicifuga europaea SCHIPCZ. (2)
21,6-29,5 µm, MiW 26,2 µm; 50 PK, 1a

13.27 *Oxalis acetosella*
(Tafel 18: 6-8)

PK scabrat, breit elliptisch, sphäroidisch, PFormI 1,08-1,33, Polarfelder mittelgroß (PFeldI 0,33-0,44). Colpus-Membranen körnig bekleidet oder mit einem fragmentarischen Operculum versehen. Skulpturelemente flach und oft kontrastschwach, Tectum mit zahlreichen Perforationen. Exine ca. 2 µm, Endexine 0,7-0,9 µm dick, meist dicker als das Tectum. Columellae deutlich, oft in Gruppen.

Oxalis acetosella L. (4)
37,8-51,5 µm, MiW 45,5 µm, 50 PK, 1a

13.28 *Garidella nigellastrum*
(Tafel 18: 11-14)

PK prolat, spindelförmig, PFormI 1,38-1,61, Polarfelder mittelgroß. Skupturelemente meist unscheinbar (Phasenkontrast verwenden). Colpen meist sehr breit (bis 7 µm), dicht körnig bekleidet. Skulpturelemente bis 2 µm groß. Exine 2,7-3,2 µm, Endexine 0,9-1,4 µm dick. Columellae in Gruppen und einzeln (Columellae z.T. distal verzweigt?). Keine Trennung in Haupt- und Nebencolumellae und keine äußere Columellae-Schicht wie bei *Nigella*.

Garidella nigellastrum L. (1)
32,0-40,5 µm, MiW 36,5 µm; 50 PK, 0a

13.29 *Nigella*
(Tafel 18: 15-18)

PK scabrat (fein microechinat), überwiegend sphäroidisch, PFormI 0,99-1,24(1,34), nur tricolpat, mit meist kleinen Polarfeldern (PFeldI 0,21-0,25). Colpen 7-10 µm breit, grob körnig bekleidet. Exine 3,2-5,0 µm, gelegentlich polar dicker als äquatorial, mit doppelter Columellae-Schicht. Äußere Columellae-Schicht mit sehr feinen, bis ca. 0,5 µm dicken, dicht gestellten Columellae. Columellae der inneren Columellae-Schicht ca. (0,6)0,8-1,2 µm dick. Die äußere Columellae-Schicht ist nach innen durch ein stellenweise lückiges Zwischentectum abgeschlossen. Tectum dünn (ca. 0,5-0,7 µm). Endexine 0,8-1,2 µm dick.

Nigella arvensis L. (2)
35,8-45,0 µm, MiW 40,1 µm; 50 PK, 0a

Nigella damascena L. (1)
40,0-53,3 µm, MiW 44,8 µm; 50 PK, 2a

Nigella hispanica L.. (1)
39,6-51,5 µm, MiW 45,1 µm; 50 PK, 1a

Nigella sativa L. (2)
41,3-45,0 µm, MiW 42,7 µm; 50 PK, 0a

13.30 *Eranthis hyemalis*
(Tafel 18: 9-10)

PK sphäroidisch bis prolat, PFormI 1,04-1,56. Polarfelder meist klein. Exine 2,0-2,6 µm dick. Columellae-Schicht 0,6-0,8 µm dick, Columellae daher kurz. Hauptcolumellae 1,0-1,5 µm, Nebencolumellae 0,4-0,6 µm dick. Tectum 0,8-0,9 µm, Endexine 1,0-1,1 µm dick.

Eranthis hyemalis (L.) SALISB. (3)
37,5-47,5 µm, MiW 42,3 µm; 50 PK, 0a

▷

Tafel 18

1-5 *Cimicifuga europaea* (2 Phako), **6-8** *Oxalis acetosella* (7 Phako), **9-10** *Eranthis hyemalis*, **11-14** *Garidella nigellastrum* (13 Phako), **15-16** *Nigella damascena*, **17-18** *Nigella sativa*, **19-23** *Hepatica nobilis*. – Vergrößerungen 1000fach.

Tafel 18

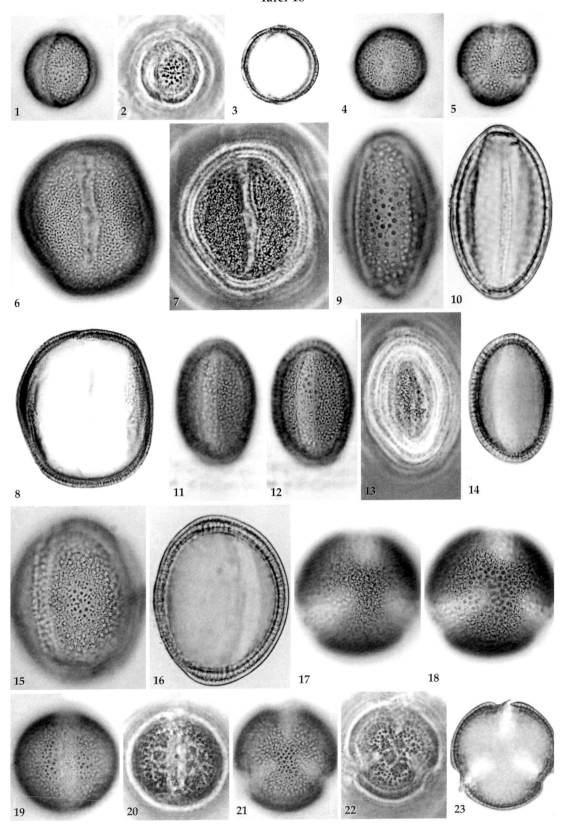

13.31 *Hepatica nobilis*
(Tafel 18: 19-23)

PK scabrat (microechinat), sphäroidisch, PFormI 0,90-0,97, meist tricolpat, selten pericolpat und dann mit 6 Colpen. Polarfelder klein (PFeldI 0,15-0,22). Exine 2,5-3,0 µm dick, mit sehr vielen etwa 1 µm dicken Hauptcolumellae. Nebencolumellae wenig zahlreich. Die Skulpturelemente stehen nur über den Hauptcolumellae und sind ca. 0,4 µm dick. Endexine ca. 1 µm dick, besonders deutlich an den Intercolpium-Rändern fragmentiert (Phasenkontrast) und/oder mit deutlich skulpturierter Innenfläche.

Hepatica nobilis SCHREB. (5)
27,8-33,5 µm, MiW 31,2 µm; 50 PK, 0a

13.32 *Ranunculus acris*-Typ
(Tafel 19: 1-30)

Umfaßt die Gattungen *Anemone* (ohne *A. coronaria*), *Callianthemum*, *Ceratocephala*, *Clematis*, *Myosurus*, *Pulsatilla* (ohne *P. alpina*) und *Ranunculus* (ohne *R. arvensis* und *R. parviflorus*) inkl. der Section *Batrachium*.

Hauptsächliches Merkmal: Die Skulpturelemente stehen über bis ca. 1 µm dicken Columellae (Hauptcolumellae). Dieses Merkmal besitzt auch *Eranthis*, deren PK sich durch besonders dicke und kurze Hauptcolumellae vom *Ranunculus acris*-Typ unterscheiden.

Die PK sind in vielen anderen Merkmalen einer so starken Variabilität unterworfen, daß bei Berücksichtigung aller mitteleuropäischer Arten eine weitere Aufschlüsselung nicht zu befriedigenden Ergebnissen führt. Diese Variabilität kann von Art zu Art in einer Gattung, aber auch von Herkunft zu Herkunft einer einzigen Art eine Rolle spielen.

Pollengröße, Pollenform. In den meisten Fällen herrschen Größen zwischen 25 und 35 µm vor. Geringere Größen (im Bereich 15-25 µm) gibt es bei *Anemone*, *Clematis*, *Myosurus* und *Ranunculus cymbalaria*. Die größten Pollenformen (> 40 µm) wurden bei *Pulsatilla* p.p., *Ranunculus hybridus* und *R. nivalis* gefunden. Die PK sind meist sphäroidisch, selten prolat, PFormI 0,80-1,29(1,42).

Colpen, Polarfelder. Neben tricolpaten PK treten häufig (oft sogar in der Mehrzahl) pericolpate PK auf, die in regelmäßiger Anordnung 6 oder 12 Colpen besitzen. Als weitere Ausnahmen können tetracolpate, syncolpate und dicolpate PK auftreten. Der *Ranunculus acris*-Typ wird auch bei den Pericolpatae erwähnt, ist aber dort nicht im Bestimmungsschlüssel berücksichtigt. Die Colpen können auch unregelmäßig angeordnet sein. Sie sind meist breit (bis 5 µm), und ihre Membran ist grobkörnig bekleidet. Die Intercolpium-Ränder sind oft etwas wellig. Die Polarfelder sind klein bis mittelgroß, selten groß (PFeldI 0,13-0,61). Besonders große Werte wurden bei *Ranunculus hyperboreus* gemessen (0,33-0,61).

Exine. Die Dicke der Exine beträgt 1,7-2,2 µm, vereinzelt bis 2,6 µm *(Pulsatilla vulgaris)*. Die Exine ist manchmal polar etwas verdickt. Die Skulpturelemente sind sehr kleine Microechini (Tafel 19: 1, 2, 8). Sie sind nur selten im optischen Schnitt erkennbar, in Aufsicht im Hellfeld auch nicht immer deutlich, deutlich aber meist im Phasenkontrastbild. Das Tectum ist durch mamillöse Vorwölbungen im optischen Schnitt gewellt (Tafel 19: 3) oder es ist glatt (Tafel 19: 12, 21, 26). Unter jeder Mamille steht eine besonders dicke und lange Columella (Hauptcolumella, ca. 0,8-1,2 µm dick). Über den Hauptco-

▷

Tafel 19

1-3 *Ranunculus acris*, **4-5** *Ranunculus repens* (5 Phako), **6-8** *Ranunculus bulbosus* (7 Phako), **9-10** *Ranunculus nemorosus* (9 Phako), **11-12** *Ranunculus reptans* (11 Phako), **13-15** *Ranunculus platanifolius* (15 Phako), **16-19** *Ranunculus trichophyllus*, **20-21** *Anemone narcissiflora*, **22-24** *Anemone nemorosa* (22-23 Phako), **25-27** *Clematis integrifolia*, **28-30** *Pulsatilla vulgaris*. – Vergrößerungen 1000fach.

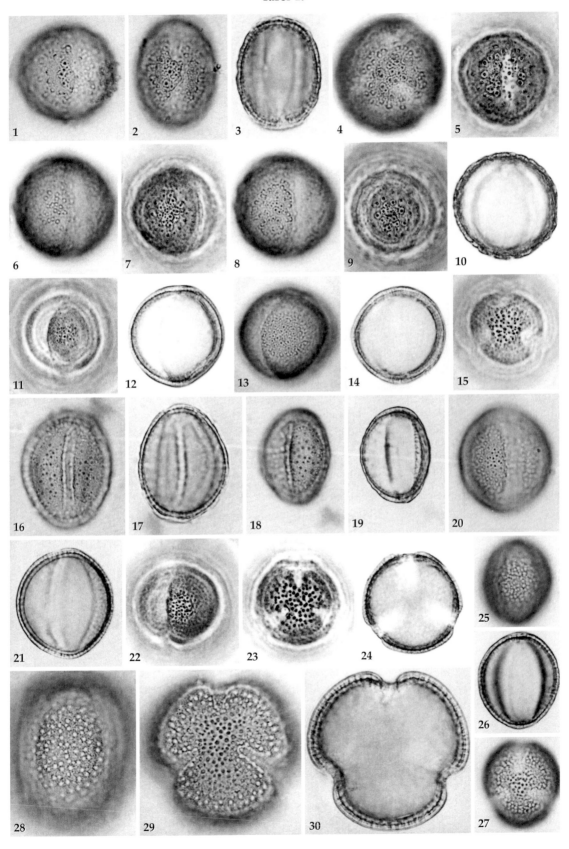

lumellae, und nur dort, stehen die Skulpturelemente. Sie haben einen Durchmesser von etwa 0,4 µm und sind somit viel dünner als die unter ihnen stehenden Hauptcolumellae. Zwischen den Hauptcolumellae können kürzere und dünnere Nebencolumellae (Durchmesser 0,4-0,6 µm) stehen (Tafel 19: 2, 7). Meist überwiegen die Hauptcolumellae zahlenmäßig (Ausnahme *Actaea spicata*). Die Hauptcolumellae (und damit auch die Mamillen) sind ungleichmäßig verteilt. Sie sind meist unregelmäßig zu Gruppen zusammengefaßt, stehen daneben aber auch einzeln (Tafel 19: 1, 2, 4, 5, 28). Auch das Zahlenverhältnis von Neben- zu Hauptcolumellae sowie die Höhe der Mamillen können stark wechseln. Deutliche Mamillen sind für viele *Ranunculus*-Arten bezeichnend; man kann aber auch bei einer einzigen Herkunft u.U. deutlich ausgebildete, schwach entwickelte Mamillen sowie ein glattes Tectum nebeneinander vorfinden. Nicht immer sind Nebencolumellae gut ausgebildet oder vorhanden. Oft lassen die Nebencolumellae um die dickeren Hauptcolumellae einen Hof frei, der dem Durchmesser der betreffenden Mamille entspricht. Die Nebencolumellae, die den Hof begrenzen, können auch ringförmig miteinander verbunden sein (Tafel 19: 4, 5, 9). Dieses Muster kann sehr deutlich, aber auch schwächer ausgebildet sein. Möglicherweise wird es in manchen Fällen allerdings durch die basale Kontur der Mamille selber erzeugt. Nicht immer sind Nebencolumellae und Höfe um die Mamillen erkennbar. Oft findet man ein unregelmäßiges Muster dünner, unregelmäßig strichförmiger Elemente zwischen den Hauptcolumellae, manchmal nur helle und dunklere Bereiche mit unscharfen Grenzen. Wahrscheinlich handelt es sich dabei um Elemente auf der Innenseite des Tectums bzw. um Dickenunterschiede des Tectums. Die Endexine ist 0,8-1,0 µm dick, dicker als das Tectum bis gleich dick, oft mit Rissen und auf der Innenseite uneben.

Bei Berücksichtigung aller mitteleuropäischen Arten kann eine veschiedenlich vorgenommene Untergliederung in einem *Ranunculus acris*-Typ s.str., einen *Anemone*- und einen *Batrachium*-Typ nicht empfohlen werden.

Actaea spicata L. (2)
24,0-32,0 µm, MiW 28,9 µm; 50 PK, 0a

Anemone apennina L. (1)
20,9-28,8 µm, MiW 25,1 µm; 50 PK, 1a

Anemone baldensis L. (2)
18,0-28,3 µm, MiW 23,7 µm; 50 PK, 0a

Anemone narcissiflora L. (3)
25,5-31,5 µm, MiW 28,7 µm; 52 PK, 0a

Anemone nemorosa L. (3)
25,0-30,3 µm, MiW 28,0 µm; 50 PK, 0a

Anemone ranunculoides L. (4)
24,5-32,0 µm, MiW 28,1 µm; 50 PK, 0a

Anemone sylvestris L. (5)
15,8-20,0 µm, MiW 18,1 µm; 50 PK, 0a

Anemone trifolia L. (1)
20,5-27,4 µm, MiW 23,6 µm; 50 PK, 1a

Callianthemum anemonoides (ZAHLBR.) ENDL. (2)
30,0-40,0 µm, MiW 34,3 µm; 50 PK, 0a

Callianthemum coriandrifolium REICHENB. (2)
23,3-29,5 µm, MiW 26,3 µm; 50 PK, 0a

Callianthemum kernerianum FREYN (0)
31,0-39,0 µm, MiW 34,9 µm; 50 PK, 0a

Ceratocephala falcata (L.) PERS. (2)
32,5-40,3 µm, MiW 37,2 µm; 50 PK, 0a

Clematis alpina (L.) MILER. (2)
22,3-27,5 µm, MiW 24,9 µm; 50 PK, 0a

Clematis flammula L. (1)
18,4-25,6 µm, MiW 22,1 µm; 50 PK, 1a

Clematis integrifolia L. (3)
22,0-25,8 µm, MiW 24,4 µm; 50 PK, 0a

Clematis recta L. (2)
20,5-25,0 µm, MiW 22,5 µm; 50 PK, 0a

Clematis vitalba L. (3)
18,0-24,3 µm, MiW 21,3 µm; 50 PK, 0a

Clematis viticella L. (1)
21,2-34,0 µm, MiW 26,5 µm; 50 PK, 3a

Myosurus minimus L. (2)
18,8-23,8 µm, MiW 22,0 µm; 50 PK, 0a

Pulsatilla halleri (ALL.) WILLD. (1)
35,4-52,0 µm, MiW 42,1 µm; 50 PK, 1a

Pulsatilla montana (HOPPE) RCHB. (1)
33,6-46,0 µm, MiW 40,4 µm; 50 PK, 1a

Pulsatilla patens (L.) MILL. (2)
35,5-47,0 µm, MiW 40,6 µm; 50 PK, 0a

Pulsatilla pratensis (L.) MILL. (4)
28,0-34,3 µm, MiW 31,3 µm; 50 PK, 0a

Pulsatilla vernalis (L.) Mill. (3)
37,8-49,5 µm, MiW 41,5 µm; 50 PK, 0a

Pulsatilla vulgaris MILL. (6)
34,3-40,8 µm, MiW 37,7 µm; 50 PK, 0a

Ranunculus acris L. (5)
24,5-30,0 µm, MiW 27,4 µm; 50 PK, 0a

Ranunculus aduncus GREN.. (1)
25,2-35,3 µm, MiW 30,8 µm; 50 PK, 1a

Ranunculus alpestris L. (2)
23,4-31,7 µm, MiW 28,8 µm; 50 PK, 1a

Ranunculus aconitifolius L. (3)
22,3-30,0 µm, MiW 26,0 µm; 50 PK, 0a

Ranunculus aquatilis L.s.l. (6)
27,5-32,5 µm, MiW 30,4 µm; 50 PK, 0a

Ranunculus auricomus L. (5)
30,0-39,0 µm, MiW 36,4 µm; 50 PK, 0a

Ranunculus bulbosus L. (4)
26,5-35,0 µm, MiW 30,8 µm; 50 PK, 0a

Ranunculus cassubicus L. (2)
25,5-34,8 µm, MiW 28,9 µm; 50 PK, 0a

Ranunculus circinatus SIBTH. (1)
27,7-36,4 µm, MiW 31,6 µm; 50 PK, 8a

Ranunclus crenatus WALDST. & KIT. (1)
24,8-37,8 µm, MiW 31,4 µm; 50 PK, 1a

Ranunculus cymbalaria PURSH. (1)
17,6-26,6 µm, MiW 23,1 µm; 50 PK, 1a

Ranunculus ficaria L. (4)
29,3-36,5 µm, MiW 32,7 µm; 50 PK, 0a

Ranunculus flammula L. (2)
22,0-30,8 µm, MiW 28,5 µm; 51 PK, 0a

Ranunculus fluitans LAM. (2)
24,0-32,0 µm, MiW 27,2 µm; 50 PK, 0a

Ranunculus gramineus L. (2)
22,5-30,8 µm, MiW 28,5 µm; 50 PK, 0a

Ranunculus glacialis L. (3)
23,0-30,5 µm, MiW 26,3 µm; 50 PK, 0a

Ranunculus hederaceus L. (2)
23,0-33,0 µm, MiW 27,7 µm; 50 PK, 0a

Ranunculus hybridus BIRIA (1)
29,9-43,9 µm, MiW 35,5 µm; 50 PK, 1a

Ranunculus hyperboreus ROTTB. (2)
25,5-31,8 µm, MiW 28,5 µm; 50 PK, 0a

Ranunculus illyricus L. (1)
25,6-39,2 µm, MiW 30,8 µm; 50 PK, 1a

Ranunculus lanuginosus L. (2)
29,5-37,0 µm, MiW 33,7 µm; 54 PK, 0a

Ranunculus lapponicus L. (1)
nicht genügend PK

Ranunculus lingua L. (3)
32,0-38,3 µm, MiW 35,7 µm; 50 PK, 0a

Ranunculus monspeliacus L. (1)
21,6-35,6 µm, MiW 28,8 µm; 50 PK, 1a

Ranunculus montanus WILLD. (1)
23,0-33,5 µm, MiW 29,1 µm; 50 PK, 1a

Ranunculus nemorosus DC. (2)
27,5-33,0 µm, MiW 30,6 µm; 50 PK, 0a

Ranunculus nivalis L. (2)
35,5-45,5 µm, MiW 40,6 µm; 50 PK, 0a

Ranunculus ophioglossifolius VILL. (1)
19,8-32,0 µm, MiW 27,3 µm; 50 PK, 1a

Ranunculus parnassifolius L. (1)
27,0-36,4 µm, MiW 32,9 µm; 50 PK, 1a

Ranunculus platanifolius L. (2)
24,5-31,5 µm, MiW 27,5 µm; 50 PK, 0a

Ranunculus polyanthemos L. (1)
23,8-35,3 µm, MiW 28,7 µm; 50 PK, 1a

Ranunculus pygmaeus WAHLENB. (2)
24,3-34,5 µm, MiW 29,4 µm; 50 PK, 0a

Ranunculus pyrenaicus L. (1)
25,9-33,8 µm, MiW 29,6 µm; 50 PK, 1a

Ranunculus repens L. (3)
30,3-37,5 µm, MiW 35,4 µm; 50 PK, 0a

Ranunculus reptans (L.) SCH. & K. (4)
23,0-33,0 µm, MiW 27,1 µm; 50 PK, 0a

Ranunculus sardous CRANTZ (2)
23,3-30,8 µm, MiW 27,2 µm; 54 PK, 0a

Ranunculus sceleratus L. (2)
25,8-31,8 µm, MiW 28,6 µm; 50 PK, 0a

Ranunculus seguierii VILL. (1)
30,2-40,3 µm, MiW 35,1 µm; 50 PK, 1a

Ranunculus thora L. (1)
30,4-38,2 µm, MiW 33,3 µm; 60 PK, 1a

Ranunculus trichophyllus CHAIX (0)
26,3-32,5 µm, MiW 28,8 µm; 50 PK, 0a

Ranunculus velutinus TEN. (1)
25,6-33,8 µm, MiW 29,8 µm; 50 PK, 1a

13.33 *Globularia*
(Tafel 20: 1-3)

PK scabrat (microreticulat), sphäroidisch bis prolat, PFormI 1,07-1,43. Polarfelder meist klein (PFeldI um 0,2). Die Colpus-Membranen sind körnig bekleidet. Exine bis 1,5 µm dick, manchmal polar etwas dicker als äquatorial, Endexine bis ca. 0.8 µm, dicker als das Tectum. Der weitere Aufbau der Exine bedarf noch eingehender Untersuchung. Bei hoher Ebene (Hellfeld oder Phasenkontrast) sind die

1-2 µm entfernt stehenden Skulpturelemente sichtbar. Darunter liegt ein Microreticulum (vermutlich ein Endo-Microreticulum, meist nur im Phasenkontrastbild deutlich erkennbar), unter dem das Muster der dünnen Columellae erscheint, noch überlagert von dem microreticulaten Muster. Intercolpium-Ränder etwas eingekrümmt, glatt oder äquatorial körnig aufgelöst, seltener meist etwas vorgezogen oder etwas verengt. Einzelne PK daher mit annähernd poroider Situation.

Die Abtrennung von den Papaveraceae (siehe unten) und dem *Caltha*-Typ (siehe unten) ist nicht einfach.

Globularia cordifolia L. (2)
18,8-28,3 µm, MiW 23,6 µm; 50 PK, 0a

Globularia nudicaulis L. (2)
19,1-31,9 µm, MiW 24,6 µm; 50 PK, 0a

Globularia punctata LAPEYR. (3)
19,1-28,0 µm, MiW 24,1 µm; 50 PK, 0a

13.34 *Adonis vernalis*
(Tafel 20: 4-7)

PK deutlich scabrat (microechinat), sphäroidisch, PFormI 1,01-1,14, überwiegend tricolpat, seltener pericolpat. Polarfelder mittelgroß bis klein. Colpen bis 4 µm breit, Colpus-Membranen dicht grob körnig bekleidet. Columellae dünn (ca. 0,5 µm und weniger), unregelmäßig angeordnet. Exine 2,0-2,2 µm, Endexine 0,9-1,0 µm dick.

Adonis vernalis L. (5)
27,0-35,3 µm, MiW 31,3 µm; 50 PK, 0a

13.35 *Caltha*-Typ
(Tafel 20: 8-11)

Caltha: PK scabrat, kugelig, schwach elliptisch bis rhomboidisch, PFormI 0,99-1,26. Polarfelder mittelgroß bis klein. Colpus-Membranen grob körnig bekleidet. Skulpturelemente in Aufsicht 0,8-1,1 µm groß, dicht stehend (Abstände 1,2-2,0 µm), eckig. Columellae sehr fein und dicht gestellt, anteilig oder ganz durch ein Endo-Microreticulum ersetzt. Exine 1,5-1,8 µm, Endexine 0,8-0,9 µm dick.

Isopyrum: Die PK von *Isopyrum* sind denen von *Caltha* sehr ähnlich. Bei *Isopyrum* ist der PFormI im Mittel geringer (0,98-1,06) und die Größe kleiner. Die Polarfelder sind klein (PFeldI 0,22-0,23). Bei vielen PK wurden etwas größere und kontrastreichere Columellae festgestellt als bei *Caltha*. Endomicreticulate Bildungen wurden nicht festgestellt. Eine sichere Unterscheidung erscheint fraglich, zumal wie bei *Caltha* in manchen Fällen eine Trennung von der *Papaver rhoeas*-Gruppe nicht möglich zu sein scheint.

Caltha palustris L. (3)
25,8-32,5 µm, MiW 29,7 µm; 50 PK, 0a

Isopyrum thalictroides L. (3)
19,8-26,5 µm, MiW 23,2 µm; 50 PK, 0a

▷

Tafel 20

1-3 *Globularia vulgaris* (3 Phako), **4-7** *Adonis vernalis*, **8-11** *Caltha palustris* (10 Phako), **12-16** *Papaver rhoeas*, **17-18** *Papaver somniferum* (Phako), **19-23** *Meconopsis cambrica* (22-23 Phako). – Vergrößerungen 1000fach.

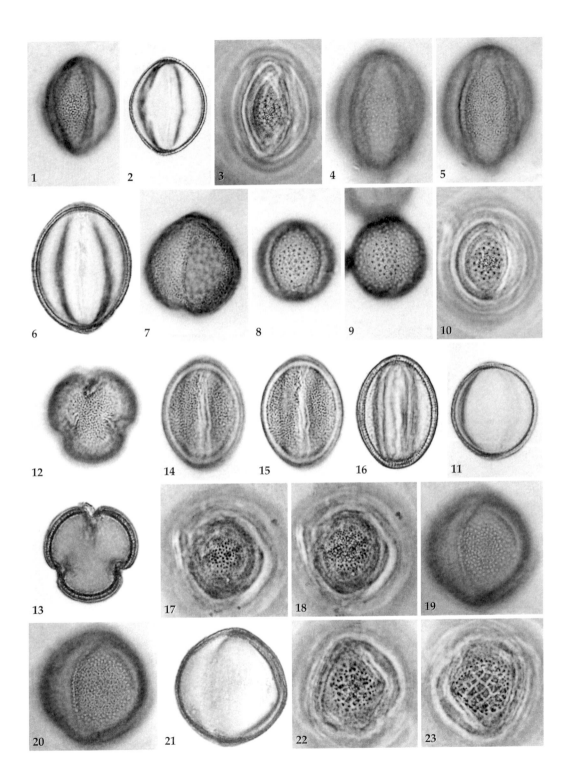

13.36 *Papaver rhoeas*-Gruppe
(Tafel 20: 12-23)

PK scabrat, meist sphäroidisch, PFormI 1,00-1,33(1,41). Polarfelder klein bis mittelgroß. Die Größe der PK liegt einheitlich bei ca. 20-35 µm; nur bei *P. radicatum* sind größere PK die Regel. Allerdings handelt es sich bei dieser Art nicht um tricolpate, sondern meist um stephanocolpate PK. Exine 1,5-1,8 µm dick, Endexine 1,0-1,1 µm, d.h. dicker als Tectum und Coumellae-Schicht zusammen. Große Variabilität im Bereich der Strukturen. Columellae-Schicht dünn, bei *P. rhoeas* polar oft etwas verdickt und Exine dann hier bis 2 µm dick. Im Phasenkontrastbild sind die Skulpturelemente deutlich erkennbar und stehen relativ eng (ca. 1 µm). In einer tieferen optischen Ebene ist das Bild bei den verschiedenen Arten unterschiedlich. Wegen der geringen Dicke der Columellae-Schicht können die Columellae in Aufsicht schwer erkennbar sein, in anderen Fällen sind sie deutlich oder es werden endo-microreti-culate Sturkturen sichtbar. Das ist bei *P. rhoeas* nur im Bereich der polar verdickten Exine erkennbar, bei *P. radicatum* meist gut zu erkennen. Die Endexine ist bei *P. rhoeas* und *P. somniferum* fragmentiert, zumindest in einer Zone entlang den Intercolpium-Rändern stark rissig. Bei *Meconopsis cambrica* ist die Endexine in eckige Stücke zerteilt, und dadurch dürfte die Bestimmung von *Meconopsis cambrica* möglich sein. Die Colpen sind meist breit, die Colpus-Membranen bei allen Arten grobkörnig bekleidet, und gelegentlich stehen auch kleine Fragmente einer intakten Exine auf der Colpus-Membran.

1   Endexine glatt oder besonders in der Nähe der Intercolpium-Ränder rissig (Tafel 20: 12-18) ....
    .... **13.36.1** *Papaver rhoeas*-**Typ**

Papaver alpinum L. (2)
19,1-30,0 µm, MiW 24,6 µm; 50 PK, 0a

Papaver dubium L. (4)
24,5-34,3 µm, MiW 30,5 µm; 52 PK, 0a

Papaver hybridum L. (3)
25,0-30,2 µm, MiW 27,9 µm; 50 PK, 0a

Papaver radicatum Rottb (2)
20,6-41,0 µm, MiW 35,7 µm; 33 PK, 0a

Papaver rhoeas L. (6)
24,5-31,8 µm, MiW 28,7 µm; 50 PK,0a

Papaver somniferum L. (3)
27,0-35,0 µm, MiW 32,3 µm; 50 PK, 0a

–   Endexine in eckige Stücke zerteilt (Tafel 20: 19-23) .... **13.36.2** *Meconopsis cambrica*
    Meconopsis cambrica (L.) Vig. (2)
    27,0-35,8 µm, MiW 30,7 µm; 50 PK, 0a

14. Tricolporatae
PK mit psilaten, scabraten, verrucaten oder microverrucaten Skulpturen

Tricolporate PK

PK mit 3 Colpen, diese stets mit einer deutlich, d.h. kontrastreich begrenzten, runden, transversal oder meridional verlängerten Pore oder mit je einem Colpus transversalis oder einem Colpus equatorialis. Die Ränder dieser zusätzlichen Aperturen können durch Costae ganz oder teilweise verdickt sein. Colpi transversales sind gelegentlich spaltartig ausgebildet. Sind diese Spalten so kurz, daß sie nicht oder nur kaum über die Colpus-Ränder auf die Intercolpien übergreifen, so ist entweder nur oder auch der Bestimmungsschlüssel für tricolporoidate PK (S. 201) zu berücksichtigen.

Tricolpate PK .... S. 121

PK mit 3 Colpen, diese stets ohne zusätzliche, äquatoriale Aperturen in der Endexine bzw. in der Endexine und in der Columellae-Schicht oder in der Colpus-Membran. Intercolpium-Ränder in der Regel glatt oder auf ihrer ganzen Länge körnig aufgelöst. Bei PK mit ± schwacher äquatorialer Unterbrechung der Intercolpium-Ränder oder mit einfacher oder s-förmiger äquatorialer Verengung der Colpen ist es ratsam, auch nach dem Bestimmungsschlüssel für tricolporoidate PK (S. 201) vorzugehen. Meistens stehen solche Fälle jedoch in erster Linie bei den tricolpaten PK (z.B. *Quercus* und *Viola*).

Tricolporoidate PK .... S. 201

PK mit 3 Colpen, diese stets mit je einer zusätzlichen äquatorialen Apertur, die nicht kontrastreich und deutlich begrenzt, oft von unregelmäßiger Form (z.B. mit eingerissenen Rändern), nie mit Costae versehen und gelegentlich auf die Colpus-Membran beschränkt ist. Oft sind nur die Intercolpium-Ränder im unmittelbaren Äquatorialbereich unterbrochen. Die kontrastarmen, zusätzlichen Aperturen können auch in transversaler Richtung gestreckt sein und dann nur wenig oder gar nicht von der Colpus-Membran auf die Intercolpien übergreifen. Auch PK mit sehr kurzen, spaltartigen Colpi transversales und solche mit einfacher oder s-förmiger äquatorialer Verengung der Colpen werden hier mitangeführt.

1 PK gedrungen keulenförmig oder birnförmig bis abgerundet dreieckig. Polarfelder verschieden groß oder PK an einem Pol syncolpat, PK 10-20(22) µm groß 2

– PK nicht gedrungen keulenförmig bis abgerundet dreieckig, nicht oder nur schwach heteropolar und dann PFormI meist unter 1,0 und PK größer als 30 µm 3

2 PK am breiten Ende oft syncolpat, am schmalen Ende mit großem Polarfeld, PK 14-22 µm groß, Poren deutlich zum breiten Ende verschoben (Tafel 21: 1-5) .... **14.1** *Onosma* (S. 160)

– PK gedrungen birnförmig, am breiten Ende mit großem Polarfeld, am schmalen Ende syncolpat oder mit kleinem Polarfeld, PK 12-15 µm groß, Poren in der Mitte der Colpen (Tafel 21: 6-11) ....
.... **14.2** *Cyclamen europaeum* (S. 160)

3 Intercolpien subpolar mit je zwei 10-15µm großen Eindellungen (Tafel 21: 12-14). PK scabrat bzw. microverrucat, sphäroidisch, mit großen Polarfeldern und deutlichen Colpi transversales (Tafel 21: 12-15) .... **14.3** *Nicandra physalodes* (S. 162)

– Intercolpien ohne solche Eindellungen 4

4 Äquatorialbereich der Colpen stark vorgewölbt, zusätzlich können wulstig vorgezogene Colpi transversales vorhanden sein (*Verbena*). PK oblat bis schwach sphäroidisch 5

– Äquatorialbereich der Colpen nicht vorgewölbt oder PFormI größer als 1,0. Colpi transversales, wenn vorhanden, können wulstig ausgebildet sein (*Capsicum*-Typ) 11

5 Innenfläche der Endexine im Bereich der äquatorialen Vorwölbung glatt.................................... 6
– Innenfläche der Endexine im Bereich der äquatorialen Vorwölbung scabrat 8

6 Colpi transversales 10 µm lang und sehr schmal; beiderseits und im Abstand von etwa 5 µm befinden sich paralell zu den Colpen schmale Pseudocolpi (Tafel 21: 16-20) ....
....**14.4 *Verbena officinalis*** (S. 162)
– PK ohne schmale und bis 10 µm lange äquatorial verlängerte Poren und ohne die Colpen begleitende Pseudocolpi 7

7 PK oblat, Polarfelder groß (Tafel 21: 21-22)... **14.5 *Symplocos*** (S. 162)
– PK sphäroidisch, Polarfelder klein (Tafel 21: 27-31) .... **14.6 *Hippophaë rhamnoides***(S. 163)

8 Polarfelder klein, PFeldI < 0,18... **14.7 *Shepherdia argentea*** (S. 163)
– Polarfelder mittelgroß oder groß (PFeldI > 0,40) 10

10 Scabrate Zonen auf der Innenfläche der Endexine breit (Tafel 22: 1-4) ..... **14.8 *Elaeagnus*** (S. 163)
– Scabrate Zonen auf der Innenfläche der Endexine schmal (Tafel. 99: 1-8) ....
.... *Ludwigia palustris* (S. 433)

11 Colpen kurz, Polarfelder groß oder sehr groß... 12
– Colpen mittellang bis sehr lang, Polarfelder klein bis groß 16

12 PK 45-75 µm groß, Exine polar 3,8-5,5 µm dick, Columellae hier am längsten, äquatorial und subäquatorial dagegen oft nur undeutlich, stets sehr kurz und Exine hier nur 1,8-2,9 µm dick. Poren groß, rund bis meridional gestreckt, gelegentlich sehr kontrastarm, Polarfelder groß (Tafel 22: 5-8)..................................... **14.9 (*Bistorta officinalis*-) *Polygonum bistorta*-Typ** (S. 163)
– PK kleiner oder mit anderer Merkmalskombination 13

13 PK scabrat/microechinat und mit deutlicher Columellae-Schicht, die außer im Bereich der Intercolpium-Ränder deutlich von der Endexine abgehoben ist (Tafel 21: 23-26) ....
.... **14.10 *Xanthium strumarium*-Typ** (S. 164)
– Ektexine nicht von der Endexine abgehoben oder PK 30-35 µm groß 14

14 PK 22-27 µm groß, PFormI 0,8-0,9, Columellae nicht erkennbar. Colpen gelegentlich mit einer bis 3 × 5 µm großen porenartigen Struktur (Tafel 17: 6-10).....................................*Monotropa* (S. 142)
– PK größer, PFormI über 1,0, Poren deutlich, oft transversal verlängert und mit Costae 15

15 Exine infolge stellenweise längerer oder kürzerer Columellae von auffällig wechselnder Dicke. PK meist prolat (Tafel 22: 9-10, Tafeln 23-27) .... **14.11 Apiaceae** (S. 164)
– Exine gleich dick, Columellae gleich lang, Colpi transversales 11-16 × 2,5-9 µm groß (Tafel 28: 13-15) .... **14.12 *Lycopsis arvensis*-Typ** (S. 186)

16 Colpen mit äquatorial stark verdickten Opercula 17
– Colpen ohne Opercula oder diese äquatorial nicht verdickt... 18

17 PK kugelig, PFormI um 0,94-1,05, Exine 1,4-2,6 µm dick (Tafel 13: 16-17; Abb. 29) ....
.... *Sanguisorba minor*-Typ (S. 130)
– PK rhomboidisch, PFormI 1,11-1,40, Exine 3,3-4,8(5,0) µm dick (Tafel 13: 18-19) ....
.... *Sanguisorba dodecandra* (S. 130)

18 Tectum dicker als die Endexine (wenn Costae vorhanden, dann außerhalb der Costae beurteilen) oder PK mit äußerer und innerer Columellae-Schicht (innere Columellae-Schicht kann reduziert sein oder fehlen). Dicke der Exine bis über 2 µm. PK häufig microechinat 19
– Tectum höchstens so dick wie die Endexine, meistens dünner. PK scabrat oder psilat 23

19 PK mit relativ kleinen und meist schwach angedeuteten Poren bzw. Colpi transversales, diese ohne Costae. PK kugelig oder etwas langgestreckt, zwischen 15 und 32(35) µm groß. Exine zwischen 2,0 und 5,2 µm dick, mit deutlicher (innerer) Columellae-Schicht. Äußere Columellae im Lichtmikroskop nicht sichtbar. Tectum mit einer inneren stärker und einer äußeren, weniger stark lichtbrechenden Schicht, regelmäßig microechinat (Tafel 28: 1-12) .... **14.13** *Artemisia* (S. 188)

– PK mit deutlichen Poren oder Colpi transversales, auch mit Colpi equatoriales, oft mit Costae. Äußere Columellae-Schicht nur als schwach radiale Streifung sichtbar 20

20 PK mit deutlicher innerer Columellae-Schicht, innere Columellae z.T. distal verzweigt 21

– Innere Columellae-Schicht entweder völlig fehlend oder zu Stümpfen auf der Innenseite des Zwischentectums reduziert 22

21 PK mit deutlichen, bis 3 µm hohen Costae (Tafel 28: 18-22) .... **14.14** *Centaurea cyanus* (S. 190)

– PK ohne oder nur mit schwachen Costae (Tafel 28: 23-25) ....
.... **14.15** *Centaurea montana*-**Typ** (S. 190)

22 Innere Columellae fehlen völlig. PK in Äquatorialansicht meist elliptisch (Tafel 40: 3-15) ....
.... *Centaurea jacea*-**Typ** (S. 230)

– Innere Columellae zu Stümpfen auf der Innenseite des Zwischentectums reduziert. PK in Äquatorialansicht meist rhomboidisch (Tafel 18: 16-17) .... **14.16** *Centaurea scabiosa*-**Typ** (S. 190)

23 Exine mit auffällig wechselnder Dicke durch stellenweise kürzer oder längere Columellae (geringfügige polare Verdickungen nicht beachten) 24

– Columellae überall ± gleich lang oder Columellae nicht erkennbar 28

24 PK mit innerer und äußerer Columellae-Schicht und Ringfurche *(Centaurea)*. Reste der inneren Columellae-Schicht können am Zwischentectum vorhanden sein, Exine dick (4,5-10,0 µm) 21

– PK mit einfacher Columellae-Schicht 25

25 Columellae ± regelmäßig verteilt oder nicht erkennbar.. 26

– Columellae im Polarbereich am längsten (Exine hier 3,8-5,5 µm dick) und einander oft gruppenweise genähert, äquatorial und subäquatorial sehr kurz und subäquatorial oft nur undeutlich. Exine 1,8-2,9 µm dick. Poren groß, rund bis meridional gestreckt, gelegentlich kontrastarm, PK 45-75 µm groß (Tafel 22: 5-8) .... **14.9** *(Bistorta-) Polygonum bistorta*-**Typ** (S. 163)

26 Colpi transversales mit Costae, lang und vielfach zu einer äquatorialen Furche verbunden. PK sphäroidisch bis schwach prolat (PFormI <1,5), Exine entweder subpolar oder polar und äquatorial am dicksten 27

– Colpi transversales oder Poren ohne deutliche Costae oder PK mit andersartig verdickter Exine (Tafel 22: 9-10; Tafeln 23-27) .... **14.11 Apiaceae** (S. 164)

27 Exine polar und äquatorial am dicksten, Umriß rhomboidisch bis elliptisch (Tafel 29: 1-5) ....
.... **14.17** *Fallopia* (S. 191)

– Exine subpolar am dicksten, Umriß elliptisch oder mit parallelen Seitenrändern und breit abgerundeten Polarfeldern (Tafel 29: 6-10) .... **14.18** *Polygonum aviculare*-**Typ** (S. 191)

28 Endexine im Äquatorialbereich verdickt (wenn Columellae-Schicht undeutlich, vergl. *Androsace alpina*-Typ und *Lotus*, evt. auch andere psilate oder scabrate Fabaceae) oder innerer oder äußerer Durchmesser der PK im Äquatorialbereich kleiner als subäquatorial oder subpolar (Tafel 22: 9-10; Tafeln 23-27) .... **14.11 Apiaceae** (S. 164)

– Endexine abgesehen von gelegentlich auftretenden Costae ohne auffällige Verdickungen; weder der innere noch der äußere Durchmesser der PK ist äquatorial kleiner als subäquatorial oder subpolar.. 29

29 Exine 2-3 µm dick, Columellae deutlich. Exine psilat, Endexine viel dicker als das Tectum. Poren fast stets transversal verlängert, oft als Ringfurche ausgebildet, gelegentlich fehlend (Tafel 29: 6-10) .... **14.18** *Polygonum aviculare*-**Typ** (S. 191)

– Exine unter 2 µm dick, wenn dicker, dann Columellae undeutlich bzw. fehlend oder Endexine nicht deutlich dicker als das Tectum oder Exine scabrat, verrucat, rugulat oder Poren undeutlich oder transversal nicht verlängert, im Bereich der Colpen meridional eingeschnürt oder PK ohne Ringfurche 30

30 Poren transversal verlängert, PK scabrat, rugulat, verrucat oder foveolat skulpturiert oder psilat, Skulpturelemente gelegentlich polar andeutungsweise netzig gestellt 31

– Poren ± rundlich oder meridional gestreckt 49

31 Poren bzw. Colpi transversales im Bereich der Colpen meridional eingeschnürt: Schmetterlingsporen 32

– Poren bzw. Colpi transversales im Bereich der Colpen nicht meridional eingeschnürt 34

32 PK ca. 35-52 µm groß, relativ dünnwandig und daher von geringer Formbeständigkeit, in Äquatorialansicht rechteckig (Tafel 29: 11-15) .... **14.19** *Anthyllis vulneraria* (S. 191)

– PK um 20-30(35) µm groß, von guter Formbeständigkeit. Exine scabrat oder foveolat 33

33 PK in Äquatorialansicht rechteckig, deutlich scabrat (Tafel 29: 16-22); wenn Endexine viel dicker als das Tectum, vergl. *Osyria alba* (S. 326); ähnliche Formen u.U. auch bei *Dorycnium* (S. 197) .... **14.20** *Ornithopus* (S. 192)

– PK in Äquatorialansicht elliptisch, mit abgerundeten Polarbereichen; wenn angedeutet rechteckig, dann Skulptur psilat bis schwach scabrat, schwach rugulat bis schwach microreticulat (vergl. auch *Androsace alpina*-Typ) .... *Coronilla* **p.p.** (S. 254)

34 Tectum im Bereich der Colpi transversales deutlich vesicula-artig von der Endexine abgehoben (Tafel 29: 23-30), Ektexine dadurch über den Colpi transversales wulstig verdickt (wenn PK unter 12 µm groß, siehe auch *Solanum dulcamara*) .... **14.21** *Capsicum*-**Typ** (S. 192)

– Exine im Bereich der Colpi transversales nicht wulstig verdickt, höchstens etwas vorgezogen bis schwach vorgewölbt 35

35 PK sphäroidisch bis prolat, infolge vorgezogener Äquatorialregion der Colpen in Polaransicht dreieckig. Polarfelder klein 36

– PK mit anderer Kombination der Merkmale 37

36 PK in Äquatorialansicht ± kugelig, vorgezogene Äquatorialbereiche relativ klein (Tafel 21: 27-31) .... **14.6** *Hippophaë rhamnoides* (S. 163)

– PK in Äquatorialansicht rhomboidisch (wenn ± rechteckig oder tonnenförmig, vergl. Fabaceae p.p. unter 48 und 48-), meist deutlich länger als breit (PFormI 1,2-1,9). Vorgezogene Äquatorialbereiche relativ groß (Tafel 22: 9-10; Tafeln 23-27) .... **14.11** **Apiaceae** (S. 164)

37 Colpi transversales schmal, z.T. spaltartig eng 38

– Colpi transversales breit 43

38 PK bis 15 µm groß (Tafel 30: 16-20) .... **14.22** *Solanum dulcamara* (S. 194)

– PK größer 39

39 Colpi transversales sehr kurz, lediglich eineUnterbrechung der Intercolpium-Ränder (wenn PK microechinat, vergl. 42 *Filipendula*) .... **Tricolporoidate PK** (S. 201)

– Colpi transversales länger 40

40 PK psilat bis schwach scabrat 41

– Skulpturelemente deutlich erkennbar 42

41 PK prolat, PFormI 1,31-1,81, Intercolpium-Ränder deutlich eingekrümmt, PK 22-28 µm groß (Tafel 33: 25-29) (wenn kleiner vergl. auch *Castanea* S. 196) .... ***Orthilia secunda*** (S. 210)

– PK sphäroidisch, PFormI 0,90-1,12, mit kleinem Polarfeld (Tafel 30: 1-5) .... **14.23** *Solanum nigrum*-**Typ** (S. 194)

42 PK scabrat bis microechinat (Tafel 30: 6-11) .... **14.24** *Filipendula* (S. 194)

– PK scabrat, fossulat oder seltener verrucat (Tafel 30: 12-15) .... **14.25** *Bruckenthalia spiculifolia* (S. 196)

43 PK microverrucat, Intercolpium-Ränder meist stark eingesenkt, Intercolpien abgeflacht bis konkav (Tafel 31: 9-23) .... *Cornus* (S. 203)

– PK psilat oder undeutlich scabrat, Intercolpien ± konvex 44

44 PK über 40 µm groß, formstabil (wenn dünnwandig und dadurch wenig formstabil, vergl. *Anthyllis vulneraria*, S. 191) (Tafel 33: 17-19) .... *Diospyros* (S. 207)

– PK kleiner, meist kleiner als 35 µm 45

45 PK 24-35 µm groß, Endexine (ca. 1,5 µm) viel dicker als das Tectum (bis 0,5 µm); meist microreticulat oder wenigstens mit einzelnen Microbrochi (Tafel 70: 5-10) .... *Osyris alba* (S. 326)

– Exine nicht oder nicht überall dicker als das Tectum oder Endexine unter 1,5 µm dick 46

46 PFeldI < 0,4, Colpi transversales meist unregelmäßig begrenzt (Tafel 30: 21-25) .... **14.26** *Castanea* (S. 196)

– PFeldI > 0,4, Colpi transversales meist regelmäßig elliptisch oder breit spindelförmig 47

47 Endexine dicker als das Tectum, PK < (22)20 µm (Tafel 30: 26-29) .... **14.27** *Androsace alpina*-**Typ** (S. 196)

– Endexine mindestens polar und subpolar etwa so dick wie das Tectum oder PK größer als 20 µm 48

48 PK meist sphäroidisch und in Äquatorialansicht elliptisch bis viereckig. Exine überall gleich dick. PK 19-36 µm groß (Tafel 30: 36-37) .... **14.28** *Dorycnium* (S. 197)

– PK in Äquatorialansicht mit ± parallelen Seitenrändern, fast ausschließlich prolat, 13-21(29) µm groß. Besonders bei PK, die über 20 µm groß sind, ist die Exine polar und subpolar deutlich dünner als äquatorial und subäquatorial (wenn PK im Phasenkontrastbild rugulat oder scabrat, vergl. *Coronilla*, S. 254) (Tafel 30: 30-35) .... **14.29** *Lotus, Tetragonolobus* (S. 197)

49 PK microverrucat, über 50 µm groß (Tafel 31: 9-13) .... *Cornus sanguinea* (S. 203)

– PK kleiner, psilat oder scabrat, aber nicht ausgesprochen microverrucat 50

50 Intercolpien konkav bis flach, Intercolpium-Ränder stark eingekrümmt 51

– Intercolpien konvex 52

51 Columellae deutlich, Poren (3)4-5 µm groß, mit Costae. Colpen marginat (Tafel 31: 1-4) ....**14.30** *Nyssa* (S. 198)

– Columellae undeutlich, Poren 2-3 µm groß, Colpen nicht marginat (Tafel 30: 40-44) .... **14.31** *Frangula alnus* (S. 198)

52 PK prolat (Tafel 30: 38-39) ....**14.32** *Shepherdia canadensis* (S. 198)

– PK sphäroidisch 53

53 PK 12-15 µm groß, Colpen mit Costae, Columellae nicht erkennbar ....**14.33** *Cyclamen hederifolium* (S. 200)

– PK größer 54

54 PK psilat, Exine zweischichtig, 1,8-2,2 µm dick, Columellae nicht erkennbar, Colpen ungleich lang (Tafel 120: 10-15) .... **14.34** *Eucommia ulmoides* (S. 200)

– PK mit deutlich erkennbaren Columellae oder microreticulat bzw. endo-microreticulat, Colpen von gleicher Länge 55

55 PK microreticulat oder endo-microreticulat .... *Rumex, Oxyria* (S. 340 und 342)

– PK deutlich mit einzeln stehenden Columellae, Tectum höchstens gelegentlich mit einzelnen Perforationen. Exine scabrat, PK kugelig, Poren rundlich oder etwas meridional gestreckt, oft kontrastarm, (wenn mit abweichenden Merkmalen: Columellae undeutlich bis fehlend, Poren unregelmäßig begrenzt oder PFormI deutlich über 1,0, vergl. tricolporoidate PK, S. 201) (Tafel 31: 5-7) .... **14.35** *Fagus* (S. 200)

14.1 *Onosma*
(Tafel 21: 1-5)

PK psilat bis schwach scabrat, prolat bis sphäroidisch und heteropolar, in Äquatorialansicht gedrungen keulen- oder birnförmig bis abgerundet dreieckig, am breiten Ende oft syncolpat und gelegentlich mit Apicalfeld, am schmalen Ende mit großem Polarfeld. Colpen schmal, mit 5-7 × 2,0-2,5 µm großen Colpi transversales, die außerhalb der Mitte der Colpen und vor der Zone des größten Durchmessers der PK liegen. Colpen und Colpi transversales mit schwachen Costae. Exine 0,8-1,0 µm dick, Columellae nicht erkennbar.

Onosma arenaria WALDST. & KIT (2)
17,5-22,5 µm, MiW 18,9 µm; 50 PK, 0a

Onosma echioides L. (1)
14,7-18,9 µm, MiW 16,8 µm; 50 PK, 0a

Onosma pseudarenaria SCHUR. (1)
17,5-19,6 µm, MiW 18,4 µm; 50 PK, 0a

Onosma taurica WILLD. (2)
14,7-17,8 µm, MiW 15,9 µm; 50 PK, 0a

Onosma visanii CLEMENTI (1)
14,0-17,5 µm, MiW 16,3 µm; 50 PK, 0a

14.2 *Cyclamen europaeum*
(Tafel 21: 6-11)

PK psilat, heteropolar, in Äquatorialansicht gedrungen birnenförmig. PFormI 0,88-1,12. Polarfeld am breiten Pol groß, am schmalen Pol klein oder fehlend, PK hier fakultativ syncolpat. Exine ca. 1 µm dick, Columellae nicht erkennbar. Endexine dicker als die Endexine. Colpen mit Costae, Poren meist 3 µm groß, in der Mitte der Colpen. Die PK von *C. hederifolium* sind nicht heteropolar und nicht gedrungen birnenfömig (S. 200).

Cyclamen europaeum L. (3)
12,0-14,8 µm, MiW 13,7 µm; 55 PK, 0a

Non vidi: *C. repandum* SIBTH. & SM.

▷

Tafel 21

1-5 *Onosma arenarium* (4 Phako), **6-11** *Cyclamen europaeum* (7 Phako), **12-15** *Nicandra physaloides*, **16-20** *Verbena officinalis*, **21-22** *Symplocos tinctoria*, **23-26** *Xanthium echinatum*, **27-31** *Hippophaë rhamnoides*. – Vergrößerungen 1000fach.

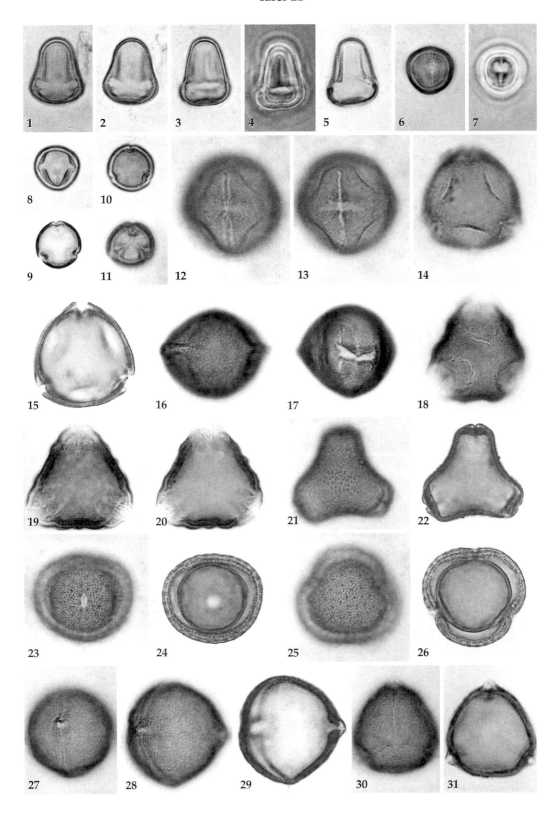

14.3 *Nicandra physalodes*
(Tafel 21: 12-15)

PK sphäroidisch, PFormI 0,88-1,00. Polarfelder mittelgroß (PFeldI >0,4). PK scabrat (microverrucat), einzelne Skulpturlemente sind bis 1,0 μm groß. Intercolpien subpolar mit je zwei (d.h. insgesamt 6 an jedem PK) 10-15 μm großen Eindellungen. Exine 1,5-1,7 μm (im Bereich der Eindellungen dünner), Endexine um 1,0 μm dick. Columellae sehr dünn, im Phasenkontrastbild in Aufsicht erkennbar.

Nicandra physalodes (L.) GAERTN. (3)
26,9-37,2 μm, MiW 31,0 μm; 50 PK, 0a

14.4 *Verbena officinalis*
(Tafel 21: 16-20)

PK angular, schwach sphäroidisch, in Äquatorialansicht breiter als lang, PFormI 0,78-0,87. Polarfelder in ihrer Größe variabel, PFeldI 0,27-0,56. Colpen schmal, Poren (Colpi transversales) stark äquatorial verlängert und schmal, 9-11 × 1-4 μm groß, deutlich vorgewölbt. In einem Abstand von ca. 5 μm befindet sich parallel zu den Colpen auf beiden Seiten je eine schmale Furche, die meist länger als der Colpus ist (Tafel 21: 17). Diese Furchen können miteinander in Verbindung stehen (Pseudocolpen?). Somit verfügt das PK von *Verbena* über 3 Komplexe aus einem poraten Colpus und parallel dazu verlaufenden (?) Pseudocolpi. In der Mitte der Intercolpien gibt es oft eine langgestreckte, ca. 7 μm lange Struktur, die im optischen Schnitt als Einkerbung oder Vorwölbung zu erkennen ist (Tafel 21: 20). Exine 2,0-2,6 μm dick, undeutlich scabrat bis verrucat, gelegentlich auch angedeutet rugulat skulpturiert. Tectum und Endexine deutlich, Columellae nicht erkennbar.

Verbena officinalis L. (3)
17,5-24,8 μm, MiW 22,1 μm; 50 PK, 0a

Die einzelnen Autoren bewerten die pollenmorphologischen Merkmale bei *Verbena officinalis* unterschiedlich. Auf FAEGRI & IVERSEN geht die Zuordnung zur Pollenklasse der Heterocolpatae zurück. Sie bewerten die langgestreckten Strukturen in der Mitte der Intercolpien nicht und sprechen von 2 Colpen ohne Pore, die seitlich jedem der poraten Colpen zugeordnet sind. PUNT & LANGEWIS (1988) sprechen die PK von *Verbena* als tricolporat an und bezeichnen den Komplex mit einem zentralen poraten Colpus als »H-endoaperture«. Die kurzen Strukturen auf den Intercolpien bezeichnen sie als »irregular ornamentation«.

Vermutlich ist eine Zordnung von *Verbena* zu den Tricolporatae die bessere Lösung. *Verbena* wird aber außerdem in dem Bestimmungsschlüssel für die heterocolpaten PK erwähnt.

14.5 *Symplocos*
(Tafel 21: 21-22)

PK scabrat, oblat, schwach heteropolar, angular, in Polaransicht dreieckig mit konkaven Intercolpien. Erweiterter Äquatorialbereich der Colpen großräumig vorgezogen. PK tricolporat, selten tetracolporat. Polarfelder groß, Colpen kurz und mit deutlichen, 5-7 × 2-3 μm großen Colpi transversales. Exine in der Mitte der Intercolpien ca. 2 μm dick, gegen die Ränder hin dünner. Endexine (1 μm) dicker als das Tectum. Columellae undeutlich.

Symplocos tinctoria L'HÉR. (1)
20,0-25,0 μm, MiW 22,1 μm; 50 PK, 0a, Ä

14.6 *Hippophaë rhamnoides*
(Tafel 21: 27-31)

PK scabrat bis schwach verrucat, sphäroidisch bis schwach rhomboidisch, PFormI 0,93-1,07, Polarfelder klein (PFeldI 0,08-0,20). PK in Polaransicht dreieckig. Colpen schmal, Poren ca 3 µm groß, rundlich oder etwas transversal verlängert, ca. 3 µm blasenförmig vorgezogen. Exine 1,5-1,8 µm dick. Endexine dicker als das Tectum, Columellae undeutlich.

Hippophaë rhamnoides L. (5)
24,3-34,5 µm, MiW 28,2 µm; 50 PK, 0a

14.7 *Shepherdia argentea*

PK wie bei *Elaeagnus*, aber kleiner und mit kleinem Polarfeld (PFeldI 0,08-0,18).

Shepherdia argentea Nuttal (2)
27,0-36,8 µm, MiW 32,5 µm; 50 PK, 0a, Ä

14.8 *Elaeagnus*
(Tafel 22: 1-4)

PK psilat bis scabrat (Tectum oft etwas wellig), oblat, PFormI 0,57-0,73, schwach heteropolar durch verschieden stark gewölbte Polarfelder. Polarfelder groß bis mittelgroß (PFeldI 0,47-0,60). PK angular, in Polaransicht dreieckig. Colpen mit großräumig vorgezogener Äquatorialregion. Poren 6-7 µm groß. Exine 2,8-3,0 µm dick, tectat, Columellae undeutlich. Endexine (ca. 1 µm) dicker als das Tectum, auf der Innenfläche im Bereich der äquatorialen Ausstülpungen scabrat skulpturiert. Die Endexine fehlt im Bereich der Poren und ist im Umkreis von ca. 10 µm um die Poren herum auf der Innenseite körnig aufgelöst. – Die PK von *E. angustifolia* L. sind identisch.

Elaeagnus argentea Pursh (2)
42,8-58,0 µm, MiW 51,9 µm; 50 PK, 0a, Ä

14.9 *(Bistorta-) Polygonum bistorta*-Typ
(Tafel 22: 5-8)

PK prolat, in Polaransicht dreieckig, planaperturat, psilat, mit großen Polarfeldern. Poren 7-12 µm groß, rund bis meridional gestreckt, nur meridional kontrastreich begrenzt, gelegentlich nicht erkennbar. Exine ca. 2-5 µm dick, polar und subpolar doppelt so dick wie im Äquatorialbereich. Columellae äquatorial kurz und undeutlich, polar und subpolar dagegen dick, lang, distal verzweigt, ± einzeln stehend *(Bistorta viviparum)* oder deutlich einander gruppenweise genähert *(Bistorta officinalis)*. Endexine bis 0,8 µm dick, meist dicker als das Tectum.

1   Columellae im Polarbereich in Gruppen stehend. Exine polar 4,4-5,5 µm dick, äquatorial 1,8-2,9 µm) (Tafel 22: 5-6) .... **14.9.1 *Bistorta officinalis***

    Bistorta officinalis (L.) Delabre (2)
    45,5-63,0 µm, MiW 55,1 µm; 50 PK, 0a

–   Columellae im Polarbereich ± gleichmäßig verteilt, Exine polar 3,8-4,3 µm dick, äquatorial 2,5-3,0 µm (Tafel 22: 7-8) .... **14.9.2 *Bistorta vivipara***

    Bistorta vivipara (L.) Delabre (3)
    48,1-75,4 µm, MiW 58,7 µm; 50 PK, 1a

14.10 *Xanthium strumarium*-Typ
(Tafel 21: 23-26)

PK scabrat (microechinat), sphäroidisch, PFormI 0,88-0,98 (bei *X. strumarium*) in Polaransicht ± kreisförmig bis schwach dreieckig und dann planaperturat. Polarfelder groß bis sehr groß. Colpen kurz, ca. 4-6 µm lang, fast porenartig ausgebildet und mit ca. 8-10 µm langen, häufig schwer erkennbaren Colpi transversales versehen. Der Aufbau der Exine leitet sich von dem normalen Typ der Asteraceae (S. 222) durch völlige Reduktion der inneren Columellae ab. Zwischen dem Rest der Ektexine (ca. 1 µm) klafft in der Mitte der Intercolpien ein bis 2-3 µm tiefer Raum. Ektexine und Endexine stehen nur im Bereich der Intercolpium-Ränder miteinander in Verbindung. Die Columellae-Schicht ist zweigeteilt. Mit Tectum und Zwischentectum ist sie etwa 2 µm dick.

Xanthium orientale L. (1)
24,1-32,2 µm, MiW 27,9 µm; 50 PK, 0a

Xanthium strumarium L. (1)
24,4-31,8 µm; MiW 28,5 µm; 50 PK, 12a

14.11 Apiaceae
(Tafel 22: 9-10; Tafeln 23-27)

Die Familie der Apiaceae ist in der mitteleuropäischen Flora mit 3 Unterfamilien, 62 Gattungen und 147 Arten vertreten. Apiaceae sind an ökologisch sehr unterschiedliche Pflanzengesellschaften gebunden. Sie besiedeln Hochgebirge und Tundren, Felsenstandorte, sie sind in Trockenrasen, Steppen, Wäldern, an Feuchtstandorten aller Art und in Hochstaudengesellschaften vertreten. Eine weitgehende Bestimmung fossiler PK der Apiaceae wäre daher trotz ihrer meist geringen Anteile in fossilen Pollenspektren von beträchtlichem paläoökologischem Interesse. Dem steht entgegen, daß die Familie der Apiaceae nur einen einzigen morphologischen Grundtyp aufweist, und daß die PK in bestimmten Merkmalen, wie z.B. in der Skulpturierung, keine signifikanten Unterschiede zeigen. Die PK der Apiaceae sind tricolporat, nur *Tordylium maximum* gehört mit dicolporaten PK einer anderen Pollenklasse an. Die einzelnen Abwandlungen von dem Grundtyp der Apiaceae-PK wechseln zudem oft von Art zu Art innerhalb einer Gattung, und fast alle Merkmale zeigen bei den mitteleuropäischen Sippen eine ganz erhebliche Variabilität.

Dieser Situation könnte dadurch begegnet werden, daß die Bestimmung nur bis zur Ebene der Familie durchgeführt wird (Apiaceae indiff. oder Apiaceae indet.). Andererseits zeigen aber die PK der einzelnen Gattungen und/oder Arten durchaus Unterschiede. Die dabei zum Ausdruck kommenden Merkmale können aber nur dann angewendet werden, wenn sie beschreibbar und/oder quantifizierbar sind und insbesondere, wenn ihre Variabilität hinreichend berücksichtigt wird. Verwendung finden die folgenden Merkmale, bei denen auch auf die Darstellung von PUNT (1984) zurückgegriffen wurde.

Größe. Angesichts der Artenfülle wird die Pollengröße (Länge der Polachse) vor allem bei extrem großen Pollenformen als Merkmal verwendet.

Äquatorialansicht, Polaransicht. Fossile PK dürften fast immer in der Äquatorialansicht liegen, nur selten sieht man ein PK in Polaransicht. Für die Bestimmung der PK von Apiaceae sind zwei verschiedene Äquatorialansichten erforderlich. Von diesen kommt fast ausschließlich die **Standard-Äquatorialansicht** zur Anwendung (hier meist nur als »Äquatorialansicht« bezeichnet.) In der Standard-Äquatorialansicht muß das PK so orientiert sein, daß auf der einen Seite ein Intercolpium (**IC-Seite**) und auf der gegenüber liegenden Seite ein Colpus im optischen Schnitt liegt (**C-Seite**). Die beiden anderen Colpen liegen dann – etwas gegen die Längsachse der Äquatorialansicht zur IC-Seite

▷

Tafel 22

1-4 *Elaeagnus argentea*, **5-6** *Bistorta officinalis*, **7-8** *Bistorta vivipara*, **9-10** *Turgenia latifolia*. – Vergrößerungen 1000fach.

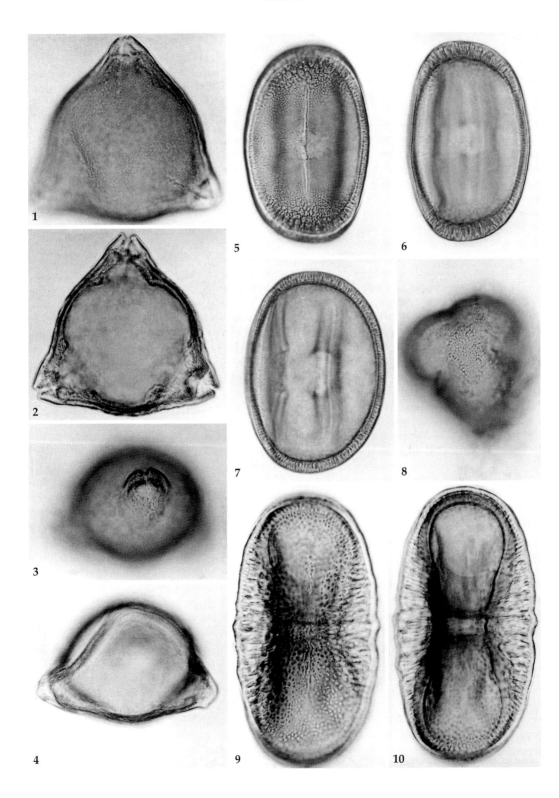

hin verschoben – untereinander (Tafel 24: 7,8). Auf eine exakte Lage der PK bei der Standard-Äquatorialansicht muß sorgfältig geachtet werden. Die andere Äquatorialansicht wird als **Colpus-Ansicht** bezeichnet. Hier liegt entweder ein Colpus in der Mitte und die beiden anderen liegen symmetrisch dazu auf der Unterseite des PK oder umgekehrt (Tafel 26: 1-2).

Die **Polaransicht** wird man bei den überwiegend perprolaten PK nur selten heranziehen können. In Polaransicht sind die PK meist interangular oder circular. Nur bei PK mit stark vorgezogenen Porenbereichen ist die Polaransicht angular (Tafel 27: 22-23). Wenn hier nur der engere Polarbereich vorgewölbt ist, so ist die Polaransicht im Polarbereich circular und erst im Äquatorialbereich angular. An die Stelle der für die Bestimmungen schlecht verwendbaren Polaransicht mit dem PFeldI tritt der **Colpus-Längen-Index (CL-Index)**. Er wird in einer der beiden Äquatorialansichten durch das Verhältnis von Colpus-Länge zur Länge der Polachse ermittelt. Bei PK mit relativ sehr langen Colpen (und dementsprechend einem kleinen Polarfeld) geht der Wert des CL-Index gegen 1,0. Syncolpate PK, die bei Apiaceae mit großem CL-Index gelegentlich vorkommen können, haben einen CL-Index von 1,0.

Zu beachten ist, daß die Streuung der Werte des CL-Index bei ein und derselben Art schon für eine einzige Herkunft beträchtlich sein kann (z.B. bei *Atamantha cretensis* 0,43-0,85). In anderen Fällen ist die Streuung dagegen gering (z.B. bei *Astrantia major* 0,92-0,96, bei *Caucalis daucoides* 0,30-0,40). Auch ist zu beachten, daß die 3 Colpen eines einzigen PK verschieden lang sein können. Als nachgeordnetes Bestimmungsmerkmal ist der CL-Index durchaus brauchbar und wurde daher für alle untersuchten Arten bestimmt.

Längenmessungen sind an den sehr schmalen und kontrastarmen Colpen oft schwierig, auch wenn bei starker Vergrößerung, hoher optischer Auflösung oder im Phasenkontrast-Bild gemessen wird.

Pollenform. Die überwiegende Mehrzahl der Sippen der Apiaceae hat perprolate oder prolate PK. Sie sind meist mehr oder weniger stabförmig, d.h. in Äquatorialansicht mit geraden und parallelen Seiten. Die IC-Seite kann auch konkav und dabei eingebogen (Tafel 25: 9, 17-18) oder eingesenkt (Tafel 25: 14) sein, oder der konkave Teil ist im wesentlichen auf die Äquatormitte beschränkt (Tafel 24: 14). Außerdem gibt es Pollenformen mit einer elliptischen Äquatorialansicht (Tafel 25: 36) und solche mit einer konvexen C-Seite. Dabei kann die C-Seite einen rhomboidischen Umriß haben (Tafel 26: 16, 27, Tafel 27: 7), oder der konvexe Bereich erfaßt nur die Umgebung der Pore (Tafel 17: 19) oder nur die Pore ist blasenförmig vorgewölbt (Tafel 26: 9-10). In der Standard-Äquatorialansicht haben solche PK einen unsymmetrischen Umriß, da die IC-Seite gerade oder nur schwach konvex ist. In der Colpus-Ansicht sind beide Seiten symmetrisch. Schließlich gibt es Fälle mit einer blasenartig vorgewölbten Pore, bei denen die unmittelbar angrenzenden Teile des Umrisses an der C-Seite für sich konkav sind (Tafel 26: 12, jochförmige C-Seite).

Polarbereich, Äquatorialbereich. Diese Begriffe werden etwas anderes als allgemein üblich verwendet. Der **Polarbereich** endet im Umriß dort, wo dieser in die geraden, bzw. konvexen oder konkaven Seiten übergeht und das unabhängig von der Lage der Colpus-Enden. Zwischen den Polarbereichen liegt der **Äquatorialbereich**. In gleicher Weise kann von **polar** und **äquatorial** gesprochen werden. Sinngemäße Verwendung finden die Begriffe **subpolar** und **subäquatorial**. Da z.B. die Exine nur subäquatorial verdickt sein kann, wird für den äquatornahen (unverdickten) Teil des Äquatorialbereiches der Begriff **Äquatormitte** verwendet (Tafel 24: 14).

PFormI. Dieses Merkmal wurde von CERCEAU (1959) für die allgemeine pollenmorphologische Unterteilung der Apiaceae verwendet. Eigene Messungen an 157 europäischen Arten haben gezeigt, daß dieses Merkmal nur in untergeordneten Fällen Verwendung finden kann. Nach steigenden Mittelwerten des PFormI angeordnet, steigen die Werte dieser 157 Arten nur um Beträge von 0,01-0,02, in den Extrembereichen des PFormI vereinzelt um 0,04-0,06, in einem Fall um 0,09.

Findet einmal der PFormI Verwendung, so muß zwischen einer Messung in der Colpus-Ansicht (**PFormI**) und in der Standard-Äquatorialansicht (**PFormI-S**) unterschieden werden. Hauptsächlich wird der PFormI-S verwendet.

Außenkontur (AKontur) und Innenkontur (IKontur). Diese Begriffe beziehen sich auf den Verlauf des Tectums und der Endexine im Äquatorialbereich und zwar auf die IC-Seite in der Standard-Äquatorialansicht. Für die C-Seite ist das nicht erforderlich, da hier Endexine und Tectum zueinander weitgehend parallel verlaufen.

Die AKontur kann ebenso wie die IKontur konvex, konkav, eingesenkt, eingebogen oder gerade sein. Allerdings gibt es oft innerhalb einer Art Übergänge zwischen diesen Möglichkeiten. Tectum und IKontur können gewellt sein (Tafel 23: 8, 14). Die Einsenkung oder Einbiegung kann den ganzen Äquatorialbereich oder nur die Äquatormitte betreffen.

AKontur und IKontur verlaufen auf der IC-Seite parallel (Tafel 23: 12, Tafel 24: 4) oder streckenweise aufgrund wechselnder Längen der Columellae unterschiedlich (Tafel 22: 10, Tafel 23: 6, 14, Tafel 26: 1,4)

Poren, Colpen. Die Poren der Apiaceae sind relativ groß, rundlich, elliptisch oder rechteckig, meist äquatorial gestreckt. Bei stark äquatorial gestreckten Poren kann es untereinander zu Verbindungen kommen. Selten sind die Poren meridional verlängert. Die Poren können von Costae begleitet sein (Tafel 23: 9, 11). Diese Verdickungen sind im optischen Schnitt in der Standard-Äquatorialansicht als Verdickungen der Endexine zu erkennen (IC-Seite). Die Colpen sind immer sehr schmal. Sofern Costae colpi einmal vorhanden sind, sind sie eher unauffällig.

Exine. Die Exine der Apiaceae ist tectat und besitzt immer eine Columellae-Schicht. Tectum und Endexine sind relativ dick. Das Tectum ist glatt oder im Äquatorialbereich gewellt, trägt aber keine oder keine im Lichtmikroskop deutlich erkennbaren Skulpturen. Eine Ausnahme bildet gelegentlich *Hacquetia epipactis* mit striaten oder rugulaten Skulpturen im Äquatorialbereich. Bei der Beurteilung der wechselnden Dicke der Exine ist ggf. zu unterscheiden, ob die Unterschiede durch eine verschieden dicke Columellae-Schicht oder durch Unterschiede in der Dicke der Endexine oder des Tectums bedingt sind.

Es gibt Arten, bei denen die Columellae-Schicht und damit auch die Exine gleichmäßig dick sind. Bei der Mehrzahl der Sippen der Apiaceae ist dagegen die Columellae-Schicht streckenweise verschieden dick. Meistens ist sie im Äquatorialbereich am dicksten, und daher ist auch die Exine hier am dicksten. Auch kann der subäquatoriale bzw. subpolare Bereich die längsten Columellae aufweisen; seltener der Polarbereich.

Als Bestimmungsmerkmal ist es besser, die Dicke der Columellae-Schicht zu verwenden als die Dicke der Exine. In die Dicke der Exine gehen wechselnde Stärken des Tectums und der Endexine ein. Besonders im Äquatorialbereich bzw. in der Äquatormitte reichen die Costae colpi bis in die IKontur der Standard-Ansicht hinein und tragen hier oft erheblich zur Dicke der Exine bei.

Umfang der Messungen. Größe (Polachse) 50 PK, PFormI-S und Äquatorialdurchmesser 20 PK, CL-Index 5 PK, Dicke der Columellae-Schicht polar und äquatorial 5 PK, Dicke der Exine polar, äquatorial, ggf. subäquatorial 5 PK.

Mit einem Ölimmersions-Objektiv wurden die Werte für den CL-Index und die Dicke der Columellae-Schicht gemessen. Schwierigkeiten machen Messungen an der Columellae-Schicht, wenn diese unter 1 μm dick ist und deswegen innerhalb eines Teilstriches auf dem Objektmikrometer geschätzt werden muß. Fehler können auch entstehen, wenn die Innenseite des Tectums sehr kontrastarm ist.

Hinweise für die Anwendung der Bestimmungsschlüssel

1. Alle Angaben, die den Umriß in Äquatorialansicht betreffen, beziehen sich auf den Äquatorialbereich der Standardansicht, soweit nicht anders bezeichnet, und dabei auf die IC-Seite (AKontur, IKontur, Dicke der Exine, Länge der Columellae), sofern nicht ausdrücklich auf die C-Seite Bezug genommen wird,

2. Bei der Bestimmung muß der starken Variabilität der einzelnen Merkmale Rechnung getragen werden. So werden z.B. in den Bestimmungsschlüsseln Angaben über die Streuung der Werte für den CL-Index, für die Dicke der Exine und die Länge der Columellae gemacht, die sich überschneiden können.

Beispiel aus den Bestimmungsschlüsseln:

2 AKontur (IC-Seite) gerade bis schwach konkav, PFormI-S 1,61-1,90, CL-Index 0,79-0,86 (Tafel 27: 18-23) .... *Smyrnium olusatrum* (S. 184)

– AKontur (IC-Seite) deutlich konkav, PFormI-S 1,88-2,14, CL-Index 0,66-0,76 (Tafel 27: 24-25) .... *Laserpitium nitidum* (S. 184)

Werden fossile PK mit Merkmalen aus Überschneidungsbereichen angetroffen, so sollte man diese PK immer als »Apiaceae indiff.« oder »Apiaceae indet.« ansprechen. Das muß im oben genannten Fall für PK mit einem PFormI-S zwischen etwa 1,86 und 1,92 gelten.

3. Größenmessung für die Colpus-Länge, die Dicke der Columellae-Schicht und die Exine müssen mit der Vergrößerung und Auflösung eines Immersion-Objektives durchgeführt werden. Nicht erforderlich ist das für die Größe der PK und für die beiden PFormI. Hier kann ein Trockensystem mit starker Vergrößerung verwendet werden.

1 AKontur auf der IC-Seite gerade (Tafel 23: 18) oder konkav (Tafel 25: 18), C-Seite gerade (Tafel 25: 23), konkav (Tafel 25: 25, Tafel 27: 25) oder jochförmig gebogen (Tafel 26: 12), nicht mit blasenförmig vorgewölbter Pore. PK meist stäbchen- oder hantelförmig 2

– AKontur auf der C-Seite konvex (Tafel 27: 8, 13), wenn gerade oder jochförmig, dann mit blasenartig vorgewölbter Pore, IC-Seite unterschiedlich, PK elliptisch (Tafel 25: 36) oder C-Seite rhomboidisch (Tafel 26: 24), Pore vorgewölbt oder nicht vorgewölbt 12

2 PK 60-85 µm groß, Exine äquatorial auf der IC-Seite 14-19 µm dick und mit 8-10 µm langen Columellae. Tectum dick (Tafel 22: 9-10) .... **14.11.1 *Turgenia latifolia*** (S. 170)

– PK kleiner oder mit anderen Merkmalen 3

3 Unterschiede in der Dicke der Columellae-Schicht und der Exine deutlich 4

– Unterschiede in der Dicke der Columellae-Schicht (äquatorial max. 1,5 µm) und z.T. auch der Exine zwischen dem äquatorialen und polaren Bereich geringfügig oder fehlend, manchmal auch subäquatorial etwas dicker als äquatorial und polar 8

4 Columellae äquatorial und/oder subäquatorial deutlich länger als polar 5

– Columellae polar länger als äquatorial (Tafel 23: 1-3).... **14.11.2 *Heracleum sphondylium*** (S. 170)

5 Colpen kurz, CL-Index 0,30-0,48, PK größer als 39 µm, IKontur zur Äquatormitte hin stark eingebogen (Tafel 23: 6), Columellae hier max. 3,0-4,5 µm lang 6

– Colpen länger, CL-Index größer als 0,50 oder PK kleiner als 43 µm 7

6 Columellae in der Äquatormitte 4,0-4,7 µm lang. IKontur zur Äquatormitte stark eingesenkt (Tafel 23: 4-6) .... **14.11.3 *Tordylium apulum*** (S. 170)

– Columellae in der Äquatormitte (1,7)2,0-3,0 µm lang, C-Seite eingesenkt oder eingebogen (Tafel 23: 7-9)... **14.11.4 *Caucalis platycarpos*-Typ** (S. 170)

7 Columellae subäquatorial deutlich länger als polar und äquatorial, Intercolpien hier dadurch flügelartig verdickt (Tafel 25: 1-2) .... **14.11.5 *Pimpinella saxifraga*** (S. 172)

– Columellae im Äquatorialbereich, mindestens in der Äquatormitte, deutlich länger (äquatorial mindestens 1,5 µm lang und zweimal so lang wie polar) als polar (hier nur 0,7-1,0 µm lang) (Tafel 23: 13-22) .... **14.11.6 *Conium*-Typ** (S. 172)

8 PK 54-67 µm groß, mit auffällig dickem Tectum (Tafel 24: 1-2) .... **14.11.7 *Orlaya grandiflora*** (S. 173)

– PK nicht mit auffällig dickem Tectum 9

9 Äquatorialdurchmesser 20-32 µm, PK 36-72 µm groß 10

– Äquatorialdurchmesser 13-19 µm, PK 22-45 µm groß 11

10 Columellae-Schicht äquatorial 1,8-2,0 μm dick. Columellae bis 1 μm dick, sehr deutlich und kontrastreich (Tafel 23: 10-12) .... **14.11.8** *Oenanthe fistulosa* (S. 173)

– Columellae-Schicht äquatorial 0,7-1,0 μm dick. Columellae nur um 0,5 μm dick, kontrastarm (Tafel 24: 3-6) .... **14.11.9** *Astrantia*-**Typ** (S. 173)

11 Columellae im Polarbereich etwas dicker und mit größeren Abständen als äquatorial, PK 36-45 μm groß, Äquatorialdurchmesser 17-19 μm, CL-Index 0,88-0,92, PFormI-S 2,17-2,37 (Tafel 25: 3-5) .... **14.11.10** *Cicuta virosa* (S. 173)

– Columellae äquatorial und polar gleich dick und mit gleichen Abständen oder Columellae sehr dünn oder PK mit anderen Merkmalen (Tafel 25: 7-25, 30-36)... **14.11.11 Sammelgruppe** (S. 173)

12 C-Seite meist konvex, PK 40-65 μm groß, Exine polar und äquatorial ohne deutliche Unterschiede1,5-2,5 μm dick, Columellae oft undeutlich. Äquatorialbereich oder Äquatormitte konkav oder gerade, C-Seite oft mit blasenartig vorgewölbter Pore. AKontur im Polarbereich auf der IC-Seite abgeschrägt, auf der C-Seite gerunde (Tafel 24: 7-14) .... **14.11.12** *Eryngium* (S. 176)

– PK mit anderen Merkmalen 13

13 PK elliptisch oder C-Seite gerade oder jochförmig und mit blasenartig vorgewölbter Pore 14

– C-Seite rhomboidisch, mit oder ohne vorgewölbte Pore. IC-Seite elliptisch, gerade oder konkav 20

14 PK elliptisch 15
– C-Seite gerade bis jochförmig und mit blasenartig vorgewölbter Pore 16

15 Columellae-Schicht polar dicker als äquatorial (Tafel 27: 1-2) ....
.... **14.11.13** *Trochiscanthes nodiflorus* (S. 177)

– Columellae-Schicht äquatorial dicker als polar (Tafel 25: 35-36; Tafel 27: 5-6) ....
.... **14.11.14** *Berula erecta*-**Gruppe** (S. 177)

16 Exine polar deutlich am dicksten (Tafel 25: 26-29) .... **14.11.15** *Anthriscus cerefolium* (S. 177)
– Exine polar nicht am dicksten 17

17 Exine subäquatorial stark verdickt (3,5-6,0 μm), polar und äquatorial dünner (Tafel 26: 1-4). ......
.... **14.11.16** *Pimpinella major*-**Typ** (S. 178)

– PK subäquatorial nicht oder nur schwach verdickt 18

18 PK 44-55 μm groß, CL-Index 0,42-0,55 (Tafel 26: 5-6) ..... **14.11.17** *Scandix pecten-veneris* (S. 178)
– PK kleiner als 45 μm oder CL-Index größer als 0,55 19

19 C-Seite gerade (Tafel 26: 7-10) .... **14.11.18** *Daucus*-**Typ** (S. 178)
– C-Seite jochförmig (Tafel 26: 11-12) .... **14.11.19** *Bifora*-**Typ** (S. 180)

20 Exine polar dicker als äquatorial 21
– Exine polar nicht dicker als äquatorial, C-Seite deutlich konvex, rhomboidisch mit oder ohne vorgewölbte Porenregion, IC-Seite gerade oder sehr schwach konvex, nicht jochförmig. PK angular (Tafel 26: 13-26) .... **14.11.20** *Bupleurum, Grafia, Molopospermum* (S. 180)

21 Polare Verdickung der Exine deutlich 22
– Polare und subpolare Verdickung der Exine gering, Poren äquatorial verlängert (Tafel 27: 3-4) ..
.... **14.11.21** *Ligusticum mutellina*-**Typ** (S. 182)

22 PFormI-S 1,26-1,38, Poren äquatorial verlängert, polare Verdickung der Exine deutlich (polar 2,5-3,0 μm, äquatorial 1,5-1,8 μm), PK 23-30 μm groß (Tafel 27: 7-11) ....
.... **14.11.22** *Hydrocotyle vulgaris* (S. 184)

– PFormI-S 1,38-1,90, polare Verdickung der Exine geringer 23

23 Poren meridional verlängert oder quadratisch, PK mindestens äquatorial angular (Tafel 27: 12-25) .... **14.11.23** *Pleurospermum, Smyrnium, Laserpitium nitidum* (S. 184)

– Poren äquatorial verlängert, PK interangular (Tafel 27: 26-29) .. **14.11.24** *Levisticum*-Typ (S. 186)

14.11.1 *Turgenia latifolia* (Tafel 22: 9-10). Größte PK der mitteleuropäischen Apiaceae. AKontur gewellt, gerade oder konkav. IKontur stark konkav. Exine äquatorial 14-19 µm, polar 3,2-5,0 µm dick, mit dickem Tectum. Die größte Dicke erreicht die Exine nur in der Mitte der Intercolpien; zu den Intercolpium-Rändern hin entspricht die Dicke nur etwa der des Polarbereiches. Columellae äquatorial 8-10 µm, polar 0,8-1,0 µm lang. PK interangular.

Turgenia latifolia (L.) HOFFM. (2)
62,5-85,5 µm, MiW 76,2 µm; 50 PK, 0a

14.11.2 *Heracleum sphondylium* (Tafel 23: 1-3). PK prolat bis perprolat, PFormI-S 1,81-2,24. AKontur und IKontur gerade bis schwach konkav (eingebogen), C-Seite meist gerade. CL-Index 0,41-0,65. Columellae polar 2,0-3,0 µm lang, äquatorial 1,0-1,5 µm. PK circular.

Heracleum sphondylium L. (3)
41,5-52,0 µm MiW 47,4 µm; 50 PK, 0a

14.11.3 *Tordylium apulum* (Tafel 23: 4-6). PK perprolat, PFormI-S 2,07-2,49, Äquatorialdurchmesser 19,0-22,5 µm. AKontur gerade, Tectum in der Äquatormitte gewellt. IKontur stark eingebogen, in der Äquatormitte gerade. C-Seite gerade. CL-Index 0,33-0,48. Exine äquatorial 4,2-7,2 µm dick, polar 2,0-2,5 µm. Columellae in der Äquatormitte 4,0-4,7 µm lang und besonders dick, polar 0,9-1,0 µm lang. PK interangular.

Tordylium apulum L. (2)
39,5-47,5 µm, MiW 44,5 µm; 50 PK, 0a

14.11.4 *Caucalis platycarpos*-Typ (Tafel 23: 7-9). PK perprolat, PFormI-S 2,11-2,55. AKontur und IKontur in der Äquatormitte stark konkav, Tectum gewellt, C-Seite meist äquatorial auf der ganzen Länge eingebogen. Colpus-Ansicht oft hantelförmig. Colpen kurz, CL-Index 0,30-0,40. Exine polar und subäquatorial 2,2-2,8 µm dick, in der Äquatormitte stark verdickt (3,8-6,0 µm). Columellae in der Äquatormitte bis 1,7-3,0 µm lang, polar und subäquatorial nur 0,8-1,0 µm. Die Columellae sind polar und subpolar besonders dick (bis ca. 1,3 µm), oft in Aufsicht eckig, aber untermischt mit dünnen Columellae (ca. 0,6 µm). In der Mitte der Intercolpien sind die Columellae etwas dünner, besonders dünn sind sie in der Nachbarschaft der Colpen. Die Poren bilden einen ca. 5 µm breiten Colpus transversalis. PK interangular.

Große Ähnlichkeit besteht mit den PK von *Scandix pecten-veneris*, wenn dort die blasenförmige Vorwölbung der Pore fehlt. PK von *Scandix pecten-veneris* haben eine weitgehend identische Dicke und Verteilung der dickeren und dünneren Columellae. Pollengrößen (44,8-54,5 µm), PFormI-S (2,08-2,44) und CL-Index (0,42-0,55) sind weitgehend identisch mit den Werten von *Caucalis platycarpos* oder überlappen erheblich mit diesen. Im Unterschied zu *Caucalis platycarpos* ist bei *Scandix* die Columellae-Schicht nur 0,9-1,1 µm dick und außerdem gibt es keinen Colpus transversalis, und die äquatorial gestreckten Poren sind nur 3-4 µm hoch.

Caucalis platycarpos L. (3)
43,8-54,3 µm, MiW 48,5 µm; 50 PK, 0a

▷

Tafel 23

1-3 *Heracleum sphondylium*, **4-6** *Tordylium apulum*, **7-9** *Caucalis platycarpos*, **10-12** *Oenanthe fistulosa* (11 Phako), **13-16** *Torilis arvensis*, **17-18** *Aegopodium podagraria*, **19-20** *Falcaria vulgaris*, **21-22** *Conium maculatum*. – Vergrößerungen 1000fach.

Tafel 23

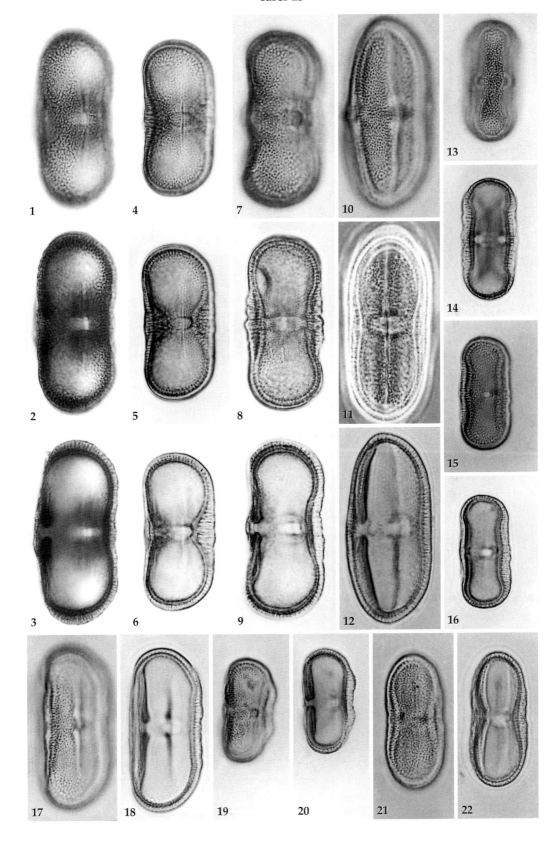

14.11.5 *Pimpinella saxifraga* (Tafel 25: 1-2). PK perprolat (PFormI-S 2,01-2,42) mit flügelartig verdickten Intercolpien im subäquatorialen Bereich. Exine subäquatorial 3,8-4,5 µm dick (Columellae 2,0 µm lang), in der Äquatormitte 2,2-3,2 µm (Columellae 1,2 µm), polar 2,1-2,5 (Columellae 0,8 µm). C-Seite gerade, IKontur konkav (eingebogen), selten gerade. PK interangular.

Pimpinella saxifraga L. (2)
32,0-38,0 µm, MiW 34,9 µm; 50 PK, 0a

14.11.6 *Conium*-Typ (Tafel 23: 13-22). PK prolat bis perprolat, PFormI-S 1,77-2,78. AKontur gerade oder insbesondere in der Äquatormitte konkav. IKontur eingebogen oder eingesenkt, seltener gerade. Bei stark eingebogener IKontur verläuft die Endexine in der Äquatormitte gerade; hier ist die Exine am dicksten und die Columellae am längsten. C-Seite meist gerade. Exine äquatorial 3,5-7,0 µm dick, polar 1,4-3,0 µm. Hohe Werte für die Dicke der Exine im Äquatorialbereich kommen durch lange Columellae und eine verdickte Endexine zustande. Die Länge der Columellae beträgt äquatorial 1,5-2,8 µm, polar 0,7-1,0 µm. Das Verhältnis der äquatorialen zur polaren Länge der Columellae beträgt – jeweils paarweise an PK gemessen – 1,8-3,8. Die Werte des CL-Index überlappen zwischen den einzelnen Arten stark und liegen insgesamt zwischen 0,32 und 0,75. PK interangular bis circular.

Differenzierende Merkmale: Überwiegend prolat sind die PK von *Falcaria vulgaris* und *Heracleum austriacum*. Große PK (soweit sie über 43 µm groß sind) besitzen *Heracleum austriacum* (prolat) und *Aegopodium podagraria* (perprolat). Die größte Dicke der Exine in Verbindung mit besonders langen Columellae in der Äquatormitte (hier gerader Verlauf der Endexine) zeigen die PK von *Conium maculatum*, *Ammi majus*, *Heracleum austriacum* und in geringerem Maße *Petroselinum sativum*. Während hier der Bereich mit der dicksten Exine und den längsten Columellae auf die Äquatorialmitte beschränkt ist, ist bei den anderen Arten die Dicke der Exine meist im gesamten Äquatorialbereich mehr oder weniger gleich groß (Tab. 3).

Weitgehend bestimmbar erscheinen daher folgende Arten aufgrund der angegebenen Maße:
Torilis arvensis mit äquatorialen Columellae-Längen von mehr als 3 µm und einem Quotient der Columellae von über 2,5.
Aegopodium podagraria: PK über 40 µm groß und mit einem PFormI-S größer als 2,10.
Heracleum austriacum: PK über 40 µm groß und mit einem PFormI-S kleiner als 2,00.

Aegopodium podagraria L. (2)
37,0-48,0 µm, MiW 43,9 µm; 50 PK, 0a

Conium maculatum L. (2)
34,0-39,0 µm, MiW 36,9 µm; 50 PK, 0a

Ammi majus L. (2)
28,3-35,5 µm, MiW 32,8 µm; 50 PK, 0a

Falcaria vulgaris BERNH. (3)
26,8-32,3 µm, MiW 29,4 µm; 50 PK, 0a

Anethum graveolens L. (2)
27,5-37,8 µm, MiW 35,3 µm; 50 PK, 0a

Heracleum austriacum L. (1)
40,8-48,8 µm, MiW 45,9 µm; 50 PK, 0a

Tabelle 3. Meßwerte für die PK vom *Conium*-Typ. Differenzierende Werte sind fett gedruckt.

| | Größen in µm | Länge der Columellae in µm | | Quotient äquatoriale: polare Länge der Columellae | PFormI-S | CL-Index |
		äquatorial	polar			
Aegopodium podagraria	**37,0-48,0**	1,7-2,0	0,7-0,9	2,0-2,5	2,08-2,29	0,63-0,68
Ammi majus	28,3-35,5	**2,1-2,8**	0,9-1,0	2,2-2,8	1,99-2,62	0,55-0,65
Anethum graveolens	27,5-37,8	1,6-1,9	0,8	2,0-2,4	2,26-2,53	0,32-0,56
Conium maculatum	34,0-39,0	1,9-2,1	0,9-1,0	1,9-2,2	2,10-2,34	0,46-0,68
Falcaria vulgaris	26,8-32,3	1,5-1,9	0,7-1,0	1,8-2,1	**1,79-2,05**	0,43-0,53(0,70)
Heracleum austriacum	**40,8-48,8**	1,8-2,0	0,9-1,0	1,9-2,2	**1,77-2,05**	0,52-0,61
Hladnikia pastinacifolia	34,3-42,5	1,5-2,0	0,8-0,9	2,0-3,8	2,33-2,78	0,57-0,67
Petroselinum crispum	28,8-36,5	1,6-2,0	0,7-0,9	2,0-2,6	2,26-2,37	0,65-0,75
Torilis arvensis	28,3-37,5	**2,0-2,3**	0,7-0,8	**2,5-3,3**	2,07-2,45	0,47-0,59

Hladnikia pastinacifolia Reichenb. (1)
34,3-42,5 µm, MiW 39,7 µm; 50 PK, 0a

Torilis arvensis (Huds.) Link (2)
28,3-37,5 µm, MiW 33,6 µm; 50 PK, 0a

Petroselinum crispum (Miller) A.W. Hill (1)
28,8-36,5 µm, MiW 34,1 µm; 50 PK, 0a

14.11.7 *Orlaya grandiflora* (Tafel 24: 1-2). PK perprolat, PFormI-S 2,22-2,59. AKontur gerade bis schwach konkav, IKontur meist etwas stärker eingebogen, C-Seite gerade. Tectum oft gewellt, besonders äquatorial auffällig dick (1,0-1,5 µm). Äquatorialdurchmesser 25,9-27,5 µm. Colpen kurz, CL-Index 0,45-0,51. Exine polar 2,9-3,2 µm dick, äquatorial durch dickeres Tectum und dickere Endexine 4,2-5,2 µm. Columellae polar und äquatorial gleich lang. PK interangular.

Orlaya grandiflora (L.) Hoffm. (2)
54,5-67,0 µm, MiW 61,8 µm; 50 PK, 0a

14.11.8 *Oenanthe fistulosa* (Tafel 23: 10-12). PK perprolat, PFormI-S 2,08-2,32. Äquatorialdurchmesser 23,0-25,0 µm. CL-Index 0,81-0,87. Exine in der Äquatormitte im Bereich der stark eingesenkten IKontur etwas verdickt (3,9-4,8 µm), polar nur 2,5-3,0 µm. Columellae-Schicht äquatorial 1,8-2,0 µm dick, polar 1,0-1,2 µm, Columellae kontrastreich, bis 1 µm dick. PK interangular.

Oenanthe fistulosa L. (2)
48,3-60,0 µm, MiW 53,7 µm; 50 PK, 0a

14.11.9 *Astrantia*-Typ (Tafel 24: 3-6). PK prolat bis perprolat, PFormI-S 1,72-2,70. Äquatorialdurchmesser 20-32 µm. *A. major* hat perprolate PK (PFormI-S 2,09-2,70). Die PK der Gattung *Astrantia* zeichnen sich durch ihre Größe (meist über 40 und bis 71 µm), ihren hohen CL-Index (0,78-0,96) und durch ihre ziemlich gleichmäßig dünne Exine aus (meist 2,5-3,5 µm). PK von *Hacquetia* sind manchmal schwach striat oder rugulat skulpturiert. Die Skulpturelemente befinden sich vorzugsweise in der Äquatormitte im Bereich der Einbiegung der AKontur.

AKontur und IKontur der IC-Seite gerade oder in der Äquatormitte etwas konkav. C-Seite gerade oder im Bereich der Poren schwach vorgewölbt. AKontur im Polarbereich meist breit abgerundet. Poren meistens äquatorial gestreckt, 2× so lang wie breit, gelegentlich ringförmig verbunden. Columellae-Schicht 0,7-1,0 µm dick, Columellae um 0,5 µm dick, kontrastarm. PK circular.

Astrantia bavarica F.W. Schultz (2)
37,5-50,8 µm, MiW 44,1 µm; 50 PK, 0a

Astrantia minor L. (2)
35,8-49,8 µm, MiW 43,0 µm; 50 PK, 0a

Astrantia carnioloca Jacq. (2)
38,0-49,0 µm, MiW 41,8 µm; 50 PK, 0a

Hacquetia epipactis (Scop.) DC. (3)
45,0-70,5 µm, MiW 58,3 µm; 51 PK, 0a

Astrantia major L.(4)
47,8-71,5 µm, MiW 61,8 µm; 50 PK, 0a

Sanicula europaea L. (4)
42,0-60,5 µm, MiW 54,3 µm; 50 PK, 0a

14.11.10 *Cicuta virosa* (Tafel 25: 3-5). PK perprolat, in Äquatorialansicht schlank elliptisch, PFormI-S 2,17-2,37. Äquatorialdurchmesser 17-19 µm. AKontur und IKontur gerade bis schwach konkav. Colpen lang, CL-Index 0,88-0,92. Exine äquatorial 2,1-2,9 µm dick, polar 1,8-2,2 µm. Die Columellae sind überall fast gleich lang (äquatorial 0,9 µm, polar 0,8 µm). Im Polarbereich sind die Columellae dicker und stehen etwas weiter voneinander entfernt als äquatorial. PK interangular.

Sehr ähnlich sind in der folgenden Sammelgruppe die PK von *Oenanthe aquatica* und *Sium latifolium*. Im Unterschied zu *Cicuta virosa* sind dort die Columellae polar und äquatorial von gleicher Dicke, und auch die Abstände sind gleich.

Cicuta virosa L. (3)
36,3-45,0 µm. MiW 41,0 µm; 50 PK, 0a

14.11.11 Sammelgruppe (Tafel 25: 6-25, 30-36, Tabelle 4). In allen Merkmalen sehr variable Gruppe mit kleinen bis mittelgroßen PK. PK prolat bis perprolat oder nur perprolat, seltener nur prolat. AKontur und IKontur gerade oder schwach konkav (eingebogen oder eingesenkt). C-Seite meist

174

Tabelle 4. Sammelgruppe kleiner bis mittelgroßer PK von Apiaceae mit äquatorial nicht oder nur schwach verdickter Columellae-Schicht. Differenzierende Merkmal sind fett gedruckt.

Art	Größe in µm	CL-Index	PFormI-S	Äq.durchm. in µm	Dicke der Columellae-Schicht		
					äquator.	subäqu.	polar (µm)
Ammi visnaga	26,3-32,8	0,50-0,55	2,07-2,37	12,8-14,3	0,8-1,0	–	0,7-1,0
Angelica archangelica	32,5-40,0	0,56-0,76	2,00-21,8	16,8-18,5	0,9-1,0	–	0,6-0,7
Angelica archangelica subsp. *litoralis*	29,5-36,0	0,66-0,88	1,86-2,52	13,0-16,5	0,7-0,8	–	0,6-0,7
Angelica sylvestris	36,5-43,0	0,70-0,76	1,93-2,24	18,0-21,0	0,9-1,0	–	0,8-1,0
Anthriscus sylvestris	32,6-40,0	0,70-0,76	1,93-2,24	18,0-21,0	0,9-1,0		0,8-1,0
Apium graveolens	22,3-29,8	**0,83-0,91**	1,60-1,96	11,5-14,3	0,8-1,0	–	0,8-0,9
Apium inundatum	25,0-32,5	**0,84-0,92**	1,65-2,00	14,3-18,8	0,8-1,0	–	0,8-1,0
Apium nodiflorum	22,8-32,0	0,79-0,87	**1,58-1,87**	15,0-16,8	0,8-0,9	–	0,7-0,9
Apium repens	24,5-30,8	0,80-0,88	**1,64-2,00**	12,5-17,5	0,7-1,0	–	0,7-0,9
Bunium bulbocastanum	30,5-40,3	0,61-0,73	1,90-2,31	14,5-19,5	1,0-1,7	–	0,9-1,2
Carum carvi	30,0-42,5	0,51-0,86	2,18-2,63	13,5-19,6	0,8-1,0	–	0,7-1,0
Carum verticillatum	29,0-37,5	0,78-0,87	1,85-2,09	17,3-19,5	0,8-0,9		0,8-0,9
Chaerophyllum aromatic.	23,3-32,0	0,42-0,60	2,13-2,44	11,3-14,0	0,5-0,7	0,5-0,8	0,5-0,8
Chaerophyllum aureum	28,9-35,5	0,50-0,56	2,46-2,76	12,0-14,0	0,5-0,6	–	0,6-0,9
Chaerophyllum bulbosum	22,3-28,0	0,46-0,58	2,23-2,55	11,0-11,8	0,7-0,8	0,8-1,0	0,6-0,7
Cnidium dubium	24,5-32,5	0,41-0,67	1,92-2,15	12,5-14,8	0,6-0,8	–	0,5
Conopodium majus	31,0-35,0	0,50-0,63	2,13-2,38	13,8-15,3	0,7-1,0	–	0,7-1,0
Crithmum maritimum	23,0-30,0	0,80-0,82	**1,64-1,95**	13,0-16,8	0,7-0,7	–	0,5-0,7
Ferula lutea	31,6-42,0	0,58-0,72	1,79-2,05	14,5-17,5	1,5-1,9	–	0,7-1,0
Foeniculum vulgare	27,8-37,0	0,62-0,83	2,09-2,35	12,8-15,5	0,7-1,0	–	0,6-0,9
Laserpitium prutenicum	27,8-37,5	0,55-0,66	1,83-2,26	15,3-18,0	0,5-0,8	0,8-1,0	0,7-0,9
Ligusticum mutellinoides	28,3-34,0	0,57-0,72	1,80-2,29	12,0-15,3	0,5-0,8	–	0,6-0,9
Oenanthe aquatica	33,5-42,5	0,85-0,95	2,04-2,42	16,5-18,8	0,9-1,0	–	0,8-1,0
Oenanthe conioides	32,3-39,5	0,84-0,90	2,00-2,43	15,0-17,5	0,7-0,9	–	0,7-0,9
Oenanthe lachenalii	27,0-38,3	0,75-0,88	2,00-1,39	15,3-17,5	0,9-1,0	–	0,8-1,0
Oenanthe peucedanifolia	31,0-37,0	0,82-0,91	2,03-2,33	15,0-18,0	0,9-1,0	–	0,8-0,9
Oenanthe silaifolia	31,8-42,0	0,75-0,88	1,99-2,40	15,3-18,0	1,0-1,1	–	0,9-1,0
Pastinaca sativa	34,5-45,5	0,56-0,73	1,87-2,37	17,5-20,3	1,0-1,1	–	0,8-1,0
Peucedanum alsaticum	21,8-29,5	0,55-0,87	1,84-2,16	11,8-14,8	0,5-0,8	–	0,5-0,7
Peucedanum arenarium	32,0-39,3	0,56-0,68	2,13-2,50	12,5-16,0	0,6-0,8	–	0,8-1,0
Peucedanum austriacum	29,5-36,8	0,54-0,71	1,97-2,50	13,3-16,5	0,7-0,9	–	0,5-0,8
Peucedanum carvifolia	28,5-35,0	0,58-0,71	1,97-2,24	13,5-15,3	0,8-1,0	–	0,6-0,8
Peucedanum cervaria	28,5-29,3	0,59-0,71	1,97-2,34	15,0-18,0	0,7-0,9	–	0,7-0,9
Peucedanum officinale	33,3-41,5	0,56-0,72	1,97-2,29	17,0-19,3	1,0-1,1	–	0,7-1,0
Peucedanum oreoselinum	26,3-37,5	0,65-0,71	2,08-2,50	13,3-15,5	0,7-1,0	–	0,6-0,8
Peucedanum palustre	25,5-34,0	0,63-0,76	2,13-2,67	12,5-17,0	0,6-0,7	–	0,5-0,7
Peucedanum schottii	29,0-36,8	0,45-0,53	1,91-2,62	12,5-17,5	0,9-1,1	–	0,7-0,9
Peucedanum venetum	24,0-32,5	0,73-0,81	2,03-2,35	12,5-15,0	0,7-0,8	–	0,6-0,7
Ptychotis saxifraga	25,8-33,8	0,46-0,62	1,96-2,52	12,3-13,0	1,0-1,3	–	0,6-0,8
Selinum carvifolium	29,5-37,0	0,61-0,71	1,79-2,33	15,0-18,0	0,7-0,9	–	0,7-0,8
Selinum pyrenaeum	32,5-39,5	0,64-0,78	2,17-2,75	14,8-16,5	0,8-1,0	–	0,7-0,9
Seseli annuum	21,8-28,5	0,69-0,83	1,93-2,22	12,0-13,3	0,7-0,9	–	0,5-0,6
Seseli elatum	25,5-33,0	0,63-0,77	1,84-2,29	11,3-15,3	0,6-0,8	–	0,6-1,0
Seseli hippomarathrum	26,5-33,3	0,66-0,77	1,88-2,50	13,0-17,0	0,9-1,0	–	0,7-0,9
Seseli libanotis	25,0-30,5	0,69-0,85	1,93-2,29	13,0-15,0	0,7-0,9	–	0,8
Seseli montanum	24,5-35,5	0,68-0,85	1,88-2,21	13,0-15,0	0,8-1,0	–	0,6-0,8
Seseli tortuosum	27,0-35,0	0,66-0,77	1,63-2,45	12,8-18,0	0,8-1,0	–	0,7-,08
Seseli pallasii	24,0-33,5	0,62-0,78	1,66-2,02	12,5-15,0	0,8-1,0	–	0,6-0,8
Sium latifolium	35,0-44,5	0,77-0,88	2,10-2,37	17,5-19,3	0,8-0,9	–	0,8-0,9
Torilis japonica	24,5-32,5	0,47-0,56	1,97-2,54	12,0-14,3	0,9-1,3	–	0,8-0,9
Torilis nodosa	25,8-32,0	0,56-0,63	1,77-1,94	14,5-17,0	0,9-1,0	–	0,7-0,8
Trinia glauca	25,5-32,0	**0.86-1.00**	1,66-1,89	16,0-17,5	0,7-0,8	–	0,7-0,8

gerade; sehr selten mit schwach vorgewölbter Pore. PFormI-C ab 1,60 und bis 2,76. CL-Index ab 0,41 bis 1,00. Pollengrößen ab 21,8 bis 45,5 μm. Äquatorialdurchmesser 11,0 bis 21,0 μm. Columellae-Schicht dünn, mit geringen Unterschieden oder ohne Unterschiede zwischen dem polaren und dem äquatorialen Bereich. Exine meist äquatorial wegen des etwas dickeren Tectums und der Endexine dicker als polar, selten polar etwas dicker als äquatorial. Exine äquatorial 1,8-4,6 μm dick, polar 1,4-2,6 μm. Dicken der Exine von maximal über 4,0 μm wurden bei *Oenanthe silaifolia, Peucedanum schottii* und *P. officinale* gemessen. Columellae-Schicht äquatorial (0,5)0,6-1,1(1,7) μm dick, polar 0,5-1,0(1,2) μm; im Einzelfall äquatorial etwas dicker als polar. Ebenfalls selten ist die Columellae-Schicht subäqautorial dicker als polar und in der Äquatormitte. PK interangular oder circular.

Zumindest anteilig sind die folgenden beiden Gruppe bestimmbar:
1. PK kleiner als 30 μm, CL-Index größer als 0,85, PFormI-S kleiner als 2,00: *Apium graveolens, A. inundatum, Trinia glauca.*
2. PFormI-S kleiner als 1,80, Äquatorialdurchmesser kleiner als 17 μm, CL-Index 0,8-1,0: *Apium nodiflorum, A. repens, Crithmum maritimum.*

Bei verschiedenen Arten der Sammelgruppe können PK mit etwas vorgewölbten Poren auftreten. In der Standard-Äquatorialansicht ist dann eine blasenförmig vorgewölbte Pore zumindest angedeutet. In solchen Fällen führt die Bestimmung zum *Daucus*-Typ. Der umgekehrte Fall ist auch möglich.

Ammi visnaga (L.) LAM. (2)
26,3-32,8 μm, MiW 27,6 μm; 50 PK, 0a

Angelica archangelica L. (2)
32,5-40,0 μm, MiW 36,2 μm; 50 PK, 0a

Angelica archangelica L. subsp. *litoralis* (FR.) THELL. (2)
29,5-36,0 μm, MiW 33,2μm; 50 PK, 0a

Angelica sylvestris (L.) HOFFM. (6)
36,5-43,0 μm, MiW 40,8 μm; 50 PK, 0a

Anthriscus sylvestris L. (HOFFM.) (4)
32,6-40,0 μm, MiW 36,5 μm; 50 PK, 0a

Apium graveolens L. (3)
22,3-29,8 μm, MiW 25,5 μm; 50 PK, 0a

Apium inundatum (L.) REICHENB. f. (2)
25,0-32,5 μm, MiW 29,3 μm; 50 PK, 0a

Apium nodiflorum (L.) LAG. (2)
22,8-32,0 μm, MiW 27,5 μm; 50 PK, 0a

Apium repens (JACQ.) LAG.. (3)
24,5-30,8 μm, MiW 28,2 μm; 50 PK, 0a

Bunium bulbocastanum L. (3)
30,5-40,3 μm, MiW 37,3 μm; 50 PK, 0a

Carum carvi L. (2)
30,0-42,5 μm, MiW 38,5 μm; 50 PK, 0a

Carum verticillatum (L.) KOCH (2)
29,0-37,5 μm, MiW 34,1 μm; 50 PK, 0a

Chaerophyllum aromaticum L. (2)
23,3-32,0 μm, MiW 27,9 μm; 50 PK, 0a

Chaerophyllum aureum L. (2)
28,9-35,5 μm, MiW 33,1 μm; 50 PK, 0a

Chaerophyllum bulbosum L. (2)
22,3-28,0 μm, MiW 25,6 μm; 50 PK, 0a

Cnidium dubium (SCHKUHR) THELL. (2)
24,5-32,5 μm, MiW 27,5 μm; 50 PK, 0a

Conopodium majus (GOUAN) LORET (1)
31,0-35,0 μm, MiW 33,2 μm; 50 PK, 0a

Crithmum maritimum L. (3)
23,0-30,0 μm, MiW 27,7 μm; 50 PK, 0a

Ferula lutea (POIRET) GRANDE (2)
31,6-42,0 μm, MiW 35,2 μm; 50 PK, 0a

Foeniculum vulgare MILLER (2)
27,8-37,0 μm, MiW 32,1 μm; 50 PK, 0a

Laserpitium prutenicum L. (2)
27,8-37,5 μm; MiW 33,8 μm; 50 PK, 0a

Ligusticum mutellinoides VILL. (3)
28,3-34,0 μm, MiW 30,9 μm; 50 PK, 0a

Oenanthe aquatica (L.) POIR. (3)
33,5-42,5 μm, MiW 38,7 μm; 50 PK, 0a

Oenanthe conioides LANGE (2)
32,3-39,5 μm, MiW 35,7 μm; 50 PK, 0a

Oenanthe lachenalii C.C.GMEL. (2)
27,0-38,3 μm, MiW 33,8 μm; 50 PK, 1a

Oenanthe peucedanifolia POLLICH (2)
31,0-37,0 μm, MiW 35,1 μm; 50 PK, 0a

Oenanthe silaifolia M. BIEB. (2)
31,8-42,0 μm, MiW 37,8 μm; 50 PK, 0a

Pastinaca sativa L. (2)
34,5-45,5 μm, MiW 39,6 μm; 51 PK, 0a

Peucedanum alsaticum L. (2)
21,8-29,5 μm, MiW 24,7 μm; 50 PK, 0a

Peucedanum arenarium WALDST. & KIT. (2)
32,0-39,3 μm, MiW 35,0 μm; 50 PK, 0a

Peucedanum austriacum (JACQ.) KOCH (2)
29,5-36,8 μm; 26 PK, 0a

Peucedanum carvifolia VILL. (2)
28,5-35,0 μm, MiW 30,9 μm; 50 PK, 0a

Peucedanum cervaria (L.) LAPEYR. (2)
28,5-39,3 µm, MiW 34,3 µm; 50 PK, 0a

Peucedanum officinale L. (2)
33,3-41,5 µm, MiW 39,3 µm; 50 PK, 0a

Peucedanum oreoselinum (L.) MOENCH (2)
26,3-37,5 µm, MiW 34,1 µm; 50 PK, 0a

Peucedanum palustre (L.) MOENCH (4)
25,5-34,0 µm, MiW 29,7 µm; 50 PK, 1a

Peucedanum schottii BESSER (2)
29,0 36,8 µm, MiW 32,5 µm; 50 PK, 0a

Peucedanum venetum (SPRENGEL) KOCH (2)
24,0-32,5 µm, MiW 29,3 µm; 51 PK, 0a

Ptychotis saxifraga (L.) LORET & BARR. (3)
25,8-33,8 µm, MiW 30,7 µm; 50 PK, 0a

Selinum carvifolium (L.) L. (2)
29,5-37,0 µm, MiW 33,2 µm; 50 PK, 0a

Selinum pyrenaeum GOUAN (2)
32,5-39,5 µm, MiW 36,5 µm; 50 PK, 0a

Seseli annuum L. (2)
21,8-28,5 µm, MiW 25,3 µm; 50 PK, 0a

Seseli elatum L. (4)
25,5-33,0 µm, MiW 30,2 µm; 55 PK, 0a

Seseli hippomarathrum JACQ. (2)
26,5-33,3 µm, MiW 30,3 µm; 50 PK, 0a

Seseli libanotis (L.) KOCH (2)
25,0-30,5 µm, MiW 28,9 µm; 50 PK, 0a

Seseli montanum L. (2)
24,5-35,5 µm, MiW 30,3 µm; 50 PK, 0a

Seseli tortuosum L. (2)
27,0-35,0 µm, MiW 30,3 µm; 50 PK, 0a

Seseli pallasii BESSER (2)
24,0-33,5 µm, MiW 28,2 µm; 50 PK, 0a

Sium latifolium L. (2)
35,0-44,5 µm, MiW 40,4 µm; 50 PK, 0a

Torilis japonica (HOUTT.) DC. (3)
24,5-32,5 µm, MiW 29,6 µm; 50 PK, 0a

Torilis nodosa (L.) P. GAERTN. (2)
25,8-32,0 µm, MiW 28,6 µm; 50 PK, 0a

Trinia glauca (L.) DUMORT. (2)
25,5-32,0 µm, MiW 29,1 µm; 50 PK, 0a

14.11.12 *Eryngium* (Tafel 24: 7-14). PK prolat bis perprolat, PFormI 1,45-2,24; die geringsten Werte wurden bei *E. alpinum* gemessen (nur prolat: 1,52-1,85), die größten Werte bei *E. maritimum* (1,91-2,26). Die PK sind meist durch die konkave IC-Seite und die durch eine vorgewölbte Porenregion konvexe C-Seite deutlich geknickt (bumerangartig). Extrem ist das bei *E. alpinum* ausgebildet, wo die Äquatorialmitte der IC-Seite stark eingesenkt ist (Tafel 24: 13-14). Bei *E. planum* ist die IC-Seite meist gerade und bei *E. amethystinum* nur schwach konkav. Auf der C-Seite ist der Umriß im Bereich des Polarfeldes gerundet, auf der IC-Seite dagegen deutlich abgeschrägt. In Polaransicht entsteht dadurch das Bild eines dreilappigen Umrisses.

Die angeschrägten Enden der PK auf der IC-Seite sind neben der starken Vorwölbung der Porenregion ein wesentliches Merkmal zur Unterscheidung vom *Astrantia*-Typ, bei dem im Übrigen die starke Knickung der PK nicht auftritt.

Bei *E. amethystinum* sind die Colpen extrem kurz, der CL-Index beträgt bei dieser Art nur 0,18-0,28. Mittlere Werte (ca. 0,3-0,5) nimmt der CL-Index bei *E. maritimum* und *E. planum* ein, höhere Werte (ca. 0,5-0,75) bei *E. alpinum* und *E. campestre*.

Die Exine ist 1,5-2,5 µm dick und an allen Stellen in der Äquatorialansicht gleich dick. Die Columellae sind kurz und dünn, oft schlecht zu erkennen.

Relevante Einzelwerte sind wegen der starken Unterschiede zwischen einzelnen Arten in Tabelle 5 zusammengefaßt.

Tabelle 5. Einzelwerte für die Arten der Gattung *Eryngium*. Angaben für die Dicke der Exine und die Größe der Poren in µm.

	PFormI-S	CL-Index	Exine Dicke (µm)		Porengröße (µm)
			Äquatorial	polar	
E. amethystinum	1,74-2,27	0,18-0,28	2,0-3,0	1,5-2,0	3,0-4,0 × 10-12
E. alpinum	1,84-2,24	0,47-0,67	2,0	2,0	6-7 × 11-13
E. campestre	1,62-2,18	0,50-0,75	1,8-2,0	1,5-2,0	5-6 × 8-10
E. maritimum	1,91-2,26	0,32-0,48	2,0-2,5	2,0-2,2	5-6 × 12
E. planum	1,52-1,85	0,32-0,52	2,0-2,1	1,9-2,5	5-6 × 10-11(16)

Weitergehende Bestimmungsmöglichkeiten bestehen für:

– *E. amethystinum* und *E. planum* gegenüber den anderen Arten aufgrund der geraden oder nur schwach konkaven IC-Seite.

– die Unterscheidung von *E. amethystinum* und *E. planum* aufgrund des geringen CL-Index von *E. planum*.

– *E. alpinum* und *E. maritimum* wegen der Größe der PK (wenigstens bei PK > 55 μm).

Eryngium amethystinum L. (2)
39,8-48,9 μm, MiW 43,5 μm; 50 PK, 0a

Eryngium maritimum L. (3)
56,5-65,0 μm, MiW 61,3 μm; 50 PK, 0a

Eryngium alpinum L. (2)
50,0-62,5 μm, MiW 55,9 μm; 50 PK, 0a

Eryngium planum L. (2)
43,0-52,5 μm, MiW 47,1 μm; 50 PK, 0a

Eryngium campestre L. (4)
43,0-55,9 μm, MiW 52,5 μm; 50 PK, 0a

14.11.13 *Trochiscanthes nodiflorus* (Tafel 27: 1-2). PK prolat, PFormI-S 1,71-1,88, Äquatorialdurchmesser 13,5-15,3 μm. PK im Umriß elliptisch, AKontur und IKontur konvex. CL-Index 0,82-0,92. Columellae-Schicht äquatorial ca. 0,5 μm, polar ca. 0,8 μm dick. Exine 1,2-1,8 μm dick. Es kann u.U. zu Verwechslungen mit *Castanea* kommen, wenn nicht sehr genau auf die Dickenunterschiede der Exine geachtet wird.

Trochiscanthes nodiflorus (VILL.) KOCH (2)
22,5-29,5 μm, MiW 25,2 μm; 41 PK, 0a

14.11.14 *Berula erecta*-Gruppe (Tafel 25: 35-36; Tafel 27: 5-6). PK prolat, PFormI-S 1,39-1,91. PK klein (17-33 μm), elliptisch, selten äquatorial fast gerade oder C-Seite mit schwach vorgewölbter Pore *(Sium sisarum)*. IKontur meist parallel zur AKontur oder gerade. Exine bei *Berula erecta* und *Sium sisarum* äquatorial und polar gleich dick (1,8-2,5 μm). Äquatorial durch längere Columellae etwas verdickt, ist die Exine dagegen bei *Trinia kitaibelii* (polar 1,2-1,6, äquatorial 2,0-2,5 μm) und *Sison amomum* (polar 1,6-2,0, äquatorial 2,1-2,6 μm). Cl-Index 0,70-0,86. PK interangular oder circular.

Den größeren Äquatorialdurchmesser haben die Arten mit breit-ellipitischen PK, der geringere Äquatorialdurchmesser ist an Arten gebunden, deren PK schlank-elliptisch sind und bei denen auch PK mit parallelen Seiten auftreten.

1 Äquatorialdurchmesser 10-13 μm ....**14.1.14.1** *Sison amomum, Trinia kitaibelii*

– Äquatorialdurchmesser 15-22 μm .... **14.11.14.2** *Berula erecta, Sium sisarum*

Es muß damit gerechnet werden, daß PK anderer Arten aufgrund ihrer Variabilität bei der *Berula erecta*-Gruppe eine Rolle spielen, so z.B. *Anthriscus caucalis*.

Ein Teil der PK von *Berula erecta* und *Sium sisarum* kann zu Verwechselungen mit *Filipendula* Anlaß geben (vergl. S. 194).

Berula erecta (HUDS.) COVILLE (2)
23,0-32,5 μm, MiW 28,3 μm; 50 PK, 0a

Sison amomum L. (2)
17,8-22,8 μm, MiW 20,2 μm; 50 Pk, 0a

Sium sisarum L. (2)
23,8-32,5 μm, MiW 26,4 μm; 52 PK, 0a

Trinia kitaibelii BIEB. (3)
19,5-26,3 μm, MiW 22,4 μm; 50 PK, 0a

14.11.15 *Anthriscus cerefolium* (Tafel 25: 26-29). PK meist perprolat, PFormI-S 1,95-2,24. Exine polar deutlich verdickt, bis 2,4 μm dick und mit langen und dicken Columellae, subpolar und in der Äquatormitte am dünnsten und mit sehr kurzen Columellae, subäquatorial etwas verdickt. AKontur in der Äquatormitte stark eingesenkt, IKontur eingesenkt oder gerade, oft wellig. C-Seite schwach oder deutlich jochförmig mit blasenförmig vorgewölbter Pore. CL-Index 0,36-0,56. PK interangular.

Anthriscus cerefolium (L.) HOFFM. (3)
30,8-38,0 μm, MiW 35,5 μm; 50 PK, 0a

14.11.16 *Pimpinella major*-Typ (Tafel 26: 1-4). PK prolat bis perprolat (*P. anisum*: PFormI-S 1,75-2,23) oder prolat (*P. major*: 2,10-2,65). AKontur durch auffällig starke subäquatorial (»flügelartig«) verdickte Intercolpien, in der Äquatormitte konkav, C-Seite gerade mit blasenförmig vorgewölbter Pore. Poren rundlich oder quadratisch, kaum mit Costae. Gelegentlich überragen die subäquatorialen Verdickungen die sonst gerade AKontur der C-Seite. IKontur gerade bis schwach eingebogen oder eingesenkt. Exine subäquatorial über 3,4 µm (bis 5,8 µm), äquatorial 2,0-3,3 µm und polar 1,7-2,5 µm dick. Columellae subäquatorial bis 5,0 µm, äquatorial bis 2,8 µm, polar bis 1 µm lang. CL-Index bei *P. anisum* 0,59-0,89, bei *P. major* 0,55-0,69. PK interangular. PK mit wenig oder kaum vorgewölbten Poren treten auf.

Pimpinella anisum L. (2)
30,0-40,5 µm, MiW 35,7 µm; 50 PK, 0a

Pimpinella major (L.) Huds. (3)
32,5-47,8 µm, MiW 38,1 µm; 51 PK, 0a

14.11.17 *Scandix pecten-veneris* (Tafel 26: 5-6). PK perprolat, PFormI-S 2,08-2,44. Äquatorialdurchmesser 2,05-2,38 µm. AKontur konkav, eingesenkt, Tectum und Endexine meist gewellt. IKontur wie AKontur. C-Seite variabel: gerade bis eingesenkt oder gewellt, meist mit blasenförmig vorgewölbter Pore. Vorwölbung der Pore oft schwach. Poren äquatorial gestreckt, etwa 3-4 µm hoch, mit Costae. CL-Index 0,42-0,55. Exine äquatorial 2,0-4,6 µm, polar 2,0-2,5 µm dick. Columellae-Schicht äquatorial 0,9-1,1 µm, polar 0,8-0,9 µm. PK interangular. PK von *Scandix* sind denen von *Caucalis platycarpos* sehr ähnlich; vergl. S. 170).

Scandix pecten-veneris L. (2)
44,8-54,5 µm, MiW 49,9 µm; 50 PK, 0a

14.11.18 *Daucus*-Typ (Tafel 26: 7-10). PK prolat bis perprolat oder ausschließlich perprolat. AKontur und IKontur eingebogen, eingesenkt, seltener gerade. Durch Einsenkung im Äquatorialbereich oder in der Äquatormitte ist die Exine hier oft dünn (mit kurzen und dünnen Columellae) und dünner als subäquatorial und/oder polar. Subäquatoriale Verdickungen der Exine treten gelegentlich auf. Die Werte für den CL-Index (0,43-0,95) und den PFormI-S (1,64-2,46) streuen stark, überlappen und bieten keine weiteren Unterscheidungsmöglichkeiten. Die kleinsten gemessenen CL-Index Werte liegen unterhalb von 0,5 und bis zu 0,43 (*Daucus carota, Athamanta cretensis, Ligusticum lucidum*); die größten bei 0,95 (*Meum athamanticum*). Ausschließlich prolat sind die PK von *Meum athamanticum* (PFormI-S 1,65-1,94). PK interangular.

Die Ausbildung der blasenartig vorgewölbten Pore ist bei einigen Arten nicht immer zu beobachten. Diese PK gehören dann zur Sammelgruppe (S. 173). Umgekehrt müssen dort vereinzelt PK zum *Daucus*-Typ gezählt werden.

Angelica palustris (Besser) Hoffm. (2)
34,5-40,8 µm, MiW 38,3 µm; 50 PK, 0a

Daucus carota L. (3)
27,5-32,5 µm, MiW 31,6 µm; 50 PK, 0a

Athamanta cretensis L. (2) p.p.
36,8-44,3 µm, MiW 40,4 µm; 50 PK, 0a

Daucus gingidium L. (2)
30,8-37,0 µm, MiW 33,6 µm; 50 PK, 0a

Athamanta turbith (L.) Broth. (2)
32,5-40,5 µm, MiW 36,5 µm; 50 PK, 0a

Laser trilobum (L.) Borkh. (2)
32,0-40,8 µm, MiW 36,7 µm; 50 PK, 0a

Cenolophium denudatum (Hornem.) Tutin (2)
29,3-34,5 µm, MiW 32,5 µm; 50 PK, 0a

Laserpitium archangelica Wulfen (2)
37,5-45,5 µm, MiW 41,5 µm; 50 PK, 0a

Chaerophyllum hirsutum L. (2)
35,0-45,0 µm, MiW 41,0 µm; 50 PK, 0a

Laserpitium hispidum Bieb. (2)
31,0-40,0 µm, MiW 35,0 µm; 51 PK, 0a

Conioselinum tataricum Hoffm. (2)
32,0-35,0 µm, MiW 33,3 µm; 50 PK, 0a

Laserpitium latifolium L. (2)
34,5-43,0 µm, MiW 38,5 µm; 50 PK, 0a

▷

Tafel 24

1-2 *Orlaya grandiflora*, **3-4** *Astrantia bavarica*, **5-6** *Sanicula europaea*, **7-8** *Eryngium maritimum*, **9-10** *Eryngium campestre*, **11-14** *Eryngium alpinum*. – Vergrößerungen 1000fach.

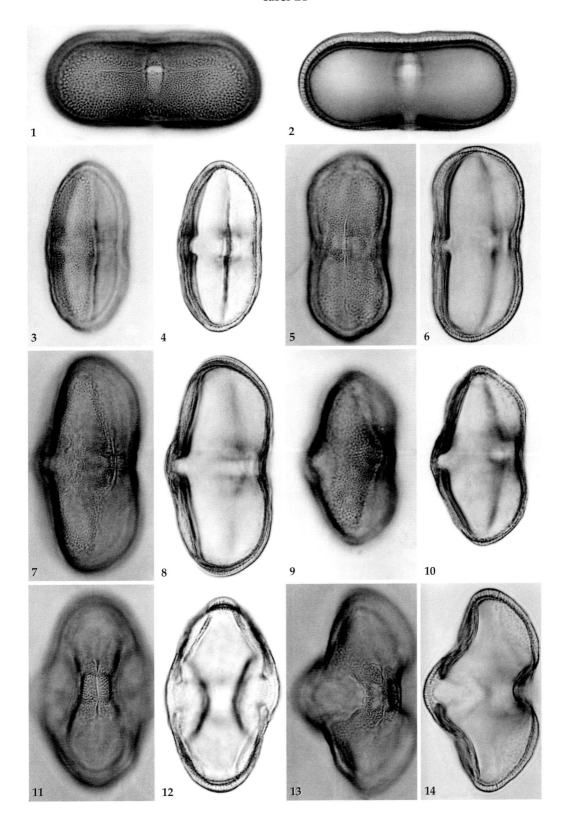

Laserpitium siler L. (2)
37,0-43,0 µm, MiW 41,0 µm; 50 PK, 0a

Opopanax chironium (L.) KOCH (2)
28,3-37,0 µm, MiW 33,4 µm; 50 PK, 0a

Ligusticum lucidum Mıller (2) p.p.
31,0-37,0 µm; MiW 35,0 µm; 50 PK, 0a

Peucedanum ostruthium (L.) KOCH (3)
25,3-34,0 µm, MiW 29,9 µm; 50 PK, 0

Meum athamanticum JACQ. (2)
28,8-40,5 µm, MiW 35,6 µm; 50 PK, 0a

Silaum silaus (L.) SCHINZ & THELL. (2)
34,0-40,5 µm, MiW 36,8 µm; 50 PK, 0a

14.11.19 *Bifora*-Typ (Tafel 26: 11-12). PK perprolat, seltener prolat. PFormI-S überwiegend größer als 2,00, max. bei 2,80 *(Coriandrum sativum)*; geringste Werte bei *Laserpitium halleri* (1,64-1,94), diese Art mit besonders großen und stark vorgewölbten Poren. CL-Index 0,38-0,68. IC-Seite eingesenkt, eingebogen oder gerade, selten gewellt (AKontur und IKontur). Die Einsenkung betrifft den gesamten Äquatorialbereich oder nur dessen Mitte. Tectum meist wellig. IKontur meist eingesenkt. C-Seite deutlich jochförmig mit blasenförmig vorgewölbter Pore. Im Bereich der dickeren Bereiche der Exine sind die Columellae länger und dicker. Die Poren sind äquatorial verlängert, elliptisch bis rechteckig, mit Costae. PK interangular.

Der vorgezogene Porenbereich ist kein ganz zuverlässiges Merkmal. Bei einigen Arten ist er sehr schwach, und dann sollten alle Poren geprüft werden. Verschiedentlich können einzelne PK oder mehrheitlich die PK einer Herkunft abweichende Merkmale zeigen. So kann das Merkmal der vorgewölbten Pore gelegentlich fehlen.

Aethusa cynapium L. (3)
22,3-29,5 µm, MiW 25,0 µm; 50 PK, 0a

Coriandrum sativum L. (1)
28,8-37,3 µm, MiW 33,8 µm; 51 PK, 0a

Bifora radicans M. BIEB. (2)
29,5-35,3 µm, MiW 31,7 µm; 50 PK, 0a

Laserpitium halleri CRENTZ (2)
28,0-34,5 µm, MiW 31,1 µm; 50 PK, 0a

Chaerophyllum temulentum L. (2)
25,0-34,8 µm, MiW 30,2 µm; 50 PK, 0a

Myrrhis odorata (L.) SCOP. (2)
35,8-46,8 µm, MiW 41,2 µm; 50 PK, 0a

Cnidium silaifolium (JACQ.) SIMONKAI (2)
35,0-42,5 µm. MiW 38,9 µm; 50 PK, 0a

14.11.20 *Bupleurum, Grafia, Molopospermum* (Tafel 26: 13-26). AKontur im Umriß asymmetrisch, auf der IC-Seite schwach konvex, auf der C-Seite rhomboidisch infolge der vorgezogenen Porenregion. IKontur konvex. PK 17,0-35,5 µm groß. CL-Index 0,61-0,96, gelegentlich treten syncolpate PK auf. Besonders groß ist der CL-Index bei *Molopospermum* (0,80-0,95) und bei *Bupleurum petraeum* (0,85-0,96). Exine äquatorial 1,0-2,0 µm, polar 1,1-2,5 µm dick. Dieser Dickenunterschied ist aber meist kaum auffallend. PK angular.

PK von *Grafia golaka* sind nicht sicher von *Bupleurum* abtrennbar. PK von *Molopospermum* sind dagegen weitgehend bestimmbar durch ihren geringen PFormI-S (1,26-1,39) und ihre Größe von über 28 µm. In der Gattung *Bupleurum* treten außer bei *B. longifolium* und *B. rotundifolium* PFormI-S Werte von weniger als 1,40 nur selten auf. Da *B. rotundifolium* viel kleinere PK hat als *Molopospermum*, dürfte ein *Molopospermum*-Typ bestimmbar sein, wenn ein PK größer als 30 µm ist und einen PFormI-S unter 1,40 hat. Sonstige PK von *Molopospermum* müssen zum *Bupleurum*-Typ gerechnet werden. Der *Bupleurum*-Typ umfaßt PK der Gattungen *Bupleurum, Grafia* und einen kleinen Anteil von *Molopospermum*. Der *Molopospermum*-Typ umfaßt den wesentlichen Teil von *Molopospermum* und einige PK von *Bupleurum* mit einem untypisch kleinen PFormI-S.

▷

Tafel 25

1-2 *Pimpinella saxifraga*, **3-5** *Cicuta virosa* (5 Phako), **6-7** *Oenanthe aquatica*, **8-9** *Peucedanum palustre*, **10-11** *Anthriscus sylvestris*, **12-14** *Bunium bulbocastanum* (13 Phako), **15-16** *Pastinaca sativa*, **17-18** *Chaerophyllum aureum*, **19-21** *Trinia glauca*, **22-23** *Seseli hippomarathrum*, **24-25** *Chaerophyllum bulbosum*, **26-29** *Anthriscus cerefolium*, **30-31** *Apium inundatum*, **32-34** *Apium graveolens*, **35-36** *Sison amomum*. – Vergrößerungen 1000fach.

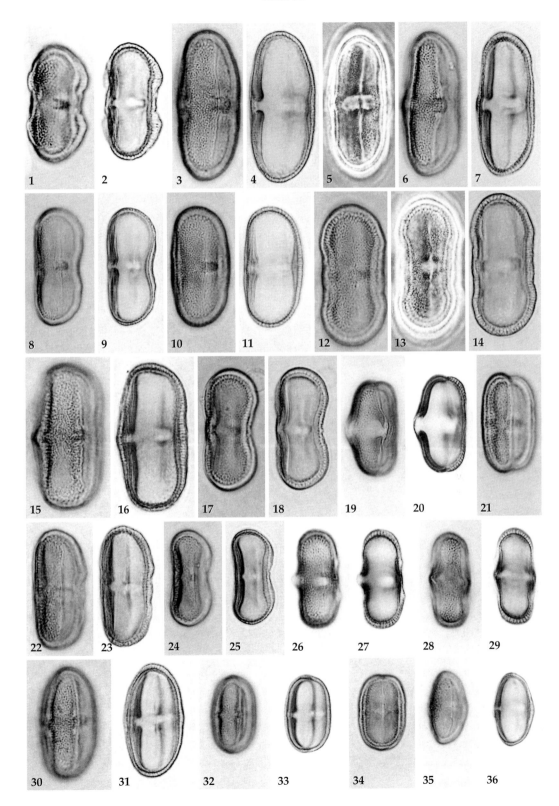

Tabelle 6. Messungen an den PK von *Bupleurum, Grafia* und *Molopospermum*. Größe der PK nach steigenden Mittelwerten angeordnet.

Art	MiW in μm	Größenbereich in μm	PFormI-S	CL-Index
Bupleurum rotundifolium	20,1	17,0-22,5	1,31-1,46	0,75-0,79
Bupleurum baldense	21,3	18,0-23,5	1,46-1,70	0,61-0,80
Bupleurum tenuissimum	22,9	18,5-27,3	1,39-1,68	0,70-0,91
Bupleurum praealtum	23,9	20,5-27,3	1,36-1,52	0,75-0,82
Bupleurum affine	25,2	21,0-27,5	1,40-1,69	0,76-0,80
Bupleurum longifolium	26,4	23,0-30,1	1,22-1,50	0,70-0,81
Bupleurum petraeum	27,4	23,0-32,5	1,42-1,64	0,80-0,96
Bupleurum falcatum	28,7	23,5-32,8	1,51-1,81	0,78-0,92
Grafia golaka	30,0	26,8-34,3	1,48-1,71	0,85-0,91
Bupleurum stellatum	30,1	26,5-32,0	(1,32)1,39-1,60	0,86-0,88
Molopospermum peloponnesiacum	30,8	28,0-35,5	1,26-1,39	0,89-0,95
Bupleurum ranunculoides	31,5	27,5-34,5	1,36-1,46	0,69-0,80

Unsichere Abtrennung besteht in manchen Fällen auch gegenüber dem *Ligusticum mutellina*-Typ (S. 182) und gegenüber *Anthriscus caucalis* (S. 186), wenn dort Exinen-Dicke und Columellae-Länge polar und äquatorial gleich sind.

1   PFormI-S größer als 1,40 oder PK < 30 μm (Tafel 26: 11-18) .... **14.11.20.1** *Bupleurum*-**Typ**

Bupleurum affine SADLER (2)
21,0-27,5 μm, MiW 25,2 μm; 50 PK, 0a

Bupleurum ranunculoides L. (2)
27,5-34,5 μm, MiW 31,5 μm; 50 PK, 0a

Bupleurum baldense TURRA (2)
18,0-23,5 μm, MiW 21,3 μm; 50 PK,0a

Bupleurum rotundifolium L. (2)
17,0-22,5 μm, MiW 20,1 μm; 50 PK, 0a

Bupleurum falcatum L. (3)
23,5-32,8 μm, MiW 28,7 μm; 50 PK, 0a

Bupleurum stellatum L. (2)
26,5-32,0 μm, 30,1 μm; 50 PK, 0a

Bupleurum praealtum L. (2)
20,5-27,3 μm, MiW 23,9 μm; 50 PK, 0a

Bupleurum tenuissimum L. (2)
18,5-27,3 μm, MiW 22,9 μm; 50 PK, 0a

Bupleurum longifolium L. (3)
23,0-30,1 μm, MiW 26,4 μm; 50 PK, 0a

Grafia golaka (HACQUET) RCHB. (2)
26,8-34,3 μm, MiW 30,0 μm; 50 PK, 0a

Bupleurum petraeum RCHB. (2)
23,0-32,5 μm, MiW 27,4 μm; 50 PK, 0a

–   PFormI-S 1,29-1,40, PK > 30 μm (Tafel 26: 21-26) .... **14.11.20.2** *Molopospermum*-**Typ**

Molopospermum peloponnesiacum (L.) KOCH (2)
28,0-35,5 μm, MiW 30,8 μm; 50 PK, 0a

14.11.21 *Ligusticum mutellina*-**Typ** (Tafel 27: 3-4). PK prolat, PFormI-S größer als 1,60. AKontur gerade, C-Seite sehr variabel und zwar konvex oder gerade mit vorgewölbter, äquatorial verlängerter Pore. Exine polar etwas dicker als äquatorial. Polarfelder klein, CL-Index 0,82-0,91.

Die Abtrennung gegenüber *Grafia golaka* (diese gelegentlich mit schwacher polarer Verdickung der Exine) und Arten ihrer Gruppe mit gerader C-Seite und vorgewölbten Poren ist u.U. problematisch.

▷

Tafel 26

1-4 *Pimpinella anisum*, **5-6** *Scandix pecten-veneris*, **7-8** *Daucus carota*, **9-10** *Chaerophyllum hirsutum*, **11-12** *Bifora radicans*, **13-18** *Bupleurum ranunculoides*, **19-20** *Bupleurum tenuissimum*, **21-26** *Molopospermum cicutarium*. – Vergrößerungen 1000fach.

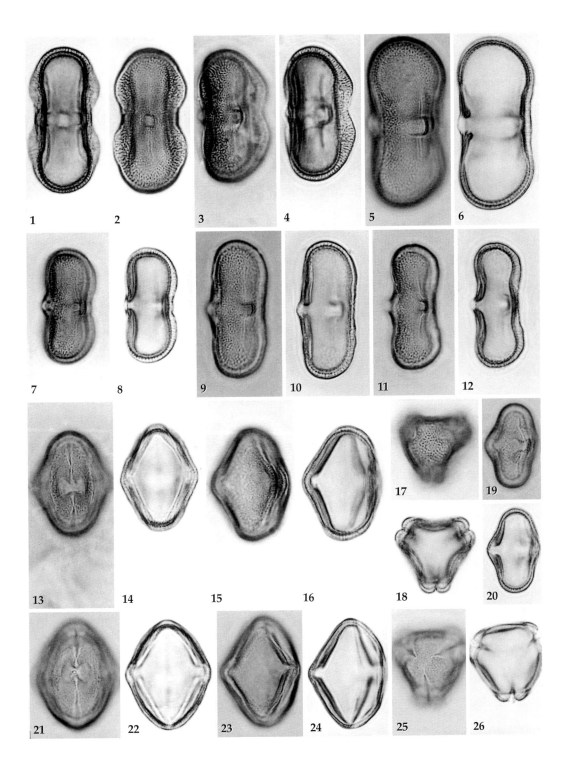

Ligusticum mutellina (L.) CRANTZ (3)
22,0-30,5 µm, MiW 26,2 µm; 50 PK, 0a

Ligusticum scoticum L. (2)
30,0-39,8 µm, MiW 34,2 µm; 50 PK, 0a

14.11.22 *Hydrocotyle vulgaris* (Tafel 27: 7-11). PK sphäroidisch, selten schwach prolat, PFormI 1,10-1,35, PFormI-S 1,26-1,38. C-Seite stark rhomboidisch, Porenbereich nicht oder kaum vorgewölbt. IC-Seite gerade bis schwach konvex. Umriß in der Colpus-Ansicht rhomboidisch. Colpen lang, CL-Index 0,71-0,91. Poren 3,0-3,5 × 4,5-6,0 µm. Exine polar 2,5-3,0 µm dick, äquatorial deutlich dünner (1,5-1,8 µm). Columellae polar ca. 1 µm lang, etwas dicker als äquatorial (hier nur ca. 0,5 µm lang). PK angular.

Hydrocotyle vulgaris L. (5)
23,0-30,0 µm, MiW 27,3 µm; 50 PK, 0a

14.11.23 *Pleurospermum, Smyrnium, Laserpitium nitidum* (Tafel 27: 12-25)

1   PFormI-S 1,38-1,59, Poren in Aufsicht meist deutlich meridional gestreckt (Tafel 27: 12-17) ....
.... **14.11.23.1** *Pleurospermum austriacum*

–   PFormI-S größer, Poren in Aufsicht kaum meridional gestreckt oder quadratisch 2

2   AKontur (IC-Seite) gerade bis schwach konkav, PFormI-S 1,61-1,90, CL-Index 0,79-0,86 (Tafel 27: 18-23) .... **14.11.23.2** *Smyrnium olusatrum*

–   AKontur (IC-Seite) deutlich konkav, PFormI-S 1,88-2,14, CL-Index 0,55-0,76 (Tafel 27: 24-25) ......
.... **14.11.23.3** *Laserpitium nitidum*

14.11.23.1 *Pleurospermum austriacum* (Tafel 27: 12-17). C-Seite konvex, bzw. rhomboidisch mit meist stark vorgezogenem Porenbereich. PFormI-S 1,38-1,59, PK weniger schlank als bei *Smyrnium olusatrum*. IC-Seite schwach konvex (AKontur und IKontur). CL-Index 0,81-0,89. Poren in Aufsicht viereckig, meridional gestreckt. Exine polar 1,8-2,2 µm dick, äquatorial 1,2-1,8 µm. Columellae polar etwas länger und dicker als äquatorial. PK angular.

Pleurospermum austriacum (L.) HOFFM. (3)
28,0-42,0 µm, MiW 35,7 µm; 50 PK, 0a

14.11.23.2 *Smyrnium olusatrum* (Tafel 27: 18-23). C-Seite rhomboidisch mit meist stark äquatorial vorgezogenem Porenbereich. PK deutlich schlanker als bei *Pleurospermum austriacum*, PFormI-S 1,61-1,90. IC-Seite gerade bis schwach konvex. CL-Index 0,79-0,86. Poren in Aufsicht quadratisch bis schwach meridional gestreckt. Exine polar 2,1-2,4 µm dick, äquatorial 1,9-2,1 µm. Columellae polar etwas länger und dicker als äquatorial. PK polar circular, äquatorial angular.

Smyrnium olusatrum L. (2)
34,3-40,8 µm, MiW 37,9 µm; 50 PK, 0a

14.11.23.3 *Laserpitium nitidum* (Tafel 27: 24-25). PK prolat bis perprolat, PFormI-S 1,88-2,14. AKontur und IKontur eingesenkt bis eingebogen. C-Seite konvex mit blasig vorgewölbter Pore. CL-Index 0,55-0,76. Exine polar oder polar und subäquatorial dicker (2,2-3,0 µm) als äquatorial (1,9-2,0 µm). PK äquatorial mit reduzierten Columellae. PK polar interangular, äquatorial angular.

Laserpitium nitidum ZANTEDESCHI (2)
30,5-40,8 µm, MiW 36,5 µm; 50 PK, 0a

▷

Tafel 27

1-2 *Trochiscanthes nodiflorus*, **3-4** *Ligusticum scoticum*, **5-6** *Berula erecta*, **7-11** *Hydrocotyle vulgaris*, **12-17** *Pleurospermum austriacum*, **18-23** *Smyrnium olusatrum*, **24-25** *Laserpitium nitidum*, **26-29** *Anthriscus caucalis* (28 Phako). – Vergrößerungen 1000fach.

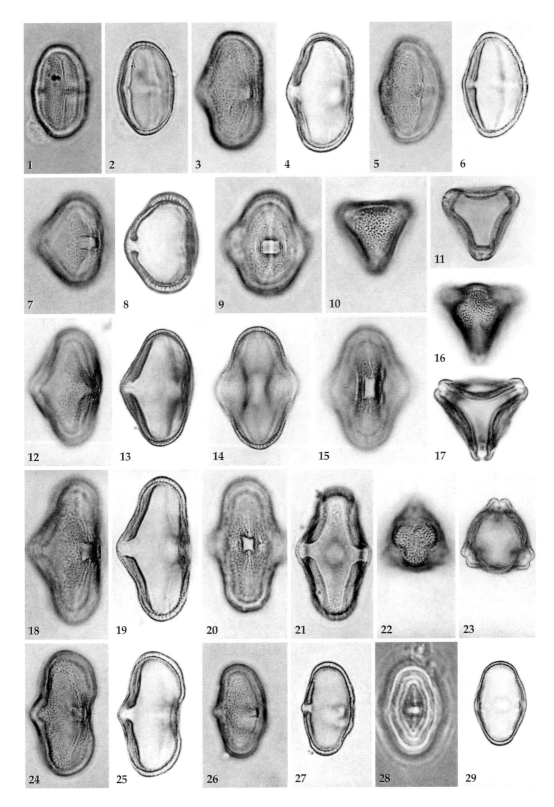

14.11.24 *Levisticum*-Typ

Levisticum officinale. PK prolat, PFormI-S 1,56-1,79. AKontur und IKontur gerade bis schwach konvex, C-Seite konvex (schwach rhomboidisch), auch gerade oder jochförmig, meist mit blasig vorgewölbter Pore. Poren äquatorial verlängert und mit Costae. CL-Index 0,47-0,57. Exine polar und subäquatorial durch längere Columellae und dickere Endexine dicker (2,0-2,6 µm) als äquatorial (1,5-1,9 µm). Columellae nur im Bereich der verdickten Exine erkennbar. PK interangular.

Variabler Pollentyp, der sich schwer in einem Bestimmungsschlüssel unterbringen läßt. Das bezieht sich vor allem auf die Variabilität der IC- und C-Seite.

Levisticum officinale KOCH (2)
25,8-34,0 µm, MiW 29,3 µm; 50 PK, 0a

Anthriscus caucalis (Tafel 27: 26-29). PK prolat, PFormI-S 1,47-1,74. AKontur asymmetrisch elliptisch: C-Seite schwach konvex bzw. rhomboidisch mit blasenartig vorgewölbter Pore. IC-Seite konvex (elliptisch). Die IKontur verläuft parallel zur AKontur. Oft ist die Exine im Übergang vom äquatorialen zum polaren Bereich am dünnsten, und hier gibt es meist einen Knick im Verlauf des Umrisses. Die Exine ist polar 1,5-2,3 µm dick, äquatorial 1,0-2,0 µm; Tectum meist glatt. Die Columellae sind polar länger als äquatorial oder äquatorial und polar gleich lang. CL-Index 0,54-0,69. PK interangular. Sehr variable PK und vielfach schwer von *Bupleurum* abzutrennen. Gut bestimmbare PK haben eine elliptische AKontur der IC-Seite, eine schwach rhomboidische C-Seite mit blasenartig vorgewölbter Pore und eine polar etwas verdickte Exine mit längeren Columellae. Im Rahmen der Variabilität dieses Pollentyps können die blasenartig vorgewölbte Pore und die polare Verdickung der Exine fehlen, und die PK können beidseitig elliptisch sein.

Anthriscus caucalis M. BIEB. (3)
18,5-28,3 µm, MiW 24,1 µm; 50 PK, 0a

14.12 *Lycopsis arvensis*-Typ
(Tafel 28: 13-15)

PK psilat, tricolporat (selten tetracolporat), sphäroidisch bis prolat, in Äquatorialansicht elliptisch oder mit parallelen Seitenrändern. Polarfelder groß bis sehr groß. Exine 1,5-2,0 µm dick. Endexine dicker als das Tectum. Columellae vorhanden. Colpen mit transversal verlängerten Poren bzw. mit Colpi transversales, Colpen und Colpi transversales sind von breiten Verdickungen (Costae) umrandet.

Lycopsis arvensis L. (2)
45,5-56,8 µm, MiW 51,5 µm; 50 PK, 0a

PK sphäroidisch bis prolat, PFormI. 1,34-1,48. Exine um 1,5 µm dick. Colpen halb so lang wie das PK. Colpi transversales 11-13 × 6-9 µm groß.

Lycopsis orientalis L. (2)
35,8-47,8 µm, MiW 42,5 µm; 50 PK, 0a

PK sphäroidisch bis prolat, PFormI 1,14-1,52. Exine 1,6-2,0 µm dick. Colpen länger als die halbe Polachse. Colpi transversales 15-16 × 2,5-4 µm groß. Tectum vereinzelt mit Perforationen. Eine ringförmige äquatoriale Zone über den Colpi transversales kann ein gröberes Muster zeigen.

▷

Tafel 28

1-3 *Artemisia atrata*, **4-6** *Artemisia campestris*, **7-9** *Artemisia maritima*, **10-12** *Artemisia laxa*, **13-15** *Lycopsis orientalis*, **16-17** *Centaurea scabiosa*, **18-22** *Centaurea cyanus*, **23-25** *Centaurea triumfetti*. – Vergrößerungen 1000fach.

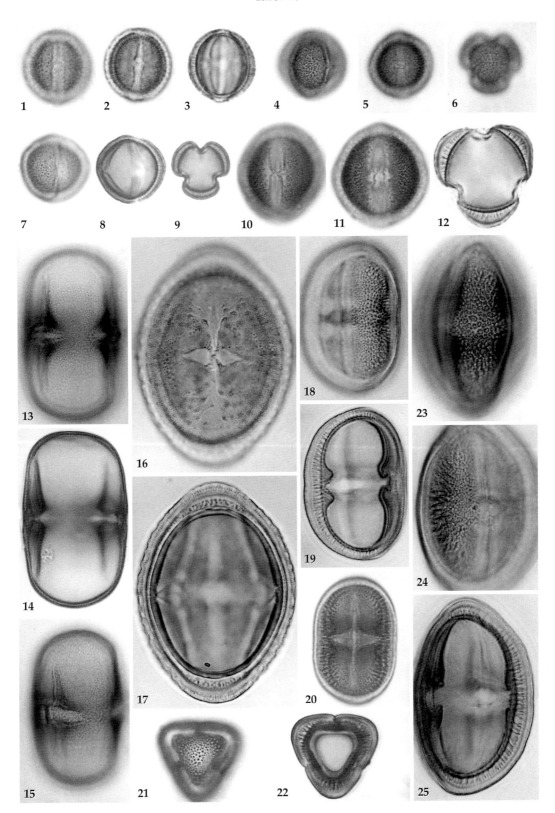

14.13 *Artemisia*

(Tafel 28: 1-12)

PK tricolporat oder tricolporoidat, seltener tricolpat, ausnahmsweise abweichend pericolpat bzw. pericolporat. Colpen äquatorial entweder mit einer Unterbrechung ihrer Umrandung, mit einer ± rundlichen, oft nur auf die Colpus-Membran beschränkten deutlichen bis undeutlichen Pore oder – sehr häufig – mit kurzen Colpi transversales, die im Bereich der Colpen meridional eingeschnürt sein können. Auch meridional gestreckte Poren kommen vor, und die Colpen können äquatorial verengt sein.

Umriß der PK in Polaransicht ± rundlich mit eingesenkten Colpen, in Äquatorialansicht rundlich bis elliptisch, PFormI 0,9-1,39. Polarfelder mittelgroß bis klein. Exine in der Mitte der Intercolpien 2,0-5,2 µm dick, zu den Polarfeldern hin dünner (hier kürzere Columellae, u.U. auch ein dünneres Tectum), gelegentlich unmittelbar auf den Polen wieder etwas dicker. Zu den Colpen hin wird die Exine ebenfalls dünner, hier keilt die Columellae-Schicht gelegentlich aus, so daß in einer schmalen Zone neben den Colpen zwar Microechini zu beobachten sind, Columellae aber fehlen. Das Tectum kann bis über zweimal so dick sein wie die Endexine. Die Columellae sind deutlich erkennbar und stehen dicht. Gelegentlich gibt es auch distal verzweigte Columellae. Das bis über 1,5 µm dicke Tectum besteht aus einer inneren stärker lichtbrechenden und einer äußeren schwächer lichtbrechenden Schicht. Dies ist ein wichtiges Merkmal zur sicheren Bestimmung von PK der Gattung *Artemisia*.

Das Tectum trägt regelmäßig und dicht angeordnete Microechini, die eine breite Basis besitzen. Gelegentlich sind die Skulpturelemente so niedrig, daß sie im optischen Schnitt nur in Form einer schwach welligen äußeren Begrenzung des Tectums sichtbar sind. In Aufsicht sind die Skulpturelemente dagegen fast immer gut zu erkennen.

Da die Gattung *Artemisia* in spätglazialen steppenartigen Rasengesellschaften vorkam, hat der Wunsch nach Artbestimmungsmöglichkeiten zu entsprechenden Untersuchungen geführt (STRAKA 1952, MONOSZON 1950). STRAKA, der auch ältere Literatur zitiert, untersuchte 11 Arten und stellte deren Merkmale in einer Tabelle zusammen. Nach STRAKA sollen 8 Arten, nämlich *A. pontica*, *A. laciniata*, *A. campestris* (exkl. *A. borealis*), *A vulgaris*, *A. rupestris* und *A. norvegica* bestimmt werden können, während *A. absinthium*, *A. borealis* (*A. campstris* subsp. *borealis*) und *A. nana* nicht voneinander zu trennen seien. Als Bestimmungsmerkmal enthält die Tabelle von STRAKA relative Angaben über die Dicke der Exine, die Deutlichkeit der Poren, Stellung und Verteilung der Columellae und der Skulpturelemente sowie absolute Angaben über den Pollendurchmesser und den PFormI (offenbar Mittelwerte).

Ob die relativ geringe Zahl der von STRAKA untersuchten Arten ausreicht, muß fraglich erscheinen. Die von ihm angegebenen Bestimmungsmerkmale wurden einer Nachprüfung unterzogen, wobei besonderer Wert auf die Variabilität der einzelnen Merkmale innerhalb ein und derselben Art und Herkunft gelegt wurde. Die Ergebnisse sind nicht ermutigend. Einige von ihnen, soweit sie meßbar waren, sind unten zusammen mit den Größenangaben angeführt. Manche Arten zeigen durchaus immer wieder bei jeder neuen Untersuchung mit großer Konstanz etwa Extreme in der Dicke der Exine, der Größe der PK usw. So wurden z.B. bei *A. umbelliformis* die größten Werte (3,2-5,1 µm) und bei *A. vulgaris* die kleinsten Werte (2,0-3,0 µm) für die Dicke der Exine gemessen (jeweils 10 Messungen). Ähnlich verhalten sich Pollengrößen und PFormI. Poren bzw. Colpi transversales sind sehr variabel, und über die Deutlichkeit der Skulpturierung lassen sich schwer quantitative Angaben machen. Einige Arten, so z.B. *A. maritima*, sind allerdings bemerkenswert schwach skulpturiert. Innerhalb aller mitteleuropäischen Arten der Gattung *Artemisia* findet man aber keine signifikanten Unterschiede, bedingt durch die starke Veriabilität aller dieser Merkmale.

STRAKA macht darauf aufmerksam, daß bei einigen Arten, in Polaransicht betrachtet, die Columellae in der Mitte der Intercolpien radial stehen, gegen die Ränder zu aber »spreizen«. Hier stehen dann benachbarte Columellae in einem größeren Winkel zueinander, als ihnen bei radialer Stellung zukämen. Dieses Merkmal gibt STRAKA für *A. laciniata*, *A. vulgaris* und *A. maritima* an. Es konnte jedoch festgestellt werden, daß es in der Gattung *Artemisia* viel weiter verbreitet ist. Möglicherweise handelt es sich sogar nur um einen Artefakt, der auf eine Stauchung der Exine bei der Herstellung der Pollenpräparate zurückgeht.

Auf andere Unterscheidungsmerkmale machte MONOSZON (1950) aufmerksam. Sie stellte 4 Typen auf, die sich neben Größe, Dicke der Exine und Deutlichkeit der Skulpturierung offenbar vor allem durch die Form der Intercolpien in Polaransicht und im optischen Schnitt auszeichnen sollen.

Typ 1. PK groß, dickwandig, deutlich skulpturiert. Die Exine wird gegen die Colpus-Ränder hin dünner, und zwar beginnt sie ab der halben Strecke zwischen Colpus und der Mitte der Intercolpien abzunehmen. Vertreten in der Untergattung *Artemisia* (Sektionen *Abrotanum* und *Absinthium*). Von MONOSZON als Beispiel abgebildet: *A. laciniata.*

Typ 2. PK etwas kleiner, dünnwandiger und weniger stark skulpturiert. Die Dicke der Exine nimmt erst kurz vor den Colpus-Rändern abrupt ab. Vertreten in der Untergattung *Artemisia*. Von MONOSZON als Beispiel abgebildet: *A. rupestris.*

Typ 3. PK wie bei Typ 2, jedoch beginnt die Exine bereits von der Mitte der Intercolpien an dünner zu werden. Vertreten in der Untergattung (bzw. Sektion) *Dracunculus*. Von MONOSSON als Beispiel abgebildet: *A. dracunculus.*

Typ 4. PK relativ klein, dünnwandig und schwach skulpturiert. Änderungen in der Dicke der Exine ähnlich wie bei Typ 1. Vertreten in der Untergattung (bzw. Sektion) *Seriphidium*. Von MONOSZON als Beispiel abgebildet: *A. maritima incana.*

Diese bisher veröffentlichten Bestimmungsversuche und ihre an verschiedenen Orten vorgenommenen Überprüfungen haben gezeigt, daß die vorhandenen morphologischen Merkmale offensichtlich zu variabel sind, als daß man sie bei der großen Zahl der mitteleuropäischen bzw. europäischen Arten zu einer verläßlichen Ausscheidung einzelner Arten oder Artengruppen verwenden könnte. Von dem Versuch, fossile PK von *Artemisia* einzelnen Arten zuweisen zu wollen, sollte daher z.Zt. abgesehen werden (ED: Exinendicke).

Artemisia abrotanum L. (2)
20,5-28,7 µm, MiW 25,0 µm; 50 PK, 2a
ED 2,9-5,0 µm; PFormI 0,92-1,15

Artemisia absinthium L. (3)
17,7-28,7 µm, MiW 21,4 µm; 50 PK, 2a
ED 2,2-3,1 µm; PFormI 1,00-1,19

Artemisia alba TURRA (4)
23,4-31,9 µm, MiW 28,3 µm; 50 PK, 2a
ED 2,8-5,0 µm; PFormI 1,05-1,35

Artemisia annua L. (2)
15,6-21,6 µm, MiW 18,6 µm; 50 PK, 1a
ED 2,5-4,0 µm; PFormI 0,89-1,12

Artemisia atrata LAM. (3)
19,5-28,3 µm, MiW 23,4 µm; 50 PK, 1a
ED 2,9-3,8 µm; PFormI 0,90-1,39

Artemisia austriaca JACQ. (2)
20,5-34,5 µm, MiW 24,9 µm; 50 PK, 2a
ED 2,7-3,6 µm; PFormI 1,00-1,24

Artemisia campestris L. (8)
17,7-23,0 µm, MiW 20,5 µm; 50 PK, 1a
ED 2,1-3,4 µm; PFormI 1,00-1,16

– – subsp. *borealis* (PALLAS) H.M. HELL & CLEMENTS (3)
19,1-28,3 µm, MiW 24,0 µm; 50 PK, 2a
ED 2,8-3,8 µm; PFI 0,95-1,15

Artemisia dracunculus L. (3)
17,7-28,0 µm, MiW 22,9 µm; 50 PK, 0a

Artemisia genipi WEBER (5)
19,5-25,1 µm, MiW 22,8 µm; 50 PK, 0a
ED 2,4-4,4 µm; PFormI 1,00-1,26

Artemisia glacialis L. (2)
20,9-31,9 µm, MiW 25,4 µm; 49 PK, 0a
ED 2,8-3,4 µm; PFormI 0,97-1,26

Artemisia herba-alba ASSO (2)
17,3-23,0 µm, MiW 19,6 µm; 50 PK, 1a
ED 2,9-3,6 µm; PFormI 0,97-1,12

Artemisia laciniata WILLD. (3)
18,8-26,9 µm, MiW 24,0 µm; 50 PK, 0a
ED 2,9-3,9 µm; PFI 0,98-1,38

Artemisia maritima L. subsp. *maritima* L. (4)
22,7-30,1 µm, MiW 27,3 µm; 50 PK, 1a
ED 3,0-4,1 µm; PFormI 0,96-1,22

– – subsp. *monogyna* W. et K. (2)
18,4-25,5 µm, MiW 22,7 µm; 50 PK, 1a

– – subsp. *salina* (WILLD.) REICHENB. (3)
21,9-28,7 µm, MiW 25,3 µm; 50 PK, 2a

Artemisia nitida BERTOLONI (3)
25,5-35,0 µm, MiW 30,2 µm; 50 PK, 0a
ED 3,0-4,5 µm; PFormI 1,04-1,29

Artemisia norvegica FRIES (2)
21,6-28,7 µm, MiW 25,2 µm; 50 PK, 1a
ED 3,0-3,6 µm; PFormI 1,04-1,14

190

Artemisia pontica L. (4)
17,7-24,8 µm, MiW 21,8 µm; 50 PK, 0a
ED 3,7-4,6 µm; PFormI 0,92-1,25

Artemisia rupestris L. (5)
19,5-26,4 µm, MiW 22,9 µm; 50 PK, 0a
ED 2,7-3,3 µm; PFormI 1,01-1,30

Artemisia scoparia WALDST. et K. (4)
16,8-21,2 µm, MiW 18,9 µm; 50 PK, 1a
ED 2,8-3,9 µm; PFormI 0,91-1,03

Non vidi: Artemisia nivalis BR.-BL.

Artemisia umbelliformis LAM. (7)
24,1-31,9 µm, MiW 28,4 µm; 50 PK, 1a
ED 3,2-5,1 µm; PFormI 0,91-1,20

Artemisia vallesiaca ALL. (2)
19,8-28,3 µm, MiW 24,0 µm; 50 PK, 1a

Artemisia vulgaris L. (7)
18,1-24,2 µm, MiW 21,5 µm; 100 PK,0a
ED 2,0-3,0 µm; PFormI 0,91-1,29

14.14 Centaurea cyanus
(Tafel 28: 18-22)

PK prolat, in Äquatorialansicht mit ± parallelen Seitenrändern, in Polaransicht dreieckig und planaperturat. Polarfelder mittelgroß. Intercolpien mit ca. 1 µm breiten Margines. Poren stark äquatorial verlängert, PK außerdem mit einer Ringfurche, die von bis 3 µm hohen, sehr auffälligen Costae begrenzt wird. Innere Columellae bis 3 µm lang, 1-2 µm dick, gegen die Colpus-Ränder hin dünner und niedriger. Äußere Columellae-Schicht zweigeteilt, Columellae hier schwach ausgebildet und nur als radiale Streifung erkennbar, mit Tectum und Zwischentectum etwa 2-3 µm dick. Exine schwach scabrat, äquatorial (ohne Costae) 5-7 µm, polar infolge geringerer Mächtigkeit der Ektexine ca. 3 µm dick. Endexine ca. 1 µm dick.

Centaurea cyanus L. (11)
31,2-41,8 µm, MiW 37,0 µm; 50 PK, 1a

14.15 Centaurea montana-Typ
(Tafel 28: 23-25)

PK ähnlich denen von Centaurea cyanus, schwach scabrat, im Umriß elliptisch, sphäroidisch bis prolat, PFormI 1,28-1,52. Exine äquatorial dicker (6-8 µm) als polar (4,5-7 µm). Äußere Columellae-Schicht als Radialstreifung erkennbar, mit Tectum und Zwischentectum 2,0-2,5 µm dick. Innere Columellae sehr kräftig, proximal bis 1,5 µm dick und distal verzweigt. Colpi transversales zugespitzt, 7-9 × 12-15 µm groß, ohne oder nur mit schwachen Costae. Ringfurche meist vorhanden.

Centaurea montana L. (7)
51,8-69,5 µm, MiW 60,2 µm; 50 PK, 0a

Centaurea triumfetti ALL. (6)
50,5-62,7 µm, MiW 54,7 µm; 50 PK, 0a

14.16 Centaurea scabiosa-Typ
(Tafel 28: 16-17)

PK sphäroidisch (PFormI 1,09-1,33), scabrat, in Äquatorialansicht meist rhomboidisch, Umriß der inneren Begrenzung (Endexine) elliptisch bis schwach rhomboidisch. Endexine ca. 1,5-2 µm dick. Polarfelder meist mittelgroß. Colpen mit bis 10 × 20 µm großen, spitz zulaufenden Colpi transversales und einer zusätzlichen Ringfurche. Costae fehlen. PK in Polaransicht rundlich, seltener schwach dreieckig. Exine meist unterschiedlich dick: äquatorial 6-8 µm, polar 6-10 µm. Die Unterschiede gehen im wesentlichen auf den polar größeren Abstand zwischen Zwischentectum und Endexine zurück. Zwischentectum gut entwickelt (± 1 µm dick), äußere Columellae-Schicht als deutliche Radial-Streifung im optischen Schnitt zu erkennen und zweigeteilt. Die inneren Columellae sind rudimentär in Form von Warzen oder bis 2 µm langen hängenden Stäbchen auf der Innenseite des

Zwischentectums erhalten. Exine regelmäßig und deutlich scabrat, an den Intercolpium-Rändern verrucat oder (micro)echinat (Echini dann um 1 μm hoch).

Centaurea scabiosa L. (7)
46,0-62,0 μm, MiW 54,4 μm; 50 PK, 0a

Centaurea rupestris L. (2)
48,0-67,5 μm, MiW 56,0 μm; 50 PK, 0a

Centaurea dichroantha A. KERNER (2)
44,5-59,5 μm, MiW 53,4 μm; 50 PK, 0a

14.17 *Fallopia*
(Tafel 29: 1-5)

PK psilat, sphäroidisch bis prolat, PFormI 1,17-1,47, Umriß in Äquatorialansicht rhomboidisch bis elliptisch. Polarfelder mittelgroß. Die Exine ist polar kappenförmig verdickt (2,3-3 μm), subäquatorial 1,5-2 μm dick und äquatorial meist wieder etwas dicker. Die Columellae sind im Bereich der Verdickungen länger und dicker als in anderen Teilen des PK und stehen etwas weiter voneinander entfernt. Colpen mit Colpi transversales, die Costae besitzen und in der Mitte der Intercolpien miteinander in Verbindung stehen können.

Fallopia convolvulus (L.) A. LÖVE (4)
24,4-35,4 μm, MiW 30,4 μm; 50 PK, 1a

Fallopia dumetorum (L.) HOLUB (2)
23,0-35,0 μm, MiW 30,1 μm; 50 PK, 1a

14.18 *Polygonum aviculare*-Typ
(Tafel 29: 6-10)

PK psilat, sphäroidisch bis prolat, PFormI 1,19-1,40, in Äquatorialansicht mit parallelen Seitenrändern oder elliptisch. Polarfelder meist mittelgroß. PK mit Colpi transversales, die miteinander in Verbindung stehen können, aber im Gegensatz zu *Fallopia* nur in der Nähe der Colpen mit Costae versehen sind. In einzelnen Fällen können die Colpi transversales fehlen. Exine 2,0-3,2 μm dick, Endexine bis ca. 1 μm dick, Tectum dünn und psilat. Columellae-Schicht deutlich. Unterschiedliche Stärken der Exine sind – soweit überhaupt vorhanden – geringer als bei *Fallopia*. Größte Dicke nicht polar, sondern subpolar, manchmal auch äquatorial etwas dicker als subäquatorial. Beispiel: Exine polar 2,5-2,8 μm, subpolar 2,8-3,2, äquatorial 2,1-2,2 μm dick.

Die PK von *Polygonum raii* stellen eine überwiegend stephanocolporate (tetracolporate) und pericolporate Variante des tricolporaten *Polygonum aviculare*-Typs dar und sind auf S. 395 beschrieben. Außerdem treten bei *P. raii* auch tricolporate PK auf. Tetracolporate PK treten gelegentlich auch bei dem *P. aviculare*-Typ auf.

Bei Fossilfunden abseits von Meeresküsten und Salzstandorten kann *P. aviculare* als Art angesprochen werden.

Polygonum arenarium WALDST. & KIT. (2)
19,5-28,3 μm, MiW 24,4 μm; 50 PK, 1a

Polygonum bellardii ALL. (1)
19,5-26,9 μm, MiW 22,8 μm; 50 PK, 1a

Polygonum aviculare L. (5)
28,3-37,5 μm, MiW 32,6 μm; 50PK, 1a

Polygonum maritimum L. (1)
23,0-29,0 μm, MiW 25,9 μm; 50 PK, 1a

14.19 *Anthyllis vulneraria*
(Tafel 29: 11-15)

PK sphäroidisch bis schwach prolat (PFormI 1,08-1,41), in Äquatorialansicht aufgrund der abgeplatteten Pole nahezu rechteckig, in Polaransicht dreieckig (angulaperturat). PK wegen dünnwandiger Bereiche wenig formstabil. Polarfelder groß (PFeldI 0,6-0,7). Schmetterlingsporen meist relativ kontrastschwach, 6,2-10 × 10-15 μm groß, Porenregion vorgezogen. Colpen schmal, Costae deutlich, besonders in Porennähe, 4-5 µm breit. Skulptur variabel, meist auf den Polarfeldern besonders deutlich, meist rugulat (Skulpturelemente bis 1,5 × 3 µm groß), auch mehr verrucat bis scabrat, selten im Polarbereich mit vereinzelten, meist unvollständigen Brochi, über den Costae scabrat. Exine 1,2-1,5 µm dick, polar und in der Mitte der Intercolpien außerhalb der Costae um 1 µm oder weniger.

Bei *Anthyllis montana* und *A. barba-jovis* treten neben den typisch tetracolporaten PK auch gelegentlich tricolporate PK auf (S. 395). Bei beiden Arten sind diese PK nur ca. 25-38 µm groß.

Anthyllis vulneraria L. (3)
36,8-51,5 µm, MiW 44,6 µm; 50 PK, 0a

Anthyllis vulneraria L. var *alpestris* (KIT.) ASCH. & GRAEBN. (3)
38,0-50,5 µm, MiW 46,5 µm; 50 PK, 0a

14.20 *Ornithopus*
(Tafel 29: 16-22)

PK durch abgeplattete Polarfelder tonnenförmig bis rechteckig, sphäroidisch, PFormI 1,11-1,31. Polarfelder mittelgroß, vereinzelt groß, PFeldI 0,44-0,51. Exine 0,9-1,4 µm dick, dicht scabrat skulpturiert. Skulpturelemente bis 1 µm groß, auf den Polarfeldern nicht skulpturiert oder mit sehr kleinen Skulpturelementen (nur im Phasenkontrast-Bild sichtbar). (Schmetterlings-)Poren stark vorgewölbt, 8-10 × 4-6 µm groß. Colpen außerhalb des Porenbereiches mit Costae. Die PK von *O. perpusillus* und *O. sativus* lassen sich größenstatistisch mit einem relativ kleinen Überschneidungsbereich unterscheiden. Vergl. auch *Dorycnium* (S. 197).

Ornithopus perpusillus L. (2)
19,0-28,8 µm, MiW 24,1 µm; 50 PK, 0a

Ornithopus sativus BROTHEO (2)
27,8-34,5 µm, MiW 31,1 µm; 50 PK, 0a

14.21 *Capsicum*-Typ
(Tafel 29: 23-30)

PK psilat, sphäroidisch, PFormI 0,96-1,29,. Polarfelder klein (PFeldI 0,18-0,24). Exine 1,5-2,0 µm dick, psilat. Endexine (0,9-1,1 µm) deutlich dicker als das Tectum, Columellae undeutlich.. Colpi transversales 12,5-17,5 × 2-3 µm. Das Tectum ist über den Colpi transversales wulstig aufgewölbt (bis ca. 4 µm hoch) so daß Querwülste entstehen (Tafel 29: 23-26). Vergl. auch den *Solanum nigrum*-Typ.

Capsicum annuum L. (2)
25,8-33,3 µm, MiW 30,6 µm; 51 PK, 0a

Anzuschließen ist die Gattung *Clethra* (Tafel 29: 27-30), deren PK im wesentlichen mit denen von *Capsicum annuum* übereinstimmen, aber kleiner sind. Der PFormI beträgt 0,79-1,00, die Polarfelder sind klein (PFeldI 0,17-0,24). Dicke der Exine ca. 1,8 µm, Endexine 1,0 µm. Colpi transversales ca. 9 × 15 µm groß unter wulstig abgehobenem Tectum.

Clethra alnifolia L. (2)
17,5-27,3 µm, MiW 22,1 µm; 50 PK, 0a

Clethra arborea AIT. (1)
13,5-19,1 µm, MiW 16,5 µm; 50 PK, 0a

▷

Tafel 29

1-5 *Fallopia convolvulus*, **6-10** *Polygonum aviculare*, **11-15** *Anthyllis vulneraria* (14 Phako), **16-19** *Ornithopus sativus* (19 Phako), **20-22** *Ornithopus perpusillus* (21 Phako), **23-26** *Capsicum annuum*, **27-30** *Clethra alnifolia*. – Vergrößerungen 1000fach.

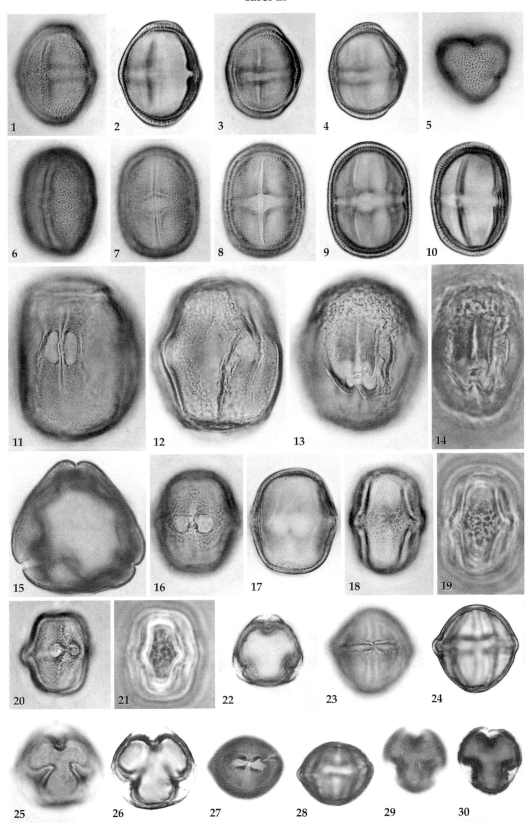

14.22 *Solanum dulcamara*
(Tafel 30: 16-20)

PK psilat, sphäroidisch, PFormI 0,87-1,11. Polarfelder klein (PFeldI um 0,13-0,16). Exine ca. 0,5-0,8 μm dick. Colpi transversales wulstig vorgewölbt, etwa 4 μm lang und unter 1 μm breit. Skulpturen und Strukturen nicht erkennbar.

Solanum dulcamara L. (4)
12,3-15,0 μm, MiW 13,8 μm; 50 PK, 0a

14.23 *Solanum nigrum*-Typ
(Tafel 30: 1-5)

PK psilat bis schwach scabrat (besonders bei *Physalis alkekengi*), sphäroidisch, PFormI 0,90-1,12, in Polaransicht oft dreieckig, in Äquatorialansicht meist rhomboidisch. PK meist tricolporat, selten stephanocolporat, pericolporat oder syncolpat. Polarfelder klein, PFeldI nur 0,90-1,12 *(S. nigrum)*. PK ähnlich wie bei *Capsicum annuum* (S. 192), aber Colpi transversales viel schmaler (bis 1 μm breit) und Ektexine über ihnen nicht oder nur schwach wulstig ausgebildet, aber Äquatorialbereich der Colpen vorgezogen und Colpen hier stark verengt. Exine 1,0-1,3 μm dick, Endexine dicker als das Tectum, Columellae nicht erkennbar.

Solanum tuberosum gehört offenbar nur anteilig hierher. Die untersuchten Herkünfte enthielten stephanocolporate, pericolporate und syncolpate PK mit relativ breiten, nicht oder nur schwach vorgezogenen Colpi transversales. Bei *S. villosum* treten vorwiegend tricolporoidate PK auf (Colpi transversales undeutlich; oft ist nur eine s-förmige Verengung der Colpen zu erkennen). Da das gelegentlich auch bei *S. nigrum* und *S. lycopersicum* vorkommt, wird der *Solanum nigrum*-Typ auch bei den tricolporoidaten PK geführt (S. 207).

Insgesamt handelt es sich um einen nur mit mäßig charakteristischen Merkmalen ausgestatteten Pollentyp, dessen sichere Bestimmung Schwierigkeiten bereiten kann.

Solanum nigrum L. (3)
27,0-32,5 μm, MiW 30,3 μm; 50 PK, 0a

Solanum lycopersicum L. (2)
17,3-22,3 μm, MiW 20,2 μm; 50 PK, 0a

Physalis alkekengi L. (4)
27,0-33,0 μm, MiW 30,4 μm; 50 PK, 0a

Ferner:
Solanum tuberosum L. (2) p.p.
24,1-30,8 μm, MiW 27,8 μm; 50 PK, 0a

Solanum villosum MILL. (1) p.p.
21,2-31,9 μm, MiW 27,5 μm; 50 PK, 0a

14.24 *Filipendula*
(Tafel 30: 6-11)

PK scabrat, sphäroidisch, PFormI 1,06-1,25, in Äquatorialansicht rhomboidisch bis elliptisch. Polarfelder groß bis mittelgroß. Colpen äquatorial verengt, meist mit spaltförmigen Colpi transversales, die undeutlich sein können, selten fehlen. Exine 1,4-2,0 μm dick, manchmal polar etwas verdickt, Endexine (ca. 0,9 μm) dicker als das Tectum. Columellae-Schicht deutlich, meist mit Endo-Microreticulum.

▷

Tafel 30

1-5 *Solanum nigrum*, **6-11** *Filipendula ulmaria*, **12-15** *Bruckenthalia spiculifolia*, **16-20** *Solanum dulcamara*, **21-25** *Castanea sativa*, **26-29** *Androsace chamaejasme* (27 Phako), **30-32** *Lotus corniculatus* (31 Phako), **33-35** *Tetragonolobus siliquosus* (35 Phako), **36-37** *Dorycnium germanicum*, **38-39** *Shepherdia canadensis*, **40-44** *Rhamnus frangula*. – Vergrößerungen 1000fach.

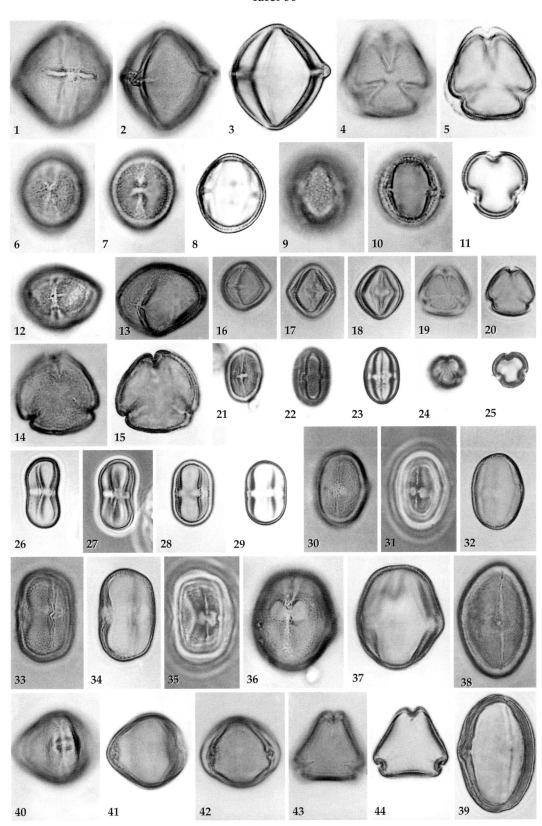

Filipendula ulmaria (L.) MAXIM (6)
20,0-27,4 µm, MiW 24,0 µm; 50 PK, 0a

Filipendula vulgaris MOENCH (3)
17,8-24,3 µm, MiW 21,1 µm; 50 PK, 0a

14.25 *Bruckenthalia spiculifolia*
(Tafel 30: 12-15)

PK sphäroidisch bis schwach oblat, PFormI 0,73-1,00. Polarfelder mittelgroß, PFeldI 0,30-0,44. PK mit abgeflachten Intercolpien (Polaransicht). Exine ca. 1,2-1,5 µm dick, scabrat-fossulat und rissig, auch verrucat ausgebildet. Endexine dick (1 µm), rissig. Colpi transversales spaltartig, etwa 6 × 0,5 µm groß, meist rißartig ausgebildet, oft schräg zu den Colpen und mit geknicktem Verlauf.

Bruckenthalia spiculifolia REICHENB. (2)
18,0-24,5 µm, MiW 21,4 µm; 50 PK, 0a

14.26 *Castanea*
(Tafel 30: 21-25)

PK prolat, PFormI 1,35-1,83, selten sphäroidisch, in Äquatorialansicht elliptisch, in Polaransicht rundlich mit eingesenkten Colpen. PFeldI 0,18-0,37 (gemessen an insgesamt 25 PK von 5 Arten). Colpen mit transversal verlängerten, selten rundlichen Poren (Colpi transversales 3-5 × 1-2 µm groß). Die Colpi transversales sind nicht so regelmäßig abgerundet oder zugespitzt wie bei *Lotus* (S. 198) oder bei dem *Androsace alpina*-Typ (S. 196); sie sind meist kontrastarm begrenzt mit unregelmäßig ausgebildeten, auch eingerissenen Rändern. Exine 1,0-1,5 µm dick, psilat bis schwach scabrat. Endexine (0,8 µm) dicker als das Tectum. Columellae meist undeutlich, besonders außerhalb des Polarbereiches.

Wegen möglicher Verwechslungen mit dem *Hypericum perforatum*-Typ (S. 371) achte man darauf, daß keine microreticulaten Muster vorhanden sind. Von dem *Androsace alpina*-Typ unterscheiden sich die PK von *Castanea* durch die Form der Colpi transversales, die Dicke der Exine und der Endexine, von ähnlichen PK bestimmter Apiaceae (S. 177) durch eine gleichmäßig dicke Columellae-Schicht.

Castanea chrysophylla DOUGL. (1)
12,0-17,3 µm, MiW 14,6 µm; 50 PK, 0a

Castanea pumila (L.) MILL. (1)
13,5-18,2 µm, MiW 16,1 µm; 50 PK, 0a

Castanea dentata (MARSH.) BORKH. (1)
13,6-17,5 µm, MiW 15,2 µm; 50 PK, 0a

Castanea sativa MILL. (6)
13,6-20,4 µm, MiW 15,6 µm; 50 PK, 0a

Castanea japonica BLUME (1)
12,0-16,3 µm, MiW 14,1 µm; 50 PK, 0a

14.27 *Androsace alpina*-Typ
(Tafel 30: 26-29)

PK psilat, prolat bis perprolat, PFormI 1,56-2,67, PK in Äquatorialansicht elliptisch, auch mit geraden oder schwach konkaven Seitenrändern. PFeldI > 0,4. Colpi transversales oval, 1,2-2,5 × 4-5 µm groß. Exine 0,5-1,1 µm dick, bei sehr kleinen PK nur 0,6 µm. Endexine und Tectum sind im optischen Schnitt zu erkennen, Columellae dagegen nicht. Endexine dicker als das Tectum (wichtiges Unterscheidungsmerkmal zu *Lotus*), aber bei kleinen PK u.U. schwer zu erkennen. (vergl. auch *Androsace maxima*, S. 343). Vergl. auch *Castanea*.

Angeschlossen wird *Gregoria vitaliana,* die aufgrund der großen PK als Gattung und als Art bestimmbar sein dürfte. Zahlreiche PK von *Gregoria* sind aber microreticulat.

Androsace alpina (L.) LAM. (2)
13,5-17,3 µm, MiW 15,7 µm; 50 PK, 0a

Androsace carnea L. (2)
16,3-23,8 µm, MiW 19,4 µm; 50 PK, 0a

Androsace chamaejasme WULFEN (2)
15,5-20,0 µm, MiW 17,0 µm; 50 PK, 0a

Androsace obtusifolia ALL. (1)
13,8-18,6 µm, MiW 16,2 µm; 40 PK, 3a

Androsace elongata L. (2)
13,0-16,5 µm, MiW 14,8 µm; 50 PK, 0a

Androsace pubescens DC. (1)
13,3-19,1 µm, MiW 16,7 µm; 50 PK, 3a

Androsace hausmannii LEYB. (1)
14,0-18,6 µm, MiW 16,2 µm; 30 PK, 3a

Androsace septentrionalis L. (2)
8,0-14,0 µm, MiW 11,0 µm; 50 PK, 3a

Androsace helvetica (L.) ALL. (2)
13,0-16,8 µm, MiW 14,5 µm; 50 PK, 0a

Androsace villosa L. (1)
14,2-17,5 µm, MiW 15,4 µm; 50 PK, 3a

Androsace lactea L. (2)
17,3-22,0 µm, MiW 19,6 µm; 50 PK, 0a

Androsace wulfeniana SIEBER (1)
14,2-19,5 µm, MiW 17,1 µm; 50 PK, 3a

Androsace vandelii (TURRA) CHIOV. (1)
11,5-15,0 µm, MiW 13,0 µm; 50 PK, 3a

Gregoria viteliana DUBY (1)
23,9-30,1 µm, MiW 27,2 µm; 50 PK, 3a

Non vidi: *A. brevis* (HEGETSCHW.) CESATI.

14.28 *Dorycnium*
(Tafel 30: 36-37)

PK elliptisch oder mit etwas abgeplatteten Polarbereichen *(D. hirsutum)*, sphäroidisch, PFormI 1,08-1,31, Polarfelder mittelgroß (PFeldI 0,33-0,45). Exine psilat, 1,1-1,4 µm dick; wenn PK scabrat und deutlich rechteckig, vergl. *Ornithopus* (S. 192). Columellae als feines OL-Muster erkennbar. Poren 6 × 8-10 µm groß (Schmetterlingsporen), bei den Arten mit kleineren PK (z.B. *D. herbaceum*) um 3,5 × 7 µm. Die Kontraststärke der Porenumrandungen ist sehr unterschiedlich. Colpen außerhalb der oft vorgezogenen Porenregion mit Costae.

Die PK von *D. hirsutum* haben oft abgeplattete Polarbereiche und zeigen ein deutliches LO-Muster, das auf eine sabrate, manchmal auch angedeutet microreticulate Skulpturierung zurückgeht. Sie stehen deswegen den PK von *Ornithopus* nahe (vergl. S. 192). Wenn auch bei *D. hirsutum* keine rechteckigen PK beobachtet wurden, ist doch eine Verwechslung nicht ausgeschlossen.

Dorycnium germanicum (GREMLI) RIKLI (2)
24,8-34,0 µm, MiW 29,7 µm; 50 PK, 0a

Dorycnium herbaceum VILL. (3)
20,8-29,3 µm, MiW 24,7 µm; 50 PK, 0a

Dorycnium pentaphyllum SCOP. (2)
20,2-29,7 µm, MiW 22,3 µm; 50 PK, 0a

Dorycnium hirstum (L.) SER. (2)
27,6-35,8 µm, MiW 32,0 µm; 50 PK, 0a

14.29 *Lotus, Tetragonolobus*
(Tafel 30: 30-35)

PK elliptisch, oft mit parallelen Seiten, prolat bis sphäroidisch, PFormI 1,22-1,63. Polarfelder meist mittelgroß. Colpen und z.T. auch Poren durch Costae ziemlich kontrastreich. Poren 2-3,5 × 3-7 µm groß, oval oder spindelförmig, oft als Schmetterlingspore ausgebildet, selten rundlich. PK psilat, Exine 0,5-1 µm dick. Schwache microreticulate Muster sind bei sehr großen PK *(Tetragonolobus)* erkennbar.

Diese Angaben gelten vor allem für den *Lotus*-Typ. Bei großen PK, vor allem bei *Tetragonolobus*, kann man gelegentlich erkennen, daß die Exine (und zwar die Endexine) auf einer breiten, äquatorialen Zone etwas dicker als im Polar- und Subpolarbereich ist. Bei *Tetragonolobus* sind die PK nicht nur größer als bei den anderen Arten (mit einem relativ kleinen Überschneidungsbereich), sondern die Exine ist auch etwas dicker (ca. 1 µm) und die Poren größer (bis 10 × 15 µm) als bei den Arten des *Lotus*-Typs. Die Gattungen *Tetragonolobus* und *Lotus* werden auch bei den reticulaten PK geführt (S. 351).

1   PK bis 22 µm groß (Tafel 30: 30-32) .... **14.29.1** *Lotus*-Typ

Lotus angustissimus L. (1)   *Lotus subbiflorus* LAG. (1)
13,1-18,1 µm, MiW 15,2 µm; 50 PK, 0a   13,8-18,1 µm, MiW 16,4 µm; 50 PK, 0a

Lotus corniculatus L. (2)   *Lotus pedunculatus* CAV. (3)
15,9-21,2 µm, MiW 19,4 µm; 50 PK, 0a   13,1-16,6 µm, MiW 14,7 µm; 50 PK, 0a

–   PK 21-28 µm groß, oft undeutlich microreticulat (Phasenkontrast) (Tafel 30: 33-35) ....
....**14.29.2** *Tetragonolobus*-Typ

Tetragonolobus maritimus (L.) ROTH (4)
21,0-27,5 µm, MiW 25,0 µm; 50 PK, 0a

14.30 *Nyssa*
(Tafel 31: 1-4)

PK sphäroidisch, PFormI zwischen 0,75 und 1,0. Polarfelder mittelgroß, PK in Polaransicht dreieckig mit konkaven Intercolpien und eingesenkten Colpus-Rändern. Exine an den Rändern der Intercolpien 1-2 µm dick und mit dünner Endexine. In der Mitte der Intercolpien ist die Endexine dagegen sehr dick (Endexine hier 2 µm, Exine ca. 3 µm), Colpen daher mit ca. 2-4 µm breiten Margines. Columellae sehr deutlich und unregelmäßig angeordnet. Poren (3)4-5 µm groß, rundlich oder schwach transversal gestreckt und von sehr deutlich ausgebildeten Costae umgeben.

Nyssa sylvatica MARSH. (2)
21,2-33,3 µm, MiW 27,8 µm; 50 PK, 0a

14.31 *Frangula alnus*
(Tafel 30: 40-44)

PK sphäroidisch, PFeldI 0,17-0,25. Intercolpien konkav bis flach, selten schwach konvex. Intercolpium-Ränder stark eingesenkt. Poren 2,5-3,5 µm groß. Kontraststärke der Porenumrandungen unterschiedlich. Exine ca. 1,0-1,3 µm dick, Endexine dünner als das Tectum. Skulpturen und Strukturen undeutlich, PK meist psilat bis schwach scabrat, selten mit einzelnen undeutlichen Microbrochi.

Frangula alnus MILL. (4)
19,5-26,9 µm, MiW 23,2 µm; 50 PK, 0a

14.32 *Shepherdia canadensis*
(Tafel 30: 38-39)

PK psilat bis scabrat, prolat, PFormI 1,33-1,57, Äquatorialansicht elliptisch. Polarfelder klein. Poren 1,5-2,0 µm groß, rund, kontrastreich, vorgewölbt. Exine 2,0-3,0 µm, Endexine > 1,0 µm dick. Tectum ca. 0,4 µm dick, Columellae nicht oder nicht deutlich erkennbar.

Shepherdia canadensis NUTT. (2)
28,8-36,5 µm, MiW 33,3 µm; 50 PK, 0a

▷

Tafel 31

1-4 *Nyssa sylvatica* (2 Phako), **5-8** *Fagus sylvatica*, **9-13** *Cornus sanguinea*, **14** *Cornus alba*, **15-18** *Cornus suecica*, **19-23** *Cornus mas*. – Vergrößerungen 1000fach.

Tafel 31

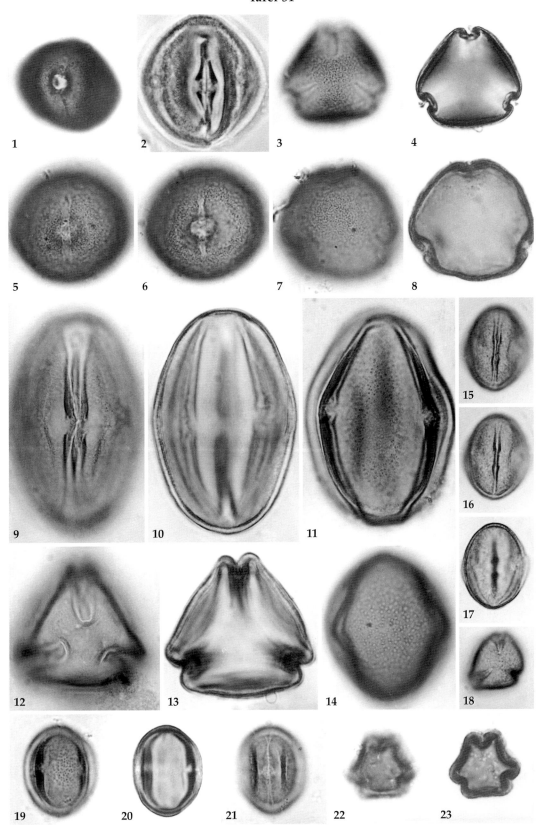

14.33 *Cyclamen hederifolium*

PK psilat, sphäroidisch, PFormI 1,11-1,25. PK wie bei *C. europaeum* (S. 160), aber nicht gedrungen birnenförmig und Polarfelder nicht unterschiedlich groß.

Cyclamen hederifolium AITON (1)
12,0-14,8 µm, MiW 13,7 µm; 50 PK, 0a

Non vidi: *C. repandum* SIBTH. & SM.

14.34 *Eucommia ulmoides*
(Tafel 120: 10-15)

PK psilat, sphäroidisch, PFormI 1,18-1,31. Poren rund, 6-8 µm groß oder schmal und meridional gestreckt, Porenränder oft kontrastschwach. Intercolpium-Ränder eingekrümmt. Exine 1,8-2,2 µm dick, zweischichtig, innere Schicht 1 µm dick und dicker als die äußere Schicht. Zwischen innerer und äußerer Schicht sind keine Columellae erkennbar. Colpus-Membranen nicht skulpturiert.

Eucommia ulmoides OLIV. (2)
32,8-39,5 µm, MiW 36,7 µm; 50 PK, 0a

Die Colpen können schräg stehen, sie können gebogen oder unsymmetrisch angeordnet sein. Ein charakteristisches, wenn auch variables Merkmal ist die unterschiedliche Länge der Colpen. In der Regel ist ein Colpus deutlich kürzer als die beiden anderen. Tabelle 7 zeigt die CL-Werte für die drei Colpen von 10 PK von *Eucommia*.

Tabelle 7. *Eucommia ulmoides*. CL-Werte für die Colpen von 10 PK.

PK Nr.	1	2	3	4	5	6	7	8	9	10
Colpus 1	1,57	1,54	1,67	1,52	1,58	1,55	1,54	1,69	1,68	1,70
Colpus 2	1,44	1,41	1,43	1,43	1,55	1,36	1,37	1,54	1,61	1,46
Colpus 3	1,24	1,30	1,27	1,22	1,40	1,31	1,32	1,42	1,35	1,43

14.35 *Fagus*
(Tafel 31: 5-7)

PK scabrat, sphäroidisch, meist kugelig, Umriß in Polaransicht kreisförmig oder schwach dreieckig und dann angulaperturat. Intercolpium-Ränder oft etwas eingesenkt, Polarfelder groß bis mittelgroß (PFeldI ca. 0,35-0,60). Colpen bis 2 µm breit, Poren ± rundlich oder etwas meridional gestreckt, um 5-7 µm groß. Exine 1,5-2 µm dick. Endexine etwa so dick wie das Tectum (ca. 0,5 µm), dieses deutlich scabrat. Skulpturelemente von sehr unterschiedlicher Form und Größe. Columellae vorhanden, in Aufsicht wegen der starken Skulpturierung im Hellfeld u.U. schwer zu erkennen. Im Tectum sind Perforationen vorhanden und besonders an schwach skulpturierten PK gut zu erkennen. Nach PRAGLOWSKI (1962) ist das Tectum mit 0,2-0,5 µm langen Microechini besetzt, die ihrerseits auf niedrigen Skulpturelementen (»ridges«) sitzen. Im übrigen ist die Variabilität in der Art der Skulpturierung sehr groß. Sie reicht von psilaten über (micro-) verrucate bis zu microrugulaten Skulpturen. Im letzten Fall sind dann die von PRAGLOWSKI beschriebenen »ridges« besonders stark gestreckt.

Artunterschiede bestehen zwischen den untersuchten Arten offenbar nicht.

Fagus grandifolia EHRH. (1)
30,1-39,6 µm, MiW 36,0 µm; 50 PK, 0a

Fagus sylvatica L. (5)
28,3-38,6 µm, MiW 34,9 µm; 50 PK, 0a

Fagus orientalis LIPSKY (1)
34,3-42,8 µm, MiW 39,2 µm; 50 PK, 0a

15. Tricolporoidatae
PK mit psilaten, scabraten, verrucaten oder microverrucaten Skulpturen

Tricolporoidate PK

PK mit 3 Colpen, diese stets mit je einer zusätzlichen äquatorialen Apertur, die nicht kontrastreich und deutlich begrenzt, oft von unregelmäßiger Form (z.B. mit eingerissenen Rändern), nie mit Costae versehen und gelegentlich auf die Colpus-Membran beschränkt ist. Oft sind nur die Intercolpium-Ränder im unmittelbaren Äquatorialbereich unterbrochen. Die kontrastarmen, zusätzlichen Aperturen können auch in transversaler Richtung gestreckt sein und dann nur wenig oder gar nicht von der Colpus-Membran auf die Intercolpien übergreifen. Auch PK mit sehr kurzen, spaltartigen Colpi transversales und solche mit einfacher oder s-förmiger äquatorialer Verengung der Colpen werden hier mitangeführt.

Tricolporate PK .... S. 155

PK mit 3 Colpen, diese stets mit einer deutlich, d.h. kontrastreich begrenzten, runden, transversal oder meridional verlängerten Pore oder mit je einem Colpus transversalis oder einem Colpus equatorialis. Die Ränder dieser zusätzlichen Aperturen können durch Costae ganz oder teilweise verdickt sein. Colpi transversales sind gelegentlich spaltartig ausgebildet. Sind diese Spalten so kurz, daß sie nicht oder nur kaum über die Colpus-Ränder auf die Intercolpien übergreifen, so ist entweder nur oder auch der Bestimmungsschlüssel für tricolporoidate PK zu berücksichtigen.

Tricolpate PK .... S. 121

PK mit 3 Colpen, diese stets ohne zusätzliche, äquatoriale Aperturen in der Endexine bzw. in der Endexine und in der Columellae-Schicht oder in der Colpus-Membran. Intercolpium-Ränder in der Regel glatt oder auf ihrer ganzen Länge körnig aufgelöst. Bei PK mit ± schwacher äquatorialer Unterbrechung der Intercolpium-Ränder oder mit einfacher oder s-förmiger äquatorialer Verengung der Colpen ist es ratsam, auch nach dem Bestimmungsschlüssel für tricolporoidate PK vorzugehen. Meistens stehen solche Fälle jedoch in erster Linie bei den tricolpaten PK (z.B. *Quercus* und *Viola*).

1 PK prolat bis perprolat, PFormI 1,43-2,20, PK 37-68 µm groß (Tafel 53: 9-13) ....*Agrimonia, Aremonia* (S. 270)

– PFormI < 1,4 2

2 Colpen mit deutlichen Opercula 3
– Colpen ohne Opercula 5

3 Opercula äquatorial auffällig verdickt 4
– Opercula äquatorial nicht auffällig verdickt, vergl. evt. *Diospyros* (S. 207) und *Rosa* (S. 273)

4 PK kugelig, PFormI 0,94-1,05, Exine 1,4-2,6 µm dick (Tafel 13: 16-17) .... *Sanguisorba minor*-Typ (S. 130)
– PK rhomboidisch, PFormI 1,11-1,40, Exine 3,3-4,8(5,0) µm dick (Tafel 13: 18-19) .... *Sanguisorba dodecandra* (S. 130)

5 Skulpturelemente deutlich und in Aufsicht wenigstens z.T. ± rundlich, PK microverrucat, microechinat oder verrucat 6
– Skulpturelemente undeutlich oder in Aufsicht alle unregelmäßig geformt oder PK psilat 11

6 Intercolpien konkav bis flach, Exine mindestens im Bereich der Intercolpien microverrucat bis verrucat. Colpen meist deutlich eingesenkt (Tafel 31: 9-23) .... **15.1 *Cornus*** (S. 203)
– Intercolpien ± konvex 7

7 PK ca. 30-60 µm groß, sphäroidisch bis oblat, dünnwandig, mindestens stellenweise verrucat oder microverrucat 8

– PK < als 30(32) µm, rundlich bis langgestreckt, niemals oblat, stets anders skulpturiert 9

8 Skulpturelemente bis 3 µm groß, in Aufsicht teils rundlich, teils langgestreckt (Tafel 53: 1-5) .... *Datura* (S. 270)

– Skulpturelemente in Aufsicht nur bis etwa 1 µm groß und rundlich (Tafel 32: 1-4) .... **15.2** *Scopolia carniolica* (S. 204)

9 PK dickwandig (Exine 2,0-5,2 µm dick), meist kugelig, regelmäßig scabrat oder microechinat. Tectum dick und mit einer inneren stärker und einer äußeren weniger stark lichtbrechenden Schicht (Tafel 28: 1-12) .... *Artemisia* (S. 188)

– Exine und Tectum dünner und Tectum nicht wie bei *Artemisia* zweischichtig. PK meist langge- streckt 10

10 Colpen äquatorial mit Querspalt oder nur verengt (Tafel 30: 6-11) .... *Filipendula* (S. 194)

– Colpen äquatorial nie mit einem Querspalt, sondern hier meist nur verengt oder mit körnig aufgelösten Rändern. Die Abtrennung von *Filipendula* kann unsicher sein (Tafel 20: 1-3)............. .... *Globularia* (S. 151)

11 PK 15-20 µm groß, heteropolar mit verschieden großen Polarfeldern (Tafel 32: 19-24) ....**15.3** *Gratiola officinlis* (S. 204)

– PK nicht heteropolar, meist größer als 20 µm 12

12 PK mit Tectum perforatum oder microreticulat. Wenn ± foveolat, vergl. *Medicago sativa*-Typ (S. 207).. 13

– Tectum ohne oder höchstens mit vereinzelten Perforationen 15

13 PK mit einer 2-4 µm breiten äquatorialen Verengung der Colpen (Tafel 32: 9-18) .... **15.4** *Mercurialis* (S. 204)

– PK mit schmalerer oder s-förmiger äquatorialer Verengung der Colpen 14

14 Exine 1,8-2,5 µm dick, PK größer als 35 µm. Columellae deutlich. Wenn Exine microverrucat bis verrucat s. *Cornus* (Tafel 32: 5-8) .... **15.5** *Styrax officinalis* (S. 206)

– Exine 0,8-1,4 µm dick. PK kleiner als 30 µm. Columellae undeutlich (Tafel 33: 1-12) ....**15.6** *Elatine* (S. 206)

15 Skulpturelemente deutlich, in Aufsicht 0,5-1,5 µm groß, unregelmäßig geformt und verteilt. Tectum- Oberfläche im optischen Schnitt daher meist sehr unregelmäßig (Tafel 17: 17-29) .... *Quercus* (S. 143)

– Skulpturelemente nicht über 0,5 µm groß, undeutlich oder fehlend 16

16 PK scabrat, Exine über 1 µm dick, Colpen äquatorial einfach oder s-förmig verengt oder (selten) Intercolpium-Ränder körnig aufgelöst (Tafel 17: 17-29) .... *Quercus* (S. 143)

– PK psilat oder foveolat. Oberfläche des Tectums im optischen Schnitt glatt (wenn etwas unregel- mäßig scabrat, dann Exine unter 1 µm dick) 17

17 PK schwach foveolat (Tafel 33: 13-16) .... **15.7** *Medicago sativa*-**Typ** (S. 207)

– PK psilat oder undeutlich scabrat (vergl. evt. auch Rosaceae indet, S. 283) 18

18 PK 33-63 µm groß. Exine ca. 1,5-2,0 µm dick (wenn PK größer und tonnenförmig und Polarfelder groß, vergl. *Viola tricolor*-Typ, S. 394) (Tafel 33: 17-19) .... **15.8** *Diospyros* (S. 207)

– PK kleiner und / oder Exine unter 1,5 µm dick, abgesehen von evt. polaren Verdickungen .... **15.9 Sammelgruppe** (S. 207)

15.1 *Cornus*
(Tafel 31: 9-23)

Bei *Cornus* handelt es sich um sphäroidische oder prolate bis perprolate, meist tricolporoidate PK, deren Intercolpien abgeflacht bis konkav sind. Die Intercolpium-Ränder sind stark eingesenkt und besitzen keine Costae. Die Exine ist tectat, die Endexine dicker als das Tectum. Eine Columellae-Schicht ist vorhanden. Die PK von *Cornus* sind verrucat oder scabrat. Die Colpen sind äquatorial verengt und tragen hier eine spaltartige oder rundliche Apertur, oder man erkennt nur eine Unterbrechung der Intercolpium-Ränder. Die Polarfelder sind meist mittelgroß.

1   PK ca. 55-80 µm groß, prolat bis perprolat .... **15.1.1** *Cornus sanguinea*
–   PK < 40 µm .... **15.1.2** *Cornus mas*-**Typ**

15.1.1 *Cornus sanguinea* (Tafel 31: 9-13). Durch die Größe und die langgestreckte Form leicht von den beiden anderen mitteleuropäischen Arten abzutrennen. Die Exine ist etwa 1,3-1,6 µm dick, die Endexine etwas dicker als das Tectum. Die Columellae-Schicht ist im Hellfeldbild im optischen Schnitt nur mäßig gut sichtbar. Das Tectum trägt rundliche, meist bis etwa 1 µm große Microverrucae bzw. Verrucae. In Aufsicht erkennt man dicke und dünne Columellae nebeneinander. Die dicken Columellae sind etwas länger als die dünnen Columellae und verursachen daher auf dem Tectum kleine Erhöhungen. Auf jeder dieser Erhöhungen steht – soweit beobachtet – jeweils ein Skulpturelement. Bei gut ausgebildeten PK gibt es dicke Columellae nur in den äquatorialen und subäquatorialen Bereichen der Intercolpien. Der durchschnittliche Abstand der Columellae pflegt hier sehr groß zu sein, und es überwiegen bei weitem die dicken Columellae. Auf den Polarfeldern stehen die Columellae dagegen sehr dicht und sind ± einheitlicher von mittlerer Dicke. Dadurch kommt es hier nicht zu einer Aufwölbung des Tectums über einzelnen Columellae. Das Tectum ist perforiert. Allerdings gelang es in keinem Fall, die Perforationen auch an frisch azetolysiertem Material im Hellfeldbild zu erkennen.

Cornus sanguinea L. (5)
57,7-77,9 µm, MiW 62,8 µm; 50 PK, 2a

15.1.2 *Cornus mas*-**Typ** (Tafel 31: 15-23). Wegen der geringeren Größe der PK lassen sich manche Einzelheiten besonders im Aufbau der Exine hier nicht so gut verfolgen wie bei *C. sanguinea*. Eine Differenzierung in kleine und große Columellae ist nicht signifikant. An den meisten PK konnten Microverrucae (selten Verrucae) festgestellt werden. Ob diese, wie bei *C. sanguinea*, mit »durchgedrückten« Columellae in Beziehung stehen, könnte erst anhand von Dünnschnitten beurteilt werden. Oft erscheint die Skulpturierung und Strukturierung nur sehr schwach. Perforationen scheinen zu fehlen.

STRAKA (1954) betont die große Ähnlichkeit zwischen den PK der beiden Arten. Die PK von *C. mas* neigen offenbar zu einer deutlicheren Ausbildung eines Colpus transversalis und zu einer formstabileren Gestalt (oft mit parallelen Seitenrändern und vom subpolaren Bereich an apiculat) als die von *C. suecica*.

Cornus mas L. (3)
20,5-26,9 µm, MiW 24,6 µm; 50 PK, 0a

Cornus suecica L. (3)
21,6-38,9 µm, MiW 28,7 µm; 50 PK, 0a

Nordamerikanische Arten

Die PK von *C. canadensis* stimmen mit denen von *C. suecica* völlig überein.

Cornus canadensis L. (1)
19,1-28,0 µm, MiW 23,4 µm; 50 PK, 0a

Der *Cornus sanguinea*-Typ ist bei folgenden Arten vertreten (Tafel 31: 14):

Cornus alba L. (1)
35,4-48,9 µm, MiW 42,1 µm; 50 PK, 0a

Cornus candissima MILL. (1)
34,3-45,7 µm, MiW 38,9 µm; 50 PK, 0a

Cornus amomum MILL. (1)
51,0-58,8 µm, MiW 53,5 µm; 10 PK, 0a

Cornus circinata L'HERIT. (1)
42,8-55,9 µm, MiW 48,1 µm; 50 PK, 0a

C. florida und *C. nuttalii* gehören einem abweichenden Typ an, der wohl *C. mas* nahesteht und sich von dieser Art außer durch seine Größe durch seine fast rhomboidische Form unterscheidet.

Cornus florida L. (1)
25,8-34,7 µm, MiW 30,2 µm; 50 PK, 0a

Cornus nuttalii AUD. (1)
22,3-31,5 µm, MiW 27,6 µm; 50 PK, 0a

15.2 *Scopolia carniolica*
(Tafel 32: 1-4)

PK scabrat bis schwach verrucat, sphäroidisch, PFormI 0,87-1,06, Polarfelder mittelgroß bis groß (PFeldI 0,44-0,69). PK tricolporoidat, tricolpat oder tetracolporoidat. Colpen kurz und sehr undeutlich, meist – aber durch Deformation der forminstabilen PK oft nicht erkennbar – im Äquatorialbereich verengt. Die Skulpturelemente sind 0,5-1,2 µm groß, in Aufsicht rund, vereinzelt länglich. Exine 1,1-1,6 µm dick, Endexine dicker als das Tectum. Columellae meist nicht erkennbar. Insgesamt sind sie den PK von *Datura* (S. 270) ähnlich, aber nicht rugulat.

Scopolia carniolica JACQ. (2)
33,0-48,3 µm, MiW 41,6 µm; 50 PK, 0a

15.3 *Gratiola officinalis*
(Tafel 32: 19-24)

PK psilat, sphäroidisch, PFormI 0,97-1,18, heteropolar. PFeldI auf einem Pol klein, auf dem anderen meist mittelgroß. In Äquatorialansicht ist der Pol mit dem größeren Polarfeld stumpf abgerundet bis abgeplattet, der andere Pol läuft spitz zu. Die Colpen sind selten ohne äquatoriale Verengung. Exine 1,0-1,3 µm dick, Columellae nicht erkennbar.

Gratiola officinalis L. (2)
17,0-22,3 µm, MiW 19,6 µm; 50 PK, 0a

15.4 *Mercurialis*
(Tafel 32: 9-18)

PK rhomboidisch, fast stets sphäroidisch (PFormI zwischen 1 und 1,33), Polarfelder klein bis mittelgroß, Colpen eingesenkt, äquatorial mit einer brückenartigen, meist etwas vorgewölbten Verengung. Exine mit relativ dicker Columellae-Schicht, dünnem Tectum und dicker Endexine. Das Tectum hat ca. 0,5 µm große Perforationen. Die Ektexine wird zu den Intercolpium-Rändern hin etwas dünner. Die in dem Bestimmungsschlüssel aufgeführten Merkmale sind für die Unterscheidung gegenüber *M. annua* entscheidend. Außerdem haben die PK von *M. annua* einen etwas kleinern PFormI (1,02-1,14) als der *M. perennis*-Typ (1,10-1,33). Bei *M. perennis* und *M. ovata* können benachbarte Columellae miteinander verwachsen sein.

1 Exine bis 2,5 µm, Columellae bis 1 µm dick; äquatoriale Brücke 3-4 µm breit; Abstand der Perforationen zueinander überwiegend größer als ihr Durchmesser (Tafel 32: 9-13) .... **15.4.1 *Mercurialis perennis*-Typ**

Mercurialis perennis L. (2)
24,8-30,4 µm, MiW 28,0 µm; 50 PK, 0a

Mercurialis ovata STERNB. & HOPPE (2)
24,0-32,5 µm, MiW 29,1 µm; 50 PK, 1a

▷

Tafel 32

1-4 *Scopolia carniolica* (3 Phako), **5-8** *Styrax officinalis*, **9-13** *Mercurialis perennis*, **14-18** *Mercurialis annua*, **19-24** *Gratiola officinalis*. – Vergrößerungen 1000fach.

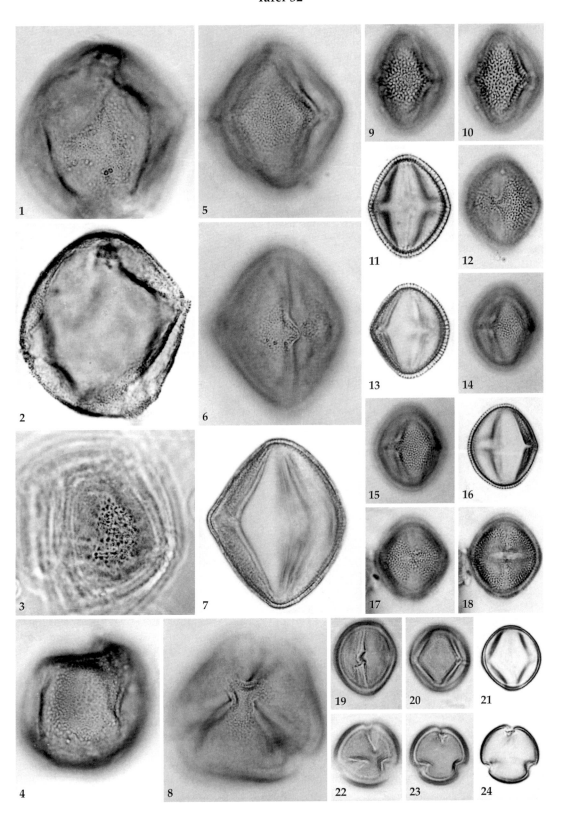

– Exine bis ca. 1,3 µm, Columellae bis ca. 0,5 µm dick; äquatoriale Brücke bis 2 µm breit, Abstand der Perforationen in der Größe ihres Durchmessers (Tafel 32: 14-18) ....**15.4.2** *Mercurialis annua*

Mercurialis annua L. (2)
20,5-25,8 µm, MiW 23,2 µm; 50 PK, 1a

15.5 *Styrax officinalis*
(Tafel 32: 5-8)

PK sphäroidisch, PFormI meist über 1,0. PK in Äquatorialansicht rhomboidisch bis elliptisch, Polarfelder klein. Exine ca. 1,8-2,5 µm dick, mit Tectum perforatum und Columellae-Schicht. Endexine so dick wie das Tectum oder etwas dicker. Tectum nicht immer völlig glatt. Die Oberfläche ist im optischen Schnitt oft etwas gewellt, aber ohne eigentliche Skulpturierung. Colpen äquatorial s-förmig oder einfach verengt, auch vorgezogen, die Intercolpium-Ränder sind hier unterbrochen. Gelegentlich ist auch ein schwach konturierter Querspalt zu erkennnen.

Styrax officinalis L. (2)
38,9-52,7 µm, MiW 48,1 µm; 50 PK, 0a

Ferner wurden untersucht:

Halesia diptera ELLIS (1)
26,9-34,0, µm, MiW 30,4 µm; 50 PK, 0a

Pterostyrax hispida SIEB. & ZUCC. (1)
24,4-30,1 µm, MiW 27,5 µm; 50 PK, 0a

Styrax americanus LAM. (1)
24,8-35,0 µm, MiW 31,4 µm; 50 PK, 0a

Styrax japonicus SIEB. & ZUCC. (1)
29,7-42,5 µm, MiW 37,4 µm; 50 PK, 0a

Nennenswerte Unterschiede zwischen diesen Arten und Gattungen konnten nicht festgestellt werden. *Halesia*, *Pterostyrax* und *Styrax americanus* haben stark gestauchte, aber in Äquatorialansicht deutlich rhomboidische PK, während bei *Styrax japonica* gestreckte Formen vorherrschen.

15.6 *Elatine*
(Tafel 33: 1-12)

PK sphäroidisch bis prolat, in Äquatorialansicht ± elliptisch. Polarfelder klein. Die Colpen sind eingesenkt (mit Costae außerhalb der Porenregion?) und äquatorial einfach oder s-förmig verengt. Eine zusätzliche, stets kontrastarme und spaltförmig bis rundlich ausgebildete Pore (oft mit eingerissenen Rändern) kann vorhanden sein. Exine ca. 0,8-1,4 µm dick, tectat, Endexine dicker als das Tectum. Columellae kaum erkennbar. Tectum mit Perforationen oder PK microreticulat. Bei *E. alsinastrum* ist die Skulpturierung am deutlichsten entwickelt (Wellung des Tectums im optischen Schnitt).

Fossile PK von *Elatine* dürften u.U. schwer eindeutig zu bestimmen sein. Die zur Verfügung stehenden Präparate mit rezentem Pollen von *Elatine* enthalten hohe Anteile von unvollständig ausgebildeten PK. Gut ausgebildete PK (vor allem bei *E. alsinastrum*) zeigten eher eine microreticulate Skulpturierung als ein Tectum perforatum, wenn auch mit beiden Möglichkeiten gerechnet werden muß. Bei *E. hexandra* und *E. triandra* wurden auch tetracolporoidate PK gefunden.

Elatine alsinastrum L. (2)
19,0-27,0 µm, MiW 22,9 µm; 50 PK, 0a

Elatine hexandra (LAPIERRE) DC. (2)
15,5-24,8 µm, MiW 21,7 µm; 50 PK, 2a

Elatine hydropiper L. (1)
16,6-21,2 µm; 18 PK, 2a

Elatine triandra SCHKUHR (2)
21,5-24,5 µm; 25 PK, 0a

15.7 *Medicago sativa*-Typ
(Tafel 33: 13-16)

PK elliptisch, meist prolat, PFormI bei *M. sativa* (1,22)1,39-1,75. PK sehr variabel in Form und Größe. Polarfelder mittelgroß. Exine ca. 1,5 μm dick, Endexine oft etwas dicker als das Tectum. Strukturierung schwach psilat-scabrat bis undeutlich grubig. Columellae in Aufsicht schwer zu erkennen. Colpen äquatorial verengt und mit unterbrochenen Rändern.

Gelegentlich treten nahezu tricolpate PK mit geraden Colpen auf. Untypisch ausgebildete PK sind nicht selten. Die PK von *M. minima, M. orbicularis* und *M. lupulina* sind microreticulat (S. 376).

Medicago falcata L. (4)
26,2-37,5 μm, MiW 32,1 μm; 50 PK, 0a

Medicago × varia MARTYN (3)
25,5-36,5 μm, MiW 32,2 μm; 50 PK, 0a

Medicago sativa L. (4)
38,0-57,5 μm, MiW 48,0 μm; 50 PK, 0a

Medicago prostrata JACQ. (2)
31,9-43,9 μm, MiW 37,2 μm; 50 PK, 0a

15.8 *Diospyros*
(Tafel 33: 17-19)

PK schwach prolat bis sphäroidisch, Polarfelder mittelgroß bis klein, Exine ca. 1,4-2,0 μm dick, psilat, mit dickem Tectum und dicker Endexine. Columellae selten deutlich zu erkennen. Colpen eingesenkt, äquatorial etwas vorgezogen und einfach oder s-förmig verengt, oft mit ± deutlichen, transversal gestreckten Poren, bzw. mit Colpi transversales. Gelegentlich sind die Colpen operculat. Dadurch entstehen u.U. Verwechslungsmöglichkeiten mit *Rosa* (S. 273), deren PK aber fast stets – wenn auch schwach – striat skulpturiert sind. Wenn Colpen unterschiedlich lang, vergl. evt. *Eucommia ulmoides* (S. 200).

Diospyros kaki L. (1)
45,7-62,3 μm, MiW 54,1 μm; 50 PK, 0a

Diospyros virginiana L. (1)
45,0-58,8 μm, MiW 52,1 μm; 50 PK, 0a

Diospyros lotus L. (2)
33,3-45,7 μm, MiW 39,5 μm; 50 PK, 0a

15.9 Sammelgruppe

Hierher gehört eine Anzahl von Gattungen und Arten, deren PK viele gemeinsame Merkmale tragen: Sie sind tricolporoidat, psilat bis schwach und undeutlich scabrat skulpturiert, ihre Exine ist äquatorial gewöhnlich dünner als 1,5 μm, und die PK sind kleiner als 35 μm. Außer den unten angeführten Sippen gehören hierher noch andere Pollentypen, bei denen die normale Skulpturierung vereinzelt undeutlich sein kann und/oder bei denen die colpate bzw. colporate Situation in manchen Fällen colporoidaten Verhältnissen nahekommt. Das kann bei dem *Viola odorata*-Typ, dem *Solanum nigrum*-Typ, *Elatine*, einigen Rosaceae, *Veronica, Castanea*, den Crassulaceae p.p., *Coronilla* p.p., und *Anthyllis montana* der Fall sein.

Wegen vieler sich überschneidender Merkmale ist eine weitere Aufteilung schwierig. Unter einem gewissen Vorbehalt kann eine Bestimmung nach den folgenden Merkmalen erfolgen:

1   PK dünnwandig, Exine 0,8-1,0 μm dick 2
–   Exine mindestens polar > 1,0 μm 3

2   PK prolat bis perprolat, PFormI 1,57-2,15, Exine ca. 0,8 μm dick, PK 26-33 μm groß (Tafel 33: 20-24)
.... **15.9.1 *Erinus alpinus*** (S. 208)
–   PK sphäroidisch, 12-25 μm groß, Exine 0,7-1,2 μm dick, polar nicht verdickt (Tafel 34: 1-11)........
.... **15.9.2 *Soldanella*-Typ** (S. 208)

3   Exine durch dickere Endexine und Columellae-Schicht polar verdickt, PK 16-27 μm groß, über-
      wiegend prolat, PFormI (1,24)1,37-1,89 (Tafel 33: 30-33) .... **15.9.3 *Actinidia*-Typ** (S. 210)
–   Exine polar nicht verdickt oder PK sphäroidisch 4

4   PFormI 1,3-1,8, PK psilat, 22-28 μm groß, Exine polar nicht verdickt, PK elliptisch bis spin-
      delförmig oder rhomboidisch (Tafel 33: 25-29)............................ **15.9.4 *Orthilia secunda*** (S. 210)
–   PFormI 1,06-1,41, PK scabrat, 22-30 μm groß, Exine polar meist schwach verdickt, PK ellpitisch,
      meist mit abgeplatteten Polen und oft mit deutlich vorgewölbten Äquatorialbereichen im Um-
      kreis der Colpen (Tafel 34: 12-17) .... **15.9.5 *Punica granatum*** (S. 210)

15.9.1 *Erinus alpinus* (Tafel 33: 20-24). PK psilat, prolat bis perprolat, PFormI 1,57-2,15. Polarfelder
klein. Exine ca. 0,8 μm dick, ohne erkennbare Columellae-Schicht. Colpen lang, äquatorial meist mit
einer Unterbrechung der Ränder, einer schwachen porenartigen Erweiterung, einer schwach kontu-
rierten, ca. 3 μm großen Pore oder einer Verengung.

Erinus alpinus L. (2)
26,8-33,3 μm, MiW 29,4 μm; 50 PK, 0a

15.9.2 *Soldanella*-Typ (Tafel 34: 1-11). Umfaßt die Gattung *Soldanella* und die kleine Pollenform vom
Primula clusiana-Typ (S. 364).
      Soldanella (Tafel 34: 1-5). PK sphäroidisch, PFormI 0,85-1,14(1,27), in Äquatorialansicht rund,
seltener elliptisch bis rhomboidisch. Polarfelder mittelgroß bis klein (PFeldI 0,14-0,39); in Ausnahmefällen sind die Polarfelder verschieden groß oder zwei Colpen sind syncolpat miteinander verbunden. Exine 0,7-1,2 μm dick, Endexine dicker als das Tectum, Columellae-Schicht oft nur schwer
erkennbar. Tectum psilat bis undeutlich scabrat, selten angedeutet microreticulat. Die Intercolpium-
Ränder sind unregelmäßig körnig aufgelöst, und die Colpus-Membran kann körnig belegt sein. Die
Colpen haben äquatorial meistens eine einfache oder s-förmige Verengung. Es treten auch tricolpate
PK auf.

Soldanella alpina L. (2)   *Soldanella montana* WILLD. (3)
18,0-24,3 μm, MiW 20,8 μm; 50 PK, 0a   17,5-22,0 μm; MiW 20,1 μm; 50 PK, 1a

Soldanella minima HOPPE (2)   *Soldanella alpicola* F.K. MEY. (2)
17,5-23,3 μm, MiW 20,3 μm; 50 PK, 1a   17,5-22,3 μm, MiW 20,2 μm; 50 PK, 1°

Non vidi: *S. austriaca* VIERH.

      Primula clusiana-Typ (Tafel 34: 6-11). In Verbindung mit der Heterostylie treten kleine und große
PK auf. In diese Sammelgruppe gehören nur die kleinen PK, und diese nur, soweit ein Microreticulum
nicht erkennbar ist. Ausführliche Darstellung und Größenangaben S. 364, 366. Die Mittelwerte liegen
bei den kleinen Pollenformen etwa zwischen 14 und 19 μm, die Größen insgesamt zwischen 12 und
22 μm. Während die großen PK erkennbar microreticulat sind, und sogar Brochi bis zu einer Größe
von 1,2 μm besitzen können, sind bei den kleinen PK Brochi in den meisten Fällen nicht zu erkennen.
Bei den kleinen PK hängt die Form der PK stark von der Ausbildung des Äquatorialbereiches der
Colpen ab. Die Colpen sind äquatorial verengt, und der Äquatorialbereich ist meist stark vorgezogen.
Die Einkrümmung der Intercolpien außerhalb des Äquatorialbereiches ist auffällig. Insbesondere PK
mit einem stark vorgezogenen Äquatorialbereich haben einen rhomboidischen Umriß, und ihr
PFormI liegt im sphäroidischen Bereich bei 0,86-1,27. Polarfelder klein. Bei einer kleinen Zahl der PK
ist der Äquatorialbereich kaum vorgezogen, und diese PK haben einen eher elliptischen Umriß mit
einem PFormI im schwach prolaten Bereich. Exine 0,8-1,0 μm dick. Brochi, wenn vorhanden, im

▷

Tafel 33

1-8 *Elatine alsinastrum*, **9-12** *Elatine hexandra*, **13-16** *Medicago varia* (16 Phako), **17-19** *Diospyros lotos*,
20-24 *Erinus alpinus* (22, 24 Phako), **25-29** *Orthilia secunda*, **30-33** *Capparis spinosa*. – Vergrößerungen
1000fach.

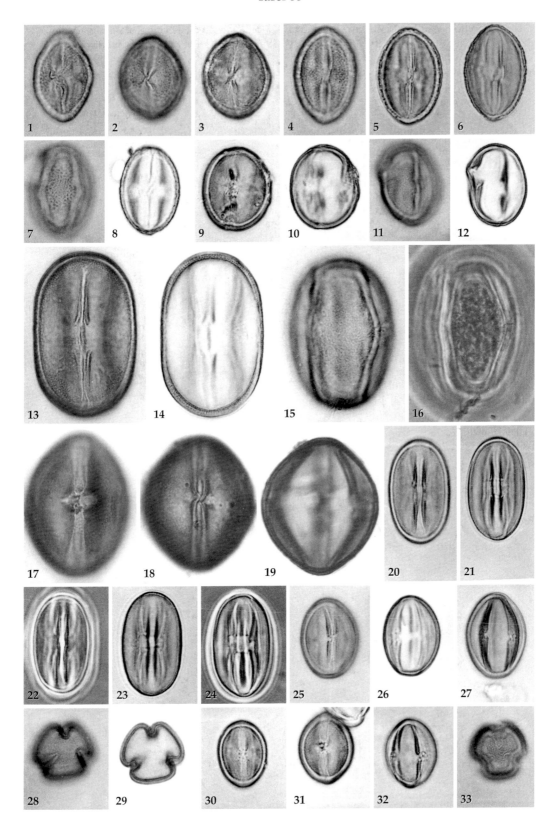

Hellfeldbild nicht erkennbar, im Phasenkontrastbild nur schwach. Lumina um 0,5 µm, Columellae nicht erkennbar.

15.9.3 *Actinidia*-Typ (Tafel 33: 30-33).

PK psilat, prolat bis schwach sphäroidisch, PFormI (1,33)1,37-1,89, Polarfelder mittelgroß bis klein. Exine äquatorial ca. 1,0-1,5 µm dick, polar aufgrund einer dickeren Endexine und Columellae-Schicht 1,3-1,9 µm, äquatorial nur 0,8-1,0 µm dick. Columellae sehr undeutlich. Endexine dicker als das Tectum. Colpen eingesenkt, Colpus-Ränder äquatorial unterbrochen und hier oft mit einer ± undeutlichen, meistens spaltartigen Apertur.

Actinidia arguta FR. & SAV. (1)
17,7-25,5 µm, MiW 21,5 µm; 50 PK, 0a

Actinidia polygama FR. & SAV. (1)
18,8-26,6 µm, MiW 22,9 µm; 50 PK, 0a

Anzuschließen ist *Capparis spinosa* (Tafel 33: 30-33). Die PK sind kleiner, die Exine dünner (äquatorial ca. 1 µm, polar ca. 1,3 µm). Der PFormI liegt bei (1,24)1,33-1,57, die Polarfelder sind klein. Endexine dicker als das Tectum, eine Columellae-Schicht ist vorhanden, die Columellae sind aber kaum erkennbar. Die Colpen sind meist äquatorial verengt. Intercolpium-Ränder äquatorial meist körnig aufgelöst und unterbrochen. Gelegentlich wurden PK mit einer angedeutet spaltförmigen Apertur beobachtet.

Capparis spinosa L. (1)
15,9-21,6 µm, MiW 19,0 µm; 50 PK, 0a

15.9.4 *Orthilia secunda* (Tafel 33: 25-29).

PK psilat, überwiegend prolat, PFormI 1,31-1,81, im Umriß elliptisch oder schwach spindelförmig bis schwach rhomboidisch. Polarfelder klein bis mittelgroß (PFeldI 0,22-0,27). Intercolpium-Ränder stark eingekrümmt, Colpi transversales spaltartig (ca. 1 × 5 µm), oder nur eine äquatoriale Unterbrechung der Intercolpium-Ränder erkennbar. Exine 1,3-1,8 µm dick, Endexine ca. 0,9 µm, dicker als das Tectum. Columellae nicht erkennbar.

Orthilia secunda (L.) HOUSE (2)
22,5-27,5 µm, MiW 25,9 µm; 50 PK, 0a

15.9.5 *Punica granatum* (Tafel 34: 12-17).

PK scabrat, sphäroidisch bis schwach prolat, PFormI 1,06-1,41, in Äquatorialansicht elliptisch, meist mit abgeplatteten Polen und oft mit deutlich vorgewölbten Äquatorialbereichen der Colpen. Polarfelder mittelgroß (PFeldI 0,26-0,42). Exine polar meist 1,7-2,0 µm dick, äquatorial 1,3-1,9 µm. Endexine 0,8-1,0 µm dick, deutlich dicker als das Tectum. Columellae dünn, vor allem im Bereich der polaren Verdickungen erkennbar. Colpen äquatorial nicht oder nur wenig verengt, Intercolpium-Ränder hier unterbrochen bzw. aufgelöst. Bei PK mit stark vorgewölbten Äquatorialbereichen kann der Eindruck einer rundlichen oder meridional gestreckten Pore entstehen. – Ähnlichkeiten bestehen u.U. zu Fabaceae.

Punica granatum L. (2)
22,8-30,3 µm, MiW 26,1 µm; 50 PK, 0a

16. Tricolpatae, Tricolporoidatae und Tricolporatae
PK mit clavaten, baculaten, verrucaten oder gemmaten Skulpturen

Diese Gruppe enthält fast nur Sippen mit tricolpaten PK. Nur bei *Rubus chamaemorus, Ilex aquifolium* und *Viscum album* können tricolporate oder tricolporoidate PK auftreten.

1   Die Skulpturelemente sind netzig angeordnet oder stehen auf einem Reticulum 2

–   Die Skulpturelemente (Clavae, Bacula, auch Gemmae oder Verrucae) sind nicht netzig angeordnet und stehen auch nicht auf einem Reticulum. Bei *Linum* und *Radiola* können sie ± regelmäßige Reihen bilden 4

2   Exine bis 1,5 µm dick, PK bis ca. 30 µm groß. Skulpturelemente (Clavae) klein, netzig (retipilat) angeordnet, Aperturen undeutlich (Tafel 96: 1-4) ....*Callitriche palustris*-**Typ** (S. 424)

–   Exine deutlich über 1,5 µm dick, PK über 40 µm und bis 150 µm groß 3

3   Die Clavae stehen auf einem Reticulum (Tafel 34: 18-21; Abb. 20) .... **16.1** *Geranium* (S. 211)

–   Die Clavae sind distal miteinender verbunden und microechinat skulpturiert, sie stehen nicht auf einem Reticulum (Tafel 62: 15-19, Tafel 63: 1-8) .... *Armeria* **p.p.** (S. 202)

4   PK mit Margo, Polarfelder klein. PK mit bis 3 µm langen, dicht stehenden Clavae (Tafel 34: 22-25) ....**16.2** *Ilex aquifolium* (S. 214)

–   PK ohne Margo, wenn schwach angedeutet, dann Polarfelder sehr groß 5

5   Exine mit Columellae-Schicht 6

–   Exine ohne Columellae-Schicht 7

6   Exine viel dicker als das Tectum, Polarfelder groß, Skulpturelemente (hauptsächlich Bacula) bis 4 µm lang (Tafel 35: 1-4) .... **16.3** *Viscum album* (S. 214)

–   Tectum so dick wie die Endexine oder dicker. Polarfelder klein, Skulpturelemente (Clavae und Echini) bis 2 µm lang (Tafel 35: 5-8) .... **16.4** *Rubus chamaemorus* (S. 214)

7   PK < 30 µm (ca. 20-25 µm) (Tafel 35: 9-11) .... **16.5** *Radiola linoides* (S. 214)

–   PK > 30 µm (ca. 35-100 µm) (Tafel 35: 12-15, Tafel 36: 1-7, Tafel 37: 1-5, Abb. 21-22) .... **16.6** *Linum* (S. 216)

16.1 *Geranium*
(Tafel 34: 18-21; Abb. 20)

PK groß und dickwandig, sphäroidisch, PFormI 0,76-1,09. Polarfelder groß bis sehr groß (PFeldI 0,75-0,94), Colpen 9-40 µm lang, meist 1-2 µm breit, gelegentlich als Poren ausgebildet. Die Exine ist 5-12 µm dick, die Endexine 1-2 µm. Die Endexine trägt über der Columellae-Schicht mit netzig gestellten Columellae ein Reticulum, dessen Muri dicht mit Clavae besetzt sind (Tafel 34: 18, 20). Die Brochi sind bei den einzelnen Arten der Gattung verschieden groß, häufig um 4-6 µm, bei *G. sylvaticum* z.B. 8-10 µm. Die Columellae unter dem Reticulum sind bis 4 µm dick und stehen gewöhnlich eng nebeneinander. Die bis 5 µm langen Clavae stehen oft auf Lücke zu den Columellae (Tafel 34: 21). In Aufsicht sind die Clavae eckig, rundlich oder länglich; mit einem max. Durchmesser von 2,5-6,0 µm. Gelegentlich verschmelzen benachbarte Clavae miteinander. Die distalen Enden der Clavae sind entweder ungegliedert, zweilappig (sattelförmig), dreilappig (dann sattelförmig und in der Mitte mit einem in Murus-Richtung verlaufenden Grat) oder mehrzipfelig. Mehrzipfelige Clavae wurden besonders bei *G. pusillum* beobachtet.

Bei der hier vorgeschlagenen Gliederung der untersuchten Arten in solche mit unter 75 und über 75 µm großen PK beachte man den relativ großen Überschneidungsbereich.

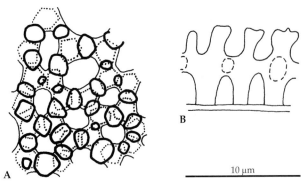

Abb. 20. *Geranium phaeum.* **A** Exine in Aufsicht, schematisch. Dicke Striche: Clavae. Dünne Strich: Grenzen der Lumnia. Punktiert: Columellae. **B** Schnitt durch die Exine, schematisch. Gestrichelt: Senkrecht zur Bildebene verlaufende Muri.

1   Polachse überwiegend < 75 µm

Geranium pusillum BURM. (2)
42,7-57,7 µm, MiW 49,8 µm; 30 PK, 0a

Geranium dissectum L. (2)
52,3-57,7 µm; 25 PK, 0a

Geranium molle L. (2)
51,6-64,8 µm, MiW 57,3 µm; 50 PK, 0a

Geranium sibiricum L. (2)
53,4-66,9 µm, MiW 60,2 µm; 50 PK, 0a

Geranium divaricatum EHRH. (2)
56,2-70,8 µm; 25 PK, 0a

Geranium lucidum L. (2)
55,5-70,6 µm; 25 PK, 0a

Geranium pyrenaicum BURM. (3)
59,5-70,0 µm, MiW 63,8 µm; 46 PK, 0a

Geranium rotundifolium L. (2)
53,4-71,2 µm; 25 PK, 0a

Geranium columbinum L. (2)
58,7-75,5 µm; 25 PK, 0a

Geranium robertianum L. (2)
57,0-75,5 µm, MiW 66,9 µm; 50 PK, 0a

–   Polachse überwiegend > 75 µm

Geranium bohemicum L. (2)
70,8-90,8 µm; 10 PK, 0a

Geranium phaeum L. (2)
69,4-89,7 µm, MiW 77,3 µm; 50 PK, 0a

Geranium nodosum L. (1)
71,2-85,4 µm, MiW 78,3 µm; 50 PK, 0a

Geranium argenteum L. (1)
76,2-95,1 µm, MiW 81,9 µm; 50 PK, 0a

Geranium palustre L. (2)
74,4-90,8 µm, MiW 84,4 µm; 50 PK, 0a

Geranium macrorrhizum L. (1)
71,2-106,8 µm; 25 PK, 0a

Geranium sanguineum L. (2)
90,8-113,2 µm, MiW 101,5 µm; 55 PK, 0a

Geranium sylvaticum L. (4)
83,0-110,5 µm, MiW 91,4 µm; 50 PK, 0a

Geranium sylvaticum L. subsp. *rivulare* (VILL.) ROUY (2)
62,0-85,5 µm, MiW 77,6 µm; 51 PK, 0a

Geranium pratense L. (2)
95,0-120,8 µm, MiW 107,9 µm; 50 PK, 0a

▷

Tafel 34

1-5 *Soldanella pusilla* (4 Phako), **6-11** *Primula clusiana*, kleine PK (9 Phako), **12-17** *Punica granatum*, **18-19** *Geranium columbinum*, **20-21** *Geranium pratense*, **22-25** *Ilex aquifolium*. – Vergrößerungen 1000fach.

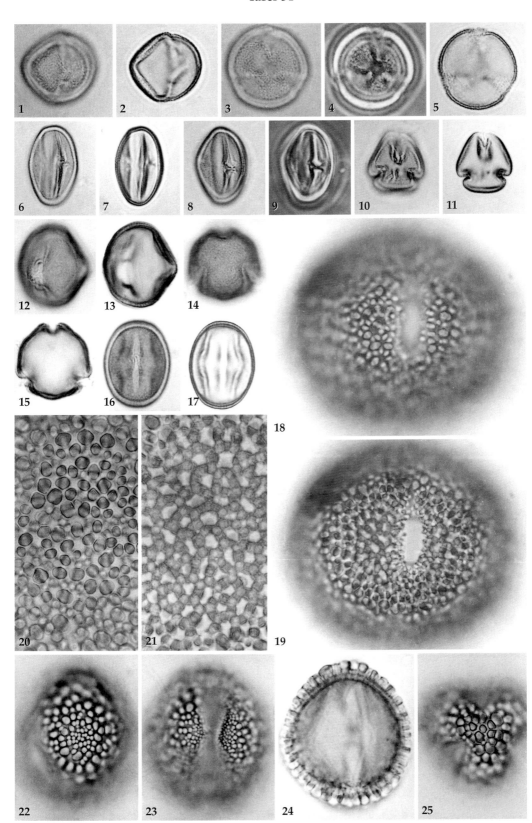

16.2 *Ilex aquifolium*
(Tafel 34: 22-25)

PK clavat, sphäroidisch bis prolat, PFormI 1,04-1,52. PK in Äquatorialansicht elliptisch bis schwach rhomboidisch. Polarfelder klein (PFeldI 0,16-0,22). Die Colpen sind lang, deutlich eingesenkt und äquatorial einfach oder s-förmig verengt. Exine mit Skulpturelementen bis 4 µm dick, ohne Clavae um 1 µm. Die Skulpturierung ist dimorph. Die großen Clavae sind bis ca. 3 µm lang und dabei distal (1)1,5-2,8(5) µm dick, in Aufsicht rundlich oder eckig, manchmal auch länglich. Zwischen den großen Clavae stehen kleine Clavae oder Bacula, die kürzer und nur ca. 0,5 µm dick sind. Im Bereich der eingesenkten Intercolpium-Ränder ist eine Margo ausgebildet, die mit kleiner als 1 µm dicken Clavae besetzt ist.

Ilex aquifolium L. (4)
30,0-41,0 µm, MiW 36,0 µm; 50 PK, 0a

16.3 *Viscum album*
(Tafel 35: 1-4)

PK sphäroidisch und dickwandig, tricolpat. Exine 3-4 µm dick, Columellae-Schicht mit Tectum ± 1 µm dick. Die Columellae stehen sehr dicht, das Tectum ist gelegentlich mit Perforationen versehen. Die Skulpturelemente sind (2)3-5 µm lang, baculum-artig, häufig auch distal verdickt (Clavae), zugespitzt (Echini) oder keulig und zugespitzt. Im Bereich der Aperturen ist die Exine körnig aufgelöst. Die Polarfelder sind groß bis sehr groß. Gelegentlich treten tricolporate PK auf.

Viscum album L. (3)
35,0-51,6 µm, MiW 43,1 µm; 100 PK, 0a

16.4 *Rubus chamaemorus*
(Tafel 35: 5-8)

PK langgestreckt, sphäroidisch bis prolat, tricolpat. Colpen lang, eingesenkt, im Äquatorialbereich einfach oder s-förmig verengt. Gelegentlich treten tricolporate PK auf. Polarfelder klein, Exine tectat, 1,5-2,0 µm dick mit bis zu 2 µm langen Skulpturelementen (Clavae, Echini, zugespitzte Clavae). Das Tectum ist niemals dünner als die Endexine.

Rubus chamaemorus L. (2)
33,0-41,0 µm, MiW 38,2 µm; 50 PK, 0a

16.5 *Radiola linoides*
(Tafel 35: 9-11)

PK mit ähnlichem Aufbau wie bei *Linum*. PK sphäroidisch, PFormI 0,92-1,25. Polarfelder mittelgroß (PFeldI 0,36-0,47). Exine 2,2-2,5 µm, Endexine 1,0-1,2 µm. Skulpturelemente proximal ± 1 µm dick, distal verbreitert, hier 1,5-2 µm dick und abgeplattet. Skulpturelemente in Aufsicht fünf- bis sechseckig, monomorph.

Radiola linoides ROTH (2)
18,0-27,0 µm, MiW 21,9 µm; 50 PK, 0a

▷

Tafel 35

1-4 *Viscum album*, **5-8** *Rubus chamaemorus*, **9-11** *Radiola linoides*, **12-15** *Linum usitatissimum*. – Vergrößerungen: 1-13, 15: 1000fach; 14: 1500fach.

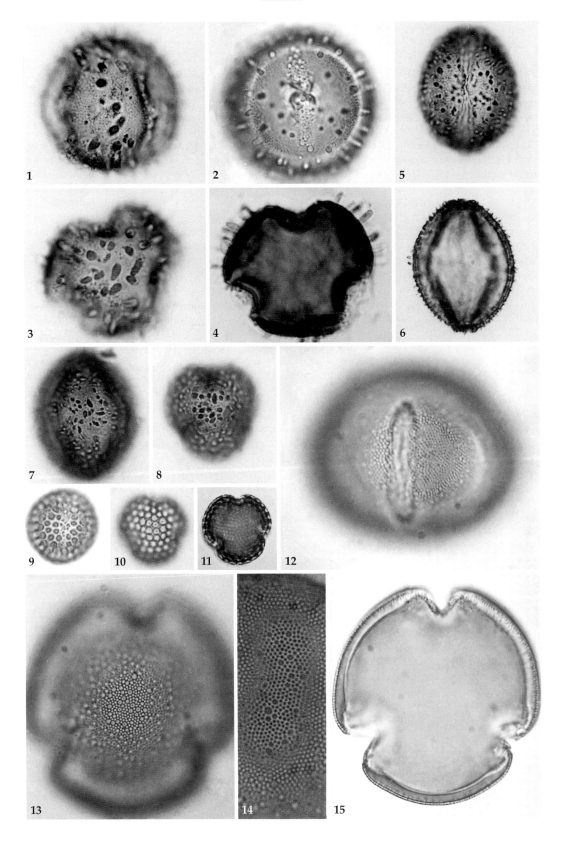

16.6. *Linum*
(Tafel 35: 12-15, Tafel 36: 1-7, Tafel 37: 1-5; Abb. 21-22)

PK sphäroidisch, wechselnd länger als breit oder breiter als lang, tricolpat. Die Endexine (A+B in Abb. 21) ist stark verdickt, bei manchen Arten mehr als viermal so dick wie die Ektexine, in der Mitte der Intercolpien meist etwas dünner als in der Nähe der Colpen (Polaransicht, vergl. Abb. 21A). In unmittelbarer Nähe der Intercolpium-Ränder keilt die Endexine steil aus (Tafel 35: 15; Abb. 21). Die hier als Endexine bezeichnete Schicht besteht aus einer dünnen inneren, stark lichtbrechenden Schicht (Tafel 36: 6; a in Abb. 21) und einer viel dickeren, äußeren Schicht (b in Abb. 21). Die Colpen besitzen oft abgerundete Enden (Tafel 36: 7). Die bis 12 µm breiten Colpen werden von dem Rand der Endexine begrenzt (Abb. 21). Die Ektexine überzieht die Colpen und läßt einen meist nur schmalen und unregelmäßig begrenzten Spalt frei (Tafel 36: 7; Abb. 21 B). Man kann von einer schmalen Ekto- und einer breiteren Endoapertur sprechen. Die Endoapertur ist nicht nur breiter, sondern auch länger als die Ektoapertur.

Nach PUNT & DEN BREEJEN (1981) hat *L. anglicum* aus der dort beschriebenen *L. perenne*-Gruppe polyporate PK. Polyporate PK enthielt auch ein Präparat von *L. alpinum*. Ein gelegentlicher Übergang von tricolpaten zu periporaten PK kann vielleicht als Anomalie gewertet werden. Polyporate PK sind ferner von einigen außereuropäischen *Linum*-Arten bekannt (SAAD 1961).

Bei *Linum* hängt die Größe der PK und die Ausbildung der Skulpturelemente z.T. mit der Heterostylie zusammen. Homostyl und daher mit (meist) monomorphen PK (Tafel 37: 1-2) versehen sind *L. tenuifolium, L. catharticum* und *L. trigynum*. Eine Ausnahme bilden die homostylen Arten *L. usitatissimum* und *L. bienne* mit einem Skulpturdimorphismus, eine weitere Ausnahme ist die heterostyle Art *L. leonii* mit nur monomorphen PK. Heterostyl und mit einem Skulpturdimorphismus versehen (Tafel 36: 3, 4) sind *L. alpinum, L. austriacum, L. flavum, L. hirsutum, L. narbonense, L. perenne* und *L. viscosum*. Bei den heterostylen Sippen sind die PK der langgriffeligen Individuen geringfügig kleiner als die der kurzgriffeligen.

Ein Skulpturdimorphismus allein ist kein Zeichen für Heterostylie. So hat jedes PK der homostylen Arten *L. usitatissimum* und *L. bienne* Skulpturelemente verschiedener Größe. Bei den heterostylen Sippen liegt dagegen ein Pollendimorphismus vor, der sich dadurch auszeichnet, daß es PK mit und ohne einen Skulpturdimorphismus gibt.

Die Skulpturelemente sind bei *Linum* als Gemmae, Clavae oder Bacula bzw. Echini ausgebildet. Die Skulpturelemente können einen Microechinus oder mehrere bis 1 µm lange Microechini tragen (Abb. 21-22, Tafel 37: 2). Bei den langgriffeligen Formen findet man meistens PK mit auffallend verschieden dicken, verlängerten und mit Microechini besetzten Skulpturelementen (Abb. 21B, Abb. 22a,b,e). Bei den kurzgriffeligen Formen haben die PK meist gleich dicke Gemmae. Ausnahmen stellen offenbar *L. narbonense* und z.T. auch *L. flavum* dar, deren Skulpturelemente distal völlig flach oder sogar etwas konkav sind und höchstens randlich einige Microechini tragen. Bei den monomorphen, nicht heterostylen Sippen sind bei *L. usitatissimum* und *L. bienne* die Skulpturelemente aller PK im Hinblick auf ihre Größe dimorph. Bei *L. catharticum* und *L. trigyne* sind die Skulpturelemente wie bei den meisten kurzgriffeligen Formen der heterostylen Sippen nicht ausschließlich monomorph (vergl. dazu Tafel 37: 3). In Aufsicht sind die Skulpturelemente vier- bis achteckig und vorwiegend bei monomorph skulpturierten PK in ± regelmäßigen Reihen angeordnet.

1   Häufigste Größe der Skulpturelemente in Aufsicht ca. 0,25-0,5 (0,75) µm (Abb. 21A) Skulpturelemente dimorph (Tafel 35: 12-15) .... **16.5.1** *Linum usitatissimum*-**Typ**

–   Häufigste Größe der Skulpturelemente in Aufsicht > 1 µm; Skulpturelemente dimorph oder monomorph 2

2   PK mit Skulpturelementen in 2 deutlich unterscheidbaren Größenklassen (Tafel 36: 1, 3) .... **16.5.2** *Linum alpinum*-**Typ**

–   Skulpturelemente von einheitlicher Größe oder von unterschiedlichen Größen, aber nicht in 2 deutlich unterscheidbaren Größenklassen 3

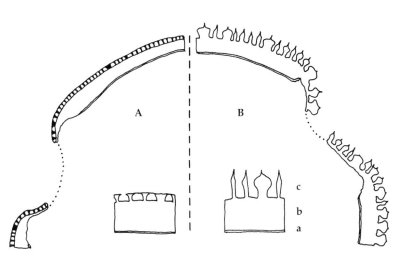

Abb. 21. *Linum usitatissimum* (**A**) und *Linum alpinum* (**B**), Schnitt durch die Exine und eine Apertur. Unten: Detailzeichnungen zum Aufbau der Exine bei beiden Arten. a-b: Endexine, c Ektexine. Nach Unltramikrotomschnitten.

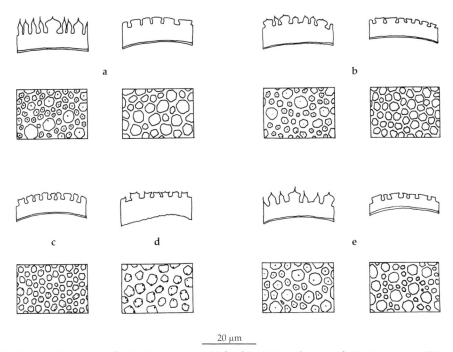

20 µm

Abb. 22. *Linum*. Schnitte durch die Exine und Aufsicht (hier Microechini durch Punkte dargestellt). **a** *Linum alpinum*, **b** *Linum austriacum*, **c** *Linum catharticum*, **d** *Linum tenuifolium*, **e** *Linum narbonense*. Bei a,b und e: links PK einer longistylen, rechts PK einer brevistylen Form.

3   Skulpturlemente von unterschiedlicher Größe mit Durchmessern zwischen 1,7- und 3,0(4,0) µm (Tafel 37: 1-2) .... **16.5.3** *Linum tenuifolium*-**Typ**

–   Skulpturlemente mehr oder weniger von gleicher Größe, Durchmesser meist um 1,5-2,5 µm (Tafel 36: 4) .... **16.5.2** *Linum alpinum*-**Typ**

16.5.1 *Linum usitatissimum*-Typ (Tafel 35: 12-15). PK sphäroidisch, PFormI 0,96-1,06. Polarfelder mittelgroß bis groß (PFeldI 0,34-0,50). Endexine bis 4 μm, Ektexine ca. 0,7-1,0 μm dick. Der Durchmesser der Skulpturelemente erweitert sich zum distalen Ende hin (tischchenförmige Gestalt; Abb. 21A). Diese distalen Verbreiterungen schließen teilweise zu einem Tectum zusammen.

Linum usitatissimum L. (3)
49,5-63,0 μm, MiW 57,3 μm; 50 PK, 0a

Linum bienne MILL. (2)
37,4-54,1 μm, MiW 45,6 μm; 50 PK, 0a

16.5.2 *Linum alpinum*-Typ (Tafel 36: 1-7)

A. Heterostyle Arten mit Skulpturdimorphismus (Ausnahme: *L. leonii*). Exine 4,5-6,5 μm dick, davon entfallen auf die Ektexine 1,2-1,5(2,0) μm. Durchmesser der großen Skulpturelemente bei skulpturdimorphen PK 2,2-3,0 μm, der kleinen (0,8)1,0-1,8(2,0) μm. Die großen Skulpturelemente sind Gemmae oder Clavae, die kleinen sind Bacula oder Echini. In den meisten Fällen tragen die kleinen Skulpturelemente einen bis 1 μm langen Microechinus. Die großen Skulpturelemente, die distal erweitert, terminal abgeplattet oder keulig abgerundet sein können, tragen entweder ebenfalls einen zentralen Microechinus oder 2-3 randlich gestellte Microechini. In Aufsicht sind die Skulpturelemente 5-8 eckig, rund oder eckig-rundlich.

Linum alpinum JACQ. (4)
52,3-72,0 μm, MiW 63,8 μm; 50 PK, 0a

Linum leonii F.W. SCHULTZ (1)
61,5-80,3 μm, MiW 69,7 μm; 33 PK, 0a

Linum austriacum L. (5)
56,0-71,3 μm, MiW 63,9 μm; 50 PK, 0a

Linum narbonense L. (1)
44,5-58,7 μm, MiW 50,5 μm; 45 PK, 0a

Linum flavum L. (3)
53,0-68,0 μm, MiW 60,8 μm; 50 PK, 0a

Linum perenne L. (3)
55,0-73,3 μm, MiW 65,0 μm; 50 PK, 0a

Linum hirsutum L. (2)
45,0-59,0 μm, MiW 52,1 μm; 53 PK, 0a

Linum viscosum L. (3)
50,8-63,5 μm, MiW 58,0 μm; 50 PK, 0a

B. Homostyle Arten (Tafel 37: 3-5). Die PK der beiden homostylen Arten sind in ihrer Skulpturierung teilweise identisch mit der monomorphen Pollenform der heterostylen *Linum*-Arten vom *Linum alpinum*-Typ. Allerdings ist eine Tendenz zur Bildung skulpturdimorpher PK unverkennbar.

Aufgrund der Größenunterschiede können PK < 40 μm als *L. catharticum* und/oder *L. trigynum* (»***Linum catharticum*-Typ**«) angesprochen werden.

Linum catharticum L. (3)
35,5-52,5 μm, MiW 43,7 μm; 30 PK, 0a

Linum trigynum L. (2)
33,8-43,4 μm, MiW 39,5 μm; 50 PK, 0a

16.5.3 *Linum tenuifolium*-Typ (Tafel 37: 1-2). Am häufigsten wurden Skulpturgrößen zwischen 1,75 und 3,0 μm festgestellt. Ähnlich hohe Werte können auch bei monomorphen PK von *L. alpinum* auftreten. Von *L. alpinum* und besonders von *L. flavum* (Maxima hier gelegentlich auch bei 1,75-2,0 μm) unterscheiden sich die PK von *L. tenuifolium* durch die vorwiegend randlich bestachelten Skulpturelemente (Tafel 37: 2; Abb. 22d). Das mag z.T. schwer erkennbar sein, und wegen der möglichen Konvergenzen wird von einem *L. tenuifolium*-Typ gesprochen.

Linum tenuifolium L. (4)
42,7-71,2 μm, MiW 62,7 μm; 50 PK, 0a

Tafel 36

1-2 *Linum alpinum*, **3-7** *Linum austriacum*. – Vergrößerungen: 1, 2, 5-7: 1000fach; 3-4: 1500fach.

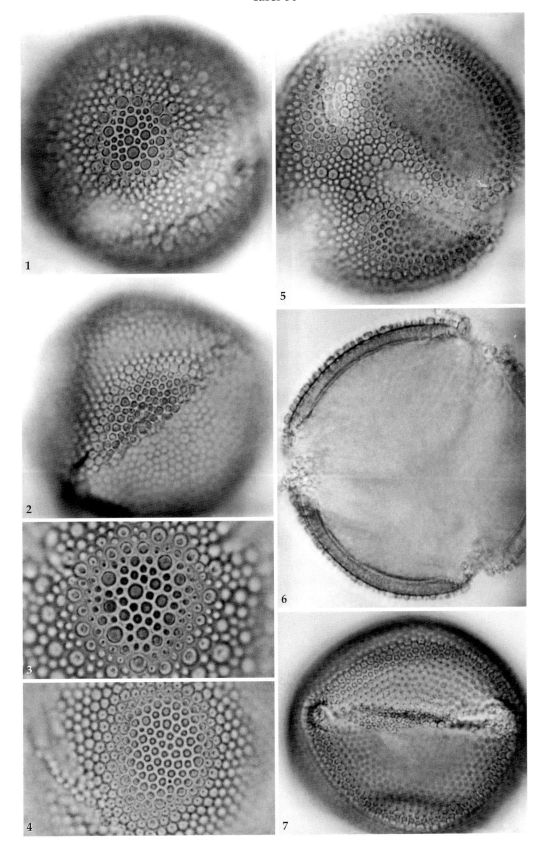

17. Tricolpatae, Tricolporoidatae und Tricolporatae
PK mit echinaten Skulpturen

1　PK mit innerer und äußerer Columellae-Schicht. Die äußere Columellae-Schicht kann zweigeteilt sein; die innere Columellae-Schicht kann fehlen, die PK haben dann stattdessen einen Hohlraum zwischen der äußeren Columellae-Schicht und der Endexine, oder die innere Columellae-Schicht ist rudimentär erhalten, und die Rudimente hängen unter der äußeren Columellae-Schicht, d.h. unter dem Zwischentectum. Die äußere Columellae-Schicht kann an dem Aufbau der Basis der Echini beteiligt sein (Tafel 37: 6-8, Tafel 38-40, Tafel 41: 1-13) .... **17.1 Asteraceae p.p** (S. 222)

–　PK mit einfacher Columellae-Schicht oder ohne erkennbare Columellae, niemals mit den Merkmalen einer reduzierten oder fehlenden inneren Columellae-Schicht 2

2　PK außer mit Echini meistens noch mit Clavae oder zugespitzten Clavae. Polarfelder meist klein (Tafel 35: 5-8) .... *Rubus chamaemorus* (S. 214)

–　PK nur mit Echini über 1 µm Länge oder außerdem noch mit Microechini 3

3　Echini stehen auf polsterförmigen, 1-4 µm hohen Verdickungen des Tectums; vergl. aber gelegentlich atypische Bildungen bei *Lonicera* (S. 244): hier sind jedoch die Polarfelder sehr groß, und die PK besitzen Costae pori 4

–　Tectum ohne solche Verdickungen oder PK mit Costae pori 5

4　Echini 1,3-2,0(3) µm lang, von der Basis an zugespitzt oder basal ein kurzes Stück zylindrisch. Zwischen den Polstern glatt oder scabrat (Tafel 41: 14-16, Tafel 42: 1-6) ....
　.. **17.2** *Valeriana officinalis*-**Gruppe** (S. 236)

–　PK mit Microechini zwischen den Polstern Echini 2,5-4,0 µm lang, zylindrisch und dann in der oberen Hälfte oder im oberen Drittel scharf zugespitzt. Polster 3-5 µm breit und um 1 µm hoch (Tafel 42: 7-9). Wenn Polster 3-4 µm hoch, vergl. *Valeriana montana*-Typ S. 236. ....
　.. **17.3** *Valeriana dioica*-**Typ** (S. 237)

5　Exine äquatorial dicker als 5 µm (Tafel 44, Tafel 45: 1-3) .... **17.4 Dipsacaceae p.p.** (S. 237)

–　Exine äquatorial dünner als 5 µm 6

6　PFormI größer als 1,1 7

–　PFormI kleiner als 1,1 8

7　PK > 50 µm (Tafel 43: 7-10) .... **17.5** *Centhrantus* (S. 242)

–　PK kleiner (Tafel 43: 1-6) .... **17.6** *Valeriana elongata*-**Gruppe** (S. 242)

8　Columellae einzeln oder in Gruppen stehend, nicht netzig miteinander verbunden (Tafel 45: 4-8, Tafel 46: 1-4) .... **17.7** *Lonicera* (S. 244)

–　PK endo-microreticulat (Tafel 46: 9-13) .... **17.8** *Linnaea borealis* (S. 244)

▷

Tafel 37

1-2 *Linum tenuifolium*, **3-5** *Linum catharticum*, **6-7** *Centaurea alpina*, **8** *Staehelina dubia* (Phako). – Vergrößerungen 1000fach.

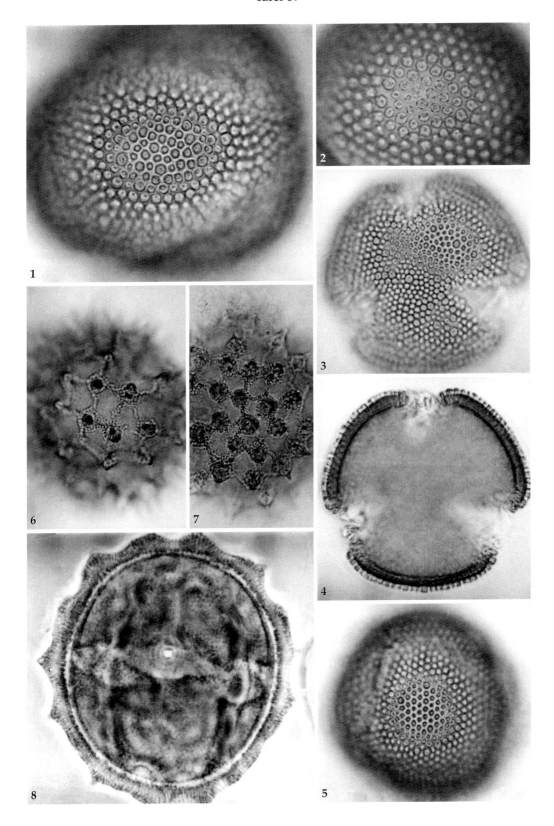

17.1 Asteraceae p.p.
(Tafel 37: 6-8, Tafel 38-40, Tafel 41: 1-13)

Hierher gehören alle mitteleuropäischen Asteraceae, soweit sie nicht scabrat skulpturiert sind, d.h. ohne *Artemisia,* den *Xanthium-strumarium*-Typ und *Centaurea* p.p. Die PK der Asteraceae zeichnen sich entweder durch den Besitz einer inneren und einer äußeren Columellae-Schicht aus, oder die inneren Columellae sind reduziert, so daß sich zwischen der äußeren Columellae-Schicht bzw. dem Zwischentectum und der Endexine ein Hohlraum befindet. Bei einigen Sippen ist die äußere Columellae-Schicht dahingehend verändert, daß die äußeren Columellae nur noch als radiale Streifung eines äußeren, sehr dicken Teils der Ektexine zu erkennen sind (z.B. *Centaurea jacea*-Typ).

Echini und äußere Columellae-Schicht mit Tectum und Zwischentectum. Die äußeren Columellae stehen auf dem Zwischentectum, einer Lamelle, die beide Columellae-Schichten voneinander trennt. Die äußeren Columellae sind an ihrem distalen Ende köpfchenförmig verdickt. Diese Köpfchen berühren sich, verschmelzen miteinander und bilden das Tectum, das meist ein Tectum perforatum ist. Außerdem können die äußeren Columellae in der Mitte Verdickungen tragen, die in einigen Fällen miteinander verschmelzen (»Mittelschicht« nach STIX, 1960). Ob eine Mittelschicht vorliegt, dürfte sich nicht immer leicht klären lassen. Bei *Echinops* und *Centaurea* p.p. sind die äußeren Columellae so dünn, daß im optischen Schnitt nur eine radiale Streifung erkennbar ist. Bei *Echinops* sind die äußeren Columellae mit ihren Nachbarn außerdem mehrfach und auf ihrer ganzen Länge durch Anastomosen miteinander verbunden. Die Echini haben meist eine breite Basis und sind oft bis auf ihre Spitze hohl. Die Echini sind auch – wenigstens anteilig – Teil der äußeren Columellae-Schicht, da die Columellae sich weit in sie hinein erstrecken (Ausnahmen: *Echinops, Saussurea*-Typ p.p.). Die Spitze der Echini ist entweder massiv oder ein- bis mehrkammerig. Bei *Crupina* trägt das Tectum zusätzlich zu den Echini noch scabrate bis verrucate Skulpturelemente.

Innere Columellae-Schicht. Die inneren Columellae sind meist dicker und länger als die äußeren und können distal verzweigt sein. Bei Sippen mit reduzierten inneren Columellae können Reste als Stümpfe am Zwischentectum, seltener auf der Endexine vorhanden sein. In anderen Fällen fehlen sie ganz oder stehen nur noch unter den Echini.

Aperturen. Die PK sind tricolporat oder tricolporoidat. Die Colpen sind lang bis mittellang, seltener kurz *(Xanthium, Carthamus).* Sie sind meist gut erkennbar, während die Poren (oder Colpi transversales) oft nur schwer erkennbar sind. Ganz besonders undeutlich sind die Porenverhältnisse bei kleinen PK. Gelegentlich tritt zusätzlich eine Ringfurche auf, die von Costae begleitet sein kann.

Größenangaben über die Dicke der Exine oder Ektexine schließen die Länge der Echini stets mit ein.

1 Exine zwischen den Echini scabrat oder verrucat (Tafel 38: 1-4) .... **17.1.1 *Crupina*** (S. 224)
– Exine nur mit Echini 2

2 Echini durch gratförmige Erhebungen des Tectums und der äußeren Columellae-Schicht reticulum-artig miteinander verbunden (Tafel 37: 6-7). Innere Columellae-Schicht undeutlich, innere Columellae dünn, oft kurz, meist nur in Aufsicht erkennbar. PK sphäroidisch, PFormI etwas kleiner als 1,0. Wenn PK langgestreckt oder innere Columellae-Schicht deutlich, vergl. *Carthamus* (sehr kurze Colpen), *Cirsium, Saussurea* oder *Rhaponticum* (Tafel 37: 6-7) ....
.... **17.1.2 *Centaurea alpina*-Typ** (S. 226)
– Echini ohne gratförmige Verbindungen 3

3 Colpen extrem kurz, CL-Index 2,5-7,2 4
– Colpen länger, CL-Index < 2,5 5

▷

Tafel 38

1-4 *Crupina vulgaris,* **5-8** *Echinops sphaerocephalus.* – Vergrößerungen 1000fach.

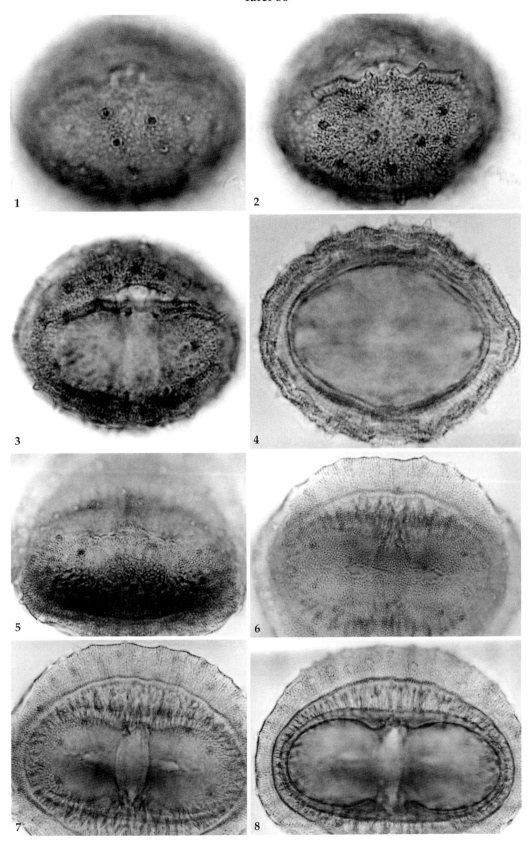

4 PK > 50 µm groß, langgestreckt, sphäroidisch bis prolat, CL-Index 2,5-4,4 (Tafel 39: 1-3) ....
.... **17.1.3** *Carthamus*-**Typ** (S. 226)

– PK 18-25 µm groß, sphäroidisch, CL-Index 5,4-7,2 (Tafel 39: 4-7) ....
.... **17.1.4** *Xanthium spinosum*-**Typ** (S. 226)

5 Innere Columellae-Schicht vorhanden 6

– Innere Columellae fehlen völlig oder stehen nur unter den Echini oder sind zu Stümpfen unter dem Zwischentectum reduziert; selten stehen diese Stümpfe auf der Endexine 9

6 PK prolat, ca. 65-95 µm lang. Äußere Columellae-Schicht in der Mitte der Intercolpien am dicksten (9-14 µm), Intercolpien dadurch ±geflügelt und Exine hier 18-23 µm dick. Innere Columellae sehr kräftig, Aufbau der äußeren Columellae-Schicht undeutlich. Echini bis etwa 2 µm lang. Kleinere Maße bei der südeuropäischen Art *E. bannaticus* (Tafel 38: 5-8) ....
.... **17.1.5** *Echinops* (S. 226)

– Exine und äußere Columellae-Schicht dünner, PK meist kleiner und oft ± kugelig 7

7 Poren ohne Costae. PK klein. Polachse mit Echini meist kleiner als 35 µm, Echini lang und spitz. Exine zwischen den Echini < 5 µm dick. PK sphäroidisch. (Tafel 40: 16-19) ....
.... **17.1.6** *Matricaria*-**Typ** (S. 226)

– Poren mit Costae. PK größer. Polachse mit Echini selten kleiner als 40 µm. Echini oft sehr kurz und stumpf. Exine zwischen den Echini 5-10 µm dick. 8

8 Innere Columellae unter den Echini bis 3 µm lang, zwischen den Echini meist unter 2 µm, bei rundlichem Querschnitt (Aufsicht) dünner als 2 µm, distal nicht oder höchstens undeutlich verzweigt. PK sphäroidisch, PFormI um oder < 1,0 (Tafel 39: 8-10) .... **17.1.7** *Cirsium* (S. 228)

– Innere Columellae maximal 3,5-5,0 µm lang und 3-4(5) µm dick, distal verzweigt, dicht gestellt (Tafel 39: 11-15, Tafel 40: 1-2) .... **17.1.8** *Saussurea*-**Typ** (S. 229)

9 Innere Columellae fehlen völlig oder sind nur gelegentlich unter den Echini vorhanden 10

– Innere Columellae rudimentär in Form von Stümpfen auf der Innenseite des Zwischentectums in großer Zahl und nicht nur unter den Echini vorhanden (Tafel 37: 8) ....
.... **17.1.9** *Staehelina dubia* (S. 230)

10 Echini 1-2 µm lang, PK mit Ringfurche, äußere Columellae sehr dünn (Tafel 40: 3-15) ....
.... **17.1.10** *Centaurea jacea*-**Typ** (S. 230)

– Echini länger als 2 µm, PK ohne Ringfurche 11

11 Endexine 2-3 µm dick, wenn 1,5-2 µm dick, dann PK > 50 µm .... **17.1.11** *Carduus*-**Typ** (S. 230)

– Endexine 0,5-1,5 µm dick, PK < 50 µm (Tafel 41: 1-13) .... **17.1.12** *Senecio*-**Typ** (S. 231)

17.1.1 *Crupina* (Tafel 38: 1-4). PK sphäroidisch, PFormI 1,07-1,23. Polarfelder mittelgroß (PFeldI 0,41-0,49). Echini 2,5-5,0 µm hoch. Tectum zwischen den Echini scabrat bis verrucat skulpturiert. Exine ohne Echini 5-6 µm dick, vereinzelt bis 11 µm. Äußere Columellae-Schicht deutlich zweigeteilt. Innere Columellae dünn. Colpen oft kurz, äquatorial etwas erweitert, CL-Index 1,6-2,8. Colpi transversales ohne Costae.

Crupina vulgaris CASS. (3)
47,8-58,4 µm, MiW 55,4 µm; 50 PK, 0a

Tafel 39

1-3 *Carthamus tinctorius*, **4-7** *Ambrosia artemisiaefolia*, **8-10** *Cirsium canum*, **11-15** *Arctium minus*. – Vergrößerungen 1000fach.

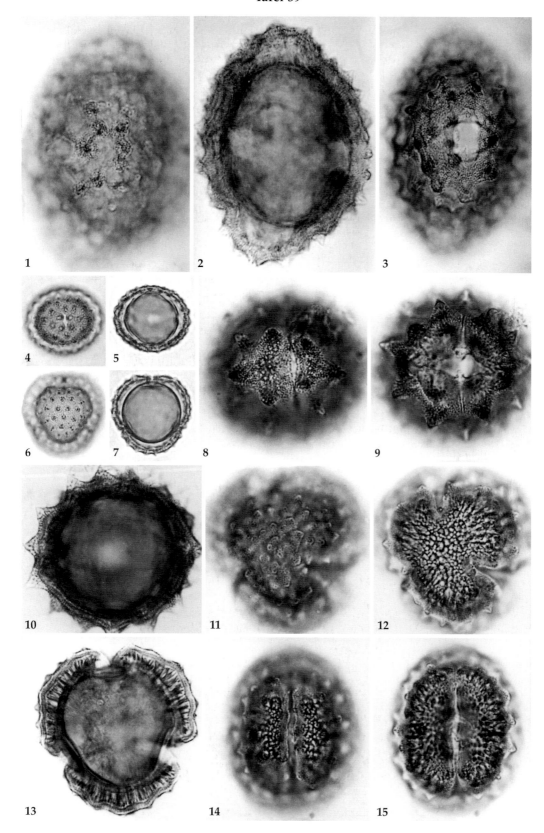

17.1.2 *Centaurea alpina*-Typ (Tafel 37: 6-7). PK sphäroidisch, PFormI 0,85-0,94, Colpen kurz. Exine mit Echini 12-14 µm dick. Echini bis 9 µm lang, durch gratartige Aufwölbungen der Exine zwischen den Echini reticulum-artig miteinander verbunden. Äußere Columellae im optischen Schnitt gut erkennbar. Innere Columellae meist schwer erkennbar. Endexine ca. 2 µm dick. Poren rundlich bis eckig, kaum transversal verlängert, ca. 8 × 10 µm groß.

Centaurea alpina L. (2)
51,8-60,3 µm, MiW 55,6 µm; 50 PK, 0a

17.1.3 *Carthamus*-Typ (Tafel 39: 1-3). Umfaßt die Gattung *Carthamus* und *Leuzea rhapontica*.
PK sphäroidisch bis prolat, PFormI 1,22-1,35. Exine zwischen den Echini 6-8 µm dick. Äußere Columellae-Schicht deutlich zweiteilig, wellig und polar zusammen mit Teilen der inneren Columellae oft vesicula-artig von der Endexine abgehoben (Tafel 39: 2). Innere Columellae dünn, z.T. rudimentär. Colpen kurz bis sehr kurz, bei *Carthamus* 15-24 µm, bei *Leuzea* 20-27 µm lang. CL-Index bei *Carthamus tinctorius* 3,3-4,4, bei *Leuzea rhapontica* 2,52-3,75. Die Colpi transversales stehen gelegentlich miteinander in Verbindung.

Carthamus lanatus L. (1)
56,5-75,4 µm, MiW 67,2 µm; 50 PK, 0a

Carthamus tinctorius L. (3)
62,0-77,5 µm, MiW 67,6 µm; 50 PK, 0a

Leuzea rhapontica (L.) J. HOLUB (2)
50,5-70,5 µm, MiW 66,1 µm; 50 PK, 0a

17.1.4 *Xanthium spinosum*-Typ (Tafel 39: 4-7). Entspricht dem scabraten *Xanthium strumarium*-Typ (S. 164), von dem es sich durch den Besitz von bis 2 µm langen Echini und durch das Fehlen einer Zweiteilung der (äußeren) Columellae-Schicht unterscheidet. CL-Index 5,4-7,2. Hierher gehören außerdem *Ambrosia trifida* und *A. maritima*.

Xanthium spinosum L. (2)
20,5-25,1 µm, MiW 23,2 µm; 50 PK, 0a

Ambrosia artemisiifolia L. (1)
18,1-24,4 µm; MiW 21,4 µm; 50 PK, 0a

17.1.5 *Echinops* (Tafel 38: 5-8). PK sphäroidisch bis prolat, PFormI 1,23-1,39. Das undeutliche Bild der äußeren Columellae ist dadurch bedingt, daß sie mehrfach und unregelmäßig auf verschiedener Höhe miteinander verbunden sind. Die inneren Columellae sind überwiegend distal verzweigt. Zwischentectum bis 1 µm dick. Colpi transversales mit Costae, ringförmig entwickelt. Colpen kurz, meist weniger als halb so lang wie die Polachse, oft subterminal erweitert. Echini bis 2 µm lang. Die äußere Columellae-Schicht ist nicht am Aufbau der Echini beteiligt.

Echinops exaltatus SCHRADER (1)
66,9-81,8 µm, MiW 75,2 µm; 50 PK, 0a

Echinops bannaticus ROCHEL ex SCHRADER (1)
49,6-69,4 µm, MiW 62,3 µm; 38 PK, 0a

Echinops sphaerocephalus L. (2)
83,0-95,5 µm, MiW 88,3 µm; 50 PK, 0a

17.1.6 *Matricaria*-Typ (Tafel 40: 16-19). Der *Matricaria*-Typ umfaßt die Gattungen *Achillea*, *Anthemis*, *Chrysanthemum*, *Cotula*, *Leucanthemopsis*, *Leucanthemum*, *Matricaria*, *Tanacetum* und *Tripleurospermum*.
PK sphäroidisch (kugelig), Colpen lang, Polarfelder mittelgroß bis klein. Exine zwischen den Echini 3-5 µm, selten über 5 µm dick. Äußere Columellae-Schicht weniger als 1,0 µm dick. Echini meist 3-4 µm lang. Innere Columellae z.T. distal verzweigt, 1,5-3,5 µm lang und bis 1,5 µm dick, in der Mitte der Intercolpien länger als an ihrem Rand und polar. Endexine 0,8-1,2 µm dick. Colpen mit kontrastarmen, meist transversal verlängerten Poren.

$\triangleright$

Tafel 40

1-2 *Saussurea discolor*, **3-6** *Centaurea jacea*, **7-8** *Centaurea solstitiales*, **9-11** *Cnicus benedictus*, **12-15** *Centaurea vallesiaca*, **16-19** *Achillea nobilis*. – Vergrößerungen 1000fach.

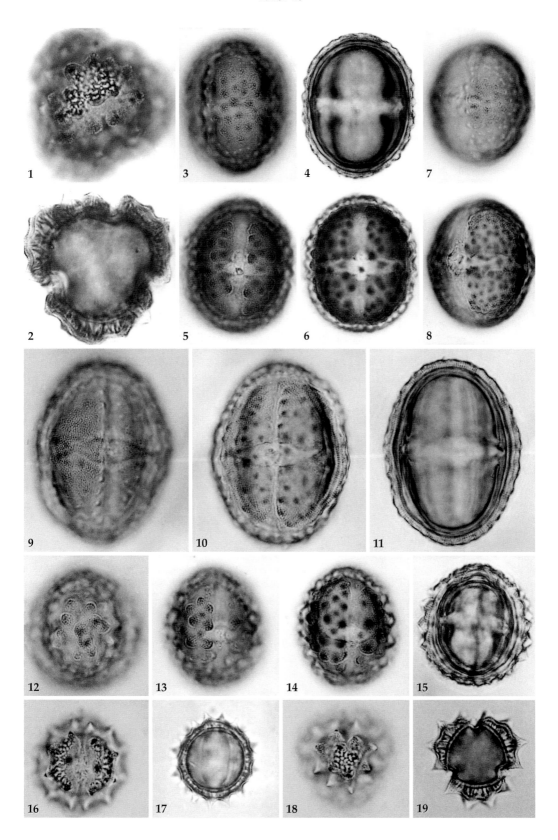

Achillea asplenifolia VENT. (1)
23,0-29,6 µm, MiW 26,6 µm; 50 PK, 0a

Achillea atrata L. (2)
28,0-35,5 µm, MiW 31,8 µm; 50 PK, 0a

Achillea clavenae L. (2)
26,8-35,3 µm, MiW 32,0 µm; 50 PK, 0a

Achillea distans WALDST. & KIT. (1)
27,3-35,8 µm, MiW 32,9 µm; 50 PK, 0a

Achillea macrophylla L. (2)
26,8-33,0 µm, MiW 30,7 µm; 50 PK, 0a

Achillea millefolium L. (3)
27,5-35,8 µm, MiW 33,1 µm; 50 PK, 0a

Achillea moschata WULFEN (2)
25,0-35,0 µm, MiW 30,9 µm; 50 PK, 0a

Achillea nana L. (3)
25,5-33,0 µm, MiW 29,9 µm; 50 PK, 0a

Achillea nobilis L. (2)
23,8-30,0 µm, MiW 27,9 µm; 50 PK, 0a

Achillea oxyloba (DC.) F. SCHULTZ (1)
24,1-31,2 µm, MiW 27,9 µm; 50 PK, 1a

Achillea ptarmica L. (2)
24,4-31,5 µm, MiW 28,0 µm; 50 PK, 0a

Achillea setacea WALDST.& KIT. (2)
24,5-30,0 µm, MiW 26,9 µm; 50 PK, 0a

Achillea salicifolia BESSER (2)
23,0-32,0 µm, MiW 26,0 µm; 50 PK, 0a

Achillea tomentosa L. (1)
22,0-28,7 µm, MiW 24,8 µm; 50 PK, 0a

Achillea virescens (FENZL) HEIMERL (1)
23,0-32,2 µm, MiW 27,2 µm; 50 PK, 0a

Anthemis arvensis L. (2)
27,5-37,0 µm, MiW 33,0 µm; 50 PK, 0a

Anthemis austriaca JACQ. (2)
29,8-38,0 µm, MiW 33,7 µm; 50 PK, 0a

Anthemis carpatica WILLD. (1)
31,2-38,6 µm, MiW 34,8 µm; 50 PK, 0a

Anthemis cotula L. (2)
25,5-33,0 µm, MiW 30,8 µm; 50 PK, 0a

Anthemis cretica L. (1)
27,3-35,1 µm, MiW 31,2 µm; 50 PK, 0a

Anthemis ruthenica M. BIEB. (2)
27,0-32,5 µm, MiW 30,0 µm; 50 PK, 0a

Anthemis tinctoria L. (2)
28,0-36,0 µm, MiW 32,7 µm; 50 PK, 0a

Anthemis triumfetti (L.) DC. (1)
24,1-29,7 µm, MiW 27,3 µm; 50 PK, 0a

Chrysanthemum segetum L. (2)
27,8-40,0 µm, MiW 35,1 µm; 50 PK, 0a

Chrysanthemum tanacetifolium KARSCH. (2)
24,4-29,7 µm, MiW 27,7 µm; 50 PK, 0a

Cotula coronopifolia L. (1)
23,0-28,0 µm, MiW 25,4 µm; 50 PK, 0a

Leucanthemopsis alpina (L.) HEYWOOD (2)
28,3-35,8 µm, MiW 33,3 µm; 50 PK, 2a

Leucanthemum halleri (SUTER) DUCOMMUM (2)
28,5-37,0 µm, MiW 33,1 µm; 50 PK, 0a

Leucanthemum vulgare LAM. s.str. (2)
27,5-34,5 µm, MiW 30,7 µm; 50 PK, 0a

Matricaria discoidea DC. (2)
23,0-33,0 µm, MiW 28,6 µm; 50 PK, 0a

Matricaria recutita L. (2)
22,5-28,0 µm, MiW 25,9 µm; 50 PK, 0a

Tanacetum corymbosum (L.) SCH. BIP. (2)
30,8-37,5 µm, MiW 34,3 µm; 50 PK, 0a

Tanacetum macrophyllum (WALD. & KIT) SCH. BIP. (3)
25,0-32,8 µm, MiW 29,4 µm; 50 PK, 0a

Tanacetum parthenicum (L.) SCH. BIP. (2)
22,3-28,0 µm, MiW 24,7 µm; 50 PK, 0a

Tanacetum vulgare L. (3)
27,8-32,8 µm, MiW 30,4 µm; 50 PK, 0a

Tripleurospermum maritimum (L.) W.D.J. KOCH (4)
25,8-32,3 µm, MiW 29,4 µm; 50 PK, 0a

17.1.7 *Cirsium* (Tafel 39: 8-10). PK sphäroidisch (kugelig), Polarfelder mittelgroß. Exine zwischen den Echini ca. 4-8 µm dick. Echini (3)5-7 µm lang, mit breiter Basis, sehr variabel gebaut. Äußere Columellae-Schicht ca. 2 µm dick, im optischen Schnitt stark gewellt. Innere Columellae unverzweigt und von unterschiedlicher Länge, unter den Echini 2-2,5(4) µm, zwischen den Echini < 2 µm lang. Die inneren Columellae haben einen Durchmesser von meist < 2 µm. Endexine 1-2 µm dick. Poren oft unscheinbar. Bei einer Herkunft von *C. eriophorum* waren die inneren Columellae ausnahmsweise reduziert. Zur Unterscheidung von *Cirsum* gegenüber *Carlina* und *Xeranthemum* (*Saussurea*-Typ) achte man auf die dichte Stellung der inneren Columellae und ihre deutliche distale Verzweigung.

Cirsium acaule SCOP. (3)
49,6-77,2 µm, MiW 61,0 µm; 50 PK, 0a

Cirsium arvense (L.) SCOP. (2)
38,9-50,3 µm, MiW 44,3 µm; 50 PK, 0a

Cirsium brachycephalum JURASTZKA (1)
37,5-47,1 µm, MiW 43,1 µm; 50 PK, 0a

Cirsium canum (L.) ALL. (2)
45,3-58,0 µm, MiW 53,1 µm; 51 PK, 0a

Cirsium dissectum (L.) HILL. (2)
41,1-56,3 μm, MiW 48,5 μm; 50 PK, 0a

Cirsium carniolicum SCOP. (1)
41,1-52,8 μm, MiW 47,8 μm; 50 PK, 0a

Cirsium eriophorum (L.) SCOP. (3)
47,0-55,9 μm, MiW 50,9 μm; 50 PK, 0a

Cirsium erisithales (JACQ.) SCOP. (2)
45,0-56,3 μm, MiW 50,9 μm; 50 PK, 0a

Cirsium heterophyllum (L.) HILL. (2)
48,3-64,0 μm, MiW 54,8 μm; 50 PK, 0a

Cirsium montanum (WALDST. & KIT.) SPRENGEL (1)
47,4-56,5 μm, MiW 52,4 μm; 50 PK, 0a

Cirsium oleraceum (L.) SCOP. (5)
45,3-55,6 μm, MiW 51,8 μm; 50 PK, 0a

Cirsium palustre (L.) SCOP. (4)
43,0-50,3 μm, MiW 47,2 μm; 50 PK, 0a

Cirsium pannonicum (L. fil.) LINK. (2)
49,3-61,8 μm, MiW 54,2 μm; 50 PK, 0a

Cirsium rivulare (JACQ.) ALL. (2)
49,5-60,0 μm, MiW 55,0 μm; 50 PK, 0a

Cirsium spinosissimum (L.) SCOP. (2)
42,8-55,0 μm, MiW 48,7 μm; 50 PK, 0a

Cirsium tuberosum (L.) ALL. (1)
40,4-53,5 μm, MiW 47,5 μm; 50 PK, 0a

Cirsium vulgare (SAVI) TEN. (2)
42,5-56,3 μm, MiW 51,3 μm; 50 PK, 0a

Cirsium waldsteinii ROUY. (1)
42,8-53,5 μm, MiW 48,8 μm; 50 PK, 0a

17.1.8 *Saussurea*-Typ (Tafel 39: 11-15, Tafel 40: 1-2). Umfaßt die Gattungen *Arctium, Carlina, Jurinea, Onopordon, Saussurea, Serratula* und *Xeranthemum*.

Charakteristische Merkmale: Innere Columellae maximal 3-5,5 μm lang und maximal 4, selten 5 μm dick (daneben auch oft viele dünnere Columellae), distal verzweigt, in Aufsicht oft eckig bis langgestreckt. Äußere Columellae-Schicht 1,5-3 μm dick, Echini 2-5 μm lang (sehr variabel aufgebaut), innere Columellae meist 2-5 μm lang, bei rundlichem, eckigem oder elliptischem Querschnitt 0,5-4(5) μm dick, distal mehr oder weniger verzweigt. Exine zwischen den Echini 6,0-9,3 μm, Endexine 1-2,5 μm dick (bei *Onopordon* bis 3 μm).

Aperturen wie bei *Cirsium*. Poren gelegentlich stark meridional gestreckt (*Carlina, Saussurea*). Polarfelder mittelgroß oder klein (*Saussurea* p.p.). PFormI > 1,0 (*Serratula* und *Arctium* anteilig < 1,0), PK gelegentlich schwach prolat (*Arctium* p.p., *Jurinea* p.p.). Bei *Serratula* ist die Exine äquatorial deutlich dicker als polar. Bei *Onopordon* sind die Echini 2-3 μm lang, bei den anderen Gattungen meist nur 1-2 μm.

Die PK von Arten der Gattung *Xeranthemum* gehören zu den kleinsten Formen im *Saussurea*-Typ (28-46 μm). Die Dicke der Columellae unterschreitet vereinzelt auch 2 μm. In Einzelfällen mag die Abtrennung vom *Cirsium*-Typ problematisch sein.

Arctium lappa L. (2)
45,8-58,5 μm, MiW 52,8 μm; 42 PK, 0a

Arctium minus (HILL) BERNH. (2)
47,5-57,8 μm, MiW 53,2 μm; 50 PK, 0a

Arctium nemorosum LEJ. (2)
45,5-62,5 μm, MiW 53,7 μm; 50 PK, 0a

Arctium tomentosum MILL. (2)
41,8-50,3 μm, MiW 45,8 μm; 50 PK, 0a

Carlina acaulis L. (2)
49,9-63,4 μm, MiW 55,9 μm; 50 PK, 6a

Carlina vulgaris L. (3)
34,4-42,8 μm, MiW 38,6 μm; 50 PK, 0a

Jurinea cyanoides (L.) RCHB. (2)
54,5-68,8 μm, MiW 61,2 μm; 50 PK, 0a

Jurinea mollis (L.) RCHB. (2)
47,0-59,9 μm, MiW 53,7 μm; 50 PK, 0a

Onopordon acanthium L. (3)
48,5-59,5 μm, MiW 54,6 μm; 50 PK, 0a

Saussurea alpina (L.) DC. (4)
45,0-62,0 μm, MiW 53,7 μm; 50 PK, 0a

Saussurea discolor (WILLD.) DC. (2)
41,8-58,8 μm, MiW 48,6 μm; 50 PK, 0a

Saussurea pygmaea (JACQ.) SPRENG. (2)
45,5-62,5 μm, MiW 55,9 μm; 51 PK, 0a

Serratula lycopifolia (VILL.) A. KERNER (1)
41,8-55,9 μm, MiW 48,7 μm; 50 PK, 0a

Serratula tinctoria L. (2)
54,5-62,3 μm, MiW 58,8 μm; 50 PK, 0a

Xeranthemum annuum L. (2)
31,2-39,3 μm, MiW 35,5 μm; 50 PK, 0a

Xeranthemum cylindraceum SIBH. & SM. (1)
28,3-42,1 μm, MiW 35,7 μm; 50 PK, 0a

Xeranthemum inapertum (L.) MILL. (1)
34,7-45,7 μm, MiW 39,9 μm; 50 PK, 0a

17.1.9 *Staehelina dubia* (Tafel 37: 8). PK wie bei *Cirsium* oder bei dem *Carduus*-Typ. Innenseite des Zwischentectums jedoch dicht mit ca. 1 μm langen Rudimenten der inneren Columellae besetzt. Gelegentlich liegen Endexine und Ektexine so dicht aneinander, daß man die rudimentäre Natur der inneren Columellae nur schwer erkennen kann.

Staehelina dubia L. (2)
42,5-51,3 μm, MiW 47,5 μm; 50 PK, 0a

17.1.10 *Centaurea jacea*-Typ (Tafel 40: 3-15). PK echinat oder scabrat, sphäroidisch, selten prolat (PFormI 1,00-1,38), im Umriß ± elliptisch. Polarfelder mittelgroß bis klein (PFeldI 0,23-0,37). Echini meist 1-2 μm hoch, stumpf, basaler Durchmesser 3-4 μm. Exine polar 3,6-6,8 μm dick. Äußere Columellae-Schicht zwischen den Skulpturelementen 1,5-3 μm dick. Die äußere Columellae-Schicht ist durch eine Mittelschicht (diese oft etwas zur Basis der Columellae hin verschoben) geteilt. Innere Columellae fehlen vollständig. Endexine 1,0-1,5 μm dick. Colpi transversales mit Costae, oft zu einer Ringfruche verbunden. Die meisten der untersuchten Arten waren echinat mit einer Mindesthöhe der Echini von 1,0 μm. Scabrat (Echini < 1 μm) sind die PK von *C. calcitrapa* und *C. solstitialis*. *Cnicus benedictus* fällt größenmäßig aus dem *Centaurea jacea*-Typ anteilig heraus; PK > 50 μm dürften daher der Gattung *Cnicus* zugeordnet werden können.

Centaurea alba L. (2)
31,0-40,5 μm, MiW 37,0 μm; 50 PK, 0a

Centaurea calcitrapa L. (4)
37,3-46,8 μm, MiW 41,9 μm; 50 PK, 0a

Centaurea diffusa LAM. (2)
30,5-39,3 μm, MiW 35,8 μm; 50 PK, 0a

Centaurea jacea L. (10)
37,0-47,0 μm, MiW 42,9 μm; 50 PK, 0a

Centaurea nervosa WILLD. (2)
35,0-47,0 μm, MiW 40,1 μm; 50 PK, 0a

Centaurea nigra L. (4)
31,8-48,0 μm, MiW 39,2 μm; 50 PK, 0a

Centaurea nigrescens WILLD. (2)
37,5-49,3 μm, MiW 42,6 μm; 52 PK, 0a

Centaurea phrygia L. (6)
31,8-40,3 μm, MiW 36,4 μm; 50 PK, 0a

Centaurea pseudophrygia C.A. MEY. (1)
33,0-45,0 μm, MiW 38,5 μm; 50 PK, 0a

Centaurea solstitiales L. (4)
31,3-38,3 μm, MiW 36,6 μm; 50 PK, 0a

Centaurea spinosociliata SEMUS (1)
34,5-42,1 μm, MiW 38,4 μm; 50 PK, 10a

Centaurea stoebe L. (1)
29,7-39,7 μm, MiW 34,8 μm; 50 PK, 11a

Centaurea vallesiaca (DC) JORDAN (1)
30,5-40,5 μm, MiW 34,4 μm; 50 PK, 0a

Cnicus benedictus L. (2)
43,3-57,0 μm, MiW 48,8 μm; 50 PK, 0a

17.1.11 *Carduus*-Typ. Umfaßt die Gattungen *Carduus, Cynara* und *Silybum*.

PK sphäroidisch (kugelig), Polarfelder mittelgroß bis groß. Echini 4-7 μm lang und basal 5-6 μm breit. Exine zwischen den Echini ca. 4-5 μm dick. Äußere Columellae-Schicht 1,5-2,5 μm dick, innere Columellae fehlen. Rudimente der inneren Columellae können vereinzelt vorhanden sein, vollständige Columellae stehen, wenn vorhanden, ausschließlich unter den Echini. Endexine 2-3 μm dick, unter den Echini oft etwas verdickt. Poren groß, rundlich, äquatorial schmal und zugespitzt verlängert. Wegen der dicken Exine ist die Unterscheidung zwischen dem *Carduus*- und dem *Cirsium*-Typ manchmal schwierig, insbesondere wenn die Schicht der inneren Columellae beim *Cirsium*-Typ dünn ist. Der Besitz innerer Columellae sollte dann im Aufsichtsbild überprüft werden.

Carduus acanthoides L. (2)
44,5-51,8 μm, MiW 49,2 μm; 51 PK, 0a

Carduus collinus WAKDST. & KIT. (1)
38,9-51,7 μm, MiW 45,9 μm; 50 PK, 0a

Carduus crispus L. (2)
43,0-52,5 μm, MiW 48,3 μm; 50 PK, 0a

Carduus defloratus L. (3)
51,3-60,5 μm, MiW 56,8 μm; 50 PK, 0a

Carduus hamulosus EHRH. (1)
45,3-56,6 μm, MiW 52,1 μm; 50 PK, 0a

Carduus nutans L. (2)
51,3-62,0 μm, MiW 56,5 μm; 51 PK, 0a

Carduus personata (L.) JACQ. (2)
46,3-55,5 μm, MiW 49,9 μm; 50 PK, 0a

Carduus pycnocephalus L. (1)
42,5-52,8 μm, MiW 47,9 μm; 50 PK, 0a

Carduus tenuiflorus CURTIS (1)
42,5-51,7 µm, MiW 48,1 µm; 50 PK, 0a

Silybum marianum (L.) P. GAERTN. (2)
45,3-53,1 µm, MiW 50,2 µm; 50 PK, 0a

Cynara cardunculus L. (1)
50,3-60,2 µm, MiW 56,6 µm; 50 PK, 0a

17.1.12 *Senecio*-Typ (Tafel 41: 1-13). Umfaßt die Gattungen *Adenostyles, Antennaria, Arnica, Aster, Bellis, Bindens, Bombycilaena, Buphthalmum, Calendula, Carpesium, Conyza, Doronicum, Erechthites. Erigeron, Eupatorium, Filago, Galinsoga, Gnaphalium, Helianthus, Helichrysum, Homogyne, Inula, Ligularia, Leontopodium, Petasites, Pseudognaphalium, Pulicaria, Rudbeckia, Silphium, Solidago, Senecio, Telekia, Tephroseris* und *Tussilago*.

PK sphäroidisch (kugelig bis schwach langgestreckt), Polarfelder meist mittelgroß bis klein, selten groß (z.B. *Bellis, Pulicaria, Tussilago*). Echini (2)3-6(7) µm lang, stumpf bis scharf zugespitzt (basaler Durchmesser 2-5(6) µm), vor allem in der Ausbildung des Endabschnittes sehr variabel, ohne dabei innerhalb einzelner Sippen konstante Merkmale zu zeigen. Exine zwischen den Echini meist (1,5)2-4(5) µm, Endexine 0,5-1,5 µm dick. Oft liegt die Endexine dem Zwischentectum so eng an, daß der durch Reduktion der inneren Columellae-Schicht entstandene Hohlraum unkenntlich ist. In Aufsicht kann man dann das Fehlen innerer Columellae aber noch feststellen. Äußere Columellae-Schicht mit Zwischentectum 1-2(2,5) µm dick, Columellae gelegentlich nur unter den Echini gut erkennbar und zwischen ihnen stark verkürzt (z.B. bei *Aster* p.p., *Bidens, Silphium*). Innere Columellae-Schicht selten rudimentär als Körnelung auf der Innenfläche des Zwischentectums zu erkennen (*Calendula, Homogyne, Petasites, Senecio* p.p.). Selten konnten einzelne fädige innere Columellae festgestellt werden (*Senecio, Calendula*) und auch nur dann, wenn die Endexine dicht unter dem Zwischentectum liegt. Poren rundlich oder transversal gestreckt, oft undeutlich, so z.B. bei *Solidago*.

Soweit untersucht, umfaßt der *Senecio*-Typ 119 mitteleuropäische Vertreter aus 33 Gattungen. STIX (1960) untersuchte davon 13 Gattungen mit jeweils nur wenigen Arten und stellte insgesamt 8 Pollentypen auf. Nach dem hier bearbeiteten Material kann man – wenigstens durch lichtmikroskopische Untersuchungen ohne Dünnschnitte – nur ein einziges Merkmal zur weiteren Untergliederung des *Senecio*-Typs verwenden, nämlich die Dicke des Zwischentectums, und auch dieses nur mit Vorbehalt. Bei den Gattungen *Antennaria, Gnaphalium, Filago, Bombycilaena* und *Helichrysum* (»*Gnaphalium*-Typ«) ist das Zwischentectum ungewöhnlich dick (0,8-1,2(1,5) µm), und dabei dicker als die äußere Columellae-Schicht. Es handelt sich außerdem um Arten, deren PK ohne Echini vorwiegend kleiner als 35 µm und deren Echini relativ kurz sind (3-4 µm). Allerdings kann auch bei den Gattungen *Buphthalmum, Calendula, Homogyne, Petasites, Tussilago* und *Senecio* (PK meist größer, Echini oft über 4 µm lang) beobachtet werden, daß das Zwischentectum bis 1 µm dick ist. Hier konnten aber in manchen Fällen Quellungseffekte nicht ausgeschlossen werden. Außerdem wurde beobachtet, daß bei nicht ausgereiften PK der basale Teil der äußeren Columellae nicht ausdifferenziert ist. Auch dadurch kann ein dickes Zwischentectum entstehen bzw. vorgetäuscht werden.

Adenostyles alliariae (GOUAN) KERN. (2)
28,5-42,4 µm, MiW 38,7 µm; 50 PK, 0a

Aster bellidiastrum (L.) SCOP. (2)
24,3-29,5 µm, MiW 27,1 µm; 50 PK, 0a

Adenostyles glabra (MILL.) DC. (2)
28,3-39,7 µm, MiW 34,8 µm; 50 PK, 0a

Aster lanceolatus WILLD. (1)
21,2-31,5 µm, MiW 27,8 µm; 50 PK, 0a

Antennaria carpatica (WAHLENB.) BLUFF. & FING. (2)
29,5-39,5 µm, MiW 33,8 µm; 50 PK, 0a

Aster levis L. (1)
26,9-36,1 µm, MiW 30,9 µm; 50 PK, 0a

Antennaria dioica (L.) P. GAERTNER (4)
27,5-37,5 µm, MiW 33,9 µm; 50 PK, 0a

Aster linosyris (L.) BERNH. (2)
33,3-43,0 µm, MiW 39,3 µm; 50 PK, 0a

Arnica montana L. (2)
34,8-43,0 µm, MiW 39,5 µm; 50 PK, 0a

Aster novae-anglicae L. (1)
24,1-31,5 µm, MiW 27,8 µm; 50 PK, 0a

Aster alpinus L. (3)
24,0-37,3 µm, MiW 29,6 µm; 50 PK, 0a

Aster novae-belgiae L. (1)
24,4-38,2 µm, MiW 30,5 µm; 50 PK, 0a

Aster amellus L. (2)
27,5-34,5 µm, MiW 31,7 µm; 50 PK, 0a

Aster pauciflorus NEES (1)
23,7-31,5 µm, MiW 27,8 µm; 50 PK, 0a

Aster sedifolius L. (1)
30,0-42,5 μm, MiW 34,7 μm; 50 PK, 0a

Aster tripolium L. (2)
30,5-37,5 μm, MiW 35,2 μm; 50 PK, 0a

Bellis perennis L. (2)
19,5-27,3 μm, MiW 24,6 μm; 50 PK, 0a

Bidens bipinnata L. (1)
30,1-38,9 μm, MiW 35,0 μm; 50 PK, 0a

Bidens cernua L. (2)
32,3-40,8 μm, MiW 37,5 μm; 50 PK, 0a

Bidens connata H.L. MÜHL. ex WILLD. (1)
31,9-41,4 μm, MiW 38,3 μm; 50 PK, 0a

Bidens frondosa L. (1)
35,1-42,5 μm, MiW 39,3 μm; 50 PK, 0a

Bidens radiata THULL. (2)
37,0-42,5 μm, MiW 38,7 μm; 50 PK, 0a

Bidens tripartita L. (2)
33,3-42,5 μm, MiW 37,7 μm; 50 PK, 0a

Bombycilaena (Micropus) erecta (L.) SMOLJ. (2)
21,2-28,7 μm, MiW 25,3 μm; 50 PK, 0a

Buphthalmum salicifolium L. (2)
28,0-34,3 μm, MiW 31,2 μm; 50 PK, 0a

Calendula arvensis L. (2)
38,2-52,4 μm, MiW 44,8 μm; 50 PK, 0a

Calendula officinalis L. (2)
35,4-48,9 μm, MiW 43,3 μm; 50 PK, 0a

Carpesium cernuum L. (1)
28,3-38,9 μm, MiW 33,7 μm; 50 PK, 0a

Conyza canadensis (L.) CRONQUIST (1)
17,2-22,3 μm, MiW 20,5 μm; 50 PK, 0a

Doronicum austriacum JACQ. (2)
32,0-37,0 μm, MiW 34,3 μm; 50 PK, 0a

Doronicum clusii (ALL.) TAUSCH (2)
37,3-46,8 μm, MiW 41,6 μm; 50 PK, 0a

Doronicum columnae TEN. (3)
33,3-40,8 μm, MiW 37,1 μm; 50 PK, 0a

Doronicum glaciale (WULF.) NYMAN (2)
32,0-40,8 μm, MiW 36,3 μm, 50 PK, 0a

Doronicum grandiflorum LAM. (3)
37,0-44,5 μm, MiW 39,9 μm; 50 PK, 0a

Doronicum pardalianches L. (3)
30,5-37,3 μm, MiW 34,2 μm; 50 PK, 0a

Erechthites hieracifolia (L.) RAFIN ex DC. (1)
29,7-36,1 μm, MiW 33,1 μm; 50 PK, 0a

Erigeron acer L. (3)
21,1-28,3 μm, MiW 25,1 μm; 50 PK, 0a

Erigeron alpinus L. (3)
25,0-32,5 μm, MiW 28,7 μm; 50 PK, 0a

Erigeron annuus (L.) PERS. (1)
17,7-25,1 μm, MiW 21,5 μm; 50 PK, 0a

Erigeron atticus VILL. (2)
21,2-29,0 μm, MiW 25,7 μm; 50 PK, 0a

Erigeron borealis (VIERH.) SIMMONS (1)
25,8-32,5 μm, MiW 28,9 μm; 50 PK, 0a

Erigeron glabratus BLUFF & FINGERH. (2)
24,5-32,5 μm, MiW 27,6 μm; 50 PK, 0a

Erigeron neglectus KERNER (3)
24,5-32,5 μm, MiW 28,5 μm; 54 PK, 0a

Erigeron uniflorus L. (2)
22,0-31,9 μm, MiW 28,4 μm; 50 PK, 0a

Eupatorium cannabinum L. (4)
24,8-32,2 μm, MiW 28,4 μm; 50 PK, 0a

Filago arvensis L. (3)
20,5-27,0 μm, MiW 23,2 μm; 50 PK, 0a

Filago gallica L. (2)
20,5-25,1 μm, MiW 22,5 μm; 50 PK, 0a

Filago minima (SM.) PERS. (2)
22,0-29,5 μm, MiW 24,7 μm; 50 PK, 0a

Filago spathulata PRESL (1)
19,5-25,1 μm, MiW 22,3 μm; 50 PK, 0a

Filago vulgaris LAM. (3)
18,1-25,1 μm, MiW 21,9 μm; 44 PK, 0a

Galinsoga ciliata (RAF.) S.F. BLAKE (1)
25,5-32,9 μm, MiW 29,5 μm; 50 PK, 0a

Galinsoga parviflora CAV. (1)
18,8-28,3 μm, MiW 22,6 μm; 50 PK, 0a

Gnaphalium hoppeanum W.D.J. KOCH (2)
27,0-38,3 μm, MiW 32,3 μm; 50 PK, 0a

Gnaphalium norvegicum GUNNERUS (3)
26,6-37,5 μm, MiW 31,4 μm; 50 PK, 0a

Gnaphalium supinum L. (2)
25,5-35,8 μm, MiW 30,5 μm; 50 PK, 0a

Gnaphalium sylvaticum L. (2)
29,5-36,8 μm, MiW 32,4 μm; 50 PK, 0a

▷

Tafel 41

1-4 *Senecio paluster*, **5-7** *Helianthus annuus*, **8-11** *Micropus erectus*, **12-13** *Gnaphalium norvegicum*, **14-16** *Valeriana montana*. – Vergrößerungen 1000fach.

Tafel 41

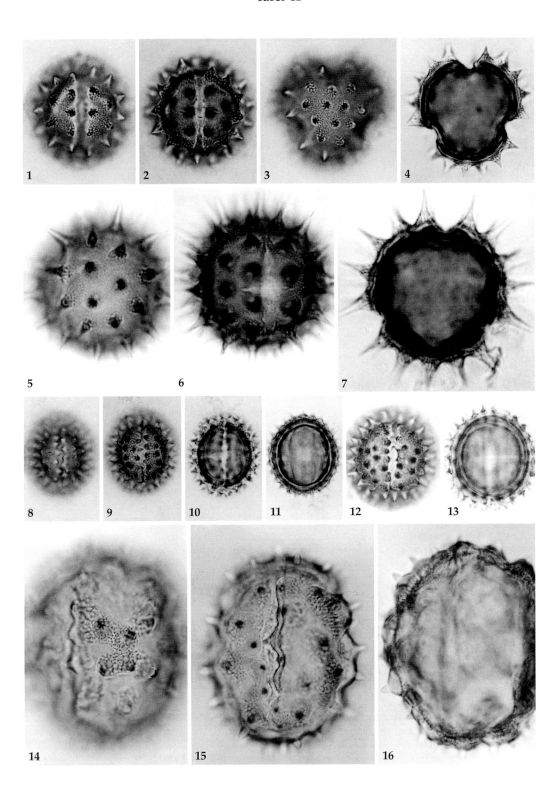

Gnaphalium uliginosum L. (2)
19,5-25,1 µm, MiW 22,7 µm; 50 PK, 0a

Helianthus annuus L. (2)
42,0-49,8 µm, MiW 44,7 µm; 50 PK, 0a

Helichrysum arenarium (L.) MOENCH (2)
24,3-31,3 µm, MiW 28,0 µm; 50 PK, 0a

Helichrysum italicum (ROTH) D. DON fil. (1)
21,2-29,0 µm, MiW 26,0 µm; 50 PK, 0a

Homogyne alpina (L.) CASS. (2)
31,9-46,0 µm, MiW 40,3 µm; 50 PK, 0a

Homogyne discolor (JACQ.) CASS. (2)
38,3-49,5 µm, MiW 43,9 µm; 50 PK, 0a

Homogyne sylvestris CASS. (1)
31,9-44,3 µm, MiW 39,9 µm; 50 PK, 0a

Inula britannica L. (2)
30,0-38,3 µm, MiW 34,5 µm; 50 PK, 0a

Inula conyzae (GRIESS) MEIKLE (2)
31,8-44,5 µm, MiW 36,8 µm; 50 PK, 0 a

Inula ensifolia L. (2)
29,5-37,5 µm, MiW 33,9 µm; 50 PK, 0a

Inula germanica L. (2)
30,8-37,5 µm, MiW 35,6 µm; 50 PK, 0a

Inula helenium L. (2)
38,3-49,8 µm, MiW 43,9 µm; 50 PK, 0a

Inula helvetica WEBER (1)
24,8-31,9 µm, MiW 28,5 µm; 50 PK, 0a

Inula hirta L. (2)
30,0-39,0 µm, MiW 34,9 µm; 50 PK, 0a

Inula oculus-christi L. (1)
28,3-36,1 µm, MiW 33,1 µm; 50 PK, 0a

Inula salicina L. (2)
29,5-40,5 µm, MiW 34,8 µm; 50 PK, 0a

Inula spiraeifolia L. (1)
26,2-35,4 µm, MiW 31,4 µm; 50 PK, 0a

Leontopodium alpinum CASS. (2)
23,0-31,2 µm, MiW 26,4 µm; 50 PK, 5a

Ligularia sibirica (L.) CASS. (2)
44,5-52,0 µm, MiW 47,7 µm; 50 PK, 0a

Petasites albus (L.) P. GAERTN. (2)
35,1-45,7 µm, MiW 39,7 µm; 50 PK, 0a

Petasites hybridus (L.) P. GAERTN., B. MEY & SCHERB. (2)
25,5-35,3 µm, MiW 31,2 µm; 50 PK, 0a

Petasites paradoxus (RETZ.) BAUMG. (2)
37,5-45,5 µm, MiW 41,9 µm; 50 PK, 0a

Petasites spurius (RETZ.) RCHB. (2)
32,3-39,5 µm, MiW 35,7 µm; 50 PK, 0a

Pseudognaphalium luteoalbum HILL. & B.L. BURTT (2)
21,8-29,5 µm, MiW 25,0 µm; 50 PK, 0a

Pulicaria dysenterica (L.) BERNH. (2)
24,8-29,8 µm, MiW 27,0 µm; 50 PK, 0a

Pulicaria vulgaris GAERTN. (2)
27,5-37,5 µm, MiW 32,3 µm; 50 PK, 0a

Rudbeckia hirta L. (2)
27,0-31,0 µm, MiW 29,1 µm; 51 PK, 0a

Senecio abrotanifolius L. (2)
36,0-42,5 µm, MiW 39,2 µm; 50 PK, 0a

Senecio alpinus (L.) SCOP. (2)
30,3-37,0 µm, MiW 34,1 µm; 50 PK, 0a

Senecio aquaticus HILL. (2)
29,5-35,8 µm, MiW 33,0 µm; 50 PK, 0a

Senecio arachnoides SCOP. (1)
31,9-38,9 µm, MiW 35,9 µm; 50 PK, 0a

Senecio aurantiacus (HOPPE) DC. (1)
28,3-37,2 µm, MiW 34,2 µm; 50 PK, 0a

Senecio brachyaetus DC. (1)
35,8-43,2 µm, MiW 41,6 µm; 50 PK, 0a

Senecio cacaliaster LAM. (1)
30,4-40,0 µm, MiW 36,2 µm; 50 PK, 0a

Senecio capitatus (WAHLENBG.) DC. (1)
34,7-41,8 µm, MiW 38,6 µm; 50 PK, 0a

Senecio doria L. (2)
28,3-38,9 µm, MiW 33,6 µm; 50 PK, 0a

Senecio doronicum L. (2)
37,5-47,0 µm, MiW 43,1 µm; 50 PK, 0a

Senecio erraticus BERTOL. (2)
27,5-33,8 µm, MiW 30,9 µm; 50 PK, 0a

Senecio erucifolius L. (2)
30,5-37,5 µm, MiW 33,4 µm; 50 PK, 0a

Senecio germanicus WALLR. (2)
30,8-36,0 µm, MiW 34,4 µm; 50 PK, 0a

Senecio halleri DANDY (1)
29,0-35,4 µm, MiW 32,5 µm; 50 PK, 0a

Senecio incanus L. (3)
39,5-46,8 µm, MiW 42,5 µm; 50 PK, 0a

Tafel 42

1-2 *Valeriana tripteris*, **3-5** *Valeriana collina*, **6** *Valeriana procurrens*, **7-9** *Valeriana dioica*, **10-13** *Valeriana saxatilis*. – Vergrößerungen 1000fach.

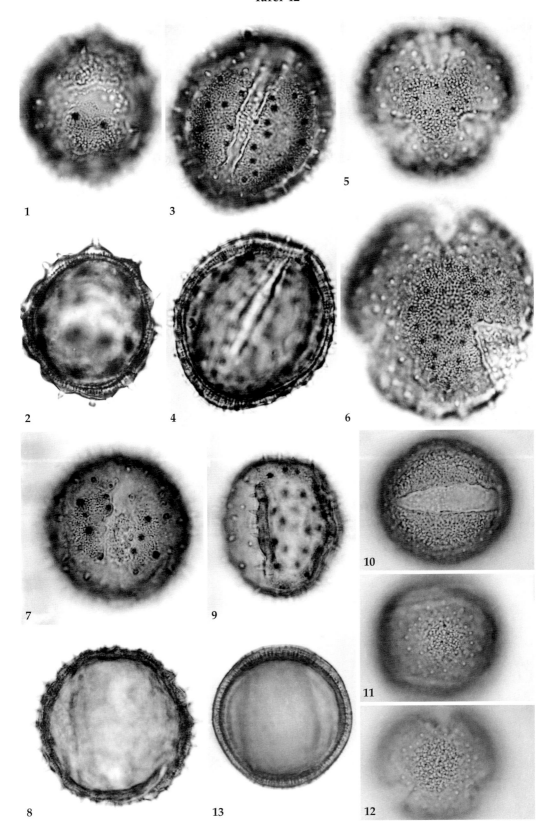

Senecio jacobaea L. (2)
29,3-33,8 µm, MiW 31,6 µm; 50 PK, 0a

Senecio ovatus GMEL. (2)
35,0-42,9 µm, MiW 38,6 µm; 50 PK, 0a

Senecio paludosus L. (2)
32,5-39,3 µm, MiW 35,8 µm; 50 PK, 0a

Senecio sarrcenicus (P. GAERTN., B. MEY & SCHERB) WILLD (2)
32,0 43,0 µm, MiW 37,3 µm; 50 PK, 0a

Senecio squalidus L. (2)
29,5-35,0 µm, MiW 32,5 µm; 51 PK, 0a

Senecio subalpinus KOCH (2)
31,8-37,8 µm, MiW 34,5 µm; 50 PK, 0a

Senecio sylvaticus L. (2)
31,8-43,0 µm, MiW 35,8 µm; 50 PK, 0a

Senecio vernalis WALDST. & KIT. (3)
28,8-34,3 µm, MiW 31,8 µm; 50 PK, 0a

Senecio viscosus L. (2)
30,3-38,0 µm, MiW 33,9 µm; 50 PK, 0a

Senecio vulgaris L. (1)
31,2-38,9 µm, MiW 35,2 µm; 50 PK, 0a

Silphium perfoliatum L. (1)
31,5-39,7 µm, MiW 35,8 µm; 50 PK, 0a

Solidago gigantea AITON (1)
20,5-25,1 µm, MiW 22,4 µm; 50 PK, 0a

Solidago virgaurea (L.) L. (3)
26,0-30,5 µm, MiW 28,9 µm; 50 PK, 0a

Telekia speciosa (SCHREB.) BAUMG. (2)
33,0-49,5 µm, MiW 39,7 µm; 50 PK, 0a

Telekia speciosissima (L.) LESS. (1)
26,6-34,0 µm, MiW 31,0 µm; 50 PK, 0a

Tephroseris crispa (JACQ.) RCHB. (2)
32,3-40,0 µm, MiW 35,9 µm; 50 PK, 0a

Tephroseris helenitis (L.) B. Nord. (2)
34,0-40,0 µm, MiW 36,8 µm; 50 PK, 0a

Tephroseris integrifolia (L.) HOLUB (2)
32,0-37,5 µm, MiW 35,2 µm; 50 PK, 0a

Tephroseris palustris (L.) FOUUR. (2)
32,0-40,0 µm, MiW 35,8 µm; 50 PK, 0a

Tephroseris tenuifolia (GAUDIN) HOLUB (2)
34,8-44,8 µm, MiW 38,5 µm; 50 PK, 0a

Tussilago farfara L. (2)
38,2-46,4 µm, MiW 42,4 µm; 50 PK, 0a

Non vidi: *Adenostyles leucophylla* (WILLD.) REICHENB., *Arnica angustifolia* VAHL., *Doronicum cataractarum* WIDDER, *Erigeron gaudinii* BRUGGER, *Helianthus tuberosus* L., *Solidago canadensis* L., *S. graminifolia* (L.) SALISB.

17.2 *Valeriana officinalis*-Gruppe
(Tafel 41: 14-16, Tafel 42: 1-6)

1 Exine zwischen den Echini mit sehr kleinen scabraten Skulpturelementen, Echini 1,4-1,8 µm lang
.... **17.2.1 *Valeriana officinalis*-Typ**

– Exine nur echinat, Echini 1,3-2,0(3,0) µm lang .... **17.2.2 *Valeriana montana*-Typ**

17.2.1 *Valeriana officinalis*-Typ (Tafel 42: 3-6). PK sphäroidisch, PFormI 0,93-1,33. Polarfelder meist mittelgroß, PFeldI 0,31-0,48(0,58). Colpen schmal, bis max. 10 µm breit, Colpus-Membranen körnig bekleidet. Polster deutlich ausgebildet, Echini 1,4-1,8 µm lang, vom Grunde an scharf zugespitzt oder in dem unteren Drittel oder der unteren Hälfte schwach konisch und dann scharf zugespitzt. Zwischen den Echini oft kontrastschwach scabrat skulpturiert. Exine zwischen den Polstern 2,5-3 µm dick, unter den Echini 3-4 µm. Endexine um 1 µm dick. Columellae-Schicht und Columellae deutlich.

Valeriana officinalis s.str. MIKAN (3)
35,5-55,0 µm, MiW 46,7 µm; 50 PK, 0a

Valeriana pratensis DIERB. (2)
38,3-54,5 µm, MiW 48,8 µm; 51 PK, 0a

Valeriana procurrens WALLR. (8)
45,0-62,8 µm, MiW 54,2 µm; 50 PK, 0a

Valeriana sambucifolia J.C. MIKAN ex POHL (7)
50,5-67,5 µm, MiW 59,7 µm; 50 PK, 0a

Valeriana tuberosa L. (3)
40,5-54,8 µm, MiW 47,8 µm; 50 PK, 0a

Valeriana wallrothii KREYER (5)
46,0-60,0 µm, MiW 53,1 µm; 50 PK, 0a

17.2.2 *Valeriana montana*-Typ (Tafel 41: 14-16, Tafel 42: 1-2). PK sphäroidisch, PFormI (0,91)1,04-1,30. Polarfelder mittelgroß bis groß, PFeldI 0,39-0,53. Polster bis 2,5 µm hoch und ca. 7 µm breit. Exine im Bereich der Polster bis 5 µm hoch, außerhalb der Polster um 2 µm. Echini 1,3-2,0 µm lang, bei *V. montana* bis 3,0 µm, entweder vom Grunde an scharf zugespitzt oder im unteren Bereich (max.

untere Hälfte) zylindrisch. Unterschiede zu dem *V. dioica*-Typ: höhere Polster und Columellae meist deutlich, oft zwischen den Polstern schwach ausgebildet.

Valeriana montana L. (5)
45,5-58,0 μm, MiW 52,8 μm; 50 PK, 0a

Valeriana supina ARD. (6)
40,5-57,3 μm, MiW 47,3 μm, 50 PK, 0a

Valeriana tripteris L. (8)
42,5-56,8 μm, MiW 50,0 μm, 50 PK, 0a

17.3 *Valeriana dioica*-Typ
(Tafel 42: 7-9)

PK sphäroidisch, PFormI 1,00-1,28. Polarfelder mittelgroß (PFeldI 0,38-0,48), Colpen 3-5 μm breit, körnig oder unregelmäßig bekleidet. Polster deutlich, 3-5 μm breit und um 1 μm hoch. Echini meist 2,5-4,0 μm lang, zylindrisch bis schwach konisch verjüngt, in der distalen Hälfte bzw. ab ⅔ ihrer Länge scharf zugespitzt. Tectum vereinzelt mit Microechini zwischen den Polstern. Exine 2-3 μm, im Bereich der Polster 3-4 μm dick. Endexine 1 μm dick. Columellae-Schicht deutlich, Columellae dünn.

Valeriana dioica L. (12)
38,0-47,8 μm, MiW 43,2 μm; 50 PK, 0a

Valeriana dioica L. subsp. *simplicifolia* (REICHENB.) NYMAN (3)
35,8-50,3 μm, MiW 42,7 μm; 54 PK, 0a

17.4 Dipsacaceae p.p.
(Tafel 44, Tafel 45: 1-3, Abb. 23-24)

Tricolpate oder triporate, dickwandige, sphäroidische PK, selten mit 4 Aperturen. Die PK von *Succisa*, *Succisella* und *Scabiosa* (außer den triporaten PK von *Sc. graminifolia* und *Sc. argentea*) sind stets tricolpat. Bei *Cephalaria* und *Dipsacus* gibt es tricolpate und triporate PK nebeneinander.

Die Aperturen sind meist eingesenkt. Bei *Cephalaria* und sehr oft auch bei *Dipsacus* ist ein 1-2 μm breiter Anulus vorhanden. Bei *Knautia*, *Succisa* und *Scabiosa* fehlen entsprechende Bildungen. Die Opercula vieler Dipsacaceen sind sehr ungewöhnlich ausgebildet. Auf einer dünnen basalen Lamelle sitzen dicht gedrängt, und oft auf 1-2 kurzen Columellae, mehrere wurstförmige, bis über 10 μm lange Bildungen (Abb. 23). Diese sind distal abgeplattet oder abgerundet und tragen in den meisten Fällen 1-2 oder mehrere endständige Echini.

Die Exine ist stets tectat und dimorph echinat. Zwischen den 3 μm langen, vom Grunde an scharf zugespitzten Echini befinden sich in unterschiedlicher Menge 0,5-1,5 μm lange Echini bzw. Microechini (Abb. 23a,b). Bei den Gattungen *Cephalaria*, *Dipsacus* und *Succisa* ist das Tectum unter den großen Echini in proximaler Richtung zapfen- oder kegelförmig verdickt (Abb. 23, Abb. 24a,b). Es gibt eine innere und eine äußere Columellae-Schicht. Die inneren Columellae sind bei mehreren Gattungen distal bäumchenförmig verzweigt. Gemeinsam ist allen hier untersuchten Arten eine relativ dicke Endexine (2-3 μm), die oft auf der Innenseite, hauptsächlich im Umkreis der Aperturen, aber oft auch auf der ganzen Innenfläche, verrucat oder scabrat skulpturiert ist. Die wesentlichen Unterschiede zwischen den mitteleuropäischen Gattungen liegen in der Ausbildung der Strukturelemente.

Cephalaria, Dipsacus. Auf das normal gebaute Tectum (Abb. 23 oben, c) mit großen (a) und kleinen (b) Echini folgt nach innen eine äußere Columellae-Schicht (d), die aus höchstens 0,5 mm langen und sehr dünnen Columellae besteht. Sie verbindet in den meisten Fällen die inneren, großen Columellae (f) mit dem Tectum. Besonderes Interesse verdient die Reticuloid-Schicht (e), die an der äußeren Columellae-Schicht hängt. Man kann diese Reticuloid-Schicht auch an ganzen PK in Aufsicht erkennen. Sie bildet ein unregelmäßig mehrschichtiges, unvollständiges Netzwerk mit vorwiegend offenen Brochi. Die Reticuloid-Schicht befindet sich hauptsächlich zwischen den großen Columellae. Die inneren, großen Columellae (f) sind distal verzweigt und stehen meistens weit auseinander. Die

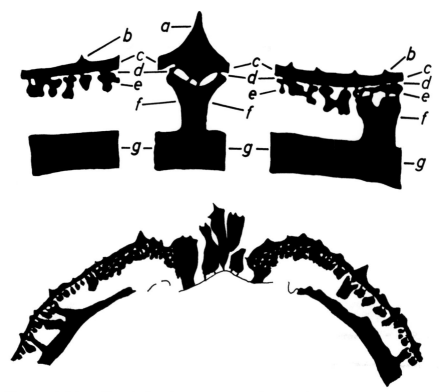

Abb. 23. *Dipsacacus laciniatus.* Oben: Aufbau der Exine. Unten: Schnitt durch Exine und Apertur. Nach Ultramikrotomschnitten. Erläuterungen im Text (S. 237-238).

Endexine (g) keilt gegen die Aperturen hin aus (Abb. 23 unten) und ist hier manchmal nur noch in sehr dünnen Resten erhalten

Bei den Gattungen *Succisa, Succisella* (Abb. 24c,e-g), *Scabiosa* (Abb. 24h-i) und **Knautia** keilt die Endexine nicht gegen die Aperturen hin aus, sondern stößt in nahezu unveränderter Dicke, manchmal schwammig aufgelöst, an die Ränder der Aperturen (Abb. 24c).

Bei *Succisa* und *Succisella* (Abb. 24c,e-g) sind die inneren Columellae reich bäumchenförmig verzweigt und stehen meistens dichter als bei *Dipsacus* und *Cephalaria*. Die z.T. noch beträchtlich dicken oberen Äste der inneren Columellae stehen im Gegensatz zu *Dipsacus* und *Cephalaria* direkt mit dem Tectum in Verbindung. Eine äußere Columellae-Schicht fehlt offenbar.

Bei *Scabiosa* gibt es nur eine durchgehende Columellae-Schicht, deren sehr eng nebeneinander stehenden, kaum verzweigten Columellae in verschiedenen Höhen durch dünne Anastomosen miteinander verbunden sind (Abb. 24h-i).

Bestimmungsschlüssel für die Dipsacaceae. Die Gattungen mit ausschließlich triporaten PK sind im Kleindruck mit aufgeführt. Sie werden im Einzelnen bei den Triporatae (S. 428-430) behandelt.

1   Die Endexine keilt gegen die Ränder der Aperturen hin aus und fehlt im näheren Umkreis der Aperturen (Abb. 23). In Aufsicht kann man den Rand der Endexine, der sich kreisförmig bis elliptisch um die Aperturen herumzieht, im Allgemeinen gut erkennen. Das Auskeilen der Endexine ist besonders gut zu sehen, wenn eine Apertur im optischen Schnitt liegt. Tricolpate und triporate PK treten bei beiden Gattungen auf (Tafel 44: 3-6) ....
.... **4.1 Dipsacus, Cephalaria** (siehe auch Triporatae, S. 426)

Abb. 24. Aufbau der Exine bei mitteleuropäischen Dipsacaceae. **a** *Dipsacus laciniatus*, **b,d** *Cephalaria tatarica*, **c,e-g** *Succisa pratensis*, **h-i** *Scabiosa columbaria*, **k** *Knautia arvensis*. Nach Ultramikrotomschnitten. Erläuterungen im Text (S. 237-238).

–	Die Endexine reicht bis an die Ränder der Aperturen heran und ist überall mehr oder weniger gleich dick 2
2	PK tricolpat 3
–	PK triporat 4
3	Columellae deutlich bäumchenförmig verzweigt (Tafel 44: 1-2) .... **17.4.2 *Succisa*-Typ**
–	Columellae unverzweigt oder selten und dann nicht bäumchenförmig verzweigt, sehr dicht stehend (Tafel 45: 1-3) .... **17.4.3 *Scabiosa columbaria*-Typ**
4.	Tectum etwa so dick wie die Columellae-Schicht (1-2 μm) .... ***Knautia*** (siehe Triporatae, S. 428)

17.4.1 *Dipsacus, Cephalaria* (Tafel 44: 3-6; Abb. 23, Abb. 24a,b,d). Tricolpate oder triporate sphäroidische PK mit einem PFormI von 0,77-1,07. Porate PK haben Poren mit einem Durchmesser um 15 µm oder elliptische, meridional gestellte Poren mit einem CL-Index von bis zu 2,0. Colpate PK haben meist schmale Aperturen, die 25 bis über 30 µm lang sein können. Die Umrandung der Aperturen durch den auskeilenden Randbereich der Endexine ist in Aufsicht im Allgemeinen gut zu erkennen. Zahl und Dicke der Echini sind keinen größeren Schwankungen unterworfen. Nur die PK von *Cephalaria transsilvanica* haben außergewöhnlich dicht stehende Microechini. Die Exine ist bei allen Arten etwa 6-8 µm dick.

Dipsacus laciniatus L. (2)
76,5-96,8 µm, MiW 85,4 µm; 35 PK, 0a

Dipsacus pilosus L. (2)
65,9-83,7 µm, MiW 74,0 µm; 50 PK, 0a

Dipsacus sativus (L.) HONCKENY (2)
64,1-98,6 µm, MiW 85,4 µm; 50 PK, 0a

Dipsacus fullonum L. (2)
79,7-98,3 µm; 25 PK, 0a

Cephalaria alpina (L.) ROEMER & SCHULTES (1)
63,7-85,4 µm MiW 79,4 µm; 40 PK, 0a

Cephalaria leucantha (L.) ROEMER & SCHULTES (1)
69,1-90,1 µm, MiW 80,7 µm; 50 PK, 0a

Cephalaria transsilvanica (L.) ROEMER & SCHULTES (1)
53,9-79,7 µm, MiW 67,6 µm; 55 PK, 0a

17.4.2 *Succisa*-Typ (Tafel 44: 1-2; Abb. 24c,e-g). PK sphäroidisch. Bei *S. pratensis* sind die Colpen etwa ein Drittel bis halb so lang wie die Polachse, selten mit Opercula. PFormI 1,03-1,19. Die starke bäumchenförmige Verzweigung der Columellae ist in Aufsicht wie im optischen Schnitt deutlich zu erkennen. Die Basis der Columellae ist bis 4 µm dick. Die Exine ist äquatorial bis etwa 8 µm und polar gelegentlich bis über 10 µm dick. Die großen Echini sind bis 2 µm lang, die kleinen Echini sind sehr klein.

Bei *Succisella inflexa* ist die Exine gleichmäßig 6,5-8,0 µm dick, und die Aperturen sind nach ihrem Längen-Breiten-Verhältnis sehr kurze Colpen. PFormI nur 0,81-1,03. Beide Arten lassen sich außerhalb eines Überschneidungsbereiches von etwa 70-80 µm durch ihre Pollengrößen unterscheiden.

Succisa pratensis MOENCH (3)
76,5-96,1 µm, MiW 87,9 µm; 55 PK, 0a

Succisella inflexa (KLUK) BECK (2)
53,1-76,5 µm, MiW 66,8 µm; 50 PK, 0a

17.4.3 *Scabiosa columbaria*-Typ (Tafel 45: 1-3, Abb. 24h-i). PK tricolpat, elliptisch bis rhomboidisch, PFormI 1,06-1,31. Colpen schmal, ohne Opercula. PFeldI um 0,4-0,6. Die Exine ist 7-9(10) µm dick, besonders bei rhomboidischen PK oft polar verdickt und bis 14 µm dick. Die Echini sind 1,5-3,0 µm, die Microechini etwa 0,5 µm lang. Die Columellae sind 1-3 µm dick und stehen sehr dicht nebeneinander, d.h. ihre Abstände sind nicht größer als ihr Durchmesser. Die Columellae können im oberen Drittel vereinzelt schwach verzweigt sein (Abb. 24h-i); etwas stärkere Verzweigungen wurden nur bei *S. silenifolia* beobachtet. Da aber keine bäumchenförmigen Verzweigungen auftreten, ist eine Verwechslung mit dem *Succisa*-Typ nicht zu befürchten.

Scabiosa canescens WALDST. & KIT. (2)
62,3-80,8 µm, MiW 71,2 µm; 50 PK, 0a

Scabiosa columbaria L. (3)
62,3-85,4 µm, MiW 78,7 µm; 50 PK, 0a

Scabiosa columbaria L.
subsp. *hladnikiana* (HOST) JASIEWICZ (1)
60,5-85,4 µm, MiW 78,3 µm; 52 PK, 0a

▷

Tafel 43

1-3 *Valeriana elongata*, **4-6** *Valeriana celtica*, **7-8** *Centranthus calcitrapa*, **9-10** *Centranthus ruber*. – Vergrößerungen 1000fach.

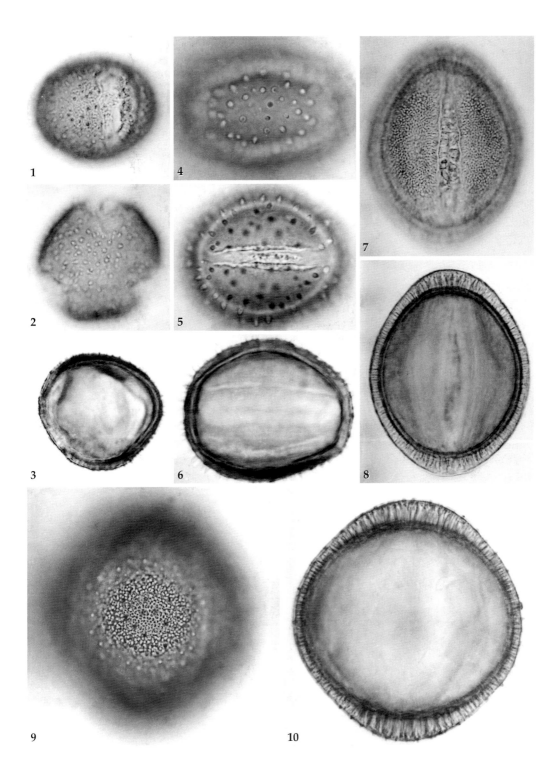

Scabiosa lucida VILL. (1)
65,7-106,1 µm, MiW 83,7 µm; 50 PK, 0a

Scabiosa silenifolia WALDST. & KIT. (1)
67,6-89,0 µm, MiW 77,6 µm; 30 PK, 0a

Scabiosa ochroleuca L. (2)
70,5-84,5 µm, MiW 78,8 µm; 50 PK, 0a

Scabiosa vestina FACCH. (1)
67,6-89,0 µm, MiW 80,5 µm; 30 PK, 0a

17.5 *Centranthus*
(Tafel 43: 7-10)

PK sphäroidisch bis prolat, PFormI 1,01-1,43. Polarfelder mittelgroß (PFeldI 0,26-0,37). Exine äquatorial 3,0-5,0 µm dick, polar (5,5)6,0-8,0 µm. Endexine 1,0-1,5 µm. Echini 1,0-1,2 µm lang, scharf von der (1,0)1,2-1,5 µm breiten Basis an zugespitzt. Columellae kräftig, im distalen Viertel bäumchenförmig verzweigt, in Aufsicht rundlich bis länglich. Intercolpium-Ränder etwas eingekrümmt, dicht grobkörnig gesäumt. Die körnige Randbekleidung kann auf die Colpus-Membran übergreifen. Colpen äquatorial meist 4-7 µm breit.

Centranthus angustifolius (CAV.) DC. (2)
63,0-77,3 µm, MiW 68,7 µm; 50 PK, 0a

Centranthus ruber (L.) DC. (3)
55,3-76,8 µm, MiW 63,5 µm; 50 PK, 0a

Centranthus calcitrapae (L.) DUFRESNE (2)
52,3-61,0 µm, MiW 56,9 µm; 50 PK,0a

17.6 *Valeriana elongata*-Gruppe
(Tafel 43: 1-6)

2   Microechini bis 1 µm lang. Wenn PK kleiner als 35 µm, vergl. auch *V. elongata* ....
.... **17.6.1 *Valeriana saxatilis*-Typ**

–   Echini länger als 1 µm 3

3   Echini max. 2 µm lang, PK etwa 30-40 µm groß, PFormI um 1,0 .... **17.6.2 *Valeriana elongata***

–   Echini max. 2,0-2,8 µm lang, PK außerdem mit kleineren Echini, PK größer als 40 µm, PFormI größer als 1,10 .... **17.6.3 *Valeriana celtica***

17.6.1 *Valeriana saxatilis*-Typ. PK sphäroidisch, PFormI 1,08-1,31. Polarfelder mittelgroß, PFeldI 0,36-0,46. Microechini bis 1 µm lang, scharf zugespitzt, Abstände 2-3 µm. Exine 3,0-4,0 µm dick. Endexine um 1 µm. Columellae-Schicht 2 µm dick, Tectum dünn.

Valeriana saxatilis L. (5)
35,5-47,3 µm, MiW 40,8 µm; 50 PK, 0a

Valeriana saliunca ALL. (3)
42,3-68,0 µm, MiW 55,1 µm; 54 PK, 0a

17.6.2 *Valeriana elongata* (Tafel 43: 1-3). PK sphäroidisch, PFormI 0,8-1,02, Polarfelder mittelgroß, PFeldI 0,37-0,43. Echini bis 2 µm lang, Abstände 2-3 µm. Exine 3,0-3,5 µm, Columellae-Schicht 1,0-1,5 µm dick. Endexine 1,2-1,5 µm dick.

Valeriana elongata L. (4)
29,5-37,8 µm, MiW 34,4 µm; 50 PK, 0a

17.6.3 *Valeriana celtica* (Tafel 43: 4-6). PK sphäroidisch, PFormI 1,24-1,36. Echini meist 2,0-2,8 µm lang, zylindrisch und dann scharf zugespitzt. Exine 3 µm, Endexine 1,2 µm, Columellae-Schicht ca. 1 µm dick. Columellae deutlich.

Tafel 44

1-2 *Succisa pratensis*, **3-6** *Cephalaria alpina*. – Vergrößerungen: 1-5: 800fach; 6: 1000fach.

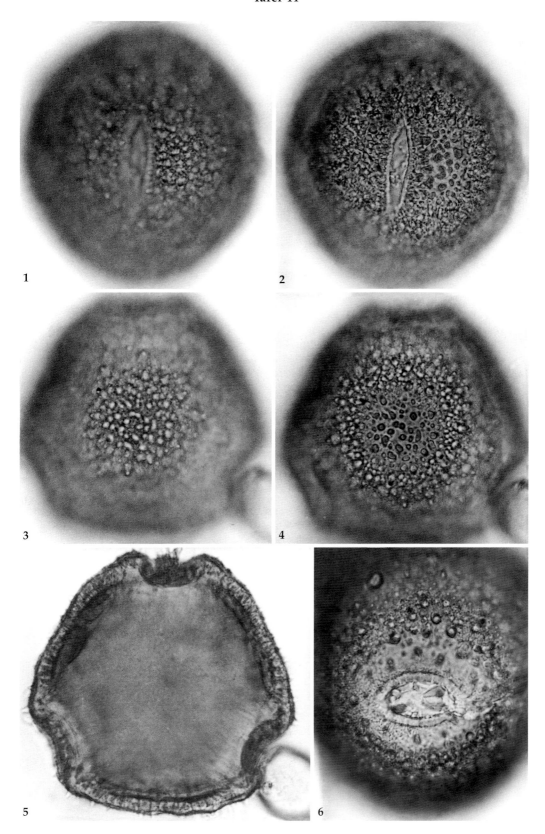

Valeriana celtica L. (5)
43,0-55,0 µm, MiW 47,9 µm; 50 PK, 0a

17.7 *Lonicera*
(Tafel 45: 4-8, Tafel 46: 1-4)

PK tricolporat, gelegentlich tetracolporat, sphäroidisch, selten oblat, PFormI 0,77-1,06. Exine 1,5-4,0 µm dick, tectat, mit Columellae-Schicht. Die Endexine ist 1,0-1,5 µm dick und dicker als das Tectum, seltener gleich dick. Echini 2,2-3,8 µm lang. Die Echini sind vom Grunde an zugespitzt oder zunächst zylindrisch bis schwach konisch und dann scharf zugespitzt, auch etwas gebogen. Untypische PK können keulig ausgebildete oder basal halbkugelig verdickte Echini besitzen; vergl. dazu mögliche Verwechslungen mit *Valeriana*. Die Colpen sind 15-37,5(45,0) µm lang, schmal und sind nur wenig länger als die Höhe der Poren. Polarfelder groß bis sehr groß, PFeldI 0,52-0,83. Die Poren sind meist transversal gestreckt und 8,8-27,5 × 10,0-50,0 µm groß, oft deutlich vorgewölbt. Bei runden Poren beträgt der Durchmesser 17,5-37,5 µm. Transversal gestreckte Poren sind elliptisch oder spindelförmig zugespitzt, manchmal fast viereckig. Bei den meisten Arten sind die meridionalen Anteile der Porenumrandungen durch Costae verdickt.

1   Columellae 0,8-2,0 µm dick, in Gruppen oder einzeln, Exine 2,7-4,0 µm dick ....
.... **17.7.1** *Lonicera periclymenum*-Typ

–   Columellae max. 0,5 µm dick, Exine 1,5-2,0 µm dick .... **17.7.2** *Lonicera xylosteum*-Typ

17.7.1 *Lonicera periclymenum*-Typ (Tafel 45: 4-8). Exine 2,7-4,0 µm dick, Columellae sehr deutlich, 0,8-1,0 µm dick, häufig gruppenweise miteinander mehr oder weniger verschmolzen. Costae pori deutlich, nur bei *L. alpigena* relativ schwach entwickelt.

Lonicera alpigena L. (2)
56,6-84,6 µm, MiW 72,1 µm; 46 PK, 2a, Ä

Lonicera implexa Aiton (2)
58,4-81,8 µm, MiW 72,2 µm; 33 PK, 3a, Ä

Lonicera caprifolium L. (3)
62,0-84,8 µm, MiW 71,8 µm; 50 PK, 0a, Ä

Lonicera periclymenum L. (3)
64,8-89,0 µm, MiW 76,5 µm; 50 PK, 0a, Ä

Lonicera etrusca G. Santi (1)
49,9-75,1 µm, MiW 62,3 µm; 44 PK, 3a, Ä

17.7.2 *Lonicera xylosteum*-Typ (Tafel 46: 1-4). Exine 1,5-2,0 µm dick, Columellae nur bis 0,5 µm dick, meist einzeln stehend. Besonders undeutlich sind die Columellae bei *L. caerulea*; hier ist auch die Exine meist nur bis 1,5 µm dick. Die Costae pori sind schwach entwickelt oder fehlen.

Lonicera caerulea L. (3)
48,4-76,5 µm, MiW 59,8 µm; 40 PK, 0a, Ä

Lonicera xylosteum L. (3)
48,0-63,0 µm, MiW 55,6 µm; 50 PK, 0a, Ä

Lonicera nigra L. (3)
45,5-60,0 µm, MiW 54,7 µm; 50 PK, 0a, Ä

17.8 *Linnaea borealis*
(Tafel 46: 9-13)

PK sphäroidisch, PFormI 0,82-0,94. Polarfelder groß (PFeldI ca. 0,65-0,75). Exine 2,5-3,0(3,5) µm, Endexine 1,0-1,5 µm dick. Die Columellae sind zu einem unregelmäßigen Endo-Microreticulum

▷

Tafel 45

1 *Scabiosa columbaria*, **2-3** *Scabiosa ochroleuca*, **4-8** *Lonicera periclymenum*. – Vergrößerungen: 3, 7-8: 500fach; 2, 4-6: 1000fach.

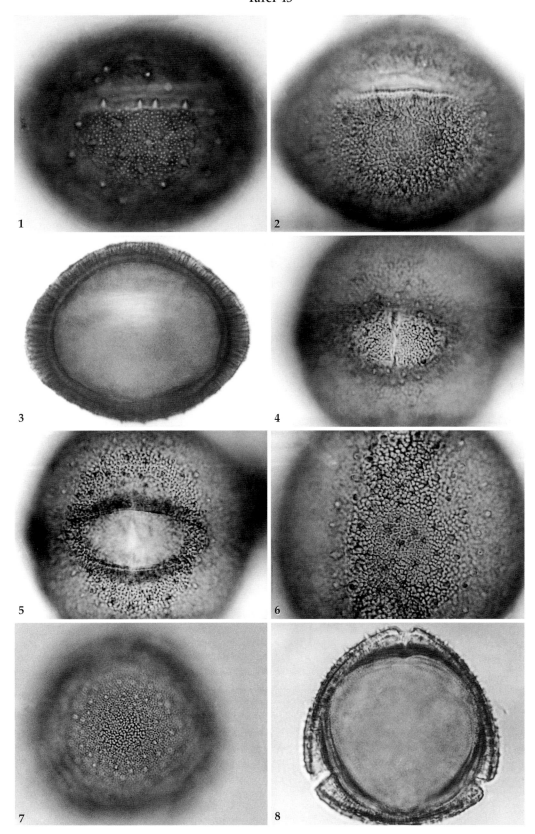

miteinander verbunden, Brochi etwa 0,8 µm groß. Microechini bis 1 µm dick und 1 µm lang, dicht stehend (Abstände 1,0-1,5 µm). Poren elliptisch, meridional verlängert, 21-25 × 16-18 µm groß, Poren-umrandungen kontrastarm, meridionale Porenränder oft mit relativ deutlichem Kontrast. Im Bereich der Poren fehlt die Endexine oder ist sehr dünn. Colpen kurz, so lang wie die meridionale Ausdeh-nung der Poren.

Linnaea borealis L. (3)
39,5-49,5 µm, MiW 44,8 µm; 37 PK, 0a

18. Tricolpatae
PK mit striaten, striat-reticulaten oder rugulaten Skulpturen

Tricolpate PK

PK mit 3 Colpen, diese stets ohne zusätzliche, äquatoriale Aperturen in der Endexine bzw. in der Endexine und in der Columellae-Schicht oder in der Colpus-Membran. Intercolpium-Ränder in der Regel glatt oder auf ihrer ganzen Länge körnig aufgelöst. Bei PK mit ± schwacher äquatorialer Unterbrechung der Intercolpium-Ränder oder mit einfacher oder s-förmiger äquatorialer Verengung der Colpen ist es ratsam, auch nach dem Bestimmungsschlüssel für tricolporoidate PK vorzugehen.

PK mit 3 Colpen, diese stets mit einer deutlich, d.h. kontrastreich begrenzten, runden, transversal oder meridional verlängerten Pore oder mit je einem Colpus transversalis oder mit einem Colpus equatorialis. Diese zusätzlichen Aperturen können ganz oder teilweise von Costae umgeben sein. Colpi transversales sind gelegentlich spaltartig ausgebildet. Sind diese Spalten so kurz, daß sie nicht oder nur kaum über die Intercolpium-Ränder auf die Intercolpien übergreifen, so ist entweder nur oder auch der Bestimmungsschlüssel für tricolporoidate PK (S. 265) zu berücksichtigen.

PK mit 3 Colpen, diese stets mit je einer angedeuteten äquatorialen Apertur, die nicht kontrastreich und nicht deutlich begrenzt, oft von unregelmäßiger Form (z.B. mit eingerissenen Rändern), nie mit Costae versehen und gelegentlich auf die Colpus-Membran beschränkt ist. Oft erscheinen nur die Colpus-Ränder im unmittelbaren Äquatorialbereich unterbrochen. Diese porenartigen Bildungen können auch in transversaler Richtung gestreckt sein und dann nur wenig oder gar nicht von der Colpus-Membran auf die Intercolpien übergreifen. Auch PK mit sehr kurzen, spaltartigen Colpi transversales und solche mit einfacher oder s-förmiger, oft brückenartiger äquatorialer Verengung der Colpen werden hier mit angeführt.

1   PK rugulat 2

–   PK striat oder striat-(micro)reticulat 3

2   Exine > 6 µm dick, PK > 45 µm groß, Skulptur rugulat-reticulat (Tafel 46: 14) ....
.... **18.1 *Erodium*** (S. 248)

–   Exine dünner als 4 µm (wenn PK kugelig, dünnwandig, mit großem Polarfeld, verrucat-rugulat, vergl. *Datura stramonium*, S. 274) .... vergl. tricolporoidate PK (S. 265)

▷

Tafel 46

1-4 *Lonicera nigra*, **5-8** *Trollius europaeus* (7-8 Phako), **9-13** *Linnaea borealis* (9 Phako), **14** *Erodium cicutarium*. – Vergrößerungen 1000fach.

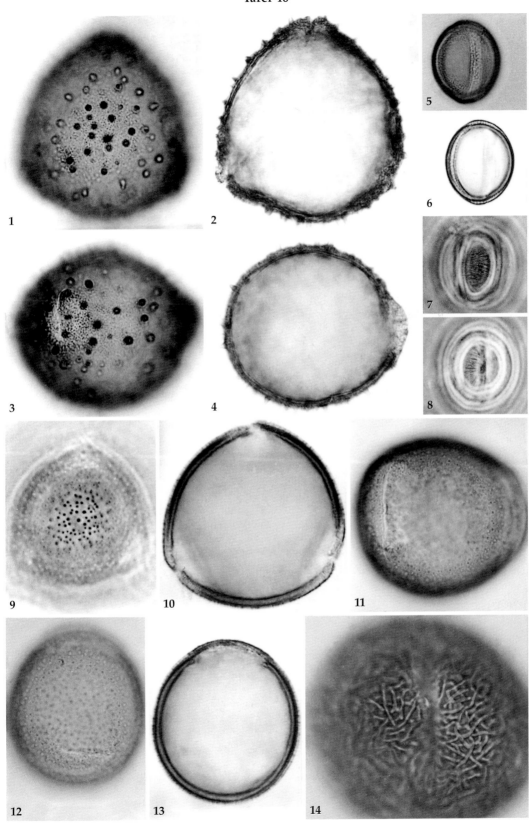

3   Exine äquatorial bis subpolar deutlich dicker als im Polarbereich. PK in Polaransicht dreieckig und planaperturat, oder PK mit stark verdickten Opercula (Tafel 14:13-16) ....
.... *Alchemilla*-Gruppe (S. 131)

–   Exine überall gleich dick oder polar etwas verdickt 4

4   Valla vorwiegend oder doch wenigstens im Äquatorialbereich transversal angeordnet 5

–   Valla auch im Äquatorialbereich meridional oder annähernd meridional angeordnet 7

5   Colpen äquatorial s-förmig oder mehrfach verengt, wenn einfach verengt oder unverengt, dann Intercolpien-Ränder wellig oder äquatorial aufgelöst. Auffällige Verdickungen der Intercolpium-Ränder können im Äquatorialbereich vorhanden sein................ vergl. tricolporoidate PK (S. 265)

–   Colpen äquatorial unverengt oder selten einfach verengt, aber dann ohne äquatorial aufgelöste oder verdickte Intercolpium-Ränder 6

6   Endexine dicker als Tectum und Valla zusammen oder gleich dick (Tafel 46: 5-8) ....
.... **18.2 *Trollius europaeus*** (S. 248)

–   Endexine stets dünner als Tectum und Valla zusammen (Tafel 47: 1-14) ....
.... **18.3 *Saxifraga aizoides*-Gruppe** (S. 249)

7   Valla maximal 0,7-1,4 μm breit, Columellae sehr niedrig (ca. 0,3 μm), in Aufsicht sowie im optischen Schnitt schwer erkennbar (Tafel 53: 6-8) ....*Menyanthes trifoliata* (S. 270)

–   Valla schmäler, oft undeutlich, Columellae wenigstens im optischen Schnitt überall erkennbar .
.... 8

8   Intercolpium-Ränder stets glatt und ohne Unregelmäßigkeiten (Tafel 47: 15-18)..............................
....**18.4 *Acer*** (S. 250)

–   Intercolpium-Ränder äquatorial unterbrochen, Colpen äquatorial verengt oder mit schwach ausgebildeten Poren .... vergl. tricolporoidate PK, S. 265

18.1 *Erodium*
(Tafel 46: 14)

PK sphäroidisch, PFormI 0,93-1,05. PK tricolpat, selten tetracolpat, rugulat-striat. Colpen kurz, Polarfelder klein (PFeldI 0,64-0,70). Exine 6-8(9) μm, Endexine bis 2 μm dick. Columellae bis etwa 4,5 μm lang und bis 2 μm dick. Valla ca. 0,9-1,4 μm breit, ohne vorherrschende Richtung, mit Überkreuzungen unter unregelmäßiger Brochus-Bildung. Die Überkreuzungsstellen liegen vorwiegend über jeweils einer Columella.

Erodium cicutarium (L.) L'Hérit. (2)
48,0-71,5 μm, MiW 60,4 μm; 40 PK, 0a

Erodium ciconium (L.) L'Hérit. (1)
55,2-73,1 μm, MiW 63,0 μm; 50 PK, 0a

Erodium malacoides (L.) L'Hérit. (1)
46,3-62,3 μm, MiW 54,1 μm; 50 PK, 0a

Erodium moschatum (Burm.) L'Hérit. (1)
44,5-55,2 μm; 15 PK, 0a

18.2 *Trollius europaeus*
(Tafel 46: 5-8)

PK tricolpat, prolat, PFormI vorwiegend um 1,4-1,5. Exine 1,0-1,5 μm dick, polar bis 2,0 μm. Endexine dicker als das Tectum, seltener gleich dick (mindestens 0,5 μm). Columellae-Schicht deutlich. Intercolpium-Ränder körnig aufgelöst, Colpen ohne zusätzliche äquatoriale Aperturen oder Unregelmäßigkeiten. Valla lang, kontrastarm, überwiegend transversal (auch schräg) angeordnet, gelegentlich undeutlich.

Trollius europaeus L. (5)
17,5-25,2 μm, MiW 21,3 μm; 50 PK, 0a

18.3 *Saxifraga aizoides*-Gruppe
(Tafel 47: 1-14)

PK prolat bis sphäroidisch, tricolpat, Polarfelder mittelgroß. Größe und PFormI variieren innerhalb einer Herkunft und zwischen verschiedenen Herkünften stark. Colpen schmal bis breit, vereinzelt äquatorial etwas verengt. Colpus-Membranen mit ± dichter bis lockerer, körniger oder scholliger Bekleidung. Exine (1,2)1,5-2,5(2,9) µm dick, mit Columellae-Schicht, striat. Valla überwiegend transversal angeordnet, relativ hoch, ca. 0,5-1,2 µm breit, meist in Scharen angeordnet, oft spitzwinklig verzweigt. Die Valla können in der Nähe der Intercolpium-Ränder parallel zu diesen abbiegen. In anderen Fällen halten die Valla nur auf einzelnen Teilen der Intercolpien die transversale Richtung ein oder können selten auf einem oder zwei Intercolpien ausschließlich meridional angeordnet sein. Bei verschiedenen Arten sind die Valla durch Microbrochi miteinander verbunden. In anderen Fällen handelt es sich möglicherweise nicht um Microbrochi, sondern um Perforationen. Ihre Anzahl ist von Art zu Art unterschiedlich. Die Endexine ist stets dünner als 0,4 µm und somit dünner als Tectum und Valla zusammen. Die Columellae variieren vor allem im Durchmesser und sind in Aufsicht nicht immer gut zu erkennen. Das Tectum ist sehr dünn, aber seine Dicke (ohne die Valla) ist meist schwer zu bestimmen. – Andere Arten der Gattung *Saxifraga* haben scabrate oder reticulate PK (S. 143 und 306). In Einzelfällen können bei Arten mit scabraten PK (*Saxifraga hirculus*-Typ, S. 249) vereinzelt striate Skulpturen mit kontrastschwachen und kurzen Valla angedeutet sein (z.B. bei *S. tridactylites*, *S. cernua* und *S. rivularis*).

1   Columellae-Schicht 0,8-1,1 µm dick, so dick wie das Tectum und die Valla zusammen. Valla 0,7-1,0 µm breit, Columellae in Aufsicht und im optischen Schnitt deutlich erkennbar (Tafel 47: 1-6) ....**18.3.1 *Saxifraga cuneifolia*-Typ**

–   Columellae-Schicht dünner als Tectum und Valla zusammen, etwa 0,5-0,7 µm dick, Columellae in Aufsicht und im optischen Schnitt nicht immer deutlich erkennbar 2

2   Muster der striaten Skulpturierung mit Microbrochi bzw. Perforationen (Tafel 47: 7-10) ....
....**18.3.2 *Saxifraga caesia*-Typ**

–   Muster der striaten Skulpturierung ohne Microbrochi bzw. Perforationen (Tafel 47: 11-14) ....
....**18.3.3 *Saxifraga aizoides*-Typ**

18.3.1 *Saxifraga cuneifolia*-Typ (Tafel 47: 1-6). PFormI 0,96-1,48, PFeldI 0,29-0,36. Exine 2,2-3,2 µm dick. Columellae-Schicht 0,8-1,1 µm dick, Columellae in Aufsicht gut erkennbar, ca. 0,5 µm dick. Valla 0,7-1,0 µm breit.

Saxifraga cuneifolia L. (4)
25,5-37,0 µm, MiW 31,2 µm; 51 PK, 0a

Saxifraga umbrosa L. (2)
28,3-42,0 µm, MiW 34,7 µm; 50 PK, 0a

Saxifraga × geum L. (2)
29,3-40,8 µm, MiW 35,5 µm; 50 PK, 0a

18.3.2 *Saxifraga caesia*-Typ (Tafel 47: 7-10). Striat wie die PK vom *Saxifraga aizoides*-Typ, aber zwischen den Valla mit Microbrochi oder Perforationen. Bei den Arten des *S. aizoides*-Typs können selten an den Intercolpium-Rändern einzelne Microbrochi vorhanden sein.

Saxifraga androsacea L. (2)
27,5-36,0 µm, MiW 31,9 µm; 50 PK, 0a

Saxifraga squarrosa SIEBER (2)
18,4-28,0 µm, MiW 22,7 µm; 50 PK; 2a

Saxifraga caesia L. (2)
22,0-32,0 µm, MiW 26,1 µm; 50 PK, 0a

18.3.3 *Saxifraga aizoides*-Typ (Tafel 47: 11-14). PK sphäroidisch bis prolat, PFormI 1,00-1,70. Polarfelder mittelgroß, selten klein (PFeldI 0,18-0,44). Exine 1,7-3,0 µm dick. Columellae-Schicht 0,5-0,7 µm dick, Valla 0,8-2,4 µm breit und bis 2 µm hoch. Endexine dünn.

Saxifraga adscendens L. (2)
18,0-25,5 µm, MiW 22,8 µm; 50 PK, 0a

Saxifraga aizoides L. (4)
27,0-39,5 µm, MiW 33,7 µm; 50 PK, 0a

Saxifraga bryoides L. (2)
29,5-38,8 µm, MiW 34,5 µm; 50 PK, 0a

Saxifraga aspera L. (2)
29,5-36,8 µm, MiW 32,6 µm; 50 PK, 0a

Saxifraga biflora ALL. (2)
23,4-31,9 µm, MiW 27,7 µm; 50 PK, 2a

Saxifraga burseriana L. (2)
24,4-34,7 µm, MiW 28,6 µm; 50 PK, 2a

Saxifraga cotyledon L. (2)
22,0-34,3 µm, MiW 29,9 µm; 50 PK, 0a

Saxifraga crustata VEST (2)
22,0-31,2 µm, MiW 25,8 µm; 50 PK, 2a

Saxifraga diapensioides BELLARDI (2)
24,4-31,5 µm, MiW 27,8 µm; 50 PK, 2a

Saxifraga hostii TAUSCH (2)
28,3-40,5 µm, MiW 34,4 µm; 50 PK, 0a

Saxifraga mutata L. (2)
23,0-30,1 µm, MiW 26,1 µm; 50 PK, 2a

Saxifraga oppositifolia L. (7)
27,5-39,3 µm, MiW 33,1 µm; 55 PK, 0a

Saxifraga paniculata MILL. (3)
22,5-34,5 µm, MiW 29,9 µm; 50 PK, 0a

Saxifraga retusa GOUAN (1)
24,4-34,7 µm, MiW 28,3 µm; 31 PK 2a

Saxifraga tombeanensis BOISS. (2)
21,2-31,4 µm, MiW 26,8 µm; 50 PK, 2a

Saxifraga seguierii SPRENGEL (2)
20,9-28,0 µm, MiW 24,9 µm; 50 PK, 2a

Saxifraga vandelii STERNB. (2)
21,2-31,9 µm, MiW 28,5 µm; 50 PK, 2a

Non vidi: S. facchinii KOCH, S. presolanensis ENGLER. – S. depressa STERNB. wird zu S. androsacea L. gestellt.

18.4 Acer
(Tafel 47: 15-18)

PK tricolpat, prolat bis sphäroidisch, PFormI 1,11-1,49, bei A. tataricum 0,97-1,53. Polarfelder klein. Exine ca. 1,5-2,5 µm dick, striat. Valla meist meridional, nur in Polnähe oft schräg oder transversal angeordnet, lang, wenig verzweigt, bis ca. 0,5 µm breit, eng stehend. Die Columellae sind in Aufsicht wie im optischen Schnitt deutlich erkennbar und stehen in perlschnurartiger Anordnung unter den Valla. Endexine ca. 0,5-1,0 µm dick, oft dicker als die Höhe der Valla und die Tectum-Dicke zusammen.

Gut entwickelte PK zeigen glatte, parallel verlaufende Intercolpium-Ränder und im optischen Schnitt eine ebenfalls glatte innere und äußere Begrenzung der Exine. Äquatorial verengte Colpen wurden meist nur bei reduziert ausgebildeten PK beobachtet.

Die PK der in Mitteleuropa häufigen Arten (A. campestre, A. pseudoplatanus, A. platanoides) sind identisch. A. tataricum weicht durch kleinere PK etwas ab.

Acer campestre L. (6)
33,3-45,0 µm, MiW 38,6 µm; 50 PK, 0a

Acer monspessulanum L. (2)
29,7-48,5 µm, MiW 37,3 µm; 50 PK, 1a

Acer opalus MILLER (3)
35,0-45,8 µm, MiW 40,7 µm; 50 PK, 0a

Acer platanoides L. (4)
34,7-46,7 µm, MiW 42,3 µm; 50 PK, 1a

Acer pseudoplatanus L. (6)
30,4-45,5 µm, MiW 38,4 µm; 52 PK, 1a

Acer tataricum L. (4)
25,0-35,0 µm, MiW 29,8 µm; 50 PK, 0a

▷

Tafel 47

1-4 Saxifraga umbrosa, 5-6 Saxifraga cuneifolia, 7-10 Saxifraga squarrosa (10 Phako), 11-13 Saxifraga vandelii, 14 Saxifraga crustata, 15-18 Acer campestre, 19-22 Coronilla varia (20 Phako), 23-30 Aesculus hippocastanum (28 Phako). – Vergrößerungen 1000fach.

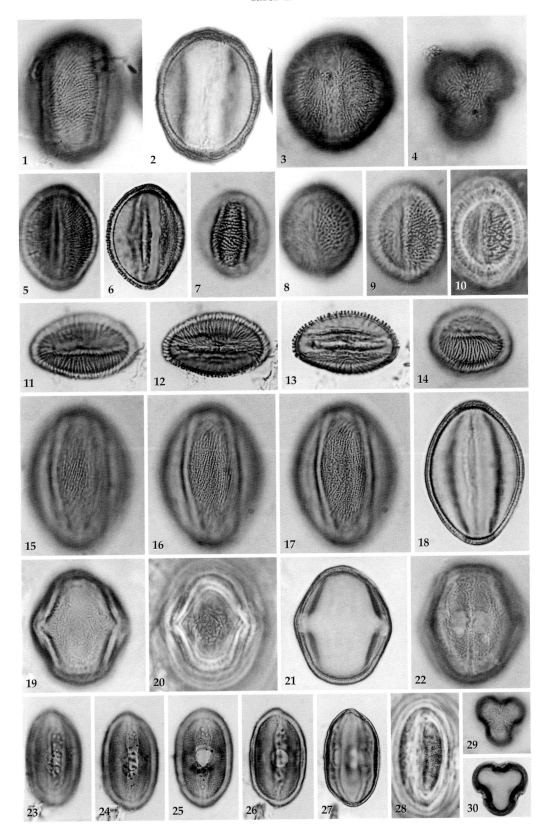

19. Tricolporatae
PK mit striaten, striat-reticulaten oder rugulaten Skulpturen

Tricolporate PK

PK mit 3 Colpen, diese stets mit einer deutlich, d.h. kontrastreich begrenzten, runden, transversal oder meridional verlängerten Pore oder mit je einem Colpus transversalis oder einem Colpus equatorialis. Die Ränder dieser zusätzlichen Aperturen können durch Costae ganz oder teilweise verdickt sein. Colpi transversales sind gelegentlich spaltartig ausgebildet. Sind diese Spalten so kurz, daß sie nicht oder nur kaum über die Colpus-Ränder auf die Intercolpien übergreifen, so ist entweder nur oder auch der Bestimmungsschlüssel für tricolporoidate PK (S. 265) zu berücksichtigen.

Tricolpate PK .... S. 246

PK mit 3 Colpen, diese stets ohne zusätzliche, äquatoriale Aperturen in der Endexine bzw. in der Endexine und in der Columellae-Schicht oder in der Colpus-Membran. Intercolpium-Ränder in der Regel glatt oder auf ihrer ganzen Länge körnig aufgelöst. Bei PK mit ± schwacher äquatorialer Unterbrechung der Colpus-Ränder oder mit einfacher oder s-förmiger äquatorialer Verengung der Colpen ist es ratsam, auch nach dem Bestimmungsschlüssel für tricolporoidate PK vorzugehen.

Tricolporoidate PK .... S. 265

PK mit 3 Colpen, diese stets mit je einer zusätzlichen äquatorialen Apertur, die nicht kontrastreich und deutlich begrenzt, oft von unregelmäßiger Form (z.B. mit eingerissenen Rändern), nie mit Costae versehen und gelegentlich auf die Colpus-Membran beschränkt ist. Oft erscheinen nur die Intercolpium-Ränder im unmittelbaren Äquatorialbereich unterbrochen. Solche kontrastarmen Aperturen können auch in transversaler Richtung gestreckt sein und dann nur wenig oder gar nicht von der Colpus-Membran auf die Intercolpien übergreifen. Auch PK mit sehr kurzen, spaltartigen Colpi transversales und solche mit einfacher oder s-förmiger äquatorialer Verengung der Colpen werden hier mit angeführt.

Besondere Hinweise
1. Bei verschiedenen Pollentypen ist die striate Skulpturierung sehr kontrastschwach, weil die Valla sehr niedrig sind. Eine gute Optik ist erforderlich. Oft verbessert auch das Phasenkontrastbild diese Situation nicht wesentlich. Schwierigkeiten beim Erkennen der striaten Skulpturierung bestehen bei *Hacquetia, Trollius, Aesculus* und bei veschiedenen Arten der Gattung *Helianthemum* und verschiedenen Gentianaceae.
2. Die striaten PK der Gentianaceae sind in ihren für die Bestimmung wichtigen Merkmalen in manchen Fällen äußerst variabel. Das gilt besonders für die Gattungen *Swertia, Blackstonia* und *Cicendia*. Es ist ferner außerordentlich schwierig, eindeutige Merkmale für die Unterscheidung zwischen dem *Gentiana pneumonanthe*-Typ und verschiedenen Arten aus der Gattung *Helianthemum* zu finden, da PFormI, Dicke der Exine und Skulpturierung sehr ähnlich sind. Die Skulpturierung bei den Gentianaceae sollte stets im Hellfeld und im Phasenkontrast untersucht werden.

1 PK prolat bis perprolat, 45-70 µm groß, äquatorial verengt, meist nur im Äquatorialbereich striat oder rugulat .... ***Hacquetia epipactis*** (S. 173)
– PK mit anderen Merkmalen 2
2 PK rugulat (ggf. im Phasenkontrastbild überprüfen) 3
– PK striat oder striat-(micro)reticulat 6
3 Exine 2,2-4,0 µm dick, mit langen und dicken Columellae 14
– Exine 1,0-1,5 µm dick 4

4 PK in Äquatorialansicht tonnenförmig, d.h. mit deutlich abgeplatteten Polen. Äquatorial verlänger ten Poren (Colpi transversales) meist im Bereich der Colpen meridional verengt (»Schmetterlingspore«) 5

– PK in Äquatorialansicht nicht tonnenförmig, sondern mit deutlich zugespitzten Polen, niemals mit »Schmetterlingsporen« .... vergl. tricolporoidate PK (S. 265)

5 PK nicht über 30(35) µm groß, formstabil. Valla eng und schmal, u.U. erst mit Ölimmersion oder im Phasenkontrastbild sichtbar (Tafel 47: 19-22) .... **19.1 *Coronilla*-Typ** (S. 254)

– PK über 38-52 µm groß, dünnwandig, wenig formstabil. Valla kurz, Skulpturierung variabel, auch scabrat, oder verrucat oder polar unvollständig netzig (Tafel 29: 11-15) ....
.... *Anthyllis vulneraria* (S. 191)

6 Colpen äquatorial s-förmig, mehrfach oder einfach verengt. Colpus-Ränder in Aufsicht oft ineinander verzahnt oder wellig. Colpen mit oder ohne Opercula, äquatorial oft mit unregelmäßig geformter Apertur, auch mit schmalem kurzem Querspalt, stets ohne Costae. Wenn mit einfach verengten Colpen, dann niemals mit deutlichen runden Poren, die seitlich über die Intercolpium-Ränder hinausgehen. Valla u.a. strahlig angeordnet mit relativ wenigen Valla pro Intercolpium
.... (vergl. tricolporoidate PK, S. 265)

– Colpen unverengt oder nur einfach verengt, ohne Opercula, mit deutlich runden oder meridional, seltener auch transversal gestreckten Poren 7

7 Poren- und Colpus-Membranen mit über 1 µm großen Körnern bekleidet 8

– Poren- und Colpus-Membranen glatt oder mit kleineren Skulpturelementen bekleidet 9

8 Valla kontrastarm, vorwiegend transversal angeordnet und vor allem äquatorial erkennbar, benachbarte Valla ohne Vernetzungen (Tafel 47: 23-30) .... **19.2 *Aesculus hippocastanum*** (S. 255)

– Valla deutlich, schmal, meist wechselnd transversal, schräg und meridional angeordnet. Benachbarte Valla vielfach vernetzt, PK daher striat-microreticulat (bes. Phasenkontrastbild) (Tafel 48: 1-4) .... **19.3 *Aesculus octandra*** (S. 255)

9 PK mit deutlichen Colpi transversales 10

– Poren rundlich oder schwach meridional, seltener auch schwach transversal gestreckt 11

10 Colpi transversales an den Längsseiten mit Costae (Tafel 48: 5-29) ..... **19.4 *Rhus*-Gruppe** (S. 255)

– Colpi transversales ohne Costae, PK sphäroidisch (wenn PK prolat, < 30 µm und allenfalls mit einzelnen Valla parallel zu den Colpus-Rändern, sonst microreticulat, vergl. dann *Ptelea*, S. 342. Wenn PK < 30 µm und durchgehend mit Valla, vergl. *Lycium*, S. 284) (Tafel 51: 5-10) ....
.... **19.5 *Hyoscyamus albus*** (S. 256)

11 PK dünnwandig, Exine bis 2,0 µm dick (vergl. die Bemerkung über *Cistus*-Arten, S. 335) 12

– PK dickwandig, Exine 2,0-4,8 µm dick 13

12 PK striat, vereinzelt mit verstreuten kontrastschwachen Perforationen zwischen den Valla (Tafel 49: 2, 5-10) .... **19.6 *Helianthemum oelandicum*-Typ** (S. 258)

– PK striat, mit zahlreichen Perforationen zwischen den Valla (Tafel 49: 1, 3-4, 11-14) ....
.... **19.7 *Helianthemum nummularium*-Gruppe** (S. 258)

13 Valla kurz, z.T. sehr kontrastschwach, meridional angerodnet oder ohne vorherrschende Richtung (rugulat). Merkmale im Phasenkontrastbild überprüfen 14

– Valla lang 15

14 Valla ohne vorherrschende Richtung (PK rugulat), PK außerdem mit Microbrochi und Perforationen (Tafel 50: 1-4) .... **19.8 *Blackstonia*-Typ** (S. 260)

– Valla meridional angeordnet (Tafel 50: 5-9) .... **19.9 *Swertia perennis*** (S. 260)

15 Valla schmal: Eine Gruppe von 6-8 parallelen Valla hat eine Breite von 5 μm (Tafel 50: 10-23, Tafel 51: 1-4) .... **19.10 *Gentiana pneumonanthe*-Typ** (S. 262)

– Valla breiter: Eine Gruppe von 5 parallelen Valla hat eine Breite von 5 μm 16

16 PK striat, mit zahlreichen Perforationen zwischen den Valla, auch striat-reticulat, Anordnung der Valla nicht regelmäßig, Poren 5-8 μm groß (Tafel 51: 11-18, Tafel 52: 1-4) ....**19.11 *Tuberaria*-Gruppe** (S. 264)

– PK striat-microreticulat, regelmäßige Musterbildung infolge langer parallel angeordneter Valla. Poren 7-12 μm groß (Tafel 52: 5-10) .... **19.12 *Cneorum tricoccon*** (S. 264)

19.1 *Coronilla*-Typ
(Tafel 47: 19-22)

Die PK der 6 untersuchten mitteleuropäischen *Coronilla*-Arten inkl. *Securigera* und *Hippocrepis* sind hinsichtlich ihrer Skulpturierung sehr unterschiedlich. *C. coronata* und *Securigia varia* sind rugulat. Während bei *C. coronata* die Skulpturelemente nur wenig verlängert sind, findet man bei *Securigia varia* bis 10 μm lange und sehr schmale Skulpturelemente, die dicht und ohne vorherrschende Richtung, gelegentlich aber strahlenförmig angeordnet sind. Sie können z.T. auch vernetzt sein. *Hippocrepis emerus* zeichnet sich durch tricolporoidate und undeutlich microreticulate PK mit einem sehr kleinen PFormI aus. *C. minima*, *C. vaginalis* und *C. scorpioides* sind psilat-scabrat, mit Ausnahme von *Securgiera vaginalis* haben sie die größten PFormI und sind prolat. Diese Verhältnisse führen dazu, daß die Gattung *Coronilla* s.l. in verschiedenen Bestimmungsschlüsseln erscheinen muß (S. 158 und 207). Die Polarfelder sind bei allen Arten mittelgroß bis groß. In Äquatorialansicht sind die PK ellipitisch, sie haben gerundete Polarbereiche – nicht rechteckig wie bei *Ornithopus* – und manchmal gerade Seiten. In Einzelfällen gibt es allerdings bei *Coronilla* PK mit etwas abgeflachten Polarberei-chen. Eine Unterscheidung von *Ornithopus* ist dann durch die grob scabrate Skulpturierung von *Ornithopus* bzw. durch die rugulate, psilate oder fein scabrate Skulpturierung von *Coronilla* möglich. Exine um 1,0 μm dick, bei großen PK 1,2-1,5 μm.

Die PK sind angulaperturat, die Colpen außerhalb ihres vorgezogenen Äquatorialbereiches eingesenkt und mit Costae. Die Poren sind transversal verlängert, meist deutlich und als »Schmetter-lingsporen« ausgebildet, bei Arten mit kleinen PK (*Coronilla vaginalis*) etwa 3,5-5 × 6,5-9 μm groß, bei großen PK bis 7 × 13 μm. Bei *Securigia varia* sind die Intercolpium-Ränder auf einer Länge von 5-6 μm wulstartig gewölbt. Diese Wülste grenzen an den jeweiligen Mittelteil der Intercolpien mit einem Knick; hier ist die Endexine furchenartig aufgebrochen.

Tabelle 8. *Coronilla* s.l.: hauptsächliche Merkmale der PK mitteleuropäischer Arten.

	Aperturen	Skulptur	PFormI	PFeldI
Coronilla coronata	C3P3	rugulat	1,25-1,44	0,40-0,53
Hippocrepis emerus	C3P(3)	micro-reticulat	0,91-1,12	0,42-0,57
Coronilla minima	C3P3	psilat	1,21-1,52	0,37-0,45
Coronilla scirpioides	C3P3	psilat	1,35-1,80	0,52-0,53
Coronilla vaginalis	C3P3	psilat-scabrat	1,04-1,44	0,38-0,41
Securigera varia	C3P3	rugulat	1,02-1,24	0,46-0,53

Coronilla coronata L. (3)
21,0-27,5 μm, MiW 25,3 μm; 50 PK, 0a

Coronilla minima L. (2)
18,0-26,3 μm, MiW 22,4 μm; 50 PK, 0a

Coronilla scorpioides (L.) KOCH (2)
17,5-24,3 μm, MiW 21,6 μm; 50 PK, 0a

Coronilla vaginalis LAM. (3)
17,8-25,5 μm, MiW 21,2 μm; 50 PK, 0a

Hippocrepis emerus (L.) LASSEN (2)
22,3-29,0 μm, MiW 26,1 μm; 55 PK, 0a

Securigera varia (L.) LASSEN (3)
27,5-35,0 μm, MiW 31,8 μm; 50 PK, 0a

Angeschlossenen werden die psilat-scabraten PK von *Hippocrepis comosa*.

Hippocrepis comosa L. (3)
23,3-29,3 µm, MiW 26,0 µm; 50 PK, 0a

19.2 *Aesculus hippocastanum*
(Tafel 47: 23-30)

PK prolat, PFormI 1,54-1,96, Polarfelder mittelgroß (PFeldI 0,26-0,33). Exine 1,8-2,0 µm, Endexine 0,9-1,0 µm dick, deutlich dicker als das Tectum. Valla vorwiegend transversal angeordnet, oft nur im Äquatorialbereich erkennbar. Die Colpen sind deutlich eingesenkt und mit meist 1-2 µm großen Gemmae skulpturiert. Poren rundlich, 5,0-6,0 µm groß.

Aesculus hippocastanum L. (3)
22,3-31,9 µm, MiW 28,2 µm; 50 PK, 0a

19.3 *Aesculus octandra*
(Tafel 48: 1-4)

PK sphäroidisch bis prolat, PFormI 1,26-1,37. Polarfelder klein bis mittelgroß (PFeldI 0,15-0,28). Exine 2,0-2,2 µm, Endexine 1,0-1,2 µm dick, deutlich dicker als das Tectum. Valla transversal, schräg und meridional angeordnet, nicht auf den Äquatorialbereich beschränkt. Benachbarte Valla sind vielfach vernetzt, PK daher striat-microreticulat. Poren rundlich, 5,0-6,0 µm groß.

Aesculus octandra MARSH. (2)
30,1-36,3 µm, MiW 33,1 µm; 50 PK, 0a

19.4 *Rhus*-Gruppe
(Tafel 48: 5-29)

Die *Rhus*-Gruppe ist durch die Gattungen *Rhus*, *Cotinus* und *Ailanthus* vertreten.

PK sphäroidisch bis prolat, apiculat, elliptisch, spindelförmig oder rhomboidisch, Polarfelder mittelgroß bis klein, Intercolpien meist verflacht. Skulpturierung striat-reticulat oder striat-microreticulat. Die Valla sind gelegentlich sehr breit, und die Lumina sind dann wie Perforationen entwickelt. Die Columellae stehen z.T. doppelreihig unter den Valla. Die Colpen sind machmal äquatorial etwas verengt, stets mit Colpi transversales, diese an ihren Längsseiten mit Costae. Die Costae reichen meist nicht bis zu den Enden der Colpi transversales.

1   PK polar und subpolar striat-reticulat mit bis zu 3 µm großen Brochi. Äquatorial striat-microreticulat, Valla hier schmal und mit unauffälligen Vernetzungen (Tafel 48: 5-11) .... **19.4.1 *Rhus toxidendron*-Typ**

–   Brochi im Polarbereich höchstens geringfügig größer als äquatorial und subäquatorial, überall als Microbrochi ausgebildet 2

2   PK < 35 µm 3

–   PK 35-60 µm groß (Tafel 48: 12-17).................................**19.4.2 *Rhus coriaria*-Typ**

3   Exine 1,2-2,0 µm dick, Colpi transversales schwach ausgebildet, PK striat-microreticulat, Brochi bis 1 µm groß (Tafel 48: 18-23) .... **19.4.3 *Cotinus coggyria***

–   Exine 2,0-2,8 µm dick, Colpi transversales deutlich, PK striat-reticulat, Brochi 0,8-1,5 µm groß (Tafel 48: 24-29) ....**19.4.4 *Ailanthus altissima***

19.4.1 *Rhus toxidendron*-Typ (Tafel 48: 5-11). PK apiculat, äquatorial mit eng nebeneinander liegenden und schmalen Valla, die unauffällige Querverbindungen besitzen. Gegen die Polarfelder hin erfolgt ein unmittelbarer Wechsel zu einer striat-reticulaten Skulpturierung. Valla hier breiter, mit größeren Abständen, z.T. duplicolumellat und Brochi bis 3 µm groß. Colpi transversales 9,0-12,0 × (2,0)2,5-4,0 µm groß, in Colpus-Nähe mit Costae. Exine ca. 1,5-2,0 µm dick, polar oft etwas dicker.

Rhus sylvestris S. & Z. (1)
28,6-37,3 µm, MiW 34,4 µm; 50 PK, 0a

Rhus toxidendron L. (1)
28,0-38,9 µm, MiW 34,1 µm; 50 PK, 0a

19.4.2 *Rhus coriaria*-Typ (Tafel 48: 12-17). PK sphäroidisch bis prolat, PFormI 1,11-1,46, apiculat, rhomboidisch oder elliptisch. Polarfelder klein bis mittelgroß (PFeldI 0,13-0,26). Skulpturierung striat-microreticulat bis striat, polar microreticulat, mit Tectum perforatum. Die Valla können kontrastarm oder unregelmäßig geformt sein. Colpi transversales 13-20 × 2-3 µm groß mit unregelmäßig ausgebildeten Rändern. Exine 2,0-2,5 µm dick, Columellae deutlich.

Rhus copallina L. (3)
37,2-52,8 µm, MiW 46,0 µm; 50 PK, 0a

Rhus glabra L. (2)
37,5-50,0 µm, MiW 44,8 µm; 50 PK, 0a

Rhus coriaria L. (2)
40,7-58,1 µm, MiW 46,1 µm; 50 PK, 0a

Rhus typhina L. (3)
38,6-51,3 µm, MiW 43,3 µm; 50 PK, 0a

19.4.3 *Cotinus coggyria* (Tafel 48: 18-23). PK spindelförmig, elliptisch oder apiculat, sphäroidisch bis schwach prolat, PFormI 1,01-1,61. Polarfelder klein, PFeldI (0,11-0,19). Skulpturierung striat-microreticulat. Die striate Skulpturierung ist oft an den Intercolpium-Rändern deutlicher als in der Mitte der Intercolpien. Intercolpien etwas verflacht, Intercolpium-Ränder stark eingekrümmt. Exine 1,2-2,0 µm dick. Colpi transversales 6,0-8,0 × 1,5-2,5 µm, Ränder oft kontrastschwach, Costae schwach und meist nur nahe an den Colpen ausgebildet.

Cotinus coggyria Scop. (4)
19,5-31,5 µm, MiW 25,4 µm; 50 PK, 0a

19.4.4 *Ailanthus altissima* (Tafel 48: 24-29). PK elliptisch bis apiculat, sphäroidisch, PFormI 1,07-1,42(1,52). Polarfelder klein (PFeldI 0,19-0,20). Skulpturierung deutlich striat-reticulat mit (0,8)1,0-1,2(1,5) µm großen Brochi. In den mittleren Bereichen der Intercolpien kann die Skulpturierung u.U. nur reticulat sein. Valla gibt es dann aber in den Randbereichen der Intercolpien. Exine in der Mitte der Intercolpien bis 2,8 µm dick, polar und im Bereich der Intercolpium-Ränder dünner, aber mindestens 2,0 µm dick. Intercolpien abgeflacht, Intercolpium-Ränder stark eingekrümmt. Endexine ca. 1 µm dick. Colpi transversales 1,5-3,0 × 7,5-8,0 µm groß, mit deutlichen Costae. Columellae-Schicht in der Mitte der Intercolpien ca. 1,5 µm dick.

Ailanthus altissima (Mill.) Swingle (2)
25,8-34,8 µm, MiW 31,5 µm; 50 PK, 0a

19.5 *Hyoscyamus albus*
(Tafel 51: 5-10)

PK sphäroidisch. PFormI 0,89-1,24, im Umriß rundlich, rhomboidisch bis elliptisch, Polarfelder klein (PFeldI 0,09-0,12). Exine ca. 1,5-1,8 µm dick, striat-microreticulat, Valla 0,6-0,8 µm breit, meridional angeordnet. Columellae-Schicht dünn; die Columellae stehen vorzugsweise unter den Valla. Colpen

▷

Tafel 48

1-4 *Aesculus octandra*, **5-11** *Rhus toxidendron*, **12-17** *Rhus copallina*, **18-23** *Cotinus coggyria*, **24-29** *Ailanthus altissima*. – Vergrößerungen 1000fach.

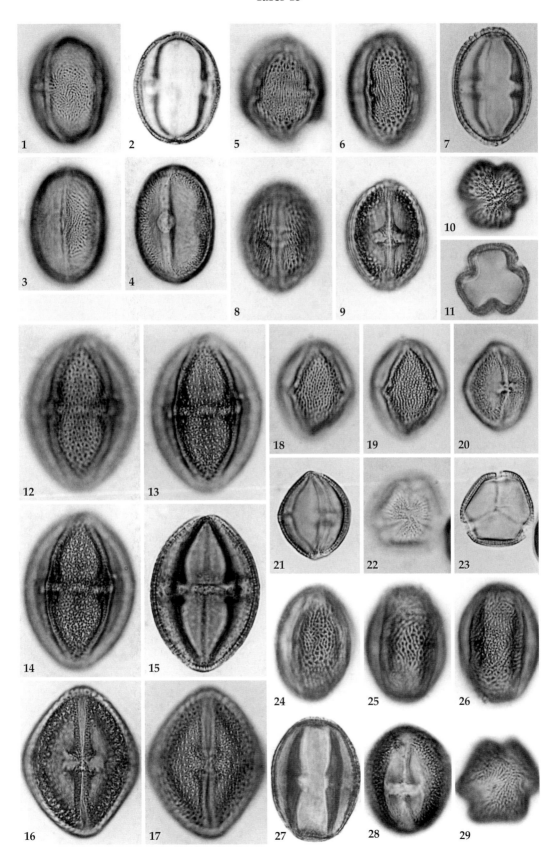

eingesenkt, 5-10 μm breit, terminal verengt. Colpus-Membranen glatt oder scabrat skulpturiert. Colpi transversales 13-21 × 2-9 μm, meist im Bereich der Colpen am breitesten, Endbereiche mit unregelmäßigen, oft mit eingerissenen Rändern. Äquatorialbereich der Colpen sehr variabel, Ränder der Colpi transversales hier aufgebogen oder Colpen verengt. Abweichende Formen: stephanocolporoidate PK mit schräg gestellten Colpen.

Die sehr ähnlichen PK von *Atropa bella-donna* besitzen keine Colpi transversales, sondern nur äquatorial verengte Colpen (S. 274).

Hyoscyamus albus L. (2)
39,0-54,8 μm, MiW 46,4 μm; 50 PK, 0a

19.6 *Helianthemum oelandicum*-Typ
(Tafel 49: 2, 5-10)

PK apiculat, elliptisch oder rhomboidisch, prolat bis sphäroidisch, PFormI 1,21-1,63. Polarfelder klein, PFeldI 0,13-0,29. Intercolpien plan bis konkav, auch schwach konvex, Intercolpium-Ränder schwach vorgezogen und dann deutlich eingesenkt. Colpen schmal. Die 4-6 μm großen Poren (meridional gemessen) erscheinen in Aufsicht rund oder schwach meridional verlängert, je nachdem, wie stark die Intercolpium-Ränder eingesenkt sind. Exine 1,5-2,0 μm dick, mit deutlicher Columellae-Schicht. Endexine 0,5-1,0 μm dick. Die Skulpturierung ist sehr kontrastarm und vielfach schwer erkennbar, auch fotografisch schwer darstellbar. Valla ausschließlich meridional angeordnet, bis über 5 μm lang und z.T. gegabelt, manchmal auch kürzer und kontrastarm (hohe Auflösung erforderlich). Das Tectum ist zwischen den Valla nicht perforiert oder hat höchstens vereinzelte, schwer erkennbare Vertiefungen bzw. Perforationen. Die 0,5-1,0 μm dicken Columellae stehen vorwiegend unter den Valla; man kann jedoch bei tiefer optischer Ebene wegen der geringen Länge der Valla oft keine eindeutige Anordnung der Columellae in Reihen beobachten.

Helianthemum canum (L.) Baumg. (5)
37,3-53,3 μm, MiW 47,1 μm; 50 PK, 0a

Helianthemum oelandicum (L.) DC. (2)
38,6-52,8 μm, MiW 45,8 μm; 50 PK, 0a

Helianthemum oelandicum (L.) DC.
subsp. *alpestre* (Jacq.) Breistr. (1)
40,7-59,8 μm, MiW 49,8 μm; 55 PK, 10a

Helianthemum oelandicum (L.) DC.
subsp. *italicum* (L.) Font Qu. & Rothm. (1)
31,9-52,8 μm, MiW 42,6 μm, 50 PK, 0a

Helianthemum oelandicum (L.) DC.
subsp. *rupifragum* (A. Kern.) Breistr (1)
38,6-52,8 μm, MiW 45,4 μm; 50 PK, 0a

19.7 *Helianthemum nummularium*-Gruppe
(Tafel 49: 1, 3-4, 11-14)

1   PK striat und mit Tectum perforatum ....**19.7.1 *Helianthemum nummularium*-Typ**
–   PK zusätzlich vorwiegend an den Intercolpium-Rändern striat-reticulat (Phasenkontrastbild) ...
.... **19.7.2 *Helianthemum salicifolium*-Typ**

In Südeuropa gibt es auch *Cistus*-Arten mit einer reticulat-striaten Skulptur (z.B. *C. sericeus, C. laurifolius*), die hier nicht berücksichtigt wurden. Außerdem können bei dem *Cistus albidus*-Typ u. ggf. bei *Cistus*-Arten mit reticulaten PK vereinzelt striat-reticulate Verhältnisse angedeutet sein (S. 335).

▷

Tafel 49

1, 3-4, 11-12 *Helianthemum nummularium* subsp. *grandiflorum*, **2, 5-10** *Helianthemum oelandicum* subsp. *italicum*, **13-14** *Helianthemum salicifolium* (Phako). – Vergrößerungen: 1-2: 1500fach; 3-14: 1000fach.

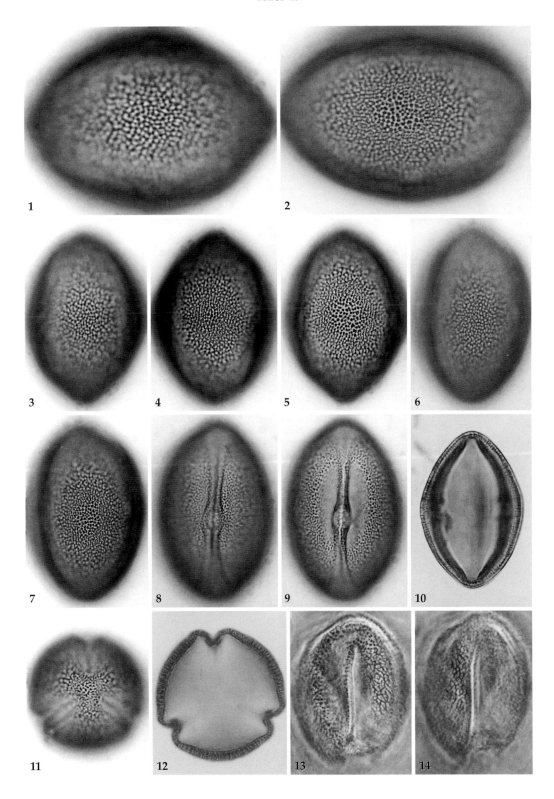

19.7.1 *Helianthemum nummularium*-**Typ** (Tafel 49: 1, 3-4, 11-12). PK apiculat, rhomboidisch oder elliptisch, prolat bis sphäroidisch, PFormI 1,21-1,47. Polarfelder klein, PFeldI 0,13-0,26, Intercolpien wie bei dem *Helianthemum oelandicum*-Typ. PK striat, zwischen den Valla perforiert (hohe optische Auflösung erforderlich). Poren 4,5-5,5 µm groß, meridional gemessen. Exine um 2 µm dick.

Helianthemum nummularium (L.) MILL. (1)
37,5-59,8 µm, MiW 49,0 µm; 50 PK, 5a

Helianthemum nummularium (L.) MILL.
subsp. *grandiflorum* (SCOP.) SCHINZ & THELL. (3)
49,0-58,8 µm, MiW 54,0 µm; 50 PK, 0a

Helianthemum nummularium (L.) MILL.
subsp. *obscurum* (Celak) HOLUB (2)
45,3-58,0 µm, MiW 50,7 µm; 50 PK, 0a

Helianthemum apenninum (L.) MILL. (2)
38,2-59,8 µm, MiW 50,3 µm; 50 PK, 0a

Helianthemum hirtum (L.) MILL. (1)
42,1-55,6 µm, MiW 48,5 µm; 50 PK, 0a

19.7.2 *Helianthemum salicifolium*-**Typ** (Tafel 49: 13-14). PK prolat bis sphäroidisch, PFormI 1,25-1,48, Form wie bei dem *Helianthemum nummularium*-Typ. Polarfelder klein, PFeldI 0,15-0,23. Nur im Phasenkontrastbild sichtbar ist die Vernetzung der Valla zu einem reticulat-striaten System mit meridional gestreckten, eckigen, 2,0-4,0 µm langen Brochi. In der Mitte der Intercolpien kann diese Skulpturierung nur striat sein. Exine um 2 µm dick.

Es wird von einem *H. salicifolium*-Typ gesprochen, weil nicht alle südeuropäischen Arten der Gattung *Helianthemum* untersucht werden konnten.

Helianthemum salicifolium (L.) MILLER (2)
47,5-67,0 µm, MiW 56,7 µm; 50 PK, 0a

19.8 *Blackstonia*-Typ
(Tafel 50: 1-4)

PK im Umriß elliptisch, sphäroidisch bis schwach prolat, PFormI 1,06-1,48. Polarfelder klein, PFeldI 0,23-0,26. Skulpturierung sehr variabel: striat mit Valla in unterschiedlicher Richtung (meridional, transversal, schräg), im Extremfall rugulat, auch stellenweise striat-microreticulat. Tectum mit deutlichen Perforationen zwischen den Valla. Valla bis ca. 10 µm lang, daneben gibt es auch PK mit deutlich längeren und parallel angeordneten Valla, die striat-microreticulate Züge bilden, und die dann dem *Gentiana pneumonanthe*-Typ zuzuordnen sind. Exine (2,2) 2,7-4,8 µm, Endexine 1,0 µm dick. Columellae-Schicht dick. Die Columellae stehen – gelegentlich duplicolumellat – weitgehend unter den Valla bzw. Muri. Poren 3,5-4,8 µm groß.

Blackstonia perfoliata (L.) HUDS. (3)
27,5-35,0 µm, MiW 31,1 µm; 50 PK, 0a

Cicendia filiformis (L.) DELARBRE (2)
25,5-35,3 µm, MiW 29,5 µm; 50 PK, 0a

19.9 *Swertia perennis*
(Tafel 50: 5-9)

PK im Umriß elliptisch bis rhomboidisch, sphäroidisch, PFormI 1,07-1,27. Polarfelder klein bis mittelgroß (PFeldI 0,15-0,27). Exine 2,7-3,0 µm, Endexine 1,0-1,1 µm dick. Tectum dünn, Columellae-Schicht dick. PK mit deutlich eingekrümmten Intercolpium-Rändern. Die Exine dünnt zu den Intercolpium-Rändern hin aus (z.B. 3 µm in der Mitte der Intercolpien, 2 µm an den Rändern). Die

▷

Tafel 50

1-4 *Blackstonia perfoliata*, **5-9** *Swertia perennis*, **10-17** *Gentiana pneumonanthe*, **18-23** *Centaurium maritimum*. – Vergrößerungen 1000fach.

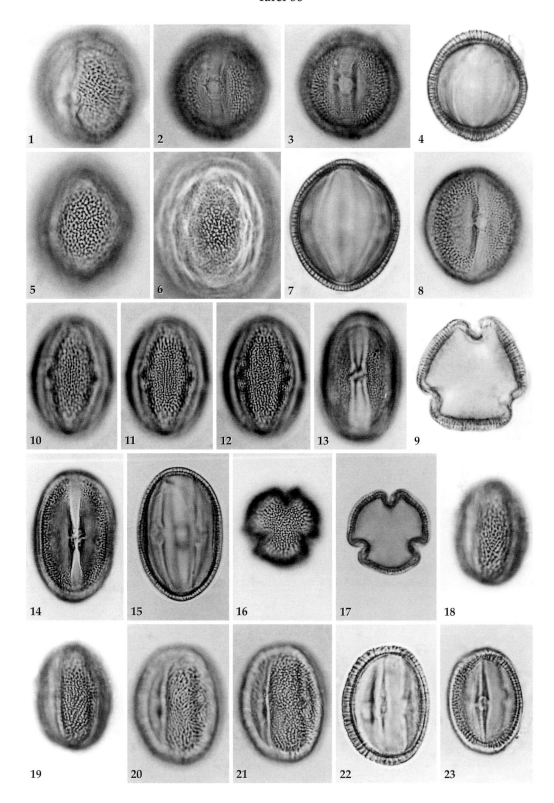

Skulpturierung ist sehr variabel und muß stets im Phasenkontrastbild überprüft werden. Die Valla sind oft kurz und dann bis etwa 3 µm lang. Es kommen aber auch PK mit bis zu mindestens 7 µm langen Valla vor, die striat-microreticulate Züge bilden, und die dann dem *Gentiana pneumonanthe*-Typ zuzuordnen sind. Übergänge zwischen Perforationen und Microbrochi sind häufig. Daneben treten auch PK auf, die keine striaten Elemente erkennen lassen, die demnach microreticulat sind oder ein Tectum perforatum besitzen. Die Columellae sind in Aufsicht rundlich und ca. 0,5-0,8 µm dick oder sind länglich und dann bis ca. 1,5 µm lang; sie stehen einzeln oder in kleinen Gruppen.

Swertia perennis L. (3)
32,0-40,5 µm, MiW 36,3 µm; 50 PK, 0a

19.10 *Gentiana pneumonanthe*-Typ
(Tafel 50: 10-23, Tafel 51: 1-4)

Umfaßt die Gattungen *Gentiana* p.p., *Gentianalla* p.p. und *Centaurium* sowie in Einzelfällen PK von *Swertia*, *Blackstonia* und *Cicendia*.

PK sphäroidisch bis prolat, in Äquatorialansicht kugelig bis elliptisch. PFormI 0,93-1,42. PK striat-microreticulat. Valla meist lang und schmal (ca. 0,7 µm), überwiegend meridional ausgerichtet, selten schräg oder stellenweise transversal. Hinsichtlich der Kontraststärke der Valla und Microbrochi gibt es erhebliche Unterschiede. Die Valla sind schmal, eine Gruppe von 6-8 parallelen Valla hat eine Breite von 5 µm. Meistens sind Valla und Microbrochi relativ kontrastschwach. Die Microbrochi erreichen meistens eine Größe von 1 µm, nur bei einigen Arten können sie etwas größer sein, so bei *Gentiana clusii* und *G. froelichii*. Die Valla erreichen meistens die Polarfelder; und nur in seltenen Fällen sind die Polarfelder microreticulat ausgebildet oder mit einem Tectum perforatum versehen. Colpen meist breit (bis 3,5 µm), Polarfelder klein bis mittelgroß (PFeldI 0,11-0,35, selten größer). Poren 4,5-7,0 µm groß, kontrastreich bis kontrastschwach, oft meridional etwas gestreckt und besonders polwärts mit kontrastreichen Rändern. Gelegentlich sind die Colpen äquatorial verengt. Die Poren liegen im wesentlichen in der Colpus-Membran und greifen nicht auf die Intercolpien über. Eine scheinbare meridionale Streckung der Poren dürfte auf die Einkrümmung der Intercolpium-Ränder zurückgehen. Exine (2,0)2,2-3,5 µm dick, mit deutlicher Columellae-Schicht. Columellae ca. (0,4)0,7-1,0 µm dick.

Die hier angeführten Arten der Gattungen *Gentiana* und *Gentianella* haben PK, die fast ausschließlich größer als 30 µm sind. Kleinere PK, die auch zu dem *Gentiana pneumonanthe*-Typ gehören, können daher der Gattung *Centaurium*, ggf. auch den Gattungen *Blackstonia* und *Cicendia*, zugeordnet werden.

Gentiana acaulis L. (5)
37,0-45,5 µm, MiW 41,7 µm; 50 PK, 0a

Gentiana clusii PERR. & SONG. (2)
38,9-55,2 µm, MiW 47,5 µm; 50 PK, 0a

Gentiana alpina VILL. (1)
37,5-48,9 µm, MiW 42,6 µm; 50 PK, 0a

Gentiana lutea L. (3)
31,8-40,3 µm, MiW 35,9 µm; 50 PK, 0a

Gentiana asclepiadea L. (2)
29,5-36,3 µm, MiW 32,7 µm; 50 PK, 0a

Gentiana pannonica SCOP. (2)
31,5-37,5 µm, MiW 34,6 µm; 50 PK, 0a

Gentiana cruciata L. (2)
31,8-41,3 µm, MiW 36,5 µm; 50 PK, 0a

Gentiana pneumonanthe L. (2)
29,4-41,1 µm, MiW 36,2 µm; 50 PK, 0a

Gentiana frigida HAENKE (3)
31,9-45,7 µm, MiW 38,8 µm; 50 PK, 0a

Gentiana punctata L. (2)
32,0-44,8 µm, MiW 37,8 µm; 50 PK, 0a

Gentiana froelichii JAN. ex REICHENB. (1)
37,2-50,6 µm, MiW 44,6 µm; 50 PK, 0a

Gentiana purpurea L. (2)
35,0-45,3 µm, MiW 41,2 µm; 52 PK, 0a

Tafel 51

1-4 *Gentiana pupurea*, **5-10** *Hyoscyamus albus*, **11-18** *Tuberaria guttata*. – Vergrößerungen 1000fach.

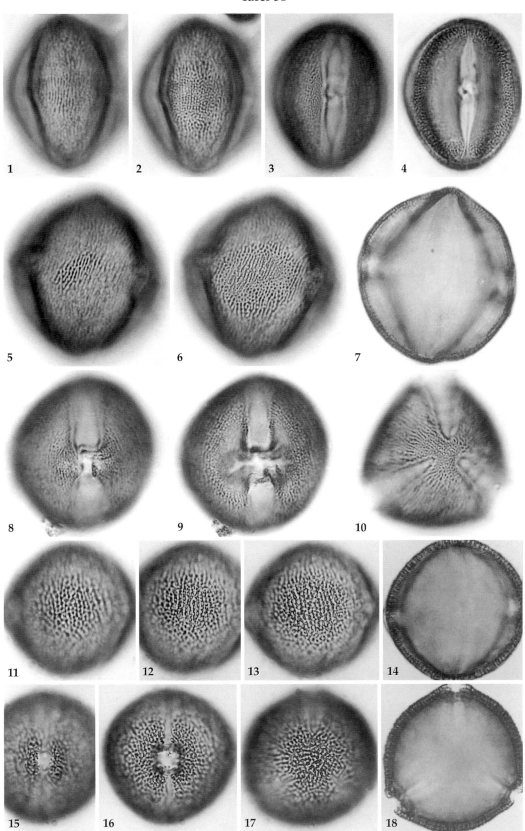

Gentianella aurea (L.) H. Sm. (2)
30,8-42,5 μm, MiW 37,0 μm; 50 PK, 0a

Centaurium erythraea Rafn (3)
25,5-35,5 μm, MiW 30,5 μm; 50 PK, 0a

Centaurium pulchellum (SW.) Druce (2)
26,5-33,8 μm, MiW 29,7 μm; 50 PK, 0a

Centaurium littorale (D. Turner) Gilmour (4)
27,0- 35,3 μm, MiW 31,7 μm; 50 PK, 0a

19.11 Tuberaria-Gruppe
(Tafel 51: 11-18, Tafel 52: 1-4)

1   Exine 2,8-3,2 μm dick .... **19.11.1** *Tuberaria guttata*
–   Exine 3,8-4,2 μm dick .... **19.11.2** *Helianthemum umbellatum*

19.11.1 *Tuberaria guttata* (Tafel 51: 11-18). PK sphäroidisch, im Umriß elliptisch oder rhomboidisch, PFormI 1,06-1,33. Polarfelder klein (PFeldI 0,19-0,23). Exine 2,8-3,2 μm dick. PK striat, Valla mit meridionaler Hauptrichtung, bis 1,0 μm breit, viele Perforationen zwischen den Valla. Eine Gruppe von 5 parallelen Valla hat eine Breite von etwa 5 μm. Skulpturierung stellenweise oder bei einzelnen PK striat-microreticulat oder striat-reticulat. In Einzelfällen wurden auch reticulate PK gefunden. Im Gegensatz zu den PK von *Cneorum* bilden die Valla kein regelmäßiges Muster. Poren 5-8 μm groß. Columellae deutlich, um 0,7 μm dick.

Tuberaria guttata (LK.) Fourr. (5)
40,0-62,0 μm, MiW 51,1 μm, 50 PK, 0a

19.11.2 *Helianthemum umbellatum* (Tafel 52: 1-4). PK kugelig, sphäroidisch, PFormI 0,98-1,11. Polarfelder klein bis mittelgroß (PFeldI 0,21-0,32). Exine 3,8-4,2 μm, Endexine 0,8-1,0 μm, Columellae-Schicht ca. 0,8 μm dick. Poren 5,0-6,5 μm. Skulpturierung striat-reticulat, mit 1,0-2,5 μm großen Brochi, im Polarbereich reticulat. Valla 0,8-1,0 μm breit, lang, vorwiegend meridional ausgerichtet, an den Intercolpium-Rändern gelegentlich rugulat.

Helianthemum umbellatum (L.) Spach (2)
47,5-55,5 μm, MiW 51,9 μm; 50 PK, 0a

19.12 Cneorum tricoccon
(Tafel 52: 5-10)

PK sphäroidisch, PFormI 1,02-1,31, Polarfelder klein (PFeldI 0,19-0,27). Poren rundlich, 7-12 μm groß, kontrastarm und unregelmäßig begrenzt. Colpen gelegentlich äquatorial verengt. Exine 2-3 μm, Endexine ca. 0,8-1,0 μm dick, deutlich dicker als das Tectum. Durchmesser der Columellae bis 0,7 μm. Skulpturierung kontrastreich. Exine striat-microreticulat, Brochi bis 1,0 μm. Die Valla sind lang (vergl. dazu *Atropa bella-donna*, S. 276), bilden ein striates Netzwerk und sind überwiegend meridional ausgerichtet, bis 0,7 μm breit. Eine Gruppe von 5 parallelen Valla hat eine Breite von etwa 5 μm. Da die Valla wenig verzweigt sind, ergibt sich das Bild eines sehr regelmäßigen Musters (vergl. dazu *Tuberaria guttata*). Schwierigkeiten können bei der Abtrennung von *Atropa bella-donna* entstehen.

Cneorum tricoccon L. (2)
45,7-60,9 μm, MiW 52,1 μm; 50 PK, 0a

20. Tricolporoidatae
PK mit striaten, striat-reticulaten oder rugulaten Skulpturen

Tricolporoidate PK

PK mit 3 Colpen, diese stets mit je einer zusätzlichen äquatorialen Apertur, die nicht kontrastreich und deutlich begrenzt, oft von unregelmäßiger Form (z.B. mit eingerissenen Rändern), nie mit Costae versehen und dabei gelegentlich auf die Colpus-Membran beschränkt ist. Oft erscheinen nur die Colpus-Ränder im unmittelbaren Äquatorialbereich unterbrochen. Diese kontrastarmen Aperturen können auch in transversaler Richtung gestreckt sein und dann nur wenig oder gar nicht von der Colpus-Membran auf die Intercolpien übergreifen. Auch PK mit sehr kurzen, spaltartigen Colpi transversales und solche mit einfacher oder s-förmiger äquatorialer Verengung der Colpen werden hier mit angeführt.

PK mit 3 Colpen, diese stets ohne zusätzliche, äquatoriale Aperturen in der Endexine bzw. in der Endexine und in der Columellae-Schicht oder in der Colpus-Membran. Intercolpium-Ränder in der Regel glatt oder auf ihrer ganzen Länge körnig aufgelöst. Bei PK mit ± schwacher äquatorialer Unterbrechung der Intercolpium-Ränder oder mit einfacher oder s-förmiger äquatorialer Verengung der Colpen ist es ratsam, auch nach dem Bestimmungsschlüssel für tricolporoidate PK vorzugehen.

PK mit 3 Colpen, diese stets mit einer deutlich, d.h. kontrastreich begrenzten, runden, transversal oder meridional verlängerten Pore oder mit je einem Colpus transversalis oder einem Colpus equatorialis. Die Ränder dieser zusätzlichen Aperturen können von Costae ganz oder teilweise umgeben sein. Die Colpi transversales sind gelegentlich spaltartig ausgebildet. Sind diese Spalten so kurz, daß sie nicht oder nur kaum über die Colpus-Ränder auf die Intercolpien übergreifen, so ist entweder nur oder auch der Bestimmungsschlüssel für tricolporoidate PK zu berücksichtigen.

1   PK rugulat mit z.T. strahlig angeordneten Valla. PK < 35 µm (Tafel 52: 11-19) ....
.... **20.1 *Sedum*-Typ** (S. 266)

–   PK striat, wenn rugulat oder rugulat-striat, dann Valla nicht strahlig angeordnet 2

2   PK kugelig bis oblat, dünnwandig, > 45 µm, wenig formbeständig, mit großen Polarfeldern. Valla kurz, bis etwa 3 µm lang, ohne vorherrschende Richtung, mit in Aufsicht rundlichen Skulpturelementen (Verrucae oder Microverrucae) (Tafel 53: 1-5) .... **20.2 *Datura stramonium*** (S. 270)

–   PK mit anderer Merkmalskombination 3

3   Valla 0,7-1,4 µm breit, Tectum ohne Perforationen. Columellae sehr kurz (ca. 0,3 µm), in Aufsicht und im optischen Schnitt daher schwer erkennbar (Tafel 53: 6-8) ....
.... **20.3 *Menyanthes trifoliata*** (S. 270)

–   Valla schmäler oder Tectum zwischen den Valla mit Perforationen; Columellae oft gut erkennbar
.... 4

4   PK prolat bis perprolat, 37-68 µm groß, Valla transversal angeordnet, meist nur im Äquatorialbereich schwach sichtbar. Colpen meist mit Opercula. Exine äquatorial mit transversalen Wülsten, Tectum hier wellig (Tafel 53: 9-13) .... **20.4 *Agrimonia*-Typ** (S. 270)

–   Valla überall gleich deutlich sichtbar, meist meridional, aber auch anders angeordnet. PK sphäroidisch bis prolat, mit oder ohne Opercula. Exine niemals im Äquatorialbereich mit transversalen Wülsten 5

5 PK operculat 6
– PK ohne Opercula (überwiegend schwieriger Bestimmungsgang) 7

6 Opercula äquatorial stark verdickt (Tafel 54: 1-6) .... **20.5 *Potentilla*-Typ** (S. 271)
– Opercula äquatorial nicht verdickt (wenn PK < 21 µm, vergl. ggf. den *Aruncus*-Typ, S. 276) (Tafel 54: 7-17) .... **20.6 *Rosa*** (S. 273)

7 Skulpturierung deutlich striat-microreticulat. Valla und Microbrochi kontrastreich, mindestens im Phasenkontrastbild (ggf. *Sorbus*-Typ vergleichen) 8
– Skulpturierung fein und kontrastarm striat, mit oder ohne kontrastschwachen Perforationen zwischen den Valla, bzw. kontrastschwach striat-microreticulat (schwierig) 11

8 Exine 3,5-4,5 µm dick, Colpen breit mit breiter äquatorialer Brücke, PK kugelig, PFormI 0,74-1,03 (Tafel 54: 18-21) .... **20.7 *Lomatogonium*** (S. 274)
– Exine 1,0-3,0 µm dick 9

9 Endexine 0,8-1,0 µm dick, deutlich dicker als das Tectum, die Valla sind lang und bilden ein striates Netzwerk, PK 45-60 µm groß (Tafel 52: 5-10) .... *Cneorum tricoccon* (S. 264)
– Endexine bis 0,8 µm dick. Die Valla sind vielfach unterbrochen, relativ kurze Valla sind daher neben langen im Bild der Skulpturierung charakteristisch 10

10 PK 42-50 µm groß, Skulpturierung kontrastreich (Tafel 55: 1-9) **20.8 *Atropa bella-donna*** (S. 274)
– PK 30-43 µm groß, Skulpturierung kontrastschwach (Phasenkontrast) (Tafel 54: 22-26) .... **20.9 *Nicotiana*** (S. 276)

11 PK 11-21 µm groß, kugelig. Exine 0,6-1,1 µm dick (Tafel 55: 10-14) .... **20.10 *Aruncus*-Typ** (S. 276)
– PK größer als 25 µm, wenn kleiner, dann PK nicht kugelig und Exine dicker 12

12 PK mit Aufwölbungen der äquatorialen Intercolpium-Ränder, ähnlich dem Potentilla-Typ, aber ohne Opercula (Tafel 55: 15-20) .... **20.11 *Geum*-Typ** (S. 278)
– PK ohne derartige Aufwölbungen, äquatoriale Ausbildung der Colpen verschieden: einfache bis s-förmige Colpus-Verengungen, brückenartige Verengungen, leichte Vorwölbungen und unregelmäßig strahlige, von dem Äquatoriabereich der Colpen ausgehende und bis unter die Intercolpien reichende Risse in der Endexine. Valla kontrastreich oder kontrastschwach; PK mit oder ohne Perforationen zwischen den Valla (Tafel 56-57, Tafel 58: 1-5) .... **20.12 *Sorbus*-Gruppe** (S. 278)

20.1 *Sedum*-Typ

(Tafel 52: 11-19)

Umfaßt die Gattungen *Sedum, Rhodiola, Crassula, Sempervivum* und *Cotyledon*.

PK prolat oder sphäroidisch (PFormI 0,91-1,43), mit langen Colpen und meist kleinen Polarfeldern (PFeldI 0,13-0,41). Exine bei *Sedum* 1,1-1,6 µm, bei *Sempervivum* gelegentlich bis 2,0 µm und polar bis 2,5 µm dick. Endexine 0,5-0,8 µm, dicker als das Tectum. Columellae sehr dünn, meist nur im optischen Schnitt und nicht in Aufsicht erkennbar. PK rugulat, Skulpturelemente oft nur mit Ölimmersion sichtbar. Valla auf den Intercolpien in sehr typischer Weise und in relativ geringer Zahl, z.T. strahlig angeordnet; wodurch Überschneidungen (»Brochi«) entstehen können.

Äußerst variabel ist der Äquatorialbereich der Colpen gestaltet. Hier ist meist eine zusätzliche Apertur (Pore) vorhanden. Die PK können wie bei den Rosaceae als tricolporoidat oder tricolporat

▷

Tafel 52

1-4 *Helianthemum umbellatum*, **5-10** *Cneorum tricoccon*, **11-19** *Sedum villosum* (16, 18 Phako). – Vergrößerungen 1000fach.

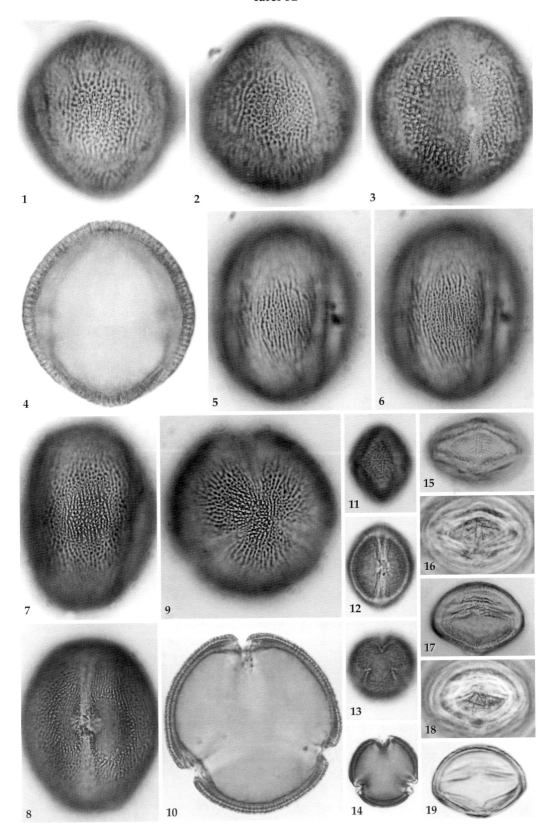

bezeichnet werden. Während die Ränder der terminalen Colpus-Teile deutlich eingesenkt sind, ist der äquatoriale Bereich verflacht und zeichnet sich zusammen mit den angrenzenden Intercolpium-Teilen durch das Fehlen der Endexine und der Columellae aus. Oft ist das in einem querfaltenartigen Bereich, dessen Ränder eingerissen sein können, der Fall. Es gibt auch PK mit nahezu parallelen Colpus-Rändern.

Die PK von *Crassula* sind ähnlich aufgebaut, jedoch sehr variabel in der Skulpturierung. Neben einer strahligen Anordnung der Valla gibt es einfach striate und auch psilat-scabrate PK. Die Skulpturen sind stets sehr kontrastarm. Die Colpen sind deutlich eingesenkt, tricolporate PK wurden nur ausnahmsweise beobachtet. Die Beschreibung der PK von *Crassula* stützt sich vor allem auf ein Präparat von *C. rubens*. Von den beiden anderen Arten standen keine ausreichenden Mengen gut erhaltener PK zur Verfügung.

Cotyledon umbilicus L. (1)
17,7-24,8 µm, MiW 21,8 µm; 50 PK, 3a

Crassula aquatica (L.) SCHOENLAND (1)
10-14 µm

Crassula tillaea LEST.-GARL. (2)
19,5-18,1 µm, MiW 14,8 µm; 50 PK, 1a

Crassula rubens L. (1)
19,5-27,6 µm, MiW 23,3 µm; 50 PK, 1a

Rhodiola rosea L. (2)
17,5-27,0 µm, MiW 21,7 µm; 50 PK, 0a

Sedum acre L. (2)
20,8-28,0 µm, MiW 24,8 µm; 50 PK, 0a

Sedum album L. (2)
17,7-23,0 µm, MiW 20,2 µm; 52 PK, 1a

Sedum alpestre VILL. (2)
19,3-30,0 µm, MiW 23,7 µm; 50 PK, 0a

Sedum annuum L. (1)
17,0-23,4 µm, MiW 19,2 µm; 50 PK, 1a

Sedum anacampseros L. (1)
13,8-18,4 µm, MiW 16,1 µm; 50 PK, 1a

Sedum atratum L. (2)
18,8-23,0 µm, MiW 21,1 µm; 50 PK, 0a

Sedum cepaea L. (2)
23,0-27,5 µm, MiW 25,5 µm; 50 PK, 0a

Sedum dasyphyllum L. (2)
21,5-32,0 µm, MiW 27,1 µm; 52 PK, 0a

Sedum hispanicum L. (1)
15,6-21,2 µm, MiW 18,9 µm; 50 PK, 1a

Sedum maximum (L.) HOFFM. (2)
17,3-22,0 µm, MiW 19,6 µm; 50 PK, 0a

Sedum ochroleucum CHAIX (1)
17,5-24,6 µm, MiW 21,0 µm; 50 PK, 1a

Sedum rupestre L. (1)
19,1-26,9 µm, MiW 23,3 µm; 50 PK, 1a

Sedum sexangulare L. (1)
19,7-25,5 µm, MiW 21,0 µm; 50 PK, 1a

Sedum spurium M. BIEB. (1)
17,7-24,4 µm, MiW 20,4 µm; 50 PK, 1a

Sedum telephium L. (3)
19,5-25,0 µm, MiW 23,5 µm; 50 PK, 0a

Sedum villosum L. (2)
23,3-36,3 µm, MiW 28,4 µm; 50 PK, 0a

Sempervivum alpinum GRIS. & SCHENK (2)
22,0-28,0 µm, MiW 24,3 µm; 50 PK, 0a

Sempervivum arachnoideum L. (2)
18,3-26,3 µm, MiW 22,8 µm; 50 PK, 0a

Sempervivum arenarium KOCH (1)
21,4-28,0 µm, MiW 25,1 µm; 50 PK, 1a

Sempervivum dolomiticum FACCH. (1)
20,9-25,1 µm, MiW 22,3 µm; 51 PK, 1a

Sempervivum montanum L. (1)
18,1-28,3 µm, MiW 22,4 µm; 50 PK, 1a

Sempervivum pittonii SCHOTT (1)
20,9-31,2 µm, MiW 25,8 µm; 50 PK, 1a

Sempervivum schottii BAKER (1)
17,7-28,7 µm, MiW 24,1 µm; 50 PK, 1a

Sempervivum soboliferum SIMS (2)
26,3-36,3 µm, MiW 30,4 µm; 50 PK, 0a

Sempervivum tectorum L. (2)
19,8-28,3 µm, MiW 24,3 µm; 51 PK, 1a

Sempervivum wulfenii HOPPE (1)
17.7-28.0 µm, MiW 23,9 µm; 50 PK, 1a

Non vidi: *Sempervivum grandiflorum* HAW., *S. allionii* NYM.

Tafel 53

1-5 *Datura stramonium* (2, 5 Phako), **6-8** *Menyanthes trifoliata*, **9** *Agrimonia eupatoria* (Phako), **10-13** *Agrimonia odorata*. – Vergrößerungen 1000fach.

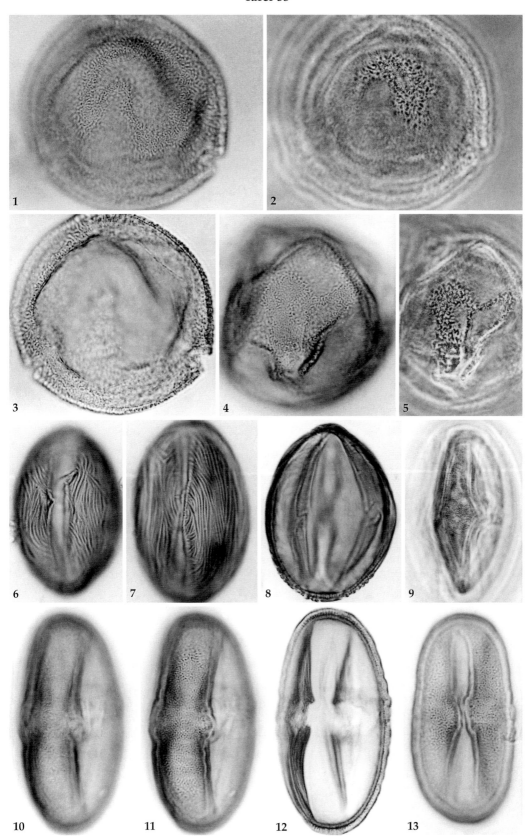

20.2 *Datura stramonium*
(Tafel 53: 1-5)

PK sphäroidisch, PFormI 0,91-1,16, wenig formbeständig. Polarfelder groß (PFeldI 0,58-0,80). Exine rugulat bis verrucat, auch microverrucat, auf den Polen gelegentlich auch microreticulat. Skulpturelemente 0,5-3,0 μm groß, länger als breit, meist schwach gekrümmt. Die Exine ist meist 1,3-1,5 μm dick, die Endexine etwas dicker als das Tectum, Columellae erkennbar. Von den kontrastarmen Aperturen kann man sich nur schwer ein Bild machen. Es sind 3 oder 4 kurze Colpen vorhanden, die äquatorial Unregelmäßigkeiten besitzen, meist als Verengung. Selten gibt es größere, sehr kontrastarm begrenzte Colpi transversales.

Datura stramonium L. (4)
45,5-60,2 μm, MiW 52,7 μm; 30 PK, 0a

20.3 *Menyanthes trifoliata*
(Tafel 53: 6-8)

PK prolat bis sphäroidisch, PFormI 1,24-1,62. Polarfelder klein bis mittelgroß (PFeldI 0,16-0,31). Exine striat oder striat-rugulat, 1,5-2,1 μm dick, gegen die Intercolpium-Ränder hin dünner. Valla 0,7-1,4 μm breit, oft verschieden hoch, Länge der Valla maximal etwa ein Drittel der Polachse, an den Enden zugespitzt, vorwiegend meridional angeordnet, oft jedoch scharenweise unterschiedlich orientiert. Innerhalb einer Valla-Schar können Skulpturelemente vereinzelt auch einmal senkrecht zur Hauptrichtung verlaufen. Columellae-Schicht vorhanden, sehr niedrig (bis 0,3 μm, polar evt. bis 0,4 μm), meist nur polar einigermaßen gut zu erkennen. Colpen äquatorial meist einfach, seltener s-förmig verengt, selten unverengt und mit äquatorial aufgelösten Intercolpium-Rändern, terminal oft in unregelmäßiger Weise verbreitert oder verengt.

Menyanthes trifoliata L. (4)
35,4-57,0 μm, MiW 44,0 μm; 50 PK, 0a

20.4 *Agrimonia*-Typ
(Tafel 53: 9-13)

PK prolat bis perprolat (prolat bes. bei *Agrimonia odorata*), PFormI 1,4-2,2, Polarfelder mittelgroß. Exine 2,0-3,2(4,0) μm dick. Tectum (0,8-1,2 μm) dicker als die Endexine (0,8-1,0 μm) oder gleich dick, selten etwas dünner. Columellae-Schicht deutlich, Columellae sehr dünn, eng und einzeln stehend, gelegentlich auch in Gruppen. Colpen einfach oder s-förmig durch äquatorial stark vorspringende Intercolpium-Ränder verengt, meist mit Opercula. Wenn die Colpen unverengt sind, dann sind die Opercula äquatorial stark verdickt. Im Bereich einer äquatorialen Colpus-Verengung fehlt die Endexine und, von hier ausgehend, auch in einer meist unregelmäßig begrenzten, oft in der Mitte der Intercolpien unterbrochenen tranversalen Zone ähnlich einem Colpus transversalis. Die Endexine ist im Bereich der Querwülste oft in zwei Lamellen aufgespalten, von denen die äußere ± parallel zu den Fältelungen des Tectums verläuft. Das Tectum ist mit transversalen, oft undeutlichen, aber im optischen Schnitt gut erkennbaren Valla versehen. Die striate Skulpturierung ist im Äquatorialbereich und in der Nähe der Colpus-Verengungen erkennbar, polar und subpolar fehlt sie oder ist sehr schwach ausgebildet.

Agrimonia eupatoria L. (3)
40,5-57,0 μm, MiW 49,6 μm; 50 PK, 0a

Agrimonia pilosa LEDEB. (2)
42,8-56,0 μm, MiW 50,8 μm; 50 PK, 0a

Agrimonia odorata (G.) MILL. (2)
53,0-67,8 μm, MiW 61,9 μm; 50 PK, 0a

Aremonia agrimonoides (L.) DC (2)
37,5-50,5 μm, MiW 44,7 μm; 50 PK, 0a

20.5 *Potentilla*-Typ
(Tafel 54: 1-6, Abb. 27)

Zu dem *Potentilla*-Typ gehören die PK der Gattungen *Potentilla* und *Fragaria*.

PK sphäroidisch bis prolat, in Äquatorialansicht ellpitisch, PFormI 0,91-1,59. Polarfelder klein bis mittelgroß (PFeldI 0,17-0,50). Exine 1,1-1,2 µm dick, striat. Valla gut erkennbar. Columellae-Schicht deutlich, Tectum meist dicker als die Endexine oder gleich dick.

Normal ausgebildete PK vom *Potentilla*-Typ besitzen Opercula, die oft am besten in Polaransicht (optischer Schnitt) zu erkennen sind. Auf den Intercolpien (und auch auf den Opercula, sofern diese genügend breit sind) verlaufen die Valla meridional, gelegentlich auch schräg, gebogen oder transversal. Die Valla können im spitzen Winkel verzweigt sein. Wie bei den meisten Rosaceae-PK ist die Endexine im Äquatorialbereich der Colpen aufgerissen oder fehlt in einem ± unregelmäßig begrenzten Bereich. Häufig ist das infolge der darüberliegenden Aufwölbungen bzw. Verdickungen der Ektexine schwer zu erkennen. Diese vesicula-artigen Aufwölbungen, die z.B. auch für den *Sanguisorba minor*-Typ charakteristisch sind (S. 130, Abb. 28), beschränken sich bei dem *Potentilla*-Typ nicht ausschließlich auf den Äquatorialbereich, sondern können gelegentlich entlang der Colpen ziemlich weit auf den subäquatorialen Bereich übergreifen und sich sogar bis in die Nähe der Colpus-Enden erstrecken. Die Polaransicht zeigt im optischen Schnitt meist sehr gut, wie stark Opercula und Intercolpium-Ränder zu Vesiculae umgebildet sind. Ultradünnschnitte durch die PK von *Potentilla erecta* ergaben für die Vesiculae einen ganz ähnlichen Aufbau, wie er für *Sanguisorba minor* bereits beschrieben wurde. Der Längsschnitt entlang einer Colpus-Mediane läßt erkennen, daß im Operculum die Columellae-Schicht reduziert ist oder ganz fehlt (Abb. 27 oben und unten links). In dem unmittelbar äquatorialen Bereich fehlt auch die Endexine. Dasselbe erkennt man unter den Vesiculae bei einem genau geführten Querschnitt durch den Äquatorialbereich. Die Vesiculae der Intercolpium-Ränder und des dazwischen befindlichen Operculum liegen oft sehr dicht beieinander (Abb. 27 unten rechts). Bei entsprechenden Schnitten durch die Exine von *Sanguisorba minor* erkennt man, daß die Vesiculae der Intercolpium-Ränder viel niedriger sind als die der Opercula. Auch ist hier im Gegensatz zu dem *Potentilla*-Typ die Ektexine der Intercolpium-Ränder nicht völlig von der Endexine abgelöst.

Das Vorkommen von jeweils drei nebeneinanderliegenden vesicula-artigen Aufwölbungen im äquatorialen Colpus-Bereich ist zusammen mit dem Besitz von Opercula das charakteristische Merkmal des *Potentilla*-Typs. Die Vesiculae erstrecken sich meist weit über einen poroiden Bereich – soweit vorhanden – hinaus.

Abweichungen in der Ausbildung der Vesiculae waren bei dem untersuchten Material nicht selten genug, um hier übergangen zu werden. So können Vesiculae reduziert sein, nur an den Colpus-Rändern oder nur auf den Opercula entwickelt sein. Auch asymmetrische Bildungen kommen vor. An ein und demselben PK ist gelegentlich jeder der drei Colpen unterschiedlich ausgestattet. Sind bei einem PK nur die Intercolpium-Ränder vesiculat ausgebildet oder auch diese nicht, so besteht die Möglichkeit einer Verwechslung mit PK von *Rosa* (S. 273). Dem *Geum*-Typ fehlen im Gegensatz zu dem *Potentilla*-Typ die Opercula. Sofern bei dem *Potentilla*-Typ bei schlecht ausgebildeten PK oder bei PK mit stark eingekrümmten Intercolpium-Rändern die Opercula nicht erkennbar sind, führt die Bestimmung zwangsläufig zu dem *Geum*-Typ (S. 278).

Bei dem untersuchten Material waren alle PK durchweg sehr gut ausgebildet. Extrem mißgebildete PK gab es nur bei der wahrscheinlich hybridogenen Art *Potentilla anglica* (*P. erecta* × *P. reptans*).

Fragaria moschata (DUCHESNE) WESTON (2)
22,0-30,0 µm, MiW 25,6 µm; 50 PK, 0a

Potentilla anglica LAICHARD. (1)
29,0-46,2 µm, MiW 38,0 µm; 50 PK, 0a

Fragaria vesca L. (4)
16,8-28,0 µm, MiW 23,0 µm; 50 PK, 0a

Potentilla anserina L. (4)
24,3-28,0 µm, MiW 26,4 µm; 50 PK, 0a

Fragaria viridis (DUCHESNE) WESTON (3)
18,5-26,5 µm, MiW 21,7 µm; 50 PK, 0a

Potentilla argentea L. (2)
23,3-29,3 µm, MiW 27,0 µm; 50 PK, 0a

Potentilla alba L. (3)
25,0-33,8 µm, MiW 29,6 µm; 50 PK, 0a

Potentilla aurea L. (2)
21,5-26,4 µm, MiW 22,7 µm; 50 PK, 0a

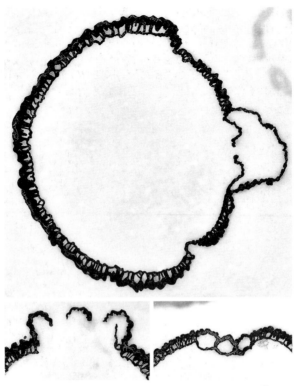

Abb. 27. *Potentilla erecta.* Oben Längsschnit durch ein Operculum. Unten links: Äquatorialer Querschnitt durch den poroiden Bereich (zentral). Unten rechts: Querschnitt durch den oberen Rand des poroiden Bereiches. Nach Ultramikrotomschnitten.

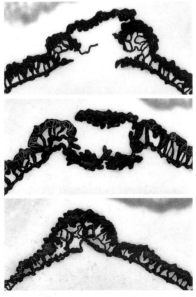

Abb. 28. *Sanguisorba minor.* Oben und Mitte: Äquatoriale Querschnitte durch den poroiden Bereich. Unten: Längsschnitt durch den äquatorial wulstig erweiterten Bereich des Intercolpium-Randes. Nach Ultramikrotomschnitten.

Potentilla brauneana HOPPE (1)
15,8-26,4 µm, MiW 18,1 µm; 50 PK, 0a

Potentilla caulescens L. (1)
21,5-26,4 µm, MiW 23,4 µm; 50 PK, 0a

Potentilla chrysantha TREV. (1)
19,1-24,1 µm, MiW 21,2 µm; 50 PK, 0a

Potentilla clusiana JACQ. (1)
21,5-29,0 µm, MiW 24,4 µm; 50 PK, 0a

Potentilla collina WIBLE (1)
19,8-24,1 µm, MiW 21,5 µm; 50 PK, 0a

Potentilla crantzii (CRANTZ) BECK (3)
22,8-27,8 µm, MiW 25,4 µm; 50 PK, 0a

Potentilla erecta (L.) RAEUSCH (2)
25,5-34,5 µm, MiW 29,5 µm; 50 PK, 0a

Potentilla frigida VILL. (1)
18,8-28,1 µm, MiW 22,2 µm; 50 PK, 0a

Potentilla fruticosa L. (1)
16,5-22,1 µm, MiW 18,3 µm; 61 PK, 0a

Potentilla grammopetala MORETTI (1)
21,5-28,1 µm, MiW 25,0 µm; 50 PK, 0a

Potentilla grandiflora L. (1)
21,5-28,1 µm, MiW 23,7 µm; 50 PK, 0a

Potentilla heptaphylla L. (1)
18,8-24,8 µm, MiW 21,6 µm; 50 PK, 0a

Potentilla hirta L. (1)
17,5-22,1 µm, MiW 19,6 µm; 50 PK, 0a

Potentilla hyparctica MALTE (1)
21,5-29,7 µm, MiW 26,4 µm; 50 PK, 0a

Potentilla inclinata VILL. (2)
25,0-32,0 µm, MiW 28,9 µm; 50 PK, 0a

Potentilla intermedia L. (1)
21,5-37,8 µm, MiW 27,8 µm; 50 PK, 0a

Potentilla micrantha RAMOND (1)
16,5-21,5 µm, MiW 19,0 µm; 50 PK, 0a

Potentilla multifida L. (1)
19,7-28,1 µm, MiW 22,5 µm; 50 PK, 0a

Potentilla nitida L. (1)
26,4-36,3 µm, MiW 29,6 µm; 50 PK, 0a

Potentilla norvegica L. (2)
27,6-35,5 µm, MiW 31,6 µm; 50 PK, 0a

Potentilla nivea L. (1)
21,5-31,4 µm, MiW 24,9 µm; 50 PK, 0a

Potentilla palustis (L.) SCOP. (4)
23,5-33,3 µm, MiW 28,6 µm; 50 PK, 0a

Potentilla patula WALDST. & KIT. (1)
18,2-26,4 µm, MiW 21,7 µm; 52 PK, 0a

Potentilla pensylvanica L. (1)
19,1-27,1 µm, MiW 22,9 µm; 50 PK, 0a

Potentilla recta L. (2)
23,0-35,0 µm, MiW 28,0 µm; 51 PK, 0a

Potentilla reptans L. (3)
21,8-28,8 µm, MiW 24,2 µm; 52 PK, 1a

Potentilla rupestris L. (3)
25,5-32,5 µm, MiW 28,5 µm; 50 PK, 0a

Potentilla sterilis (L.) GARCKE (3)
25,0-34,0 µm, MiW 28,7 µm; 50 PK, 0a

Potentilla supina L. (1)
18,2-23,8 µm, MiW 21,3 µm; 50 PK, 0a

Potentilla verna L. (4)
24,8-33,0 µm, MiW 29,4 µm; 50 PK, 0a

Non vidi: *Potentilla incana* P. GAERTN., M. MEY & SCHERB.

20.6 *Rosa*
(Tafel 54: 7-17)

PK sphäroidisch bis schwach prolat, PFormI 1,00-1,51. Polarfelder klein bis mittelgroß (PFeldI 0,18-0,42). Exine 1,0-3,0 µm dick, striat. Tectum meist dicker als die Endexine oder gleich dick. Die schmalen Valla sind meist sehr lang und verlaufen mit geringen Abständen voneinander und ± bogig über die Intercolpien. Columellae dünn. Viele *Rosa*-Arten, vor allem die der *Canina*-Gruppe, haben nur einen geringen Prozentsatz gut entwickelter PK.

Wichtige Erkennungsmerkmale der PK von *Rosa* sind die Opercula, die äquatorial niemals so verdickt sind wie bei dem *Potentilla*-Typ. Auch ist das Tectum hier von der Endexine nicht oder kaum abgelöst, wie das bei dem *Potentilla*-Typ der Fall ist. Die Opercula sind nicht in allen Fällen leicht zu erkennen, da sie vielfach sehr schmal, niedrig und dadurch sehr unauffällig und kontrastarm sind. Tectum und Endexine sind an den äquatorialen Intercolpium-Rändern (vielleicht auch im Äquatorialbereich der Opercula) oft etwas voneinander abgelöst, wenn es auch niemals zu Vesicula-Bildungen wie bei dem *Potentilla*-Typ kommt. In der Endexine liegt im Äquatorialbereich der Colpen wie bei dem *Potentilla*-Typ eine poroide Situation vor.

Schwierigkeiten bereitet die Bestimmung, wenn die striate Skulpturierung reduziert ist, und somit scabrate PK vorliegen.

Rosa agrestis Savi (1)
22,4-35,6 μm, MiW 29,0 μm; 50 PK, 0a

Rosa arvensis Huds. (4)
26,5-32,4 μm, MiW 29,3 μm; 50 PK, 0a

Rosa caesia Sm. (1)
23,8-43,6 μm, MiW 29,0 μm; 50 PK, 0a

Rosa canina L. (3)
30,5-40,5 μm, MiW 34,5 μm; 50 PK, 0a

Rosa majalis Herrm. (3)
25,3-32,5 μm, MiW 28,8 μm; 50 PK, 0a

Rosa elliptica Tausch (1)
23,1-33,0 μm, MiW 27,9 μm; 50 PK, 0a

Rosa gallica L. (1)
28,1-38,6 μm, MiW 33,5 μm; 50 PK, 0a

Rosa jundzillii Besser (2)
21,5-40,3 μm, MiW 34,7 μm; 50 PK, 0a

Rosa micrantha Mill. (1)
21,5-45,5 μm, MiW 30,1 μm; 50 PK, 0a

Rosa montana Chaix. (1)
26,4-50,2 μm, MiW 36,9 μm; 54 PK, 0a

Rosa pendulina L. (1)
24,8-42,2 μm, MiW 31,0 μm; 50 PK, 0a

Rosa rubigenosa L. (2)
27,5-42,3 μm, MiW 34,9 μm; 50 PK, 0a

Rosa glauca Pourret (1)
26,4-36,2 μm, MiW 28,2 μm; 50 PK, 0a

Rosa obtusifolia Desv. (1)
21,8-36,3 μm, MiW 28,3 μm; 50 PK, 0a

Rosa sempervirens L. (1)
28,1-38,3 μm, MiW 32,3 μm; 50 PK, 0a

Rosa sherardii Davies (1)
20,5-43,9 μm, MiW 29,2 μm; 50 PK, 0a

Rosa spinosissima L. (5)
28,3-38,5 μm, MiW 33,7 μm; 50 PK, 0a

Rosa stylosa Desv. (1)
29,0-38,0 μm, MiW 31,5 μm; 50 PK, 0a

Rosa tomentosa Sm. (2)
22,4-33,0 μm, MiW 27,0 μm; 50 PK, 0a

Rosa villosa L. (1)
24,8-33,0 μm, MiW 27,8 μm; 50 PK, 0a

20.7 *Lomatogonium*
(Tafel 54: 18-21)

PK sphäroidisch, im Umriß ± rhomboidisch, tricolpat. Exine 3,5-4,5 μm dick, striat-reticulat, Brochi bis wenig über 1,0 μm groß. Valla meist ziemlich kontrastarm, vorwiegend meridional angeordnet. Columellae kontrastreich, bis 1,0 μm dick und 1,4-2,4 μm lang. Endexine dicker als das Tectum. Intercolpium-Ränder außerhalb des Äquatorialbereiches eingekrümmt.

Lomatogonium carinthiacum (Wulf.) Rchb. (2)
28,8-35,3 μm, MiW 29,5 μm; 50 PK, 0a

Lomatogonium rotatum (L.) Fries (1)
27,0-33,5 μm, MiW 30,1 μm; 50 PK, 0a

20.8 *Atropa bella-donna*
(Tafel 55: 1-9)

PK striat, sphäroidisch, PFormI 1,08-1,24, in Äquatorialansicht rhomboidisch. Polarfelder klein (PFeldI 0,11-0,14). Skulpturierung kontrastreich. Exine striat-microreticulat, 1,4-1,8 μm dick, Endexine 0,8 μm dick. Valla meridional angeordnet, außerhalb der Polarbereiche lang, gabelig verzweigt und mit Querverbindungen. Tectum zwischen den Valla mit bis zu 0,5 μm großen Perforationen bzw. Microbrochi. Im Polarbereich sind die Valla kurz, und dadurch entstehen infolge der Querverbindungen reticulate bzw. microreticulate Verhältnisse. Die Valla sind vielfach unterbrochen, relativ kurze Valla

▷

Tafel 54

1-6 *Potentilla rupestris*, **7-12** *Rosa pimpinellifolia* (8 Phako), **13-17** *Rosa arvensis*, **18-21** *Lomatogonium carinthiacum*, **22-26** *Nicotiana tabacum* (23, 24 Phako). – Vergrößerungen 1000fach.

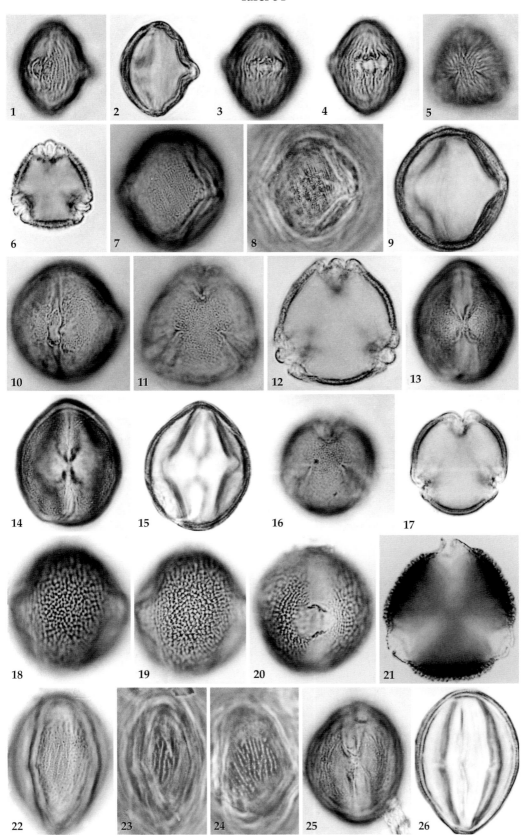

sind neben langen für das Bild der Skulpturierung charakteristisch. Abstände der Valla (von Mittellinie zu Mittellinie gemessen) meist 1,0-1,3(1,5) µm, Zwischenräume zwischen den Valla ca. 0,5 µm. Colpen äquatorial einfach verengt, selten unverengt, gelegentlich mit einer undeutlich bis schwach begrenzten poroiden Struktur oder mit spaltartigen Colpi transversales.

Die sehr ähnlichen PK von *Hyoscyamus albus* besitzen deutliche und lange Colpi transversales (S. 256). Ähnlichkeiten bestehen auch mit den PK von *Cneorum tricoccon* (S. 264). Es gibt auch bei *Atropa* einzelne PK, die typische Merkmale von *Cneorum* zeigen (striate Skulpturierung mit lang durchlaufenden Valla und einigermaßen kontrastreichen Poren). Hier kann nur noch die bei *Atropa* dünnere Endexine zur Bestimmung herangezogen werden.

Atropa bella-donna L. (2)
42,0-50,0 µm, MiW 45,8 µm; 50 PK, 0a

20.9 *Nicotiana*
(Tafel 54: 22-26)

PK in Äquatorialansicht elliptisch, kugelig oder rhomboidisch, sphäroidisch bis prolat, PFormI 1,04-1,39. Polarfelder klein (PFeldI 0,14-0,24). Exine 2,0 µm, Endexine 0,9-1,0 µm dick, dicker als das Tectum. Skulpturierung striat-microreticulat, kontrastschwach, meist erst im Phasenkontrastbild deutlich. Valla meist meridional angeordnet, vereinzelt ohne vorherrschende Ordnung, bis 1 µm breit, Zwischenräume zwischen den Valla um 0,7 µm. Perforationen bzw. Microbrochi sehr klein, meist etwa 0,5 µm groß. Valla meist relativ kurz. Colpen äquatorial meist einfach oder s-förmig verengt, auch mit schmalem Querspalt oder kontrastschwacher rundlicher Pore, die transversal etwas auf die Intercolpium-Ränder übergreifen kann. Der Äquatorialbereich der Colpen ist sehr variabel ausgebildet.

Nicotiana rustica L. (2)
31,2-42,8 µm, MiW 36,6 µm; 50 PK, 0a

Nicotiana tabacum L. (2)
28,0-40,3 µm, MiW 36,5 µm; 50 PK, 0a

20.10 *Aruncus*-Typ
(Tafel 55: 10-14)

Umfaßt die Gattungen *Aruncus* und *Spiraea*.

PK sphäroidisch, kugelig, nur 11-21 µm groß, PFormI 0,95-1,04. Polarfelder klein (PFeldI 0,14-0,19). Exine 0,6-1,1 µm dick, striat, striat-microreticulat oder Tectum zwischen den Valla mit Perforationen. Endexine deutlich dicker als das Tectum. Columellae-Schicht vorhanden, aber schwer erkennbar. Die Valla verlaufen meistens ± meridonal, doch gibt es auch schräg oder transversal gerichtete Scharen von Valla. Benachbarte Valla verlaufen nicht streng parallel, sondern etwas geschlängelt, so daß die Zwischenräume bald breiter, bald schmäler sind. Colpen (ob gelegentlich mit Opercula?) äquatorial verengt. Diese Verengung ist auf den unmittelbaren Äquatorialbereich beschränkt. Die Endexine kann hier einen Spalt oder eine andere poroide Struktur besitzen. Die sehr kleinen Lappen der Intercolpium-Ränder, die die äquatoriale Verengung hervorrufen, können durch Ablösung der Endexine von der Ektexine (am besten in Polaransicht zu erkennen) vesiculum-artig ausgebildet sein.

Aruncus dioicus (WALTER) FERNALD (4)
11,9-15,9 µm, MiW 13,9 µm; 56 PK, 0a

Spiraea decumbens KOCH (1)
14,5-18,5 µm, MiW 15,9 µm; 55 PK, 0a

Spiraea cana WALDST. & KIT. (1)
13,2-17,2 µm, MiW 15,6 µm; 59 PK, 0a

Spiraea media F. SCHMIDT (1)
14,9-18,8 µm, MiW 16,0 µm; 56 PK, 0a

▷

Tafel 55

1-9 *Atropa bella-donna* (3 Phako), **10-12** *Aruncus sylvester*, **13-14** *Spiraea ulmifolia*, **15** *Geum rivale*, **16-20** *Geum reptans*. – Vergrößerungen: 1-2, 4-20 1000fach, 3 1500fach.

Tafel 55

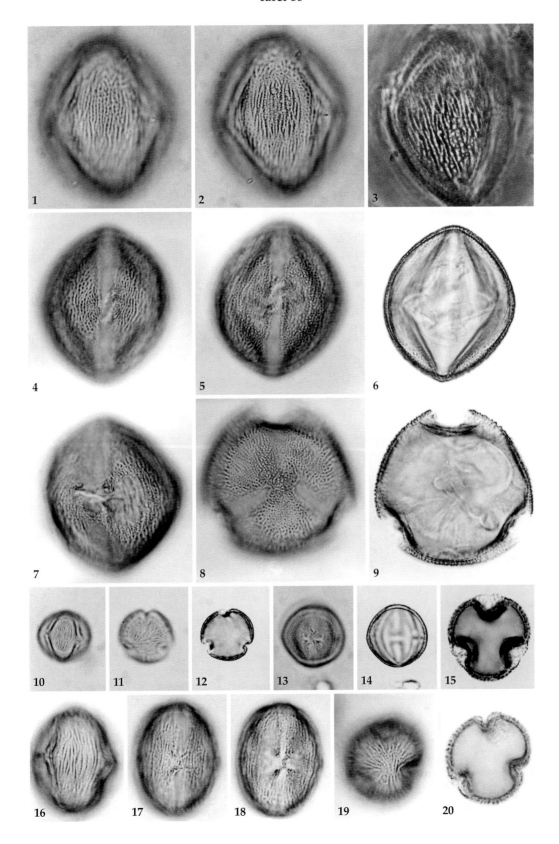

Spiraea billardii HÉRINCQ (2)
15,5-21,0 µm, MiW 18,8 µm; 50 PK, 0a

Spiraea chamaedryfolia L. (1)
15,5-20,1 µm, MiW 18,1 µm; 55 PK, 0a

Angeschlossen werden kann die nordamerikanische Gattung *Physocarpus*, deren PK allerdings größer als die der mitteleuropäischen Arten des *Arcuncus*-Typs sind.

Physocarpus opulifolia (L.) MAXIM (1)
21,5-29,7 µm, MiW 26,5 µm; 50 PK, 0a

20.11 *Geum*-Typ
(Tafel 55: 15-20)

Umfaßt die Gattungen *Geum*, *Sibbaldia* und *Waldsteinia*.

PK sphäroidisch, PFormI 1,02-1,33. Polarfelder klein bis mittelgroß (PFeldI 0,19-0,35). Exine 1,0-1,8 µm dick, deutlich striat. Endexine meist dünner als Tectum und Valla zusammen. Die Valla sind relativ breit, aber kontrastschwach und verlaufen meist meridional, können aber auch scharenweise ihre Richtung ändern. Selten verlaufen sie schräg oder transversal. Die Valla sind sehr lang. Einzelne Skulpturelemente lassen sich z.B. bei *Geum rivale* über die ganze Länge eines Intercolpiums verfolgen. Verzweigungen treten nur unter sehr spitzen Winkeln auf. Bei einigen *Geum*-Arten verlaufen die Valla in relativ großen Abständen voneinander.

Die Colpen werden äquatorial durch vorspringende Lappen der Intercolpium-Ränder verengt. Bei *G. rivale* haben diese Lappen eine fast rechteckige Form. Sie liegen einander genau gegenüber und bilden fast eine Brücke, in deren Mitte der Colpus als schmaler, geschlängelter Spalt verläuft. Gleiche Verhältnisse wurden gelegentlich auch bei *G. urbanum*, *G. hispidum*, *G. aleppicum* und *Waldsteinia ternata* beobachtet. Bei der Mehrzahl dieser Arten sowie bei *G. montanum*, *G. reptans* und *Waldsteinia ternata* treten s-förmige Colpus-Verengungen infolge dreieckiger, seitlich gegeneinander versetzter Lappen der Intercolpium-Ränder auf. Diese Lappen sind z.T. wie bei dem *Potentilla*-Typ strukturiert (S. 271). Der *Geum*-Typ unterscheidet sich von dem *Potentilla*-Typ nur dadurch, daß es keine Opercula gibt.

Geum aleppicum JACQ. (2)
21,3-33,0 µm, MiW 27,4 µm; 50 PK, 0a

Geum rivale L. (3)
23,1-32,3 µm, MiW 30,8 µm; 50 PK, 0a

Geum hispidum FRIES (1)
20,8-27,1 µm, MiW 23,3 µm; 50 PK, 0a

Geum urbanum L. (2)
19,8-24,8 µm, MiW 20,8 µm; 50 PK, 0a

Geum montanum L. (3)
21,5-31,4 µm, MiW 26,2 µm; 50 PK, 0a

Sibbaldia procumbens L. (3)
19,8-26,5 µm, MiW 23,2 µm; 50 PK, 0a

Geum reptans L. (2)
27,3-35,0 µm, MiW 31,1 µm; 52 PK, 0a

Waldsteinia ternata (STEPHAN) FRITSCHE (1)
29,0-39,6 µm, MiW 32,2 µm; 50 PK, 0a

20.12 *Sorbus*-Gruppe
(Tafel 56-57, Tafel 58: 1-5)

In der *Sorbus*-Gruppe werden 13 Gattungen der Rosaceae mit stark variablen Merkmalen und *Lycium* zusammengefaßt. Die striate Skulpturierung kann kontrastreich oder kontrastschwach sein. Die Valla können lang oder kurz, gerade oder gebogen, vorwiegend parallel angeordnet oder nahezu rugulat orientiert sein. Man kann dabei zwischen Pollenformen mit und ohne Perforationen zwischen den Valla unterscheiden. Ausgeprägt perforierte PK können u.U. als striat-mircroreticulat angesprochen

▷

Tafel 56

1-10 *Prunus padus* (9, 10 Phako), **11** *Prunus avium* (Phako), **12-13** *Prunus domestica* (13 Phako), **14-17** *Prunus mahaleb* (15, 17 Phako), **18-23** *Prunus dulcis* (19 Phako). – Vergrößerungen 1000fach.

Tafel 56

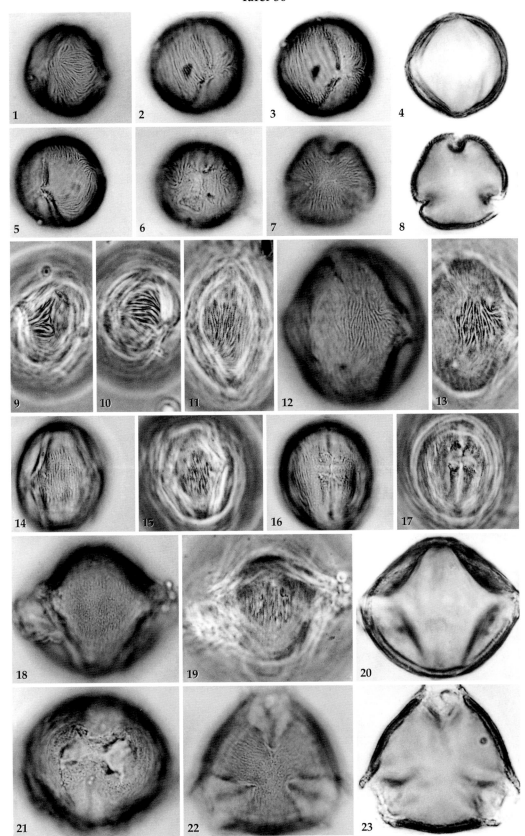

werden. Die Problematik einer näheren Bestimmung innerhalb der *Sorbus*-Gruppe liegt auch darin begründet, daß die striate Skulpturierung (meist in Fällen mit ohnehin kontrastschwacher Skulpturierung) fehlen kann. In ein und derselben Herkunft können schwach skulpturierte und nicht skulpturierte, d.h. scabrate bzw. psilate neben schwach striaten PK nebeneinander auftreten. Psilat-scabrate PK aus der *Sorbus*-Gruppe werden unter der Bezeichnung »Rosaceae indet.« zusammengefaßt.

Am Beispiel von *Mespilus*, bei dem bei der lichtmikroskopischen Untersuchung PK mit und ohne Perforationen gefunden wurden, läßt sich die Problematik und damit der vermutlich geringe paläo-ökologische Wert einer Aufteilung der *Sorbus*-Gruppe exemplarisch beleuchten. In dieselbe Richtung deuten die elektronenoptischen Untersuchungen von BYATT (1976) an *Crataegus* und *Mespilus*. BYATT zog folgende Schlußfolgerung:

»Exine patterns varied from very strongly rugulate, striate without apparent perforations, to only weakly striate with frequent conspicuous perforations. Some species had very variable patterns, while othes appeared more uniform. However, the degree of diversity encountered suggested that the utmost caution is needed in drawing any definite taxonomic conclusions, and also in identifying fossil pollen.«

Wie weit das für alle in der *Sorbus*-Gruppe zusammengefaßten Arten gilt, müßte durch eine monographische Untersuchung geklärt werden. Weitergehende Bestimmungsmöglichkeiten könnten sich vorerst in der *Sorbus*-Gruppe nur dann ergeben, wenn man regional bestimmte Gattungen oder Arten mit Sicherheit ausschließen kann – ein allerdings problematisches Unterfangen.

Im wesentlichen zeichnen sich bei den Gattungen *Sorbus* und *Prunus* die PK von *Prunus* durch relativ kräftige Valla und das Fehlen von Perforationen aus, während die PK von *Sorbus* kontrastschwache Valla aufweisen, aber Perforationen zwischen den Valla besitzen. Genügend oft gibt es aber PK von Arten der Gattung *Sorbus*, bei denen die Perforationen fehlen und auch im Phasenkontrastbild nicht oder nicht eindeutig erkannt werden können.

Die Gestaltung der Äquatorialregion im Bereich der Colpen ist bei der *Sorbus*-Gruppe ebenfalls sehr variabel. Es kann sich um Unterbrechungen der Intercolpium-Ränder handeln (Risse und Verbiegungen), um einfache oder s-förmige Verengungen der Colpen oder um sehr kontrastschwache Poren. Dabei können die Verengungen der Colpen, wie häufig bei den Rosaceae, durch lappenartige Fortsätze der Intercolpium-Ränder bedingt sein. Bei *Sorbus* herrschen unregelmäßig geformte, an den Rändern unregelmäßig strahlig aufgerissene poroide Bereiche vor. Bei *Dryas* ist der Bereich der äquatorialen Veränderungen vergleichsweise klein.

Bei einigen Gattungen kommen anteilig besonders kleine Polarfelder vor. So beträgt der PFeldI bei *Dryas* 0,17-0,26, bei *Rubus* (ohne *R. arcticus*) 0,13-0,31 und bei *Lycium barbarum* 0,08-0,19. In Kombination mit der Größe der PK, der Sichtbarkeit der Valla und der Perforationen sind in Einzelfällen wahrscheinlich Bestimmungen möglich, die zu diesen Gattungen führen können.

Prunus (Tafel 56: 1-23), ***Amelanchier, Crataegus, Cydonia, Eriobotrya, Malus, Mespilus, Pyrus, Pyracantha.*** PK sphäroidisch, in Äquatorialansicht kugelig bis elliptisch, PFormI 0,77-1,34. Polarfelder klein bis mittelgroß (PFeldI 0,18-0,37). Endexine dicker als das Tectum bis gleich dick, selten dünner. Exine 2,0-3,0 μm dick, striat. Tectum zwischen den Valla ohne Perforationen. Perforationen meist höchstens im Polarbereich. Valla bei der Gattung *Prunus* allgemein kontrastreicher als bei *Sorbus* und *Cotoneaster* (Vergleichsmaterial heranziehen!), bei den anderen hier angeführten Gattungen so schwach wie bei *Sorbus* oder schwächer. Bei *Mespilus germanica* liegen striat-rugulate Verhältnisse mit relativ kurzen Valla vor. Hier können Perforationen vorhanden sein. Bei einer Herkunft waren die Valla reduziert, Perforationen dagegen vorhanden.

▷

Tafel 57

1-7 *Sorbus aucuparia* (2, 5-7 Phako), **8-10** *Sorbus latifolia*, **11-17** *Rubus saxatilis* (12 Phako), **18-21** *Rubus idaeus* (20 Phako), **22-30** *Dryas octopetala* (24, 29 Phako), **31-35** *Lycium barbarum* (32, 34 Phako). – Vergrößerungen 1000fach.

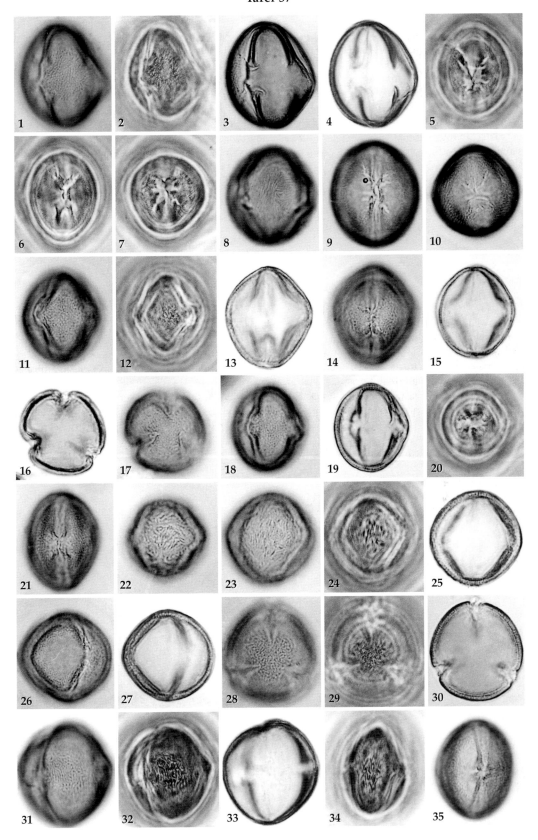

Da verschiedene Merkmale innerhalb der Gattung *Prunus* stark variieren können, soll zunächst auf die häufigsten mitteleuropäischen Arten eingegangen werden *(P. avium, P. padus, P. spinosa)*. Die Valla sind deutlich, am wenigsten noch bei *P. spinosa*. Die Valla sind nicht immer gleichmäßig verteilt, sondern treten oft zu zweit oder zu dritt dicht nebeneinander im engen parallelen Verbund auf (Zwei- bzw. Dreispurigkeit der Valla) und können von beträchtlicher Länge oder stark gebogen und dann kürzer sein. Auch die PK von *P. fruticosa* und *P. mahaleb* entsprechen diesen Angaben im Wesentlichen. Dasselbe gilt für *P. cerasus, P. domestica* inkl. *P. insititia* und für *P. cerasifera. P. tenella* und *P. dulcis* weichen durch ihre mehr kugelige Form und kleinen PFormI von den vorgenannten Arten ab. Die Skulpturierung ist jedoch wie dort ausgebildet, nur bei *P. dulcis* gibt es Perforationen auf den Polarbereichen.

Man muß immer mit einem Anteil abweichender PK rechnen. Es treten z.B. auch PK mit sehr kurzen Valla auf, oder die Valla sind zu rundlichen Gebilden abgewandelt. Hier mag es sich allerdings z.T. um Kümmerformen handeln.

Amelanchier ovalis MEDIK. (2)
21,1-30,7 µm, MiW 25,7 µm; 50 PK, 0a

Crataegus monogyna JACQ. (3) p.p.
29,5-41,5 µm, MiW 34,0 µm; 50 PK, 0a

Crataegus laevigata (POIR.) DC. (4) p.p.
29,4-42,2 µm, MiW 35,2 µm; 104 PK, 0a

Cydonia oblonga MILL. (2) p.p.
36,5-54,5 µm, MiW 45,1 µm; 50 PK, 0a

Eriobotrya japonica (THUNB.) LINDLEY (2)
21,1-29,0 µm, MiW 23,9 µm; 50 PK, 0a

Malus pumila MILL. (2)
25,7-33,0 µm, MiW 28,1 µm; 50 PK, 0a

Malus sylvestris MILL. (4)
21,5-29,7 µm, MiW 26,1 µm; 50 PK, 0a

Mespilus germanica L. (3)
34,8-53,5 µm, MiW 45,8 µm; 50 PK, 0a

Prunus dulcis (MILLER) D.A. WEBB (2)
31,0-51,8 µm, MiW 38,6 µm; 50 PK, 0a

Prunus avium L. (3)
31,5-43,5 µm, MiW 37,7 µm; 51 PK, 0a

Prunus cerasifera EHRH. (2)
28,5-43,3 µm, MiW 34,5 µm; 50 PK, 0a

Prunus cerasus L. (2)
31,3-49,5 µm, MiW 38,9 µm; 51 PK, 0a

Prunus domestica L. (2)
32,5-45,8 µm, MiW 39,0 µm; 50 PK, 0a

Prunus domestica L. subsp. *insititia* (L.) BONNIER & LAYENS (1)
39,6-56,1 µm, MiW 46,7 µm; 50 PK, 1a

Prunus fruticosa PALL. (2)
26,4-35,6 µm, MiW 30,1 µm; 50 PK, 0a

Prunus laurocerasus L. (1)
39,6-56,1 µm, MiW 41,3 µm; 50 PK, 0a

Prunus mahaleb L. (3)
26,3-39,8 µm, MiW 31,1 µm; 50 PK, 0a

Prunus persica (L.) BATSCH (1)
31,4-47,9 µm, MiW 37,0 µm; 50 PK, 0a

Prunus padus L. (4)
24,5-30,5 µm, MiW 27,6 µm; 55 PK, 0a

Prunus spinosa L. (3)
32,3-43,8 µm, MiW 36,8 µm; 50 PK, 0a

Prunus tenella BATSCH (2)
34,8-45,0 µm, MiW 40,0 µm; 50 PK, 0a

Pyracantha coccinea M.J. ROEMER (2)
25,5-38,0 µm, MiW 31,9 µm; 50 PK, 0a

Pyrus elaeagrifolia PALLAS (2)
21,5-37,0 µm, MiW 32,9 µm; 50 PK, 4a

Pyrus communis L. (5)
26,4-36,3 µm, MiW 30,4 µm; 50 PK, 0a

Non vidi: *Prunus armeniaca* L.

Sorbus (Tafel 57: 1-10), **Cotoneaster**. PK sphäroidisch bis prolat, PFormI 0,82-1,40. Polarfelder klein bis mittelgroß (PFeldI 0,18-0,34). Valla sehr kontrastarm, schmal und niedrig, mit unterschiedlicher Richtung. Die Valla müssen im Hellfeld wie im Phasenkontrastbild sorgfältig beurteilt werden. Sie sind manchmal schon andeutungsweise im Hellfeld, vielfach aber erst im Phasenkontrastbild und dann oft nur bei sorgfältiger Untersuchung erkennbar. Dasselbe gilt für die Perforationen zwischen den Valla. Die Exine ist 1,3-1,8 µm dick, die Endexine fast immer dicker als das Tectum. Äquatorial sind die Intercolpium-Ränder auf einer Länge von 8-12(15) µm aufgelöst, wellig verbogen, schmalrandig eingekrümmt, rissig unterbrochen oder mit längeren, oft strahlenförmig verlaufenden Rissen versehen. Die diesen Veränderungen unterworfenen äquatorialen Intercolpium-Ränder können etwas vorgewölbt sein (optischer Schnitt). Zwischen allen Formen der Ausbildung der äquatorialen Intercolpium-Ränder gibt es Übergänge.

Cotoneaster tomentosus LINDLEY (3)
28,1-42,3 µm, MiW 34,8 µm; 64 PK, 0a

Cotoneaster niger (THUNB.) FRIES (2)
27,4-36,3 µm, MiW 32,0 µm; 56 PK, 0a

Sorbus aria (L.) CRANTZ (4)
28,1-40,3 µm, MiW 32,9 µm; 50 PK, 0a

Sorbus aucuparia L. (8)
23,3-31,0 µm, MiW 28,1 µm; 50 PK, 0a

Sorbus chamaemespilus (L.) CRANTZ (2)
27,5-42,0 µm, MiW 33,8 µm; 50 PK, 0a

Sorbus domestica L. (2)
24,8-33,7 µm, MiW 29,6 µm; 50 PK, 0a

Sorbus intermedia (EHRH.) PERS. (2)
34,0-49,3 µm, MiW 41,3 µm; 50 PK, 0a

Sorbus latifolia (LAM.) PERS. (2)
25,4-33,0 µm, MiW 28,9 µm; 50 PK, 0a

Sorbus mougeotii SOY.-WILL. & GODR. (2)
26,4-38,9 µm, MiW 32,7 µm; 50 PK, 0a

Sorbus torminalis (L.) CRANTZ (3)
32,0-40,0 µm, MiW 35,3 µm; 50 PK, 0a

Rubus (Tafel 57: 11-21). PK meist sphäroidisch, PFormI 1,03-1,30. Endexine dicker als das Tectum. Valla und Perforationen sind sehr kontrastschwach, und sie sind selten im Hellfeld, sonst im Phasenkontrastbild oder nicht erkennbar. Valla und Perforationen sind am ehesten bei gut azetoly-sierten PK zu erkennen. Die Valla sind meist kurz, mit wechselnden Richtungen. Perforationen sind vereinzelt vorhanden. Colpen äquatorial einfach oder s-förmig verengt, daneben kommen auch PK mit vesicula-artig verdickten Intercolpium-Rändern vor. Insgesamt ergibt sich eine ähnliche Situation wie bei *Sorbus*. Die Polarfelder sind klein bis mittelgroß, selten groß (PFeldI 0,13-0,52). Am größten kann der PFeldI bei *R. arcticus* sein (0,26-0,42 oder mehr), während die bei anderen Arten gemessenen Werte zwischen 0,13 und 0,31 lagen.

Verschiedenen *Rubus*-Arten, insbes. aus der Gruppe von *R. fruticosus* s.l. haben viele mißgebildete oder schlecht entwickelte PK. *Rubus* wird in die *Sorbus*-Gruppe gestellt, da bei allen gut entwickelten PK Perforationen erkennbar sind und die Skulpturierung kontrastschwach ist. Nicht skulpturierte bzw. scabrat-psilate PK führen zu der Sammelgruppe Rosaceae indet.

Alle *Rubus*-Arten mit Ausnahme von *R. chamaemorus* (S. 214) gehören hierher.

Rubus arcticus L. (4)
15,5-23,1 µm, MiW 19,4 µm; 50 PK, 0a

Rubus candicans WEIHE. (1)
19,8-28,4 µm, MiW 24,2 µm; 50 PK, 0a

Rubus canescens DC. (1)
21,5-25,7 µm, MiW 23,1 µm; 50 PK, 0a

Rubus caesius L. (3)
22,4-28,1 µm, MiW 24,0 µm; 50 PK, 0a

Rubus hirtus WALDST. & KIT. (1)
24,8-31,7 µm, MiW 26,9 µm; 50 PK, 0a

Rubus idaeus L. (4)
22,4-27,1 µm, MiW 23,4 µm; 50 PK, 0a

Rubus saxatilis L. (2)
24,3-30,8 µm, MiW 27,1 µm; 50 PK, 0a

Rubus ulmifolius SCHOTT (1)
18,2-24,8 µm, MiW 20,6 µm; 50 PK, 0a

Dryas octopetala (Tafel 57: 22-30). PK sphäroidisch, PFormI 0,89-1,08. Aperturen ähnlich wie bei *Rubus*, die äquatoriale Verengung der Colpen ist aber schwächer und unauffälliger ausgebildet. Meist ist die Endexine besonders dünn (um 0,3 µm) und somit dünner als das Tectum. Die Valla sind meist deutlich, insbesondere sehr deutlich im Phasenkontrastbild, meist aber schon im Hellfeld bei hoher optischer Auflösung. Bei gut azetolysierten und nicht zu dünnwandigen PK sind die Perforationen im Gegensatz zu *Rubus* gut zu erkennen. Bei weiter auseinanderstehenden Valla können die Zwi-schenräume zwischen den Valla zweireihig mit Perforationen versehen sein. Die äquatorialen Verän-derungen der Intercolpium-Ränder sind vergleichsweise schwach. Die Intercolpium-Ränder sind unterbrochen, wellig gebogen, oder es gibt einfache Verengungen.

Dryas octopetala L. (7)
22,8-28,8 µm, MiW 26,0 µm; 50 PK, 0a

Rosaceae indet. Form und Aperturen wie bei *Prunus* und *Sorbus*, aber ohne erkennbare striate Skulpturierung und ohne Perforationen, d.h. PK psilat oder scabrat. Möglicherweise muß man damit rechnen, daß sowohl bei den hier genannten sowie bei den unter *Prunus* zusammengefaßten Arten die striate Skulpturierung extrem schwach oder im Lichtmikroskop nicht sichtbar sein kann. Bei 3 der nachstehend aufgeführten Arten waren in den untersuchten Herkünften viele nicht striate PK vorhanden. Bei denjenigen PK, bei denen Valla festgestellt wurden, waren diese so extrem schwach, so daß von einer fotografischen Wiedergabe abgesehen werden mußte.

Cotoneaster integerrimus MEDIK. (3)
30,0-41,8 µm, MiW 34,8 µm; 51 PK, 0a

Crataegus laevigata (POIR.) DC. (4) p.p.
29,4-42,2 µm, MiW 35,2 µm; 104 PK, 0a

Crataegus monogyna JACQ. (3) p.p.
29,5-41,5 µm, MiW 34,0 µm; 50 PK, 0a

Cydonia oblonga MILL. (2) p.p.
36,5-54,5 µm, MiW 45,1 µm; 50 PK, 0a

Lycium (Tafel 57: 31-35, Tafel 58: 1-5). PK in Äquatorialansicht meist elliptisch bis spindelförmig, PFormI 0,09-0,17. Polarfelder klein (PFeldI 0,08-0,19). Exine ca. 1,0-1,5 µm dick, striat. Perforationen zwischen den Valla fehlen meist. Endexine dicker als das Tectum. Valla breit, meistens meridional angeordnet, sonst ohne vorherrschende Ordnung. Colpen äquatorial meist einfach verengt, z.T. mit Querspalt.

Lycium barbarum L. (3)
24,8-31,5 µm, MiW 28,2 µm; 50 PK, 0a

Lycium chinense MILLER (1)
25,5-34,0 µm, MiW 30,3 µm; 50 PK, 0a

▷

Tafel 58

1-3 *Lycium barbarum* ff., **4-5** *Lycium chinense*, **6-10** *Sideritis montana*, **11-16** *Odontites lutea* (15 Phako), **17-19** *Onobrychis montana*, **20-22** *Hedysarum hedysaroides* (21 Phako), **23-26** *Acanthus longifolius*. – Vergrößerungen 1000fach.

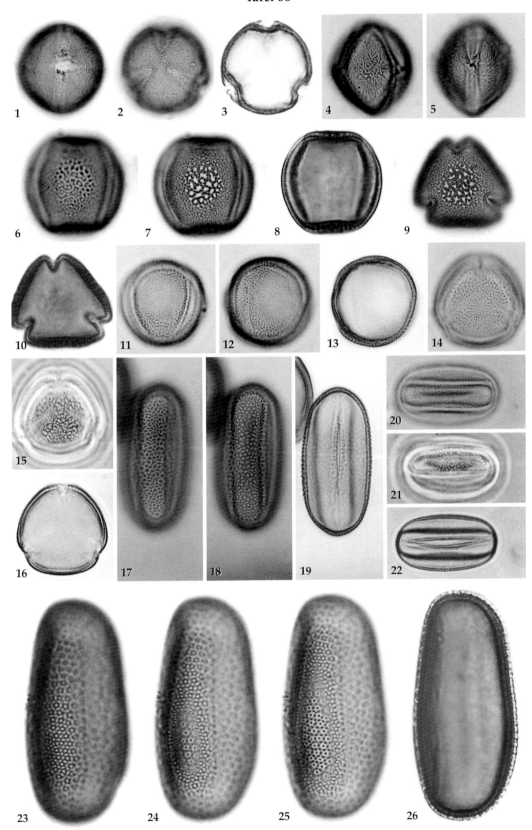

21. Tricolpatae
PK mit reticulaten (per- oder suprareticulaten) oder microreticulaten Skulpturen

Tricolpate PK

PK mit 3 Colpen, diese stets ohne zusätzliche, äquatoriale Aperturen weder in der Endexine bzw. in der Endexine und in der Columellae-Schicht noch in der Colpus-Membran. Intercolpium-Ränder glatt oder auf ihrer ganzen Länge, mindestens aber im Äquatorialbereich körnig aufgelöst. Bei PK mit sehr schwacher äquatorialer Unterbrechung der Intercolpium-Ränder oder mit angedeuteter Verengung der Colpen ist es ratsam, auch nach dem Bestimmungsschlüssel für tricolporoidate PK (S. 201) vorzugehen. Zu den tricolpaten PK gehören auch solche mit einem vorgezogenen Äquatorialbereich der Colpen, aber ohne eine Verengung der Colpi (z.B. *Fraxinus excelsior*).

Tricolporate PK .... S. 318

Colpen stets mit je einer deutlich, d.h. hinreichend kontrastreich begrenzten, runden, transversal oder meridional verlängerten Pore oder mit je einem Colpus transversalis oder einem Colpus equatorialis. Die Aperturen können durch Costae ganz oder teilweise eingerahmt sein. Die Poren erstrecken sich deutlich über die Colpus-Ränder hinaus. Colpi transversales sind gelegentlich spaltartig ausgebildet. Sind diese Spalten so kurz, daß sie nicht oder nur kaum über die Colpus-Ränder hinaus auf die Intercolpien übergreifen, so ist entweder nur oder auch der Bestimmungsschlüssel für tricolporoidate PK (S. 359) zu berücksichtigen.

Tricolporoidate PK .... S. 359

Colpen stets mit einer einfachen oder s-förmigen äquatorialen Verengung oder mit auffällig im Äquatorialbereich (u.U. bis in den subäquatorialen Bereich) aufgelösten, d.h. unterbrochenen Rändern der Intercolpien, niemals aber mit kontrastreichen runden Poren. Der äquatoriale Bereich einer Verengung ist oft vorgezogen. Auch PK mit sehr kurzen, spaltartigen Colpi transversales und solche mit einfacher oder s-förmiger äquatorialer Verengung der Colpen werden hier mit angeführt.

Besondere Bedingungen und Schwierigkeiten des Bestimmungsganges:
1. In vielen Fällen ist zur Beurteilung der reticulaten Skulpturierung der Einsatz einer Phasenkontrast-Optik mit hoher Auflösung und starker Vergrößerung erforderlich.
2. PK mit Tectum perforatum. Wegen verschiedener Fälle von Übergängen zwischen einem Tectum perforatum und einer microreticulaten Skulpturierung werden PK mit Tectum perforatum unter psilat und scabrat geführt.
3. Pollenformen mit körnig aufgelösten Colpus-Rändern und körnig bis schollig bekleideten Colpus-Membranen spielen im Bestimmungsgang eine wichtige Rolle. In Einzelfällen treten körnige Elemente oder Andeutungen eines fragmentierten Operculums auch bei anderen als den im Bestimmungsschlüssel unter den Nr. 10-18 aufgeführten Fällen auf. Andererseits kann dieses Merkmal durch Einbiegen der Colpus-Ränder auch unsichtbar werden. Das wurde im Bestimmungsschlüssel soweit möglich berücksichtigt.
4. Margo. Marginat sind die PK von *Salix* und *Tamarix*. Die Margo entzieht sich aber der Beobachtung, wenn die Colpus-Ränder stärker eingekrümmt sind. Darauf muß bei *Salix* und *Tamarix* einerseits (Margo vorhanden) und dem *Saxifraga stellaris*-Typ andererseits (Margo fehlt) geachtet werden.
5. Brassicaceae. Hier entstehen Schwierigkeiten wegen der großen Artenfülle und der vielen Übergänge in den einzelnen Merkmalen. Typische Merkmale sind ein kleines Polarfeld, deutliche Columellae und die auch im Äquatorialbereich parallel verlaufenden Intercolpium-Ränder. Beachtet werden muß die Abtrennung kleiner Pollenformen der Brassicaceae (z.B. *Descurainia*) gegenüber *Hottonia* durch die Dicke der Exine und die Abtrennung von Oleaceae (*Olea, Phillyrea*, ggf. auch *Fraxinus*), die größere Polarfelder besitzen.

6. Die Unterscheidung zwischen supra- und perreticulaten PK macht erfahrungsgemäß Schwierig-keiten und das besonders bei PK mit kleinen Brochi, so bei einem Teil der Lamiaceae (*Ballota*-Typ, S. 295). In dem Bestimmungsschlüssel wird deswegen die Unterscheidung zwischen einem suprareticulaten und einem perreticulaten Microreticulum so weit wie möglich vermieden.

7. Existenz, Größe und Sichtbarkeit der Columellae spielen bei der Bestimmung eine große Rolle. Mit Ausnahme des *Saxifraga stellaris*-Typs sind Columellae immer vorhanden, und die Columel-lae-Schicht ist immer im optischen Schnitt sichtbar. Entscheidend ist aber die Sichtbarkeit der Columellae in Aufsicht, ein Merkmal, das ggf. im Phasenkontrastbild geprüft werden muß.

8. Bei tricolporoidaten Pollenformen mit schwacher Ausbildung der poroiden Region kann es abweichend zu rein tricolpaten PK kommen. Das ist besonders bei den Fabaceae der Fall. Diese Ausnahmen lassen sich nicht verschlüsseln.

9. Einbezogen werden hier die retipilaten PK des *Callitriche palustris*-Typs, bei denen tricolpate PK mit meist breiten, kurzen und unregelmäßig geformten und begrenzten Colpen auftreten können.

1 Die reticulaten bzw. microreticulaten Skulpturierungen sind auf bestimmte Teile der PK be-schränkt 2

– PK gleichmäßig reticulat oder microreticulat skulpturiert (die Skulpturierung kann u.U. im Polarbereich etwas gröber sein oder die PK sind marginat) 4

2 PK oblat bis sphäroidisch, PFormI 0,70-0,83, in Polaransicht dreieckig; heteropolar: distale und proximale Seiten sind verschieden stark gewölbt (Tafel 13: 11-15) ...... *Comandra elegans* (S. 130)

– Wenn PK sphäroidisch, dann nicht heteropolar und PFormI über 0,85 3

3 PK nur auf je einen Bereich mit einem Durchmesser von 10 μm auf der Mitte der Intercolpien und auf den Polarfeldern reticulat (Tafel 58: 6-10) .... **21.1** *Sideritis montana* (S. 290)

– Intercolpien äquatorial mit einem ca. 10 μm großen kreisrunden, nicht skulpturierten Bereich. Exine außerhalb dieses Bereiches, d.h. besonders polar und subpolar, aber auch entlang der Colpen im Äquatorialbereich fein microreticulat (ggf. im Phasenkontrastbild beurteilen) (Tafel 58: 11-16) .... **21.2** *Odontites*-**Typ** (S. 291)

4 PK langgestreckt (prolat bis perprolat, PFormI 1,7-2,3), mit mehr oder weniger parallelen Seit-enrändern und abgerundeten Polen. Colpen lang und gerade, suprareticulat 5

– PK mit anderen Merkmalen, nicht langgestreckt mit parallelen Seitenrändern, perreticulat oder suprareticulat, sphäroidisch oder schwach prolat (PFormI nur bis ca. 1,45) 7

5 PK dickwandig, Exine 2,5-3,0 μm dick, Endexine mit 1,5-1,8 μm dicker als die Ektexine. Columel-lae in Aufsicht deutlich, netzig gestellt (Tafel 58: 23-26) .... **21.3** *Acanthus* (S. 291)

– Exine nur 1,0-1,7 μm dick, Endexine dünner als die Ektexine oder gleich dick, Columellae schwer erkennbar 6

6 PK 32-47 μm groß, Exine 1,4-1,7 μm dick, Brochi bis 2 μm groß (Tafel 58: 17-19) .... **21.4** *Onobrychis* (S. 291)

– PK 22-31 μm groß, Exine 1,0-1,2 μm dick, Brochi um 1 μm groß (Tafel 58: 20-22) .... **21.5** *Hedysarum hedysaroides* (S. 292)

7 Colpus-Membran körnig skulpturiert (oder mit Resten eines fragmentierten Operculums) oder außerdem Intercolpium-Ränder auf ganzer Länge oder nur im Äquatorialbereich körnig aufge-löst. Wenn Intercolpium-Ränder schwach körnig und PK in der Mitte der Intercolpien nicht skulpturiert, vergl. *Odontites*-Typ (S. 291). Bei retipilaten PK vergl. *Callitriche palustris*-Typ (S. 424) 8

– Intercolpium-Ränder glatt, Colpus-Membran nicht oder nicht auffällig skulpturiert 19

8 Brochi deutlich über 1 mm groß, Columellae deutlich erkennbar 9

– Brochi um 1 μm oder kleiner, Columellae vielfach sehr dünn, insbes. bei kleinen PK in Aufsicht auch im Phasenkontrastbild oft schwer oder nicht erkennbar 13

9   Polarfelder mittelgroß 10
–   Polarfelder klein (PFeldI ca. 0,1-0,2) 11

10   Endexine dünner als die Ektexine, (PFeldI ca. 0,3-0,4). Brochi maximal über 1 µm und bis 2,2 µm
     groß, Muri simplicolumellat (Tafel 59: 4-10) .... **21.6** *Oxalis stricta*-**Typ** (S. 292)
–   Endexine so dick wie oder dicker als die Ektexine (Tafel 59: 1-3) ... **21.7.** *Parrotia persica* (S. 292)

11   Brochi max. über 2,5 und bis 4,0 µm groß, Columellae deutlich, PK simplicolumellat, perreticulat,
     30-45 µm groß. Intercolpium-Ränder glatt, Colpus-Membranen deutlich und dicht skulpturiert
     (Tafel 59: 17-20, Tafel 60: 1-2) .... **21.8** *Helleborus viridis*-**Typ** (S. 292)
–   Brochi nur 1,0-2,5 µm groß 12

12   PK perreticulat, Muri relativ sehr breit (etwa so breit wie der Durchmesser der Lumina), stellenweise
     duplicolumellat (Tafel 59: 11-16) .... **21.9** *Glaucium* (S. 294)
–   PK suprareticulat, Tectum der Lumina microreticulat (Phasenkontrast!), Muri deutlich schmäler
     als der Durchmesser der Lumina (Tafel 60: 3-13) .... **21.10** *Galeopsis-Ballota*-**Gruppe** (S. 294)

13   Intercolpium-Ränder glatt, Colpen breit, Colpus-Membranen dicht körnig skulpturiert (wenn PK
     mit Tectum perforatum, vergl. *Helleborus niger*, S. 134) (Tafel 60: 24-28) ....
     .... **21.11** *Helleborus foetidus* (S. 296)
–   Intercolpium-Ränder mindestens im Äquatorialbereich, meistens aber auf ihrer ganzen Länge
     körnig-rissig aufgelöst (wenn PK mit Tectum perforatum und über 37 und bis ca. 50 µm, vergl.
     Oxalis acetosella, S. 145) 14

14   Intercolpium-Ränder nur im Äquatorialbereich körnig-rissig aufgelöst, Colpus-Membran vor
     allem hier körnig bis schollig bekleidet (Tafel 60: 14-17) .... **21.12** *Reseda* (S. 296)
–   Intercolpium-Ränder auf der ganzen Länge körnig oder körnig-rissig aufgelöst, Colpus-Membran
     körnig oder schollig bekleidet oder mit Resten eines fragmentierten Operculums 15

15   Polarfelder groß oder mittelgroß, Colpen eingesenkt, unregelmäßig geformt und sehr breit (Tafel
     60: 18-23) .... **21.13** *Platanus orientalis* (S. 296)
–   Polarfelder klein, Colpen nicht unregelmäßig geformt 16

16   PK sphäroidisch, PFormI 1,0-1,1, Exine 1,8-2,5 µm dick (Tafel 61: 6-11) ....
     .... **21.14** *Chelidonium majus* (S. 298)
–   PK sphäroidisch bis prolat, PFormI größer als 1,1 und bis 1,5 17

17   Columellae in Aufsicht mindestens im Phasenkontratsbild erkennbar. PK langgestreckt, polar
     spitz zulaufend, PFormI 1,2-1,5, Colpen schmal, Körnung der Colpus-Membranen gut erkennbar.
     Exine nur 1,5-1,8 µm dick (wenn Exine um 2 µm dick und PK unter 30 µm groß: vergl. auch *Reseda*,
     S. 296) (Tafel 61: 1-5) .... **21.15** *Epimedium alpinum* (S. 298)
–   Columellae in Aufsicht im Phasenkontrastbild höchstens nur vereinzelt erkennbar 18

18   Exine etwa 1,5-2 µm dick (Tafel 61: 12-17) .... **21.16** *Vitex agnus-castus* (S. 298)
–   Exine 1-1,5 µm dick. Colpus-Ränder meist nur spärlich körnig aufgelöst, Colpus-Membran mit
     Resten eines fragmentierten Operculums (Tafel 60: 3-13) ....
     .... **21.10** *Galeopsis-Ballota*-**Gruppe** (S. 294)

19   PK marginat (ggf. Pollenkörner in die dafür geeignete Lage bringen), microreticulat oder micro-
     reticulat und scabrat. Bei PK mit stark eingesenkten Colpen ist die Margo meist nicht erkennbar
     20
–   PK nicht marginat 21

20   PK sphäroidisch bis schwach prolat, Tectum dünner als oder höchstens so dick wie die Columel-
     lae-Schicht, Reticulum homobrochat. Columellae in Aufsicht gut erkennbar (Tafel 61: 18-25) ......
     .... **21.17** *Tamarix* (S. 298)

–   PK meist prolat, höchstens schwach sphäroidisch, Reticulum homobrochat oder heterobrochat, Columellae-Schicht dünner als das Tectum, Columellae daher in Aufsicht oft nicht oder nur vereinzelt erkennbar; gut erkennbar nur bei heterobrochater Ausbildung des Reticulums (Tafel 61: 26-32, Tafel 62: 1-3) ....**21.18** *Salix* (S. 300)

21 Muri breit, weitgehend duplicolumellat, Brochi bis 2 μm groß (Tafel 62: 4-11) ....**21.19** *Marrubium* (S. 301)

–   Columellae einreihig oder nicht erkennbar 22

22 PK dickwandig, Exine deutlich über 2 μm (bis um 10 μm dick) 23

–   Exine dünner, höchstens bis 2,2 μm dick 27

23 Muri dicht mit Clavae besetzt, Brochi 4-10 μm groß (Tafel 34: 18-21) .... *Geranium* (S. 211)

    Muri distal glatt, selten (Plumbaginaceae) scabrat oder(micro-)echinat 24

24 PK über (45)50 und bis 85 μm groß 25

–   PK kleiner 26

25 PK entweder mit über 10 μm großen Brochi, deren Muri mit 1-2 μm langen Echini besetzt sind oder mit 2-5 μm großen microechinaten oder scabraten Brochi; Exine mindestens 5 μm dick (Tafel 62: 15-19, Tafel 63: 1-8) .... **21.20 Plumbaginaceae** (S. 302)

–   Brochi nur 1,0-3,0 μm groß, Muri nicht microechinat oder scabrat (Tafel 65: 8-13) ....**21.21** *Jasminum fruticans* (S. 302)

26 PK ca. 30-40 μm groß, Exine über 3 μm (bis 4,5 μm) dick (Tafel 66: 1-6) ....**21.22** *Ligustrum*-Typ (S. 304)

–   PK nur ca. 24-31 μm groß, Exine um 3 μm, selten bis 3,2 μm dick (wenn Polarfelder klein vergl. Brassicaceae) (Tafel 66: 20-25) .... **21.23** *Olea europaea* (S. 304)

27 Columellae ausschließlich oder überwiegend unter den Muri (PK perreticulat oder Unterscheidung zwischen perreticulat und suprareticulat nicht möglich) oder Columellae in Aufsicht auch im Phasenkontrastbild nicht oder nur ganz vereinzelt erkennbar. Brochi kleiner oder größer als 1 μm. Hierher auch der retipilate *Callitriche palustris*-Typ 28

–   Columellae stehen auch unter den Lumina der Brochi in meist mehr oder weniger gleichmäßiger Verteilung (PK suprareticulat; Verteilung der Columellae ggf. im Phasenkontrastbild prüfen). Größe der Brochi bis 2 μm (Tafel 60: 3-13) .... **21.10** *Galeopsis-Ballota*-Gruppe (S. 294)

28 Columellae fehlen oder wenigstens in Aufsicht im Phasenkontrastbild nicht regelmäßig unter den Muri erkennbar 29

–   Columellae in Aufsicht meist schon im Hellfeld, wenigstens aber im Phasenkontrastbild deutlich und regelmäßig erkennbar (wenn Columellae nur im polaren und subpolaren Bereich vorhanden, vergl. Fabaceae p.p. S. 344) 33

29 PK sphäroidisch (vergl. auch die 21.10. *Galeopsis-Ballota*-Gruppe und 21.16. *Vitex agnus-castus*) .. 30

–   PK prolat 32

30 Polarfelder mittelgroß bis groß 35

–   Polarfelder klein 31

31 Exine bis 1(1,2) μm dick, Colpen oft mit schwacher äquatorialer Verengung oder Unterbrechung (Tafel 63: 9-15) ....**21.24** *Hottonia palustris* (S. 304)

–   Exine max. 1,5 μm dick, ohne äquatoriale Unterbrechung oder Verengung der Colpen (Tafel 65: 1-7) .... **Brassicaceae:** *Descurainia* (S. 308)

32 Columellae fehlen, PK polar oft zugespitzt (Tafel 62: 12-14) ....**21.25** *Saxifraga stellaris*-Typ (S. 306)

21.1 *Sideritis montana*
(Tafel 58: 6-10)

PK sphäroidisch mit abgeflachten Polen, in Äquatorialansicht gedrungen tonnenförmig (PFormI 0,8-1,1, meist 0,95-1,00). In Polaransicht dreieckig mit flachen bis schwach konkaven Intercolpien und eingebogenen Intercolpium-Rändern. Polarfelder groß (PFeldI um 0,5). PK mit je einem reticulaten, etwa 10 μm großen, etwas konkaven Bereich in der Mitte der Intercolpien und auf den Polarfeldern. Im Bereich der reticulaten Felder sind die Brochi bis 2 μm groß und unregelmäßig geformt, mit z.T. zweireihig gestellten Columellae. Am Rande der reticulaten Felder sind die Brochi kleiner (um 1 μm). Außerhalb der Felder ist die Exine fein microreticulat oder psilat. Die Exine ist im Bereich der reticulaten Felder bis 2,5 μm dick, außerhalb dieser Felder nimmt sie bis auf eine Dicke von ca. 1 μm ab.

Sideritis montana L. (3)
24,4-31,5 μm, MiW 28,4 μm; 50 PK, 0a

21.2 *Odontites*-Typ
(Tafel 58: 11-16)

PK sphäroidisch (PFormI 1,0-1,1, bei *O. litoralis* 0,8-1,3, bei *Tozzia alpina* 1,13-1,27), in Polaransicht dreieckig, mit langen schmalen, an ihren Rändern gelegentlich etwas körnig aufgelösten Colpen. Polarfelder klein (PFeldI 0,1-0,2). Exine ca. 1,5 µm dick, Endexine dünner als die Ektexine. Intercolpien mit je einem, ca. 10 µm großen, runden und nicht skulpturierten Bereich (Exine hier oft nur ca. 1 µm dick). Exine sonst (polar, subpolar und entlang der Colpus-Ränder) fein reticulat. Insoweit sind die PK denen von *Melampyrum* (S. 132) sehr ähnlich, die aber nur psilat skulpturiert sind.

Die typischen Merkmale von *Odontites* und *Tozzia* sind nicht immer leicht zu erkennen. Manche PK haben so kleine, nur im Phasenkontrastbild einigermaßen gut erkennbare Microbrochi, daß der Unterschied zwischen skulpturierten und nicht skulpturierten Bereichen gering erscheint. Am besten ist im Allgemeinen die microreticulate Skulpturierung auf dem Polarfeld zu erkennen (nötigenfalls im Phasenkontrastbild). Bei *O. litoralis* scheint nach dem vorliegenden Material überhaupt kein Unterschied mehr vorhanden zu sein.

Odontites vulgaris MOENCH (3)
22,5-30,5 µm, MiW 26,9 µm; 50 PK, 0a

Odontites litoralis (FR) FR. (1)
23,0-34,0 µm, MiW 28,1 µm; 50 PK, 0a

Odontites lutea (L.) CLAIRV. (3)
21,8-26,0 µm, MiW 24,1 µm; 50 PK, 0a

Odontites vernus (BELLARDI) DUM. (1)
27,5-35,5 µm, MiW 32,4 µm; 50 PK, 0a

Tozzia alpina L. (3)
23,3-27,5 µm, MiW 26,2 µm; 50 PK, 0a

21.3 *Acanthus*
(Tafel 58: 23-26)

PK prolat bis perprolat (PFormI 1,7-2,0), mit fast parallelen Seitenrändern und abgerundeten Polarbereichen. Colpen lang und schmal. Exine 2,5-3,0 µm, Endexine 1,5-1,8 µm dick. PK suprareticulat, Brochi 1,6-2,0 µm, vor allem durch die reticulate Anordnung der deutlich sichtbaren, etwa 0,6-0,7 µm dicken Columellae erkennbar. Die Brochi werden in der Regel von 6-7 Columellae begleitet; in der Mitte der Brochi stehen zusätzlich 1-2 Columellae. Identisch sind die PK von *A. balcanicus* HEYWOOD & I.B.F. RICHARDSON, *A longifolius* HOST. und *A. hirsutus* BOISS.

Acanthus mollis L. (2)
50,0-60,3 µm, MiW 55,1 µm; 50 PK, 0a

21.4 *Onobrychis*
(Tafel 58: 17-19)

PK prolat bis perprolat (PFormI 1,8-2,4), mit fast parallelen Seitenrändern und abgerundeten Polarbereichen. Colpen lang und schmal, mit nahezu parallelen Rändern. Colpus-Membranen scabrat bis verrucat skulpturiert. Exine ca. 1,4-1,7 µm dick, Endexine dünner als die Ektexine. PK suprareticulat mit großen Brochi (bis 2 µm) und beigemengten kleinen Brochi (0,5-1,0 µm). Die großen Brochi sind vielfach transversal gestreckt. Margo und Polarbereiche nur mit kleinen Brochi. Columellae schwer erkennbar, sie stehen unter den Muri, vereinzelt auch in den Brochi.

Onobrychis arenaria (KIT.) DC. (2)
39,0-46,3 µm, MiW 41,8 µm; 50 PK, 0a

Onobrychis montana DC.(2)
32,5-43,0 µm, MiW 38,5 µm; 50 PK, 0a

Onobrychis viciaefolia SCOP. (2)
33,5-40,0 µm, MiW 37,5 µm; 50 PK, 0a

21.5 *Hedysarum hedysaroides*
(Tafel 58: 20-22)

Ähnlich *Onobrychis*. Abweichende Merkmale: Brochi nur um 1 µm groß, Exine nur 1,0-1,2 µm dick, Endexine meist so dick wie die Ektexine. PFormI 1,7-2,1.

Hedysarum hedysaroides (L.) SCHINZ & THELL. (3)
22,5-30,5 µm, MiW 26,5 µm; 50 PK, 0a

21.6 *Oxalis stricta*-Typ
(Tafel 59: 4-10)

PK sphäroidisch, kugelig bis schwach langgestreckt (PFormI ca. 0,9-1,35). Polarfelder mittelgroß (PFeldI ca. 0,35-0,45). Die Colpen erscheinen 2,5-5,0 µm breit, wenn sie nicht schwach eingesenkt sind. Colpus-Membranen scabrat oder schollig bekleidet. Intercolpium-Ränder meist unregelmäßig ausgebildet bis körnig aufgelöst. In vielen Fällen ist die Endexine der Intercolpium-Ränder auf einer relativ breiten Zone fragmentiert. Die körnige oder schollige Bekleidung der Colpus-Membranen kann sich der Beobachtung entziehen, wenn es sich um PK mit stärker eingesenkten Colpen handelt (eingekrümmte Intercolpium-Ränder). Brochi maximal 2,0-2,2 µm, unregelmäßig geformt. Columellae zumindest im Phasenkontrastbild gut erkennbar. Exine (1,5)1,8-2,2 µm, Endexine dünner als die Ektexine. – Die PK von *O. acetosella* sind scabrat und besitzen ein Tectum perforatum (S. 146).

Oxalis corniculata L. (2)
33,0-42,0 µm, 37,7 µm; 50 PK, 0a

Oxalis stricta L. (4)
23,5-31,5 µm, MiW 28,4 µm; 50 PK, 0a

21.7 *Parrotia persica*
(Tafel 59: 1-3)

PK sphäroidisch, wenig formstabil, PFormI um 1,0. Polarfelder mittelgroß (PFeldI 0,28-0,50). Brochi 1,0-2,0 µm groß, Columellae in Aufsicht schwer erkennbar. Colpen mit stark ausgefransten Rändern. Exine 1,2-1,7 µm dick, Tectum und Columellae-Schicht dünn, Endexine ca. 0,8 µm dick.

Parrotia persica C.A. MEYER (2)
36,0-50,8 µm, MiW 42,0; 33 PK, 0a

21.8 *Helleborus viridis*-Typ
(Tafel 59: 17-20, Tafel 60: 1-2)

PK sphäroidisch (PFormI 0,9-1,12), Polarfelder meist klein. Colpen breit (bis 6 µm), Intercolpium-Ränder glatt, etwas eingekrümmt. Colpus-Membranen dicht mit länglichen bis rundlichen Elementen skulpturiert. Eine Colpus-Membran kann als Ganzes herausfallen. Exine (1,8)2,0-2,5 µm dick. Brochi von unterschiedlicher Größe, ab 1 µm und bis maximal (2,5)3-4 µm groß. Columellae deutlich erkennbar, ca. 0,5 µm dick, so dick wie die Breite der Muri oder etwas dünner, oft unregelmäßig gestellt. Columellae-Schicht dünner als die Dicke des Tectums. Als abweichende Formen treten pericolpate PK häufig auf. Vergl. auch *Helleborus foetidus* (S. 296) und *H. niger* (S. 134).

▷

Tafel 59

1-3 *Parrotia persica*, Polaransicht (2 Phako), **4-10** *Oxalis stricta* (8 Phako), **11-16** *Glaucium corniculatum* (12, 15 Phako), **17-20** *Helleborus viridis*. – Vergrößerungen 1000fach.

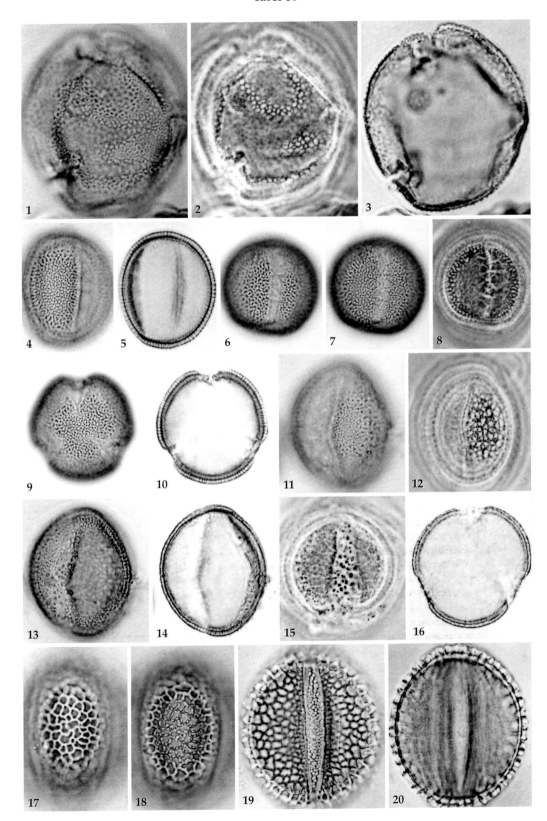

Helleborus dumetorum WALDST. & KIT. (2)
34,3-40,5 µm, MiW 37,6 µm; 50 PK, 0a

Helleborus dumetorum WALDST. & KIT.
subsp. *atrorubens* (1) MERXM. & PODL.
36,0-46,1 µm, MiW 40,4 µm; 50 PK, 1a

Helleborus multifidus VIS.
32,0-42,8 µm, MiW 37,5 µm; 50 PK, 1a

Helleborus odorus WALDST. & KIT. (2)
31,0-39,2 µm, MiW 36,3 µm; 50 PK, 1a

Helleborus viridis L. (2)
30,5-40,5 µm, MiW 36,4 µm; 50 PK, 0a

21.9 *Glaucium*
(Tafel 59: 11-16)

PK sphäroidisch (PFormI 1,0-1,4), in Äquatorialansicht kugelig bis elliptisch, rhomboidisch oder tonnenförmig. Polarfelder klein (PFeldI 0,1-0,2). Colpen breit (äquatorial oft 5-7 µm). Colpus-Membranen mit 1,0-1,5 (2,0) µm großen eckigen Skulpturelementen, die meist einige Columellae besitzen. Intercolpium-Ränder nur schwach körnig aufgelöst. Exine 2-2,5 µm dick, Endexine 0,8-1,0 µm. Brochi 1,5-2,5 µm groß, polar und subpolar kleiner. Muri 0,8 µm breit, Columellae deutlich, ca. 0,8 µm dick, stellenweise zweireihig. Bei *G. corniculatum* wurden zahlreiche mißgebildete PK gefunden.

Glaucium corniculatum (L.) RUDOLPH. (3)
27,5-40,0 µm, MiW 34,0 µm; 50 PK, 0a

Glaucium flavum CRANTZ (4)
27,5-38,0 µm, MiW 33,9 µm; 50 PK, 0a

21.10 *Galeopsis-Ballota*-Gruppe
(Tafel 60: 3-13)

PK in Äquatorialansicht elliptisch bis spindelförmig oder rhomboidisch, sphäroidisch bis prolat (PFormI 1,05-1,68), Polarfelder klein bis mittelgroß (PFeldI 0,10-0,31). Es lassen sich nach der Größe der Brochi zwei Typen unterscheiden, der *Galeopsis*-Typ (Brochi bis 2,5, selten bis 3 µm) und der *Ballota*-Typ (Brochi bis ca. 1µm, höchstens bis 1,2 µm). Der Einsatz einer Phasenkontrast-Optik ist empfehlenswert.

Bei dem *Galeopsis*-Typ läßt sich der Aufbau der Ektexine meistens am besten erkennen. Das Tectum der Lumina ist microreticulat durchbrochen. Meist sind 2-3, seltener zahlreiche Microbrochi in einem Lumen zu erkennen. Oft sind Columellae auch unter den Lumina zu sehen. Bei nicht zu stark durchgefärbten PK kann man auch im optischen Schnitt die Skulpturierung, das durch Microbrochi durchbrochene Tectum und die Columellae-Schicht erkennen.

Bei dem *Ballota*-Typ sind diese Microbrochi weder im Phasenkontrast- noch im Interferenzkontrast-Bild erkennbar, außer gelegentlich bei übergroßen Brochi. Auch die Columellae sind bei dem *Ballota*-Typ in Aufsicht meist nicht erkennbar, stehen aber offenbar nur unter den Muri.

Die Exine ist 1,5-2 µm dick und oft im polaren und subpolaren Bereich aufgrund längerer Columellae am dicksten (z.B. bei *Ajuga*). In diesen Bereichen (*Galeopsis*-Typ) sind die meist sehr dünnen Columellae in Aufsicht am besten zu erkennen, während hier die Brochi kleiner sind. Im äquatorialen und subäquatorialen Bereich überlagern sich im mikroskopischen Bild oft die Ebenen des microreticulat durchbrochenen Tectums und der Columellae-Schicht. In einigen Fällen sind die Columellae sehr gut und kontrastreich im Phasenkontrastbild erkennbar (z.B. *Phlomis lychnites*). Soweit erkennbar, ist das Tectum etwa so dick wie die Columellae-Schicht. Die Endexine ist so dick wie die Ektexine oder dünner.

Die Intercolpium-Ränder sind körnig aufgelöst oder ausgefranst, die Colpus-Membranen körnig bis grobkörnig bekleidet oder mit einem fragmentierten Operculum versehen. Gelegentlich ist ein durchgehendes Operculum vorhanden (vereinzelt bei *Scutellaria*). In einigen Fällen (*Galeopsis*-Arten) ist eine Margo angedeutet. Die Brochi sind hier entlang der Intercolpium-Ränder relativ klein oder fehlen. Die Intercolpium-Ränder sind eingebogen, oft mit Ausnahme der Äquatorialregion. Dann erscheinen die Colpen hier vorgezogen, wodurch poroide Verhältnisse vorgetäuscht werden können.

Die Aufteilung in zwei Pollentypen geht durch die Gattung *Lamium, Leonurus* und *Stachys* hindurch. Bei *Leonurus marrubiastrum* kommen PK mit beiden Brochus-Größen nebeneinander vor. *L. album, L. luteum, L. maculatum* und *L. orvala* gehören nicht hierher, ihre PK sind psilat (vergl. S. 142).

1   Brochi deutlich über 1 μm und bis 2,5 μm groß, Tectum auf den Lumina durch Microbrochi
    gegliedert (Tafel 60: 3-9) .... **21.10.1** *Galeopsis*-**Typ**

Ajuga chamaepitys (L.) SCHREB. (2)
39,8-54,8 μm; 19 PK, 0a

Ajuga genevensis L. (3)
30,5-40,3 μm, MiW 35,5 μm; 50 PK, 0a

Ajuga pyramidalis L. (3)
25,3-37,8 μm, MiW 32,9 μm; 52 PK, 0a

Ajuga reptans L. (4)
30,3-36,8 μm, MiW 33,8 μm; 50 PK, 0a

Betonica officinalis L. (3)
31,8-40,8 μm, MiW 36,1 μm; 50 PK, 2a

Galeopsis angustifolia HOFFM. (2)
33,6-47,7 μm, MiW 41,6 μm; 50 PK, 0a

Galeopsis bifida BOENN. (2)
37,5-47,8 μm, MiW 42,7 μm; 50 PK, 2a

Galeopsis ladanum L. (2)
27,8-40,5 μm, MiW 35,9 μm; 50 PK, 0a

Galeopsis pubescens BESSER (2)
31,9-46,4 μm, MiW 42,6 μm; 50 PK, 0a

Galeopsis segetum NECK. (2)
31,8-38,3 μm, MiW 35,5 μm; 50 PK, 0a

Galeopsis speciosa MILL. (2)
39,7-48,9 μm, MiW 44,2 μm; 50 PK, 0a

Galeopsis tetrahit L. (2)
41,8-53,1 μm, MiW 49,0 μm; 50 PK, 0a

Lamium amplexicaule L. (2)
30,0-41,0 μm, MiW 37,5 μm; 38 PK, 2a

Leonurus marrubiastrum L. (2)
20,0-27,3 μm, MiW 22,7 μm; 50 PK, 0a

Melittis melissophyllum L. (3)
40,4-47,1 μm, MiW 44,5 μm; 50 PK, 0a

Phlomis lychnites L. (2)
32,2-42,8 μm, MiW 37,7 μm; 50 PK, 0a

Phlomis tuberosa L. (2)
28,8-35,3 μm, MiW 32,1 μm; 50 PK, 0a

Scutellaria alpina L. (2)
19,1-28,0 μm, MiW 24,4 μm; 50 PK, 0a

Scutellaria altissima L. (2)
17,7-22,8 μm, MiW 20,6 μm; 50 PK, 0a

Scutellaria galericulata L. (2)
24,5-34,3 μm, MiW 29,4 μm; 50 PK, 2a

Scutellaria hastifolia L. (2)
22,0-28,8 μm, MiW 24,6 μm; 50 PK, 0a

Scutellaria minor HUDS. (2)
20,5-28,3 μm, MiW 24,8 μm; 50 PK, 0a

Stachys arvensis (L.) L. (3)
31,8-41,0 μm, MiW 37,7 μm; 50 PK, 2a

Stachys monieri (GOUAN) P.W. BALL (4)
30,8-39,7 μm, MiW 35,0 μm; 50 PK, 0a

Stachys palustris L. (3)
32,5-40,0 μm, MiW 36,3 μm; 48 PK, 2a

Stachys recta L. (2)
31,8-40,8 μm, MiW 36,2 μm; 50 PK, 2a

−   Brochi nur bis 1(1,2) μm groß, überwiegend ungegliedert (Tafel 60: 10-13) .... **21.10.2** *Ballota*-**Typ**

Betonica alopecuros L. (2)
27,8-38,0 μm, MiW 33,0 μm; 50 PK, 2a

Ballota nigra L. (2)
25,5-32,5 μm, MiW 29,3 μm; 50 PK, 2a

Lamium purpureum L. s.l. (5)
22,3-31,9 μm, MiW 26,8 μm; 50 PK, 0a

Leonurus cardiaca L. (2)
17,8-25,3 μm, MiW 22,6 μm; 50 PK, 0a

Leonurus marrubiastrum L. (2)
20,0-27,3 μm, MiW 22,7 μm; 50 PK, 0a

Stachys alpina L. (2)
26,5-34,8 μm, MiW 31,6 μm; 50 PK, 2a

Stachys annua (L.) L. (2)
27,5-36,8 μm, MiW 32,9 μm; 50 PK, 2a

Stachys germanica L. (2)
26,0-33,3 μm, MiW 29,5 μm; 50 PK, 2a

Stachys sylvatica L. (2)
27,8-37,0 μm, MiW 31,6 μm; 50 PK, 2a

21.11 *Helleborus foetidus*
(Tafel 60: 24-28)

PK kugelig bis etwas langgestreckt, Polarfelder klein. Colpen breit, dicht körnig skulpturiert. Exine 1,6-2,0 μm dick. Columellae in Aufsicht gut erkennbar. Columellae-Schicht so dick wie das Tectum oder dicker. PK microreticulat, Brochi max. 1 μm groß. Vergl. auch den reticulaten *Helleborus viridis*-Typ (S. 292) und die PK mit Tectum perforatum von *H. niger* (S. 134).

Helleborus foetidus L. (3)
25,2-32,8 μm, MiW 26,9 μm; 50 PK, 1a

21.12 *Reseda*
(Tafel 60: 14-17)

PK sphäroidisch, schwach langgestreckt (PFormI 1,0-1,3), Polarfelder klein (PFeldI 0,2-0,3). Intercolpium-Ränder im Äquatorialbereich körnig-schollig aufgelöst und Colpus-Membranen hier schollig-körnig bekleidet (Skulpturelemente bis 1,5 μm, selten bis 2 μm groß). Bei *R. phyteuma* wurden PK beobachtet, bei denen die Bekleidung der Colpus-Membranen gleichmäßig ausgebildet zu sein schien. Eine Abtrennung von *Epimedium* läßt sich durch die geringere Größe und den geringen PFormI im Allgemeinen durchführen. Bei *R. luteola* ist die schollig bekleidete Äquatorialregion der Colpen oft vorgewölbt und kann poroide Verhältnisse vortäuschen. Exine (1,6)1,9-2,0 μm dick, die Endexine ist so dick wie die Ektexine, gelegentlich auch etwas dicker. Brochi max. 1 μm groß, Lumina um 0,5 μm. Tectum ca. 0,5 μm dick, Columellae dünn.

Reseda lutea L. (4)
24,5-32,0 μm, MiW 28,8 μm; 50 PK, 0a

Reseda phyteuma L. (2)
21,5-27,8 μm, MiW 24,6 μm; 50 PK, 0a

Reseda luteola L. (2)
18,0-24,0 μm, MiW 22,2 μm; 50 PK, 0a

21.13 *Platanus orientalis*
(Tafel 60: 18-23)

PK sphäroidisch, etwas langgestreckt, PFormI 1,1-1,4. Polarfelder groß, Colpen auffallend breit, Colpus-Membranen scabrat skulpturiert. Colpen unscharf begrenzt, körnig aufgelöst. Exine bis 2 μm dick, Endexine etwa so dick wie die Ektexine, Tectum dünn. Brochi bis 1 μm groß.

Platanus orientalis L. (2)
18,3-24,5 μm, MiW 22,2 μm; 50 PK, 0a

Tafel 60

1-2 *Helleborus viridis* ff., **3-9** *Galeopsis speciosa* (3, 5 Phako), **10-13** *Stachys alpina* (12 Phako), **14-17** *Reseda lutea* (17 Phako), **18-23** *Platanus orientalis*, **24-28** *Helleborus foetidus*. – Vergrößerungen: 1-2, 4-28: 1000fach; 3: 2000fach.

Tafel 60

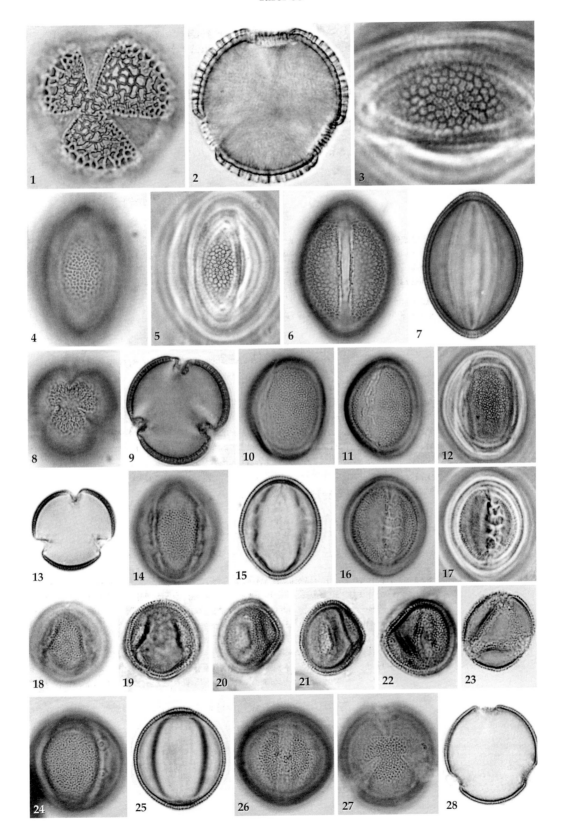

21.14 *Chelidonium majus*
(Tafel 61: 6-11)

PK kugelig, PFormI meist 1,0-1,1. Polarfelder klein, Colpen 3-4 µm breit, nicht eingesenkt. Intercolpium-Ränder körnig-schollig aufgelöst, und Colpus-Membranen körnig-schollig skulpturiert (größere Schollen haben denselben Aufbau wie die Ektexine). Exine 1,8-2,5 µm dick, Endexine so dick wie die Ektexine oder etwas dicker. Brochi 0,5-1 µm dick, Lumina sehr klein, Columellae dünn.

Chelidonium majus L. (4)
19,6-32,2 µm, MiW 27,7 µm; 50 PK, 0a

21.15 *Epimedium alpinum*
(Tafel 61: 1-5)

PK langgestreckt mit zugespitzten Polen, PFormI 1,2-1,5. Polarfelder meist klein, Intercolpium-Ränder körnig aufgelöst und Colpus-Membranen körnig bekleidet (Skulpturelemente 0,5-1,5 µm groß). Exine 1,5-1,8 µm dick, Endexine so dick wie die Ektexine oder etwas dünner. Brochi ca. 0,5-1,1 µm groß. Columellae kurz, in Aufsicht im Phasenkontrastbild erkennbar.

Epimedium alpinum L. (2)
30,1-37,5 µm, MiW 32,2 µm; 50 PK, 0a

21.16 *Vitex agnus-castus*
(Tafel 61: 12-17)

PK sphäroidisch bis schwach prolat (PFormI 1,1-1,5), Polarfelder klein (PFeldI 0,2-0,3). Intercolpium-Ränder eingerissen bis körnig ausgefranst. Colpus-Membranen mit Körnern oder fragmentierten Opercula besetzt. Exine 1,5-2,0 µm dick. Brochi etwa 0,6-1,2 µm groß, Columellae in Aufsicht meist nur vereinzelt unter den Muri erkennbar. Bei PK mit relativ großen Brochi können die Lumina in der Art der Lamiaceae microreticulat aufgeteilt sein.

Vitex agnus-castus L. (2)
26,3-34,3 µm, MiW 29,0 µm; 50 PK, 0a

21.17 *Tamarix*
(Tafel 61: 18-25)

PK sphäroidisch bis schwach prolat (PFormI 1,0-1,5). Colpen lang, manchmal äquatorial etwas vorgezogen. Polarfelder klein (PFeldI meist um 0,2). Exine 1,5-1,8 µm dick, Endexine etwas dünner bis etwas dicker als die Ektexine. Tectum dünner als die Columellae-Schicht. Columellae in Aufsicht gut erkennbar. Brochi außerhalb der Margines 0,5-2,0 µm groß, homobrochat und unregelmäßig geformt. Margines microreticulat (Brochi hier 0,5-0,7 µm groß).

Die PK von *Tamarix* sind haben große Ähnlichkeit mit denen bestimmter Brassicaceae. Zu unterscheiden sind sie von diesen vor allem durch den Besitz microreticulater Margines.

T. africana POIRET und *T. tetrandra* PALL. ex BIEB. besitzen microreticulate PK.

▷

Tafel 61

1-5 *Epimedium alpinum* (3 Phako), **6-11** *Chelidonium majus* (8, 10, 11 Phako), **12-17** *Vitex agnus-castus* (13, 16, 17 Phako), **18-25** *Tamarix gallica* (24 Phako), **26-30** *Salix alba*, **31-32** *Salix caprea*. – Vergrößerungen 1000fach.

Tafel 61

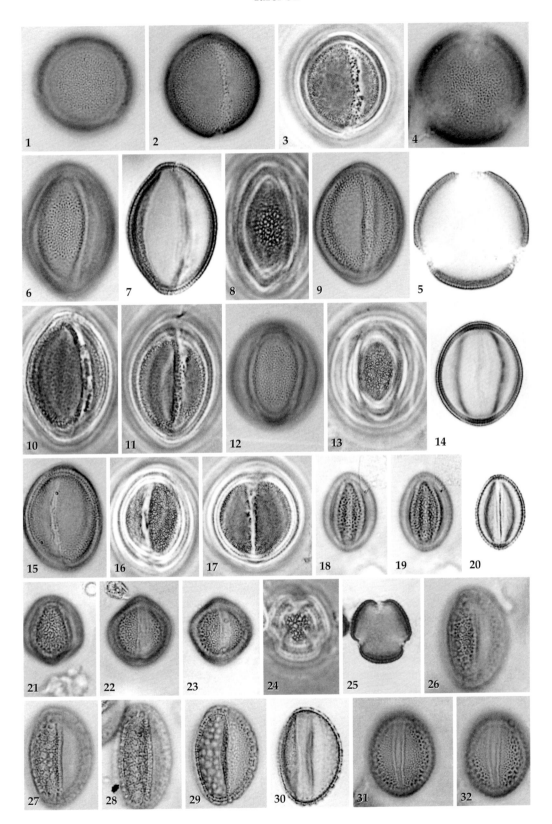

Tamarix gallica L. (2)
15,0-20,0 µm, MiW 18,5 µm; 50 PK, 0a

21.18 *Salix*
(Tafel 61: 26-32, Tafel 62: 1-3)

PK langgestreckt, meist prolat, oft spitz zulaufend. PFormI (1,20)1,33-1,93. Mit gestauchten PK mit entsprechend kleinerem PFormI muß gerechnet werden. Die Polarfelder sind klein bis mittelgroß (PFeldI 0,15-0,39). Brochi von unterschiedlicher Größe, bis 2,8(3,0) µm groß. Reticulum homobrochat, bei einigen Arten ausgeprägt heterobrochat. Die kleinen Brochi sind dann ca. 0,6-1,2 µm groß. Bei deutlich heterobrochaten Arten (z.B. bei *S. alba*) umgeben wenigstens in der Mitte der Intercolpien mehrere kleine Brochi einen großen Brochus. Bei den als homobrochat anzusprechenden Arten sind aber häufig kleine Brochi in geringer Zahl unregelmäßig in das Reticulum eingesprengt. In anderen Fällen ist die Brochus-Größe sehr einheitlich und beträgt nur wenig mehr als 1 µm.

Die Exine ist 1,1-1,7 µm dick. Die Endexine ist dünner als die Ektexine. Die Columellae-Schicht ist in der Regel sehr dünn. Daher sind die Columellae in Aufsicht kaum oder nicht sichtbar. Am besten sind die Columellae gelegentlich bei ausgeprägt heterobrochaten PK zu erkennen.

Die PK sind marginat. Soweit wegen der meist eingebogenen Ränder der Intercolpien erkennbar, folgt auf das normal ausgebildete Reticulum zunächst ein bis 2 µm breiter Bereich mit einheitlich kleinmaschigem Reticulum und dann ein bis an die Colpus-Membran reichender scabrat skulpturierter Bereich von unterschiedlicher Breite. Bei PK mit stärker eingekrümmten Intercolpium-Rändern ist meist nur der microreticulate Teil der Margines zu sehen. Die Colpus-Membranen sind körnig skulpturiert.

Die Colpen sind gelegentlich äquatorial verengt. Die Gattung *Salix* wird daher auch unter den tricolporoidaten PK aufgeführt.

Das Auftreten heterobrochater Pollenformen läßt sich nicht als Bestimmungsmerkmal für eine Untergliederung der Gattung *Salix* verwenden. Es gibt Arten, bei denen heterobrochate PK häufig auftreten (z.B. *S. alba*, *S. glaucosericea*, *S. pentandra*, *S. silesiaca*). Bei anderen Arten wurden heterobrochate PK neben homobrochaten gefunden, oder sie traten nur in einzelnen Herkünften auf, während die PK weiterer Herkünfte homobrochat waren (z.B. *S. dasyclados*, *S. fragilis*, *S. glabra*, *S. hastata*, *S. helvetica*, *S. herbacea*, *S. eleagnos*, *S. myrsinifolia*, *S. reticulata*, *S retusa*, *S. serpyllifolia*, *S. starkeana*, *S. triandra* und *S. waldsteiniana*). Bei ein und derselben Herkunft sind oft PK mit besonders großen Brochi bevorzugt heterobrochat. Gut heterobrochat ausgebildete Skulpturen findet man andererseits aber auch bei Arten mit kleinen PK (*S. reticulata*, *S. retusa*).

Isolierte bzw. reduzierte Columellae oder unregelmäßig geformte Elemente in den Lumina der Brochi (1-3 pro Lumen) wurden bei *S. lapponum*, *S. pentandra* und *S. polaris* festgestellt.

Die gemessenen Größen variieren bei der Gesamtheit der untersuchten Arten ganz erheblich, und zwar von 14,9 bis 34,0 µm. Arten mit kleinen PK (Mittelwerte bis etwa 20 µm) sind *S. caprea*, *S. myrtilloides*, *S. purpurea*, *S. reticulata*, *S. serpyllifolia* und *S. starkeana*. Häufiger sind die Arten mit großen PK. Mittelwerte ab 27 µm wurden bei folgenden Arten festgestellt: *S. arctica*, *S. glabra*, *S. glauca*, *S. glaucosericea*, *S. hegetschweileri*, *S. lapponum*, *S. mielichhoferi*, *S. silesiaca*, *S. polaris* und *S. retusa*. Allerdings wurden in einigen Fällen erhebliche Größenunterschiede innerhalb einer Art zwischen verschiedenen Herkünften festgestellt.

Abschließend muß festgestellt werden, daß bei der hohen Zahl (39) der untersuchten mitteleuropäischen Arten sich keines der angegebenen Merkmale für eine Bestimmung einzelner Arten oder Artengruppen eignet.

Salix alba L. (4)
18,4-28,7 µm, MiW 23,8 µm; 50 PK, 0a

Salix alpina Scop. (2)
17,7-24,1 µm, MiW 21,2 µm; 50 PK, 0a

Salix appendiculata Vill. (2)
19,1-25,8 µm, MiW 22,6 µm, 50 PK, 0a

Salix arctica Pallas (2)
24,1-33,3 µm, MiW 27,7 µm; 50 PK, 0a

Salix aurita L. (3)
19,5-25,5 µm, MiW 21,7 µm; 50 PK, 0a

Salix bicolor WILLD. (3)
25,1-34,0 µm, MiW 28,4 µm; 50 PK, 0a

Salix breviserrata B. FLOD. (1)
20,5-26,2 µm, MiW 23,4 µm; 50 PK, 0a

Salix caesia VILL. (2)
20,9-29,0 µm, MiW 23,8 µm; 50 PK, 0a

Salix caprea L. (3)
14,9-22,3 µm, MiW 18,7 µm; 50 PK, 0a

Salix cinerea L. s.l. (3)
22,0-27,6 µm, MiW 25,1 µm; 50 PK, 0a

Salix daphnoides VILL. (3)
20,2-27,6 µm, MiW 23,5 µm; 50 PK, 0a

Salix dasyclados WIMM. (1)
23,7-32,9 µm, MiW 27,9 µm; 50 PK, 0a

Salix eleagnos SCOP. (3)
23,0-30,0 µm, MiW 25,7 µm; 50 PK, 0a

Salix foetida SCHLEICH. (2)
17,4-24,4 µm, MiW 20,7 µm; 50 PK, 0a

Salix fragilis L. (3)
21,2-25,8 µm, MiW 23,4 µm; 50 PK, 0a

Salix glabra SCOP. (2)
20,9-31,5 µm, MiW 27,1 µm; 50 PK, 0a

Salix glauca L. (2)
24,0-30,5 µm, MiW 27,1 µm; 50 PK, 0a

Salix glaucosericea B. FLOD. (1)
25,1-32,9 µm, MiW 29,6 µm; 50 PK, 0a

Salix hastata L. (3)
19,1-25,1 µm, MiW 21,4 µm; 50 PK, 0a

Salix hegetschweileri HEER (2)
24,1-31,5 µm, MiW 27,3 µm; 50 PK, 0a

Salix helvetica VILL. (2)
20,5-28,3 µm, MiW 23,7 µm; 50 PK, 0a

Salix herbacea L. (2)
17,7-25,1 µm, MiW 21,0 µm; 50 PK, 0a

Salix laggeri WIMMER (1)
19,2-25,1 µm, MiW 22,0 µm; 50 PK, 0a

Salix lapponum L. (2)
27,3-33,8 µm, MiW 30,6 µm; 50 PK, 0a

Salix mielichhoferi SAUTER (1)
24,4-32,2 µm, MiW 27,6 µm; 50 PK, 0a

Salix myrsinifolia SALISB. (2)
21,6-29,4 µm, MiW 25,2 µm; 50 PK, 0a

Salix myrtilloides L. (2)
17,0-21,6 µm, MiW 19,0 µm; 50 PK, 0a

Salix pentandra L. (2)
17,7-32,2 µm, MiW 23,5 µm; 50 PK, 0a

Salix polaris WAHLENB. (2)
24,1-31,5 µm, MiW 27,3 µm; 50 PK, 0a

Salix purpurea L. (3)
17,7-22,0 µm, MiW 19,9 µm; 50 PK, 0a

Salix repens L. (3)
19,1-27,6 µm, MiW 22,6 µm; 50 PK, 0a

Salix reticulata L. (4)
17,0-20,9 µm, MiW 18,8 µm; 50 PK, 0a

Salix retusa L. (3)
24,4-32,9 µm, MiW 29,2 µm; 50 PK, 0a

Salix serpillifolia SCOP. (1)
17,4-23,0 µm, MiW 19,9 µm; 50 PK, 0a

Salix silesiaca WILLD. (2)
19,1-25,1 µm, MiW 22,0 µm; 50 PK, 0a

Salix starkeana WILLD. (3)
17,7-24,4 µm, MiW 20,1 µm; 50 PK, 0a

Salix triandra L. (4)
18,0-23,8 µm, MiW 20,8 µm; 50 PK, 0a

Salix viminalis L. (3)
17,7-28,0 µm, MiW 21,0 µm; 50 PK, 0a

Salix waldsteiniana WILLD. (3)
18,8-25,1 µm, MiW 22,4 µm; 50 PK, 0a

21.19 *Marrubium*
(Tafel 62: 4-11)

PK sphäroidisch (PFormI 1,00-1,05), in Äquatorialansicht kugelig oder mit etwas abgeplatteten Polen. Polarfelder mittelgroß. Exine bis 2,5 µm dick, Endexine dünner oder so dick wie die Ektexine. Brochi bis 2 µm, auf den Polarfeldern nur etwa 1 µm groß. Große Brochi können auch gelegentlich im subpolaren Bereich auftreten. Muri etwa so breit (ca. 1 µm) oder etwas breiter als die Größe der Lumina (0,8-1,0 µm). Columellae deutlich erkennbar, unregelmäßig zwei- bis mehrreihig.

Diese Beschreibung gilt vor allem für *M. vulgare* und *M. incanum*. Aber schon hier, und dann vor allem bei *M. peregrinum*, wurden PK gefunden, bei denen wegen der kleinen Lumina das Reticulum eher als Tectum perforatum bezeichnet werden muß, und bei denen außerdem die Columellae-Schicht unvollständig ausgebildet war.

Marrubium incanum DESR. (1)
24,4-35,8 µm, MiW 29,0 µm; 50 PK, 0a

Marrubium vulgare L. (2)
24,4-32,7 µm, MiW 30,3 µm; 40 PK, 0a

Marrubium peregrinum L. (1)
23,0-31,2 µm, MiW 27,5 µm; 50 PK, 0a

21.20 Plumbaginaceae
(Tafel 62: 15-19, Tafel 63: 1-8)

Alle untersuchten Arten besitzen aufgrund ihres Blütendimorphismus zwei verschiedene Pollentypen, einen großreticulaten und einen kleinreticulaten Pollentyp. Beide sind sphäroidisch mit einem PFormI von (0,8)0,9-1,1.

Großreticulate PK: Exine 9-12 µm dick, Endexine 2 µm. Brochi bis 15 µm, Columellae lang, bis 3 µm dick. Muri distal und an den Seiten quer eingekerbt. Muri echinat, Echini 1,0-2,0 µm lang, scharf zugespitzt. Colpen in Äquatorialansicht der PK mit kontrastarmen Rändern.

Kleinreticulate PK: Exine 3-8 µm dick, Endexine 1,5-2 µm. Brochi 2,5-6,0 µm. Columellae bis 2 µm dick, Muri mit 0,9-1,2 µm langen Echini.

Abweichungen von diesen Angaben gibt es bei *Limonium vulgare*. Nach vorliegenden Messungen sind die PK kleiner als die von *Armeria*. Dicke der Exine bei den großreticulaten PK 8-9 µm, bei den kleinreticulaten PK 5-6 µm. Brochi bei den großreticulaten PK 7-9 µm, bei den kleinreticulaten PK 1,5-3,5 µm (Brochi hier nur schwach ausgebildet). Die Muri der großreticulaten PK sind echinat (Echini ca. 1,0-1,2 µm lang), die der kleinreticulaten PK scabrat und anscheinend nur selten microechinat. Diese Merkmale reichen vermutlich zur Unterscheidung zwischen den Gattungen *Limonium* und *Armeria* aus.

Bei kleinreticulaten PK der Plumbaginaceae und denen von *Jasminum fruticans* achte man auf das Merkmal der Brochi bei tiefer optischer Ebene und auf die relative Länge der Columellae (lang bei Plumbaginaceae, kurz bei *Jasminum*) sowie auf das Fehlen von scabraten oder (micro)echinaten Skulpturelementen auf den Muri bei *Jasminum*.

Armeria arenaria (PERS.) SCHULT. (2)
61,6-76,8 µm, MiW 70,2 µm; 50 PK, 0a

Limonium vulgare MILL. (2)
46,0-56,8 µm, MiW 52,6 µm; 50 PK, 0a

Armeria maritima (MILL.) WILLD. s.l. (8)
60,8-76,8 µm, MiW 70,4 µm; 50 PK, 0a

21.21 *Jasminum fruticans*
(Tafel 65: 8-13)

PK sphäroidisch (PFormI 1,0-1,3), Polarfelder mittelgroß, Colpus-Ränder eingesenkt. Exine 2,5-3,0 µm dick, Ektexine dicker als die Endexine. Brochi (1,0)1,5-3,5 µm groß. Die Brochi zerfallen bei tiefer optischer Ebene in längliche Abschnitte mit je 1 bis mehreren Columellae. Columellae relativ kurz.

Zur Unterscheidung von kleinreticulaten PK der Gattungen *Armeria* und *Limonium* vergl. dort.

Jasminum fruticans L. (3)
48,3-62,0 µm, MiW 56,2 µm; 50 PK, 0a

▷

Tafel 62

1-3 *Salix aurita*, **4-11** *Marrubium vulgare* (6 Phako), **12-14** *Saxifraga stellaris*, **15-19** *Limonium vulgare*. – Vergrößerungen 1000fach.

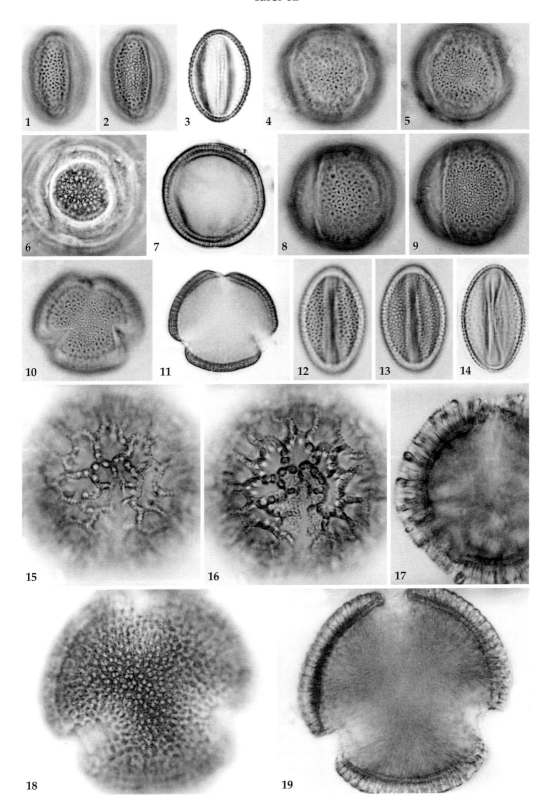

21.22 *Ligustrum*-Typ
(Tafel 66: 1-6)

PK sphäroidisch (PFormI 0,9-1,2). Colpen relativ kurz, PFeldI bei *Ligustrum* und *Syringa josikaea* 0,3-3,5, bei *S. vulgaris* 0,33-0,49. Exine meist 3,0-4,5 µm dick. Maximale Größe der Brochi unterschiedlich; die Werte streuen zwischen 2,5 und 6 µm.

Bei *Syringa josikaea* wurden in einem Präparat auch in geringen Mengen PK mit Größen bis zu 49 µm gefunden. Geringfügige Überschneidungen mit *Jasminum fruticans* sind möglich. Vereinzelt gab es PK mit äquatorial verengten Colpen. Es gibt gelegentlich auch tetracolpate und pericolpate PK.

Ligustrum vulgare L. (3)
30,4-39,3 µm, MiW 34,2 µm; 50 PK, 0a

Syringa vulgaris L. (2)
29,0-35,5 µm, MiW 32,6 µm; 50 PK, 0a

Syringa josikaea JACQ. fil.(2)
32,2-39,3 µm, MiW 35,7 µm; 50 PK, 0a

21.23 *Olea europaea*
(Tafel 66: 20-25)

PK sphäroidisch, PFormI 0,8-1,1. Colpen relativ kurz, Polarfelder mittelgroß (PFeldI 0,4-0,5). Exine meist 3,0-3,2 µm dick. Maximale Größe der Brochi 3,0-3,5 µm.

Olea ist eines der Beispiele schwieriger Gattungs-Bestimmungen innerhalb der Oleaceae. Die Unterscheidung von *Ligustrum* und *Syringa* dürfte am ehesten über die Größe der PK erfolgen, die Abtrennung von der Gattung *Phillyrea* durch die Wandstärke und die maximale Größe der Brochi. Von relativ dickwandigen Brassicaceae mit ihren kleinen Polarfeldern und meist kleineren Brochi ist *Olea* durch die mittelgroßen Polarfelder zu unterscheiden

Olea europaea L. (5)
24,5-31,0 µm, MiW 27,7 µm; 50 PK, 0a

21.24 *Hottonia palustris*
(Tafel 63: 9-15)

Hottonia palustris ist eine heterostyle Sippe. Die PK sind dimorph (2 Größenklassen). Die PK sind sphäroidisch bis selten schwach prolat (PFormI 1,0-1,35). Polarfelder klein (PFeldI 0,10-0,24). Brochi bei kleinen Pollenformen bis 1 µm, bei großen PK bis 1,2(1,5) µm groß. Dicke der Exine bis 1 µm (kleine Formen) bzw. bis 1,2 µm (große Formen). Die Endexine ist so dick wie die Ektexine oder dünner. Columellae in Aufsicht nicht erkennbar. Ein erheblicher Anteil der PK hat eine äquatoriale Verengung, eine Verbiegung oder Unterbrechung der Colpen und wird daher auch unter den reticulaten tricolporoidaten Formen erwähnt. Von kleinen und dünnwandigen PK der Brassicaceae durch das Fehlen der Columellae und durch den häufigen Besitz einer äquatorialen Anomalität der Colpen in der Regel hinreichend gut zu unterscheiden.

Hottonia palustris L. (6)
kleine PK 10,6-14,5 µm, MiW 12,3 µm; 50 PK, 0a
große PK 17,7-21,6 µm, MiW 19,8 µm; 50 PK, 0a

▷

Tafel 63

1-8 *Armeria maritima*, **9-15** *Hottonia palustris*. – Vergrößerungen 1000fach.

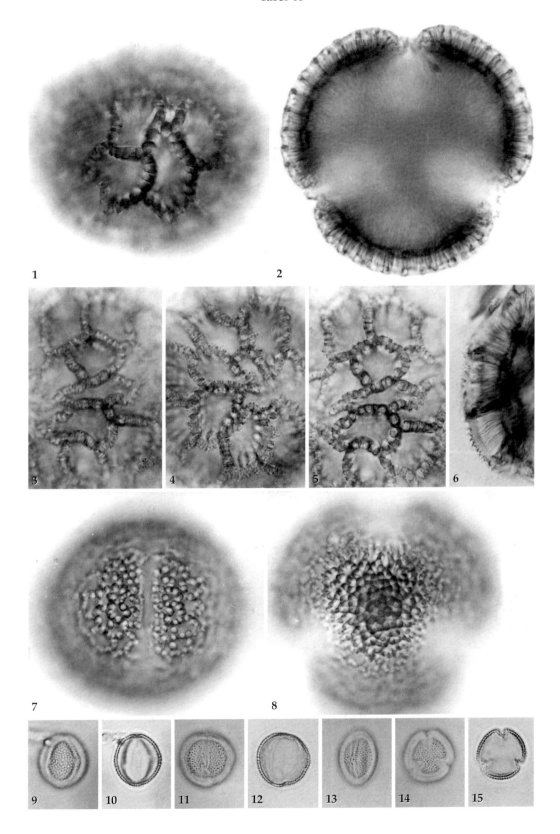

21.25 *Saxifraga stellaris*-Typ
(Tafel 62: 12-14)

PK polat (PFormI 1,4-1,7), selten sphäroidisch, polar zugespitzt. Polarfelder überwiegend klein (PFeldI 0,13-0,26). Exine (1,0)1,2-1,8 μm dick. Endexine so dick wie die Ektexine oder etwas dünner. Brochi 0,5-1,2(1,8) μm groß, bei *S. nivalis* fast nur bis 1,0 μm. Columellae nicht erkennbar. Hierher gehört auch *Saxifraga groenlandica* L. mit relativ großen Brochi. Eine weitere *Saxifraga*-Art mit reticulaten PK (*S. hieraciifolia*) hat auffällige äquatoriale Colpus-Verengungen und wird daher unter den tricolporoidaten Pollenformen aufgeführt.

Die PK der beiden Arten des *Saxifraga stellaris*-Typs haben große Ähnlichkeit mit denen von *Salix*. Man beachte die fehlenden Columellae und die Abwesenheit einer Margo bei *Saxifraga*. Bei dem *Saxifraga stellaris*-Typ können lediglich unmittelbar am Colpus-Rand einige kleine Brochi beigemischt sein. Man beachte ferner, daß die Margines von *Salix* bei PK mit stark eingekrümmten Intercolpium-Rändern der Beobachtung weitgehend entzogen sind. – *S. foliolosa* R.Br. wird zu *S. stellaris* gestellt und besitzt PK vom selben Typ.

Saxifraga stellaris L. (4)
14,2-18,8 μm, MiW 16,8 μm; 50 PK, 0a

Saxifraga nivalis L. (2)
16,8-23,3 μm, MiW 19,9 μm; 50 PK, 0a

21.26 *Fothergilla major*
(Tafel 65: 14-21)

PK überwiegend sphäroidisch, PFormI 0,90-1,37. Polarfelder klein (PFeldI 0,19-0,23). Brochi meist 1,0-2,0 μm groß, maximal 2,5-3,0 μm. Columellae im Phasenkontrastbild erkennbar. Colpen mit 1-2 μm breiten Margines (Brochi hier <1 μm). Colpen breit bis sehr breit, meist 4-5 μm, maximal 10 μm. Operculum vorhanden, oft rudimentär körnig aufgelöst. Exine 1,8-2,0 μm dick, Tectum und Columellae-Schicht dünn, Endexine ca. 1 μm dick. Unterschiede zu den Brassicaceae u.U. kritisch.

Fothergilla major (Sims) Lodd. (2)
30,8-40,0 μm, MiW 38,5 μm; 50 PK, 0a

21.27 Brassicaceae
(Tafel 64: 1-29, Tafel 65: 1-7)

174 mitteleuropäische Arten aus 56 Gattungen wurden einbezogen. Die meist relativ dickwandigen PK haben – mit wenigen Ausnahmen – ein kleines Polarfeld und unterscheiden sich dadurch von den im Bestimmungsschlüssel folgenden Gattungen und Arten. Es bereitet gelegentlich Schwierigkeiten, den Polarfeld-Index zu messen, wenn ein PK ungünstig liegt, sowie bei dickwandigen PK, die klein und kugelig sind.

Es ist wegen der großen Artenzahl und der Variabilität innerhalb der einzelnen Arten mehr als fraglich, ob und wie weit Pollen-Typen unterschieden werden können. Im Folgenden soll die Variabilität der einzelnen Merkmale dargestellt werden.

Pollengrößen. Die gemessenen Größen schwanken zwischen 13,0 (*Cardaminopsis petraea*) und 45,4 μm (*Biscutella laevigata*). Die Mittelwerte liegen zwischen 16,8 μm (*Pritzelago alpina*) und 39,8 μm (*Biscutella laevigata*). Mittelwerte kleiner als 20 μm wurden gefunden bei *Aethionema, Calepina, Capsella, Coronopus, Descurainia, Neslia, Peltaria, Petrocallis* und *Sisymbrium* sowie bei einzelnen Arten der Gattungen *Alyssum, Arabidopsis, Arabis, Barbaraea, Cardaminopsis, Draba, Lepidium, Pritzelago, Rorippa,*

▷

Tafel 64

1-5 *Biscutella laevigata*, **6-10** *Diplotaxis muralis*, **11-18** *Cakile maritima*, **19-23** *Calepina corvini*, **24-29** *Cardamine amara*. – Vergrößerungen 1000fach.

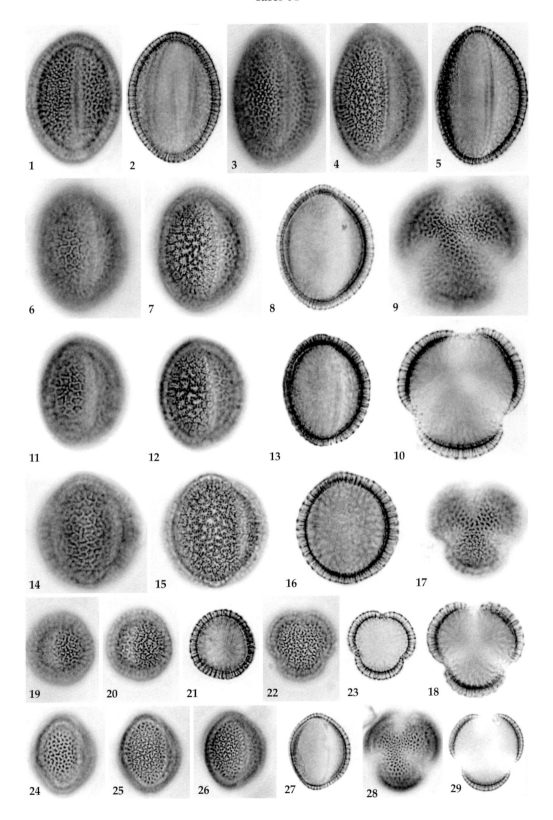

Sisymbrium und *Thlaspi,* Mittelwerte größer als 35 μm bei *Alyssum wulfenianum, Biscutella cichoriifolia* und *Diplotaxis muralis.* Zum Teil nicht unbeträchtliche Größenunterschiede wurden immer wieder bei dem Vergleich verschiedener Herkünfte derselben Art festgestellt.

Pollenform. Im Allgemeinen handelt es sich um sphäroidische PK mit einem PFormI von etwa 0,95-1,25. Prolate PK wurden bei folgenden Sippen beobachtet: *Alyssum* p.p. (PFormI 1,40-1,77), *Steno-phragma thalianum* (PFormI 1,15-1,53, MiW 1,35), *Barbaraea* (*B. intermedia* PFormI 1,25-1,86, MiW 1,64), *Berteroa* (max. 1,36), *Biscutella laevigata* (max. 1,45), *Lepidium sativum* (PFormI 1,42-1,83), *Thlaspi* p.p. (max. 1,5), vereinzelt auch bei *Pritzelago* (max. 1,40), *Iberis* (max. 1,34), *Isatis* (max. 1,34) und *Sisymbrium* (max. 1,38).

Colpen und Polarfelder. Die Colpen sind schmal, oft eingesenkt, gerade und ohne Unregelmäßig-keiten im Äquatorialbereich. Die Colpen sind lang und die Polarfelder klein. Die Werte des PFeldI liegen im Allgemeinen zwischen 0,10 und 0,22. Höhere Werte wurden bei Arten der Gattungen *Calepina* (0,33) und *Erysimum* (0,25) gemessen. Abweichungen von der Zahl der Colpen treten nicht selten auf. Es wurden tetracolpate, pericolpate und inaperturate PK festgestellt. Insbesondere bei *Braya alpina* wurden solche Pollenformen beobachtet. Inaperturate PK wurden bei Arten der Gattun-gen *Rorippa* und bei *Matthiola* beobachtet. Bei *Matthiola* sind die Colpen offensichtlich reduziert, man erkennt Reste von ihnen im Äquatorialbereich durch drei etwas eingesenkte Bereiche mit abweichen-den Brochusformen und -größen. Diese rudimentären Colpen sind kurz (ca. halbe Länge des PK). Bis zu einem gewissen Grad ist es ungeklärt, wie weit das diagnostisch wichtige Merkmal eines kleinen Polarfeldes wirklich als immer zutreffend für die Brassicaceae angesehen werden kann. Hier sind größere Meßreihen erforderlich, als sie gegenwärtig durchgeführt werden konnten.

Dicke der Exine. Die Dicke der Exine liegt zwischen 1,0 und 3,5 μm. Das charakteristische Bild eines PK der Brassicaceae wird im Allgemeinen durch die relativ dicke Exine mitbestimmt (>2 und bis 3,5 μm). Das kann besonders bei kleineren PK sehr auffällig sein, so u.a. bei den meisten Arten der Gattung *Arabis.* Wandstärken von nur 1,0 bis ca. 1,6 μm gibt es bei verschiedenen Arten der Gattun-gen *Alyssum, Arabis, Barbaraea, Berteroa, Camelina, Capsella, Cardamine* (nur *C. impatiens*)*, Cardaria, Conringia, Coronopus, Fibiga, Hesperis, Lepidium, Peltaria, Pritzelago, Rapistrum* und *Sisymbrium.* Bei manchen Arten wird die Exine zu den Polen (Äquatorialansicht) und/oder zu den Colpus-Rändern hin (Polaransicht) dünner (z.B. bei Arten der Gattungen *Cardamine, Lepidium* und *Nasturtium*). Soweit das der Fall ist, handelt es sich um ein gutes Merkmal zur Bestimmung der Familie der Brassicaceae in Kombination mit dem kleinen Polarfeld und der relativ dicken Exine. Bei mittelgroßen bis großen PK mit dünnwandigen Polarfeldern kann sich das kleine Polarfeld so auswirken, daß bei seitlicher Deformierung die PK schlanker und länger werden und spitz zulaufen.

Endexine. Die Endexine ist immer deutlich dünner als die Ektexine. Ihr Anteil an der Exine beträgt um 20 % oder etwas weniger, seltener 25 % (bei kleinen und relativ dünnwandigen PK) oder etwas mehr.

Ektexine (Reticulum und Columellae). Die PK sind perreticulat. Die Brochi sind meist unregelmäßig geformt und stehen auf langen, in Aufsicht mindestens im Phasenkontrastbild deutlich erkennbaren Columellae (Ausnahme: *Descurainia*). Gemessen wurden die maximalen Brochus-Größen der einzel-nen PK. Sie liegen zwischen (0,8)1,0 und 4,5 μm. Besonders kleine Brochi (maximale Größen bis 1,5 μm) wurden bei Arten der Gattungen *Aethionema, Alyssum, Arabis, Berteroa, Camelina, Capsella, Conringia, Cochlearia, Coronopus, Descurainia. Draba, Erophila* und *Peltaria* festgestellt. Der Besitz kleiner Brochi ist häufig mit geringer Pollengröße und dünner Exine gekoppelt. Brochus-Größen von über 3,5 μm wurden bei Arten der Gattungen *Biscutella, Brassica, Cakile, Cardamine, Diplotaxis, Rapistrum* und *Sinapis* festgestellt. Oft nimmt die Größe der Brochi im subpolaren Bereich zum Polarfeld hin ab.

▷

Tafel 65

1-7 *Descurainia sophia,* **8-13** *Jasminum fruticans,* **14-21** *Fothergila major* (18, 21 Phako). – Vergrößerun-gen 1000fach.

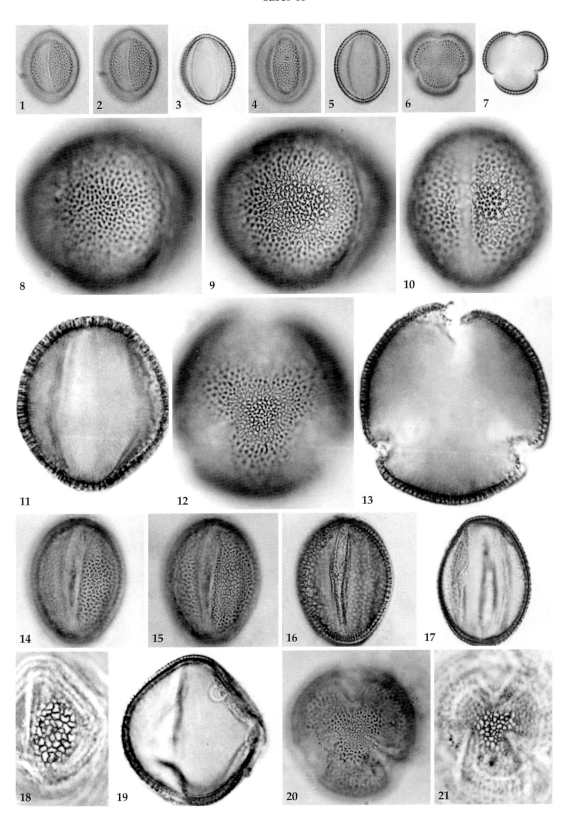

Bei *Rapistrum rugosum* kommen Exinen-Stärken von bis zu 3 μm in Verbindung mit Brochus-Größen bis zu 3,5 μm vor. Ähnliche Verhältnisse liegen bei *Sinapis arvensis* vor. Solche PK haben dadurch eine große Ähnlichkeit mit denen von *Olea*. Die Unterscheidung zwischen *Rapistrum rugosum* und *Sinapis arvensis* einerseits und *Olea europaea* andererseits erfolgt dann durch die Größe des Polarfeldes.

In der Regel sind die Columellae bei den Brassicaceae relativ lang und das Tectum, bzw. die Muri dünn. Die Columellae sind wegen ihrer Länge in Aufsicht auch bei kleinen PK gut erkennbar. Eine Ausnahme macht *Descurainia sophia*. Hier sind die Columellae nur vereinzelt im Phasenkontrastbild in der Aufsicht erkennbar.

Aethionema saxatile (L.) R.Br. (2)
15,5-21,6 μm, MiW 18,4 μm; 50 PK, 0a

Alliaria petiolata (M. Bieb.) Cavara & Grande (2)
21,2-30,1 μm, MiW 26,7 μm; 50 PK, 0a

Alyssum alpestre L. (2)
20,4-31,7 μm, MiW 27,0 μm; 50 PK, 0a

Alyssum alyssoides (L.) L. (3)
21,2-33,5 μm, MiW 27,5 μm; 50 PK, 0a

Alyssum desertorum Stapf (1)
24,8-33,3 μm, MiW 28,3 μm; 30 PK, 0a

Alyssum montanum L. (1)
21,2-33,5 μm, MiW 28,4 μm; 30 PK, 0a

Alyssum ovirense Kerner (1)
21,6-38,1 μm, MiW 26,2 μm; 50 PK, 0a

Alyssum petraeum Ard. (2)
14,5-21,2 μm, MiW 19,6 μm; 50 PK, 0a

Alyssum repens Baumg. (1)
23,0-32,0 μm, MiW 27,7 μm; 50 PK, 0a

Alyssum wulfenianum Bernh. (1)
31,9-39,8 μm, MiW 35,2 μm; 50 PK, 0a

Arabis alpina L. s.str. (2)
26,6-32,2 μm, MiW 29,5 μm; 40 PK, 0a

Arabis auriculata Dc. (2)
20,0-26,8 μm, MiW 23,9 μm; 50 PK, 0a

Arabis bellidifolia Crantz s.l. (2)
18,0-24,5 μm, MiW 22,5 μm; 50 PK, 0a

Arabis caerulea All. (2)
16,0-23,8 μm, MiW 20,3 μm; 50 PK, 0a

Arabis collina Ten. (1)
24,4-29,2 μm, MiW 26,3 μm; 50 PK, 0a

Arabis glabra (L.) Bernh. (2)
17,5-22,5 μm, MiW 21,4 μm; 50 PK, 0a

Arabis hirsuta (L.) Scop. (2)
19,8-27,0 μm, MiW 22,3 μm; 50 PK, 0a

Arabis nova Vill. (1)
18,6-24,8 μm, MiW 21,9 μm; 50 PK, 0a

Arabis pauciflora (Grimm) Garcke (1)
19,5-25,7 μm, MiW 22,1 μm; 50 PK, 0a

Arabis procurrens Waldst. & Kit. (1)
17,3-21,6 μm, MiW 19,2 μm; 50 PK, 0a

Arabis serpillifolia Vill. (1)
17,5-23,9 μm, MiW 20,7 μm; 50 PK, 0a

Arabis stricta Hudson (1)
19,1-23,9 μm, MiW 21,3 μm; 50 PK, 0a

Arabis turrita L. (2)
18,3-23,8 μm, MiW 21,0 μm; 50 PK, 0a

Arabis vochinensis Sprengel (1)
18,6-25,7 μm, MiW 21,9 μm; 50 PK, 0a

Arabidopsis thaliana (L.) Heynh. (2)
15,3-27,5 μm, MiW 22,9 μm; 50 PK, 0a

Armoracia rusticana P. Gaertn., Mey & Scherb. (3)
16,8-24,6 μm, MiW 20,7 μm; 50 PK, 0a

Aurinia saxatilis (L.) Desv. (3)
16,8-25,1 μm, MiW 21,8 μm; 30 PK, 0a

Barbaraea intermedia Boreau (1)
26,0-35,8 μm, MiW 30,7 μm; 50 PK, 0a

Barbaraea stricta Andrz. (2)
17,3-24,5 μm, MiW 20,6 μm; 50 PK, 0a

Barbaraea verna (Mill.) Asch. (1)
21,2-28,5 μm, MiW 24,2 μm; 30 PK, 14a

Barbaraea vulgaris R. Br. (2)
15,3-22,0 μm, MiW 18,9 μm; 50 PK, 0a

Berteroa incana (L.) DC. (3)
20,5-30,1 μm, MiW 23,7 μm; 50 PK, 0a

Biscutella cichoriifolia Loisel. (1)
28,3-45,3 μm, MiW 37,7 μm; 50 PK, 0a

Biscutella laevigata L. (2)
29,8-45,4 μm, MiW 39,8 μm; 50 PK, 0a

Brassica juncea (L.) Czern. (1)
21,2-31,7 μm, MiW 26,8 μm; 50 PK, 0a

Brassica napus L. (3)
24,0-32,0 μm, MiW 27,6 μm; 50 PK, 0a

Brassica nigra (L.) W.D.J. Koch (2)
20,0-28,0 μm, MiW 23,9 μm; 50 PK, 0a

Brassica oleracea L. (2)
22,5-27,0 μm, MiW 25,0 μm; 50 PK, 0a

Brassica rapa L. (2)
25,0-32,3 μm, MiW 28,2 μm; 50 PK, 0a

Braya alpina Sternb. & Hoppe (2)
23,9-31,0 μm, MiW 26,9 μm; 50 PK, 0a

Bunias erucago L. (2)
23,0-33,0 μm, MiW 29,1 μm; 50 PK, 0a

Bunias orientalis L. (2)
21,0-29,3 μm, MiW 25,8 μm; 50 PK, 0a

Cakile maritima Scop. (4)
24,5-32,8 μm, MiW 28,9 μm; 50 PK, 0a

Calepina irregularis (Asso) Thell. (2)
14,5-21,0 μm, MiW 18,2 μm; 50 PK, 0a

Camelina microcarpa Andrz. (2)
25,8-32,5 μm, MiW 29,3 μm; 50 PK, 0a

Camelina sativa (L.) Crantz s.str. (2)
24,0-34,5 μm, MiW 29,9 μm; 50 PK, 0a

Capsella bursa-pastoris (L.) Med. (3)
14,5-22,5 μm, MiW 19,3 μm; 50 PK, 0a

Capsella rubella Reuter (1)
15,5-22,3 μm, MiW 18,6 μm; 50 PK, 0a

Cardamine alpina Willd. (2)
20,5-27,5 μm, MiW 24,5 μm; 50 PK, 0a

Cardamine amara L. (2)
14,2-17,7 μm, MiW 16,0 μm; 50 PK, 0a

Cardamine asarifolia L. (1)
23,9-31,9 μm, MiW 26,9 μm; 50 PK, 0a

Cardamine bellidifolia L. (2)
18,6-27,4 μm, MiW 21,6 μm; 30 PK, 0a

Cardamine bulbifera (L.) Crantz (2)
23,3-30,1 μm, MiW 26,2 μm; 50 PK, 0a

Cardamine enneaphyllos (L.) Crantz (2)
27,5-37,5 μm, MiW 34,3 μm; 50 PK, 0a

Cardamine flexuosa With. (2)
22,5-33,8 μm, MiW 28,4 μm; 50 PK, 0a

Cardamine glanduligera O. Schwarz (2)
25,3-42,5 μm, MiW 32,1 μm; 50 PK, 0a

Cardamine heptaphylla (Vill.) O.E. Schulz (2)
20,5-31,3 μm, MiW 25,5 μm; 50 PK, 0a

Cardamine hirsuta L. (3)
21,8-28,0 μm, MiW 25,2 μm; 50 PK, 0a

Cardamine impatiens L. (1)
15,9-21,2 μm, MiW 19,2 μm; 50 PK, 14a

Cardamine kitaibelii Becherer (5)
24,3-34,5 μm, MiW 28,8 μm; 41 PK, 0a

Cardamine parviflora L. (1)
15,0-24,8 μm, MiW 19,3 μm; 30 PK, 14a

Cardamine pratensis L. (2)
20,4-28,7 μm, MiW 23,5 μm; 50 PK, 0a

Cardamine resedifolia L. (2)
19,5-26,8 μm, MiW 23,1 μm; 50 PK, 0a

Cardamine trifolia L. (2)
20,0-25,5 μm, MiW 23,6 μm; 50 PK, 0a

Cardaminopsis arenosa (L.) Hayek (2)
19,5-26,0 μm, MiW 22,5 μm; 50 PK, 0a

Cardaminopsis halleri (L.) Hayek (3)
15,8-20,3 μm, MiW 17,8 μm; 50 PK, 0a

Cardaminopsis petraea (L.) Hitonen. (2)
13,0-20,8 μm, MiW 17,9 μm; 50 PK, 0a

Cardaria draba (L.) Desf. (3)
20,4-28,7 μm, MiW 23,8 μm; 50 PK, 0a

Clypeola ionthlaspi L. (2)
19,8-24,8 μm, MiW 22,7 μm; 30 PK, 0a

Cochlearia anglica L. (2)
24,0-28,3 μm, MiW 26,4 μm; 50 PK, 0a

Cochlearia danica L. (2)
19,5-25,5 μm, MiW 22,5 μm; 50 PK, 0a

Cochlearia officinalis L. (3)
19,3-28,3 μm, MiW 22,8 μm; 50 PK, 0a

Coincya monensis (L.) Greuter & Burdet (2)
20,5-26,5 μm, MiW 22,9 μm; 50 PK, 0a

Conringia austriaca (Jacq.) Sweet (1)
15,0-24,4 μm, MiW 20,7 μm; 50 PK, 0a

Conringia orientalis (L.) Dum. (3)
18,1-25,1 μm, MiW 21,2 μm; 50 PK, 0a

Coronopus didymus (L.) Sm. (1)
15,9-23,9 μm, MiW 19,3 μm; 50 PK, 0a

Coronopus squamatus (Forssk.) Asch. (2)
15,9-21,2 μm, MiW 18,5 μm; 50 PK, 0a

Crambe maritima L. (3)
24,6-34,0 μm, MiW 27,8 μm; 50 PK, 0a

Crambe tatarica Sebeók (1)
17,7-24,6 μm, MiW 20,5 μm; 50 PK, 0a

Descurainia sophia (L.) Prantl (2)
16,3-20,5 μm, MiW 18,6 μm; 50 PK, 0a

Diplotaxis muralis (L.) DC. (3)
30,0-37,5 μm, MiW 35,4 μm; 50 PK, 0a

Diplotaxis tenuifolia (L.) DC. (2)
28,8-37,8 μm, MiW 33,7 μm; 51 PK, 0a

Diplotaxis viminia (L.) DC. (2)
25,3-34,8 μm, MiW 30,3 μm; 50 PK, 0a

Draba aizoides L. (4)
17,3-24,8 μm, MiW 20,4 μm; 50 PK, 0a

Draba alpina L. (2)
23,9-37,2 μm, MiW 29,1 μm; 50 PK, 0a

Draba dubia Suter (1)
15,9-24,6 μm, MiW 20,2 μm; 50 PK, 0a

Draba fladnizensis Wulfen (3)
17,5-27,0 μm, MiW 21,2 μm; 50 PK, 0a

Draba incana L. (1)
17,7-23,9 μm, MiW 21,4 μm; 50 PK, 0a

Draba lasiocarpa ROCHEL (1)
15,9-24,8 µm, MiW 20,2 µm; 50 PK, 0a

Draba muralis L. (3)
22,8-31,5 µm, MiW 26,4 µm; 50 PK, 0a

Draba nemorosa L. (1)
14,2-21,2 µm, MiW 17,7 µm; 40 PK, 14a

Draba sauteri HOPPE (2)
21,3-25,8 µm, MiW 23,6 µm; 50 PK, 0a

Draba siliquosa M. BIEB. (3)
16,8-23,0 µm, MiW 19,8 µm; 50 PK, 0a

Draba stellata JACQ. (1)
16,8-27,4 µm, MiW 19,7 µm; 50 PK, 0a

Draba tomentosa CLAIRV. (3)
22,5-30,0 µm, MiW 25,9 µm; 50 PK, 0a

Erophila verna DC. (3)
30,0-39,8 µm, MiW 35,6 µm; 50 PK, 0a

Eruca vesicaria (L.) CAV. (3)
14,8-19,5 µm, MiW 18,0 µm; 50 PK, 0a

Erucastrum gallicum (WILLD.) O.E. SCHULZ (2)
21,3-29,5 µm, MiW 26,0 µm; 50 PK, 0a

Erucastrum nasturciifolium (POIR.) O.E. SCHULZ (2)
18,0-22,5 µm, MiW 20,4 µm; 50 PK, 0a

Erysimum diffusum EHRH. (2)
17,8-26,3 µm, MiW 22,9 µm; 50 PK, 0a

Erysimum cheiranthoides L. (2)
18,0-23,3 µm, MiW 20,8 µm; 50 PK, 0a

Erysimum cheiri (L.) CRANTZ (2)
18,5-25,3 µm, MiW 23,2 µm;50 PK, 0a

Erysimum crepidifolium RCHB. (2)
19,5-25,3 µm, MiW 22,1 µm; 50 PK, 0a

Erysimum helveticum (JACQ.) DC. (1)
17,7-31,7 µm, MiW 22,8 µm; 50 PK, 0a

Erysimum hieracifolium L. s.str. . (1)
20,0-28,3 µm, MiW 23,6 µm; 50 PK, 0a

Erysimum odoratum EHRH. (2)
20,3-27,5 µm, MiW 24,8 µm; 50 PK, 0a

Erysimum repandum L. (2)
21,8-27,5 µm, MiW 24,8 µm; 50 PK, 0a

Fibiga clypeata (L.) MEDICUS (2)
24,8-37,0 µm, MiW 29,8 µm; 50 PK, 0a

Hesperis matronalis L. (1)
21,1-28,3 µm, MiW 25,0 µm; 50 PK, 14a

Hesperis sylvestris CRANTZ (1)
17,5-23,0 µm, MiW 20,4 µm; 50 PK, 0a

Hesperis tristis L. (2)
21,1-31,9 µm, MiW 26,5 µm; 50 PK, 0a

Hirschfeldia incana (L.) LAG.-FOS. (1)
17,7-23,0 µm, MiW 20,9 µm; 50 PK, 0a

Hornungia petraea (L.) REICHB. (3)
14,0-23,9 µm, MiW 20,2 µm; 50 PK, 0a

Hymenolobus procumbens (L.) NUTT. (1)
15,0-25,5 µm, MiW 21,8 µm; 10 PK, 0a

Iberis amara L. (3)
20,4-31,0 µm, MiW 23,9 µm; 50 PK, 0a

Iberis intermedia GUERSENT (2)
20,3-29,3 µm, MiW 25,7 µm; 50 PK, 0a

Iberis linifolia L. (1)
20,4-25,7 µm, MiW 23,6 µm; 50 PK, 0a

Iberis saxatilis L. (1)
20,4-24,8 µm, MiW 22,4 µm; 50 PK, 0a

Isatis tinctoria L. (2)
20,3-30,5 µm, MiW 24,7 µm; 50 PK, 0a

Kernera saxatilis (L.) SWEET (2)
20,3-26,5 µm, MiW 22,3 µm; 50 PK, 0a

Lepidium campestre (L.) R.BR. (2)
20,0-25,8 µm, MiW 22,9 µm; 50 PK, 0a

Lepidium cartalagineum (J. MAYER) THELL. (1)
12,2-22,8 µm, MiW 16,7 µm; 50 PK, 0a

Lepidium graminifolium L. (2)
15,9-24,8 µm, MiW 21,0 µm; 50 PK, 0a

Lepidium heterophyllum BENTH. (1)
17,3-24,6 µm, MiW 21,6 µm; 50 PK, 0a

Lepidium latifolium L. (2)
19,6-24,5 µm, MiW 21,8 µm; 50 PK, 0a

Lepidium perfoliatum L. (1)
14,5-21,2 µm, MiW 18,7 µm; 50 PK, 0a

Lepidium ruderale L. (2)
14,2-18,6 µm, MiW 16,7 µm; 50 PK, 0a

Lepidium sativum L. (3)
13,8-21,2 µm, MiW 18,9 µm; 50 PK, 0a

Lepidium virginicum L. (1)
16,8-23,0 µm, MiW 20,4 µm; 50 PK, 0a

Lunaria annua L. (1)
15,9-28,3 µm, MiW 25,1 µm; 50 PK, 0a

▷

Tafel 66

1-6 *Ligustrum vulgare,* **7-13** *Fraxinus ornus,* **14-19** *Phillyrea media,* **20-25** *Olea europaea,* **26-35** *Fraxinus excelsior* (34 Phako). – Vergrößerungen 1000fach.

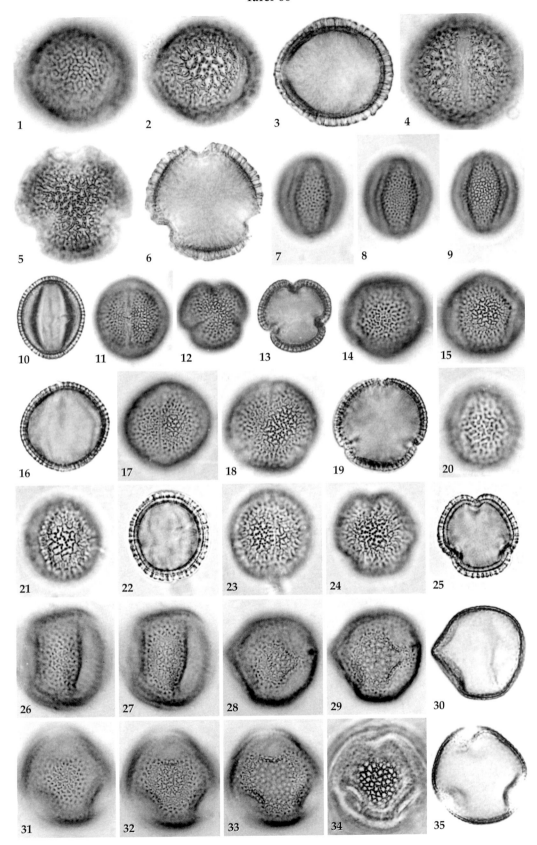

Lunaria rediviva L. (4)
19,5-35,2 μm, MiW 28,9 μm; 50 PK, 0a

Matthiola incana (L.) R. Br. (2)
19,5-27,4 μm, MiW 23,5 μm; 50 PK, 0a

Matthiola fruticulosa (L.) Maire (3)
17,5-23,4 μm, MiW 20,5 μm; 50 PK, 0a

Murbeckiella pinnatifida (Lam.) Rothm. (1)
17,7-24,8 μm, MiW 22,1 μm; 50 PK, 0a

Myagrum perfoliatum L. (2)
20,8-27,8 μm, MiW 24,2 μm; 50 PK, 0a

Nasturtium officinale R.Br. (2)
17,7-23,9 μm, MiW 21,3 μm; 50 PK, 0a

Neslia paniculata (L.) Desv. (2)
15,8-20,0 μm, MiW 18,5 μm; 50 PK, 0a

Peltaria alliacea Jacq. (1)
14,0-20,4 μm, MiW 17,1 μm; 50 PK, 0a

Petrocallis pyrenaica (L.) R.Br. (1)
16,8-24,8 μm, MiW 19,7 μm; 50 PK, 0a

Pritzelago alpina (L.) Kuntze s.l. (3)
13,3-19,5 μm, MiW 16,8 μm; 50 PK, 0a

Raphanus raphanistrum L. (2)
20,0-25,8 μm, MiW 23,9 μm; 50 PK, 0a

Raphanus sativus L. (1)
17,7-23,9 μm, MiW 21,1 μm; 50 PK, 14a

Rapistrum perenne (L.) All. (2)
18,0-25,5 μm, MiW 21,8 μm; 50 PK, 0a

Rapistrum rugosum (L.) All. (2)
21,5-29,5 μm, MiW 26,5 μm; 50 PK, 0a

Rhizobotrya alpina Tausch (2)
20,0-27,0 μm, MiW 23,6 μm; 50 PK, 0a

Rorippa amphibia (L.) Besser (2)
16,3-24,5 μm, MiW 20,3 μm; 50 PK, 0a

Rorippa austriaca (Crantz) Besser (2)
17,5-25,3 μm, MiW 21,6 μm; 50 PK, 0a

Rorippa lippizensis (Wulfen) Reichenb. (2)
21,3-27,8 μm, MiW 24,8 μm; 50 PK, 0a

Rorippa palustris (L.) Besser (2)
18,5-29,5 μm, MiW 23,6 μm; 50 PK, 0a

Rorippa pyrenaica (L.) Rchb. (2)
16,3-23,0 μm, MiW 19,7 μm; 50 PK, 0a

Rorippa sylvestris (L.) Besser (2)
21,5-29,3 μm, MiW 25,3 μm; 50 PK, 0a

Sinapis alba L. (2)
25,5-33,5 μm, MiW 30,4 μm; 50 PK, 0a

Sinapis arvensis L. (2)
24,3-35,3 μm, MiW 31,0 μm; 50 PK, 0a

Sisymbrium altissimum L. (2)
17,5-29,3 μm, MiW 23,2 μm; 50 PK, 0a

Sisymbrium austriacum Jacq. (2)
14,5-21,3 μm, MiW 18,5 μm; 50 PK, 0a

Sisymbrium irio L. (2)
15,0-24,0 μm, MiW 18,5 μm, 50 PK, 0a

Sisymbrium loeselii L. (2)
17,0-22,5 μm, MiW 19,8 μm; 50 PK, 0a

Sisymbrium officinale (L.) Scop. (3)
17,5-26,0 μm, MiW 21,8 μm; 50 PK, 0a

Sisymbrium orientale L. (2)
18,0-25,5 μm, MiW 22,7 μm; 50 PK, 0a

Sisymbrium strictissimum L. (2)
18,8-23,5 μm, MiW 21,6 μm; 50 PK, 0a

Sisymbrium supinum L. (2)
19,3-27,0 μm, MiW 22,3 μm; 50 PK, 0a

Sisymbrium volgense M. Bieb. ex. E. Fourn. (2)
15,5-20,5 μm, MiW 18,6 μm; 50 PK, 0a

Subularia aquatica L. (3)
20,5-33,0 μm, MiW 26,3 μm; 50 PK, 0a

Teesdalia nudicaulis (L.) R.Br. (3)
23,0-30,5 μm, MiW 27,6 μm; 50 PK, 0a

Thlaspi alliaceum L. (2)
23,3-30,5 μm, MiW 26,3 μm; 50 PK, 0a

Thlaspi arvense L. (2)
15,0-23,0 μm, MiW 19,0 μm; 50 PK, 0a

Thlaspi alpinum Crantz (2)
17,3-24,3 μm, MiW 20,7 μm; 50 PK, 0a

Thlaspi calaminare (Leij.) Ley. et Courtois (1)
17,0-23,8 μm, MiW 20,5 μm; 50 PK, 0a

Thlaspi cepaifolium (Wulfen) W.D.J. Koch (2)
15,0-22,5 μm, MiW 20,1 μm; 50 PK, 0a

Thlaspi goesingense Hallácsy (2)
18,0-23,0 μm, MiW 21,5 μm; 50 PK, 0a

Thlaspi montanum L. (1)
18,0-26,5 μm, MiW 22,6 μm; 50 PK, 0a

Thlaspi perfoliatum L. (1)
16,3-23,8 μm, MiW 18,6 μm; 50 PK, 0a

Non vidi: *Alyssoides utriculatum* (L.) Medicus, *Arabis ciliata* Clairv., *A. corymbiflora* Vest, *A. muralis* Bert., *A. scopoliana* Boissier, *A. soyeri* Reut. & Huet, *Cardamine waldsteinii* Dyer, *Cardaminopsis neglecta* (Schultes) Hayek, *Euclidium syriacum* (L.) R.Br., *Diplotaxis erucoides* (L.) DC., *Draba hoppeana* Reichb., *D. ladina* Braun-Bl., *D. norica* Widder, *D. kotschyi* Stur, *D. pacheri* Stur, *Erysimum sylvestre* (Crantz) Scop., *Hugueninia tanacetifolia* (L.) Reichenb., *Lepidium densiflorum* Schrad., *Rorippa anceps* (Wahlenb.) Reichenb., *R. prostrata* (J.P. Bergeret) Schinz & Thell., *Thlaspi praecox* Wulf.

21.28 *Fraxinus ornus*
(Tafel 66: 7-13)

PK prolat oder schwach sphäroidisch (PFormI 1,3-1,6, selten um 1,25), dickwandig. Exine um 2 µm, dick, polar oft etwas dicker (2,2 µm). Endexine dünner als die Ektexine. Polarfelder mittelgroß (PFeldI 0,35-0,45). Brochi 1,0-2,0(2,2) µm groß, unregelmäßig geformt. Columellae in Aufsicht deutlich. Colpen eingesenkt. Bei vielen PK fehlt diese Einsenkung im Äquatorialbereich (vergl. *Fraxinus excelsior*-Typ, S. 316 und *Phillyrea*). Eine äquatoriale Colpus-Verengung oder eine poroide Struktur werden dadurch u.U. vorgetäuscht. *Fraxinus ornus* wird deswegen auch bei den tricolporoidaten Pollenformen erwähnt.

Möglicherweise können PK von *F. ornus* mit denen bestimmter Brassicaceae verwechselt werden. Es ist dabei auf die Größe des Polarfeldes zu achten (klein bei den Brassicaceae), die aber nicht in jeder Lage des PK gut erkennbar und meßbar sein dürfte. Bei den Brassicaceae sind prolate PK selten, und wo sie auftreten, ist die Exine dünner als bei *Fraxinus ornus*. Immerhin wurden z.B. bei *Cardaminopsis arenosa* sehr ähnliche Formen gefunden, bei denen der PFormI vereinzelt etwas höher als 1,33 liegt. Bei dem untersuchten Material waren die Muri dünner und die Brochi etwas kleiner als bei *Fraxinus ornus*.

Fraxinus ornus L. (3)
23,0-29,3 µm, MiW 26,3 µm; 50 PK, 0a

21.29 *Phillyrea*
(Tafel 66: 14-19)

PK sphäroidisch (PFormI 0,8-1,2), Polarfelder mittelgroß bis groß (PFeldI 0,41-0,64). Exine (1,2)1,4-2,0(2,2) µm dick. Endexine meist dünner als die Ektexine. Brochi deutlich über 1,0 µm und bis 2,2 µm groß, unregelmäßig, oft länglich. Columellae deutlich im Hellfeld zu erkennen, locker gestellt (1-2 pro Murus). Oft ähnliche Verhältnisse wie bei dem *Fraxinus excelsior*-Typ: Colpen sehr schmal, außerhalb des Äquatorialbereiches deutlich eingesenkt, im Äquatorialbereich dagegen nicht, hier eher etwas vorgezogen (oft deutliche Knickform der Colpus-Kontur; s. *Fraxinus excelsior*-Typ, S. 316). Dieses Merkmal ist aber von Art zu Art und von Herkunft zu Herkunft unterschiedlich ausgebildet. Es gibt auch häufig PK mit einem völlig einheitlichen Verlauf der Colpen. – Abweichende Formen sind tetracolpat oder pericolpat.

Vergl. ggf. auch den *Oxalis stricta*-Typ (S. 292): Dort sind bei stärker eingekrümmten Intercolpium-Rändern ihre körnig aufgelösten Ränder und die scabrate bis schollige Bekleidung der Colpus-Membranen meist nicht oder nur schwer zu erkennen.

Phillyrea angustifolia L. (1)
18,2-24,3 µm, MiW 22,0 µm; 50 PK, 0a

Phillyrea latifolia L. (2)
19,3-23,0 µm, MiW 21,7 µm; 50 PK, 0a

Phillyrea media L. (2)
22,0-30,0 µm, MiW 25,7 µm; 50 PK, 0a

21.30 *Corylopsis*-Typ
(Tafel 68: 1-5)

PK sphäroidisch, PFormI 0,94-1,21. Polarfelder mittelgroß, selten klein (PFeldI 0,23-0,33). Brochi 2,1-2,3 µm dick, mit dicker Endexine. Columellae im Hellfeld gut erkennbar. Colpen gerade, mit glatten Rändern, 2-6 µm breit, mit rudimentärem Operculum. Intercolpium-Ränder etwas eingekrümmt.

Die Abtrennung von *Phillyrea* muß als kritisch betrachtet werden. Unterscheidungsmerkmale sind das kleinere Polarfeld, die dickere Exine, die breiten Colpen mit einem rudimentären Operculum. Es fehlt eine pollenmorphologische Monographie der Hamamelidaceae.

Corylopsis spicata SIEB.& ZUCC. (1)
28,3-35,0 µm, MiW 32,5 µm; 50 PK, 0a

21.31 *Fraxinus excelsior*-Typ
(Tafel 66: 26-35)

PK sphäroidisch (PFormI 0,8-1,1), Polarfelder mittelgroß bis groß (PFeldI 0,32-0,59). Exine ca. 1,0-1,2 µm dick. Endexine meist dünner als die Ektexine. Brochi unterschiedlich groß. Es gibt PK mit Brochi bis ca. 1,0 µm und PK mit starken Größenunterschieden bei den Brochi (überwiegend 1,0-1,4 µm, selten bis 2,0 µm, bzw. 0,6 µm). Bei *F. angustifolia* wurden zahlreiche PK mit Brochi über 1,0 µm und bis 2,0 µm festgestellt. Hinsichtlich der Deutlichkeit der Columellae gibt es ebenfalls große Unterschiede. Columellae sind selbst im Phasenkontrastbild nicht immer erkennbar. Somit muß man von einer großen Schwankungsbreite in der Ausbildung des PFormI, des PFeldI, der Brochus-Größe und der Sichtbarkeit der Columellae ausgehen.

Außerhalb des Äquatorialbereiches sind die Colpen stark eingesenkt, im Äquatorialbereich dagegen nicht und hier meist sogar vorgezogen. Das kann eine äquatoriale Colpusverengung vortäuschen. Bei seitlicher Ansicht des PK auf die Mitte eines Intercolpiums haben die 2 angrenzenden Colpen in der Mitte einen deutlich geknickten Verlauf.

Außerhalb des Verbreitungsgebietes von *Fraxinus ornus* (s. S. 315) wird man diesen Pollentyp als *Fraxinus* bezeichnen können, wie das auch in der Literatur allgemein üblich ist. In Gebieten mit einem möglichen Vorkommen von *Fraxinus ornus* sollte man besser von einem *Fraxinus excelsior*-Typ sprechen.

Fraxinus excelsior L. (4)
19,5-27,0 µm, MiW 23,7 µm, 50 PK, 0a

Fraxinus angustifolia VAHL. (1)
20,3-29,5 µm, MiW 25,4 µm; 29 PK, 0a

21.32 *Hamamelis*-Typ
(Tafel 67: 15-20)

PK sphäroidisch, PFormI 0,87-1,10. Polarfelder mittelgroß (PFeldI 0,29-0,31). Brochi gemischt 1-2 µm groß, Columellae nur im Phasenkontrastbild erkennbar, und oft auch dann nur schwer. Colpen gerade und mit glatten Rändern, oft ist ein Operculum angedeutet. Intercolpium-Ränder etwas eingekrümmt, hier oft mit kleinen Brochi. Exine 1,7-1,9 µm dick, Tectum dünn, Endexine 0,8-0,9 µm dick.

Die Möglichkeit einer Bestimmung kann als kritisch betrachtet werden, da eine pollenmorphologische Monographie der Hamamelidaceae fehlt.

Hamamelis japonica SIEB.& ZUCC. (1)
18,3-24,3 µm, MiW 21,6 µm; 50 PK, 0a

⊳

Tafel 67

1-5 *Tilia platyphyllos* (4-5 Phako), **6-13** *Tilia cordata* (12-13 Phako), **14** *Tilia tomentosa* (Phako), **15-20** *Hamamelis japonica* (17 Phako). 4-5 und 12-13 zeigen das Muster der Tubuli von jeweils einem PK auf der distalen und der proximalen Seite. – Vergrößerungen: 1-3, 6-11, 15-20: 1000fach; 4-5, 12-14: 2000fach.

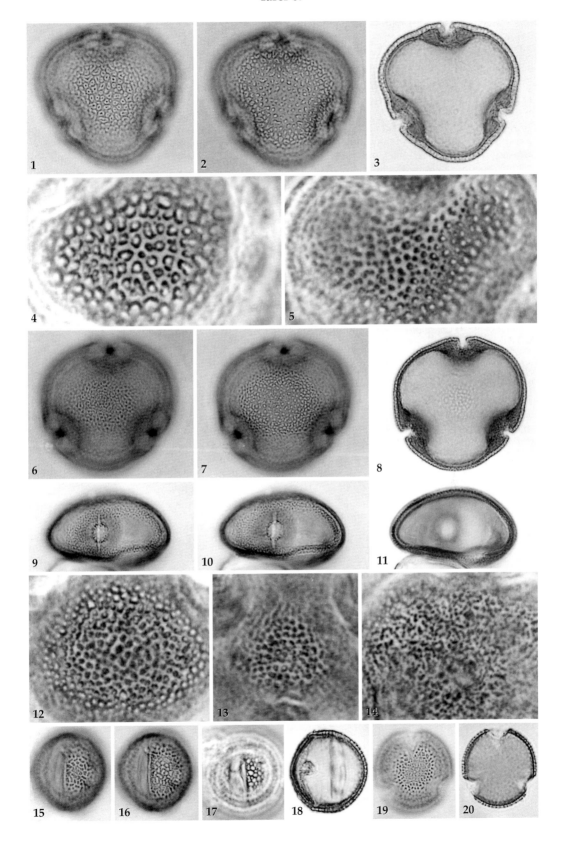

22. Tricolporatae
PK mit reticulaten (per- oder suprareticulaten), microreticulaten oder fossulaten Skulpturen

Tricolporate PK

Colpen stets mit je einer deutlich, d.h. hinreichend kontrastreich begrenzten, runden, transversal oder meridional verlängerten Pore oder mit je einem Colpus transversalis oder einem Colpus equatorialis. Die Aperturen können durch Costae ganz oder teilweise eingerahmt sein. Die Poren erstrecken sich deutlich über die Colpus-Ränder hinaus. Colpi transversales sind gelegentlich spaltartig ausgebildet. Sind diese Spalten so kurz, daß sie nicht oder nur kaum über die Colpus-Ränder auf die Intercolpien übergreifen, so ist entweder nur oder auch der Bestimmungsschlüssel für tricolporoidate PK (S. 359 zu berücksichtigen.

Tricolpate PK .... S. 286

PK mit 3 Colpen, diese stets ohne zusätzliche, äquatoriale Aperturen in der Endexine bzw. in der Endexine und in der Columellae-Schicht oder in den Colpus-Membranen. Intercolpium-Ränder glatt oder auf ihrer ganzen Länge oder im Äquatorialbereich körnig aufgelöst. Bei PK mit sehr schwacher äquatorialer Unterbrechung der Intercolpium-Ränder oder mit angedeuteter Verengung der Colpen ist es ratsam, auch nach dem Bestimmungsschlüssel für tricolporoidate PK (S. 359) vorzugehen. Als tricolpata gelten auch PK mit einem vorgezogenen Äquatorialbereich der Colpen aber ohne deren Verengung (z.B. *Fraxinus excelsior*)

Tricolporoidate PK .... S. 359

Colpen stets mit einer einfachen oder s-förmigen äquatorialen Verengung oder mit auffällig im Äquatorialbereich aufgelösten, d.h. unterbrochenen Rändern der Intercolpien, niemals aber mit kontrastreichen runden Poren. Der äquatoriale Bereich einer Verengung ist oft vorgezogen und nicht eingetieft, auch wenn das aufgrund eingekrümmter Intercolpium-Ränder außerhalb des Äquatorialbereiches der Fall ist.

Besondere Bedingungen und Schwierigkeiten des Bestimmungsganges:
1. Bei der Beurteilung reticulater und microreticulater Skulpturierungen muß man – ausgenommen PK mit hinreichend großen und kontrastreichen Skulpturen – die Phasenkontrastoptik einsetzen.
2. Die Unterschiede zwischen einem englumigen Microreticulum und einem Tectum perforatum sind u.U. schwer zu erkennen, zumal Übergänge eine Rolle spielen können. PK mit einem Tectum perforatum wurden an verschiedenen Stellen berücksichtigt.
3. Die PK von *Hyoscyamus niger* besitzen oft bis 2 µm lange, langgestreckte und meridional ausgerichtete Brochi. Die Skulpturierung kann als reticulat-striat (nicht striat-reticulat) bezeichnet werden. *Hyoscyamus niger* wird in den Bestimmungsschlüsseln für reticulate, tricolporate und tricolporoidate PK berücksichtigt.

1   PK oblat bis peroblat, Colpen kurz, Poren groß, mit taschenartigen inneren Vorwölbungen der Endexine (Tafel 67: 1-14) .... **22.1** *Tilia* (S. 321)

–   PK sphäroidisch, prolat oder perprolat 2

2   Muri echinat oder scabrat (Ölimmersion benutzen!) skulpturiert 3

–   Muri nicht skulpturiert 6

3   Muri mit ca. 1 µm langen Echini, Columellae deutlich (Tafel 68: 6-13) ....
....**22.2** *Cistus salvifolius* (S. 324)

–   Muri scabrat oder rugulat skulpturiert 4

4 PK deutlich reticulat, 40-65 µm groß, dickwandig, Muri scabrat 5

– PK microreticulat, rund, dünnwandig, 17-37 µm groß, Muri reticulat-rugulat oder scabrat skulpturiert (Tafel 75: 8-14) .... **22.22 *Rumex acetosa*-Typ** (S. 340)

5 Exine 3-4 µm dick, Polarfelder klein, PK 40-55 µm groß (Tafel 68: 14-17) .... **22.3 *Cistus monspeliensis*** (S. 324)

– Exine 2,0-2,8 µm dick, Polarfelder mittelgroß bis klein, PK 38-67 µm groß (Tafel 69: 1-12, Tafel 70: 1-4) .... **22.4 *Fumana*** (S. 324)

6 Intercolpien konkav oder flach (Polaransicht!) 7

– Intercolpien konvex 12

7 PK zumindest an den Intercolpium-Rändern reticulat-striat (Tafel 48: 24-29) .. *Ailanthus* (S. 256)

– PK auch an den Intercolpium-Rändern nicht reticulat-striat. Andeutungen einer solchen Skulpturierung können allerdings bei 10. *Dictamnus albus* und 13. *Gentianella germanica*-Typ auftreten . 8

8 PK 24- 31 µm groß, mit relativ kontrastschwachen Schmetterlingsporen (3-4 × 8-12 µm), microreticulat außer auf den Polarfeldern, Columellae nicht erkennbar (Tafel 70: 5-10) .... **22.5 *Osyris alba*** (S. 326)

– PK mit deutlich erkennbaren Columellae, Polarfelder reticulat oder microreticulat 9

9 PK größer als 30 µm, Poren äquatorial verlängert, größte Brochi (Mitte der Intercolpien oder Polarfelder) mindestens 2-3 µm groß. Margo vorhanden, PK polar oft abgeflacht (Tafel 70: 11-16) .... **22.6 *Hedera helix*** (S. 326)

– PK kleiner als 30 µm, meist um 18-28 µm 10

10 Poren klein, rund und scharf konturiert, nicht über die Intercolpium-Ränder reichend, diese scharf eingekrümmt. (Micro-)Reticulum im Polarbereich großmaschiger als äquatorial, oft nur hier deutlich (Tafel 70: 17-22) .... **22.7 *Vitis*** (S. 328)

– Poren rund bis spaltartig, immer schwach konturiert und gleichmäßig verteilt 11

11 PK microreticulat, Brochi um 1 µm groß, Muri schmal und kontrastreich (Tafel 70: 23-29) .... **22.8 *Trientalis europaea*** (S. 328)

– Brochi über 1 µm und bis 2 µm groß, Muri breit und kontrastarm (Tafel 71: 1-5) .... **22.9 *Rhamnus*-Typ** (S. 330)

12 PK perreticulat oder suprareticulat, Brochi über 1 µm groß, zumindest in der Mitte der Intercolpen 13

– PK microreticulat (Brochi bis 1 µm groß) 24

13 PK perreticulat 14

– PK suprareticulat 31

14 Brochi bis 2 µm groß 15

– Brochi über 2 µm groß 21

15 Brochi 1,0-1,5 µm groß, polar und subpolar nur 1 µm, PK rhomboidisch, Pore äquatorial verlängert, spaltartig, Colpen ohne Margo (Tafel 71: 6-9) .... **22.10 *Dictamnus albus*** (S. 330)

– Brochi polar nicht kleiner als auf den Intercolpien 16

16 PK über (38)40 µm groß 17

– PK kleiner als 35 µm 20

17 Exine 1-2 µm dick, Brochi 1,0-2,0 µm groß 18

– Exine mindestens 2,4 und bis 3-4 µm dick 19

18 Polarfelder klein (PFeldI kleiner als 0,20), PK sphäroidisch, reticulat oder schwach reticulat-striat (Tafel 71: 10-15) .... **22.11** *Hyoscyamus niger* (S. 332)

– Polarfelder mittelgroß (PFeldI größer als 0,20 und bis 0,30), PK sphäroidisch bis prolat (Tafel 71: 16-19) .... **22.12** *Bryonia* (S. 332)

19 Brochi 1,5-3,5 µm groß, Colpen mit ca. 5 µm breiten Margines aus 1 µm großen Brochi (Tafel 72: 1-12) .... **22.13** *Gentianella germanica*-Typ (S. 332)

– Brochi 1-1,5(2) µm groß, Colpen ohne Margines, PFormI 1,0-1,2, wenn größer als 1,2, vergl. *Fumana laevipes*-Typ S. 326 (Tafel 73: 1-6) .... **22.14** *Cistus albidus*-Typ (S. 334)

20 Poren rund, Polarfelder klein (Tafel 73: 7-11) .... **22.15** *Parnassia palustris* (S. 335)

– Poren äquatorial verlängert und zugespitzt, oft unregelmäßig und eingerissen, Polarfelder mittelgroß (Tafel 73: 12-17) .... **22.16** *Lysimachia vulgaris*-Typ (S. 335)

21 Columellae mehrreihig unter den Muri 22

– Columellae einreihig, PK 23-35 µm groß, Polarfelder klein, PFormI 1,1-1,3 (wenn Poren deutlich äquatorial gestreckt, spitz zulaufend und / oder mit eingerissenen Rändern, PFormI über 1,3 und undeutlichen Columellae, vergl. 21.16. *Lysimachia vulgaria*-Typ) (Tafel 73: 18-25, Tafel 74: 1-8) .... **22.17** *Viburnum* (S. 336)

22 PK mit kleinreticulaten Margines 23

– PK ohne Margines, 36-45 µm groß, sphäroidisch (Tafel 74: 9-14) .... **22.18** *Sterculia* (S. 336)

23 PK 39-54 µm groß, Polarfelder klein (Tafel 74: 15-18) .... **22.19** *Staphylea pinnata* (S. 336)

– PK 32-42 µm groß, Polarfelder mittelgroß (Tafel 70: 11-16) .... **22.6** *Hedera helix* (S. 326)

24 PK heteropolar, in Äquatorialansicht birnförmig, 15-21 µm groß, kontrastarm microreticulat (Tafel 75: 1-3) .... **22.20** *Echium* (S. 338)

– PK nicht heteropolar und birnförmig 25

25 Poren meridional verlängert oder rund 26

– Poren transversal verlängert 28

26 PK kugelig 27

– PK deutlich länger als breit (Tafel 75: 4-7) .... **22.21** *Rheum* (S. 338)

27 Polarfelder mittelgroß oder groß (PFeldI ca. 0,3-0,6) (Tafel 75: 8-14) .... **22.22** *Rumex acetosa*-Typ (S. 340)

– Polarfelder klein (PFeldI ca. 0,1-0,2) (Tafel 75: 15-20) .... **22.23** *Rumex scutatus*-Typ (S. 342)

28 Poren kontrastreich, Coumellae mindestens im Phasenkontrastbild erkennbar 29

– Poren relativ kontrastarm, 2-4 µm breit, mit abgerundeten Enden oder mit stark unregelmäßig und breit eingerissenen Rändern, bei einigen Arten auch als Ringfurche ausgebildet, Columellae in Aufsicht nicht erkennbar, PK 14-35 µm groß 30

29 PK apiculat bis rhomboidisch, Porenumrandungen meridional mit Verdickungen (Tafel 75: 21-28) .... **22.24** *Ruta graveolens* (S. 342)

– PK elliptisch, Poren eng spaltförmig, nur 1-1,5 µm breit und 8-11 µm lang, kontrastreich, PK 25-32 µm groß. Polarfelder mittelgroß. Wenn Polarfelder klein, vergl. 22.21. *Rheum* (Tafel 75: 29-34) .... **22.25** *Ptelea trifoliata* (S. 342)

30 Poren stark äquatorial verlängert, zugespitzt, Ränder oft mit unregelmäßigen Rissen, auch zu einer Ringpore vereinigt (Tafel 76: 1-6) .... **22.26** *Anagallis*-Typ (S. 342)

– Poren elliptisch, mit abgerundeten Enden (wenn suprareticulat vergl. 22.31. Fabaceae p.p. und *Hypericum perforatum*-Typ (S. 371) (Tafel 75: 35-41) .... **22.27** *Androsace maxima* (S. 343)

22.1 *Tilia*
(Tafel 67: 1-14, Abb. 25-26)

Über die pollenmorphologische Unterscheidung der beiden mitteleuropäischen Arten *T. cordata* und *T. platyphyllos* gibt es eine verhältnismäßig umfangreiche Literatur. Nach ersten Ansätzen von TRELA (1928) waren es CHAMBERS & GODWIN (1961), die in einer detaillierten Darstellung den Bau der Exine von *Tilia platyphyllos* aufklärten.

Die PK von *Tilia* sind oblat bis peroblat mit PFormI von ca. 0,43-0,64. Die PK haben in Polaransicht einen kreisförmigen Umriß, oder die Intercolpien sind gebuckelt, d.h. ihre Krümmung ist größer als die Kreisform des Umrisses. Die Polarfelder sind groß (PFeldI 0,52-0,67), die Colpen kurz (ca. 9,5-11,0 µm lang). Poren: Unter jedem Colpus liegt ein in Aufsicht (Äquatorialansicht) runder, 4,5-7,0 µm großer taschenförmiger Hohlraum, der proximal von der nach innen vorgewölbten und verdickten und dabei schwammigen oder in Lamellen aufspaltenden Endexine gebildet wird. In der Wand dieser Aufwölbung gibt es dünnere Stellen und Risse. Die Exine ist 1,8-2,5 µm dick, die Endexine 0,8-1,0 µm.

Die PK sind hinsichtlich der Strukturierung bzw. der Skulpturierung und der Wölbung ihrer Polarfelder heteropolar: Das flachere Polarfeld besitzt eine feinere Strukturierung und Skulpturierung als das stärker gewölbte.

Die Skulptur bzw. der Wandaufbau wird als tubulat bezeichnet. Das Tectum ist mit trichterförmigen Einsenkungen (Tubulae) ausgestattet, die bis auf die Endexine reichen. Ihre Mündungen bilden an der Oberfläche der Exine ein reticulates Muster. In ihrem unteren Teil sind die Trichterwände oft schlitz- oder punktförmig durchbrochen. Diese Durchbrechungen sind bei PK mit breiten Trichtern auch im Hellfeld (Aufsicht) gut zu erkennen. Das ist z.B. besonders bei *Tilia platyphyllos* der Fall. Bei *T. cordata* sind diese Verhältnisse weniger gut zu erkennen. Neben den Trichtern kommen auch Columellae vor.

INGWERSEN (1954) und PRAGLOWSKI (1962) verwenden u.a. die Größe der Trichtermündungen für die Artbestimmung. PRAGLOWSKI gibt für *T. platyphyllos* subsp. *eugrandifolia* 4 und für *T. cordata* 9 Trichtermündungen pro 10 µm² im Bereich der Polarfelder an und wies damit bereits auf das wichtigste Merkmal zur Unterscheidung der beiden mitteleuropäischen *Tilia*-Arten hin.

Im Interesse einer leichteren und praktikableren Handhabung verwendet BEUG in JUNG, BEUG & DEHM (1972) nicht die Zahl der Trichtermündungen pro 10 µm², sondern ihre Anzahl auf einer Strecke von 10 µm, die sich leicht mit einem Okularmikrometer abgreifen läßt (Abb. 25).

Die Heteropolarität der PK von *Tilia* beruht u.a. darauf, daß die Tubulae auf beiden Polarfeldern unterschiedlich groß sind. Dieser Größenunterschied ist bei *T. platyphyllos* stark, bei *T. cordata* und *T. tomentosa* schwach ausgebildet. Bei der Bestimmung eines fossilen PK muß bei starker Vergrößerung (Ölimmersion) die Zahl der Elemente auf einer Strecke von 10 µm auf beiden Polarfeldern getrennt ermittelt werden. Das ist in Abb. 26 dargestellt. Für jeweils 20 PK der 4 untersuchten Arten

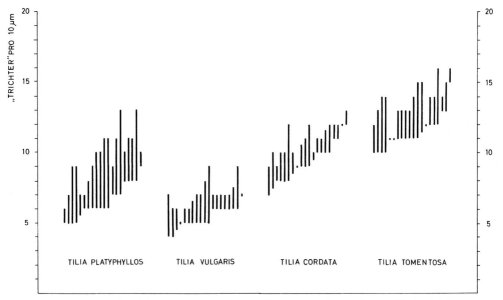

Abb. 25. Bestimmungsmerkmale bei *Tilia*-Arten aufgrund der Heteropolarität, dargestellt durch Messungen an rezenten PK. Aufgetragen ist die Zahl der Trichter in der Exine auf einer Strecke von 10 μm jeweils für die beiden Seiten einzelner PK. Die aufgetragenen Werte sind miteinander verbunden. Weitere Erläuterungen im Text. Aus BEUG in JUNG, BEUG & DEHM (1972) mit freundlicher Genehmigung der Bayerischen Akademie der Wissenschaften.

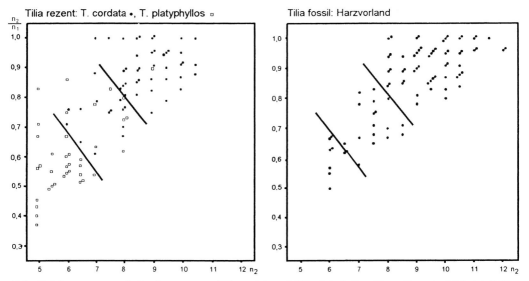

Abb. 26. Messungen zur Artbestimmung von *Tilia cordata* und *Tilia platyphyllos*. Oben: Rezentes Material (2 Herkünfte pro Art). Unten: Fossiles Material aus Torfschichten der jügeren mittleren Wärmezeit (Pollenzone VII) des Finnenbruchs bei Pöhlde, Landkreis Osterode. Erläuterungen im Text. Aus BEUG (1994) verändert.

sind die Werte von den beiden Polarfeldern eines jeden PK durch einen Strich miteinander verbunden. Bei *T. platyphyllos* und bei *Tilia vulgaris* (Bastard zwischen *T. cordata* und *T. platyphyllos*) ist der Größenunterschied beträchtlich, denn die Tubulae der grob strukturierten Polarfelder sind groß. Während hier nur 5-8 Struktureinheiten auf einer Strecke von 10 μm gefunden wurden, sind es bei

T. cordata und *T. tomentosa* (8)10-13. Außerdem ist die Unterschied zwischen beiden Polarfeldern kleiner als bei *T. platyphyllos*. Es gibt aber Überschneidungen zwischen den Arten. Deswegen wurden nochmals Messungen an je 100 PK der beiden mitteleuropäischen Arten durchgeführt (Abb. 26) und mit fossilem Material aus dem Untereichsfeld im westlichen Harzvorland bei Göttingen verglichen (BEUG 1994).

In Abb. 26 werden die auf den beiden Polarfeldern ermittelten Werte als n1 und n2 bezeichnet, wobei n2 der Wert des Polarfeldes mit den größeren Tubuli ist und deswegen kleiner als n1 ist. Der Quotient n2 : n1 für die einzelnen PK ist ein Maß für den Grad der Heteropolarität: Dieser Quotient ist bei *T. platyphyllos* relativ klein und bei *T. cordata* dagegen relativ groß und nahe 1,0. Stellt man den Quotienten in Abhängigkeit von n2 dar, so zeigt die Verteilung der Werte für beide Linden-Arten nur einen relativ kleinen Überschneidungsbereich (Abb. 26 links). Abb. 26 zeigt rechts Messungen an fossilen PK. Bei der Auswertung solcher Messungen wird man die PK im Überschneidungsbereich nicht der einen oder anderen Art zuordnen können.

Bei dem rezenten Material (jeweils 2 Herkünfte) waren von *Tilia cordata* 76 % bestimmbar, 24 % lagen im Überschneidungsbereich. Bei *Tilia platyphyllos* waren 74 % bestimmbar. Rund ¾ der vorhandenen PK dürften sich somit bestimmen lassen. Bei der fossilen Probe liegt das Verhältnis der bestimmbaren PK von *T. cordata* zu *T. platyphyllos* bei 7,4 : 1 und zeigt somit ein deutliches Übergewicht von *T. cordata* in den damaligen Wäldern des westlichen Harzvorlandes.

Die von BEUG vorgeschlagene Methode zur Bestimmung eines *T. cordata*-Typs und eines *T. platyphyllos*-Typs wurde bereits mehrfach an fossilem Material erprobt. Auch GUGGENHEIM (1975) geht in seiner von elektronenoptischen Untersuchungen gestützten Arbeiten über die Unterscheidung der beiden mitteleuropäischen *Tilia*-Arten auf die Untersuchungen von BEUG ein.

Bei der Bearbeitung der Tiliaceae in der »Nordwesteuropäischen Pollenflora« verwenden CHRISTENSEN & BLACKMORE (1988) zur Unterscheidung der mitteleuropäischen *Tilia*-Arten ebenfalls diese Methode betreffend die Zahl der Tubuli auf einer Strecke von 10 µm, offenbar ohne die Originalarbeit von BEUG (in: JUNG, BEUG & DEHM 1972) zu erwähnen bzw. zu kennen, wenngleich sie die Arbeit von GUGGENHEIM (1975) durchaus zitieren.

Als zusätzliches Merkmal zur Unterscheidung der mitteleuropäischen Arten kann man möglicherweise die Größe der taschenförmigen Verdickungen unter den Colpen (gemessen in Polaransicht und parallel zum optischen Schnitt des PK) verwenden. Sie beträgt bei *T. platyphyllos* 14-18 µm, bei *T. cordata* 12,5-15,5 µm. *T. vulgaris* verhält sich wie *T. platyphyllos* und *T. tomentosa* wie *T. cordata*. Weitere Untersuchungen dazu sind sicherlich erforderlich.

1　Auf der gröber skulpturierten Seite des PK werden auf einer Strecke von 10 µm 4-8(9) Trichtermündungen gemessen. Heteropolarität meist sehr deutlich. Taschenartige Verdickungen unter den Colpen in Polaransicht 14-18 µm groß (Tafel 67: 1-5) .... **22.1.1 *Tilia platyphyllos*-Typ**

Tilia platyphyllos SCOP. (7)
29,1-45,5 µm, MiW 38,4 µm; 50 PK, 0a, Ä

Tilia × vulgaris HAYNE (1)
37,5-49,2 µm, MiW 43,3 µm; 50 PK, 0a, Ä

–　Auf der gröber skulpturierten Seite der PK liegen auf einer Strecke von 10 µm (7)8-14 Skulpturelemente. Heteropolarität im Wandaufbau oft gering. Taschenartige Verdickungen unter den Colpen in Polaransicht 12-15,5 µm groß (Tafel 67: 6-14) .... **22.1.2 *Tilia cordata*-Typ**

Tilia cordata MILL. (8)
29,0-39,0 µm, MiW 33,5 µm; 50 PK, 0a, Ä

Tilia tomentosa MOENCH (1)
32,2-41,4 µm, MiW 36,3 µm; 50 PK, 0a, Ä

Bei *T. tomentosa* scheint die Heteropolarität im Wandaufbau größer, das tubulate Netzmuster regelmäßiger und die Endexinenverdickungen unter den Colpen schwächer zu sein als bei *T. cordata*. Weitere Untersuchungen sind erforderlich.

Ferner wurden untersucht:

Tilia alba AIT. (1)
33,3-42,1 µm, MiW 37,9 µm; 50 PK, 0a, Ä

Tilia rubra DC. (1)
33,3-42,1 µm, MiW 37,8 µm; 50 PK, 0a, Ä

Tilia americana L. (1)
31,9-43,9 µm, MiW 37,6 µm; 50 PK, 0a, Ä

Tilia rubra DC. subsp. *caucasica* (RUPR.) V. ENGLER (1)
38,2-49,4 µm, MiW 43,4 µm; 50 PK, 0a, Ä

Bei den PK dieser Arten ist der Grad der Heteropolarität gering, und die Tubuli sind relativ klein. Stichproben-untersuchungen zeigten, daß keine dieser Arten zu dem *Tilia platyphyllos*-Typ gehört. Bei *T. americana* und *T. alba* dürfte die Zugehörigkeit zum *T. cordata*-Typ sicher sein, bei *T. rubra* ssp. *caucasica* und *T. rubra* fehlen noch ausreichende Messungen.

22.2 *Cistus salvifolius*
(Tafel 68: 6-13)

PK reticulat, Muri echinat, sphäroidisch, PFormI zwischen 1,0 und 1,2. Polarfelder mittelgroß bis groß. Exine inkl. Echini 3,5-4,5 µm, Endexine ca. 0,6 µm dick. Brochi 2-3,5 µm groß. Muri 1,0-1,3 µm breit, mit 1 µm langen Echini besetzt (4-6 Echini auf den Muri eines Brochus). Echini basal vom Grunde an scharf zugespitzt. Die Echini sind in Aufsicht sowie im optischen Schnitt gut erkennbar. Columellae deutlich, etwa 1 µm dick. Poren rund, 5-9 µm groß.

Cistus salvifolius L. (4)
41,0-49,0 µm, MiW 45,4 µm; 50 PK, 0a

22.3 *Cistus monspeliensis*
(Tafel 68: 14-17)

PK sphäroidisch, sehr ähnlich den PK von *C. salvifolius*, aber Polarfelder klein (PFeldI 0,17-0,24), Brochi nur 1,0-2,5(3,0) µm groß, und Muri nicht echinat, sondern scabrat skulpturiert. Scabrate Skulpturelemente in Aufsicht bis 1 µm groß und im optischen Schnitt schwer oder nicht erkennbar. Poren 6-8 µm groß, bei äquatorial verlängerten Poren 3-6 × 7-10 µm. Exine 3-4 µm dick.

Cistus monspeliensis L. (3)
42,0-53,3 µm, MiW 47,0 µm; 50 PK, 2a

22.4 *Fumana*
(Tafel 69: 1-12, Tafel 70: 1-4)

1   PFormI 0,9-1,2, PK 50-67 µm groß .... **22.4.1** *Fumana procumbens*-Typ
–   PFormI größer als 1,2, PK 39-60 µm groß .... **22.4.2** *Fumana laevipes*-Typ

22.4.1 *Fumana procumbens*-Typ (Tafel 69: 1-6). PK reticulat, sphäroidisch, PFormI 0,9-1,2. Die Polar-felder sind mittelgroß (PFeldI 0,25-0,4). Exine um 2,5 µm dick. Brochi 2-3 µm groß, englumig, regel-mäßig oder unregelmäßig geformt. Columellae sehr kurz, nur 0,4-0,5 µm lang und 0,4-0,8 µm dick, oft undeutlich. Muri meist 1-1,2 µm breit und ca. 1,5 µm hoch. Bei hoher optischer Ebene erscheint das Reticulum nicht geschlossen, sondern zerfällt in dreieckige oder polygonal geformte oder längliche, ca. 1,5-3,0 µm große Teilstücke, auf denen Microechini sitzen (scharfe Ecken und Spitzen an der distalen Seite der Muri). Bei tieferer optischer Ebene ist das Reticulum geschlossen und regelmäßig aufgebaut (*F. arabica*) oder die eckigen »Teilstücke« sind durch etwas schmälere Verbindungen zu Brochi vereinigt. Poren rundlich, 6-8 µm groß, wenn meridional gestreckt, dann bis 10 µm lang, mit schwach verdickten Rändern (Endexine). Die Ektexine ist über den Poren normal ausgebildet. Infolge der Größe der PK und der relativ dünnen Exine sind die PK weniger formstabil als die der *Cistus*-Arten.

Tafel 68

1-5 *Corylopsis spicata*, **6-13** *Cistus salvifolius*, **14-17** *Cistus monspeliensis*. – Vergrößerungen 1000fach.

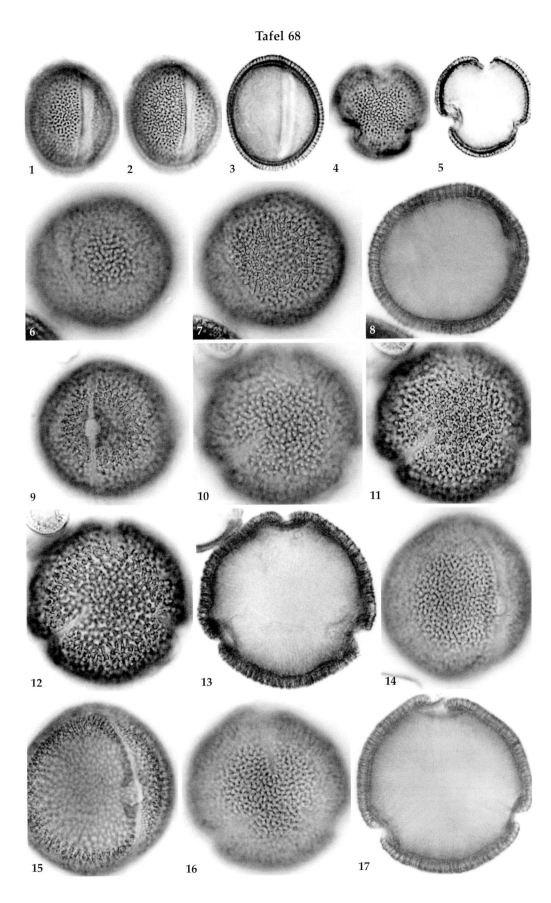

1   2   3   4   5

6   7   8

9   10   11

12   13   14

15   16   17

Fumana arabica (L.) SPACH. (2)
50,0-67,0 µm, MiW 60,3 µm; 50 PK, 0a

Fumana ericoides (CAV.) GAND. (2)
50,5-65,8 µm, MiW 60,1 µm; 50 PK, 0a

Fumana procumbens (DUNAL) GREEN et GODR. (4)
50,3-62,8 µm, MiW 58,8 µm; 50 PK, 0a

22.4.2 *Fumana laevipes*-Typ (Tafel 69: 7-12, Tafel 70: 1-4). PK meist prolat, PFormI zwischen 1,3 und 1,5. Polarfelder klein, PFeldI 0,1-0,2. Exine 2,0-2,8, Endexine 0,5-0,8 µm dick. Reticulum mit regelmäßig geformten Brochi (1,0-2,0 µm), auch bei hoher optischer Ebene zusammenhängend. Columellae in Aufsicht meist erkennbar. Muri meist schwach scabrat bis microechinat skulpturiert. Colpen lang. Poren rund, 6-8 µm groß oder meridional verlängert, oft undeutlich.

Fumana laevipes (L.) SPACH. (2)
38,9-57,3 µm, MiW 50,4 µm; 50 PK, 2a

Fumana thymifolia (L.) SPACH. ex WEBB (2)
39,6-60,2 µm, MiW 49,6 µm; 50 PK, 3a

22.5 *Osyris alba*
(Tafel 70: 5-10)

PK meistens sphäroidisch, PFormI 1,13-1,28. PK in Äquatorialansicht elliptisch mit oft abgeplatteten Polen. Polarfelder mittelgroß (PFeldI 0,36-0,39), Intercolpien flach, Intercolpium-Ränder stark eingekrümmt. Colpen äquatorial verengt. Poren äquatorial verlängert (»Schmetterlingspore«), 3-4 × 8-12 µm groß, relativ kontrastschwach, Porenregion vorgewölbt. Exine microreticulat mit ca. 1 µm großen Brochi, stellenweise oft fossulat und in Einzelfällen psilat. Polarfelder psilat oder grubig (fossulat). Exine ca. 1,8 µm dick, polar gelegentlich etwas dicker. Columellae nicht erkennbar.

Osyris alba L. (2)
24,3-30,8 µm, MiW 27,7 µm; 50 PK, 0a

22.6 *Hedera helix*
(Tafel 70: 11-16)

PK schwach sphäroidisch bis schwach prolat, PFormI 1,30-1,43. PK mit konkaven oder abgeflachten Intercolpien und nach innen umgebogenen Intercolpium-Rändern. Pole oft abgeplattet, Umriß in Äquatorialansicht elliptisch bis tonnenförmig, Polarfelder mittelgroß. Das Reticulum ist auf den Intercolpien und den Polarfeldern meist heterobrochat ausgebildet. Große Brochi (2-5 µm) sind oft von kleineren (1,0-1,5 µm groß) gesäumt. Die großen Brochi können unregelmäßig geformt und z.T. offen sein. Margines deutlich, microreticulat bis psilat. Außerhalb der Margines sind die Muri bis ca. 1 µm breit und stehen z.T. auf doppelreihigen Columellae. Die Skulpturierung ist sehr variabel. Es gibt Herkünfte, bei denen das Reticulum überwiegend homobrochat ist, die Columellae unter den Muri einreihig sind, und bei denen größere Brochi nur auf den Polarfeldern auftreten. Die Poren sind äquatorial gestreckt, meist rechteckig, 4-5,5 × 9,5-11 µm groß. Gelegentlich findet man auch PK mit kontrastarmen Poren. Exine 1,9-2,2 µm, Endexine ca. 1 µm dick

Hedera helix L. (4)
31,9-42,1 µm, MiW 36,7 µm; 50 PK, 0a

Angeschlossen werden an dieser Stelle Arten der Gattung *Parthenocissus* (Vitaceae), deren PK im Vergleich mit *Hedera* größer und deutlich prolat sind, runde Poren besitzen und kleinere Brochi haben.

Parthenocissus tricuspidata: PK prolat, PFormI 1,5-1,7, Intercolpien mindestens im Äquatorialbereich konkav. Exine 2-2,5 µm, polar bis 3 µm, Endexine 0,7-0,8 µm dick. Brochi 1,5-2,0 µm groß, oft schmal und dann meridional

▷

Tafel 69

1-6 *Fumana ericoides* (5 Phako), **7-12** *Fumana laevipes*. – Vergrößerungen 1000fach.

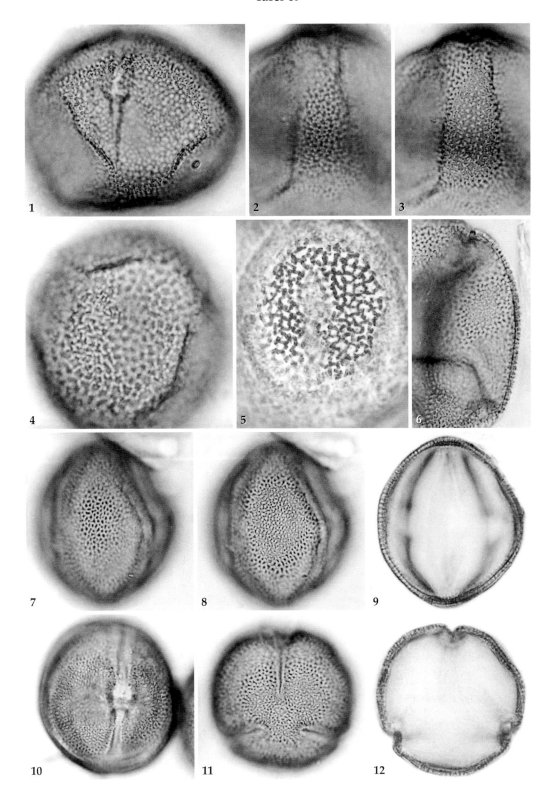

ausgerichtet, polar und subpolar am größten (bis 2,5 µm). Margines vorhanden und mit etwa 1 µm großen Brochi. Muri 1 µm breit. Columellae deutlich doppelreihig. Polarfelder klein, Intercolpium-Ränder nach innen umgebogen, Poren rund und 5-8 µm groß, mit Costae.

Parthenocissus tricuspidata (SIEBOLD. & ZUCC.) PLANCHON (1)
40,3-54,3 µm, MiW 47,8 µm; 50 PK, 2a

Parthenocissus quinquefolia: Wie *P. tricuspidata*, aber in einzelnen Maßen kleiner: Brochi maximal bis 1,5 µm, Columellae manchmal undeutlich, Exine 1,9-2,5 µm dick, Poren 4-6 µm groß. Umriß in Äquatorialansicht vielfach apiculat.

Parthenocissus quinquefolia (L.) PLANCHON (2)
41,0-54,3 µm, MiW 48,9 µm; 50 PK, 2a

22.7 *Vitis*
(Tafel 70: 17-22)

PK sphäroidisch, selten schwach prolat, PFormI 1,03-1,28(1,36), mit kleinem Polarfeld (PFeldI um 0,2). PK im Umriß in Äquatorialansicht elliptisch, polar abgeflacht oder apiculat. Intercolpien konkav. Exine ca. 1,3-2,0 µm dick. Colpen mit Margines (Exine hier nur 0,9-1,3 µm dick). Die marginaten Bereiche der Intercolpien sind mit einem scharfen Knick nach innen umgebogen.

PK mindestens polar und auf den Enden der Intercolpien reticulat oder microreticulat skulpturiert. Brochi hier ca. 0,5-1,2, selten bis 2,0 µm groß. Die Brochi sind unregelmäßig geformt, die Muri relativ breit. Gegen den Äquatorialbereich hin und auf den Margines können die Brochi kleiner und undeutlicher sein oder fehlen. Columellae nicht erkennbar. Poren meist 2,0-2,5 µm groß, rund, selten schwach elliptisch, auffallend scharf und kontrastreich begrenzt.

Die PK der Wildform und der Kulturform sind nach dem geprüften Material etwas unterschiedlich. Die PK der Kulturform sind etwas kleiner, ihr PFormI liegt bei 1,03-1,20 (1,15-1,36 bei der Wildform) und die Skulpturierung erfaßt größere Teile der Pollenkornoberfläche. Es ist aber fraglich, ob diese Unterschiede für eine hinreichend sichere Unterscheidung zwischen Wild- und Kulturform ausreichen.

Zur Pollenmorphologie von *Parthenocissus* s.o.

Vitis vinifera L. subsp. *sylvestris* (C.C. GMEL.) HEGI (3)   *Vitis labrusca* L. (1)
22,7-28,3 µm, MiW 25,5 µm; 50 PK, 0a   21,2-28,0 µm, MiW 24,9 µm; 50 PK, 0a

Vitis vinifera L. subsp. *vinifera* BECK (3)
20,5-26,6 µm, MiW 24,0 µm; 100 PK, 0a

22.8 *Trientalis europaea*
(Tafel 70: 23-29)

PK in Äquatorialansicht durch vorgezogene Äquatorialbereiche der Colpen rhomboidisch, auch rundlich-elliptisch, PFormI 0,90-1,08. PK in Polaransicht dreieckig mit abgeflachten bis konkaven Intercolpien und stark eingekrümmten Intercolpium-Rändern. Polarfelder klein, PFeldI um 0,10. Brochi 1 µm groß, bereits im Hellfeldbild sehr kontrastreich. Muri schmal, Columellae in Aufsicht nicht erkennbar. Poren als Spalt mit meist sehr unregelmäßigen, eingerissenen Rändern ausgebildet, etwa 5-6 × 1 µm groß. Exine 1,5 µm dick, Endexine dicker als das Tectum.

Trientalis europaea L. (5)
20,3-28,0 µm, MiW 25,0 µm; 50 PK, 1a

▷

Tafel 70

1-4 *Fumana thymifolia*, **5-10** *Osyris alba* (6, 9 Phako), **11-16** *Hedera helix*, **17-22** *Vitis vinifera*, **23-29** *Trientalis europaea*. – Vergrößerungen 1000fach.

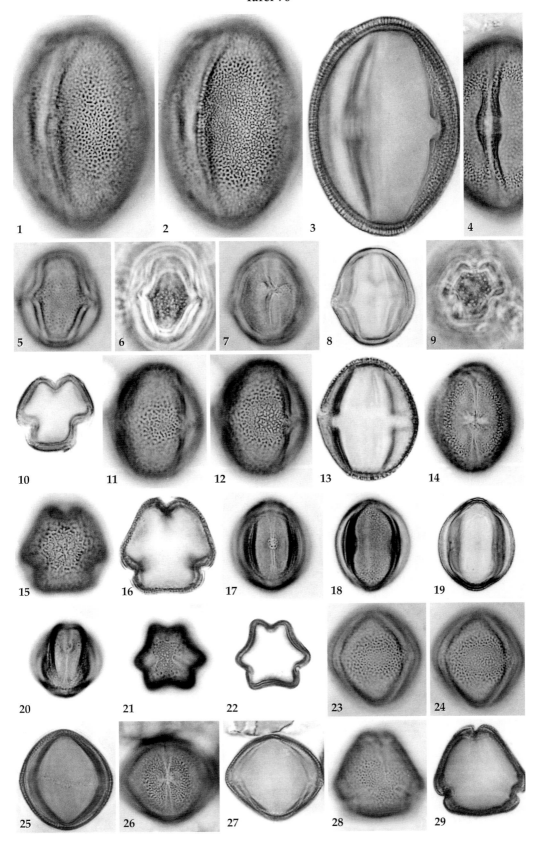

22.9 *Rhamnus*-Typ
(Tafel 71: 1-5)

PK sphäroidisch, PFormI zwischen 0,9 und 1,1, besonders klein bei stark rhomboidischen PK. PK im Umriß in Äquatorialansicht rhomboidisch bis elliptisch, manchmal schwach apiculat. Polarfelder überwiegend klein (PFeldI 0,14-0,28), Intercolpien stark abgeflacht bis (meistens) konkav, Intercolpium-Ränder stark eingestülpt, PK in Polaransicht dreieckig. *Rh. alaternus* hat die größten PK (bis 28 μm), bei den anderen Arten sind die PK nur 16-25 μm groß.

Exine 1,1-1,4 μm dick (Endexine 1,0 μm), Reticulum mit meist 1-2 μm großen Brochi (bei *Rh. alpinus* bis 3 μm, bei *Rh. alaternus* bis 4 μm). Kontrastarm ist das Reticulum bei *Rh. pumilus*, besonders kontrastreich bei *Rh. alaternus* und *Rh. alpinus*. Columellae nicht erkennbar. Entlang den Colpus-Rändern kann das Reticulum kleinmaschiger oder undeutlich sein. Im Äquatorialbereich sind die Intercolpium-Ränder und die medianen Umrandungen der Poren etwas verdickt. Diese Verdickung greift gelegentlich auch auf die seitlichen Bereiche der Porenumrandungen über. Die Form der Poren ist sehr variabel; vielfach sind sie als kurzer Querspalt ausgebildet (etwa 1,5 × 4 μm), oft auch kreisrund (1,5-2 μm).

Die PK von *Frangula alnus* sind fossulat skulpturiert (vergl. S. 198), stimmen aber sonst mit den kleineren *Rhamnus*-Arten überein.

Rhamnus alaternus L. (2)
20,2-28,3 μm, MiW 24,8 μm; 50 PK, 0a

Rhamnus pumilus TURRA (2)
18,0-24,3 μm, MiW 22,2 μm; 50 PK, 0a

Rhamnus alpinus L. (2)
18,0-23,3 μm, MiW 21,7 μm; 50 PK, 0a

Rhamnus saxatilis JACQ. (2)
18,6-24,5 μm, MiW 21,7 μm; 50 PK, 0a

Rhamnus catharticus L. (2)
16,6-22,3 μm, MiW 19,6 μm; 50 PK 0a

An den *Rhamnus*-Typ können angeschlossen werden:

Paliurus spina-christi MILLER (1)
12,7-26,6 μm, MiW 23,4 μm; 50 PK, 6a
Brochi sehr klein und undeutlich.

Ceanothus americanus L. (1)
15,9-23,0 μm, MiW 18,8 μm; 50 PK, 0a
Wohl nicht von *Rhamnus* zu unterscheiden.

Berchemia racemosa SIB. et. ZUCC. (1)
12,4-16,6 μm, MiW 14,9 μm; 50 PK, 0a
Durch die geringe Größe von allen mitteleuropäischen *Rhamnus*-Arten abzutrennen. Exine ca. 1 μm dick, Polarfelder mittelgroß.

Koelreuteria paniculata LAXM. (1)
20,5-25,5 μm, MiW 23,4 μm; 30 PK, 6a
Exine 1,5-2,0 μm dick (Endexine 0,5-1,0 μm), microreticulat (perreticulat) mit Columellae.Brochi um 0,5 μm

22.10 *Dictamnus albus*
(Tafel 71: 6-9)

PK rhomboidisch, prolat bis schwach sphäroidisch, PFormI 1,29-1,45. Polarfelder klein, PFeldI um 0,16. PK perreticulat, Brochi 1-1,5 μm groß, wenn gestreckt, dann ohne oder mit schwacher meridionaler Ausrichtung, d.h. angedeutet reticulat-striat. Polar und subpolar sind die Brochi kleiner (um

---

Tafel 71

1-3 *Rhamnus saxatilis*, **4-5** *Rhamnus alpina*, **6-9** *Dictamnus albus*, **10-15** *Hyoscyamus niger*, **16-19** *Bryonia alba*. – Vergrößerungen 1000fach.

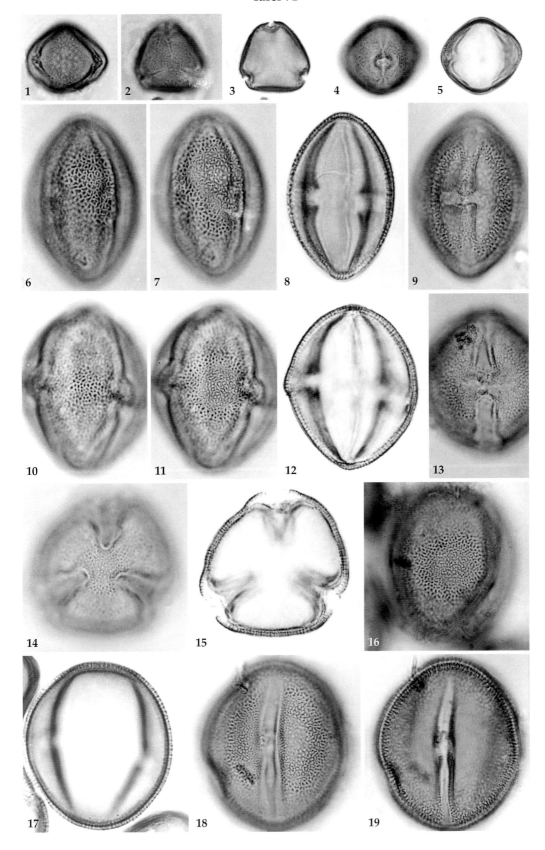

332

1,0 µm). Die Exine ist 2 µm dick, die Endexine beträchtlich dicker als das Tectum. Columellae in Aufsicht relativ schwer erkennbar. Die Intercolpium-Ränder sind eingesenkt, in Porennähe verdickt. Diese Verdickung kann auf die meridionalen Porenumrandungen übergreifen. Poren spaltartig ausgebildet, ca. 9 × 2 µm groß, Ränder oft unregelmäßig.

Dictamnus albus L. (4)
34,7-40,7 µm, MiW 36,4 µm; 50 PK, 0a

22.11 *Hyoscyamus niger*
(Tafel 71: 10-15)

PK sphäroidisch, PFormI 0,99-1,30, Umriß in Äquatorialansicht rhomboidisch bis apiculat, seltener oval. Colpen lang, Polarfelder klein, PFeldI 0,11-0,19. Intercolpium-Ränder eingekrümmt, Colpus-Membranen scabrat. Colpen mit breit brückenartiger und oft vorgewölbter äquatorialer Verengung. Poren äquatorial verlängert (Colpi transversales), mit unregelmäßig ausgebildeten, meist kontrastarmen Rändern, oft schwer erkennbar. Exine 2,0-2,5 µm dick, reticulat bis schwach reticulat-striat. Brochi 1,0-1,5 µm groß, oft meridional gestreckt und dann bis 2,0 µm lang. Lumina ca. 0,6 µm groß. Columellae und Columellae-Schicht meist gut erkennbar.

Hyoscyamus niger L. (4)
39,3-55,5 µm, MiW 45,7 µm; 50 PK, 1a

22.12 *Bryonia*
(Tafel 71: 16-19)

PK sphäroidisch bis prolat, PFormI bei *B. alba* 0,99-1,19, bei *B. dioica* 1,13-1,53. Polarfelder mittelgroß (PFeldI 0,23-0,28). PK perreticulat, Brochi 1-1,5 µm, bei *B. dioica* gelegentlich bis 2 µm groß. Brochi meist länglich-eckig. Die Muri sind ca. 0,5 µm breit. Columellae deutlich in Aufsicht und im optischen Schnitt erkennbar. Die Exine ist 1,8-2 µm dick, die Endexine dicker als das Tectum.

Die Colpen sind relativ breit, die Intercolpium-Ränder eingebogen. Poren 8-10 µm groß, rund oder äquatorial oder meridional verlängert, etwas breiter als die Colpen. Intercolpium-Ränder und Porenumrandungen verdickt. Die Colpen sind unvollständig marginat. Die Margines bestehen aus einem Reticulum mit nur etwa 1 µm großen Brochi. Dieser Bereich ist im Äquatorialbereich ca. 3,5 µm breit und keilt im subäquatorialen Bereich aus, ohne die Colpus-Enden zu erreichen. Bei PK mit stark eingekrümmten Intercolpium-Rändern können die Margines in Aufsicht evt. nicht zu sehen sein. Im optischen Schnitt (Polaransicht) sind die Margines dagegen durch die dichtere Folge der Brochi in Verbindung mit einer niedrigeren Columellae-Schicht gut erkennbar.

Bryonia alba L. (3)
44,6-53,8 µm, MiW 48,3 µm; 50 PK, 0a

Bryonia dioica JACQ. (3)
45,0-54,1 µm, MiW 49,1 µm; 50 PK, 0a

22.13 *Gentianella germanica*-Typ
(Tafel 72: 1-12)

PK sphäroidisch bis prolat, PFormI 0,90-1,48, in der Form der Äquatorialansicht sehr variabel, elliptisch bis kugelig, schwach rhomboidisch, gelegentlich mit z.T. schief abgeplatteten Polen. Polarfelder klein bis mittelgroß, PFeldI 0,11-0,41. PK perreticulat, Brochi 1,0-3,5 µm groß, Muri um 0,8 µm

Tafel 72

1-6 *Gentiana campestris*, **7-9** *Gentiana bavarica*, **10-12** *Gentiana germanica*. – Vergrößerungen 1000fach.

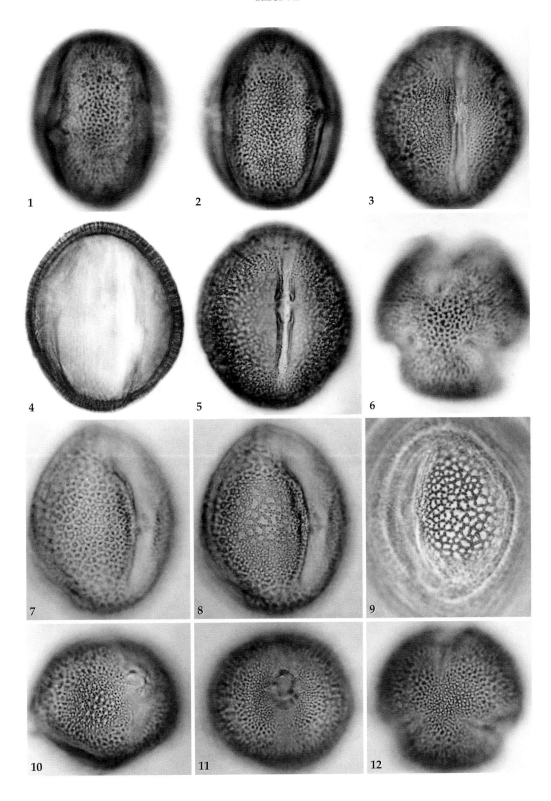

breit. Bei einzelnen PK, einzelnen Herkünften oder einzelnen Arten können die Brochi in Extremfäl-len nur 1,0-2,0 µm oder aber 2,0-3,5 µm groß sein. Neben rundlich-eckigen Brochi gibt es gelegentlich auch meridional gestreckte und dann 1,2-1,5 × 3,0 µm lange Brochi. Dadurch kommen angedeutet striat-reticulate Verhältnisse zum Ausdruck, wie sie für den *Gentiana pneumonanthe*-Typ typisch sind (S. 262). Auf einem bis zu 5 µm breiten Streifen um die Colpen herum, und von dort aus die Polarfelder einnehmend, bildet das Reticulum mit kleinmaschigen, ca. 1 µm großen Brochi eine Margo. Bei PK mit nur 1-2 µm großen Brochi ist ein solcher Unterschied allerdings nicht mehr erkennbar. Das ist vor allem bei *G. nana* und *G. tenella* der Fall. Die Poren sind meist etwas breiter als die Colpen und vielfach meridional etwas verlängert und dann 4-5 × 8-9 µm groß. Die Porenumran-dungen sind durch Verdickungen zumindest stellenweise kontrastreich. In Einzelfällen sind die Poren aber sehr kontrastschwach oder von ihnen gehen transversale Risse aus. Die Exine ist 2,0-4,0 µm dick. Die Columellae sind deutlich und kontrastreich und bis zu 1 µm dick, und die Columel-lae-Schicht ist 1,5-2,0 µm hoch.

Gentianella amarella (L.) Börner s.str. (2)
42,8-57,8 µm, MiW 50,2 µm; 50 PK, 0a

Gentianella anisodonta (Borbás) Á. & D. Löve (1)
45,8-63,0 µm, MiW 55,6 µm; 50 PK, 0a

Gentianella aspera (Hegetschw.) Skalciký (1)
43,8-58,8 µm, MiW 50,9 µm; 50 PK, 0a

Gentianella bohemica Skalciký (1)
44,6-64,0 µm, MiW 47,2 µm; 50 PK, 0a

Gentiana bavarica L. (1)
40,5-57,0 µm, MiW 48,6 µm; 50 PK, 0a

Gentiana brachyphylla Vill. (1)
39,5-54,3 µm, MiW 44,2 µm; 50 PK, 0a

Gentianella campestris (L.) Börner s.l. (2)
40,3-55,8 µm, MiW 48,6 µm; 51 PK, 0a

Gentianella ciliata (L.) Borkh. (1)
39,3-57,5 µm, MiW 45,9 µm; 54 PK, 0a

Gentianella detonsa (Rottb.) G. Don fil. (3)
37,8-51,0 µm, MiW 45,1 µm; 47 PK, 0a

Gentiana froelichii Jan ex Reichenb. (1)
42,0-52,0 µm, MiW 45,3 µm; 50 PK, 0a

Gentianella germanica (Willd.) Börner (3)
36,8-47,0 µm; MiW 42,5 µm; 50 PK, 0a

Gentiana nana (Wulfen) Pritchard (1)
40,5-52,8 µm, MiW 47,0 µm; 50 PK, 0a

Gentiana nivalis L. (1)
36,3-44,8 µm, MiW 39,2 µm; 50 PK, 0a

Gentianella lutescens (Velen.) J. Holub (1)
39,5-54,3 µm, MiW 44,9 µm; 53 PK, 0a

Gentiana prostrata Haenke (1)
42,5-55,2 µm, MiW 49,2 µm; 50 PK, 12a

Gentianella pilosa (Wettsein) J. Holub (1)
40,5-54,8 µm, MiW 46,7 µm; 50 PK, 0a

Gentiana pumila Jacq. (1)
39,5-50,8 µm, MiW 46,7 µm; 50 PK, 0a

Gentianella ramosa (Hegetschw.) J. Holub (1)
39,3-50,8 µm, MiW 44,6 µm; 50 PK, 0a

Gentiana rostanii Reuter ex Verlot. (1)
37,5-57,5 µm, MiW 48,5 µm; 50 PK, 0a

Gentianella tenella (Rottb.) Börner (1)
31,5-40,0 µm, MiW 35,1 µm; 50 PK, 0a

Gentiana terglouensis Hacq. (1)
40,0-57,5 µm, MiW 51,5 µm; 51 PK, 0a

Gentianella uliginosa (Willd.) Börner (2)
39,5-50,5 µm, MiW 45,5 µm; 50 PK, 0a

Gentiana utriculosa L. (2)
46,7-55,2 µm, MiW 51,2 µm; 50 PK, 0a

Gentiana verna L. (1)
33,0-45,8 µm, MiW 39,7 µm; 50 PK, 0a

Gentiana verna L. subsp. *tergestina* (G. Beck) Hayek (1)
42,8-55,5 µm, MiW 49,4 µm; 50 PK, 0a

Non vidi: *Gentiana angustifolia* Vill., *Gentianella engadinensis* (Wettst.) J. Holub

22.14 *Cistus albidus*-Typ
(Tafel 73: 1-6)

Cistus albidus: PK sphäroidisch, rundlich bis schwach apiculat, PFormI 1,01-1,19. Polarfelder klein bis mittelgroß (PFeldI 0,21-0,27). PK reticulat, Brochi 1,0-1,5(2,0) µm groß, relativ englumig. Muri ca. 0,8 µm breit, Columellae deutlich, ca. 0,8 µm dick. Poren rundlich (5-8 µm), äquatorial (6-7 × 5 µm) oder schwach meridional (4 × 6 µm) verlängert, kontrastreich, Ränder aber oft unregelmäßig ausgebildet. Exine 2,5-3,0 µm, Endexine ca. 0,8 µm dick. Vereinzelt gibt es PK mit einer Andeutung striat-reticulater Verhältnisse (vergl. auch die *Helianthemum nummularium*-Gruppe, S. 253).

Cistus incanus: PK größer, regelmäßig apiculat. PFormI 1,10-1,54, PFeldI 0,12-0,25. Brochi 1-2 µm, vereinzelt PK mit reticulat-striaten Tendenzen. Columellae deutlich, nur ca. 0,6 µm dick. Poren 6-8 µm. Intercolpium-Ränder stark eingekrümmt. Die Poren können dadurch in Aufsicht nicht rund, sondern meridional verlängert erscheinen. Exine nur 2,0-2,5 µm dick.

Weitere *Cistus*-Arten vergl. *C. salvifolius* (S. 324) und *C. monspeliensis* (S. 324). Für Untersuchungen in Südeuropa müssen noch weitere Arten berücksichtigt werden. Es gibt in Südeuropa z.B. Arten mit einer reticulat-striaten Skulptur (z.B. *C. sericeus, C. laurifolius*, sonst ähnlich *C. incanus*). Andere, hier nicht angeführte Arten haben kugelige PK mit bis zu 5 µm großen Brochi (z.B. *C. ladanifera*).

Cistus albidus L. (2)
38,0-52,3 µm, MiW 45,1 µm; 50 PK, 0a

Cistus incanus L. (3)
44,3-54,5 µm, MiW 48,6 µm; 50 PK, 0a

22.15 *Parnassia palustris*
(Tafel 73: 7-11)

PK sphäroidisch (PFormI 0,92-1,14), schwach elliptisch bis kugelig, vereinzelt polar zugespitzt. Polarfelder klein, PFeldI 0,07-0,16. PK perreticulat, Brochi in der Mitte der Intercolpien bis 2 µm groß, zu den Intercolpium-Rändern hin und polar und subpolar nur bis 1 µm. Columellae deutlich. Die kleinreticulaten Margines sind 3-4 µm breit und stehen mit den kleinreticulaten polaren und subpolaren Bereichen in Verbindung. Intercolpium-Ränder scharf eingekrümmt, die Exine hier offenbar verdickt (Endexine?). Poren ca. 3 µm groß, rund, relativ kontrastreich, so breit oder etwas breiter als die Colpen. Exine 2 µm dick, polar und subpolar dünner (ca. 1 µm).

Parnassia palustris L. (4)
17,5-25,6 µm, MiW 22,8 µm; 50 PK, 0a

22.16 *Lysimachia vulgaris*-Typ
(Tafel 73: 12-17)

PK prolat bis sphäroidisch, elliptisch, in Äquatorialansicht oft mit parallelen Seitenrändern, PFormI bei *L. vulgaris* 1,30-1,54, bei *L. nummularia* und *L. punctata* 1,04-1,35. Polarfelder mittelgroß, PFeldI 0,28-0,33. Brochi 1-2(3) µm groß, kontrastreich, in Colpus-Nähe nur 1 µm groß (Margo). Bei *L. thyrsiflora* und *L. nemorum* (S. 342) sind die Brochi nur 1 µm groß. Muri ca. 0,8 µm breit. Columellae kurz, doppelreihig gestellt, kontrastarm, meist nicht erkennbar. Poren äquatorial verlängert, spitz zulaufend, meist sehr unregelmäßig geformt, bis 12 × 4 µm groß, auch spaltförmig und dann nur 2 µm breit. Ränder meist eingerissen (wenn mit kontrastschwacher, bis 8 µm großer Pore ohne eingerissene Ränder, vergl. *Cercis siliquastrum*, S. 379). Colpen in Porennähe mit Costae. Exine 1,0-1,8 µm dick. Mißbildungen und tetracolporate PK (größer als tricolporate PK) sind nicht selten.

Lysimachia nummularia L. (3)
16,9-27,3 µm, MiW 23,8 µm; 50 PK, 0a

Lysimachia punctata L. (3)
13,0-28,0 µm, MiW 24,1 µm; 50 PK, 0a

Lysimachia vulgaris L. (4)
22,8-32,2 µm, MiW 27,6 µm; 50 PK, 0a

22.17 *Viburnum*
(Tafel 73: 18-25, Tafel 74: 1-8)

1   Brochi max. 2-2,5 μm groß, Columellae dünn (ca. 0,5 μm), kleinreticulate Margines meist vorhanden, Poren meist gut erkennbar .... **22.17.1 *Viburnum opulus*-Typ**

–   Brochi maximal 4-5 μm groß, Columellae dick (ca. 1 μm), Margines sind kaum entwickelt oder fehlen, Poren oft undeutlich, häufig ist nur eine äquatoriale Verengung der Colpen erkennbar .. .. **22.17.2 *Viburnum lantana***

22.17.1 *Viburnum opulus*-Typ (Tafel 74: 1-8). PK sphäroidisch, PFormI 1,09-1,31. Polarfelder klein (PFeldI 0,09-0,29). Brochi maximal 2,0-2,5 μm groß, auf einem 2-3 μm breiten Randbereich der Intercolpien nur 1-1,5 μm (Margo). Zum Teil sind auch die Brochi im Polarbereich kleiner. Muri ca. 0,5 μm breit. Columellae dünn (ca. 0,5 μm), in Aufsicht rund. Colpen etwas eingesenkt, schmal. Poren rundlich, 3-5 μm groß, oder meridional, seltener äquatorial gestreckt. Exine in der Mitte der Intercolpien 2,5 μm, randlich 1-1,5 μm dick. Endexine 1-1,5 μm, Tectum nur 0,5 μm dick. Die PK von *V. tinus* stehen denen von *V. opulus* sehr nahe.

Viburnum opulus L. (3)
23,4-31,5 μm, MiW 27,6 μm; 50 PK, 0a

Viburnum tinus L. (2)
26,2-35,0 μm, MiW 30,7 μm; 50 PK, 6a

22.17.2 *Viburnum lantana* (Tafel 73: 18-25). Brochi maximal 4-5 μm groß, Columellae ca. 1 μm dick, in Aufsicht rund oder länglich. Poren schwächer als bei dem *V. opulus*-Typ entwickelt; oft gibt es nur eine äquatoriale Verengung der Colpen. Margines fehlen oder sind schwach entwickelt. Sonst Merkmale wie bei dem *V. opulus*-Typ.

Viburnum lantana L. (3)
25,1-33,3 μm, MiW 28,5 μm; 50 PK, 0a

22.18 *Sterculia*
(Tafel 74: 9-14)

Untersucht wurde nur *Sterculia platanifolia*. PK sphäroidisch, Polarfelder mittelgroß. Brochi-Größen 0,5-4,0 μm. Columellae kurz, doppelreihig, Lumina mit Columellae. Poren äquatorial oder meridional gestreckt oder rund, 4-6 × 9-10 μm groß. Exine 2,5-3,0 μm dick.

Sterculia platanifolia L. (2)
36,8-44,6 μm, MiW 41,3 μm; 50 PK, 1a

22.19 *Staphylea pinnata*
(Tafel 74: 15-18)

PK sphäroidisch (PFormI 0,97-1,30), im Umriß elliptisch bis rhomboidisch. Polarfelder klein, PFeldI 0,13-0,19. Vereinzelt wurden PK mit abgeflachten Intercolpien beobachtet.

   In der Mitte der Intercolpien besteht die reticulate Skulptur aus 1,5-2,5(3) μm großen Brochi mit eingestreuten nur 1 μm großen Brochi. In Einzelfällen ist das Reticulum hier heterobrochat. Die Muri sind breit und duplicolumellat. Die PK sind marginat. Eine Margo ist etwa 5 μm breit und besteht aus nur etwa 1 μm großen Brochi, deren Muri dupli- oder simplicolumellat sind. Im Übergangsbereich

▷

Tafel 73

1-6 *Cistus albidus*, **7-11** *Parnassia palustris*, **12-17** *Lysimachia vulgaris*, **18-25** *Viburnum lantana* (20 Phako). – Vergrößerungen 1000fach.

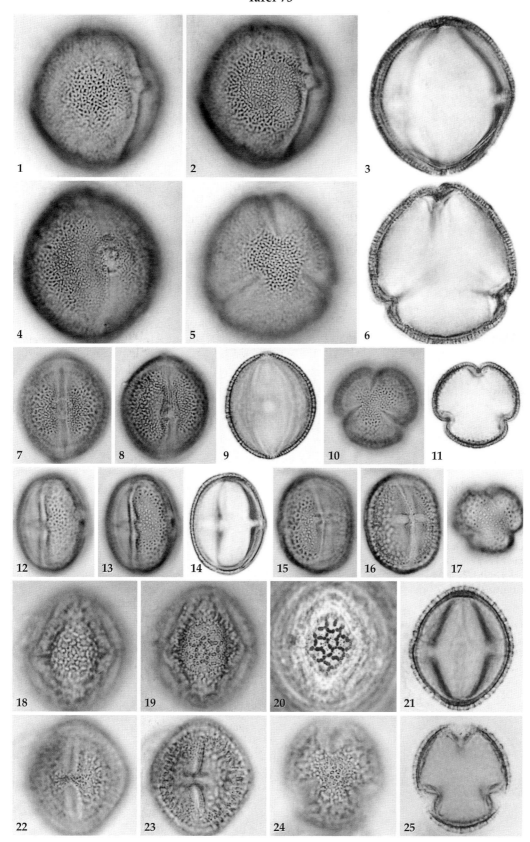

zwischen der normalen und der marginaten Ausbildung der Skulpturierung werden der Abstand der Lumina der großen Brochi größer und die Muri breiter, und gewöhnlich sind hier in diese breiten »Muri« einzelne kleine Brochi eingestreut. Die Bereiche der Margines mit ihrer kleinreticulaten Skulptur stehen über die Polarfelder miteinander in Verbindung. Die Intercolpium-Ränder sind stark eingekrümmt, die Colpen im Äquatorialbereich verbreitert, aber nicht breiter als die Poren. Manchmal ist der Äquatorialbereich der Colpen vorgezogen (PK dann mit kleinem PFormI).

Die Poren sind meist äquatorial verlängert und 6-9 × 11-12 μm groß, manchmal spaltartig reduziert. Die Poren sind von Costae umgeben, die oft unregelmäßig ausgebildet bzw. unterbrochen sind. Exine bis 2,5 μm dick, im Bereich der Margines dünner, Endexine bis 1 μm.

Staphylea pinnata L. (3)
39,0-53,8 μm, MiW 46,8 μm; 50 PK, 0a

22.20 *Echium*
(Tafel 75: 1-3)

PK sphäroidisch bis prolat, in Äquatorialansicht dreieckig-birnförmig, ferner heteropolar und mit verschieden großen Polarfeldern. PFeldI in beiden Fällen 0,4-0,5. Exine ca. 0,8-1,0 μm dick, microreticulat, Brochi 0,7-0,8(1,0) μm groß, Columellae in Aufsicht nicht erkennbar, im optischen Schnitt undeutlich. Poren 3-4 μm groß, rund oder etwas meridional verlängert und zum breiteren Pol hin verschoben. Colpen mit mehr oder weniger deutlichen Costae, die die Poren etwas umgreifen.

Echium italicum L. (2)
15,4-17,5 μm, MiW 16,4 μm; 50 PK, 0a

Echium russicum J.F. GMELIN (2)
18,2-21,0 μm, MiW 19,4 μm; 50 PK, 0a

Echium vulgare L. (3)
14,8-20,0 μm, MiW 17,7 μm;50 PK, 0a

22.21 *Rheum*
(Tafel 75: 4-7)

PK prolat, in Äquatorialansicht elliptisch bis spindelförmig, z.T. auch sphäroidisch. PFormI bei *Rh. rhabarbarum* 1,23-1,57, bei *Rh. raponticum* 1,29-1,82 und bei *Rh plamatum* 1,00-1,33. Polarfelder klein (PFeldI 0,13-0,19). Intercolpium-Ränder stark eingekrümmt. Poren rund, etwa wie bei dem *Rumex acetosa*-Typ (S. 340), um 4 μm groß, auch spaltartig äquatorial verlängert (5-7 × 2 μm), wegen der eingekrümmten Intercolpium-Ränder oft nur undeutlich zu erkennen. Exine 1,5-2,0 μm dick, Endexine dicker als das Tectum. PK z.T. microreticulat (Brochi kleiner als 1 μm), z.T. mit Tectum perforatum, oder mit Übergängen zwischen beiden Formen. Muri glatt, nicht skulpturiert. Columellae deutlich, Coumellae-Schicht relativ dick.

Rheum palmatum L. (2)
26,3-35,5 μm, MiW 31,8 μm; 50 PK, 0a

Rheum rhabarbarum L. (2)
32,3-40,3 μm, MiW 37,0 μm; 50 PK, 0a

Rheum rhaponticum L. (2)
30,8-42,5 μm, MiW 36,7 μm; 50 PK, 0a

▷

Tafel 74

1-8 *Viburnum opulus* (6 Phako), **9-14** *Sterculia platanifolia* (12 Phako), **15-18** *Staphylea pinnata*. – Vergrößerungen 1000fach.

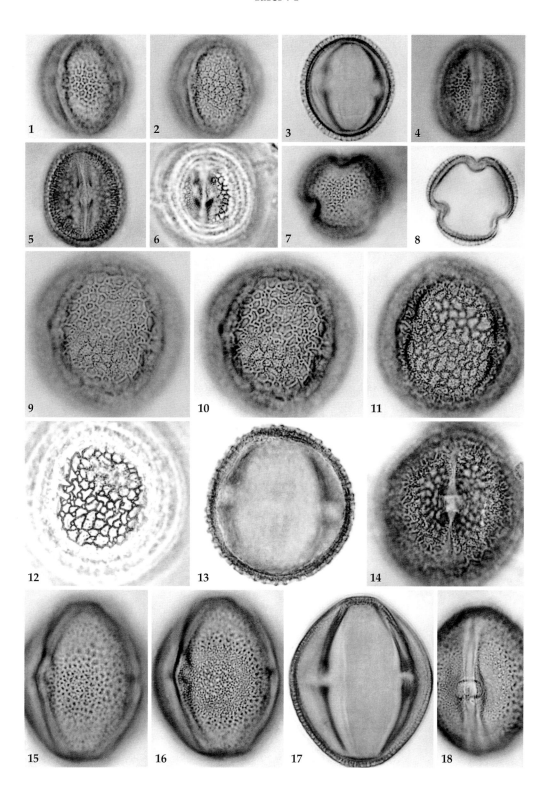

22.22 *Rumex acetosa*-Typ
(Tafel 75: 8-14)

PK kugelig, PFormI um 1,0. PFeldI groß oder mittelgroß (gemessene Werte 0,33-0,63). Colpen schmal, mit glatten, parallelen Rändern, gelegentlich schräg gestellt, schwach eingesenkt. Die Poren sind etwas meridional verlängert, 2-4 × 1,5-2 µm groß, seltener kreisrund, etwas breiter als die Colpen und vorwiegend an ihren meridionalen Rändern mit einer Verdickung der Endexine (dadurch hier kontrastreich begrenzt), Porenränder manchmal etwas vorgewölbt. Gelegentlich gibt es auch Verdickungen der Intercolpium-Ränder.

PK microreticulat, Brochi um 1 µm groß, oft mit breiten Muri und kleinen Lumina (0,5 µm). Die Skulpturierung kann einem Tectum perforatum nahekommen. Die Columellae sind kurz, relativ dick, oft deutlich netzig gestellt. Das Tectum trägt oft zusätzliche Skulpturen, die unregelmäßig reticulat-rugulat, rugulat oder auch scabrat ausgebildet sein können. Exine 0,8-1,0(1,3) µm dick. Im Allgemeinen ist die Endexine dünner als das Tectum.

Neben tricolporaten PK gibt es bei einigen Arten auch etwas größere tetracolporate PK (z.B. bei *R. acetosella* 27,5-30 statt 22,5-27,5 µm, bei *R. arifolius* 26,3-28,8 statt 20,5-26,0 µm). Sehr variable Größenverhältnisse wurden bei *R. obtusifolius* und *R. sanguineus* vorgefunden. Andere Herkünfte haben z.T. einen größeren Anteil von tetracolporaten und dann sehr großen PK (bis etwa 40 µm). Pericolporate PK sind bei dem *Rumex acetosa*-Typ selten. Die für den *Rumex aquaticus*-Typ typischen pericolporaten PK sind größer (33-50 µm); für den *Rumex acetosa*-Typ sind dagegen maximale Größen von über 30 µm (bis 37 µm) relativ selten.

Eine Sonderstellung nehmen *R. crispus* und *R. palustris* ein. Die PK sind ca. 29-37 µm groß und damit im Mittel größer als die Mehrzahl der anderen Arten des *R. acetosa*-Typs. Der PFeldI ist klein bis mittelgroß (PFeldI 0,21-0,36). Pericolporate und tetracolporate PK sind in manchen Herkünften so reichlich, daß man die PK zumindest von *R. palustris* anteilig in den *R. aquaticus*-Typ stellen muß, obwohl deren PK z.T. deutlich größer sind (33-49 µm). Vergl. die Bemerkungen über *R. patientia* bei dem *Rumex aquaticus*-Typ (S. 409).

Bei *R. tenuifolius* (S. 344) schließen die scabraten oder rugulat-reticulaten Skulpturelemente zu einem Reticulum mit 1,1-1,5 µm großen Brochi zusammen. Die Lumina sind perforiert. Der PFeldI ist mit Werten von 0,22-0,35 größer als bei dem *R. acetosa*-Typ. *Der R. tenuifolius*-Typ wird im Bestimmungsschlüssel unter den suprareticulaten Pollenformen geführt.

Rumex acetosa L. (7)
18,0-25,5 µm, MiW 22,0 µm; 50 PK, 0a

Rumex acetosella L. (6)
22,5-27,5 µm, MiW 25,2 µm; 50 PK 0a

Rumex arifolius ALL. (4)
20,5-26,0 µm, MiW 23,3 µm; 50 PK, 0a

Rumex conglomeratus MURRAY (5)
20,0-25,5 µm, MiW 23,5 µm; 50 PK, 0a

Rumex crispus L. (3)
29,0-34,5 µm, MiW 31,9 µm; 50 PK, 0a

Rumex maritimus L. (5)
23,0-31,0 µm, MiW 28,8 µm; 52 PK, 0a

Rumex nivalis HEGETSCHW. (4)
22,3-28,0 µm, MiW 25,0 µm, 50 PK, 0a

Rumex obtusifolius L. (6)
26,8-33,8 µm, MiW 29,1 µm; 50 PK, 0a

Rumex palustris SM. (3)
28,8-37,0 µm, MiW 33,1 µm; 40 PK, 0a

Rumex pseudoalpinus HÖFFT. (7)
22,3-29,5 µm, MiW 26,0 µm; 50 PK, 0a

Rumex pulcher L. (4)
20,4-35,9 µm, MiW 23,8 µm; 50 PK, 0a

Rumex sanguineus L. (7)
22,3-30,0 µm, MiW 26,3 µm; 50 PK, 0a

Rumex thyrsiflorus FINGERH. (3)
16,8-24,5 µm, MiW 20,6 µm; 50 PK, 0a

Oxyria digyna (L.) HILL. (3)
20,5-29,5 µm, MiW 24,7 µm; 50 PK, 0a

Tafel 75

1-3 *Echium vulgare* (3 Phako), **4** *Rheum rhabarberum*, **5-7** *Rheum palmatum*, **8-14** *Rumex arifolius* (11, 12 Phako), **15-20** *Rumex scutatus* (18-20 Phako), **21-28** *Ruta graveolens*, **29-34** *Ptelea trifoliata* (30, 31 Phako), **35-41** *Androsace maxima* (36 Phako). – Vergrößerungen 1000fach.

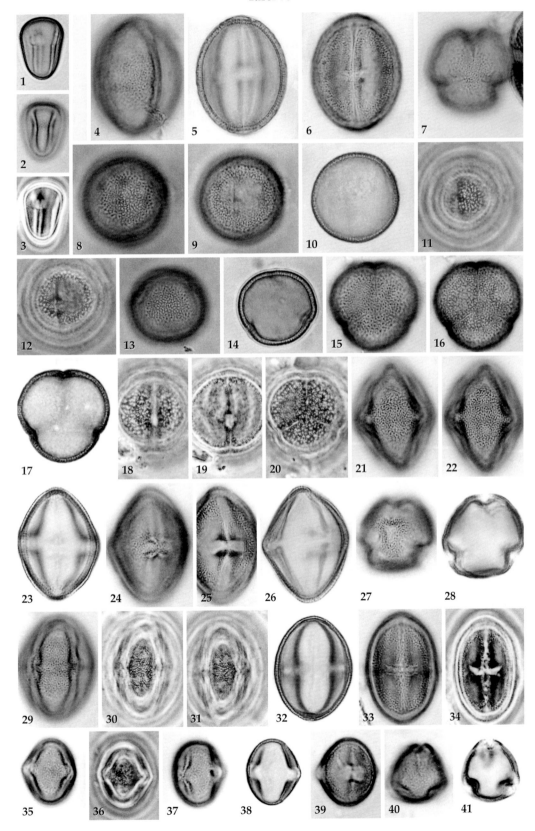

22.23 *Rumex scutatus*-Typ
(Tafel 75: 15-20)

PK wie bei dem *R. acetosa*-Typ aber mit kleinen Polarfeldern (PFeldI 0,1-0,2). Es konnte nicht abgesichert werden, ob und zu welchen Anteilen auch gelegentlich PK mit kleinen Polarfeldern bei anderen *Rumex*-Arten vorkommen. Unter den hierher gestellten 3 Arten hat *R. stenophyllus* die größten PK. Bei *R. stenophyllus* ist der Anteil tricolporater PK relativ hoch. Bei der zu dem *R. aquaticus*-Typ gestellten Art *R. patientia* kommen mit einem gewissen Prozentsatz auch tricolporate PK vor.

Rumex scutatus L. (6)
22,3-27,5 μm, MiW 25,2 μm; 50 PK, 0a

Rumex stenophyllus LEDEB. (3)
25,0-32,3 μm, MiW 22,6 μm; 50 Pk, 0a

Rumex ucrainicus BESSER ex SPRENGEL. (4)
20,0-27,0 μm, MiW 23,6 μm; 50 PK, 0a

22.24 *Ruta graveolens*
(Tafel 75: 21-28)

PK rhomboidisch bis apiculat, sphäroidisch, PFormI 1,07-1,31. Polarfelder klein bis mittelgroß (PFeldI 0,18-0,30). PK microreticulat oder mit Tectum perforatum. Poren äquatorial verlängert, 7-10 × 2-4 μm groß, an den Enden abgerundet, nicht spitz zulaufend. Die Porenregion kann etwas vorgewölbt sein. Exine um 2,5 μm dick, polar bis 3 μm. Die meridionalen Porenumrandungen sind verdickt und daher kontrastreich. Endexine ca. 1 μm dick, deutlich dicker als das Tectum.

Die gemessene Herkunft hatte ungewöhnlich viele kleine, aber sehr gut entwickelte PK. Das Größenintervall für normal große PK würde bei etwa 28-36 μm liegen.

Es bestehen Ähnlichkeiten mit den PK von *Ptelea trifoliata*. Die Unterschiede liegen in der Form und den Verdickungen der Poren.

Ruta graveolens hat 4zählige seitenständige Blüten und 5zählige Endblüten, ohne daß pollenmorphologische Unterschiede festgestellt werden konnten.

Ruta graveolens L. (4)
20,0-36,5 μm, MiW 31,1 μm; 50 PK, 0a

22.25 *Ptelea trifoliata*
(Tafel 75: 29-34)

PK microreticulat, elliptisch, meist prolat, PFormI 1,17-1,34. Polarfelder mittelgroß (PFeldI um 0,3). Brochi bis 1 μm groß, Exine 1,5-1,8(2) μm, Endexine bis 1 μm dick. Columellae-Schicht relativ dick, Columellae dünn, in Aufsicht im Phasenkontrastbild erkennbar. Poren als äquatorial stark verlängerte Spalte ausgebildet, 1-1,5 × 8-11 μm groß, oft mit unregelmäßig ausgebildeten Rändern. Colpus-Membranen unregelmäßig körnig bekleidet. Intercolpium-Ränder in Porennähe verdickt.

Ptelea trifoliata L. (2)
25,0-32,0 μm, MiW 29,3 μm; 50 PK, 0a

22.26 *Anagallis*-Typ
(Tafel 76: 1-6)

PK elliptisch, sphäroidisch bis prolat, PFormI 1,06-1,51, bei *Glaux maritima* 1,22-1,77. Bei *Lysimachia nemorum* 1,06-1,47, sonst über 1,10. Polarfelder mittelgroß bis klein (gemessene Werte 0,23-0,50). Brochi 1 μm groß, einigermaßen kontrastreich (*Anagallis, Lysimachia thyrsiflora*) bis kontrastarm (*A. minima, L. nemorum*) oder extrem kontrastarm (*Glaux*), Columellae nicht erkennbar. Poren äquatorial stark verlängert, bis 2-4 μm breit (Phasenkontrastbild) und zugespitzt, Poren oft zu einer Ringfurche verbunden. Porenränder oft stark unregelmäßig und mit breiten und langen Rissen. Endexine an den Porenumrandungen etwas verdickt, Exine im Porenbereich meist etwas vorgewölbt. Costae colpi vorhanden, unterschiedlich deutlich ausgebildet. Exine 1,5-2 μm dick, Endexine 0,5-0,8 μm. Mißbildungen sind häufig.

In verschiedenen Fällen sind die Brochi und die äquatorial verlängerten Poren erst im Phasenkontrastbild erkennbar. Das gilt insbesondere für die PK von *Glaux* und *Anagallis minima*.

Nicht einfach von *Ptelea trifoliata* abtrennbar. *Ptelea* ist vor allem durch die sehr schmalen und langen äquatorial verlängerten Poren ausgezeichnet. Ferner sind Poren und Microreticulum kontrastreich und auch im Hellfeld gut erkennbar. Bei dem *Anagallis*-Typ sind Arten mit relativ kontrastreichem Microreticulum (*Lysimachia thyrsiflora, Anagallis*) im wesentlichen kleiner als *Ptelea*. Größenmäßig mit *Ptelea* vergleichbar ist nur *Glaux*. Bei *Glaux* ist das Microreticulum aber extrem kontrastschwach und nur im Phasenkontrastbild erkennbar.

Anagallis arvensis L. (4)
19,8-26,6 μm, MiW 23,6 μm; 50 PK, 0a

Anagallis foemina MILL. (4)
20,5-25,9 μm, MiW 24,7 μm; 50 PK, 2a

Anagallis minima (L.) E.H.L.KRAUSE (3)
17,0-23,0 μm, MiW 20,1 μm; 50 PK, 2a

Anagallis tenella (L.) L. (2)
18,0-25,8 μm, MiW 21,8 μm; 50 PK, 0a

Glaux maritima L. (6)
22,5-34,5 μm, MiW 28,5 μm; 50 PK, 0a

Lysimachia nemorum L. (4)
16,1-28,0 μm, MiW 22,3 μm; 50 PK, 0a

Lysimachia thyrsiflora L. (4)
18,2-28,0 μm, MiW 22,6 μm; 50 PK, 0a

22.27 *Androsace maxima*
(Tafel 75: 35-41)

Wie *Anagallis*-Typ, aber äquatorial verlängerte Poren nicht zugespitzt und nicht mit unregelmäßigen Rissen, sondern elliptisch mit abgerundeten Enden (bis 3 × 8 μm groß). Microreticulum oft undeutlich. Exine ca. 1 μm dick.

Androsace maxima L. (4)
14,2-18,4 μm, MiW 16,5 μm; 50 PK, 2a

22.28 *Fagopyrum*
(Tafel 76: 7-10)

PK prolat, PFormI 1,35-1,69. Colpen lang, Poren meist kontrastschwach begrenzt, manchmal nicht erkennbar, 7-8 × 5-7 μm groß, meist meridional gestreckt, aber auch rund oder äquatorial verlängert. Exine 3,2-4,5 μm dick, Tectum dick, Endexine dünn (0,8 μm).

Der Aufbau der Exine ist kompliziert und schwer zu erkennen. Bei hoher Ebene erkennt man meistens ein trotz des dicken Tectums ungewöhnlich kontrastschwaches Reticulum mit ca. 2,0-2,5 μm großen Brochi. In günstigen Fällen erkennt man im optischen Schnitt, genauer an Dünnschnitten, daß die Lumina, trichterartig von Columellae begleitet, bis auf oder kurz vor die Endexine durchgreifen. Man kann diese Einheiten auch als Trichter beschreiben, deren Öffnungen im Tectum liegen und deren Wandung unterhalb des Tectums in der Längsrichtung schlitzartig durchbrochen sind. Diese Trichter mit ihren längsgeschlitzten Wänden sitzen dann mit einer massiven Basis auf der Endexine. Flächenschnitte zeigen in einer hohen Schnittebene das Tectum mit den netzig ausgeschnittenen Lumina. Die nächst tiefere Ebene zeigt dünne Stäbchen in einer manchmal, aber keineswegs immer erkennbar netzigen Stellung, und schließlich erkennt man darunter in größeren Abständen dicke Stäbchen, nämlich die quer geschnittenen, massiven basalen Abschnitte der Trichter.

Dem Blütendimorphismus bei *Fagopyrum* (lang- und kurzgriffelige Blüten) scheint kein Dimor-

344

phismus im Aufbau der Exine zu entsprechen. Dagegen scheinen Größenunterschiede zwischen den PK der unterschiedlichen Blüten zu bestehen.

Fagopyrum esculentum MOENCH (8)
langgriffelig: 33,4-45,1 µm; MiW 39,2 µm; 50 PK, 0a
kurzgriffelig: 41,5-60,2 µm; MiW 50,9 µm; 50 PK, 0a

Fagopyrum tataricum (L.) P. GAERTN. (4)
36,8-54,3 µm, MiW 48,9 µm; 50 PK, 4a

22.29 *Rumex tenuifolius*-Typ
(Tafel 120: 5-7)

Bei dieser zu *R. acetosella* gestellten Sippe (syn. *R. acetosella* L. var. *tenuifolius* WALLR.) weichen die PK der untersuchten Herkünfte von dem *Rumex acetosa*-Typ (S. 340) ab. Die dort vorhandene scrabrate bis rugulat-reticulate, dem Tectum bzw. den Muri aufgelagerte Skulpturierung bildet hier ein Reticulum mit 1,1-1,5 µm großen Brochi. Die Lumina dieser Brochi tragen Perforationen. Die Polarfelder sind etwas kleiner als bei dem *R. acetosa*-Typ (PFeldI 0,22-0,35). Es treten viele tetracolporate PK auf. Gemessen wurden nur tricolporate PK.

R. tenuifolius ist eine auf armen Böden weit verbreitete Sippe aus dem Formenkreis von *R. acetosella*. Im fossilen Material ist dessen Pollentyp erfahrungsgemäß häufig. Es wird die Bezeichnung »R. tenuifolius-Typ« vorgeschlagen, da möglicherweise auch bei anderen Sippen aus dem Formenkreis von *R. acetosella* anteilig PK mit reticulaten Skulpturierungen erwartet werden können.

Rumex tenuifolius (WALLR.) A.LÖVE (2)
18,0-23,0 µm, MiW 21,5 µm; 50 PK, 0a

22.30 *Hypericum elodes*
(Tafel 76: 11-17)

PK langgestreckt, elliptisch bis schwach rhomboidisch oder apiculat, prolat bis sphäroidisch, PFormI 1,19-1,43. Colpen lang und schmal, Polarfelder klein bis mittelgroß (PFeldI 0,16-0,31), Colpen mit 5-6 µm großer, mäßig kontrastreicher Pore oder nur mit einer 5-6 µm langen Unterbrechung der Intercolpium-Ränder. Exine 1,5-1,8 µm dick. PK suprareticulat mit 1,5-2,5 µm großen Brochi. An den Intercolpium-Rändern und im Polarbereich etwas kleinere Brochi. Muri relativ breit (0,4-1 µm), Lumina daher hier nur 1-2 µm groß. Columellae im Phasenkontrastbild meist sichtbar. Columellae-Schicht so dick wie das Tectum oder etwas dünner.

Hypericum elodes L. (3)
33,5-45,5 µm, MiW 40,4 µm; 50 PK, 0a

22.31 Fabaceae p.p.
(Tafel 77-78, Tafel 79: 1-9)

Die untersuchten Sippen der Fabaceae mit tricolporaten und suprareticulaten PK umfassen 120 Arten und 13 Gattungen. Ihre PK zeigen eine hohe Variabilität in den meisten ihrer Merkmale und besitzen relativ wenig eindeutig differenzierende morphologische Merkmale. Das gilt insbesondere für die Arten der Gattungen *Trifolium*, *Lathyrus* und *Vicia*, die den Hauptteil der Fabaceae mit tricolporaten und suprareticulaten PK ausmachen. Das Verständnis für die Sicherheit einer Bestimmung setzt eine

Tafel 76

1-6 *Lysimachia thyrsiflora*, **7-10** *Fagopyrum esculentum*, **11-17** *Hypericum elodes* (13 Phako). – Vergrößerungen 1000fach.

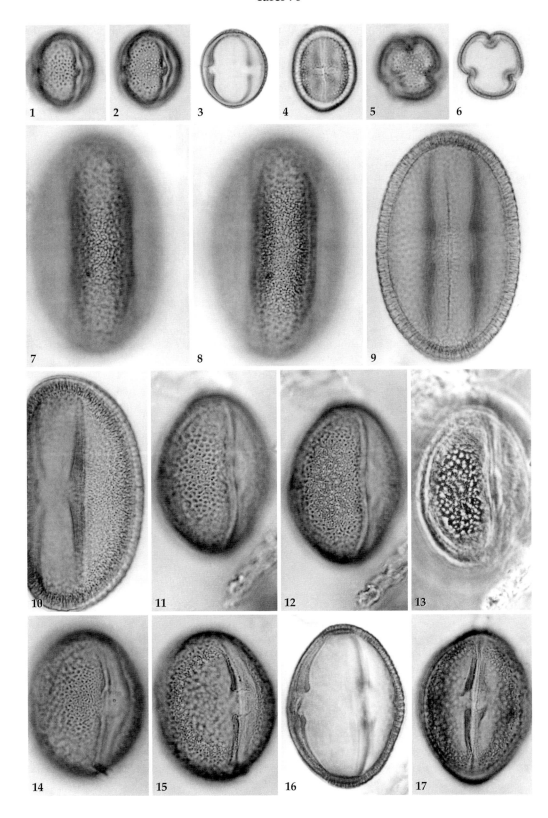

gute Kenntnis der Variabilität des Merkmalsbestandes voraus. Deswegen werden zunächst die einzelnen Merkmale hinsichtlich ihrer Konstanz und Variabilität dargestellt.

Es sei darauf hingewiesen, daß alle Merkmale, die das Reticulum und die Columellae-Schicht betreffen, im Phasenkontrastbild bei hoher optischer Auflösung (Ölimmersion) bewertet werden müssen. Normale Hellfeldoptik reicht meist nicht aus.

Pollenform. Charakteristisch ist eine prolate Form der PK mit ± parallelen Seitenrändern und abgerundeten Enden. Es gibt jedoch auch elliptische Formen mit gelegentlich stark ausladenden Äquatorialbereichen und solche mit nahezu rechteckigen PK (*Trifolium badium*-Typ). Die Abrundung der Polarbereiche ist jedoch stets vorhanden. Zahlreiche Messungen des PFormI haben gezeigt, daß es auch alle Übergänge zu sphäroidischen PK gibt. Immer war der PFormI jedoch größer als 1,0, d.h. die PK sind in Äquatorialansicht immer gestreckt.

Pollengrößen. Die meisten der hier angeführten Fabaceae haben Pollengrößen zwischen 25 und 35 μm. Die kleinsten PK wurden bei *Galega officinalis* mit 15-19 μm gemessen. Werte zwischen 20 und 30 μm kommen bei einzelnen Arten der Gattungen *Oxytropis, Ononis* und *Astragalus* und *Cicer* vor. Pollengrößen von über 50 μm erreichen *Lathyrus cicera, Vicia dumetorum, V. peregrina* und verschiedene *Trifolium*-Arten (*Trifolium pratense*-Typ), während z.B. die PK von *Trifolium retusum* nur 21-28 μm erreichen. Vereinzelt werden Größen von annähernd oder über 60 μm erreicht (*T. pannonicum, Pisum sativum*). Auch die Arten der Gattungen *Lathyrus* und *Vicia* sowie bestimmter Gruppen der Gattung *Trifolium* haben auffällig große PK (Größenbereich 30-40 μm). Bei den artenreichen Gattungen *Trifolium* und *Astragalus* gibt es Arten mit deutlich größeren und kleineren PK. Hier kann eine Auftrennung nach der Größenklasse versucht werden. Im Allgemeinen ist die Trennschärfe zwischen solchen Größenklassen allerdings nicht ausreichend. Es gibt immer einige Arten mit intermediären Größenverhältnissen. Pollengrößen sind hier somit für Bestimmungen nur bedingt einsetzbar und geben lediglich Auskunft darüber, um welche Arten-Gruppen es sich bei einem fossilen PK handeln könnte und um welche nicht.

Aperturen. Die Poren sind Endoaperturen. In allen Fällen greifen die Poren deutlich über die Ränder der Intercolpien hinaus. Die suprareticulate Ektexine bedeckt die Poren oder fehlt hier, ohne daß dieses Merkmal für die Bestimmung verwendet werden könnte. Die Größe der Poren liegt im Allgemeinen zwischen 3 und 9 μm. Runde Poren überwiegen. Die Poren können auch elliptisch sein und sind dann meist äquatorial gestreckt. Meridional verlängerte Poren sind nur für *Galega officinalis* und *Cicer arietinum* typisch. Bei anderen Gattungen wurden sie nur in wenigen Ausnahmefällen festgestellt. In manchen Fällen (so bei dem *Trifolium repens*-Typ) ist die Porenregion vorgezogen, und die Poren erscheinen in Aufsicht schmetterlingsartig (»Schmetterlingsporen«) zweigeteilt, d.h. meridional eingeschnürt. Gelegentlich findet man PK, bei denen die Porenregionen konkav angelegt sind.

Im Allgemeinen sind die Porenränder kontrastreich, so daß die Poren gut erkennbar sind. Am schlechtesten ist dieses Merkmal allerdings bei der Gattung *Trifolium* ausgebildet. Die Ursachen für die Stärke des Kontrastes der Porenränder sind im Zusammenhang mit den Costae colpi zu sehen, die es bei allen der hier aufgeführten Fabaceae gibt, wenn auch in unterschiedlicher Stärke. Ob der schwache Kontrast der Poren bei *Trifolium* evt. auch davon abhängt, daß hier die Poren nur wenig in die Endexine einschneiden, das muß an Ultradünnschnitten untersucht werden. Die Costae colpi sind nach innen vorspringende Verdickungen der Endexine. Sie können relativ breit sein, und sie begleiten die Colpen von deren Enden bis zu den Rändern der Poren. In vielen Fällen verbreitern sich die Costae colpi im Äquatorialbereich und werden mit nahtlosem Übergang zu Costae pori. Viel häufiger ist allerdings die nach innen vorspringende Verdickung der Porenumrandung nicht ringförmig geschlossen, sondern läßt die lateralen Teile der Porenumrandung unverdickt. Selbst wenn die zum Äquatorialbereich hin breiter werdenden Costae colpi an den meridionalen Porenrändern abrupt enden, tragen sie schon ganz erheblich zur Kontrastverstärkung der Porenumrandungen bei. Die Colpen sind meist äquatorial verengt. Die Intercolpium-Ränder sind in der Regel etwas eingekrümmt und schwach gezähnt.

Die Colpen sind so kurz, daß alle PK der hier berücksichtigen Fabaceae mittelgroße oder große Polarfelder aufweisen. Die höchsten gemessenen Werte des PFeldI lagen bei 0,78, die geringsten meist um 0,31, selten weniger (z.B. bei *Astragalus penduliflorus* und *Trifolium* p.p.).

Skulpturierung und Columellae-Schicht. Die Muri des Suprareticulums können so hoch sein, daß sie einen einwandfreien Kontrast auch bei mittleren Vergrößerungen im Hellfeldbild abgeben. Das ist jedoch keineswegs die Regel. Bei vielen kleinen PK mit Brochus-Größen um 1,0-1,5 µm ist die netzige Skulpturierung im Hellfeldbild nicht oder nicht zweifelsfrei zu erkennen. Bei PK mit großen Brochi sind in der Regel auch kleine Brochi bis zu einer Größe von wenig mehr als 1 µm vorhanden. Die Breite der Muri ist unterschiedlich.

Die Brochus-Größen variieren erheblich, können aber in Grenzen brauchbare Bestimmungsmerkmale abgeben. Bei den Gattungen *Lathyrus, Vicia, Pisum* sowie Teilen der Gattung *Trifolium* sind die Brochi über 2,5 µm groß und können 5 µm erreichen. In allen anderen Fällen herrschen Brochus-Größen von 1-1,5 µm vor. Brauchbar für Bestimmungen ist dagegen das Fehlen der Brochi auf den Polarfeldern. Dem gegenüber stehen die Fabaceae-Sippen mit PK, bei denen das Suprareticulum überall ± gleichmäßig ausgebildet ist. Bei großen PK, und insbonders bei solchen mit großen Brochi, ist das Fehlen von Brochi auf den Polarfeldern sehr auffällig. Im optischen Schnitt ist die Oberfläche der Exine im reticulaten Bereich gewellt, im Polarbereich dagegen glatt. Dabei müssen aber die Polarfelder nicht unbedingt psilat sein. Sofern man ein solches PK in Polaransicht betrachten kann, zeigt es vielfach auf den Polarfeldern rudimentäre Brochi, d.h. sehr kleine und in größeren Abständen stehende Vertiefungen (fossulate Skulpturierung). Trotzdem heben sich solche Fälle von den Pollentypen ab, bei denen die Polarfelder ein normal entwickeltes Suprareticulum besitzen. Bei kleinen PK mit kleinen Brochi ist es oft schwierig, Formen mit reticulaten und glatten Polarfeldern voneinander zu unterscheiden. Der optische Schnitt liefert hier meist kein eindeutiges Bild. Man muß das PK in der Polaransicht betrachten können.

Über den Costae colpi sind die Brochi meist kleiner, und die Lumina stehen in größeren Abständen als im Normalfall (Margo), oder es fehlen Skulpturelemente. Über den Poren scheint das Reticulum in manchen Fällen zu fehlen, in anderen ist es vorhanden.

Columellae sind bei größeren Pollenformen in der Regel im Polarbereich zu erkennen. Zum Äquatorialbereich hin fehlen Columellae oder sind unkenntlich. Besonders bei kleinen Pollenformen können überhaupt keine Columellae erkennbar sein. Selten treten Pollenformen auf, bei denen auch im Äquatorialbereich Columellae deutlich (Phasenkontrastbild) erkennbar sind.

Die Dicke der Exine beträgt 1,0-2,0 µm.

Mehrere Gattungen mit tricolporaten PK haben keine reticulate Skulpturierung. Neben einzelnen sehr variablen Fällen (*Anthyllis vulneraria*) kommen scabrate und rugulate Skulpturen vor, oder es sind überhaupt keine Skulpturen zu erkennen, oder man erkennt im Phasenkontrastbild nur einige wenige Brochi, die keinen reticulaten Verband bilden. Diese Fälle sind in den Bestimmungsschlüsseln für scabrate und psilate bzw. für rugulate Skulpturierungen zu finden. *Anthyllis montana* ist tetracolporat, *Vicia lathyroides* und die Gattung *Phaseolus* haben triporate, die Gattungen *Onobrychis* und *Hedysarum* tricolpate PK.

1 Poren deutlich meridional verlängert 2
– Poren rund oder transversal verlängert 3

2 PK 15-20 µm groß (Tafel 77: 1-4) .... **22.31.1** *Galega officinalis* (S. 348)
– PK größer als 20-28 µm (Tafel 77: 5-10) .... **22.31.2** *Cicer arietinum* (S. 348)

3 Brochi 1,0-1,5 (max. 1,8) µm groß (Tafel 77: 11-19) .... **22.31.3** *Astragalus*-Typ (S. 348)
– Brochi deutlich größer als 1,5 µm 4

4 Porenumrandungen wenigstens teilweise mit Costae, Poren daher kontrastreich 5
– Porenumrandungen ohne Costae, Poren daher oft kontrastarm (Tafel 77: 20-22, Tafel 78: 1-14, Tafel 79: 1-2) .... **22.31.4** *Trifolium* (S. 351)

5 Größte Brochi über 3,0 µm und bis 4,5 µm groß (Tafel 78: 15-19, Tafel 79: 8-10) ....
.... **22.31.5** *Vicia*-Typ (S. 354)
– Brochi maximal 2,5-3,0 µm groß 6

22.31.1 *Galega officinalis* (Tafel 77: 1-4). PK elliptisch, sphäroidisch bis schwach prolat, PFormI 1,12-1,39. Polarfelder mittelgroß (PFeldI 0,38-0,39). Poren meridional gestreckt, 2-3,5 × 6-8 µm groß. Colpen mit deutlichen Costae, die gelegentlich auf die Porenumrandungen übergreifen, aber stets gegen die Porenränder hin verbreitert sind. Die Skulpturierung ist einheitlich und erstreckt sich auch auf die Polarfelder. Brochi max. 1 µm groß, Lumina 0,4-0,6 µm, Muri schmal und deutlich (Phasenkontrastbild). Columellae nicht erkennbar. Die Skulpturierung setzt über den Poren aus. Exine 0,8-1,0 µm dick.

Galega officinalis L. (3)
15,5-18,8 µm, MiW 16,0 µm; 50 PK, 0a

22.31.2 *Cicer arietinum* (Tafel 77: 5-10). Sehr ähnlich den PK von *Galega officinalis*, aber größer. Poren bis 10 µm lang mit operculum-artiger Ausbildung der Ektexine. Brochi bis meist 1,0-1,5 µm, gelegentlich bis 2 µm groß, polar meist etwas kleiner. Columellae erkennbar. Exine 1,0-1,2 µm dick.

Cicer arietinum L. (2)
20,5-27,3 µm, MiW 24,2 µm; 50 PK, 0a

22.31.3 *Astragalus*-Typ (Tafel 77: 11-19). Umfaßt die Gattungen *Astragalus, Colutea, Melilotus* p.p., *Oxytropis* und *Ononis*. Typisch sind: Kleine Brochi (meist 1,0-1,5 µm), keine Costae porae, aber trotzdem oft relativ kontrastreiche Porenränder, keine Columellae im äquatorialen und subäquatorialen Bereich erkennbar. Nur bei einem Teil der Gattung *Astragalus* sind die Polarfelder nicht suprareticulat skulpturiert.

Gruppe 1: PK mit suprareticulaten Polarfeldern (Tafel 77: 11-14)

Astragalus **p.p.** PK prolat bis sphäroidisch, PFormI 1,09-1,63. Ausschließlich sphäroidische PK wurden bei *A. penduliflorus* gefunden (PFormI 1,09-1,29).

Brochi 1,0-1,5(1,8) µm groß, oft kontrastarm, polar vorhanden. In vielen Fällen sind die größten Brochi nur 1,2 µm groß. Muri meist breit und Lumina klein. Relativ große Brochi (bis fast 2 µm) in Verbindung mir sehr breiten Muri wurden bei *A. depressus* festgestellt. Columellae u.U. im Polarbereich erkennbar. Poren oft 4-8 µm bzw. 5-7 × 6-11 µm groß, oft als »Schmetterlingsporen« ausgebildet. Colpen meist ohne Costae. Exine 1,0-1,5 µm dick. Innerhalb der Gattung *Astragalus* zeigen die einzelnen Arten Unterschiede in der Größe und in der Skulpturierung des Polarbereiches. Bei einer Anzahl von Arten nimmt das Reticulum auch das Polarfeld ein. Diese Arten verhalten sich so wie die PK der Gattungen *Oxytropis* und *Ononis*. Bei den anderen Arten (siehe Gruppe 2) ist das Polarfeld psilat, und häufig sind hier die Columellae erkennbar.

Astragalus alopecuroides L. (1)
24,8-31,9 µm, MiW 29,5 µm; 50 PK, 0a

Astragalus austriacus JACQ. (3)
18,8-26,2 µm, MiW 22,8 µm; 50 PK, 0a

Astragalus alpinus L. (3)
18,8-25,1 µm, MiW 22,5 µm; 50 PK, 0a

Astragalus depressus L. (1)
25,4-33,3 µm, MiW 30,4 µm; 50 PK, 0a

Astragalus *arenarius* L. (4)
22,8-29,5 µm, MiW 27,2 µm; 50 PK, 0a

Astragalus frigidus (L.) A.GRAY (3)
24,8-31,5 µm, MiW 28,9 µm; 50 PK, 0a

Astragalus australis (L.) LAM. (2)
30,3-37,5 µm, MiW 35,4 µm; 50 PK, 0a

Astragalus leontinus WULFEN (2)
28,3-38,9 µm, MiW 33,4 µm; 50 PK, 0a

Tafel 77

1-4 *Galega officinalis* (2, 4 Phako), **5-10** *Cicer arietinum* (6, 8 Phako), **11-14** *Oxytropis halleri*, **15-16** *Astragalus cicer*, **17-19** *Astragalus onobrychis* (18 Phako), **20-22** *Trifolium pannonicum* (21 Phako). – Vergrößerungen 1000fach.

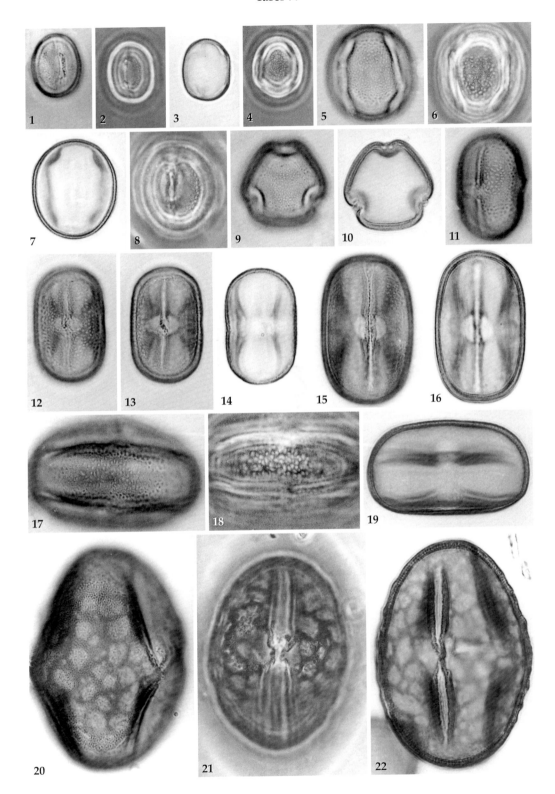

Astragalus norvegicus WEBER (4)
33,3-40,0 µm, MiW 34,2 µm; 50 PK, 0a

Astragalus sempervirens LAM. (2)
21,2-26,2 µm, MiW 24,3 µm; 50 PK, 0a

Astragalus penduliflorus LAM. (2)
20,0-25,8 µm, MiW 23,3 µm; 50 PK, 0a

Oxytropis (Tafel 77: 11-14). PK prolat, selten sphäroidisch. PFormI meistens bei 1,40-1,78, bei *O. lapponica* bei 1,15-1,56, *O. halleri* 1,34-1,57, *O. triflora* 1,25-1,87. Polarfelder meist mittelgroß (PFeldI 0,40-0,55), selten kleiner (*O. triflora* 0,25-0,36). Größenmäßig heben sich die PK von *O. campestris* heraus, bei denen Werte über 35 µm erreicht werden. Dicke der Exine um 1,0-1,2 µm.

Brochi 1,0-1,5 µm groß, bei den größeren PK von *O. campestris* und *O. halleri* bis 1,8 µm. Bei *O. triflora* erreichen die größten Brochi nur etwas mehr als 1 µm (ca. 1,2 µm). Das Suprareticulum erfaßt immer auch die Polarfelder; gelegentlich sind hier die Brochi etwas flacher. Columellae sind nicht bzw. nur bei den größeren PK von *O. campestris* gelegentlich im Polarbereich erkennbar.

Poren 4-6 µm bzw. (2)5-6 × (6)8-9 µm groß. Über den Poren fehlen die Brochi, und das erhöht offenbar die Deutlichkeit der Poren. Die Costae colpi sind gegen die Poren zu etwas verbreitert, umgreifen die Poren aber nicht.

Oxytropis campestris (L.) DC. (2)
33,5-40,0 µm, MiW 36,4 µm; 50 PK, 0a

Oxytropis lapponica (WAHLENB.) GAY (2)
20,5-28,0 µm, MiW 25,6 µm; 50 PK, 0a

Oxytropis fetida (VILL.) DC. (1)
24,4-29,0 µm, MiW 27,2 µm; 50 PK, 0a

Oxytropis pilosa (L.) DC. (2)
22,8-33,0 µm, MiW 30,4 µm; 50 PK, 0a

Oxytropis halleri BUNGE ex KOCH (2)
28,8-35,0 µm, MiW 33,1 µm; 52 PK, 0a

Oxytropis triflora HOPPE (2)
22,3-26,8 µm, MiW 24,8 µm; 50 PK, 0a

Oxytropis jacquinii BUNGE (3)
24,5-28,0 µm, MiW 26,1 µm; 50 PK, 0a

Ononis. PK sphäroidisch bis prolat (PFormI 1,2-1,6), Polarfelder mittelgroß. Größenmäßig heben sich *O. spinosa*, *O. repens* und *O. alopecuroides* mit Werten zwischen 25 und 36 µm und Mittelwerten von 29-33 µm von den Arten mit kleineren PK (20-28 µm, MiW 22-26 µm) ab, wenn auch ein erheblicher Überschneidungsbereich besteht.

Die Brochi sind 1,0-1,5 µm groß, selten (bei großen PK) bis 1,8 µm, bei kleinen PK nur 1,0-1,2 µm. Die Brochi sind regelmäßig geformt und haben schmale, wenigstens im Phasenkontrastbild kontrastreiche Muri. Das Suprareticulum überzieht auch die Polarfelder, wo die Brochi u.U. etwas kleiner sein können. Columellae sind in Aufsicht nicht zu erkennen.

Die Poren sind mit 4-8 µm relativ groß. Sie sind meist rund, selten äquatorial gestreckt. Bei stark eingekrümmten Intercolpium-Rändern können sie meridional gestreckt erscheinen (*O. alopecuroides*). Die Colpen besitzen Costae, die sich bis an die Porenränder erstrecken, hier verbreitert sind und die Poren unvollständig umfassen können. In der Regel sind die Porenränder kontrastreich, die Poren somit deutlich zu erkennen. Ausnahmen wurden vor allem bei *O. alopecuroides* gefunden. Die Exine ist bei kleinen Pollenformen um 1 µm, bei größeren PK etwa 1,2 µm dick.

Ononis alopecuroides L. (2)
28,0-35,8 µm, MiW 33,6 µm; 50 PK, 0a

Ononis reclinata L. (2)
20,5-24,8 µm, MiW 22,9 µm; 50 PK, 0a

Ononis arvensis L.. (1)
22,7-28,3 µm, MiW 26,0 µm; 50 PK, 0a

Ononis repens L. (2)
26,6-31,9 µm, MiW 30,1 µm; 50 PK, 0a

Ononis natrix L. (3)
19,8-24,8 µm, MiW 22,4 µm; 50 PK, 0a

Ononis rotundifolia L. (2)
19,8-24,4 µm, MiW 22,3 µm; 50 PK, 0a

Ononis pusilla L. (1)
21,6-25,5 µm, MiW 23,8 µm; 50 PK, 0a

Ononis spinosa L. (3)
25,0-30,5 µm, MiW 28,9 µm; 50 PK, 0a

Colutea arborescens. PK sphäroidisch, breit-elliptisch mit meist parallelen Seitenrändern, PFormI 1,11-1,32. Polarfelder groß, PFeldI 0,53-0,71. Brochi 1-1,5 µm groß. Auf den Polarfeldern haben die Brochi breitere Muri, und die Lumina sind hier etwas kleiner und stehen weiter voneinander entfernt.

Columellae nicht erkennbar. Poren groß (6-7 × 10-12 µm); Porenregionen vorgezogen. Colpen außerhalb der Porenbereiche mit Costae. Exine 1,5 µm dick.

Aufgrund des geringen PFormI, des hohen PFeldI, der breit-elliptischen Form und der Brochi mit breiten Muri können die PK von *Colutea* von denen der Gattungen *Astragalus* und *Oxytropis* unterschieden werden. *Ononis*-Arten haben fast stets kleinere PK.

Colutea arborescens L. (2)
30,8-37,5 µm, MiW 34,9 µm; 54 PK, 0a

Melilotus p.p. Angeschlossen werden an dieser Stelle die folgenden Arten der Gattung *Melilotus*.

Melilotus altissima THUILL. (3)
28,3-35,8 µm, MiW 32,4 µm; 50 PK, 0a

Melilotus officinalis (L.) PALL. (3)
28,0-36,0 µm, MiW 32,0 µm; 50 PK, 0a

Melilotus indica (L.) ALL. (3)
26,3-30,5 µm, MiW 28,4 µm; 50 PK, 0a

Melilotus wolgica POIRET (2)
24,5-32,5 µm, MiW 27,9 µm; 50 PK, 0a

Gruppe 2: PK mit psilaten Polarfeldern

Astragalus p.p. (Tafel 77: 15-19). In dieser Gruppe heben sich größenmässig *A. onobrychis* und *A. cicer* mit PK von 40-47(50) µm von den anderen Arten ab. Besonders kleine PK besitzen vor allem *A. monspessulanus* und *A. sulcatus* (20-28 µm). Ausgeprägt prolate PK haben *A. asper* (PFormI 1,41-1,63), *A. cicer* (1,42-1,69) und *A. vesicarius* (1,35-1,56). Polarfelder mittelgroß (PFeldI 0,25-0,60).

Vergl. ggf. auch *Lotus* und *Tetragonolobus siliquosus*; Columellae sind dort nicht erkennbar (S. 198).

Astragalus asper JACQ. (3)
34,5-40,0 µm, MiW 37,0 µm; 50 PK, 0a

Astragalus monspessulanus L. (2)
20,5-26,6 µm, MiW 24,3 µm; 50 PK, 0a

Astragalus cicer L. (2)
38,0-47,0 µm, MiW 42,2 µm; 50 PK, 0a

Astragalus onobrychis L. (4)
42,8-50,4 µm, MiW 46,8 µm; 50 PK, 0a

Astragalus danicus RETZ. (3)
27,8-33,0 µm, MiW 30,6 µm; 50 PK, 0a

Astragalus purpureus LAM. (2)
30,8-38,9 µm, MiW 34,7 µm; 50 PK, 0a

Astragalus exscapus L. (3)
28,3-34,5 µm, MiW 31,0 µm; 50 PK, 0a

Astragalus sulcatus L. (2)
21,2-28,0 µm, MiW 25,1 µm; 50 PK, 0a

Astragalus glycyphyllos L. (3)
28,8-33,0 µm, MiW 30,8 µm; 50 PK, 0a

Astragalus vesicarius L. (2)
23,4-30,1 µm, MiW 26,3 µm; 50 PK, 0a

Melilotus p.p. Angeschlossen werden an dieser Stelle die folgenden Arten der Gattung *Melilotus*. Die Arten mit erkennbar reticulaten Polarfeldern werden an entsprechender Stelle angeführt (s. oben).

Melilotus alba MED. (3)
28,0-34,8 µm, MiW 31,0 µm; 50 PK, 0a

Melilotus dentata (WALDST. & KIT.) PERS. (3)
26,3-31,5, MiW 29,1 µm; 50 PK, 0a

22.31.4 *Trifolium* (Tafel 77: 20-22, Tafel 78: 1-14. Tafel 79: 1-2). Größenmäßig hat ein kleinerer Teil der Arten PK, die über 40 µm groß und deutlich suprareticulat sind (*T. pannonicum*, *T. pratense*- und *T. alpestre*-Typ). Bei der Mehrzahl der Arten sind die PK mit ganz wenigen Ausnahmen (*Trifolium scabrum*, *T. striatum*) kleiner als 35-40 µm. Bei diesen wird eine weitere Auftrennung nach der Ausbildung der Skulptur und der Pollenform versucht.

An den *Trifolium repens*-Typ werden drei Arten der Gattung *Trigonella* provisorisch angeschlossen. Alle drei Arten zeigen untereinander abweichende Merkmale, deren Bedeutung mit einer Gesamtbearbeitung der europäischen Vertreter von *Trigonella* geklärt werden müßte.

1 PK über 55 µm groß (Tafel 77: 20-22) .... **22.31.4.1 *Trifolium pannonicum***
– PK kleiner 2

2 PK 42-50 µm groß 3
– PK kleiner als 42 µm 4

3 Brochi polar und subpolar nicht oder nur unwesentlich kleiner als auf den Intercolpien (Tafel 78: 1-7) .... **22.31.4.2** *Trifolium pratense*-**Typ**

– Brochi polar und subpolar kleiner als auf den Intercolpien, oft nur grubig oder fehlend (Tafel 78: 8-9) .... **22.31.4.3** *Trifolium alpestre*-**Typ**

4 PK 35-42 μm groß .... **22.31.4.4** *Trifolium* **indet.**

– PK kleiner als 35 μm 5

5 Brochi max. 2-4 μm groß, z.T. auch im Polarbereich (Tafel 78: 10-14) .... **22.31.4.5** *Trifolium repens*-**Typ**

– Brochi nur 1-2 μm groß 6

6 PK eckig, mit stark abgeflachten Polarbereichen, PFormI 1,0-1,3, Polarfelder meist groß, Brochi schwer und nur stellenweise erkennbar, Poren groß, kontrastreich und vorgezogen (Tafel 79: 1-2) .... **22.31.4.6** *Trifolium badium*-**Typ**

– PK nicht eckig und nicht mit vorgezogenen Poren , PFormI größer als 1,3-1,4, Brochi sehr undeutlich, Poren undeutlich .... **22.31.4.7** *Trifolium*-**Sammelgruppe**

22.31.4.1 *Trifolium pannonicum* (Tafel 77: 20-22). Die PK sind durch ihre besondere Größe innerhalb der Gattung *Trifolium* ausgezeichnet. PFormI 1,28-1,49, PFeldI um 0,4. Brochi um 2,5-9,0 μm. Exine polar und subpolar glatt oder schwach grubig. Columellae polar und subpolar besonders deutlich erkennbar. Poren kontrastarm, 9-14 μm. Colpen äquatorial verengt. Exine 2-2,5 μm dick. Mit den PK von *T. medium* (*T. pratense*-Typ) gibt es eine Überschneidung im Größenbereich von etwa 57-60 μm. Bei dieser Art sind die Brochi aber nur bis 3, selten bis 4 μm groß.

Trifolium pannonicum JACQ. (2)
57,5-72,0 μm, MiW 63,9 μm; 50 PK, 0a

22.31.4.2 *Trifolium pratense*-**Typ** (Tafel 78: 1-7). PK (38)40-55(60) μm groß, meist prolat, PFormI 1,20-1,75. PFeldI 0,40-0,55. Brochi 1,5-4 μm, in Einzelfällen bis 6-8 μm groß. Skulpturierung mit heterobrochater Tendenz: Neben vielen großen Brochi gibt es immer wenige kleine (1,5-2 μm). Brochi sind immer auch auf den Polarfeldern vorhanden, hier u.U. etwas kleiner und Brochi etwas flacher. Muri um 1 μm breit. Columellae dick, aber polar und subpolar am dicksten und längsten und daher besser als auf den übrigen Teilen der PK zu erkennen, hier auch in Gruppen gestellt (*T. ochroleucum*). Colpen oft mit äquatorialer Verengung, Intercolpium-Ränder gezähnt, Margo meist schmal, microreticulat oder nicht skulpturiert. Porenumrandungen hinreichend kontrastreich bis kontrastarm, Poren bis 11 μm, bzw. 11 × 8 μm groß. Exine bis 2 μm dick.

Trifolium incarnatum L. (3)
40,5-54,8 μm, MiW 47,0 μm; 50 PK, 0a

Trifolium pratense L. (2)
40,0-50,3 μm, MiW 45,3 μm; 50 PK, 0a

Trifolium medium L. (3)
45,0-59,5 μm, MiW 53,8 μm; 50 PK, 0a

Trifolium subterraneum L. (2)
38,2-48,8 μm, MiW 44,9 μm; 50 PK, 0a

Trifolium ochroleucum HUDS. (2)
40,8-54,0 μm, MiW 46,7 μm; 50 PK, 0a

22.31.4.3 *Trifolium alpestre*-**Typ** (Tafel 78: 8-9). PK 35-50 μm groß, PFormI 1,18-1,61. PFeldI 0,23-0,37. Brochi 1,5-4(5) μm groß. Tectum polar glatt oder mit einzelnen kleinen Vertiefungen. Optischer Schnitt polar daher in der Äquatorialansicht ± glatt. Heterobrochate Tendenz wie bei dem *T. pratense*-Typ. Columellae äquatorial meist schwach oder nicht, polar dagegen gut erkennbar. Poren 8-10 μm groß, rund oder äquatorial verlängert, Porenumrandungen meist kontrastarm. Exine 1,5-2 μm dick.

Trifolium alpestre L. (4)
35,8-49,3 μm, MiW 41,7 μm; 50 PK, 0a

Trifolium rubens L. (3)
40,3-50,3 μm, MiW 45,7 μm; 50 PK, 0a

Trifolium noricum WULFEN (2)
35,4-48,9 μm, MiW 42,1 μm; 50 PK, 0a

22.31.4.4 *Trifolium* **indet.** Die PK vom *T. pratense-*, *T. alpestre-* und *T. repens-*Typ haben einen Überschneidungsbereich für die Größe bei 35-42 µm. PK dieser *Trifolium*-Arten können in diesem Größenbereich nicht näher bestimmt werden. *T. squamosum* fällt quantitativ in diesen Überschneidungsbereich. Von dem *Trifolium repens*-Typ sind vor allem Anteile von *T. alpinum*, *T. scabrum*, *T. hybridum* und *T. striatum* betroffen, vom *T. alpestre*-Typ Anteile von *T. alpestre* und *T. noricum*.

Trifolium squamosum L. (2)
35,0-42,0 µm, MiW 38,6 µm; 50 PK, 0a

22.31.4.5 *Trifolium repens*-**Typ** (Tafel 78: 10-14). Umfaßt auch 3 *Trigonella*-Arten. Skulpturierung des Polarbereiches, Größe und Kontrast der Brochi variieren stark. Arten mit einem normalen Suprareticulum im Polarbereich und mit maximal 3-4 µm großen, relativ kontrastreichen Brochi sind *T. bocconei*, *T. dubium*, *T. patens*, *T. resupinatum*, *T. scabrum* und *T. striatum*. Einzelne Arten sind schwer zuzuordnen (*T. aureum*, *T. arvense*, *T. bocconei*, *T. campestre*). *T. alpinum*, *T. hybridum*, *T. lupinaster*, *T. pallescens* und *T. repens* besitzen keine Brochi (oder keine Brochi normaler Größe und Ausbildung) im Polarbereich, haben vielfach ein kontrastschwaches Suprareticulum und 1-2 µm große Brochi auf den Intercolpien.

PK im allgemeinen kleiner als 40 µm und mit Ausnahme vor allem von *T. alpinum*, *T. hybridum*, *T. scabrum*, *T. striatum*, *T. pallescens* und *Trigonella caerulea* in der Mehrzahl kleiner als 35 µm. PFormI 1,10-1,60(1,83); am deutlichsten prolat sind die PK von *T. pallescens* (PFormI 1,57-1,80). PFeldI 0,31-0,56; kleinste Polarfelder bei *T. repens* (PFeldI 0,31-0,41). Brochi 1,5-4(4,5) µm groß. Columellae meist mindestens auf den Polarfeldern deutlich. Porenregion oft vorgezogen, Colpen äquatorial verengt und Colpus-Ränder meist gezähnt. Costae colpi vorhanden. Besonders bei PK mit stark vorgezogener Porenregion erscheint die Pore als »Schmetterlingspore«. Poren meist 6-9 µm groß. Die Poren können extrem kontrastarm sein; solche PK müssen als tricolporoidat angesprochen werden, dazu gehört z.B. *T. retusum*. Sehr deutliche Poren (6 × 7-11 µm) hat *T. alpinum*. Wegen breiter Costae colpi tendieren die PK dieser Art bereits zum *Lathyrus*-Typ. – Dicke der Exine 1,2-2,0 µm.

Die drei *Trigonella*-Arten werden hier provisorisch angeschlossen. *T. caerulea* und *T. monspeliaca* zeigen ein sehr schwach ausgebildetes Reticulum und kontrastarme Porenumrandungen. Eine Herkunft von *T. monspeliaca* zeigte PK mit einem besonders kleinen PFormI. *T. ornithopodioides* hat ein sehr deutliches Suprareticulum und deutlich erkennbare Poren.

Bei *T. hybridum* gibt es Herkünfte mit vielen anormal ausgebildeten PK.

Trifolium alpinum L. (3)
32,5-39,5 µm, MiW 37,1 µm; 50 PK, 0a

Trifolium arvense L. (3)
26,8-36,3 µm, MiW 31,0 µm; 50 PK, 0a

Trifolium aureum POLLICH (2)
24,8-32,5 µm, MiW 28,9 µm; 50 PK, 0a

Trifolium bocconei SAVI (2)
27,3-34,7 µm, MiW 31,0 µm; 50 PK, 0a

Trifolium campestre SCHREBER (2)
25,8-35,0 µm, MiW 31,9 µm; 50 PK, 0a

Trifolium dubium SIBTH. (4)
29,5-38,0 µm, MiW 33,0 µm; 50 PK, 0a

Trifolium fragiferum L. (2)
28,5-38,0 µm, MiW 33,7 µm; 50 PK, 0a

Trifolium hybridum L. (3)
31,5-40,5 µm, MiW 37,2 µm; 50 PK, 0a

Trifolium lupinaster L. (3)
30,0-38,0 µm, MiW 35,0 µm; 50 PK, 0a

Trifolium ornithopodioides L. (2)
28,0-35,0 µm, MiW 31,3 µm; 30 PK, 0a

Trifolium pallescens SCHREBER (3)
27,8-42,5 µm, MiW 36,2 µm; 50 PK, 0a

Trifolium patens SCHREBER (2)
25,5-35,4 µm, MiW 31,4 µm; 50 PK, 0a

Trifolium repens L. (4)
26,3-34,3 µm, MiW 30,9 µm; 50 PK, 0a

Trifolium resupinatum L. (1)
24,8-31,5 µm, MiW 28,1 µm; 50 PK, 0a

Trifolium retusum L. (2)
21,2-28,3 µm, MiW 24,8 µm; 50 PK, 0a

Trifolium saxatile ALL. (3)
26,2-33,5 µm, MiW 29,9 µm; 50 PK, 0a

Trifolium scabrum L. (4)
32,8-43,8 µm, MiW 38,6 µm; 50 PK, 0a

Trifolium striatum L. (3)
31,5-42,3 µm, MiW 35,4 µm; 50 PK, 0a

Trigonella caerulea (L.) SER. (5)
24,8-34,0 µm, MiW 30,3 µm; 50 PK, 3a

Trigonella monspeliaca L. (5)
24,8-31,2 µm, MiW 27,6 µm; 50 PK, 0a

Trigonella ornithopodioides LAM. & DC (1)
28,0-35,0 µm, MiW 31,3 µm; 30 PK, 0a

22.31.4.6 *Trifolium badium*-Typ (Tafel 79: 1-2). PK 24-35 µm groß, sphäroidisch, in Äquatorialansicht rechteckig, mit stark abgeplatteten Polen. PFormI 1,00-1,29. Die Colpen reichen nicht oder kaum auf den abgeplatteten Bereich hinauf, Polarfelder daher relativ groß (PFeldI meist um 0,5-0,6). Skulptur sehr schwach, Brochi 1-1,5 mm groß und flach, sehr kontrastarm, meist nur stellenweise erkennbar. Columellae meist schwer erkennbar. Poren groß (bis 8 × 8 µm), kontrastreich, Porenregion deutlich vorgezogen. Exine 1,5-2,0 µm dick.

Trifolium badium SCHREBER (3)
27,5-35,3 µm, MiW 32,6 µm; 50 PK, 0a

Trifolium spadiceum L. (3)
24,5-29,5 µm, MiW 26,7 µm; 50 PK, 0a

22.31.4.7 *Trifolium*-Sammelgruppe. Die verbleibenden *Trifolium*-Arten haben die Größe des *T. badium*- und *T. repens*-Typs. Ihre PK sind aber nicht polar abgeplattet und rechteckig, sondern polar abgerundet, und ihr PFormI ist größer als bei den PK des *T. badium*-Typs. Brochi undeutlich und 1-2 µm groß. Die Porenregion ist anders als bei dem *T. badium*-Typ nicht vorgezogen, und die Poren sind meist sehr kontrastschwach umrandet.

Bestimmbar dürften die PK von *T. montanum* auf Grund des hohen PFormI (1,45-1,89) und der nahezu parallelen Seitenränder sein. Die PK von *T. thalii* und *T. glomeratum* sind fast stets tricolporoidat, sie werden hier nur für den Ausnahmefall mit angeführt.

Es muß damit gerechnet werden, daß PK vom *T. repens*-Typ mit schlecht ausgebildetem Reticulum in dieser Gruppe eine Rolle spielen können.

Trifolium glomeratum L. (2)
25,5-34,5 µm, MiW 30,8 µm; 50 PK, 0a

Trifolium thalii VILLARS (3)
29,5-39,0 µm, MiW 34,8 µm; 50 PK, 0a

Trifolium montanum L. (3)
27,0-35,5 µm, MiW 31,8 µm; 50 PK, 0a

22.31.5 *Vicia*-Typ (Tafel 78: 15-19, Tafel 79: 8-10). Umfaßt die Gattungen *Vicia* (außer *V. sepium*) und *Pisum*.

Die Gattungen *Vicia* und *Lathyrus* sind pollenmorphologisch nicht vollständig trennbar. Es treten bei einzelnen Arten der Gattung *Vicia* immer wieder PK auf, deren größte Brochi nicht oder nicht eindeutig den Größenangaben für den *Vicia*-Typ entsprechen. *Vicia sepium* gehört sogar vollständig zum *Lathyrus*-Typ. Andererseits fallen auch PK von *Lathyrus cicera* wegen des Auftretens großer Brochi in den *Vicia*-Typ. Umgekehrt sind z.B. bei *V. cassubica* solche PK selten, bei denen die größten Brochi deutlich über 3,0 µm messen.

Der hauptsächliche Unterschied zwischen beiden Typen liegt in der Größe der Brochi. Bei *Lathyrus* sind die Brochi im Allgemeinen 1,5-2,3 µm groß, erreichen selten 3 µm und nur ganz ausnahmsweise etwas mehr. Bei *Vicia* ist die Durchnittsgröße der Brochi (von Ausnahmen abgesehen) größer als bei *Lathyrus*, und es werden 4,0-4,5(5,0) µm erreicht. Außerdem sind bei *Vicia* häufig unregelmäßig geformte und offene Brochi vorhanden. Insbesondere sind die Brochi, die an eine Margo grenzen, zu dieser hin vielfach nicht geschlossen oder aber geschlossen und deutlich kleiner. Gelegentlich gibt es rundliche oder unregelmäßige Skulpturelemente in den Lumina. Die Polarfelder sind frei von Skulpturen, oder es gibt hier sehr flache und kleine Brochi (z.B. bei *V. ervilia*). Stets ist aber im optischen Schnitt der Umriß der PK wie bei *Lathyrus* im Polarbereich glatt begrenzt, während er sonst mit einer gewellten Oberfläche die Brochi bzw. die Muri nachzeichnet. Im Bereich der Polarfelder sind in einigen Fällen die Columellae in Aufsicht und im optischen Schnitt erkennbar (z.B.

▷

Tafel 78

1-5 *Trifolium incarnatum* (5 Phako), **6** *Trifolium ochroleucum* (Phako), **7** *Trifolium pratense* (Phako), **8-9** *Trifolium rubens* (9 Phako), **10-14** *Trifolium alpinum* (11, 14 Phako), **15-19** *Pisum sativum* (16, 19 Phako). – Vergrößerungen 1000fach.

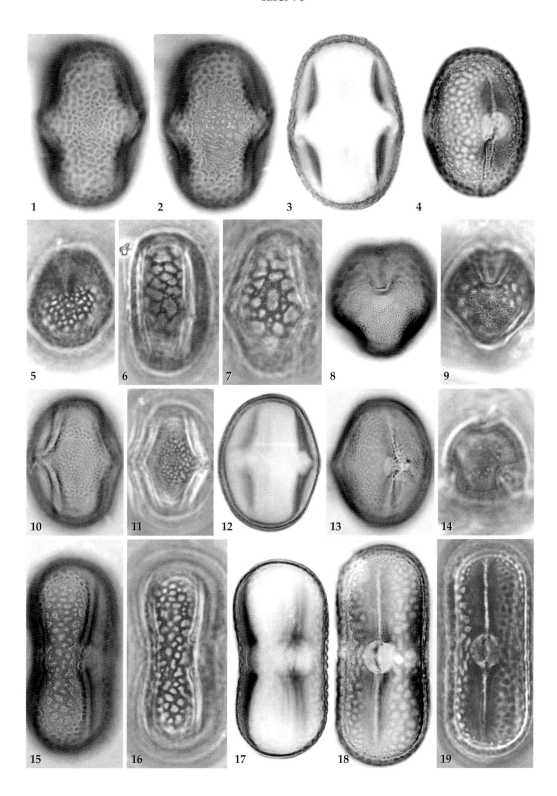

bei *V. ervilia* und *V. sylvatica*). Bei *Lathyrus* endet die suprareticulate Skulpturierung oft bereits vor den Colpus-Enden. Manchmal ist der suprareticulate Bereich sogar nur auf einen relativ kleinen äquatorialen Abschnitt des PK begrenzt.

Einer der drei Colpen kann stark verkürzt sein. Gezähnte Intercolpium-Ränder treten offenbar bei *Vicia* selten auf (nur gelegentlich bei *V. orobus* und *V. peregrina* beobachtet). Die Costae colpi können sehr breit sein (bis 5 μm). Die Dicke der Exine beträgt äquatorial 1,5-2 μm, polar 1-1,5 μm.

Die PK sind prolat bis perprolat, und die Werte des Pollenform-Index liegen höher als bei *Lathyrus*. Meist liegt der PFormI über 1,6. Besonders hohe Werte wurden bei *V. articulata* (1,46-1,94), *V. dumetorum* (1,84-2,19), *V. faba* (1,66-1,91), *V. tetrasperma* (1,48-2,13), *V. villosa* (1,78-2,52) und *Pisum sativum* (1,83-2,12) gemessen. Die kleinsten Werte haben *V. angustifolia* (1,30-1,67) und *V. pisiformis* (1,52-1,63). Der PFeldI liegt etwa zwischen 0,5 und 0,6. Allerdings konnten solche Messungen nicht bei allen *Vicia*-Arten durchgeführt werden. Bei *Vicia* und bei *Pisum sativum* findet man auch PK, die äquatorial verengt sind.

Die Poren sind rund oder elliptisch und äquatorial verlängert. Runde Poren haben einen Durchmesser von 5-8 μm. Bei *Pisum* sind die Poren rund oder fast rund. Gemessen wurden bei *Pisum* Werte von 9-10 × 10 μm. Hier besteht die Möglichkeit, bei Funden von stark prolaten bis perprolaten PK vom *Vicia*-Typ, die sehr große Poren besitzen und über 50 μm groß sind, mit großer Wahrscheinlichkeit auf *Pisum sativum* zu schließen.

1   Porendurchmesser 9-10 μm, PK 53-59 μm groß, PFormI 1,8-2,1 (Tafel 78: 15-19) ....
.... **22.31.5.1 *Pisum sativum***

Pisum sativum L. (2)
53,0-59,8 μm, MiW 55,8 μm; 50 PK, 0a

–   Porendurchmesser bis 8 μm, PK zwischen 32 und 54 μm groß, PFormI zwischen 1,3 und 2,5 (Tafel 79: 8-10) .... **22.31.5.2 *Vicia-Typ* s.str.**

Innerhalb des *Vicia*-Typs s.str. gibt es erhebliche Größenunterschiede. Im Größenbereich von 45-55 μm liegen vor allem die PK von *V. dumetorum* und *V. faba*. PK unter 30 μm treten bei *V. hirsuta* und *V. tetrasperma* auf.

Vicia angustifolia L. (3)
31,9-43,2 μm, MiW 36,2 μm; 50 PK, 0a

Vicia hirsuta (L.) GRAY (3)
28,3-33,0 μm, MiW 31,0 μm; 50 PK, 0a

Vicia articulata HORNEM. (1)
35,4-44,6 μm, MiW 40,5 μm; 50 PK, 0a

Vicia johannis TAMAMSCH. (1)
41,1-49,6 μm, MiW 45,0 μm; 50 PK, 0a

Vicia cassubica L. (3)
36,0-45,4 μm, MiW 41,5 μm; 50 PK, 0a

Vicia lutea L. (3)
44,3-50,0 μm, MiW 47,3 μm; 50 PK, 0a

Vicia cracca L. (3)
35,5-44,5 μm, MiW 40,9 μm; 50 PK, 0a

Vicia onobrychoides L. (2)
35,4-49,2 μm, MiW 42,3 μm; 50 PK, 0a

Vicia dumetorum L. (2)
45,3-52,0 μm, MiW 48,2 μm; 50 PK, 0a

Vicia oroboides WULFEN (2)
34,7-42,5 μm, MiW 38,3 μm; 50 PK, 0a

Vicia ervilia (L.) WILLD. (2)
35,3-42,8 μm, MiW 39,9 μm; 50 PK, 0a

Vicia orobus DC. (2)
36,1-45,7 μm, MiW 41,6 μm; 50 PK, 0a

Vicia faba L. (3)
45,0-54,5 μm, MiW 49,9 μm; 50 PK, 0a

Vicia pannonica CRANTZ (4)
40,0-45,0 μm, MiW 43,8 μm; 50 PK, 0a

Vicia grandiflora Scop. (1)
38,9-43,9 μm, MiW 39,9 μm; 50 PK, 0a

Vicia peregrina L. (2)
42,1-51,7 μm, MiW 44,6 μm; 45 PK, 0a

▷

Tafel 79

1-2 *Trifolium badium* (2 Phako), **3-4** *Lens culinaris*, **5-7** *Lathyrus paluster* (6 Phako), **8-10** *Vicia faba* (8, 10 Phako), **11-16** *Sambucus nigra*, **17-24** *Sambucus ebulus*, **25-31** *Adoxa moschatellina* (28 Phako). – Vergrößerungen 1000fach.

Tafel 79

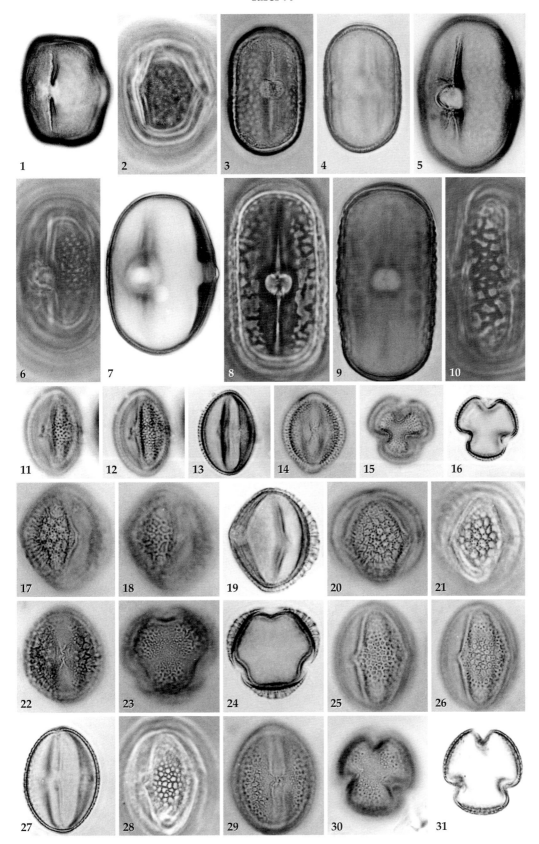

Vicia pisiformis L. (3)
39,3-46,8 µm, MiW 43,5 µm; 50 PK, 0a

Vicia sativa L. (2)
35,4-47,8 µm, MiW 39,8 µm; 50 PK, 0a

Vicia sylvatica L. (3)
33,0-41,5 µm, MiW 37,2 µm; 50 PK, 0a

Vicia tetrasperma (L.) SCHREB. (3)
27,5-33,0 µm, MiW 30,3 µm; 50 PK, 0a

Vicia villosa ROTH (3)
36,5-40,8 µm, MiW 37,0 µm; 60 PK, 3a

22.31.6 *Lathyrus*-Typ (Tafel 79: 3-7). Umfaßt *Lathyrus* p.p., *Lens*, *Trigonellae* p.p., (*T. foenum-graecum*) und *Vicia* p.p. (*V. sepium*).

PK prolat bis sphäroidisch, PFormI 1,23-1,91. Polarfelder groß, PFeldI 0,44-0,70. PK in Äquatorialansicht mit parallelen oder fast parallelen Seiten und abgerundeten Polen oder im Äquatorialbereich etwas verengt, manchmal nahezu rechteckig. Besonders deutlich prolat sind die PK von *L. aphaca* (PFormI 1,49-1,91), *L. hirsutus* (PFormI 1,53-1,78), *L. pratensis* (PFormI 1,60-1,78), *L. nissolia* (PFormI 1,53-1,81), *Trigonella foenum-graecum* (1,50-1,70) und *Lens culinaris* (1,68-1,84). Fast ausschließlich sphäroidische PK wurden bei *Lathyrus pisiformis* festgestellt (PFormI 1,20-1,34).

Die Größen der PK liegen meist zwischen 30 und 50 µm. *L. cicera* nimmt mit 46-57 µm eine Sonderstellung ein. Hier bestehen u.U. Schwierigkeiten bei der Abtrennung vom *Vicia*-Typ wegen großer Brochi (max. 4,5 µm). Die kleinsten PK hat *L. pisiformis* mit 29-35 µm.

PK suprareticulat, Brochi (1,0)1,5-3,0 µm groß mit niedrigen und sehr breiten Muri (etwa 0,8 µm). In einigen Fällen ist das Reticulum sehr schwach entwickelt (z.B. bei *L. aphaca*, *L. hirsutus*, *L. laevigatus* und *L. palustris*). Vereinzelt wurden auch reticulat-rugulate Skulpturen beobachtet. Besonders große Brochi (4 µm) wurden bei einzelnen Herkünften von *L. cicera* und *L. sativus* (bis 4,5 µm) und bei *Lens culinaris* (bis 3,5 µm) gefunden. Bei *Trigonellae foenum-graecum* werden nur etwa 2 µm erreicht, bei *Lathyrus aphaca* nur ca. 1,5 µm. Wegen der sehr niedrigen Muri ist das Suprareticulum u.U. im Hellfeld oft nicht oder nicht deutlich erkennbar. Phasenkontrastoptik ist daher erforderlich. Die suprareticulate Skulptur endet vor den oder im Bereich der Enden der Colpen. Die Polarfelder sind nicht skulpturiert; nur sehr selten findet man hier vereinzelte sehr kleine Brochi. Ausnahmen wurden bei den PK von *L. sativus* gefunden, bei denen sich das Suprareticulum bis auf das Polarfeld hinziehen kann, wenn auch mit geringerer Deutlichkeit. Im optischen Schnitt (Äquatorialansicht) ist die distale Begrenzung der Exine im Bereich der Polarfelder glatt, sonst schwach wellig. Columellae sind im Bereich der Polarfelder in günstigen Fällen als undeutliches Punktmuster erkennbar (Phasenkontrastbild); nicht dagegen unter dem Suprareticulum. Die Exine ist 1,0-1,5 µm dick, polar meist dünner als äquatorial. Soweit erkennbar, ist die Endexine dicker als das Tectum.

Die Poren sind groß, rund (Durchmesser 6-8 µm) oder elliptisch und dann äquatorial verlängert (5-7 × 7-10 µm), selten sind sie etwas meridional verlängert (z.B. gelegentlich bei *L. tuberosus*). Oft ist die Porenmembran vorgewölbt. Colpen mit Costae. Die in die Costae colpi übergehenden Costae pori umgeben die Poren entweder in gleichmäßiger Breite, oder sie sind auf den meridionalen Seiten der Poren deutlich stärker ausgebildet als auf den transversalen. Über den Costae colpi fehlt die Skulpturierung, oder es gibt nur einzelne Brochi. Die Intercolpium-Ränder können unregelmäßig gezähnt sein.

Zur Frage der sicheren Abtrennung zwischen dem *Lathyrus*- und dem *Vicia*-Typ vergl. S. 354. Es sei darauf hingewiesen, daß bei PK von *Pisum sativum* (*Vicia*-Typ) Brochus-Größen von über 3 µm nicht immer erreicht werden. Die PK von *Pisum* heben sich aber durch ihre großen Poren (9-10 × 10 µm), ihre Größe (53-59 µm) und ihren großen PFormI (1,8-2,1) von den *Lathyrus*-Arten und von *Lens culinaris* ab.

Lathyrus aphaca L. (3)
40,5-49,5 µm, MiW 44,4 µm; 50 PK, 0a

Lathyrus cicera L. (2)
46,5-57,0 µm, MiW 52,1 µm; 50 PK, 0a

Lathyrus hirsutus L. (3)
37,0-48,0 µm, MiW 42,7 µm; 50 PK, 0a

Lathyrus laevigatus (WALDST. & KIT.) GREN. (2)
32,8-41,5 µm, MiW 38,2 µm; 50 PK, 0a

Lathyrus linifolius (REICHARD) BÄSSLER (3)
31,5-40,7 µm, MiW 36,0 µm; 50 PK, 0a

Lathyrus maritimus (L.) BIGELOW (3)
33,0-43,5 µm, MiW 39,3 µm; 50 PK, 0a

Lathyrus niger (L.) BERNH. (3)
30,5-38,5 µm, MiW 35,4 µm; 50 PK, 0a

Lathyrus sylvestris L. (3)
33,5-41,8 µm, MiW 37,5 µm; 50 PK, 0a

Lathyrus nissolia L. (2)
34,5-39,8 µm, MiW 37,6 µm; 50 PK, 0a

Lathyrus sphaericus RETZ. (1)
35,4-42,8 µm, MiW 39,2 µm; 50 PK, 0a

Lathyrus palustris L. (5)
38,0-47,0 µm, MiW 42,5 µm; 50 PK, 0a

Lathyrus tuberosus L. (2)
37,5-45,8 µm, MiW 42,3 µm; 50 PK, 0a

Lathyrus pannonicus (JACQ.) GARCKE (3)
31,0-39,0 µm, MiW 35,0 µm; 50 PK, 0a

Lathyrus venetus (MILL.) WOHLF. (2)
31,9-38,9 µm, MiW 35,8 µm; 50 PK, 0a

Lathyrus pratensis L. (3)
38,3-44,8 µm, MiW 41,5 µm; 50 PK, 0a

Lathyrus vernus (L.) BERNH. (3)
35,8-40,5 µm, MiW 38,9 µm; 50 PK, 0a

Lathyrus pisiformis L. (2)
28,5-34,5 µm, MiW 32,2 µm; 50 PK, 0a

Lens culinaris MEDICUS. (3)
32,8-40,0 µm, MiW 36,8 µm; 50 PK, 0a

Lathyrus sativus L. (3)
40,0-53,0 µm, MiW 45,5 µm; 50 PK, 0a

Trigonella foenum-graecum L. (2)
31,9-42,5 µm, MiW 37,4 µm; 50 PK, 3a

Lathyrus setiformis L. (1)
32,2-38,9 µm, MiW 36,1 µm; 50 PK, 0a

Vicia sepium L. (3)
30,3-37,3 µm, MiW 35,0 µm; 50 PK, 0a

22.31.7 *Lathyrus-Vicia*-Typ. Bei verschiedenen *Vicia*-Arten ist das Suprareticulum z.T. kontrast-schwach und für die Gattung untypisch kleinmaschig ausgebildet. Der *Lathyrus-Vicia*-Typ fängt diese schwer einzuordnenden Pollenformen auf und verbessert dadurch die Bestimmungsmöglichkeiten insbesondere für die PK der typisch ausgebildeten *Vicia*-Arten.

23. Tricolporoidatae
PK mit reticulaten (per- und suprareticulaten), microreticulaten oder fossulaten Skulpturen

Tricolporoidate PK

Colpi stets mit einer einfachen oder s-förmigen äquatorialen Verengung oder mit auffällig im Äquatorialbereich aufgelösten, d.h. unterbrochenen Rändern der Intercolpien, niemals aber mit kontrastreichen runden Poren. Der äquatoriale Bereich einer Verengung ist oft vorgezogen und nicht eingetieft.

Tricolpate PK .... S. 286

PK mit 3 Colpi, diese stets ohne zusätzliche, äquatoriale Aperturen in der Endexine bzw. in der Endexine und in der Columellae-Schicht oder in der Colpus-Membran. Intercolpium-Ränder glatt oder auf ihrer ganzen Länge, mindestens aber im Äquatorialbereich körnig aufgelöst. Bei PK mit sehr schwacher äquatorialer Unterbrechung der Intercolpium-Ränder oder mit angedeuteter Verengung der Colpi ist es ratsam, auch nach dem Bestimmungsschlüssel für tricolporoidate PK vorzugehen. Dazu gehören auch PK mit einem vorgezogenen Äquatorialbereich der Colpen, aber ohne deren Verengung (z.B. *Fraxinus excelsior*)

Tricolporate PK .... S. 318

Colpi stets mit je einer deutlich, d.h. hinreichend kontrastreich begrenzten, runden, transversal oder meridional verlängerten Pore oder mit je einem Colpus transversalis oder PK mit einem Colpus equatorialis. Die Ränder dieser Aperturen können durch Costae ganz oder teilweise verdickt sein. Die Poren erstrecken sich deutlich über die Intercolpium-Ränder hinaus. Colpi transversales sind gelegentlich spaltartig ausgebildet. Sind diese Spalten so kurz, daß sie nicht oder nur kaum über die Colpus-Ränder auf die Intercolpien übergreifen, so ist entweder nur oder auch der Bestimmungs-schlüssel für tricolporoidate PK zu berücksichtigen.

Besondere Bedingungen und Schwierigkeiten des Bestimmungsganges:

1. In der Äquatorialregion der Colpi findet man bei den tricolporoidaten reticulaten PK eine erhebliche Variabilität selbst innerhalb einer Herkunft. Die Beschaffenheit der Äquatorialregion kann daher meist nicht als Merkmal für die Bestimmung unterschiedlicher Pollentypen verwendet werden.

2. Man muß damit rechnen, daß bei den hier aufgeführten Arten gelegentlich die poroide Konfiguration fehlt oder extrem schwach ausgebildet ist, so daß in diesen Fällen tricolpate PK vorliegen. Andererseits kommen bei überwiegend tricolpaten Pollenformen auch tricolporoidate Formen vor, so z.B. bei *Fraxinus ornus* und *Reseda*. Solche Fälle würden die Bestimmungsschlüssel und damit den Bestimmungsgang stark belasten. Hier muß der Benutzer dafür Sorge tragen, daß er durch das Studium von rezentem Vergleichsmaterial entsprechende Erfahrungen sammelt.

2. Viele der Bestimmungsmerkmale beziehen sich auf das Reticulum und auf die Sichtbarkeit der Columellae in Aufsicht. Bei allen microreticulaten Pollenformen muß dabei das Phasenkontrast-bild zur Beurteilung dienen.

3. Bei der Frage nach einer Margo ist auch hier zu beachten, daß bei stärkerer Einkrümmung der Intercolpium-Ränder die Margines u.U nicht erkannt werden können. In solchen Fällen muß der Bestimmungsversuch beendet und das betreffende PK ggf. als nicht bestimmbar angesehen werden.

4. Auf eine Unterscheidung zwischen supra- und perreticulater Skulpturierung kann nicht verzichtet werden. Suprareticulat sind *Hypericum*, die *Genista*-Gruppe und *Euphorbia*.

5. Die Einbeziehung fossulater Skulpturierung ist wegen *Laburnum* und *Robinia* notwendig (S. 363, 364.

1   Polarfelder psilat, mit Tectum perforatum oder Brochi hier erheblich kleiner und Exine (Ektexine) dünner als auf den Intercolpium-Rändern, PK perreticulat (wenn PK suprareticulat, vergl. 23.12 *Genista*-Gruppe) 2

–   Skulpturierung auf den Polarfeldern wie auf den Intercolpium-Rändern 4

2   PK homobrochat, Brochi bis ca. 1,2 µm groß (Tafel 79: 11-16) .. **23.1 *Sambucus nigra*-Typ** (S. 362)

–   PK heterobrochat, große Brochi 1 bis 2 µm groß 3

3   Exine in der Mitte der Intercolpien äquatorial bis 3,5(4,0) µm dick, PK meist sphäroidisch (Tafel 79: 17-24) .... **23.2 *Sambucus ebulus*** (S. 363)

–   Exine in der Mitte der Intercolpien äquatorial bis 1,5 µm dick, PK schwach prolat (Tafel 79: 25-31) .... **23.3 *Adoxa moschatellina*** (S. 363)

4   Exine microreticulat oder fossulat mit Übergängen zu einer microreticulaten Skulpturierung, Brochi vereinzelt bis 1,2 (1,3) µm, PK relativ dünnwandig (Exine bis 2 µm dick), bei Exinen-Dicken über 2-2,5 µm vergl. *Euphorbia* 5

–   Exine reticulat (supra- oder perreticulat), Brochi mehrheitlich deutlich über 1 µm groß; hierher auch die PK von *Euphorbia* mit undeutlichem Suprareticulum und einer Exinen-Dicke von (2)2,5-3(4) µm 17

5   PK fossulat mit Übergängen zu einer microreticulaten Skulpturierung zwischen den rugulaten Skulpturelementen (bei ausschließlich undeutlich grubiger Skulpturierung vergl. auch den *Medicago sativa*-Typ, S. 207) 6

–   Skulpturierung nur microreticulat 7

6   PK 24-33 µm groß, Elemente der rugulaten Skulpturierung locker gestellt, fossulate Skulpturierung dadurch deutlich (Tafel 80: 1-5) .... **23.4 *Laburnum*** (S. 363)

– PK 30-40 µm groß, Elemente der rugulaten Skulpturierung dicht gestellt, oft vernetzt (Tafel 80: 6-9) ....**23.5** *Robinia pseudoacacia* (S. 363)

7 PK heteropolar, mit einem abgerundeten und einem zugespitzten Pol, 15-22 µm groß (Tafel 80: 26-27) .... **23.8 Scrophulariaceae p.p.** *(Chaenorrhinum minus)* (S. 367)

– PK nicht heteropolar 8

8 Brochi im Hellfeldbild (Ölimmersion) nicht, im Phasenkontrastbild oft nur schwer erkennbar, vorherrschende Größe der Lumina um 0,5 µm (schwierige Gruppen) 9

– Brochi im Hellfeldbild (Ölimmersion) erkennbar, vorherrschende Größe der Lumina 0,5-1,0 µm 11

9 Breite der Muri meist geringer als der Durchmesser der Lumina, PK 25-32 µm groß, meist rhomboidisch, selten elliptisch (Tafel 80: 10-15) ....**23.6** *Lobelia dortmanna* (S. 364)

– Muri meist so breit wie der Durchmesser der Lumina 10

10 Brochi im Phasenkontrastbild gut erkennbar, PK 18-28 µm groß (rezentes Vergleichsmaterial benutzen) (Tafel 80: 26-35, Tafel 81: 1-16) ....**23.8 Scrophulariaceae p.p.** (S. 367)

– Brochi im Phasenkontrastbild schwer erkennbar, PK nur 11-21 µm groß (rezentes Vergleichsmaterial benutzen) (Tafel 80: 16-25)........................ **23.7** *Primula clusiana*-**Typ** (kleine PK) (S. 364)

11 PK marginat (Tafel 80: 26-35, Tafel 81: 1-16) ....
.... **23.8 Scrophulariaceae p.p.** *(Verbascum, Linaria)* (S. 368)

– PK nicht marginat 12

12 Columellae in Aufsicht mindestens im Phasenkontrastbild erkennbar 13

– Columellae in Aufsicht auch im Phasenkontrastbild nicht erkennbar 14

13 Columellae unter den Muri z.T. doppelreihig, Brochi polar deutlich kleiner als auf den Intercolpien, PK sphäroidisch, selten schwach prolat *(Cercis)* 25

– Columellae unter den Muri stets einreihig. Brochi polar nicht kleiner als auf den Intercolpium-Rändern. PK prolat bis sphäroidisch (Tafel 80: 26-35, Tafel 81: 1-16)...................................
.... **23.8 Scrophulariaceae p.p.** *(Digitalis, Scrophularia, Verbascum)* (S. 370)

14 PK micro-suprareticulat, Brochi daher relativ kontrastarm, Columellae-Schicht im optischen Schnitt mit kontrastschwachen und relativ weit gestellten Columellae erkennbar; wenn eng gestellt, vergl. *Linaria* (S. 368) (Tafel 81: 17-22) .... **23.9** *Hypericum perforatum*-**Typ** (S. 371)

– PK micro-perreticulat 15

15 PK 15-18 µm groß, dünnwandig (Tafel 80: 26-35, Tafel 81: 1-16) ....
.... **23.8 Scrophulariaceae p.p.** (S. 367)

– PK größer (vergl. auch *Elatine*, S. 206)... 16

16 PK polar meist abgerundet, Endexine relativ dünn (Tafel 80: 16-25) ....
.... **23.7** *Primula clusiana*-**Typ** (große PK) (S. 364)

– PK mit polar meist verjüngt zulaufenden Enden, Endexine relativ dick. Schwer von den großen PK vom *Primula clusiana*-Typ zu trennen ....**23.10** *Saxifraga hieraciifolia* (S. 371)

17 PK suprareticulat 18

– PK perreticulat 20

18 PK dickwandig (Dicke der Exine 2-4 µm). Die suprareticulate oder (selten) supramicroreticulate Skulpturierung verlangt hohe optische Auflösung und ist meist nur im Phasenkontrastbild mit hinreichender Deutlichkeit erkennbar (Tafel 81: 23-30, Tafel 82: 1-7) ...... **23.11** *Euphorbia* (S. 371)

– Exine nur bis 2 µm dick. Reticulate Skulpturierung mindestens im Phasenkontrastbild stets deutlich erkennbar 19

23.1 *Sambucus nigra*-**Typ**
(Tafel 79: 11-16)

PK prolat bis sphäroidisch (PFormI 1,24-1,62). Polarfelder klein (PFeldI 0,11-0,26). Intercolpium-Ränder eingekrümmt. Colpen mit breiten, psilaten Margines und mit meist einfacher äquatorialer Verengung oder äquatorialer Auflösung der Intercolpium-Ränder, die hier oft vorgezogen oder auch nur schwach ausgebildet sind. Exine 1,2 µm dick, oft polar infolge der hier dünneren Ektexine etwa 1 µm. Bei beiden Arten sind die Brochi meist 0,8-1(1,2) µm groß. Vereinzelt kommen Brochi bis 1,8 µm Größe vor. Polar und in die subpolare Bereiche übergreifend sind die Lumina der Brochi nur noch höchstens 0,5 µm groß oder die Polarregion ist tectat und psilat, ggf. mit Perforationen. Die Columellae sind mindestens außerhalb des Polarbereiches gut zu erkennen.

Unterschiede zwischen beiden Arten bestehen in einem gewissen, aber für eine Trennung wohl nicht ausreichenden Ausmaß. So sind die PK von *S. nigra* etwas kleiner als die von *S. racemosa*. Bei *S. nigra* findet man Herkünfte mit Brochi, deren Größe 1 µm nicht überschreitet. Ferner ist bei *S. nigra* die Ausbildung eines tectaten Polarbereiches weniger deutlich als bei *S. racemosa*.

Sambucus nigra L. (4)
17,7-24,4 µm, MiW 21,2 µm; 50 PK, 0a

Sambucus racemosa L. (6)
20,3-26,8 µm, MiW 24,0 µm; 50 PK, 0a

23.2 *Sambucus ebulus*
(Tafel 79: 17-24)

PK sphäroidisch, PFormI 0,92-1,19. Polarfelder klein (PFeldI 0,1-0,2). Colpi mit breiten psilaten Margines. PK meist deutlich heterobrochat. Kleine Brochi um 1 µm, große Brochi bis 3(4) µm. Kleine Brochi säumen auch meist die Ränder der Margines. Auch der subpolare und polare Bereich trägt nur kleine Brochi, die auf den Polarfeldern kleiner als 1 µm sein können. Columellae sehr deutlich erkennbar, bis 1,2 µm dick. Columellae stehen auch vereinzelt in den Lumina. Dicke der Exine in der Mitte der Intercolpien äquatorial 2-3,5(4,0) µm, gegen die polaren Bereiche und die Intercolpien-Ränder hin auf etwa 1,5 µm abnehmend. Entscheidend ist dabei die Dicke der Ektexine. Die Colpi sind durch eingekrümmte Intercolpium-Ränder außerhalb des Äquatorialbereiches eingesenkt. Im Äquatorialbereich sind die Colpi deutlich brückenartig verengt. Die breit-ovale Kontur dieser Verengung kann eine Pore vortäuschen.

Sambucus ebulus L. (3)
22,0-28,0 µm, MiW 24,7 µm; 50 PK, 0a

23.3 *Adoxa moschatellina*
(Tafel 79: 25-31)

PK langgestreckt, prolat bis schwach sphäroidisch (PFormI 1,20-1,53). Polarfelder klein. Colpi mit breiten psilaten Margines. PK heterobrochat. Kleine Brochi 0,6-1,0 µm groß, große Brochi bis 2,0 µm. Es treten PK auf, bei denen die großen Brochi relativ klein ausfallen und die Zahl der kleinen Brochi stark reduziert ist. Exine 1,5 µ dick, polar nur 1,0 µm. Kleine Brochi säumen die Ränder der Margines. Die Polarbereiche sind einheitlich microreticulat skulpturiert. Die Colpi sind äquatorial meist deutlich verengt.

Adoxa moschatellina L. (3)
26,2-35,0 µm, MiW 30,7 µm; 50 PK, 0a

23.4 *Laburnum*
(Tafel 80: 1-5)

PK sphäroidisch bis schwach prolat, elliptisch, PFormI 1,11-1,44. Polarfelder mittelgroß (PFormI 0,30-0,45). Skulpturierung variabel, meist rugulat mit kurz verlängerten, auch unregelmäßig geformten, bis etwa 2 µm großen Skulpturelementen, dazwischen fossulat (Gruben bis ca. 0,7 µm groß) mit Übergängen zu microreticulaten Verhältnissen. Columellae meist nur im Polarbereich erkennbar. Colpen mit einer bis 12 µm langen und 4 µm breiten dünnwandigen Vorwölbung oder Intercolpium-Ränder auf einer entsprechenden Länge unregelmäßig ausgebildet. Auch tricolpate PK kommen vor. Exine 1-1,2 µm dick. Das untersuchte Material von *L. anagyroides* war mehr fossulat ausgebildet, das von *L. alpinum* eher microreticulat.

Laburnum anagyroides MED. (3)
24,5-32,5 µm, MiW 28,3 µm; 50 PK, 0a

Laburnum alpinum (MILLER) BERCHT. & J. PRESL. (3)
24,3-32,5 µm, MiW 28,8 µm; 50 PK, 0a

23.5 *Robinia pseudoacacia*
(Tafel 80: 6-9)

PK sehr ähnlich denen von *Laburnum,* vor allem aufgrund des Besitzes einer rugulaten und fossulaten Skulpturierung. PFormI 1,0-1,41, PFeldI 0,31-0,47. Unterschiede bestehen in der Größe, der Form der äquatorialen Colpus-Verengung und der Dichte der rugulaten Skulpturierung. Die Größen von *Laburnum* und *Robinia* überschneiden sich nur im Bereich von etwa 30-33 µm. Die äquatoriale

Verengung ist einfach oder s-förmig, vorgezogen oder nicht vorgezogen, oft auch unregelmäßig. Einzelne Colpen eines PK können ohne äquatoriale Verengung sein. Die Dichte der rugulaten Skulpturierung ist größer als bei *Laburnum*. Die rugulaten Skulpturelemente haben dünne oder dickere Verbindungen, die bei starkem Auftreten fast zu einer microreticulaten Situation führen können. Durch die Dichte der rugulaten Skulpturierung kommt die fossulate Skulpturierung weniger stark zur Geltung als bei *Laburnum*. Die Polarfelder können psilat sein. Columellae sind nicht erkennbar. Exine 1-1,5 µm dick. – Bei der starken Variabilität der PK von *Robinia* in fast allen Merkmalen kann die hier vorgenommene Beschreibung u.U. nicht die ganze Merkmalsbreite erfaßt haben.

Robinia pseudoacacia L. (3)
30,5-40,0 µm, MiW 35,3 µm; 50 PK, 0a

23.6 *Lobelia dortmanna*
(Tafel 80: 10-15)

PK sphäroidisch bis prolat (PFormI 1,09-1,49), rhomboidisch bis elliptisch. Polarfelder klein (PFeldI 0,12-0,17). Brochi klein, im Hellfeldbild nicht erkennbar, Lumina um 0,5 µm groß. Columellae meist nur im Phasenkontrastbild in Aufsicht erkennbar. Exine 1,0-1,5 µm dick. Colpi äquatorial verengt, Intercolpium-Ränder außerhalb der Verengung eingekrümmt. Unterscheidung von PK bestimmter Scrophulariaceae schwierig.

Lobelia dortmanna L. (4)
25,5-31,8 µm, MiW 28,3 µm; 50 PK, 0a

23.7 *Primula clusiana*-Typ
(Tafel 80: 16-25)

Umfaßt die Gattungen *Primula* p.p., *Chrysosplenium* und *Samolus*.

Aufgrund der Heterostylie bei *Primula* treten kleine und große PK auf. Ihre Größen überschneiden sich bei den einzelnen Arten nicht. Insgesamt kommt es zwischen kleinen und großen Pollenformen aller untersuchten Arten im Bereich von 19-21 µm zu geringfügigen Überschneidungen. Die Mittelwerte liegen bei den kleinen Pollenformen etwa zwischen 14 und 19 µm, bei den großen zwischen 22 und 31 µm. Die PK beider Größen sind microreticulat mit folgender Einschränkung. Bei den großen PK können einzelne Brochi mit Größen von bis zu 1,2 µm auftreten. Im Allgemeinen sind die Brochi bei Verwendung einer Ölimmersion bereits im Hellfeldbild erkennbar, sicherer aber im Phasenkontrastbild. Bei *Primula integrifolia* und *P. tyrolensis* war ein Microreticulum nur andeutungsweise und das nicht einmal in allen Fällen erkennbar. Bei den kleinen PK sind die Brochi in den meisten Fällen nicht zu erkennen. Im Phasenkonstrastbild konnte bei dem untersuchten Material nur ganz vereinzelt und dann bei relativ großen und dickwandigen PK aus dieser Gruppe ein Microreticulum erkannt werden. – Bei einer Herkunft von *P. auricula* waren die großen PK überwiegend tetracolporoidat.

Große PK (Tafel 80: 16-20). PK sphäroidisch bis prolat, PFormI 1,16-1,81. Ausgeprägt prolate PK wurden besonders bei *P. integrifolia* gefunden. Polarfelder klein. Colpen mit äquatorialer Verengung, Äquatorialbereich der Colpen meist etwas vorgezogen. Außerhalb des Äquatorialbereiches sind die

---

Tafel 80

1-5 *Laburnum vulgare* (1 Phako), **6-9** *Robinia pseudoacacia* (7 Phako), **10-15** *Lobelia dortmanna* (10, 11 Phako), **16-20** *Primula clusiana*, große Pollenform (18 Phako), **21-25** *Primula clusiana*, kleine Pollenform (24 Phako), **26-27** *Chaenorrhinum minus*, **28-30** *Lindernia procumbens* (30 Phako), **31-33** *Kickxia elatine* (31 Phako), **34-35** *Kickxia spuria*. – Vergrößerungen 1000fach.

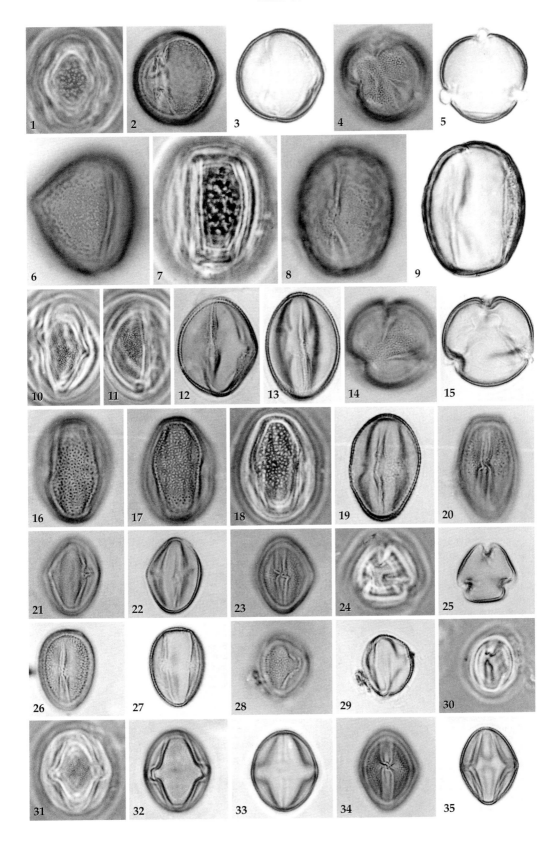

Intercolpium-Ränder deutlich eingekrümmt. Exine 1,0 bis 1,3 µm dick. Brochi maximal 1,0-1,2 µm groß, auch etwas kleiner als 1 µm, regelmäßig eckig bis länglich. Columellae in Aufsicht nicht erkennbar.

Kleine PK (Tafel 80: 21-25). Die Form der PK hängt stark von der Ausbildung des Äquatorialbereiches der Colpi ab. Die Colpi sind äquatorial verengt, und der Äquatorialbereich ist meist stark vorgezogen. Die Einkrümmung der Intercolpium-Ränder außerhalb des Äquatorialbereiches ist bei den kleinen PK besonders auffällig. Insbesondere PK mit einem stark vorgezogenen Äquatorialbereich haben einen rhomboidischen Umriß, und ihr PFormI liegt im sphäroidischen Bereich bei 0,86-1,27. Polarfelder klein. Bei einer kleinen Zahl der PK ist der Äquatorialbereich kaum vorgezogen, und diese PK haben einen eher elliptischen Umriß mit einem PFormI im schwach prolaten Bereich. Exine 0,8-1,0 µm dick. Brochi im Hellfeldbild nicht erkennbar, im Phasenkontrastbild nur schwach. Lumina um 0,5 µm, Columellae in Aufsicht nicht erkennbar.

An die kleinen Pollenformen vom *Primula clusiana*-Typ wird *Samolus valerandi* angeschlossen.

Für jede Art sind nachstehend die Werte für die kleinen Pollenformen (erste Zeile mit Größenangaben) und die großen Pollenformen (zweite Zeile) angegeben.

Primula auricula L. (2)
12,0-17,0 µm, MiW 14,1 µm; 50 PK, 0a
19,8-27,9 µm, MiW 24,3 µm, 50 PK, 0a

Primula carniolica JACQ. (2)
13,3-16,8 µm, MiW 15,4 µm; 50 PK, 6a
17,8-25,9 µm, MiW 22,0 µm; 30 PK, 0a

Primula clusiana TAUSCH (3)
16,3-20,8 µm, MiW 18,8 µm; 50 PK, 0a
28,0-35,2 µm, MiW 30,7 µm; 50 PK, 6a

Primula daoensis (LEYBOLD) LEYBOLD (2)
15,6-17,7 µm, MiW 16,2 µm; 20 PK, 6a
20,4-26,9 µm, MiW 24,0 µm; 45 PK, 6a

Primula glaucescens MORETTI (2)
13,0-18,8 µm, MiW 15,2 µm; 16 PK, 0a
22,8-31,7 µm, MiW 27,0 µm; 45 PK, 6a

Primula glutinosa WULFEN (2)
14,2-18,1 µm, MiW 16,2 µm; 30 PK, 6a
19,0-27,8 µm, MiW 21,8 µm; 50 PK, 0a

Primula hirsuta ALL. (2)
12,0-17,5 µm, MiW 15,6 µm; 50 PK, 0a
20,5-26,0 µm, MiW 23,8 µm; 25 PK, 0a

Primula integrifolia L. (2)
13,5-17,3 µm, MiW 15,5 µm; 25 PK, 0a
21,5-25,8 µm, MiW 24,5 µm; 50 PK, 0a

Primula latifolia LAPEYR. (1)
15,5-20,0 µm, MiW 17,7 µm; 25 PK, 6a
20,9-25,7 µm, MiW 23,6 µm; 50 PK, 6a

Primula minima L. (2)
12,8-20,8 µm, MiW 19,1 µm; 50 PK, 0a
21,1-26,6 µm, MiW 23,5 µm; 15 PK, 6a

Primula spectabilis TRATT. (2)
13,8-20,5 µm, MiW 16,1 µm; 19 PK, 0a
24,6-29,7 µm, MiW 27,3 µm; 30 PK, 6a

Primula tyrolensis SCHOTT (2)
15,9-21,2 µm, MiW 19,2 µm; 12 PK, 6a
23,0-28,1 µm, MiW 25,1 µm; 10 PK, 6a

Primula villosa WULFEN (2)
13,3-18,6 µm, MiW 15,7 µm; 35 PK, 6a
20,4-25,7 µm, MiW 23,4 µm; 30 PK, 6a

Primula wulfeniana SCHOTT (1)
14,5-16,8 µm, MiW 16,3 µm; 10 PK, 6a
24,8-32,2 µm, MiW 28,0 µm; 50 PK, 6a

Samolus valerandi L. (5)
13,3-19,3 µm, MiW 16,5 µm; 50 PK, 1a

An den *Primula clusiana*-Typ, kleine PK, wird ferner *Chrysosplenium* angeschlossen (nicht sicher vom *Primula clusiana*-Typ zu unterscheiden). PK langgestreckt, prolat bis sphäroidisch (PFormI 1,1-1,5), Polarfelder klein (PFeldI 0,18-0,23). Exine 1,8-2,0 µm dick, tectat mit Columellae-Schicht. Columellae in Aufsicht nicht erkennbar. Brochi kleiner als 0,5 µm, auch im Phasenkontrastbild schwer zu erkennen. Intercolpium-Ränder stark eingekrümmt. Colpen mit äquatorialer Verengung, diese oft unregelmäßig oder nur als äquatoriale Unterbrechungen der Intercolpium-Ränder ausgebildet.

Chrysosplenium oppositifolium L. (5)
11,2-18,2 µm, MiW 14,5 µm; 50 PK, 0a

Chrysosplenium alternifolium L. (4)
12,3-18,2 µm, MiW 16,5 µm; 50 PK, 0a

23.8 Scrophulariaceae p.p.
(Tafel 80: 26-35, Tafel 81: 1-16)

Zwischen den PK der einzelnen Gattungen und Arten der Scrophulariaceae bestehen gewisse Unterschiede, die aber nicht in allen Fällen eine eindeutige Unterscheidung erlauben. Im Folgenden wurden die PK der hierher gehörenden Gattungen und Arten der Scrophulariaceae gruppiert und beschrieben. Der mitgeteilte Bestimmungsschlüssel soll die vorhandenen Unterschiede verdeutlichen und eine Vorstellung vermitteln, zu welcher Gattung oder zu welchen Gattungen ein bestimmtes PK ggf. zu stellen ist und wo Überschneidungen zwischen den einzelnen Merkmalen bestehen. Es wird empfohlen, bei der weiteren Bestimmung rezentes Vergleichsmaterial heranzuziehen.

1   PK heteropolar, mit einem abgerundeten und einem zugespitzten Pol, 15-20 µm groß (Tafel 80: 26-27) .... **23.8.1** *Chaenorrhinum minus* (S. 367)

–   PK nicht heteropolar 2

2   PK 15-18 µm groß, sphäroidisch, sehr dünnwandig (Tafel 80: 28-30) .... **23.8.2** *Lindernia procumbens* (S.367)

–   PK größer und/oder überwiegend prolat 3

3   PK mit angedeuteten Margines aus besonders kleinen Brochi (Tafel 81: 1-6) .... **23.8.3** *Verbascum* (S. 368)

–   PK nicht mit angedeuteten Margines aus besonders kleinen Brochi 4

4   PK 14-25 µm groß (wegen des Überschneidungsbereich sind 20-25 µm große PK nicht näher bestimmbar: Scrophulariaceae indet.) 5

–   PK 20-37 µm groß 6

5   Brochi im Hellfeldbild (Ölimmersion) deutlich sichtbar, bis 1 µm groß; PK überwiegend elliptisch mit abgerundeten Polen ....**23.8.4** *Linaria*-**Typ** (S. 368)

–   Brochi kleiner, im Hellfeldbild (Ölimmersion) meist nicht erkennbar, PK oft mit zugespitzten Polen, elliptisch bis rhomboidisch (Tafel 80: 31-35) ....**23.8.5** *Kickxia* (S. 370)

6   PK mit kleinen Polarfeldern 7

–   PK mit mittelgroßen Polarfeldern ....**23.8.6** *Antirrhinum*-**Typ** (S. 370)

7   Breite der Muri nicht einheitlich, PK daher mit einem unruhigen microreticulaten Muster (Tafel 81: 7-11) ....**23.8.7** *Digitalis* (S. 370)

–   Breite der Muri einheitlich, PK daher mit einem regelmäßigen microreticulaten Muster (Tafel 81: 12-16) ....**23.8.8** *Scrophularia*-**Typ** (S. 370)

23.8.1 *Chaenorrhinum minus* (Tafel 80: 26-27). PK klein, sphäroidisch (PFormI 1,20-1,32) und heteropolar (birnförmig) mit einem spitzen und einem abgerundeten Pol. Auf dem spitzen Pol ist das Polarfeld klein, auf dem abgerundeten Pol mittelgroß. Colpi meist deutlich äquatorial einfach verengt. Exi-ne um 1 µm dick. Brochi bis 1 µm groß, mit relativ breiten Muri. Columellae in Aufsicht im Phasenkontrastbild oft sichtbar.

Chaenorrhinum minus (L.) LANGE (2)
15,3-21,5 µm, MiW 19,7 µm; 50 PK, 0a

23.8.2 *Lindernia procumbens* (Tafel 80: 28-30). PK klein (nach Azetolyse ungefärbt), sphäroidisch (PFormI 1,00-1,24), in Äquatorialansicht rundlich, unregelmäßig eckig, selten rhomboidisch. Polarfelder konnten nicht gemessen werden, offensichtlich klein bis mittelgroß. Colpi äquatorial meist deutlich einfach verengt (äquatoriale Brücke). Exine 0,8 µm dick. Brochi unter 1 µm groß, Columellae in Aufsicht nicht sichtbar.

Lindernia procumbens (KROCK.) BORBÁS. (2)
15,0-18,1 µm, MiW 17,1 µm, 29 PK, 0a

23.8.3 *Verbascum* (Tafel 81: 1-6). PK sphäroidisch, PFormI 0,97-1,22. Polarfelder klein. Intercolpium-Ränder meist stark eingebogen, nur im Äquatorialbereich flach. Hier einfache oder s-förmige Verengung der Colpi, häufig etwas vorgezogen. Exine 1,3-1,8 µm dick, polar gelegentlich bis 2 µm. Die Exine ist microreticulat, selten reticulat. Die Größe der Brochi variiert im Bereich unter und etwas über 1 µm. Die Columellae sind im Allgemeinen in Aufsicht kaum zu erkennen. Nur bei PK mit größeren Brochi sind die Columellae gut zu erkennen, zumindest im Phasenkontrastbild. Bei den meisten Herkünften sind die Brochi um 1 µm groß, und einige länglich geformte Brochi können 1,3 µm erreichen. In Ausnahmefällen wurden einzelne Brochi bis zu 2 µm Größe gemessen (*Verbascum densiflorum, V. phlomoides*). Die Größe der Brochi nimmt zu den Intercolpium-Rändern hin deutlich ab. Man kann die PK von *Verbascum* daher als marginat bezeichnen. Durch die stark nach innen gekrümmten Ränder der Intercolpium-Ränder entzieht sich der marginate Bereich aber oft der Beobachtung.

Verbascum blattaria L. (2)
21,5-29,0 µm, MiW 24,4 µm; 50 PK, 0a

Verbascum chaixii VILL. (1)
20,3-31,5 µm, MiW 26,9 µm; 50 PK, 7a

Verbascum densiflorum BERTOL. (4)
22,0-28,5 µm, MiW 25,4 µm; 50 PK, 0a

Verbascum lanatum SCHRADER (1)
15,1-24,5 µm, MiW 22,1 µm; 50 PK, 7a

Verbascum lychnites L. (5)
22,8-33,3 µm, MiW 27,8 µm; 50 PK, 7a

Verbascum nigrum L. (2)
17,5-27,3 µm, MiW 22,3 µm; 50 PK, 7a

Verbascum phlomoides L. (2)
25,0-31,5 µm, MiW 27,9 µm; 50 PK, 0a

Verbascum phoeniceum L. (1)
23,4-29,0 µm, MiW 26,5 µm; 50 PK, 16a

Verbascum pulverulentum VILL. (2)
20,5-25,3 µm, MiW 22,9 µm; 50 PK, 0a

Verbascum speciosum SCHRADER (1)
18,1-26,6 µm, MiW 23,0 µm; 50 PK, 7a

Verbascum thapsus L. (2)
23,0-31,3 µm, MiW 27,2 µm; 50 PK, 0a

23.8.4 *Linaria*-Typ. Umfaßt die Gattungen *Linaria* und *Cymbalaria*.
PK sphäroidisch bis prolat (PFormI 1,23-1,65), meist elliptisch. Polarfelder oft, aber nicht ausschließlich klein (PFeldI 0,05-0,43). Intercolpium-Ränder eingebogen mit Ausnahme der oft etwas vorgezogenen Äquatorialregion. Colpi mit schwach entwickelter einfacher oder doppelter Verengung. Exine 0,8-1,0 µm dick. Brochi 0,5-1 µm groß. Columellae in Aufsicht auch im Phasenkontrastbild nicht erkennbar. In den meisten Fällen ist die microreticulate Skulpturierung im Hellfeldbild erkennbar; es gibt aber auch Ausnahmen.

Linaria alpina (L.) MILL. (2)
15,5-20,2 µm, MiW 18,5 µm; 50 PK, 0a

Linaria arvensis (L.) DESF. (2)
14,0-21,8 µm, MiW 16,8 µm; 50 PK, 0a

Linaria bipartita (VENTEN.) WILLD. (1)
14,2-19,2 µm, MiW 17,3 µm; 50 PK, 1a

Linaria genistifolia (L.) MILL. (2)
15,9-24,4 µm, MiW 21,7 µm; 50 PK, 0a

Linaria odora (BIEB.) FISCHER (1)
15,0-18,8 µm, MiW 17,5 µm; 50 PK, 0a

Linaria repens (L.) MILL. (3)
17,0-23,0 µm, MiW 20,9 µm; 50 PK, 0a

Linaria vulgaris MILL. (3)
19,5-23,0 µm, MiW 21,9 µm; 50 PK, 0a

Cymbalaria muralis P. GAERTN., B. MEY. & SCHERB. (2)
17,0-20,8 µm, MiW 19,1 µm; 50 PK, 0a

▷

Tafel 81

1-6 *Verbascum phlomoides*, **7** *Digitalis purpurea*, **8-11** *Digitalis lutea* (9, 11 Phako), **12-16** *Scrophularia nodosa* (16 Phako), **17-19** *Hypericum perforatum*, **20-22** *Hypericum pulchrum*, **23-30** *Euphorbia exigua* (26, 28 Phako). – Vergrößerungen: 1-10, 12-15, 17-30: 1000fach; 11, 16: 1500fach.

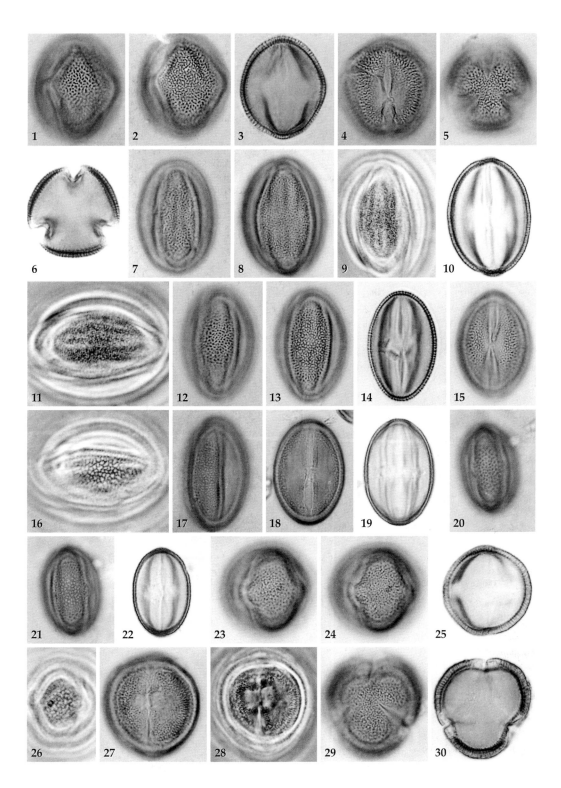

23.8.5 *Kickxia* (Tafel 80: 31-35). PK im Umriß elliptisch bis rhomboidisch. Die Polarfelder sind klein. Ein *Linaria*-Typ mit extrem kleinen Microbrochi, stark ausgebildeten brückenförmigen Colpus-Verengungen im Äquatorialbereich und stark eingekrümmten Intercolpium-Rändern außerhalb des Äquatorialbereiches. Ein Teil der PK kann als tricolporat angesehen werden; die Poren sind relativ schwach konturiert.

Kickxia elatine (L.) DUMORT. (2
20,0-24,0 μm, MiW 21,8 μm; 50 PK, 0a

Kickxia spuria (L.) DUMORT. (2)
18,5-23,0 μm, MiW 20,4 μm; 50 PK, 0a

23.8.6 *Antirrhinum*-**Typ.** PK prolat (PFormI 1,32-1,75), vielfach mit parallelen Rändern, polar abgerundet. Polarfelder mittelgroß, gemessene Werte 0,20-0,37. Colpi mit einfacher äquatorialer Verengung. Exine 1,1-1,3 μm dick. Brochi bis 1 μm, bei *A. majus* gelegentlich bis 1,3 μm. Columellae bei etwas dickwandigeren und größeren PK in Aufsicht sichtbar.

Antirrhinum majus L. (1)
22,5-27,5 μm, MiW 25,0 μm; 50 PK, 0a

Misopates orontium (L.) RAF. (2)
20,3-28,0 μm, MiW 25,1 μm; 50 PK, 0a

23.8.7 *Digitalis* (Tafel 81: 7-11). PK langgestreckt, elliptisch, überwiegend prolat (PFormI 1,33-1,60), nur bei *D. lutea* meist sphäroidisch (PFormI 1,18-1,38). PFeldI klein (0,15-0,22). Colpi mit einfacher äquatorialer Verengung. Der poroide Bereich ist manchmal nur als Unterbrechung der Intercolpium-Ränder im äquatorialen Bereich erkennbar. Exine ca. 1,5 μm dick, Columellae-Schicht etwas dicker als das Tectum. PK microreticulat, Brochi bis 1 μm groß, am kleinsten bei *D. lutea* und *D. laevigata*. Die Brochi bilden infolge unterschiedlich dicker Muri ein unruhiges Muster. Ein Teil der Muri ist breiter als der Durchmesser der Lumina. Die Columellae sind in Aufsicht im Phasenkontrastbild meist erkennbar.

Digitalis grandiflora MILL. (2)
25,8-32,5 μm, MiW 30,3 μm; 50 PK, 0a

Digitalis pupurea L. (3)
25,0-30,5 μm, MiW 28,9 μm; 50 PK, 0a

Digitalis lutea L. (2)
26,3-33,3 μm, MiW 29,8 μm; 50 PK, 0a

23.8.8 *Scrophularia*-**Typ** (Tafel 81: 12-16). Umfaßt die Gattungen *Scrophularia*, *Wulfenia*, *Paederota* (syn. *Veronica lutea* und *V. bonarota*) und *Limosella*.

PK langgestreckt, polar etwas zugespitzt bis abgerundet, meist prolat bis sphäroidisch (an verschiedenen Arten gemessen PFormI 1,16-1,63, bei *Wulfenia* 1,00-1,51). Polarfelder klein (gemessene PFeldI 0,10-0,18). Exine maximal 1,3-1,4 μm dick. Poroide Region wie bei *Digitalis*, bei *Wulfenia* auch mit s-förmiger Verengung, vielfach sehr variabel (z.B. bei *Limosella aquatica*). Columellae-Schicht meist dicker als das Tectum. Microreticulum meist gut erkennbar. Arten mit relativ großen Brochi (max. etwa 1,3 μm) sind die Regel; bei *S. canina* sind die Brochi max. nur etwa 1 μm groß. Muri einheitlich breit. Muster daher regelmäßig. Die Columellae sind im Phasenkontrastbild oft sichtbar, so z.B. bei *S. vernalis*, *Paederota lutea* und *Wulfenia carinthiaca*.

Scrophularia hoppei KOCH wird zu *S. canina* L. gestellt, *S. laciniata* WALDST. & KIT. zu *S. heterophylla* WILLD.

Scrophularia auriculata L. (2)
25,5-32,5 μm, MiW 29,1 μm; 50 PK, 0a

Scrophularia scorodonia L. (1)
21,2-30,4 μm, MiW 27,7 μm; 50 PK, 0a

Scrophularia canina L. (4)
22,3-33,3 μm, MiW 28,5 μm; 50 PK, 0a

Scrophularia umbrosa DUMORT. (3)
25,0-32,3 μm, MiW 28,9 μm; 50 PK, 0a

Scrophularia heterophylla WILLD. (1)
22,0-31,5 μm, MiW 27,1 μm; 50 PK, 0a

Scrophularia vernalis L. (2)
24,8-37,2 μm, MiW 31,9 μm; 50 PK, 0a

Scrophularia nodosa L. (4)
25,6-30,8 μm, MiW 29,0 μm; 50 PK, 0a

Limosella aquatica L. (3)
20,5-28,8 μm, MiW 24,3 μm; 50 PK, 0a

Scrophularia scopolii HOPPE (2)
25,8-32,8 μm, MiW 29,7 μm; 50 PK, 0a

Paederota bonarota (L.) L. (3)
23,7-30,1 μm, MiW 27,0 μm; 50 PK, 0a

Paedertora lutea SCOP. (2)
26,3-35,0 μm, MiW 30,8 μm; 50 PK, 0a

Wulfenia carinthiaca JACQ. (2)
23,3-29,5 μm, MiW 25,7 μm; 50 PK, 0a

23.9 *Hypericum perforatum*-Typ
(Tafel 81: 17-22)

PK micro-suprareticulat, überwiegend prolat (PFormI 1,47-1,83, vereinzelt auch 1,1-1,3). Polarfelder meist klein. Colpi mit einfacher oder s-förmiger Verengung, oder Intercolpium-Ränder im Äquatorialbereich deutlich aufgelöst. Äquatorialbereich der Colpi auch vorgezogen. Exine 1,0-1,2 μm dick, polar meist etwas dicker. Das suprareticulate Microreticulum ist sehr kontrastarm. Brochi 0,5-1,0 μm groß. Die Columellae-Schicht ist relativ dünn. Die Columellae sind in Aufsicht nicht erkennbar, im optischen Schnitt kontrastschwach und relativ weit gestellt (wichtiger Gegensatz zu den microperreticulaten PK vom *Linaria*-Typ). Zur Unterscheidung zwischen *Hypericum* und *Linaria* können allein diese mit dem suprareticulaten Wandaufbau verbundenen Merkmale herangezogen werden. Verwechslungen mit *Castanea* (s. S. 196) lassen sich bei genügend hoher optischer Auflösung vermeiden, da die PK von *Castanea* psilat und nicht microreticulat sind.

Hypericum androsaemum L. (2)
14,0-23,5 μm, MiW 19,4 μm; 50 PK, 1a

Hypericum maculatum CRANTZ s.l. (2)
18,6-22,8 μm, MiW 21,1 μm; 50 PK, 0a

Hypericum barbatum JACQ. (1)
16,5-21,0 μm, MiW 19,5 μm; 50 PK, 1a

Hypericum montanum L. (2)
17,8-27,3 μm, MiW 22,1 μm, 50 PK, 0a

Hypericum coris L. (2)
19,6-24,2 μm, MiW 22,0 μm; 50 PK, 1a

Hypericum perforatum L. (4)
15,1-23,5 μm, MiW 18,7 μm, 50 PK, 1a

Hypericum elegans STEPHAN ex WILLD. (2)
19,5-23,5 μm, MiW 21,9 μm; 50 PK, 0a

Hypericum pulchrum L. (3)
16,8-26,6 μm, MiW 23,0 μm; 50 PK, 0a

Hypericum hirsutum L. (4)
14,0-21,7 μm, MiW 19,2 μm; 50 PK, 1a

Hypericum richeri VILL. (2)
15,8-24,5 μm, MiW 20,0 μm; 50 PK, 1a

Hypericum humifusum L. (4)
15,7-31,5 μm, MiW 20,6 μm; 50 PK, 1a

Hypericum tetrapterum FR. (3)
14,4-19,6 μm, MiW 16,9 μm; 50 PK, 1a

23.10 *Saxifraga hieraciifolia*

PK sphäroidisch bis (per)prolat (PFormI 0,98-2,02), Polarfelder klein (PFeldI 0,10-0,12). Colpi mit meist einfacher Verengung. Die Verengung wird oft durch stark vorpringende Ecken in den Intercolpium-Rändern hervorgerufen. Exine 1,2-1,8 μm dick. Brochi bis 1(1,2) μm groß, dabei Muri so breit oder fast so breit wie der Durchmesser der Lumina. Columellae in Aufsicht auch im Phasenkontrastbild nicht erkennbar. Schwer von den großen PK des *Primula clusiana*-Typs zu unterscheiden.

Saxifraga hieraciifolia WALDST. & KIT. (2)
21,8-32,0 μm, MiW 26,1 μm; 50 PK, 0a

23.11 *Euphorbia*
(Tafel 81: 23-30, Tafel 82: 1-7)

PK meist sphäroidisch, PFormI 0,9-1,2, Polarfelder klein bis mittelgroß (PFeldI 0,15-0,32). Bei Arten mit kleinen PK (z.B. *E. maculata*, *E. nutans*) gibt es prolate und schwach apiculate Formen (PFormI bis 1,67). Die Größe der PK ist nicht einheitlich; eine Anzahl von Arten hat relativ kleine PK mit Mittelwerten unter 30 μm. Dazu gehören insbesondere *E. chamaesyce*, *E. exigua*, *E. maculata*, *E. nutans* und *E. peplus*, bei denen auch die größten PK unter 30 μm bleiben. *Euphorbia*-Arten mit den größten PK (Mittelwerte um 40 und bis 45 μm) sind *E. lathyris*, *E. fragifera*, *E. palustris*, *E. angulata* und *E. esula*.

Zahlreiche andere Arten liegen aber mit ihren größten PK zwischen diesen Bereichen, so daß eine Artbestimmung aufgrund der Pollengröße nicht in Frage kommen dürfte. Sowohl die kleinen wie die großen PK zeichnen sich durch eine dicke Exine aus, die zwischen 2,5 und 3 µm, seltener (*E. lathyris*, *E. waldsteinii*) sogar bei 4 µm liegt. Gelegentlich wurden bei Arten mit kleinen PK auch Exinen-Dicken von nur 2,0-2,5 µm gemessen (z.B. bei *E. maculata*, *E. nutans*, *E. peplus*). Auf die Endexine entfallen im allgemeinen 0,8 µm und auf das Tectum 0,5-0,8 µm (selten mehr: *E. saxatilis*). Die Columellae sind relativ lang. In vielen Fällen ist die Exine im Polarbereich aufgrund kürzerer Columellae nur etwa 1,8 µm dick. Außerdem nimmt die Dicke der Exine zu den Intercolpium-Rändern hin deutlich ab. Dadurch entstehen max. 4-5 µm breite Margines, die allerdings meist nur bei Betrachtung der PK in Polaransicht auffallen. Sie werden polwärts schmaler. Möglicherweise ist im Bereich dieser Margines die Endexine rudimentär ausgebildet. Sofern die Intercolpium-Ränder nicht stark eingekrümmt sind, erkennt man, daß auf den Margines keine Brochi vorhanden sind. Die Colpi sind außerhalb des Äquatorialbereiches durch eingekrümmte Intercolpium-Ränder deutlich eingesenkt. Soweit das trotz dieser Einkrümmung erkennbar ist, sind im Bereich der Margines die Columellae besonders dünn. Äquatorial bilden die Intercolpium-Ränder eine deutliche, bei großen Pollenformen bis 12 µm und bei kleinen PK eine nur 4 µm breite Brücke. Vor allem bei Arten mit kleinen PK kann die Brücke schwach ausgebildet sein oder fehlt sogar (*E. nutans*). Im Bereich dieser Brücken fehlt die Endexine oder ist hier, ebenso wie die Columellae-Schicht, nur rudimentär erhalten. Auch stehen die Columellae hier in größeren Abständen.

Die PK von *Euphorbia* sind somit tricolporat. Wenn Poren gut zu erkennen sind, dann sind sie gewöhnlich annähernd rechteckig und äquatorial verlängert, mit parallelen, meist kontrastreichen transversalen Rändern und unregelmäßig ausgebildeten, eingerissenen meridional verlaufenden Umrandungen. In der Regel sind die Umrandungen dieser (Endo)Poren aber eher sehr kontrastschwach. Bei *E. nutans* sind Poren trotz meist fehlender bzw. stark reduzierter Brücke relativ gut erkennbar. *Euphorbia* wird hier in erster Linie unter die tricolporoidaten Pollenformen gestellt, wird aber auch bei den tricolporaten PK berücksichtigt, und wird bei den psilaten ebenso wie bei den reticulaten Skulpturen erwähnt.

Die PK der Gattung *Euphorbia* sind suprareticulat. Die Brochi haben eine Größe von (0,8)1,0-1,5 µm, selten (*E. falcata*) werden auch 2 µm erreicht. Die Muri sind oft sehr breit und die Lumina dann klein. Die Muri sind so niedrig, daß die reticulate Skulpturierung im Hellfeld oft nicht erkannt werden kann. Selbst im Phasenkontrastbild ist das Reticulum nicht immer deutlich wahrnehmbar. Die Columellae sind in der Regel kräftig ausgebildet und stehen meist in Gruppen zu 2-5 zusammen, bilden somit in Aufsicht ein unregelmäßiges Muster. Die Columellae einzelner Gruppen können offenbar auch mehr oder weniger miteinander verwachsen sein. Daneben gibt es – häufig bei Arten mit kleinen PK – auch einzeln stehende Columellae. Bei Arten mit kleinen Brochi (0,8-1,0 µm) stehen die Columellae meist so dicht, daß die Stellungsverhältnisse zu den Brochi nicht erkennbar sind. Die Brochi sind trichterförmig ausgebildet (»tubulate« Skulpturierung, vergl. auch *Tilia*, S. 323). Soweit das im lichtmikroskopischen Bild erkennbar ist, befinden sich in der Spitze der Trichter und / oder ihrer Wandung eine oder mehrere Perforationen. In der Regel steht unter jedem Brochus eine Gruppe von Columellae.

Euphorbia amygdaloides L. (3)
31,2-41,1 µm, MiW 37,4 µm; 50 PK, 0a

Euphorbia angulata Jacq. (1)
34,7-44,6 µm, MiW 39,7 µm; 50 PK, 0a

Euphorbia carniolica Jacq. (1)
25,5-31,9 µm, MiW 30,1 µm; 50 PK, 0a

Euphorbia chamaesyce L. (2)
20,5-27,6 µm, MiW 24,6 µm; 50 PK, 0a

Euphorbia cyparissias L. (3)
27,6-37,5 µm, MiW 32,9 µm; 50 PK, 0a

Euphorbia dulcis L. (3)
26,2-36,1 µm, MiW 31,9 µm; 50 PK, 0a

Euphorbia epithymoides L. (2)
28,0-40,0 µm, MiW 35,0 µm; 50 PK, 0a

Euphorbia esula L. s.str. (2)
30,3-45,0 µm, MiW 39,1 µm; 50 PK, 0a

Euphorbia exigua L. (4)
20,9-28,7 µm, MiW 24,6 µm; 50 PK, 0a

Euphorbia falcata L. (2)
28,3-36,8 µm, MiW 33,4 µm; 50 PK, 0a

Euphorbia fragifera JAN. (1)
36,1-51,0 µm, MiW 44,6 µm; 50 PK, 0a

Euphorbia helioscopia L. (2)
30,0-41,5 µm, MiW 36,1 µm; 50 PK, 0a

Euphorbia humifusa WILLD. (2)
22,8-32,8 µm, MiW 27,9 µm; 50 PK, 0a

Euphorbia lathyris L. (3)
39,6-49,6 µm, MiW 45,5 µm; 50 PK, 0a

Euphorbia lucida WALDST. & KIT. (2)
29,0-39,3 µm, MiW 34,7 µm; 50 PK, 0a

Euphorbia maculata L. (2)
17,7-29,7 µm, MiW 24,8 µm; 50 PK, 0a

Euphorbia nicaeensis ALL. (3)
32,6-43,9 µm, MiW 38,0 µm; 50 PK, 0a

Euphorbia nutans LAG. (2)
21,9-31,2 µm, MiW 26,8 µm; 50 PK, 0a

Euphorbia palustris L. (3)
34,7-45,3 µm, MiW 41,3 µm; 50 PK, 0a

Euphorbia peplus L. (1)
21,3-27,5 µm, MiW 25,6 µm; 50 PK, 0a

Euphorbia platyphyllos L. (4)
22,7-30,4 µm, MiW 27,8 µm; 50 PK, 0a

Euphorbia salicifolia HOST (2)
29,0-36,1 µm, MiW 32,6 µm; 50 PK, 0a

Euphorbia saxatilis JACQ. (2)
29,0-38,2 µm, MiW 34,5 µm; 50 PK, 0a

Euphorbia segetalis L. (3)
26,9-38,9 µm, MiW 31,9 µm; 50 PK, 0a

Euphorbia seguierana NECKER (2)
30,0-38,0 µm, MiW 35,5 µm; 50 PK, 0a

Euphorbia stricta L. (2)
28,0-37,0 µm, MiW 32,9 µm; 50 PK, 0a

Euphorbia variabilis CESATI (2)
29,7-41,1 µm, MiW 35,5 µm; 50 PK, 0a

Euphorbia verrucosa L. (2)
31,2-38,2 µm, MiW 33,5 µm; 50 PK, 0a

Euphorbia villosa WALDST. & KIT. ex WILLD. (2)
31,9-40,4 µm, MiW 37,5 µm; 50 PK, 0a

Euphorbia waldsteinii (SOJÀK) A.R.SM. (2)
25,5-36,8 µm, MiW 31,8 µm; 50 PK, 0a

23.12 *Genista*-Gruppe
(Tafel 82: 8-19, Tafel 83: 1-9)

Einbezogen werden Sippen der Fabaceae mit einem deutlich erkennbaren (notfalls im Phasenkontrastbild zu beurteilenden) Suprareticulum mit insoweit kontrastreichen Muri. Ausgeklammert, aber erwähnt werden Sippen, bei denen die Skulpturierung flach, breit und verwaschen erscheint und bei denen die PK als rugulat, allenfalls als rugulat-reticulat anzusprechen sind *(Robinia, Laburnum)*. Nicht berücksichtigt werden Pollenformen, die scabrat skulpturiert sind oder keine identifizierbare Skulpturierung tragen (psilat), hier vor allem der *Medicago sativa*-Typ. Sie sind an entsprechender Stelle aufgeführt (S. 207). Es können allerdings vor allem bei *Robinia* und *Laburnum* immer wieder PK gefunden werden, die noch als reticulat, oder microreticulat angesehen werden könnten. Hier müssen dann beide in Frage kommenden Bestimmungsschlüssel berücksichtigt werden. Die Ausbildung der Colpi insbesondere in ihrem äquatorialen Bereich ist sehr variabel und wird bei den einzelnen Pollentypen dargestellt. Vereinzelt kommen auch nahezu tricolpate PK vor.

Schwierig ist die Einordnung der PK von *Robinia* und *Laburnum* mit extrem undeutlich reticulaten Skulpturen *(Robinia)* oder mit im Phasenkontrastbild relativ kontrastreichen kleinen grubigen Vertiefungen *(Laburnum, Robinia)*, zu denen gedrungene rugulate Elemente hinzukommen. Man kann annehmen, daß im Fall von *Robinia* am ehesten dieser Bestimmungsschlüssel aufgesucht wird. Für *Laburnum* kann das nur gelten, wenn der vorliegende Schlüssel um die Gruppe fossulater PK erweitert wird. Für den *Medicago sativa*-Typ gilt dieses nicht, da dort fast keine Skulpturelemente vorhanden sind.

1   Skulpturierung rugulat mit Tendenzen zu einer rugulat-reticulaten Skulpturierung, auch zusätzlich fossulat, Skulpturierung meist kontrastschwach 2

–   Skulpturierung suprareticulat, Brochi kleiner oder größer als 1 µm 4

2   PK groß, psilat-scabrat .... ***Medicago sativa*-Typ** (S. 207)

–   PK rugulat und fossulat bis microreticulat 3

3 PK 24-33 µm groß, Elemente der rugulaten Skulpturierung locker gestellt, fossulate Skulpturierung dadurch deutlich (Tafel 80: 1-5) .... ***Laburnum*** (S. 363)

– PK 30-40 µm groß, Elemente der rugulaten Skulpturierung dicht gestellt, oft vernetzt (Tafel 80: 6-9) .... ***Robinia pseudoacacia*** (S. 363)

4 Columellae in Aufsicht auf den Intercolpien und den Polarfeldern erkennbar (Phasenkontrastbild) 5

– Columellae nicht oder nur polar und subpolar erkennbar 6

5 Muri deutlich breiter als der Durchmesser der Lumina, PK 35-45 µm groß, dickwandig, kugelig (Tafel 82: 8-11) .... **23.12.1** ***Spartium junceum*** (S. 374)

– Breite der Muri deutlich kleiner als der Durchmesser der Lumina (Tafel 82: 12-14) .... **23.12.2** ***Lupinus*** (S. 374)

6 PK reticulat-rugulat bis reticulat, mit wulstigen, bis 1 µm breiten Muri und runden bis langgestreckten, 0,5-1,5 µm großen Lumina. Durchmesser der Lumina oft kleiner als die Breite der Muri. Columellae in Aufsicht im Phasenkontrastbild nicht oder nur polar erkennbar, Polarfelder meist ohne Skulpturierung (Tafel 83: 7-9) .... **23.12.3** ***Medicago lupulina*-Typ** (S. 376)

– PK reticulat, Muri relativ kontrastreich, nicht wulstig und nicht breiter als der Durchmesser der Lumina 7

7 Polarfelder mittelgroß, Brochi auf den Polarfeldern kleiner als auf den Intercolpien, Columellae nur polar und subpolar in Aufsicht (Phasenkontrastbild) erkennbar (Tafel 83: 1-6) .... **23.12.4** ***Cytisus*-Typ** (S. 376)

– Polarfelder klein, Brochi auf den Polarfeldern meist nicht kleiner als auf den Intercolpien. Columellae auch polar und subpolar in Aufsicht nicht erkennbar (Tafel 82: 15-19) .... **23.12.5** ***Genista*-Typ** (S. 378)

23.12.1 ***Spartium junceum*** (Tafel 82: 8-11). PK kugelig, PFormI 0,93-1,11. Polarfelder mittelgroß bis groß (PFeldI 0,29-0,55). Colpi variabel gestaltet, meist äquatorial und subäquatorial mit unregelmäßig aufgelösten Intercolpium-Rändern, vielfach auch mit einfacher äquatorialer Verengung. Die Verengung ist oft unregelmäßig ausgebildet und vorgezogen. Colpus-Membranen meist unregelmäßig körnig bekleidet. Der poroide Bereich ist in manchen Fällen so schwach entwickelt, daß die PK als tricolpat gelten können. Exine 2-2,5 µm dick, zu den Intercolpium-Rändern hin dünner (etwa 1,5 µm). Muri breiter als der Durchmesser der Lumina: Lumina 0,8-1,0 µm groß, Muri 0,8-1,2 µm breit. Auf den Polarfeldern können die Lumina kleiner sein oder stellenweise fehlen. Die Columellae sind im Phasenkontrastbild (Aufsicht) zu erkennen und sind dicht und regelmäßig angeordnet.

Spartium junceum L. (2)
33,6-44,6 µm, MiW 39,3 µm; 50 PK, 0a

23.12.2 ***Lupinus*** (Tafel 82: 12-14). PK prolat bis sphäroidisch, PFormI bei *Lupinus polyphyllus* 1,33-1,57, bei *L. nootkatensis* 1,16-1,50. Polarfelder mittelgroß (PFeldI 0,27-0,46). Exine um 1,5 µm dick. Brochi bis 2,5(3,0) µm groß, gelegentlich auch offen. Colpi gerade, Intercolpium-Ränder äquatorial und subäquatorial unregelmäßig oder verengt, PK gelegentlich nahezu tricolpat. Brochi polar meist etwas kleiner (bis 1,5 µm). Intercolpium-Ränder mit einer microreticulaten Zone, die zu einer psilaten Margo überleitet (nicht immer sichtbar). Columellae in Aufsicht überall sichtbar (im Phasenkontrastbild bei frisch azetolysiertem Material), polar besonders deutlich.

Tafel 82

1-7 *Euphorbia palustris* (3 Phako), **8-11** *Spartium junceum*, **12-14** *Lupinus polyphyllus* (13 Phako), **15-19** *Genista pilosa* (16 Phako). – Vergrößerungen 1000fach.

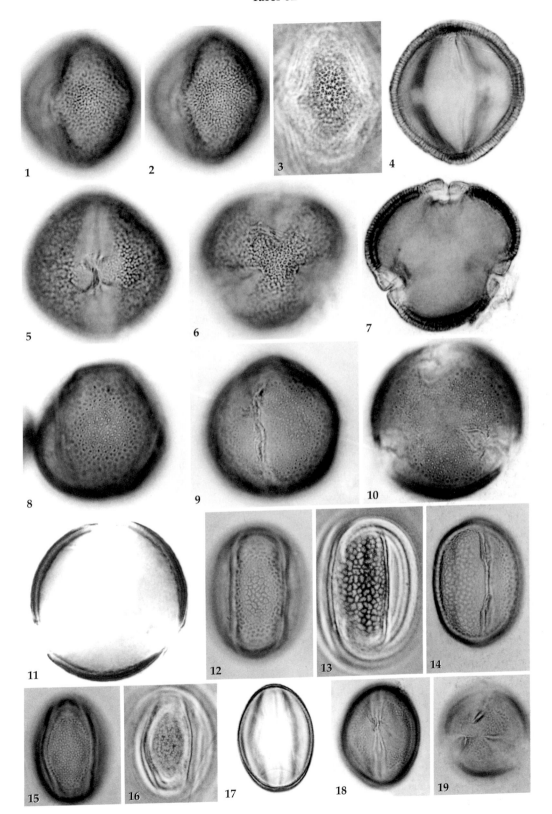

Einzelne Arten der Fabaceae mit tricolporaten PK können bei schwacher Ausbildung der Poren hier eine Rolle spielen (z.B. *Melilotus indicus*).

Lupinus polyphyllus LINDL. (3
32,5-38,3 µm, MiW 35,5 µm; 50 PK, 0a

Lupinus nootkatensis DONN. (1)
30,5-37,0 µm, MiW 33,3 µm; 50 PK, 0a

23.12.3 *Medicago lupulina*-Typ (Tafel 83: 7-9).

PK sphäroidisch bis prolat. Bei *M. lupulina* liegt der PFormI bei 0,95-1,30, bei *M. minima* bei 1,30-1,49 und bei *M. orbicularis* bei 1,17-1,54. *M. lupulina* hat kleine PK und einen relativ kleinen PFormI. Im Unterschied zu den anderen Arten ist bei *M. lupulina* meist der äquatoriale Bereich der Colpen mit den anschließenden Teilen der Intercolpien stark vorgezogen, und das gibt den PK eine charakteristische Form, die stark von der elliptischen Form der PK von *M. minima* und *M. orbicularis* abweicht, bei denen meist nur eine äquatoriale und wenig bis kaum vorgezogene Verengung der Colpen vorliegt. Es gibt somit Unterschiede zwischen den drei Arten, aber diese Unterschiede dürften für eine Auftrennung des *Medicago lupulina*-Typs nur in Einzelfällen ausreichen. Insgesamt handelt es sich aber um sehr variable Pollenformen. Das rezente Material enthält viele mißgebildete PK.

PK reticulat-rugulat bis reticulat. Lumina der Brochi rundlich bis langgestreckt, 0,5-1,5 µm groß, Muri wulstig, vielfach mehrheitlich um 1 µm breit aber auch in der Breite zwischen 0,5 und 1,0 µm wechselnd. Das Polarfeld trägt außer bei *M. orbicularis* keine Skulpturelemente. Die Columellae sind in Aufsicht höchstens im Polarbereich erkennbar. Die Polarfelder sind mittelgroß (PFeldI zwischen 0,25 und 0,4). Die Exine ist 1,0-1,5 µm dick.

Auf die Einbeziehung von Arten mit einem Verbreitungsgebiet südlich der Alpen wurde verzichtet.

Medicago lupulina L. (3)
26,2-38,2 µm, MiW 31,4 µm; 50 PK, 0a

Medicago orbicularis (L.) BARTAL. (2)
29,0-38,6 µm, MiW 34,8 µm; 12 PK, 3a

Medicago minima (L.) L. (3)
25,6-35,0 µm, MiW 30,4 µm; 50 PK, 0a

23.12.4 *Cytisus*-Typ (Tafel 83: 1-6).

Umfaßt die Gattungen *Cytisus* p.p., *Chamaecytisus* und *Chamaespartium*.

PK sphäroidisch, selten schwach prolat, PFormI meist 0,91-1,29. Deutlich prolate PK wurden vor allem bei *Cytisus emeriflorus* und *Chamaecytisus purpureus* gefunden. Polarfelder meist mittelgroß (PFeldI 0,25-0,50), in einigen Fällen klein (z.B. *Chamaespartium sagittale* 0,09-0,18). Colpi mit sehr variablen Merkmalen im äquatorialen und subäquatorialen Bereich, hier häufig auf einer Strecke von 6-10 µm mit aufgelösten und einander genäherten Intercolpium-Rändern. Dieser Teil der Intercolpium-Ränder kann etwas ausgebuchtet sein und ist nicht, wie weiter polarwärts, eingekrümmt. Einfache oder doppelte äquatoriale Verengungen kommen auch vor. Gelegentlich sind diese äquatorialen Veränderungen nur schwach ausgebildet. Es kommen auch fast tricolpate PK vor. Exine 1-1,2 µm dick. Das Reticulum ist nicht immer im Hellfeldbild zu erkennen, im Phasenkontrastbild dagegen mit Sicherheit. Brochi 0,8-2,0 µm groß, alle Größen gemischt, auf den Polarfeldern kleiner. Es wurden auch häufig PK mit einheitlich kleinen Brochi um 1-1,2 µm festgestellt. Große Brochi sind oft durch schmale Muri in mehrere kleine Brochi aufgeteilt. Columellae sind nur bei besonders dickwandigen PK andeutungsweise im Phasenkontrastbild erkennbar, und zwar am ehesten im Bereich der Polarfelder.

Chamaecytisus austriacus (L.) LINK (3)
20,0-27,3 µm, MiW 22,7 µm; 50 PK, 0a

Chamaecytisus purpureus (SCOP.) LINK (1)
25,1-32,6 µm, MiW 28,1 µm; 50 PK, 3a

Chamaecytisus hirsutus (L.) LINK (2)
25,5-31,5 µm, MiW 28,7 µm; 50 PK, 3a

Chamaecytisus ratisbonensis (SCHAEFF.) ROTHM. (2)
22,5-29,5 µm, MiW 25,8 µm; 50 PK, 0a

Tafel 83

1-6 *Chamaecytisus hirsutus* (2 Phako), **7-9** *Medicago orbicularis*, **10-14** *Euonymus europaea*, **15-19** *Diapensia lapponica*, **20-23** *Paeonia officinalis*, **24-28** *Cercis siliquastrum*. – Vergrößerungen 1000fach.

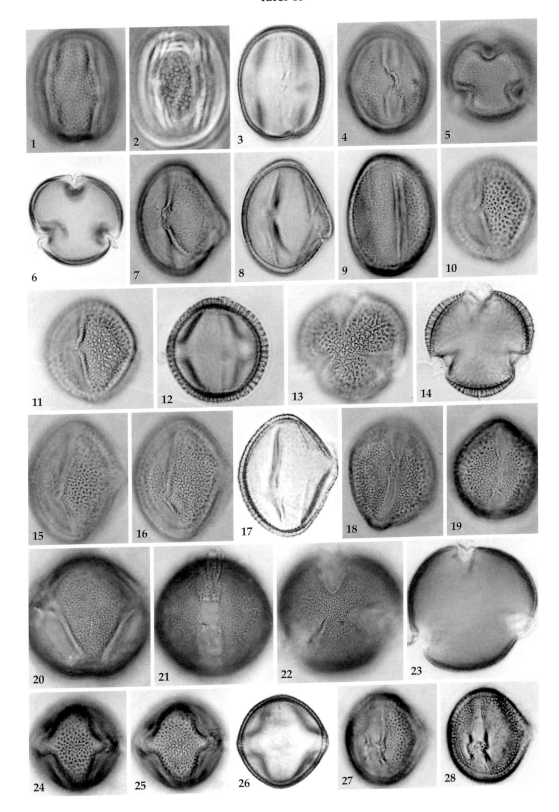

Chamaecytisus supinus (L.) Link (3)
21,3-28,5 μm, MiW 24,9 μm; 50 PK, 0a

Chamaespartium sagittale (L.) P. Gibbs (3)
26,0-30,0 μm, MiW 28,6 μm; 50 PK, 0a

Cytisus emeriflorus Reichenb. (1)
22,7-34,3 μm, MiW 26,5 μm; 50 PK, 3a

Cytisus nigricans L. (2)
20,0-25,0 μm, MiW 23,1 μm; 50 PK, 0a

Cytisus sessilifolius L. (1)
21,6-30,1 μm, MiW 27,9 μm; 50 PK, 3a

23.12.5 *Genista*-Typ (Tafel 82: 15-19). Umfaßt die Gattungen *Genista*, *Cytisus* p.p. (dabei *Sarothamnus scoparius*), *Ulex* und *Calycotome*.

PK sphäroidisch, elliptisch bis rhomboidisch, PFormI 0,97-1,35. Bei einigen Arten kommen deutlich prolate PK vor (*G. pedunculata*). Polarfelder meist klein (PFeldI 0,10-0,28). Colpi sonst wie bei *Cytisus*. Exine 0,8-1,2 μm dick. Brochi wie bei *Cytisus*, aber nicht wie dort im Polarbereich deutlich kleiner. Columellae in Aufsicht auch im Polarbereich nicht erkennbar. Bei PK mit relativ großen Brochi kann man an den Intercolpium-Rändern eine schmale Zone kleiner Brochi erkennen.

Cytisus scoparius (= *Sarothamnus s.*) und *Ulex* gehören diesem Pollentyp zwar an, zeigen aber einige geringfügige Abweichungen. Bei beiden Gattungen findet man häufig einfache Verengungen der Colpi. Bei *Ulex* war bei allen Herkünften das Muster der reticulaten Skulpturierung abweichend. Hier sind die Muri sehr unterschiedlich dick, und in vielen Bereichen fließen offenbar Muri zu größeren (ca. 1 μm) Komplexen zusammen. Es erscheint aber fraglich, ob dieses ein verläßliches Merkmal zur Abtrennung von *Ulex* sein kann. Es wurde nämlich immer wieder festgestellt, daß vermutlich nicht voll ausgereifte PK ganz verschiedener Fabaceae zur Bildung solcher unregelmäßigen reticulaten Muster neigen.

Genista anglica L. (2)
20,0-27,0 μm, MiW 23,4 μm; 50 PK, 0a

Genista germanica L. (3)
21,0-29,3 μm, MiW 26,0 μm; 50 PK, 0a

Genista pedunculata L'Héritier (1)
25,1-31,5 μm, MiW 28,0 μm; 50 PK, 3a

Genista pilosa L. (2)
21,5-31,5 μm, MiW 28,0 μm; 50 PK, 0a

Genista radiata (L.) Scop. (2)
21,6-32,9 μm, MiW 28,5 μm; 50 PK, 3a

Genista sericea Wulfen (1)
26,9-32,2 μm, 28 PK, 3a

Genista sylvestris Scop. (2)
20,3-29,8 μm, MiW 26,1 μm; 50 PK, 0a

Genista tinctoria L. (4)
27,6-34,7 μm, MiW 31,7 μm; 50 PK, 3a

Genista triangularis Kit. (1)
29,4-38,6 μm, MiW 34,6 μm; 50 PK, 3a

Cytisus scoparius (L.) Link (4)
29,0-35,4 μm, MiW 33,5 μm; 40 PK, 3a

Ulex europaeus L. (4)
28,7-37,2 μm, MiW 31,8 μm; 50 PK, 0a

Ulex gallii Planchon (3)
28,3-36,5 μm, MiW 33,6 μm; 50PK, 3a

Calicotome spinosa (L.) Link (2)
21,6-28,3 μm, MiW 25,3 μm; 50 PK, 0a

23.13 *Diapensia lapponica*
(Tafel 83: 15-19)

PK meist rhomboidisch, PFormI 1,10-1,27. Polarfelder klein. Colpi mit deutlich ausgebildeter, meist vorgezogener äquatorialer Verengung. Exine 1,5-1,8 μm dick. Brochi 1,0-1,8 (max. 2,1) μm groß, vereinzelt auch kleiner als 1 μm. Columellae in Aufsicht deutlich erkennbar (Hellfeld), gelegentlich doppelreihig angeordnet.

Diapensia lapponica L. (2)
29,5-34,3 μm, MiW 31,0 μm; 50 PK, 0a

23.14 *Euonymus*
(Tafel 83: 10-14)

Euonymus europaea: PK sphäroidisch, meist kugelig, Polarfelder klein. Colpi mit breiter, meist porenartig ausgebildeter Verengung (Durchmesser ca. 6 μm). Exine ca. 2,8(3,2) μm, Endexine bis 1,1 μm dick. Brochi 2,0-2,5(3,0) μm groß, an den Intercolpium-Rändern kleiner (Margo). Columellae relativ lang, deutlich erkennbar, doppelreihig gestellt. Die Ektexine wird gegen die Intercolpium-Ränder dünner. Dicke der Exine hier nur noch etwa 1 μm. In einigen Fällen ist die Exine auch im Polarbereich dünner und die Brochi kleiner.

Euonymus latifolia: Hier wurden größere Werte gemessen. Durch die größere Polachse scheint in gewissen Fällen eine Trennung beider Arten möglich zu sein. Die Exine ist 5,0-5,5 μm dick, an den Intercolpium-Rändern 2,0 μm. Der PFormI liegt bei 0,96-1,14, der Umriß in Äquatorialansicht ist meist rhomboidisch.

Euonymus europaea L. (4)
27,3-31,9 μm, MiW 28,5 μm; 50 PK, 0a

Euonymus latifolia (L.) MILL. (3)
32,5-43,0 μm, MiW 38,9 μm; 50 PK, 0a

23.15 *Paeonia officinalis*
(Tafel 83: 20-23)

PK sphäroidisch bis prolat, PFormI 1,08-1,39. Polarfelder klein (PFeldI 0,15-0,22). Colpi mit einfacher oder s-förmig ausgebildeter äquatorialer Verengung. Exine 1,5-2,0 μm dick. Brochi bis 1,5 μm groß, mit breiten Muri und mit Übergängen von einem Microreticulum zu einem Tectum perforatum. Lumina etwa 0,6-0,8 μm groß. Columellae mehrreihig, im Phasenkontrastbild erkennbar, oft sehr dünn. Die Mehrreihigkeit der Columellae kann schwer zu erkennen sein.

Paeonia officinalis L. (2)
32,5-42,0 μm, MiW 36,9 μm; 50 PK, 0a

23.16 *Cercis siliquastrum*
(Tafel 83: 24-28)

PK sphäroidisch bis schwach prolat, Polarfelder klein bis mittelgroß. Eine Herkunft von *Cercis* hatte PK mit einem PFormI von 0,90-1,02 und einem PFeldI von 0,31-0,39. Bei der anderen Herkunft wurden für den PFormI Werte von 1,21-1,42 gemessen und kleinere Polarfelder festgestellt. Der Äquatorialbereich der Colpen ist unterschiedlich ausgebildet. Es gibt einfache und s-förmige Colpus-Verengungen, aber auch Fälle mit einer kontrastschwachen, etwa 7-8 μm großen, oft deutlich vorgezogenen Poren (die Endexine fehlt hier). *Cercis* wird daher auch bei den tricolporaten Pollenformen geführt. Außerhalb der Verengung bzw. des Porenbereiches sind die Intercolpium-Ränder eingekrümmt. Exine 1,5-2,0 μm dick, an den Intercolpium-Rändern dünner. Brochi bis 2 μm groß, auf den Polarfeldern deutlich kleiner. Muri relativ breite (bis etwa 0,5 μm),. Die Lumina sind daher nur so groß wie oder wenig größer als die Breite der Muri. Columellae im Phasenkontrastbild (Aufsicht) deutlich auf den Intercolpien und den Polarfeldern, gelegentlich auf kurzen Strecken zweireihig. In günstigen Fällen ist eine microreticulate (?psilate) Margo zu erkennen.

Cercis siliquastrum L. (2)
20,3-27,5 μm, MiW 25,2 μm; 50 PK, 0a

24. Stephanocolpatae

Stephanocolporoidate PK werden hier im Wesentlichen nicht berücksichtigt. Sie sind bei den Stephanocolporatae aufgeführt, ebenso wie PK mit sehr kontrastschwachen Poren oder mit einfachen oder s-förmigen Colpus-Verengungen.

1   PK echinat 2
–   PK reticulat, endo-reticulat, microreticulat, endo-microreticulat, retipilat, rugulat, psilat oder scabrat 3

2   PK mit (3)4-5(6) äquatorial verlaufenden Colpi (Tafel 84: 1-6) .... **24.1** *Euryale ferox* (S. 381)
–   PK mit 3 kurzen und 3 langen, meridional angeordneten Colpi (Tafel 84: 7-11) ....
     ....**24.2** *Arceuthobium oxycedri* (S. 381)

3   PK mit 6 Colpi, von denen jeder zweite an kontrastreich körnig aufgelöste Intercolpium-Ränder angrenzt (Tafel 84: 12-18) .... **24.3** *Phacelia tanacetifolia* (S. 382)
–   Intercolpium-Ränder gleichartig 4

4   PK (endo-)reticulat oder (endo-)microreticulat; retipilat und mit 2-4 µm breiten, undeutlich begrenzten und ausgebildeten Intercolpium-Rändern (Tafel 5: 1-5) ....
     ....*Callitriche palustris*-Typ (S. 424)
–   PK mit anderen Merkmalen 5

5   Intercolpium-Ränder verdickt, Aperturen kurz: vergl. Stephanoporatae, S. 441
–   Intercolpium-Ränder nicht verdickt 6

6   PK sabrat, psilat, schwach verrucat oder schwach rugulat 7
–   PK reticulat oder endo-microreticulat 8

7   PK mit 4 kontrastarmen Colpi und mit mittelgroßen bis großen Polarfeldern, 33-60 µm groß, scabrat und schwach verrucat oder schwach rugulat: vergl. *Scopolia*, S. 204 oder *Datura*, S. 270
–   PK kleiner, mit 6 oder mehr kontrastreichen Colpi (Tafel 84: 19-25) .... **24.4** **Rubiaceae** (S. 382)

8   Exine über 2 µm und bis 3,5 µm dick 9
–   Exine bis 2 µm dick 10

9   PK mit 6 Colpi, in Äquatorialansicht rundlich bis elliptisch, Columellae deutlich (Tafel 84: 26-28, Tafel 85: 1-3) ....**24.5** *Lavandula angustifolia* (S. 384)
–   PK mit 4(5) Colpi, in Äquatorialansicht viereckig, Columellae nicht erkennbar (Tafel 85: 4-8) .....
     ....**24.6** *Sideritis hyssopifolia* (S. 384)

10   Colpi nur 2,5-3 mal so lang wie breit, PK oblat, heteropolar: distale und proximale Seite verschieden stark gewölbt (Tafel 104: 19-22) .... vergl. **Pistacia** (S. 453)
–   Colpi um ein Vielfaches länger als breit, PK nicht heteropolar 11

11   Brochi mit deutlichen Columellae 12
–   Brochi ohne Columellae, höchstens gelegentlich bei tiefer optischer Ebene (F3) vereinzelte dunkle Punkte in den Muri oder PK endo-microreticulat 15

12   Intercolpium-Ränder alle gleich breit oder PK mit 3 breiteren und 3 schmäleren Intercolpien (Polaransicht) 13
–   Zwei einander gegenüberliegende Intercolpien sind deutlich breiter als die übrigen 4 (Polaransicht) 14

13 Brochi 0,3-1,5 µm, wenn größer, dann Columellae nur unter den Muri (wenn Muri und Columellae im Phasenkontrastbild kontrastschwach sind, vergl. Rubiaceae, S. 382), Tectum der Lumina ohne Microbrochi oder mit 2-3 Microbrochi (Tafel 85: 9-17) .... **24.7** *Mentha*-**Typ** (S. 386)

– Größte Brochi (Macrobrochi) über 2 und bis 5(7) µm (ggf. Phasenkontrast), Tectum der Lumina microreticulat und meist mit mehr als 4 Microbrochi pro Lumen, Columellae gleichmäßig verteilt, d.h. auch innerhalb der Macrobrochi (Tafel 85: 18-25) .... **24.8** *Prunella*-**Typ** (S. 386)

14 Brochi bis 1,5 µm groß, Lumina mit wenigen Microbrochi (2-4), PK ca. 20-30 µm groß (Tafel 86: 1-4) .... **24.9** *Salvia verticillata* (S. 387)

– Brochi stets über 2 µm groß, größte Brochi bis 4 µm, Lumina mit zahlreichen Microbrochi, PK ca. 27-72 µm groß (Tafel 86: 5-13) .... **24.10** *Salvia pratensis*-**Gruppe** (S. 387)

15 Brochi bis 1 µm groß, PK in Polaransicht rund 16

– Brochi 1-5 µm groß, PK in Polaransicht langgestreckt (Tafel 87: 1-6) .... **24.11** *Impatiens* (S. 388)

16 Colpi 3-7 µm breit (Tafel 86: 14-17) .... **24.12** *Hippuris vulgaris* (S. 388)

– Colpi sehr schmal 17

17 PK tectat, Brochi oft undeutlich, Exine 1,2-1,8 µm dick. Colpi meist deutlich eingesenkt, Intercolpien in Polaransicht meist stärker gekrümmt als der Umriß des PK (Tafel 84: 19-25) ....
.... **24.4** **Rubiaceae** (S. 382)

– PK intectat, Brochi stets deutlich, Exine meist bis 1 µm dick, selten dicker. Colpi nur schwach eingesenkt, Intercolpium-Ränder in Polaransicht meist nicht stärker gekrümmt als der Umriß des PK (Tafel 87: 7-22) .... **24.13** *Primula veris*-**Gruppe** (S. 388)

24.1 *Euryale ferox*
(Tafel 84: 1-6)

PK echinat, sphäroidisch bis oblat, PFormI 0,69-0,89. PK mit (3)4-5(6) äquatorial angeordneten Colpi und mit eingekrümmten Intercolpium-Rändern. Exine 0,8-1,2 µm dick. Exine mit 1,5-2,0 µm langen und ca. 0,5 µm dicken, vom Grunde an zugespitzten Echini besetzt. Bei dem untersuchten Material wurden hauptsächlich PK mit 4 oder 5 Colpi gefunden. PK mit 3 oder 6 Colpi gehörten zu den Ausnahmen.

Euryale ferox SALISB. (1)
35,0-43,3 µm, MiW 38,8 µm; 50 PK, 9a, Ä

24.2 *Arceuthobium oxycedri*
(Tafel 84: 7-11)

PK echinat, sphäroidisch bis prolat, PFormI 0,95-1,50. PK mit 3 längeren und 3 kürzeren Colpen. Die längeren Colpen sind mindestens 15-20 µm lang, bis 1 µm breit und sind von stärker eingekrümmten Intercolpium-Rändern umrahmt. Die kürzeren Colpi sind 6-10 × 2-3 µm groß. Die Polarfelder durch die längeren Colpi meist mittelgroß, PFeldI meist 0,4-0,5. Echini 1,5-1,8 µm lang und ca. 1 µm dick, vom Grunde an scharf zugespitzt, Abstände der Echini 2-3(4) µm. Exine 1,0-1,2 µm dick, ohne Columellae-Schicht.

Arceuthobium oxycedri (DC.) BILB. (2)
17,5-27,5 µm, MiW 24,4 µm; 50 PK, 0a

24.3 *Phacelia tanacetifolia*
(Tafel 84: 12-18)

PK sphäroidisch, PFormI 1,04-1,25. Exine 1,4-1,7 µm dick, undeutlich micro-intrareticulat. Endexine dicker als das Tectum. PK mit 6 Colpi, Polarfelder klein (PFeldI 0,09-0,14). Colpi abwechselnd mit und ohne körnig aufgelöste Intercolpium-Ränder. Die Colpi mit kontrastreich körnig aufgelösten Intercolpium-Rändern sind meistens etwas stärker eingesenkt und auch etwas kürzer als die anderen 3 Colpi.

Phacelia tanacetifolia BENTHAM (2)
17,4-23,0 µm, MiW 20,2 µm; 50 PK, 0a

24.4 Rubiaceae
(Tafel 84: 19-25)

PK sphäroidisch bis prolat, Pole oft abgeplattet und PK dann tonnenförmig, PFormI 0,90-1,12. Polarfelder mittelgroß bis groß (PFeldI 0,26-0,62). Exine 1,2-1,8 µm dick, tectat, Endexine dicker als das Tectum. Tectum meist mehr oder weniger deutlich microreticulat, gelegentlich scabrat oder psilat. Brochi bis etwa 1 µm groß, wechselnd deutlich. Die Columellae sind oft schwer erkennbar, manchmal erscheinen bei tiefer optischer Ebene (F3) vereinzelt dunkle Punkte, in anderen Fällen sind Columellae deutlich erkennbar. Zahl der Colpi 5-9 (selten 10, 11, 12 Colpi). Bei *Galium* beträgt die Zahl der Colpi 5-9, nur *Sherardia arvensis* und *Asperula taurina* haben 9-11 bzw. 9-12 Colpi. Die Intercolpien mit ihren gewöhnlich schwach körnig aufgelösten Rändern sind eingekrümmt. Allerdings ist dieses Merkmal bei PK mit hoher Colpen-Zahl manchmal nur schwach angedeutet oder fehlt.

Asperula arvensis L. (1)
17,4-21,6 µm, MiW 19,8 µm; 50 PK, 0a

Asperula cynanchica L. (2)
16,3-19,5 µm, MiW 18,2 µm; 50 PK, 0a

Asperula laevigata L. (2)
18,5-29,5 µm, MiW 23,1 µm; 50 PK, 0a

Asperula neilreichii BECK (1)
15,9-21,8 µm, MiW 18,8 µm; 50 PK, 0a

Asperula purpurea (L.) EHREND. (1)
15,9-21,1 µm, MiW 18,2 µm; 50 PK, 0a

Asperula tinctoria L. (2)
17,0-22,9 µm, MiW 20,9 µm; 50 PK, 0a

Asperula taurina L. (1)
26,6-38,9 µm, MiW 34,3 µm; 50 PK, 1a

Cruciata glabra (L.) EHREND. (3)
14,7-21,2 µm, MiW 19,3 µm; 50 PK, 0a

Cruciata leavipes OPIZ. (2)
17,5-22,8 µm, MiW 20,8 µm; 50 PK, 0a

Cruciata pedemontana (BELLARDI) EHREND. (1)
17,0-21,2 µm, MiW 18,2 µm; 50 PK, 0a

Galium anisophyllon VILL. s.str. (1)
17,4-21,2 µm, MiW 19,6 µm; 50 PK, 0a

Galium aparine L. (2)
24,0-31,0 µm, MiW 27,9 µm; 50 PK, 0a

Galium aristatum L. (1)
17,2-21,6 µm, MiW 19,1 µm; 50 PK, 0a

Galium baldense SPRENGEL (1)
15,9-21,8 µm, MiW 18,6 µm; 50 PK, 0a

Galium boreale L. (3)
18,3-24,0 µm, MiW 21,6 µm; 50 PK, 0a

Galium cinereum ALL. (1)
17,5-22,0 µm, MiW 20,4 µm; 50 PK, 0a

Galium glaucum L. (2)
19,3-23,8 µm, MiW 22,1 µm; 50 PK, 0a

Galium lucidum ALL. (1)
15,9-21,2 µm, MiW 18,6 µm; 50 PK, 0a

Galium margaritaceum A. KERNER (1)
15,6-21,6 µm, MiW 18,0 µm; 50 PK, 0a

Galium megalospermum ALL. (1)
17,2-21,4 µm, MiW 19,5 µm; 50 PK, 0a

Galium mollugo L. (4)
17,5-24,3 µm, MiW 20,7 µm; 50 PK, 0a

Galium normannii O.C. DAHL (1)
19,0-23,3 µm, MiW 21,1 µm; 50 PK, 0a

Tafel 84

1-6 *Euryale ferox*, **7-11** *Arceuthobium oxycedri*, **12-18** *Phacelia tanacetifolia* (13, 16 Phako), **19-23** *Galium cinereum*, **24-25** *Asperula aristata*, **26-28** *Lavandula angustifolia*. – Vergrößerungen 1000fach.

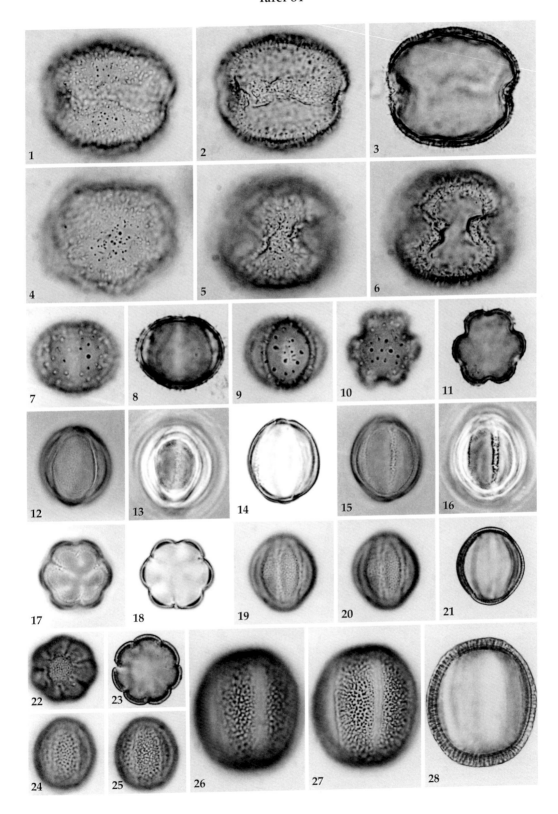

Galium odoratum (L.) Scop. (3)
17,5-22,5 μm, Miw 20,8 μm; 50 PK, 0a

Galium palustre L. s.l. (2)
14,2-22,7 μm, MiW 18,8 μm; 50 PK, 0a

Galium parisiense L. (1)
18,8-24,4 μm, MiW 21,2 μm; 50 PK, 0a

Galium pumilum Murr. (1)
17,4-24,8 μm, MiW 21,5 μm; 50 PK, 0a

Galium rotundifolium L. (1)
17,7-25,7 μm, MiW 22,7 μm; 50 PK, 0a

Galium rubioides L. (1)
17,7-26,6 μm, MiW 23,0 μm; 50 PK, 0a

Galium rubrum All. (1)
18,1-24,8 μm, MiW 21,3 μm; 50 PK, 0a

Galium saxatile L. (2)
18,3-24,5 μm, MiW 21,5 μm; 50 PK, 0a

Galium schultesii Vest (1)
17,4-21,6 μm, MiW 19,8 μm; 50 PK, 0a

Galium sylvaticum L. s.str. (2)
15,9-24,6 μm, MiW 20,4 μm; 50 PK, 0a

Galium spurium L. (1)
17,4-26,9 μm, MiW 21,7 μm; 50 PK, 0a

Galium tricornutum Dandy (2)
20,2-27,4 μm, MiW 23,5 μm; 50 PK, 0a

Galium trifidum L. (1)
17,5-24,4 μm, MiW 20,1 μm; 50 PK, 0a

Galium triflorum Michx. (1)
20,0-25,8 μm, MiW 22,9 μm; 50 PK, 0a

Galium uliginosum L. (2)
14,5-21,0 μm, MiW 17,7 μm; 50 PK, 0a

Galium verum L. s.l. (2)
21,8-26,8 μm, MiW 24,0 μm; 50 PK, 0a

Rubia peregrina L. (1)
17,0-23,0 μm, MiW 19,7 μm; 50 PK, 0a

Rubia tinctorum L. (2)
19,5-27,8 μm, MiW 23,2 μm; 50 PK, 0a

Sherardia arvensis L. (2)
17,5-30,1 μm, MiW 26,5 μm; 50 PK, 0a

24.5 *Lavandula angustifolia*
(Tafel 84: 26-28, Tafel 85: 1-3)

PK sphäroidisch mit 6 Colpen, PFormI 1,06-1,20, Polarfelder groß (PFeldI > 0,45), Polaransicht rundlich. Exine 2,5-3,5 μm dick. Brochi 1,0-1,5 μm groß, Lumina bis 1 μm. Columellae bis 2,5 μm lang und bis ca. 0,8 μm dick.

Lavandula angustifolia Miller (2)
27,6-38,2 μm, MiW 32,7 μm; 50 PK, 0a

24.6 *Sideritis hyssopifolia*
(Tafel 85: 4-8)

PK sphäroidisch, selten prolat, planaperturat mit 4, selten 5 Colpi, PFormI. 1,05-1,27(1,37). PK in Äquatorialansicht viereckig, in Polaransicht viereckig bzw. fünfeckig. Polarfelder groß. Exine bis 3 μm dick (Endexine ca. 1 μm), reticulat, Brochi bis etwas über 1 μm groß. Muri meist relativ breit (bis fast 1 μm), Columellae nicht erkennbar. Margines fehlen im Gegensatz zu den tricolpaten PK von *S. montana* (vergl. S. 290).

Sideritis hyssopifolia L. (1)
31,9-46,0 μm, MiW 38,2 μm; 50 PK, 1a

Tafel 85

1-3 *Lavandula angustifolia* ff., **4-8** *Sideritis hyssopifolia*, **9-14** *Clinopodium vulgare* (11 Phako), **15** *Lycopus europaeus* (Phako), **16** *Hormium pyrenaicum* (Phako), **17** *Thymus pulegioides* (Phako), **18-25** *Prunella grandiflora* (21-23 Phako). – Vergrößerungen: 1-22, 24-25: 1000fach; 23: 2000fach.

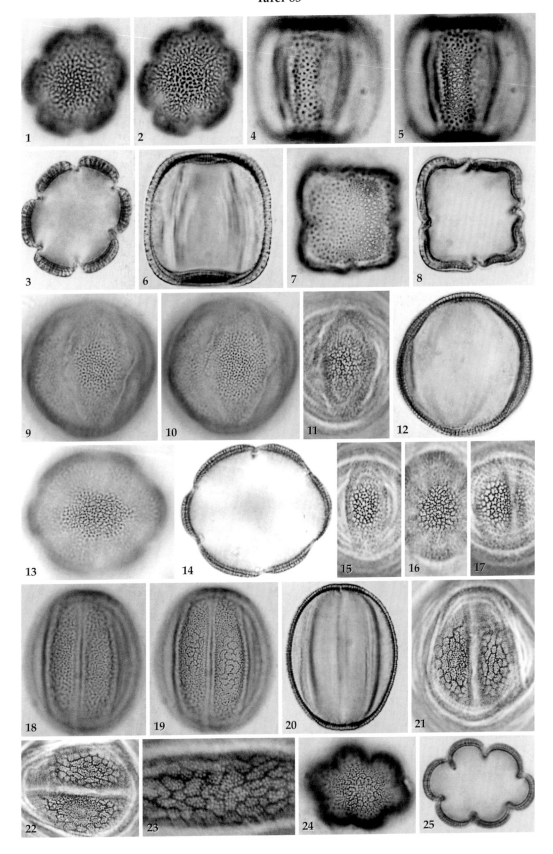

24.7 *Mentha*-Typ
(Tafel 85: 9-17)

PK sphäroidisch bis prolat (PFormI 0,83-1,88), mit 6, selten mit 8 Colpi. Die Intercolpien sind entweder gleich breit (Polaransicht!) oder es sind 3 schmälere und 3 breitere vorhanden. In diesem Fall wechseln entweder schmälere und breitere miteinander ab oder die breiteren und schmäleren liegen jeweils nebeneinander, wodurch die Polaransicht asymmetrisch wird. Die Polarfelder sind klein, mittelgroß oder groß (PFeldI 0,26-0,52). Die Exine ist 1-2 µm dick. Die Brochi sind 0,3-1,5 µm groß und mit deutlichen Columellae versehen, die unter den (Macro-)Muri stehen. Polar und an den Intercolpium-Rändern können die Brochi kleiner sein als in der Mitte der Intercolpien. Das Tectum der Brochi ist entweder ungeteilt oder mit 2-3 Perforationen bzw. Microbrochi versehen. Bei einer Herkunft von *Acinos alpinus* wurden neben den normalen Formen zahlreiche inaperturate PK gefunden. Bei *Mentha × rotundifolia* wurde ein hoher Anteil verkümmerter PK festgestellt.

Acinos alpinus (L.) MOENCH (3)
34,0-57,5 µm, MiW 44,1 µm; 50 PK, 0a

Acinos arvensis (LAM.) DANDY (2)
32,5-48,8 µm, MiW 37,4 µm; 50 PK, 0a

Calamintha grandiflora (L.) MOENCH (1)
38,9-55,2 µm, MiW 47,2 µm; 50 PK, 2a

Calamintha nepeta SAVI (2)
27,5-39,3 µm, MiW 32,7 µm, 50 PK, 0a

Clinopodium vulgare L. (2)
35,0-47,5 µm, MiW 38,9 µm; 50 PK, 0a

Horminum pyrenaicum L. (2)
37,8-47,5 µm, MiW 43,3 µm; 50 PK, 0a

Lycopus europaeus L. (3)
29,3-40,8 µm, MiW 34,3 µm; 50 PK, 0a

Lycopus exaltatus EHRH. (2)
24,5-34,0 µm, MiW 29,0 µm; 50 PK, 0a

Mentha aquatica L. (3)
32,0-38,0 µm, MiW 35,5 µm; 50 PK 0a

Mentha arvensis L. (2)
29,5-42. µm, MiW 34,9 µm; 50 PK, 0a

Mentha longifolia (L.) HUDS. (3)
27,5-38,3 µm, MiW 32,9 µm; 50 PK, 0a

Mentha pulegium L. (1)
23,7-34,7 µm, MiW 28,1 µm; 50 PK, 1a

Mentha × rotundifolia (L.) HUDS. (2)
21,8-33,0 µm, MiW 26,3 µm; 50 PK, 0a

Mentha spicata L. (3)
30,0-39,3 µm, MiW 35,2 µm; 50 PK, 0a

Origanum majorana L. (1)
24,8-35,1 µm, MiW 30,1 µm; 50 PK, 2a

Origanum vulgare L. (3)
27,8-38,3 µm, MiW 31,8 µm; 50 PK, 0a

Satureja hortensis L. (2)
24,5-37,5 µm, MiW 30,6 µm; 50 PK, 0a

Satureja montana L. (2)
30,5-42,5 µm, MiW 35,2 µm; 50 PK, 0a

Thymus pulegioides L. s.l. (3)
26,8-37,5 µm, MiW 32,2 µm; 50 PK, 0a

Thymus praecox OPIZ s.l. (1)
29,0-39,8 µm, MiW 33,2 µm; 50 PK, 0a

Thymus serpyllum L. (1)
29,5-41,8 µm, MiW 35,1 µm; 50 PK, 0a

Non vidi: *Thymus vulgaris* L.

24.8 *Prunella*-Typ
(Tafel 85: 18-25)

Zahl der Colpi, Größe und Form der PK sowie der Größe der Polarfelder wie bei dem *Mentha*-Typ. Von diesen leiten sich die PK vom *Prunella*-Typ dadurch ab, daß sie über 2 µm und bis zu 5(7) µm große Brochi (Macrobrochi) besitzen, innerhalb derer mehr als 4 etwa 0,5 µm große Microbrochi vorhanden sind. Außerdem stehen die Columellae gleichmäßig verteilt, d.h. auch unter den Macrolumina. Bei dem *Mentha*-Typ sind nur bis zu 3 Microbrochi im Tectum eines Macrobrochus vorhanden, und die Columellae stehen nur unter den Macromuri.

Im Hellfeld erkennt man bei hoher optischer Auflösung die eckigen, oft etwas langgestreckten Macrobrochi nur bei einer tiefen optischen Ebene (F3, dunkel). Dagegen sind die Microbrochi oder Perforationen im Tectum der Lumina der LO-Analyse voll zugänglich. Im Phasenkontrastbild sind die Muri der Macrobrochi kontrastreich erkennbar, die Microbrochi dagegen als helle oder dunkle Punkte. Die Muri der Macrobrochi sind schmäler als bei den Arten des *Mentha*-Typs. Bei *Melissa officinalis* sind die Macrobrochi oft erst im Phaenkontrastbild eindeutig zu erkennen.

Dracocephalum austriacum L. (2)
47,5-64,3 µm, MiW 54,2 µm; 51 PK, 0a

Dracocephalum ruyschiana L. (2)
34,8-51,0 µm, MiW 41,6 µm; 50 PK, 0a

Glechoma hederacea L. (2)
37,8-45,5 µm, MiW 41,9 µm; 50 PK, 0a

Hyssopus officinalis L. (2)
26,8-37,0 µm, MiW 31,2 µm; 50 PK, 0a

Melissa officinalis L. (2)
31,9-45,3 µm, MiW 38,6 µm; 50 PK, 1a

Nepeta cataria L. (1)
26,6-35,4 µm, MiW 30,8 µm; 50 PK, 1a

Nepeta nuda L. (2)
29,0-36,8 µm, MiW 32,3 µm; 50 PK, 0a

Prunella grandiflora (L.) SCHOLLER (2)
41,3-49,3 µm, MiW 45,2 µm; 50 PK, 0a

Prunella laciniata (L.) L. (2)
37,5-48,5 µm, MiW 43,4 µm; 50 PK, 0a

Prunella vulgaris L. (3)
41,3-55,3 µm, MiW 45,8 µm; 50 PK, 0a

24.9 *Salvia verticillata*
(Tafel 86: 1-4)

PK sphäroidisch, etwa 20-30 µm groß, mit 6 Colpi. Macrobrochi nur bis ca. 1,5 µm, mit meist 2-4 Microbrochi pro Lumen. Oft besitzen die PK aber nur 0,5-1,0 µm große Microbrochi und keine Macrobrochi. Zwei einander gegenüber liegende Intercolpien sind deutlich breiter als die übrigen vier (Polaransicht).

Salvia verticillata L. (2)
20,9-28,3 µm, MiW 24,8 µm; 50 PK, 0a

24.10 *Salvia pratensis*-Gruppe
(Tafel 86: 5-13)

PK sphäroidisch, mit 6, sehr selten 7 oder 8 Colpi. Polaransicht elliptisch, Polarfelder klein. Die Exine ist wie bei dem *Prunella*-Typ aufgebaut. PFormI 0,76-0,92, ÄFormI 1,07-1,30 (Messungen an *S. verbenacea*). Macrobrochi 2,5-4,0 µm groß, jeweils mit bis zu 10-15 Microbrochi. Columellae stehen fast nur unter den Macromuri (*Salvia pratensis*-Typ), gelegentlich könen einzelne Columellae unter einem Macrolumen stehen. Bei dem *Salvia officinalis*-Typ ist das Vorkommen von Columellae in den Macrobrochi zwar die Regel, aber manche PK besitzen auch nur 1 Columella pro Macrolumen. Solche PK gehören dann zum *Salvia pratensis*-Typ. Exine 1,5-2,0 µm dick. Oft sind die Brochi an den Intercolpium-Rändern kleiner als auf der Mitte der Intercolpien (Margo).

Vom *Prunella*-Typ unterscheidet sich die *Salvia pratensis*-Gruppe dadurch, daß zwei einander gegenüberliegende Intercolpiem (Polaransicht) breiter sind als die übrigen 4. Das kann allerdings bei sehr großen PK schwer überprüfbar sein.

1   Columellae stehen nur unter den Macromuri (Tafel 86: 5-13) .... **24.10.1** *Salvia pratensis*-**Typ**
–   Columellae stehen unter den Muri und unter den Lumina der Macrobrochi ....
.... **24.10.2** *Salvia officinalis* **Typ**

24.10.1 *Salvia pratensis*-**Typ** (Tafel 86: 5-13)

Saliva aethiopis L. (1)
37,2-47,8 µm, MiW 43,7 µm; 50 PK, 1a

Salvia argentea L. (1)
35,8-49,9 µm; 23 PK, 1a

Salvia austriaca JACQ. (2)
44,5-72,0 µm, MiW 55,4 µm; 50 PK, 0a

Salvia glutinosa L. (2)
45,5-53,5 µm, MiW 49,4 µm; 50 PK, 0a

Salvia nemorosa L. (1)
27,6-38,9 µm, MiW 33,6 µm; 50 PK, 0a

Salvia verbenacea L. (2)
30,0-41,8 µm, MiW 35,5 µm; 51 PK, 0a

Salvia pratensis L. (2)
35,5-53,0 µm, MiW 41,3 µm; 50 PK, 0a

Salvia viridis L. (1)
35,4-46,0 µm, MiW 41,5 µm; 50 PK, 1a

24.10.2 Salvia officinalis-Typ

Salvia officinalis L. (2)
33,6-51,3 µm, MiW 43,4 µm; 50 PK, 1a

Rosmarinus officinalis L. (2)
41,5-54,5 µm, MiW 47,9 µm; 50 PK, 0a

24.11 Impatiens
(Tafel 87: 1-6)

PK oblat bis peroblat, PFormI 0,42-0,64 (Polachse 17,5-21,3 µm), in Polaransicht langgestreckt (ÄForm-mI 1,28-1,72), reticulat. Brochi ohne Columellae, ca. 1-5 µm groß, Muri geschlängelt. Exine 1-2 µm dick. PK mit 4-5 Colpi, davon 4 Colpi an den Schmalseiten des PK (Polaransicht). Colpi 5-8 µm lang und 0,5 µm breit, unscheinbar, leicht übersehbar.

Impatiens noli tangere L. (3)
37,0-46,8 µm, MiW 43,7 µm; 50 PK, 0a

Impatiens parviflora DC. (3)
33,3-46,3 µm, MiW 41,5 µm; 51 PK, 0a

24.12 Hippuris vulgaris
(Tafel 86: 14-17)

PK sphäroidisch, meist mit 5 Colpi, tectat. Tectum schwach scabrat (micro-verrucat) skulpturiert, desgleichen die Colpi. PK endo-microreticulat, Brochi kleiner als 1 µm. Colpi 3-7 µm breit, Intercolpien bis etwa 7 µm breit. Die Exine wird gegen die Colpi hin allmählich dünner, die Colpi sind daher unscharf begrenzt. Die endo-mircroreticulate Struktur ist nur in der Mitte der Intercolpien erkennbar.

Hippuris vulgaris L. (3)
20,7-30,3 µm, MiW 24,9 µm; 50 PK, 0a

24.13 Primula veris-Gruppe
(Tafel 87: 7-22)

PK reticulat bzw. microreticulat, sphäroidisch bis prolat, mit 5-9 Colpen. Die Exine ist meistens nicht dicker als 1 µm, intectat, reticulat, Brochi 0,8-1,5 µm groß, Columellae nicht oder nur vereinzelt erkennbar. Das Fehlen eines Tectums ist das beste Merkmal gegenüber den PK der Rubiaceae, die vereinzelt Brochi von nur bis ca. 1 µm Größe besitzen können (S. 382). Außer bei P. sibirica und P. halleri zeigt die Polaransicht im optischen Schnitt nur schwach eingekrümmte Intercolpium-Ränder; bei den Rubiaceae sind sie deutlich eingekrümmt.

Alle Primula-Arten außer P. halleri sind heterostyl. Der mit der Heterostylie verbundene Pollendimorphismus dieser Arten äußert sich vor allem in Größenunterschieden. Bei den größeren PK der brevistylen Formen ist die Exine bis 1,8 µm dick und die Brochi ca. 1,0-1,5 µm groß. Die PK der longistylen Formen haben Brochi bis 1 µm Größe und ca. 1 µm dicke Exinen.

▷

Tafel 86

1-4 Salvia verticillata, **5-11** Salvia glutinosa (9, 11 Phako), **12-13** Salvia argentea, **14-17** Hippuris vulgaris. – Vergrößerungen 1000fach.

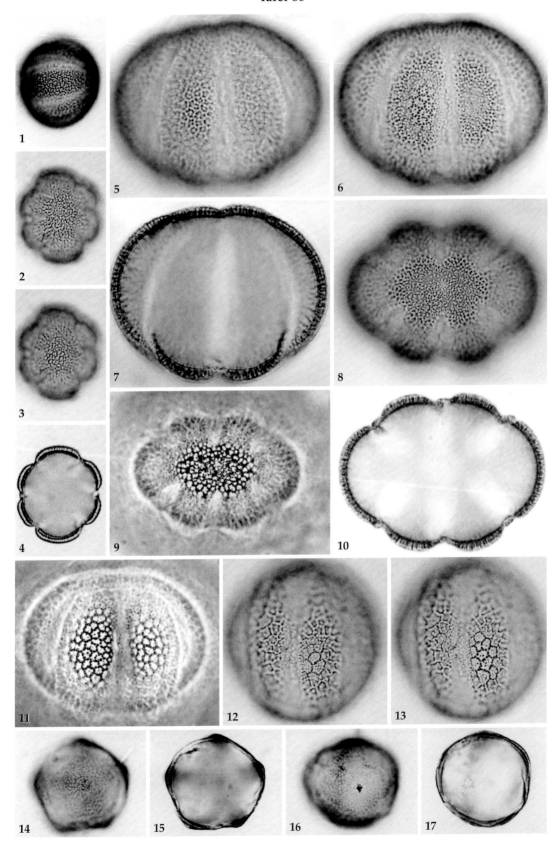

1   Colpi gerade, ohne oder ohne nennenswerte äquatoriale Verengung, PK sphäroidisch (Tafel 87: 7-15) ....**24.13.1 *Primula veris*-Typ**

Primula elatior (L.) Hill. (3)
fo. *brevistyla* 21,8-26,0 µm, MiW 24,1 µm; 50 PK, 1a, 6-8 Colpi
fo. *longistyla* 13,3-16,8 µm; 25 PK, 11a, 5-7 Colpi

Primula sibirica Jacq. (1)
fo. *brevistyla* non vidi
fo. *longistyla* 13,0-15,8 µm; 25 PK, 1a, 4-5 Colpi

Primula veris L. (2)
fo. *brevistyla* 22,3-27,8 µm; 25 PK, 12a, 8 Colpi
fo. *longistyla* 10,0-16,5 µm; 25 PK, 1a, 5-7 Colpi

Primula vulgaris Huds. (3)
fo. *brevistyla* 25,0-28,0 µm; 25 PK, 1a, 7-9 Colpi
fo. *longistyla* 16,5-20,5 µm; 25 PK, 1a, 7-9 Colpi

–   Colpi äquatorial verengt oder s-förmig gebogen, PK prolat, mit 4 Colpen, PK sphäroidisch bis prolat, PFormI 1,11-1,53 (Tafel 87: 16-22) ....**24.13.2 *Primula halleri***

Primula halleri J.F. Gmelin (1)
18,0-24,8 µm, MiW 22,3 µm; 50 PK, 1a, (3)4 Colpi

Tafel 87

1-6 *Impatiens parviflora*, **7-9** *Primula elatior*, große PK (7 Phako), **10-15** *Primula veris*, kleine PK (11, 14 Phako), **16-22** *Primula halleri* (21 Phako), **23-25** *Lithospermum officinale* (Phako), **26-28** *Cerinthe glabra* (27-28 Phako), **29-30** *Lithospermum arvense* (Phako), **31-34** *Pulmonaria montana*. – Vergrößerungen 1000fach.

Tafel 87

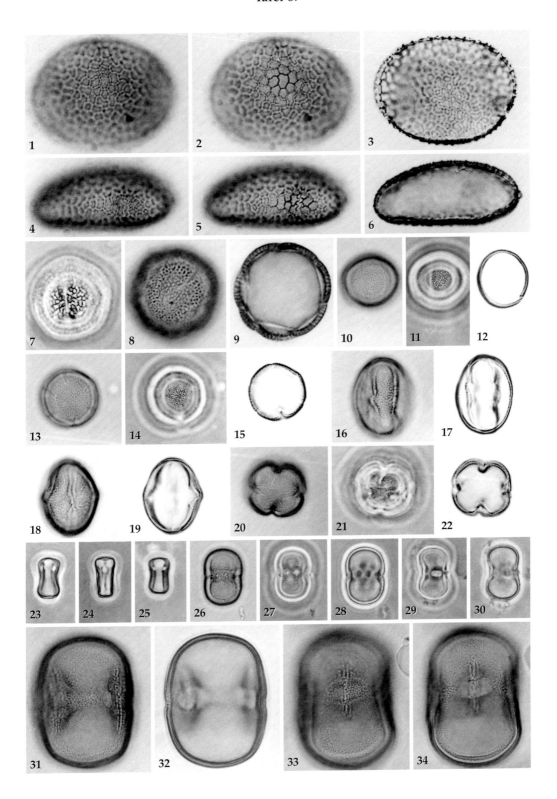

25. Stephanocolporatae

Berücksichtigt werden stephanocolporate und stephanocolporoidate Pollenformen, d.h. auch Pollenformen mit kontrastschwachen Poren sowie mit einfacher oder s-förmiger äquatorialer Colpus-Verengung (vergl. aber auch *Primula halleri*).

Bei sehr kleinen Pollenformen beachte man, daß alle 6 oder 8 Colpen auch tatsächlich mit Poren versehen sind. Verwechslungen mit PK heterocolpater Borraginaceae sind möglich, bei denen aber nur jeder zweite Colpus eine Pore besitzt.

1   PK psilat, kleiner als 20 μm (9-19 μm), mit 4-6 oder 8 Poren. Poren äquatorial oder subäquatorial verschoben 2

–   PK größer als 20(19) μm 4

2   Poren symmetrisch in äquatorialer Position 3

–   Poren asymmetrisch, außerhalb der äquatorialen Position (Tafel 87: 23-25) ....
    .... **25.1** *Lithospermum officinale*-**Typ** (S. 393)

3   PK mit 8 Colpen und Poren und mit schmaler microreticulater oder körnig besetzter Zone im Äquatorialbereich (Phasenkontrast!) (Tafel 87: 26-28) .... **25.2** *Cerinthe* (S. 393)

–   PK ohne Microretium im Äquatorialbereich (Tafel 87: 29-30) ....
    .... **25.3** *Lithospermum arvense* (S. 393)

4   PK mit 4 oder 5 Colpen 5

–   PK mit 6 oder mehr Colpen 11

5   PK mit einer 2,0-3,5 μm breiten, äquatorial verlaufenden reticulaten Zone, Exine außerhalb dieser Zone psilat (Tafel 87: 31-34) .... **25.4** *Pulmonaria*-**Gruppe** (S. 394)

–   PK gleichmäßig skulpturiert, ohne eine solche äquatoriale Zone 6

6   PK psilat oder scabrat 7

–   PK reticulat, microreticulat, rugulat 8

7   PK 50-80 μm groß, tonnenförmig, tetra- oder pentacolporoidat (Tafel 88: 1-4) ....
    .... **25.5** *Viola tricolor*-**Typ** (S. 394)

–   PK kleiner als 35 μm, tetracolporat mit schräg gestellten Colpen (Tafel 88: 5-7) ....
    .... **25.6** *Polygonum raii* (S. 395)

8   PK rugulat-reticulat (Tafel 88: 8-11) .... **25.7** *Anthyllis montana*-**Typ** (S. 395)

–   PK reticulat 9

9   PK 39-47 μm groß, dünnwandig, Exine 1,4-1,8 μm dick, Äquatorialansicht mit geraden Seiten und abgeflachten Polen, Polarfelder groß (Tafel 89: 1-8) .... **25.8** *Nonea lutea* (S. 395)

–   PK 28-38 μm groß, in Äquatorialansicht elliptisch bis rundlich. Exine dicker als 1,8 μm (*Ceratonia* 1,8-2,0 μm). Polarfelder meist nur mittelgroß 10

10 PK tetra- oder pentacolporat, Brochi bis 3 μm groß (Tafel 88: 12-17) .... **25.9** *Citrus* (S. 395)

–   PK tetracolporat, Brochi nur bis max. 1,8 μm groß (Tafel 89: 9-14) ....
    .... **25.10** *Ceratonia siliqua* (S. 396)

11 Exine äquatorial im Bereich der Colpi transversales wulstig vorgewölbt, Exine ohne Columellae-Schicht, mit 10-18 Colpen (Tafel 89: 15-22) .... **25.11** *Utricularia* (S. 396)

–   PK ohne eine solche äquatoriale Vorwölbung 12

25.1 *Lithospermum officinale*-**Typ**
(Tafel 87: 23-25)

PK dünnwandig, tetracolporat, langgestreckt, meist prolat, mit asymmetrischer, selten symmetrischer äquatorialer Verengung, im Umriß auch dreieckig. Colpen lang (ca. 8 µm), Poren rund, ca. 1,2 µm groß, deutlich asymmetrisch gegen ein Colpus-Ende hin verschoben und mit schwachen Costae versehen. Exine ca. 0,5 µm dick, Schichtaufbau nicht erkennbar.

Lithospermum officinale L. (2)
9,8-13,5 µm, MiW 11,9 µm; 50 PK, 0a

Lithospermum purpureocaeruleum L. (2)
9,8-19,0 µm, MiW 15,2 µm; 50 PK, 0a

25.2 *Cerinthe*
(Tafel 87: 26-28)

PK sphäroidisch mit breit abgerundeten Polen, parallelen oder äquatorial etwas verengten Seitenrändern. 8 Colpen und Poren. Colpen 8-9 µm lang, Poren 1 µm groß und rund. Poren- und Intercolpium-Ränder mit Costae. Die Costae bilden einen zusammenhängenden äquatorialen Gürtel, von dem die Costae colpi ausgehen. Die Colpen sind auch im Phasenkontrast meist nur über den Verlauf der Costae zu erkennen. Die Poren- und Colpus-Membranen sind feinkörnig besetzt, z.T. microreticulat durchbrochen. Exine dünn, Schichtaufbau nicht erkennbar.

Cerinthe glabra MILLER (2)
15,3-16,8 µm, MiW 16,3 µm; 50 PK, 0a

Cerinthe minor L. (2)
14,3-17,8 µm, MiW 16,2 µm; 50 PK, 0a

25.3 *Lithospermum arvense*
(Tafel 87: 29-30)

PK dünnwandig, mit 5 oder 6 Poren und Colpen, polar abgerundet oder abgeplattet, äquatorial verengt (dann mit 5 Poren und Colpen) oder mit parallelen Seiten (dann mit 6 Poren und Colpen). PK mit äquatorialer Einschnürung sind subpolar 10,5-11,3 µm, äquatorial nur 8,3-10,5 µm breit. Die Poren sind äquatorial verlängert und spindelförmig zugespitzt, 3 × 0,9-1,2 µm groß, längsseits mit

Costae. Die Colpi sind etwa 8 µm lang, oft schwer zu erkennen. Die Costae pori können äquatoriale Verbindungen haben und die Colpus-Ränder mit einbeziehen.

Lithospermum arvense L. (3)
14,5-18,0 µm, MiW 16,3 µm; 50 PK, 0a

25.4 *Pulmonaria*-Gruppe
(Tafel 87: 31-34)

PK in Äquatorialansicht mit parallelen Seitenrändern und abgerundetem oder abgeflachtem Polarbereich, in Polaransicht quadratisch oder gerundet. Poren äquatorial verlängert, rhomboidisch zugespitzt, (4)5,5-6 × 9-10,5 µm groß, bei *Nonea pulla* nur 3 × 6 µm. Überwiegend mit 4 Colpen, insbesondere bei *Pulmonaria angustifolia* subsp. *kerneri* oder bei besonders großen PK auch mit 5 Colpen. Colpen kurz, Länge der Colpen weniger als die Hälfte der Polachse. PK prolat oder sphäroidisch, Polarfelder sehr groß. Exine 1-1,5 µm dick, mit Columellae-Schicht. Columellae meist sehr dünn.

PK äquatorial mit reticulater Zone, diese ist zwischen den Poren 2-3,5 µm breit und erstreckt sich über den ganzen Porenbereich einschließlich der Colpen, Colpus-Ränder und Porenumrandungen. Brochi 0,5-1,5 µm groß.

Aufgrund der Größenverhältnisse läßt sich *Nonea pulla* abtrennen. Wegen eines geringfügigen Überschneidungsbereiches mit *Pulmonaria angustifolia* subsp. *kerneri* sollte der Größenbereich von etwa 26-30 µm unberücksichtigt bleiben.

1 PK größer als 30 µm (Tafel 87: 31-34) .... **25.4.1 *Pulmonaria*-Typ**

Anchusa officinalis L. (2)
39,5-44,5 µm, MiW 42,3 µm; 50 PK, 0a

Pulmonaria angustifolia L. subsp. *tuberosa* Schrank (2)
30,5-40,5 µm, MiW 35,1 µm; 50 PK, 0a

Anchusa azurea MILL. (1)
40,8-49,5 µm, MiW 45,1 µm; 50 PK, 0a

Pulmonaria officinalis L. (2)
33,5-42,5 µm, MiW 38,3 µm; 50 PK, 0a

Pulmonaria angustifolia L. subsp. *kerneri* WETTSTEIN (2)
27,5-37,5 µm, MiW 31,9 µm; 50 PK, 0a

Pulmonaria montana LEJÉUNE (2)
30,3-39,1 µm, MiW 32,4 µm; 50 PK, 0a

– PK 19-26 µm .... **25.4.2 *Nonea pulla***

Nonea pulla (L.) DC. (2)
19,5-27,0 µm, MiW 23,6 µm; 50 PK, 0a

Non vidi: *Pulmonaria collina* W. SAUER, *P. mollis* WULFEN ex HORNEM.

25.5 *Viola tricolor*-Typ
(Tafel 88: 1-4)

PK tonnenförmig, mit abgeplatteten Polen, relativ dünnwandig und daher nur bedingt formstabil. Mit 4 oder 5, sehr selten mit 3 Colpen. Überwiegend oder ausschließlich tetacolporoidate PK wurden bei allen Arten festgestellt mit Ausnahme von *V. arvensis* (dort überwiegend mit 5, selten mit 4 Colpen). Ausnahmsweise wurden auch PK mit 3 Colpen gefunden (*V. calacarata, V. dubyana, V.calcarata* subsp. *zoysii*). PK sphäroidisch bis schwach prolat, PFormI 0,90-1,47. Polarfelder groß, selten mittelgroß. Colpi kurz, Intercolpium-Ränder stark eingekrümmt. Intercolpium-Ränder und Colpus-Membranen körnig. PK stephanocolporoidat. Poroide Region meist gut erkennbar, selten nur als äquatoriale Unterbrechung der Intercolpium-Ränder erkennbar, Länge sehr variabel, 2-12,5 µm. Exine 2,2-3,5 µm dick, Tectum (1,2 µm) meist dicker als die Endexine, Columellae-Schicht um 0,5-1,0 µm dick.

Viola alpina JACQ. (2)
51,3-72,5 µm; 17 PK, 0a

Viola arvensis MURRAY (2)
53,0-80,0 µm, MiW 68,6 µm; 50 PK, 0a

Viola calcarata L. (3)
64,5-101,5 µm, MiW 78,9 µm; 50 PK, 0a

Viola calcarata L. subsp. *zoisii* (WULFEN) MERXM. (2)
57,5-83,0 µm, MiW 65,8 µm; 34 PK, 0a

Viola cornuta L. (2)
50,0-79,5 µm, MiW 69,2 µm; 57 PK, 0a

Viola dubyana BURNAT (2)
59,3-86,8 µm, MiW 73,8 µm; 50 PK, 0a

Viola lutea HUDSON (2)
55,4-90,3 µm, MiW 74,2 µm; 50 PK, 0a

Viola tricolor L. (1)
55,0-71,3 µm, MiW 63,8 µm; 50 PK, 0a

25.6 *Polygonum raii*
(Tafel 88: 5-7)

PK hinsichtlich Größe, Exine, Ausbildung der einzelnen Colpen und Poren wie *Polygonum aviculare* (S. 191). Bei *P. raii* wurden in dem Material einer Herkunft 14 % tricolporate, 50 % stephanocolporate (tetracolporate) und 36 % pericolporate PK festgestellt. Bei den stephanocolporaten PK sind die 6 Colpen schräg gegeneinander gestellt.

Polygonum raii BAB. (2)
28,0-34,3 µm, MiW 31,2 µm; 50 PK, 0a

25.7 *Anthyllis montana*-Typ
(Tafel 88: 8-11)

PK tetracolporat, nur ausnahmsweise tricolporat, sphäroidisch, PFormI 0,96-1,23 *(A. montana)* bzw. 0,87-1,20 *(A. barba-jovis)*, in Äquatorialansicht gedrungen elliptisch mit meist stark abgeflachten Polarbereichen sowie deutlich vorgewölbten Äquatorialbereichen der Colpi. Polarfelder mittelgroß bis groß, PFeldI 0,45-0,52. Skulpturierung sehr variabel, Polarfelder rugulat oder rugulat mit angedeutet reticulaten Verhältnissen, Valla bis 2 µm breit. Intercolpien häufig grob wulstig-längsstreifig skulpturiert. Exine 1,2-3 µm dick, Columellae nicht erkennbar. Colpi mit Costae außerhalb der Porenregion. Poren (Schmetterlingsporen) ca. 6-7 × 10-12 µm groß, kontrastarm, oft mit unregelmäßig ausgebildeten und eingerissenen Rändern.

Anthyllis barba-jovis L. (1)
25,5-34,8 µm, MiW 29,5 µm; 50 PK, 0a

Anthyllis montana L. (3)
29,0-37,3 µm, MiW 33,2 µm; 50 PK, 0a

25.8 *Nonea lutea*
(Tafel 89: 1-8)

PK mit 5 Colpen, reticulat, sphäroidisch bis prolat, PFormI 1,24-1,50, in Äquatorialansicht mit geraden Seiten und abgeflachten Polen. Colpen schmal, nicht eingetieft. Polarfelder groß, Poren äquatorial verlängert. Brochi 1,5-2,5 µm groß, Columellae zwei- bis mehrreihig. Exine 1,4-1,8 µm dick.

Nonea lutea (DESR.) DC. (1)
39,0-46,2 µm, MiW 42,8 µm; 51 PK, 0a

25.9 *Citrus*
(Tafel 88: 12-17)

PK tetra- oder pentacolporat, reticulat, sphäroidisch, im Umriß elliptisch oder mit etwas abgeplatteten Polen, PFormI 1,09-1,29. Colpi mittellang, Polarfelder mittelgroß bis groß, PFeldI um 0,46-0,69.

Poren äquatorial verlängert, 8-9 × 1-3 µm groß, Colpen- und Poren mit Costae. Brochi 1,5-3,0 µm, an den Intercolpium-Rändern kleiner. Muri meist duplicolumellat, 0,8-1,0 µm breit, Lumina 1-3 µm. Exine 2,5-3,0, Endexine 0,8-1 µm dick. Columellae deutlich.

Citrus aurantium L. (2)
29,0-37,5 µm, MiW 33,4 µm; 50 PK, 0a

25.10 *Ceratonia siliqua*
(Tafel 89: 9-14)

PK tetracolporat, reticulat, sphäroidisch, PFormI 0,99-1,13. Polarfelder meist mittelgroß, PFeldI 0,28-0,53. Poren rund bis äquatorial verlängert, 3-6 × 5-8 µm groß. Poren und Colpen ohne Costae. Brochi 1,2-1,8 µm groß, Lumina bis 1 µm, Columellae meist einreihig, Exine 1,8-2,0.

Ceratonia siliqua L. (2)
28,0-34,5 µm, MiW 31,6 µm; 50 PK, 0a

25.11 *Utricularia*
(Tafel 89: 15-22)

PK oblat bis sphäroidisch, PFormI meist zwischen 0,6 und 1,0, vereinzelt bis 1,6. PK in Polaransicht rundlich bis elliptisch; in Äquatorialansicht sehr variabel: diskusförmig, rhomboidisch, tonnenförmig oder elliptisch, oft auch heteropolar. Äquatorialdurchmesser 33-48 µm. PK mit 10-18 Colpen, Colpen sehr schmal, Polarfelder mittelgroß (PFeldI 0,29-0,44), psilat oder (bei *U. intermedia* und *U. australis*) verrucat skulpturiert. Zwei benachbarte oder zwei nicht benachbarte Colpen können am Rand der Polarfelder syncolpat miteinander verbunden sein (oft bei *U. bremii*). Intercolpien 5-7 µm breit. Der Äquatorialbereich der PK ist auf einer Höhe von 5-6 µm (bis 10 µm bei *U. vulgaris*) vorgewölbt, so daß sich ein um die PK herumlaufender Wulst ergibt. In diesem Bereich fehlt die Endexine (Colpus equatorialis). Exine 1,3-1,5 µm dick, Intercolpium-Ränder meist psilat.

Viele PK mit abweichenden Verhältnissen wurden bei *U. bremii* gefunden. Hier können die Polarfelder unregelmäßig verlaufende Colpen oder grubige Vertiefungen enthalten. Ähnliche Bildungen wurden auch bei *U. vulgaris* beobachtet. Besonders schlecht ausgebildete PK wurden in den Präparaten von *U. ochroleuca* angetroffen. Größenmessungen waren daher bei dieser Art nicht sinnvoll.

Die starken Schwankungen des PFormI, der Länge der PK und der Form der PK in Äquatorialansicht (Tab. 9) gehen auf die dünne Exine im Bereich des Colpus equatorialis zurück. Der Äquatorialbereich wirkt offenbar wie ein Scharnier, das seitlichem Druck oder Druck auf die Polarfelder leicht nachgibt. Das führt zu Größen von 25-48 µm bei *U. vulgaris* und einem PFormI von 0,78-1,36 bei *U. vulgaris* und 0,63-1,62 bei *U. minor*. Vermutlich muß man die Extremwerte dieser Größen entsprechend abschätzen.

Angesichts dieser starken Variabilität sind die Möglichkeiten für eine Bestimmung von Arten oder Typen innerhalb der Gattung gering. Allenfalls mögen einzelne PK den Arten *U. australis* und *U. vulgaris* zugewiesen werden können, wenn Größen und Colpenzahl außerhalb der Überschneidungsbereiche mit den anderen Arten liegen.

Utricularia bremii HEER (1)
25,0-38,0 µm, MiW 30,8 µm; 22 PK, 0a

Utricularia intermedia HAYNE (3)
27,5-41,5 µm, MiW 33,6 µm; 50 PK, 0a

▷

Tafel 88

1-4 *Viola arvensis*, **5-7** *Polygonum raii*, **8-11** *Anthyllis montana* (9 Phako), **12-17** *Citrus aurantium*. – Vergrößerungen 1000fach.

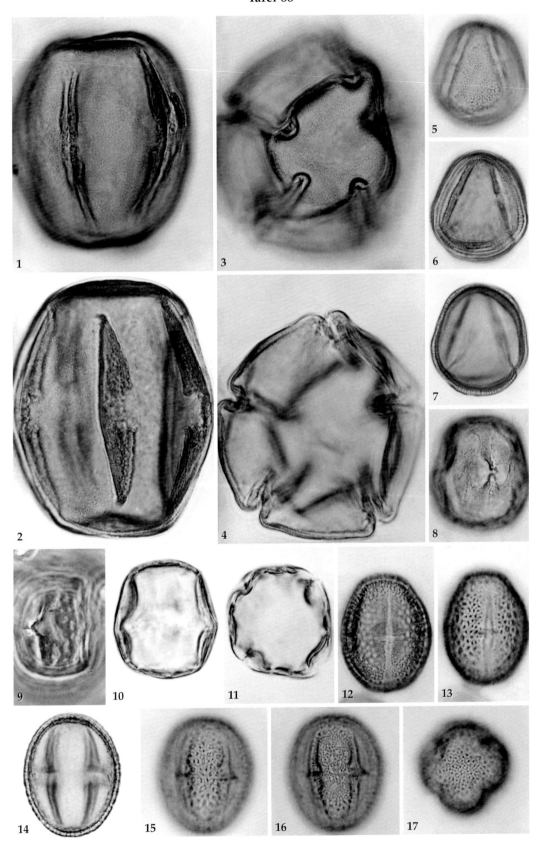

Utricularia minor L. (3)
19,5-38,0 µm, MiW 30,4 µm; 50 PK, 0a

Utricularia ochroleuca R.W. HARTM. (2)
(keine Messungen)

Utricularia australis R. BRAUN (3)
28,5-45,5 µm, MiW 37,4 µm; 50 PK, 0a

Utricularia vulgaris L. (2)
25,0-48,0 µm, MiW 38,1 µm; 50 PK, 0a

Tabelle 9. Angaben für Arten der Gattung *Utricularia*.

	Größe MiW in µm	PFormI	Äquatorialdurchmesser in µm	Zahl der Colpen
Utricularia bremii	38,0	0,64-1,02	33-47	10-14
U. intermedia	33,6	0,68-1,20	39-47	13-15
U. minor	30,4	0,63-1,62	22-31	11-14
U. australis	37,4	0,79-1,30	35-44	13-16
U. vulgaris	38,1	0,78-1,36	31-44	15-18

25.12 *Polygala chamaebuxus*
(Tafel 90: 1-3)

PK psilat, elliptisch bis tonnenförmig, meist sphäroidisch, PFormI 1,14-1,37. PK mit 14-22 etwa 2,0-2,5 µm breiten, an ihren Enden abgerundeten Colpen. Die Länge der Colpen beträgt etwa 55-80% der Polachse. Benachbarte Colpen sind oft unterschiedlich lang. Intercolpium-Ränder 3-5 µm breit. Die 5-7 µm großen Poren sind untereinander zu einem äquatorialen Band verschmolzen. Exine 2,0-2,5 µm dick, zweischichtig. Die stark lichtbrechende Endexine ist knapp 1 µm dick. Columellae sind nicht erkennbar.

Polygala chamaebuxus L. (3)
45,8-70,5 µm, MiW 60,2 µm; 50 PK, 0a

25.13 *Polygala comosa*-Typ
(Tafel 90: 4-8)

PK sphäroidisch, selten schwach prolat, PFormI 0,97-1,33(1,40), im Umriß tonnenförmig bis rechteckig, psilat. mit 8-12, meist mit 9-11 Colpen. Colpus-Enden abgerundet. PK auf den Polarfeldern mit meist je 2-7(11-13) runden (1-8 µm) oder langgestreckten (4-9 × 2-4 µm) Lacunae. Bei Arten mit großen PK kann die Zahl der Lacunae auch größer sein. Die Lacunae sind kontrastreich oder konstrastarm. Colpus equatorialis 3-7 µm, Intercolpien 4-5 µm breit. Die Colpus-Membranen und die Lacunen sind scabrat skulpturiert. Exine 3-4 µm dick, Endexine viel dünner als die Ektexine, Columellae nicht oder nur undeutlich im optischen Schnitt unter dem bis 3 µm dicken Tectum der Intercolpium-Ränder erkennbar. Besonders große PK (über 45 µm) treten vor allem bei *P. major* und *P. nicaeensis* auf. Hier kommen auch PK mit 12 und 13 Colpen vor. Das rezente Material enthält oft kleine, dickwandige, offenbar unreife PK, die nicht gemessen wurden.

Polygala alpestris RCHB. (3)
30,5-44,5 µm, MiW 38,1 µm; 35 PK, 0a

Polygala amarella CRANTZ (2)
27,0-38,0 µm, MiW 32,5 µm; 50 PK, 0a

Polygala amara L. (3)
29,5-39,9 µm; 12 PK, 0a

Polygala comosa SCHKUHR (4)
29,5-46,3 µm, MiW 38,5 mµ; 50 PK, 0a

▷

Tafel 89

1-8 *Nonea lutea* (3, 6-8 Phako), **9-14** *Ceratonia siliqua*, **15-20** *Utricularia vulgaris*, **21-22** *Utricularia neglecta*. – Vergrößerungen 1000fach.

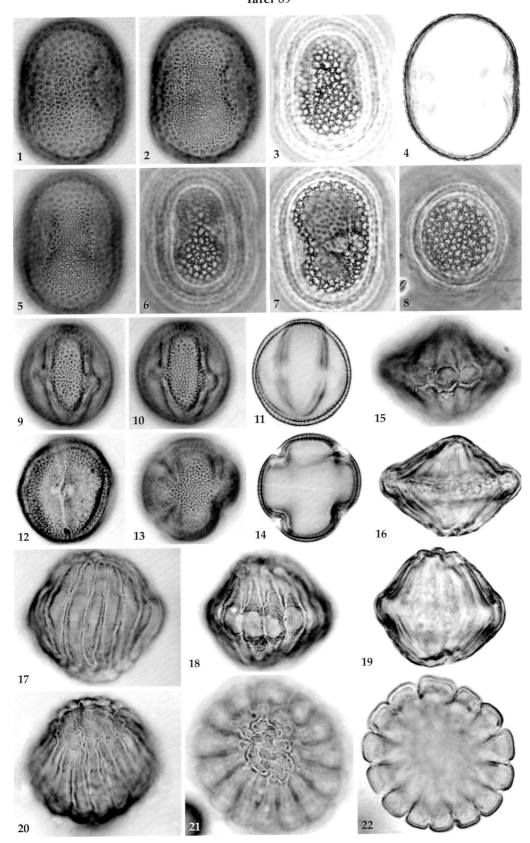

Polygala calcarea F.W.Schultz (3)
28,3–42,0 µm, MiW 35,2 µm; 50 PK, 0a

Polygala serpyllifolia Host (3)
30,5–42,5 µm; 27 PK, 0a

Polygala major Jacq. (2)
31,0–47,8 µm, MiW 38,4 µm; 50 PK, 0a

Polygala vulgaris L. (3)
28,0–40,4 µm, MiW 34,2 µm; 101 PK, 0a

Polygala nicaeensis Risso (2)
30,0–48,0 µm, MiW 39,1 µm; 50 PK, 0a

25.14 *Pinguicula*
(Tafel 90: 9-14)

PK sphäroidisch bis oblat, PFormI 0,70-1,23, im Umriß rhomboidisch oder rhomboidisch mit abgeplatteten Polen, mit 6 oder 7, selten mit 5 Colpen. Ausnahme: Bei *P. villosa* gibt es überwiegend PK mit 5 Colpen, vereinzelt auch mit 6 und 4 Colpen. Polarfelder klein bis groß, PFeldI 0,18-0,93. PK microreticulat oder reticulat, Brochi bis 1,5 µm groß, im Polarbereich bis 2 µm. Bei *P. villosa* wurden PK mit einem stark reduzierten Microreticulum gefunden. Colpen mit unreglmäßig ausgebildeten Rändern, äquatorial mit poroider Region (einfache, selten s-förmige Colpus-Verengung), selten mit kontrastarmen, 1-3 µm großen Poren (*P. leptoceras, P. vulgaris*). Exine 1,5-1,8 µm dick, Endexine dicker als das Tectum. Columellae-Schicht deutlich. Abweichend treten syncolpate Tendenzen und scabrate Überprägungen des (Micro)Reticulums auf.

Verschiedene Merkmale unterliegen einer erheblichen Variabilität. Das betrifft besonders den PFormI und den PFeldI. Bei *Pinguicula grandiflora, P. leptoceras* und *P. villosa* ist der PFeldI besonders klein (0,18-0,43), bei *P. alpina* besonders groß (0,70-0,93). Der PFeldI kann auf den beiden Polen ein und desselben PK verschieden groß sein. Bei einem PK von *P. grandiflora* wurde z.B. auf den Polen 0,34 und 0,21 gemessen. Der PFormI dürfte auch stark von der Stauchung der PK abhängen. Da aber sehr häufig damit zu rechnen ist, daß PK mit einem PFormI kleiner als 1,0 vorliegen, wurden für die Größenangaben die Äquatorialdurchmesser angegeben. Die Länge der Polachse liegt – soweit gemessen – zwischen 24,5 und 35,5 µm.

Pinguicula alpina L. (3)
30,0–41,5 µm, MiW 35,3 µm; 50 PK, 0a Ä

Pinguicula villosa L. (2)
25,8–40,5 µm, MiW 33,0 µm; 51 PK, 0a Ä

Pinguicula grandiflora Lam. (2)
27,5–37,8 µm, MiW 33,3 µm; 52 PK, 0a Ä

Pinguicula vulgaris L. (3)
29,0–41,0 µm, MiW 34,2 µm; 50 PK, 0a Ä

Pinguicula leptoceras Reichenb. (2)
23,0–37,5 µm, MiW 31,8 µm; 50 PK, 0a Ä

25.15 *Sanguisorba officinalis*
(Tafel 90: 15-19)

PK sphäroidisch, PFormI 1,02-1,22, im Umriß rhomboidisch mit einem etwas aufgewölbten Äquatorialbereich. Polarfelder mittelgroß, PFeldI 0,29-0,34. PK mit 6 schmalen Colpen, Intercolpium-Ränder eingekrümmt, PK alternierend mit drei breiteren (3,0-3,5 µm) und 3 schmäleren (2,5-3,0 µm) Intercolpien (äquatorial gemessen). Poren äquatorial verlängert und miteinander verbunden. Es gibt PK mit einem etwa 4-5 µm hohen Colpus equatorialis. Exine im Polarbereich 2,5-3 µm dick, äquatorial 3,0-3,5 µm, sonst etwa 2,0 µm. Das Tectum ist sehr dick (1,5 µm), die Columellae-Schicht deutlich. Die Columellae sind dünn und stehen dicht. Im Polarbereich sind sie länger, dicker und stehen weiter auseinander.

$\triangleright$

Tafel 90

1-3 *Polygala chamaebuxus*, **4** *Polygala major*, **5-8** *Polygala comosa*, **9-10** *Pinguicola alpina*, **11-14** *Pinguicola leptoceras*, **15-19** *Sanguisorba officinalis* (17 Phako). – Vergrößerungen 1000fach.

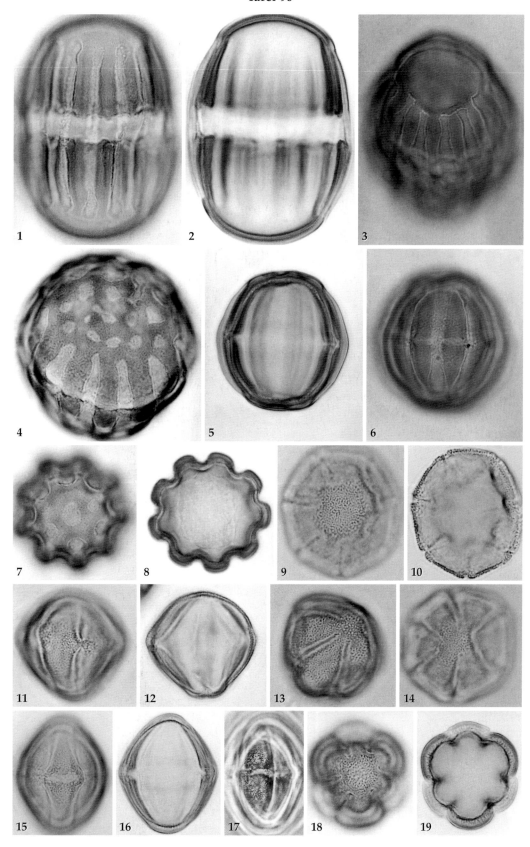

Sanguisorba officinalis L. (2)
29,5-38,0 μm, MiW 34,2 μm; 50 PK, 0a

25.16 *Symphytum*
(Tafel 91: 1-5)

PK im Umriß elliptisch, mit parallelen Seiten oder äquatorial etwas verengt, psilat, mit (7)8-10(11) Colpen, sphäroidisch bis prolat, PFormI 1,20-1,61. Colpen schmal und kurz, Länge der Colpen nur 30-40 % der Länge der Polachse. Poren rund bis schwach äquatorial gestreckt (*Symphytum officinale* 3,0 × 3,0-3,5 μm) oder deutlich elliptisch (*S. bulbosum, S. tuberosum* 1,5-2 × 3,0-4,0 μm). Poren und Colpen mit schwachen Costae. Exine um 1 μm dick, Columellae nicht erkennbar.

Symphytum bulbosum SCHIMP. (2)
25,5-29,8 μm, MiW 27,9 μm; 50 PK, 0a

Symphytum tuberosum L. (2)
27,5-32,5 μm, MiW 30,7 μm; 50 PK, 0a

Symphytum officinale L. (2)
20,5-27,5 μm, MiW 24,4 μm; 50 PK, 0a

25.17 *Borago*
(Tafel 91: 6-10)

PK mit parallelen Seitenrändern, sphäroidisch, PFormI 1,05-1,30, psilat, mit 10, selten 9 Colpen. Ein 5 μm breiter Colpus equatorialis ist vorhanden. Länge der Colpen etwa 55-60% der Polachse. Colpen schmal, Margines vorhanden. Exine mit deutlicher Columellae-Schicht, polar 3,0-3,5 μm dick, subpolar 2,2-2,5 μm, und äquatorial bis zum Ende der Colpen verdickt.

Borago officinalis L. (2)
34,5-38,0 μm, MiW 36,2 μm; 50 PK, 0a

Tafel 91

1-5 *Symphytum officinale* (2 Phako), **6-10** *Borago officinalis*, **11-13** *Persicaria amphibia*, **14-20** *Koenigia islandica* (15, 16, 20 Phako), **21-24** *Cuscuta lupuliformis* (23 Phako). – Vergrößerungen 1000fach.

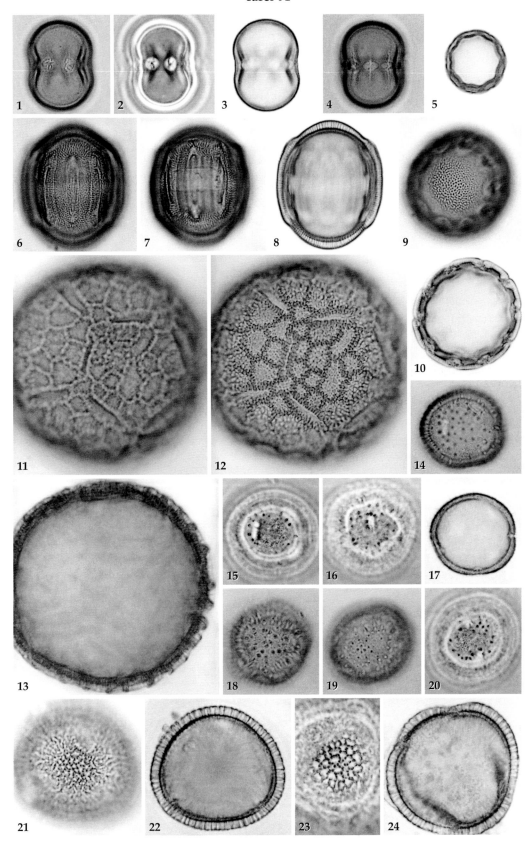

26 Pericolpatae

Einige Arten mit tricolpaten PK bilden gelegentlich auch pericolpate PK aus. Dazu gehören z.B. Vertreter der Familie der Ranunculaceae und hier insbesondere Arten der Gattung *Ranunculus*. Es erscheint aber wenig sinnvoll, diese z.T. anormal ausgebildeten PK in der Klasse der Pericolpatae mit zu verschlüsseln. Sie weichen ohnehin deutlich von den konstant pericolpaten PK ab, die allein in dem nachfolgenden Bestimmungsschlüssel berücksichtigt sind. Man benutze deswegen in Zweifelsfällen auch die Bestimmungsschlüssel für tricolpate PK.

Bei den pericolpaten PK gibt es einen Hinweis auf die Cyperaceae, da sie oft langgestreckte Aperturen besitzen. Wie aber meist üblich, werden sie bei den Periporatae behandelt. Die PK der Cyperaceae sind im Umriß spitz gleichschenklig-dreieckig bis stumpf dreieckig-sackförmig. Auf der kurzen Seite liegt eine Pore, 4-5 andere sind in der Richtung der Längsseiten des gleichschenkligen Dreiecks mehr oder weniger regelmäßig angeordnet.

1   PK echinat (Tafel 91: 14-20) .... **26.1** *Koenigia islandica* (S. 405)

–   PK nicht echinat 2

2   PK reticulat; wenn PK mit breiten Margines, vergl. 26.5. *Montia fontana* 3

–   PK nicht reticulat, höchstens rugulat-reticulat oder microechinat: PK mit 12 Colpen (*Montia, Spergula arvensis*) oder 6 Colpen (*Corydalis*-Gruppe) in regel- und / oder unregelmäßiger (*Cuscuta* p.p.) Anordung 6

3   PK kugelig, 50-70 µm groß, mit 30 schmalen Colpen (Tafel 91: 11-13) ....
    .... **26.2** *Persicaria amphibia* (S. 405)

–   PK kleiner als 45 µm oder langgestreckt und mit wenigen undeutlichen Colpen 4

4   PK rund, homopolar 5

–   PK langgestreckt, spitz gleichschenklig-dreieckig oder stumpf dreieckig-sackförmig mit 4-6 Colpen in paralleler Anordnung und einem Colpus oder Porus auf der kurzen Seite des gleichschenkligen Dreiecks (Tafel 116: 14-17, Tafel 117, Tafel 118: 1-7) .... **Cyperaceae** (S. 404)

5   Exine 3,5-4 µm dick, PK mit 6 Colpen, in einigen Fällen mit unregelmäßig verteilten Colpen (Tafel 91: 21-24) .... **26.3** *Cuscuta lupuliformis* (S. 405)

–   Exine 1,0-1,2 µm dick, PK mit 6-8 breiten, eingesenkten und körnig bekleideten Colpen (Tafel 92: 1-4) .... **26.4** *Cercidiphyllum* (S. 405)

6   PK marginat, microechinat. Margines 5 µm breit, Exine und Columellae hier dünner (Tafel 92: 5-9) .... **26.5** *Montia fontana* (S. 405)

–   PK nicht marginat 7

7   PK rugulat, rugulat-reticulat, verrucat oder fossulat (Tafel 92: 10-19) ....
    .... **26.6** *Corydalis*-Gruppe (S. 406)

–   PK psilat oder scabrat 8

8   PK scabrat (microechinat); die Skulpturelemente stehen ausschließlich über 0,6-1,0 µm dicken Columellae (Tafel 92: 20-23) .... **26.7** *Pulsatilla alpina* (S. 408)

–   Skulpturelemente nicht an die Lage von Columellae gebunden oder PK psilat 9

9   Exine meist 2,0-3,0 µm dick, Columellae meist 0,5-0,8 µm dick, Anordnung der Colpen tetraedrisch oder unregelmäßig, Tectum mit einzelnen Perforationen .... **26.8** *Cuscuta* p.p. (S. 408)

–   PK mit Tectum perforatum, 12 Colpen in regelmäßiger Anordnung, Exine 1,5-2,0 µm dick, Columellae ca. 0,7 µm dick (Tafel 93: 1-5) .... **26.9** *Spergula arvensis* (S. 408)

26.1 *Koenigia islandica*
(Tafel 91: 14-20)

PK kugelig, echinat. Exine ohne Echini ca. 1,5 μm dick. Columellae dünn. Tectum dicker als die Endexine. Echini 1-2 μm lang, dünn. PK mit mehr als 10 Colpen. Colpen 3-6 × 1-2 μm groß. Vereinzelt treten periporate PK auf, Poren dann 3-4 μm groß.

Koenigia islandica L. (3)
21,5-27,8 μm, MiW 24,4; 50 PK, 0a

26.2 *Persicaria amphibia*
(Tafel 91: 11-13)

PK kugelig, reticulat. Colpen 8-11(15) μm lang, meist sehr schmal, zu regelmäßigen Fünfecken auf den Kanten eines Pentagondodekaeders (30 Colpen) angeordnet. Brochi 6-11 μm groß, Muri 1,0-1,5 μm breit, duplicolumellat, Lumina dicht baculat skulpturiert. Columellae ca. 1 μm dick.

Persicaria amphibia (L.) DELARBRE (1)
50,8-68,0 μm, MiW 59,2 μm; 52 PK, 0a

26.3 *Cuscuta lupuliformis*
(Tafel 91: 21-24)

PK reticulat, mehrheitlich mit 6 tetraedrisch angeordneten Colpen, selten tricolpat. Colpi meist 12-15 μm lang und etwa 2 μm breit. Brochi 2-3 μm groß, Columellae 0,8 bis fast 1 μm dick. Exine 3,5-4,0 μm dick, mit dicker Columellae-Schicht.

C. *lupuliformis* ist der einzige nicht neophytische Vertreter mit dieser Pollenform. Die Neophyten C. *gronovii* WILLD. und C. *scandens* BROT. können zu diesem Typ gezählt werden. Sie stimmen größenmäßig etwa mit C. *lupuliformis* überein, enthalten jedoch eine große Anzahl von PK mit unregelmäßig angeordneten Colpi.

Cuscuta lupuliformis KROCK. (2)
35,8-46,8 μm, MiW 40,7 μm; 50 PK, 0a

26.4 *Cercidiphyllum*
(Tafel 92: 1-4)

PK rundlich bis elliptisch, auch abgerundet eckig, mit 6-8 mehr oder weniger unregelmäßig angeordneten, etwas eingesenkten Colpen. Colpen 1,6-3,5 × 4,5-8,0 μm groß. Vereinzelt wurden PK mit 1 Pore außerhalb eines Colpus beobachtet. Die Colpus-Membranen sind deutlich körnig bekleidet. PK reticulat, Brochi 1,0-1,2 μm groß. Exine 1,0-1,2 μm dick, Columellae deutlich, Endexine meist dicker als das Tectum.

Cercidiphyllum japonicum SIEB. & ZUCC. (1)
32,0-42,8 μm, MiW 37,8 μm; 50 PK, 0a

26.5 *Montia fontana*
(Tafel 92: 5-9)

PK rechteckig, 12 Colpen in Vierecken angeordnet. Colpi mit ca. 5 μm breiten Margines. Exine in der Mitte der Intercolpien 2,5-3,5 μm dick, im Bereich der Margines aufgrund kürzerer Columellae

1,5 µm. Colpi 8-12 × 2 µm groß. Columellae in der Mitte der Intercolpien bis 0,8 µm dick, oft unregelmäßig netzig oder in Gruppen angeordnet, im Bereich der Margines nur ca. 0,4 µm dick. Exine microechinat (besonders gut im Bereich der Margines erkennbar), Microechini sehr kurz.

Montia fontana L. (4)
31,3-38,3 µm, MiW 35,6 µm; 50 PK, 0a

26.6 *Corydalis*-Gruppe
(Tafel 92: 10-19)

PK kugelig, oft etwas eckig, 6 Colpen in Dreiecken angeordnet. Colpen lang, bis ca. 3 µm breit, Spitzen der Colpen bis etwa 5 µm einander genähert, PK gelegentlich syncolpat. Colpus-Membranen mit bis zu 1 µm großen Skulpturelementen körnig besetzt, Intercolpium-Ränder unregelmäßig. PK rugulat, rugulat-reticulat, verrucat oder fossulat. Skulpturelemente gedrungen gestreckt, bis 4,0 × 2,0 µm groß und bis 1 µm hoch, oft gebogen oder kurz verzweigt, einzeln stehend oder durch schmale Brücken netzig miteinander verbunden. Neben großen Skulpturelementen kommen auch kleine mit einem Durchmesser von ca. 1 µm vor *(C. pumila)*. Columellae-Schicht nicht oder nur schwer erkennbar. Exine 1,5-2 µm dick.

Rugulate bzw. rugulat-reticulate PK wurden bei *C. cava* und *C. solida* gefunden, fossulate PK bei *Pseudofumaria alba* und *Ceratocapnos claviculata*, verrucate PK mit großen und kleinen Skulpturelementen bei *C. pumila* und *C. solida*. *C. intermedia* besitzt relativ kleine Verrucae (bis 2 µm).

Die PK von *Pseudofumaria lutea* sind fossulat und syncolpat. Durch eine größere Zahl von Colpen ist die Oberfläche in Vierecke oder Fünfecke aufgeteilt.

Corydalis cava (L.) SCHWEIGG. & KÖRTE (2)
34,8-44,5 µm, MiW 39,1 µm; 50 PK, 0a

Corydalis pumila (HOST) RCHB. (2)
31,8-42,0 µm, MiW 36,4 µm; 50 PK, 0a

Ceratocapnos claviculata (L.) PERS. (2)
35,5-44,3 µm, MiW 40,3 µm; 50 PK, 0a

Corydalis solida (L.) CLAIRV. (2)
34,5-43,0 µm, MiW 40,2 µm; 50 PK, 0a

Corydalis intermedia (L.) MÉRAT (2)
26,0-32,0 µm, MiW 29,7 µm; 50 PK, 0a

Pseudofumaria alba (MILL.) LIDÉN (2)
44,3-53,0 µm, MiW 48,4 µm; 50 PK, 0a

Es besteht die Möglichkeit zur Bildung von 3 Pollen-Typen.

1 PK rugulat oder rugulat-reticulat (Tafel 92: 10-13) ....
....**26.6.1 *Corydalis cava*-Typ** (*C. cava* und *C. solida* p.p.)
– PK verrucat oder fossulat 2
2 PK verrucat 3
– PK fossulat (Tafel 92: 17-19) ....
.......................**26.6.2 *Pseudofumaria alba*-Typ** (*Pseudofumaria alba* und *Ceratocapnos claviculata*)
3 PK 32-43 µm groß (Tafel 91: 14-16) ... **26.6.3 *Corydalis pumila*-Typ** (*C. pumila* und *C. solida* p.p.)
– PK 26-32 µm groß .... **26.6.4 *Corydalis intermedia***

Tafel 92

1-4 *Cercidiphyllum japonicum* (2 Phako), **5-9** *Montia rivularis* (8 Phako), **10-13** *Corydalis cava* (11 Phako), **14-16** *Corydalis pumila* (16 Phako), **17-19** *Ceratocapnos claviculata*, **20-23** *Pulsatilla alpina*. – Vergrößerungen 1000fach.

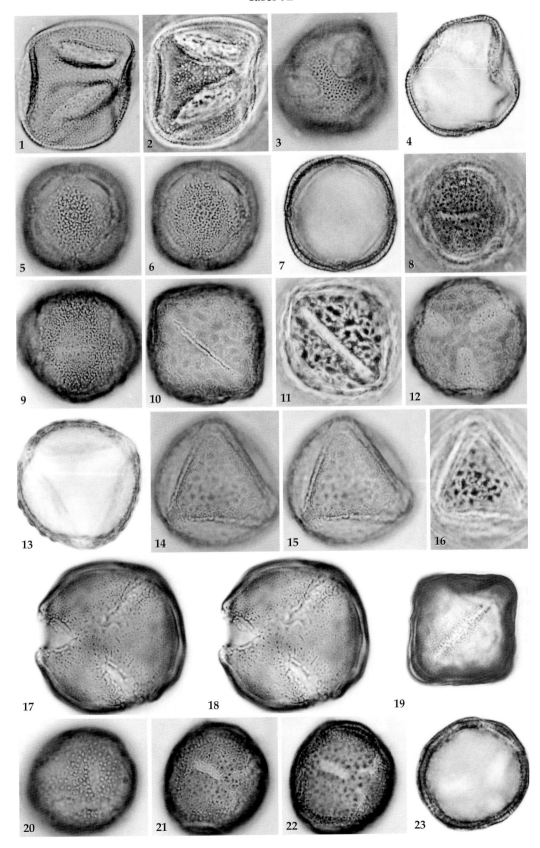

26.7 *Pulsatilla alpina*
(Tafel 92: 20-23)

PK kugelig bis schwach ellipsoidisch, scabrat bzw. microechinat. Die Skulpturelemente stehen ausschließlich über 0,6-1,0 μm dicken Columellae. PK mit 12 oder 15 regelmäßig angeordneten, langen (gelegentlich syncolpaten) Colpi oder Colpi unregelmäßig verteilt, selten stephanocolpat. Colpus-Membranen körnig bekleidet. Exine 2,2-2,3 μm dick, Endexine um 1 μm dick und dicker als das Tectum.

Pulsatilla alpina (L.) DELARBRE (2)
27,5-35,0 μm, MiW 32,0 μm; 50 PK, 0a

26.8 *Cuscuta* p.p.

Es handelt sich hier um eine Gruppe von normal tricolpaten *Cuscuta*-Arten, deren PK zum Teil pericolpat sind. Im Gegensatz zu *C. lupuliformis* sind sie nicht reticulat. Ein charakteristischer Vertreter ist der aus Nordamerika stammende Neophyt *C. campestris* YUNCK (S. 136). Die Größe der PK dieser Art liegt bei etwa 25-35 μm.

26.9 *Spergula arvensis*
(Tafel 93: 1-5)

PK kugelig, schwach scabrat, mit Tectum perforatum. PK pericolpat mit 12 Colpen, sehr selten tricolpat. Colpi lang, Columellae deutlich erkennbar, ca. 0,7 μm dick. Exine 1,5-2,0 μm dick. *Spergula arvensis* wird auch bei dem *Spergularia*-Typ mit tricolpaten PK aufgeführt (s. S. 134). Dort treten auch bei *Spergularia marina* und *Sp. echinospora* pericolpate PK auf.

Spergula arvensis L. (4)
30,0-37,5 μm, MiW 34,0 μm; 50 PK, 0a

27. Pericolporatae

In diese Pollenklasse gehören im Wesentlichen nur *Rumex aquaticus* und verwandte Arten. Darüber hinaus treten bei verschiedenen tricolporaten Pollentypen abweichende Formen auf, die tetracolporat oder pericolporat sind. Ein Sonderfall scheint *Polygonum raii* zu sein. Pollenmorphologisch leiten sich die PK dieser Art von dem *Polygonum aviculare*-Typ ab. Die PK sind meistens tetracolporat mit schräg gestellten Colpen oder pericolporat und mit einem etwas geringeren Anteil tricolporat.

1   Microreticulate PK mit kleinen runden Poren (Tafel 93: 6-8) .... **27.1 *Rumex aquaticus*-Typ**
–   PK psilat, mit äquatorial verlängerten Poren (Tafel 88: 5-7) .... ***Polygonum raii*** (S. 395)

27.1 *Rumex aquaticus*-Typ
(Tafel 93: 6-8)

Exine und Poren wie bei dem *Rumex acetosa*-Typ (S. 340), PK aber größer (33-50 μm), pericolporat. PK in wechselnden Anteilen mit 12 oder 6 regelmäßig angeordneten Colpi oder mit unregelmäßig angeordneten Colpi, oder PK stephanocolporat (meist tetracolporat). Bei stephanocolporaten PK sind die Colpi oft schräg gestellt. Poren bis 3 μm groß.

Es gibt Überschneidungen mit dem *R. acetosa*-Typ. Das ist besonders bei *R. palustris*, im geringeren Maße bei *R. crispus* der Fall. Von diesen Arten wird *R. palustris* hier mit aufgeführt. Bei den PK von *R. patientia* gibt es neben der überwiegenden Mehrzahl pericolporater PK gewisse Anteile tricolporater und tetracolporater Formen.

Rumex aquaticus L. (5)
33,0-42,0 µm, MiW 37,8 µm; 50 PK, 0a

Rumex hydrolapathum HUDS. (6)
39,3-49,5 µm, MiW 43,6 µm; 50 PK, 0a

Rumex longifolius DC. (3)
40,5-48,0 µm, MiW 44,6 µm; 50 PK, 0a

Rumex palustris SM. (3)
34,3-39,3 µm, MiW 36,6 µm; 50 PK, 0a

Rumex patientia L. (3)
30,5-38,3 µm, MiW 33,7 µm; 50 PK, 0a

28. Heterocolpatae

Die heterocolpaten PK haben 6 oder 8 Colpen, von denen nur jeder zweite eine Pore besitzt. Die z.T. sehr kleinen Formen können u.U. fälschlich unter den stephanocolpaten oder stephanocolporaten Pollenformen gesucht werden. Ein Sonderfall sind die PK von *Verbena officinalis* mit 9 Colpen und 3 Poren.

1 Nichtporate Colpen auffällig breit (6-9 µm breit), fast porenartig; PK 15-22 µm groß (Tafel 93: 9-14) .... **28.1 *Peplis portula*** (S. 410)

– Porate und nichtporate Colpen schmäler oder PK größer als 30 µm 2

2 PK > 18 µm, wenn nur 17-18 µm, dann mit 8 Colpen (siehe dann *Myosotis discolor*) 3

– PK < 18 µm (vergl. aber auch kleine PK von *Lythrum*) 6

3 PK mit 8 Colpen, davon 4 porat (Tafel 93: 15-21) .... **28.2 *Myosotis discolor*** (S. 410)

– PK mit 6(9) Colpen, davon 3 porat oder poroid 4

4 PK striat, wenn Skulptur unkenntlich, dann Poren mit deutlichen Costae (Tafel 93: 22-30) .... **28.3 *Lythrum*** (S. 410)

– PK scabrat, Poren ohne Costae, oft undeutlich (*Heliotropium*) 5

5 PK 29-38 µm groß, langgestreckt, PFormI 1,3-2,0 (Tafel 93: 31-34) .... **28.4 *Heliotropium europaeum*** (S. 412)

– PK 21-28 µm groß, PFormI 0,78-0,87 (Tafel 21: 16-20) .... *Verbena officinalis* (S. 163)

6 PK mit schmaler Ringfurche, die porate und nicht-porate Colpen miteinander verbindet (Tafel 94: 1-2) .... **28.5 *Cynoglossum*** (S. 412)

– PK ohne eine solche Ringfurche 7

7 Mindestens eine Pore liegt außerhalb des Äquators in subäquatorialer Position, PK hantelförmig 8

– Alle Poren in äquatorialer Position, PK (meist schwach) hantelförmig 9

8 Porate Colpi kürzer als nichtporate (Tafel 94: 3-6) .... **28.6 *Eritrichum nanum*** (S. 414)

– Porate und nichtporate Colpi von gleicher Länge .... **28.7 *Lappula*** (S. 414)

9 PK polar abgerundet (Abrundung oft nur schwach) 10

– PK polar deutlich abgeflacht (Tafel 94: 7-12) .... **28.8 *Myosotis sylvatica*-Typ** (S. 414)

28.1 *Peplis portula*
(Tafel 93: 9-14)

PK sphäroidisch, PFormI (0,8)1,0-1,2. PK mit 6 Colpen, davon 3 mit Pore. Die poraten Colpen sind länger als die nichtporaten, sie können auf einem Polarfeld syncolpat verbunden sein. Porate Colpen schmal, um 3 µm breit, nichtporate Colpen sehr breit und 9-12 × 6-9 µm groß. Definitionsgemäß müßten daher die nichtporaten Colpi als Poren bezeichnet werden, und die PK von *Peplis* dann evt. als tricolporat-extraporat. Poren rund bis oval, 2,0-2,7 µm groß, mit Costae. Diese Costae begleiten auch Teile der verschiedenen Colpen und die äquatoriale Ringfurche. Exine 1,7-2,0 µm dick, psilat, Columellae nicht erkennbar. Colpus-Membranen körnig bekleidet.

Peplis portula L. (4)
15,5-21,8 µm, MiW 18,8 µm; 50 PK, 0a

28.2 *Myosotis discolor*
(Tafel 93: 15-21)

PK in Äquatorialansicht tonnenförmig, sphäroidisch bis schwach prolat, PFormI 1,2-1,4. Polarfelder groß. PK mit 4 poraten Colpi und 4 Colpi ohne Poren. Poren bis 4 µm groß, rund, porate Colpi äquatorial so breit wie die Pore oder etwas schmäler, zu den Enden hin zugespitzt. Colpus-Membranen deutlich körnig bekleidet. Nichtporate Colpi sehr schmal, mit körnig ausgebildeten Intercolpium-Rändern, Enden oft verbreitert. Auf jedem Polarfeld befindet sich eine meist dreieckige, körnig besetzte Pseudopore (?Apicalfeld). Exine ca. 0,8 µm dick, psilat, gelegentlich mit ca. 0,5 µm großen Vertiefungen. Columellae nicht erkennbar. – PK mit untypisch verteilten Aperturen treten häufig auf.

Myosotis discolor PERS. (2)
17,0-20,5 µm, MiW 19,1 µm; 50 PK, 0a

28.3 *Lythrum*
(Tafel 93: 22-30)

Lythrum hat trimorphe Blüten, an die ein Pollentrimorphismus gekoppelt ist. Antheren mit langen Stamina enthalten große PK, Antheren mit mittelgroßen Stamina mittelgroße und Antheren mit kurzen Stamina kleine PK. Die Blüten enthalten immer nur 2 verschiedene Formen der Stamina. Die PK besitzen 3 porate und 3 nichtporate Colpi. Porate Colpi sind etwas länger als die nichtporaten. Die folgenden Angaben stammen von *L. salicaria*.

Große PK: PK sphäroidisch bis schwach prolat, PFormI 1,2-1,4. Colpi 3,3-5,5 µm breit, körnig bekleidet. Poren 5,5-7,5 µm groß, meist mit bis 1,5 µm dicken Costae, rund bis elliptisch und dann meist meridional ausgerichtet, meist deutlich ausgebildet. Intercolpien 10,0-11,5 µm breit. Skulpturierung striat. Striate Skulpturelemente bis ca. 1 µm breit, meridional ausgerichtet, spitz zulaufend bzw. gabelig ineinander greifend. Exine ca. 2 µm dick, Columellae nicht erkennbar.

▷

Tafel 93

1-5 *Spergula arvensis* (4 Phako), **6-8** *Rumex hydrolapathum*, **9-14** *Peplis portula*, **15-21** *Myosotis discolor* (18, 20 Phako), **22-24** *Lythrum salicaria*, große PK, **25-26** *Lythrum hyssopifolium*, mittelgroße PK (26 Phako), **27-30** *Lythrum virgatum*, kleine PK, **31-34** *Heliotropium europaeum*. – Vergrößerungen 1000fach.

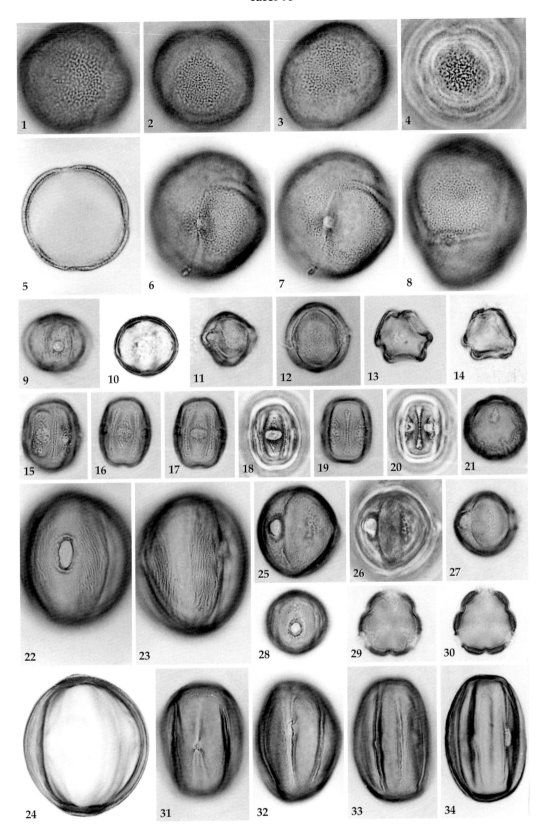

Mittelgroße PK: PFormI 1,0-1,3. Colpi um 3,5 μm breit. Poren 3,3-5,3 μm groß mit 1 μm breiten, oft undeutlichen Costae. Intercolpien mindestens 7,1 μm breit. Skulpturierung meist undeutlich, Elemente dicht gedrängt. Exine um 1,8 μm dick.

Kleine PK: PFormI 0,9-1,1. Colpi bis 4,5 μm breit. Poren 3,3-5,0 μm groß, meist mit deutlichen Costae. Intercolpien 4,3-6,0 μm breit. Striate Skulpturierung vorhanden, aber meist undeutlich. Exine um 1,7 μm dick.

Große und mittelgroße PK lassen sich größenstatistisch sicher trennen, bei mittelgroßen und kleinen PK muß man mit einem gewissen Überschneidungsbereich rechnen.

Lythrum salicaria L. (8)
lange Stamina   36,3-48,5 μm, MiW 42,9 μm; 50 PK, 0a
mittellange Stamina   23,0-29,5 μm, MiW 25,8 μm; 50 PK, 0a
kurze Stamina   17,5-24,8 μm, MiW 22,1 μm; 50 PK, 0a

Lythrum hyssopifolia L. (4)
lange Stamina   um 41-46 μm
mitttellange Stamina   23,0-31,5 μm, MiW 25,6 μm; 37 PK, 0a
kurze Stamina   15,0-22,3 μm, MiW 18,9 μm; 50 PK, 0a

Lythrum virgatum L. (4)
lange Stamina   40,5-50,0 μm, MiW 45,7 μm; 50 PK, 0a
mittellange Stamina   23,0-32,8 μm, MiW 27,3 μm; 50 PK, 0a
kurze Stamina   15,0-20,8 μm, MiW 18,3 μm; 50 PK, 0a

28.4 *Heliotropium europaeum*
(Tafel 93: 31-34)

PK in Äquatorialansicht elliptisch bis tonnenförmig, meist prolat, PFormI 1,3-2,0. PK mit 3 poraten und 3 nichtporaten Colpi, Colpi schmal, mit eingekrümmten, glatten bis schwach gekerbten Intercolpium-Rändern. Porenregion meist etwas vorgezogen, körnig bekleidet. Poren äquatorial verlängert bis rund, 2,5-3,5 × 4,0-5,0 μm groß, oft nur poroid angedeutet. Exine psilat, 1,2-1,5 μm dick, Columellae nicht erkennbar.

Heliotropium europaeum L. (2)
29,5-37,5 μm, MiW 34,2 μm; 50 PK, 0a

28.5 *Cynoglossum*
(Tafel 94: 1-2)

PK sphäroidisch bis prolat, PFormI 1,2-1,7, Pole in Äquatorialansicht gerundet. PK mit 6 oder 8 Colpi (dabei 3 bzw. 4 porate Colpi). Porate Colpi kürzer und etwas breiter als die nichtporaten. Poren um 1,8 μm groß, rund bis viereckig-rhomboidisch, oft etwas äquatorial verlängert. Poren mit bis 1 μm breiten Costae. Porate und nichtporate Colpi sind durch eine ca. 0,4 μm breite äquatoriale Ringfurche miteinander verbunden. Exine psilat, 0,7-0,8 μm dick, Columellae nicht erkennbar.

Cynoglossum germanicum JACQUIN (2)   *Cynoglossum officinale* L. (2)
9,5-11,8 μm, MiW 10,8 μm; 50 PK, 0a   10,3-12,5 μm, MiW 11,4 μm; 50 PK, 0a

▷

Tafel 94

1-2 *Cynoglossum creticum* (2 Phako), **3-6** *Eritrichum nanum* (6 Phako), **7-12** *Myosotis alpestris* (8, 9, 12 Phako), **13-17** *Arnoseris minima*, **18-21** *Aposeris foetida*, **22-25** *Sonchus arvensis*, **26-28** *Crepis biennis*. – Vergrößerungen: 1-6, 13-28: 1000fach; 7-12: 1500fach.

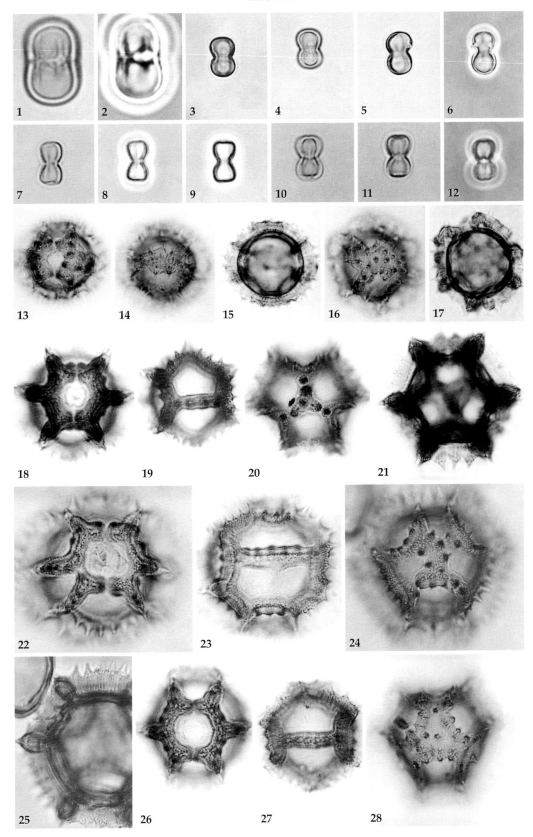

Cynoglossum creticum MILLER (1)
10,5-12,8 µm, MiW 11,6 µm; 50 PK, 0a

28.6 *Eritrichum nanum*
(Tafel 94: 3-6)

PK prolat, in Äquatorialansicht hantelförmig, mit abgerundeten, höchstens sehr schwach abgeplatteten Polarbereichen, PFormI 1,5-1,7. Die nichtporaten Colpen sind länger als die poraten. Mindestens eine Pore liegt außerhalb des Äquators in subäquatorialer Position (oft besonders gut im optischen Schnitt erkennbar). Gelegentlich treten Colpi mit 2 Poren auf. Poren klein (ca. 1,0 × 1,5 µm), etwas äquatorial verlängert, mit schwachen Costae. Exine psilat, ca. 1 µm dick, Columellae nicht erkennbar.

Eritrichium nanum (ALL.) SCHRADER (2)
10,0-13,3 µm, MiW 11,6 µm; 50 PK, 0a

28.7 *Lappula*

Sehr ähnlich den PK von *Eritrichum*. PFormI 1,5-1,9. Porate und nichtporate Colpi gleich lang. Eine subäquatoriale Lage der Poren ist bei *Lappula* die Regel. Colpi mit 2 Poren sind nicht selten.

Wegen der Schwierigkeit, die Länge der Colpi zu erkennen, können *Eritrichum* und *Lappula* zu einem »*Lappula*-Typ« zusammengefaßt werden.

Lappula deflexa (WAHLENB.) GARCKE (2)
9,3-11,5 µm, MiW 10,6 µm; 50 PK, 0a

Lappula squarrosa (RETZ.) DUMORT. (2)
12,5-15,8 µm, MiW 14,3 µm; 50 PK, 0a

28.8 *Myosotis sylvatica*-Typ
(Tafel 94: 7-12)

PK weitgehend wie bei dem *Omphalodes*-Typ aufgebaut, aber mit deutlich abgeplatteten Polen. 6 Colpi; porate Colpi kürzer als die nichtporaten Colpi. Vereinzelt gibt es wie ein Apicalfeld, in das die nichtporaten Colpi zu münden scheinen.

Myosotis alpestris F.W. SCHMIDT (1)
7,5-10,0 µm, MiW 8,8 µm; 50 PK, 0a

Myosotis sylvatica EHRH. ex HOFFM. (2)
5,0-7,3 µm, MiW 6,0 µm; 50 PK, 0a

Myosotis scorpioides L. (3)
7,5-9,3 µm, MiW 8,5 µm; 50 PK, 0a

28.9 *Mertensia maritima*

PK prolat, PFormI 1,4-1,8, mit abgerundeten Polarbereichen und äquatorial (meist schwach) hantelförmig eingeschnürt. 3(4) porate und 3(4) nichtporate Colpi von gleicher Länge. Die poraten Colpi sind breiter als die nichtporaten. Colpi mit Costae, Intercolpium-Ränder gezähnt (Phasenkontrastbild). Poren 1,2 × 3,0 µm groß, äquatorial verlängert, mit Costae. Exine psilat, etwa 1 µm dick. Columellae nicht erkennbar.

Mertensia maritima (L.) S.F. GRAY (1)
13,5-18,0 µm, MiW 16,1 µm; 50 PK, 0a

28.10 *Omphalodes*-Typ

PK prolat bis perprolat, PFormI 1,4-2,1, äquatorial hantelförmig eingeschnürt. PK kleiner als bei *Mertensia*, nichtporate Colpi länger als die poraten Colpi. Intercolpium-Ränder glatt. Poren 1,5-2,0 × 1,0-1,2 µm groß, Exine 0,7-0,8 µm dick. Sonst wie bei *Mertensia*. Der Polarbereich kann u.U. nur schwach abgerundet sein. Bei *Myosotis arvensis* und *M. ramosissima* sind PK mit 8 Colpen häufig bis vorherrschend.

Omphalodes scorpioides (HAENKE) SCHRANK (2)
7,5-10,5 µm, MiW 9,1 µm; 50 PK, 0a

Omphalodes verna MOENCH (2)
9,5-12,0 µm, MiW 11,1 µm; 50 PK, 0a

Myosotis sparsiflora J.C. MIKAN ex POHL (2)
7,8-11,3 µm, MiW 10,1 µm; 50 PK, 0a

Myosotis stricta LINK ex ROEM. & SCHULT. (2)
9,5-12,5 µm, MiW 11,3 µm; 50 PK, 0a

Myosotis arvensis (L.) HILL.(2)
9,8-12,3 µm, MiW 11,1 µm; 50 PK, 0a

Myosotis ramosissima ROCHEL ex SCHULT. (2)
10,3-13,0 µm, MiW 11,5 µm; 50 PK, 0a

29. Fenestratae

Fenestrate Pollenformen zeichnen sich durch den Besitz von Lacunae aus, d.h durch Bereiche in der Exine, denen die Ektexine fehlt und die außerhalb von Aperturen liegen. PK mit Lacunae gibt es bei den Cichoriaceae, bei *Ribes* und bei bestimmten *Polygala*-Arten. Berücksichtigt werden hier nur die Cichoriaceae (Liguliflorae), da die PK von *Ribes* und *Polygala* besser bei denjenigen Pollenklassen behandelt werden, denen sie nach Art und Zahl ihrer Aperturen entsprechen.

Die PK der Cichoriaceae sind echinat und besitzen eine innere und eine äußere Columellae-Schicht, wobei wie auch bei vielen Asteraceae die Echini anteilig von der äußeren Columellae-Schicht gebildet werden. Die äußere Columellae-Schicht ist zusammen mit den Echini bis 11 µm hoch. Die Echini sind bis 4 µm, mindestens aber 2 µm lang und aus breiter Basis meist scharf zugespitzt. Oberhalb der Basis sind die Echini meist massiv, während sich die äußere Columellae-Schicht bei den meisten Arten bis in die Basis hineinzieht. Das Tectum ist stark perforiert.

Die inneren Columellae sind dünn und kurz (ca. 0,8 µm), im optischen Schnitt wie in Aufsicht meist gut zu erkennen. Nach elektronenoptischen Bildern sind sie unter den Rippen länger und bäumchenförmig verzweigt.

Der strukturelle Aufbau der Ektexine ist auf ein Netzwerk von Rippen beschränkt, das die einzelnen Lacunae umgibt und voneinander abgrenzt. Diese Rippen sind meist 5-6 µm breit und mit Ausnahme von *Arnoseris minima* einreihig bestachelt. Innerhalb der Lacunae fehlen die innere und die äußere Columellae-Schicht.

Nach den in der Literatur vorgeschlagenen Termini kann zwischen echinat und echinolophat unterschieden werden. Ein PK ist echinolophat, wenn die Echini nur oder vorwiegend auf Rippen sitzen. Bei den Cichoriaceen ist das meistens der Fall. Oft befindet sich jedoch polar jeweils ein echinates Feld, und bei bestimmten *Scorzonera*-Arten fehlen die Rippen und damit Lacunae außerhalb der poralen Lacunae. Diese Pollenformen besitzen somit echinate wie auch echinolophate Bereiche.

Die PK sind – bei vereinfachter Beschreibung – tricolporat. Die Aperturen liegen in der Mitte der poralen Lacunae. Die Ektoapertur ist rundlich, rundlich-eckig bis oval und dann meridional verlängert. Die Endoapertur ist meist äquatorial verlängert, läuft an ihren Enden spitz zu und reicht bis unter die die porale Lacunae begrenzenden Rippen.

Bei der Bezeichnung der Pollentypen werden im Vergleich mit BLACKMORE (1984) z.T. abweichende Namen verwendet, wenn das wegen der Häufigkeit innerhalb der mitteleuropäischen Flora sinnvoll ist.

Es werden folgende Begriffe verwendet (Abb. 29).

Abb. 29. Cichoriaceae. Art und Verteilung der Lakunen bei den verschiedenen Polentypen. **a-b** *Scorzonea humilis*-Typ, **c-d** *Scorzonera laciniata*-Typ, **e** *Scorzonera hispanica*, **f-g** *Tragopogon*, **h-i** *Crepis*-Typ, **j** *Lactuca*-Typ. Links Äquatorialansichten, mitte und rechts Polaransichten. Nach BLACKMORE (1984), verändert und ergänzt. ÄR äquatoriale Rippe, Ä äquatoriale Lakune, P porale Lakune, PO polare Lakune, PP paraporale Lakune, I interporale Lakune.

Porale Lacunae. Es sind stets 3 porale Lacunae vorhanden. In ihnen liegen die Aperturen. Sie sind meridional gestreckt und können im äquatorialen Bereich oder in beiden subäquatorialen Bereichen verengt sein, so daß zwei- oder dreikammerige Lacunae entstehen. Die von WOODEHOUSE (1928, 1935) stammende und von BLACKMORE (1982) verwendete Aufteilung dreikammeriger Lacunae in eine porale und zwei aborale Lacunae wird hier nicht verwendet, da bei bestimmten *Scozonera*-Arten die porale Lacuna (in der hier verwendeten Defintion) durch eine Verengung im Bereich der Aperturen zweikammerig ist.

Äquatoriale Rippen. Die äquatorialen Rippen verbinden den Äquator entlang die die poralen Lacunae umgebenden Rippen miteinander.

Parapolare Lacunae liegen zwischen den poralen Lacunae bei PK mit äquatorialen Rippen.

Äquatoriale Lacunae. Lacunae im Äquatorialbereich bei Fehlen von äquatorialen Rippen.

Interaperturale Lacunae. Schließen sich polwärts an äquatoriale oder parapolare Lacunae an.

Polare Lacunae. 1-3 Lacunae in jedem Polarbereich.

Polarbereich. Bereich, der von den polwärts gelegenen Rippen der poralen, parapolaren und/oder interaperturalen Lacunae begrenzt wird oder in den diese Rippen einmünden. Der Polarbereich kann gleichmäßig echinat ausgebildet oder in polare Lacunae aufgeteilt sein. Es kommen auch Lacunae und echinate Teilbereiche nebeneinander in einem Polarbereich vor.

Die Größenangaben beziehen sich auf den Äquatorialdurchmesser unter Einbeziehung der Echini. Die Identifzierung der Pollentypen ist oft nicht einfach, da drei Ansichten des PK erforderlich sind. Man muß die PK so drehen, daß Polaransicht und die Äquatorialansichten mit Blick auf eine porale Lacunae und auf ein Intercolpium erreicht werden.

Oft gibt es PK mit einem untypischen oder mißgebildeten Netzwerk. Wenn ein PK keinem der unten genannten Pollentypen angehört und eine Vielzahl von Lacunae unklarer bzw. nicht identifizierbarer Anordnung zeigt, dann sollte es als »Cichoriaceae indet.« bezeichnet werden. Zu den Mißbildungen und Abweichungen gehören vor allem offene Lacunae-Umrandungen, asymmetrische Ausbildungen der Lacunae und tetracolporate PK. Tetracolporate PK sind oft erheblich viel größer als normal ausgebildete.Bei *Cichorium intybus* und allen *Taraxacum*-Arten außer *T. palustre* und *T. serotinum* wurden mit wechselnden Anteilen neben normal ausgebildeten PK bis zu 65 µm große PK gefunden, die sich durch zahlreiche Lacunae in unklarer Anordnung auszeichneten. Auch in der Gattung *Hieracium* kommen derartige abnorme Bildungen vor (z.B. bei *H. sylvaticum*).

Es ist fraglich, ob die Unterscheidungsmerkmale zwischen dem *Lactuca*-, dem *Sonchus*- und dem *Crepis*-Typ wirklich praktikabel sind. Hier treten immer wieder PK in geringerer oder sogar größerer Menge auf, die die Merkmale eines der beiden anderen Pollentypen zeigen.

1   PK mit Echini 3

–   PK psilat 2

2   PK periporat, Lacunae um einzelne Poren oder um 2-3 Poren (Tafel 114: 1-10) .... ***Ribes*** (S. 487)

–   PK stephanocolporat mit Lacunae auf den Polarfeldern (Tafel 90: 4-8) ....
.... ***Polygala comosa*-Typ** (S. 398)

3   Porale Lacunae dreikammerig, PK mit äquatorialen Rippen 4

–   Porale Lacunae zweikammerig oder äquatorial nur verengt, PK ohne äquatoriale Rippen 7

4   Äquatoriale Rippen mit 2 Reihen Echini, paraporale Lacunae schmal, PK nur 25-33 µm groß (Tafel 94: 13-17) .... **29.1 *Arnoseris minima*** (S. 418)

–   Äquatoriale Rippen mit 1 Reihe von Echini, PK überwiegend größer als 35 µm. Der *Crepis*-Typ ist mit dem *Sonchus*- und mit dem *Lactuca*-Typ durch Übergänge verbunden 5

5   Die 3 die polaren Lacunae begrenzenden Rippen sind im Polarbereich nicht oder kaum verbreitert, randlich mit je 1 oder 2 Reihen von Echini (Tafel 94: 18-21) .... **29.2 *Lactuca*-Typ** (S. 418)

–   Die Rippen münden polar in ein meist dreieckiges breites und echinates Feld. Dieses Feld kann gleichmäßig oder ungleichmäßig mit Echini besetzt sein 6

6   PK mit deutlichen, meist 3 polaren Lacunae pro Polarbereich (Tafel 94: 22-25)............................
.... **29.3 *Sonchus*-Typ** (S. 418)

–   PK ohne polare Lacunae; in den echinaten polaren Feldern können größere Zwischenräume zwischen den Echini auftreten, in denen aber äußere Columellae vorhanden sind (keine Lacunae). Polarbereiche mit 1-2 meist kleinen Lacunae kommen vor (Tafel 94: 26-28) ....
.... **29.4 *Crepis*-Typ** (S. 419)

7   PK nur mit 3 (poralen) Lacunae (Tafel 95: 1-3) .... **29.5 *Scorzonera humilis*-Typ** (S. 420)

–   PK außer den poralen mit weiteren Lacunae 8

29.1 *Arnoseris minima*
(Tafel 94: 13-17)

PK mit 3 poralen und 6 parapolaren Lacunae. Porale Lacunae dreikammerig. Äußere Columellae-Schicht mit Echini 5-6 µm hoch, Echini 2-3 µm lang. Äquatoriale Rippen ca. 4 µm breit und mit 2 Reihen von Echini. Innere Columellae-Schicht um 0,8 µm dick. Parapolare Lacunae schmal, etwa 2,5 × 7,0 µm groß. Die meridional die parapolaren Lacunae begleitenden Rippen vereinigen sich zu drei ca. 5-6 µm breiten echinaten Bändern, die polar miteinander verschmelzen. Oft trägt jeder polare Bereich ein bis zu 12 × 12 µm großes echinates Feld, in das die meridionalen Rippen einmünden.

Arnoseris minima (L.) SCHWEIGG & KÖRTE (2)
25,3-32,8 µm, MiW 30,5 µm; 50 PK, 0a

29.2 *Lactuca*-Typ
(Tafel 94: 18-21)

PK mit 3 poralen und 6 parapolaren Lacunae. Äquatoriale Rippen mit nur 1 Reihe von Echini. Die 3 die polaren Lacunae begrenzenden Rippen sind im Polarbereich im typischen Fall nicht dreieckig verbreitert. Häufig sind diese Rippen aber verbreitert und tragen 2 randliche Reihen von Echini, manchmal stehen zusätzlich einzelne Echini in der Mitte dieser Rippenanteile. Besonders bei *Lactuca tatarica* und *L. perennis* wurden PK gefunden, die die Merkmale des *Crepis*- oder des *Sonchus*-Typs zeigen.

Aposeris foetida (L.) LESS. (2)
37,5-48,0 µm, MiW 43,0 µm; 50 PK, 0a

Cichorium endivia L. (1)
47,5-58,0 µm, MiW 53,1 µm; 50 PK, 0a

Lactuca perennis L. (2)
39,8-46,8 µm, MiW 43,2 µm; 50 PK, 0a

Lactuca quercina L. (2)
37,5-45,0 µm, MiW 41,1 µm; 50 PK, 0a

Lactuca saligna L. (2)
39,5-55,0 µm; 22 PK, 0a

Lactuca sativa L. (1)
35,8-45,0 µm, MiW 40,7 µm; 50 PK, 0a

Lactuca serriola L. (2)
33,5-43,8 µm, MiW 37,9 µm; 50 PK, 0a

Lactuca tatarica (L.) C.A.MEY. (1)
41,0-55,0 µm, MiW 49,5 µm; 50 PK, 0a

Lactuca viminea (L.) J. PRESL & C. PRESL (2)
33,3-44,5 µm, MiW 39,5 µm; 50 PK, 0a

Lactuca virosa L. (2)
33,3-47,5 µm, MiW 40,9 µm; 50 PK, 0a

Mycelis muralis (L.) DUMORT
37,0-46,8 µm, MiW 42,0 µm; 50 PK, 0a

29.3 *Sonchus*-Typ
(Tafel 94: 22-25)

PK mit 3 dreikammerigen poralen und 6 paraporalen Lacunae. Polarbereich mit 1-3 polaren Lacunae. Die Aufteilung der Polarbereiche durch polare Lacunae ist sehr unterschiedlich. Es gibt eine Aufteilung in 3 gleich große polare Lacunae durch schmale Rippen. Bei Polarbereichen mit nur 2 polaren

Lacunae sind die Lacunae meist verschieden groß. Es gibt auch PK mit 1 großen oder mit 2 kleinen polaren Lacunae, wärend der Rest des Polarbereiches dann echinat ausgebildet ist. Manchmal werden einzelne Lacunae nur vorgetäuscht, tatsächlich sind es Bereiche ohne Echini, aber mit der äußeren Columellae-Schicht.

Im Vergleich mit Arten des *Crepis*-Typs sind aber nur PK mit einer gleichmäßigen Aufteilung des Polarbereiches in 3 polare Lacunae für die Gattung *Sonchus* bezeichnend. PK mit 1 oder 2 Lacunae innerhalb eines sonst echinaten Polarbereiches kommen auch bei dem *Crepis*-Typ vor, so z.B. bei der Gattung *Leontodon* und zwar besonders deutlich bei *L. saxatilis*.

Sonchus arvensis L. (2)
41,3-52,8 µm, MiW 48,6 µm; 50 PK, 0a

Sonchus asper (L.) HILL. (2)
35,5-44,5 µm, MiW 39,8 µm; 50 PK, 0a

Sonchus oleraceus L. (3)
29,3-41,3 µm, MiW 35,2 µm; 50 PK, 0a

Sonchus palustris L. (2)
39,5-47,0 µm, MiW 43,5 µm; 50 PK, 0a

29.4 *Crepis*-Typ
(Tafel 94: 26-28)

PK mit 3 poralen und 6 parapolaren Lacunae. Äquatoriale Rippen mit nur 1 Reihe von Echini. Die Rippen münden polar in ein meist dreieckiges breites und echinates Feld. In dem Fall, in dem ein dreieckiges Feld vorhanden ist, kann dieses gleichmäßig oder ungleichmäßig mit Echini besetzt sein, und größere Zwischenräume zwischen den Echini können eine stark reduzierte äußere Columellae-Schicht aufweisen oder 1-3 deutlich bis undeutlich begrenzte polare Lacunae besitzen (Übergänge zum *Sonchus*-Typ). Außerdem kommen Übergänge zum *Lactuca*-Typ vor. Das wurde z.B. bei *Crepis paludosa* festgestellt. Es treten auch bei dem *Crepis*-Typ PK auf, bei denen auf einem Pol die Merkmale des *Lactuca*-Typs, auf dem anderen die des *Crepis*-Typs vorliegen.

In der Gattung *Hieracium* überwiegen Arten, deren PK tetracolporat sind oder Riesenformen bilden, jedenfalls ein unübersichtliches Lacunae-Muster zeigen. Die PK dieser Arten wurden nicht gemessen. Es handelt sich u.a. um *Hieracium alpinum* L., *H. amplexicaule* L., *H. alatum* LAPEYR., *H. glaciale* REYN., *H. bupleuroides* GMEL., *H. glaucum* ALL., *H. humile* JACQ., *H. islandicum* LGE., *H. prenanthoides* VILL. und *H. villosum* JACQ.

Chondrilla juncea L. (2)
30,5-41,5 µm, MiW 37,0 µm; 50 PK, 0a

Chondrilla chondrilloides (ARD.) H. KARST. (2)
35,5-43,0 µm, MiW 41,1 µm; 50 PK, 0a

Cicerbita alpina (L.) WALLR. (2)
44,5-59,3 µm, MiW 52,2 µm; 50 PK, 0a

Cicerbita plumieri (L.) KIRSCHL. (2)
42,5-52,3 µm, MiW 48,6 µm; 50 PK, 0a

Cichorium intybus L. (3)
49,5-58,0 µm, MiW 54,7 µm; 50 PK, 0a

Crepis alpestris (JACQ.) TAUSCH (2)
35,5-40,5 µm, MiW 38,4 µm; 50 PK, 0a

Crepis aurea (L.) CASS. (2)
33,0-42,0 µm, MiW 37,5 µm; 50 PK, 0a

Crepis biennis L. (2)
40,0-47,5 µm, MiW 43,6 µm; 50 PK, 0a

Crepis bocconi P.D. SELL (2)
38,0-48,5 µm, MiW 45,6 µm; 50 PK, 0a

Crepis capillaris (L.) WALLR. (1)
27,0-34,5 µm, MiW 30,5 µm; 50 PK, 0a

Crepis conyzifolia (GOUAN) KERN. (1)
38,3-45,0 µm, MiW 43,1 µm; 50 PK, 0a

Crepis foetida L. (2)
34,5-42,5 µm, MiW 38,1 µm; 50 PK, 0a

Crepis jacquinii TAUSCH (2)
40,3-50,3 µm, MiW 44,6 µm; 50 PK, 0a

Crepis mollis (JACQ.) ASCH. (1)
35,3-45,5 µm, MiW 41,3 µm; 50 PK, 0a

Crepis paludosa (L.) MOENCH (2)
40,5-52,3 µm, MiW 46,6 µm; 50 PK, 0a

Crepis praemorsa (L.) TAUSCH (2)
33,0-40,0 µm, MiW 36,4 µm; 50 PK, 0a

Crepis pulchra L. (2)
33,0-39,5 µm, MiW 36,0 µm; 50 PK, 0a

Crepis pyrenaica (L.) GREUTER (1)
36,5-45,8 µm, MiW 40,8 µm; 50 PK, 0a

Crepis setosa HALLER f. (2)
32,0-38,8 µm, MiW 35,9 µm; 50 PK, 0a

Crepis sibirica L. (2)
30,5-37,5 µm, MiW 34,4 µm; 50 PK, 0a

Crepis tectorum L. (2)
31,5-40,0 µm, MiW 35,2 µm; 50 PK, 0a

Crepis vesicaria L. (1)
31,8-34,5 µm, MiW 30,5 µm; 50 PK, 0a

Hieracium auricula L. (2)
28,3-33,0 µm, MiW 31,2 µm; 50 PK, 0a

Hieracium aurantiacum L. (2)
29,5-40,0 µm, MiW 35,8 µm; 50 PK, 0a

Hieracium bifidum KIT. (1)
34,3-45,0 µm, MiW 39,2 µm; 32 PK, 0a

Hieracium cymosum L. (2)
30,5-35,5 µm, MiW 32,5 µm; 50 PK, 0a

Hieracium intybaceum ALL. (2)
40,8-48,0 µm, MiW 45,8 µm; 50 PK, 0a

Hieracium laevigatum WILLD. (2)
37,5-50,5 µm; 20 PK, 0a

Hieracium pilosella L. (3)
30,5-40,5 µm, MiW 35,6 µm; 50 PK, 0a

Hieracium piloselloides VILL. (1)
30,5-46,3 µm, MiW 38,9 µm; 50 PK, 0a

Hieracium sabaudum L. (2)
37,0-47,0 µm, MiW 42,6 µm; 50 PK, 0a

Hieracium umbellatum L. (2)
36,3-43,0 µm, MiW 40,4 µm; 50 PK, 0a

Hypochaeris glabra L. (2)
32,3-40,3 µm, MiW 36,9 µm; 50 PK, 0a

Hypochaeris maculata L. (2)
40,5-50,0 µm, MiW 44,8 µm; 50 PK, 0a

Hypochaeris radicata L. (2)
41,0-47,0 µm, MiW 44,3 µm; 50 PK, 0a

Hypochaeris uniflora VILL. (2)
42,5-52,5 µm, MiW 47,7 µm; 50 PK, 0a

Lapsana communis L. (2)
32,0-37,8 µm, MiW 35,2 µm; 50 PK, 0a

Leontodon autumnalis L. (3)
39,3-47,0 µm, MiW 43,8 µm; 52 PK, 0a

Leontodon berinii (BARTL.) ROTH (1)
38,3-47,5 µm, MiW 43,0 µm; 50 PK, 0a

Leontodon crispus VILL. (1)
36,3-42,5 µm, MiW 39,9 µm; 50 PK, 0a

Leontodon croceus HAENKE (1)
47,5-55,3 µm, MiW 51,5 µm; 50 PK, 0a

Leontodon helveticus MER. (2)
37,5-49,5 µm, MiW 44,0 µm; 50 PK, 0a

Leontodon hispidus L. (2)
39,5-49,5 µm, MiW 45,1 µm; 50 PK, 0a

Leontodon incanus (L.) SCHRANK (2)
37,5-47,0 µm, MiW 42,7 µm; 50 PK, 0a

Leontodon montanus LAM. (1)
42,5-50,0 µm, MiW 47,8 µm; 50 PK, 0a

Leontodon saxatilis LAM. (2)
47,0-59,8 µm, MiW 50,8 µm; 50 PK, 0a

Picris echioides L. (1)
39,0-48,0 µm, MiW 46,0 µm; 50 PK, 0a

Picris hieracioides L. (2)
38,0-47,0 µm, MiW 42,3 µm; 50 PK, 0a

Prenanthes purpurea L. (2)
47,5-62,0 µm, MiW 53,7 µm; 50 PK, 0a

Taraxacum alpinum (HOPPE) HEG. (1)
30,5-45,0 µm, MiW 40,7 µm; 50 PK, 0a

Taraxacum laevigatum (WILLD.) DC. (1)
30,5-45,0 µm, MiW 38,1 µm; 50 PK, 0a

Taraxacum officinale WEB. (2)
38,3-47,5 µm, MiW 42,7 µm; 50 PK, 0a

Taraxacum palustre (LYONS) SYMONS (2)
34,5-43,0 µm, MiW 38,7 µm; 50 PK, 0a

Taraxacum serotinum (WALDST. & KIT.) POIRET (1)
31,3-38,8 µm, MiW 34,6 µm; 50 PK, 0a

Tolpis staticifolia (ALL.) SCH. BIP. (2)
30,0-37,3 µm, MiW 34,0 µm; 50 PK, 0a

Willemetia stipitata (JACQ.) DALLA TORRE. (2)
37,5-45,0 µm, MiW 41,9 µm; 50 PK, 0a

Non vidi: *Crepis chondrilloides* JACQ., *C. neglecta* L., *C. nicaeensis* BALB., *C. pannonica* (JACQ.) KOCH, *C. pygmaea* L., *C. rhaetica* HEG., *C. terglouensis* (HACQ.) KERN., *Hieracium bauhinii* SCHULT., *H. caesium* (FR.) FR., *H. echioides* LUMN., *H.hoppeanum* SCHULT., *H. lachenalii* C.C. GMEL., *H. morisianum* RECHB., *H. pallidum* BIV., *H. peleteranum* MER., *H. piliferum* HOPPE, *H. pratense* DUM., *H. racemosum* WALDST. & KIT., *H. sparsum* FRIV.

29.5 *Scorzonera humilis*-Typ
(Tafel 95: 1-3)

PK nur mit 3 poralen Lacunae, die äquatorial mäßig bis stark verengt sind (zweikammerige porale Lacunae). Im extralakunaren Bereich sind die PK ungleichmäßig echinat ausgebildet. Die Echini umrahmen die poralen Lacunae und stehen darüber hinaus an oft unvollständig ausgebildeten Rippen, auch einzeln oder in kleinen Feldern, zwischen denen die äußeren Columellae vorhanden sind. Im Polarbereich bis zum Ende der poralen Lacunae können die Echini gleichmäßig verteilt sein. Zwischen den poralen Lacunae ähnelt die Anordnung der Echini an eine Aufteilung der Exine bei PK mit äquatorialen und interaperturalen Lacunae. Die Höhe der äußeren Columellae-Schicht beträgt mit Echini bis zu 11 µm. Die Echini sind bis zu 6 µm lang, aus breiter Basis (bis 5 µm Durchmesser auf etwa ⅔ der Länge) scharf zugespitzt und hier massiv. Innere Columellae-Schicht dünn, meist unter 1 µm dick. Die PK sind sphäroidisch, nahezu kugelig, der PFormI liegt nur wenig unter 1,0.

Scorzonera aristata RAMOND (2)
45,0-59,3 µm, MiW 54,2 µm; 50 PK, 0a

Scorzonera austriaca WILLD. (3)
53,0-65,5 µm, MiW 60,4 µm; 50 PK, 0a

Scorzonera humilis L. (3)
48,0-55,5 µm, MiW 50,9 µm; 50 PK, 0a

Scorzonera parviflora JACQ. (2)
44,5-55,0 µm, MiW 48,1 µm; 50 PK, 0a

29.6 *Tragopogon*
(Tafel 95: 4-6)

PK mit 3 zweikammerigen poralen Lacunae, 3 äquatorialen Lacunae und 6 interaperturalen Lacunae. Die subpolar in meridionaler Richtung verlaufenden Rippen münden in einen oft sechseckigen echinaten Polarbereich. Dieser ist in der Diagonale (18)20-25 µm groß, gelegentlich mit ungleichmäßig verteilten Echini besetzt oder mit einzelnen Lacunae. Äußere Columellae-Schicht bis 10 µm hoch (mit Echini), Echini bis 3,5 µm lang. Die Rippen sind 5-6(6,5) µm breit und einreihig mit Echini besetzt. Innere Columellae-Schicht dünn.

Tragopogon dubius SCOP. (2)
49,3-58,8 µm, MiW 54,7 µm; 50 PK, 0a

Tragopogon floccosus WALDST. & KIT. (2)
44,5-52,5 µm, MiW 50,4 µm; 50 PK, 0a

Tragopogon porrifolius L. (1)
48,0-57,0 µm, MiW 52,2 µm; 50 PK, 0a

Tragopogon pratensis L. (2)
47,0-55,0 µm, MiW 51,3 µm; 50 PK, 0a

Tragopogon tommasinii SCHULZ-BIP. (1)
45,5-54,5 µm, MiW 49,8 µm; 50 PK, 0a

29.7 *Scorzonera hispanica*
(Tafel 95: 7-9)

PK mit 6 poralen, 6 äquatorialen, 6 interaperturalen und 2 polaren Lacunae. Die Lacunae sind fünfeckig, seltener sechseckig und von schmalen Rippen eingefaßt. Die polaren Lacunae sind zweikammerig, d.h. über den Aperturen nahezu geschlossen; beide Kammern sind fünfeckig. Die Rippen sind ca. 5 µm breit und einreihig mit Echini besetzt. Die äußere Columellae-Schicht ist mit Echini 9-11 µm hoch, die Echini sind um 4 µm lang. Die innere Columellae-Schicht ist ca. 0,8 µm dick. Die in jedem Polarbereich zentrierte polare Lacuna ist diagonal fast 20 µm groß.

Scorzonera hispanica L. (3)
43,0-54,5 µm, MiW 47,6 µm; 50 PK, 0a

29.8 *Scorzonera laciniata*-Typ
(Tafel 95: 10-12)

PK mit 3 zweikammerigen poralen, 6 äquatorialen und 6 interaperturalen Lacunae und meist einer wechselnden Zahl von polaren Lacunae. Sehr variabel sind die Verhältnisse im Polarbereich. Dort bilden die polwärts gelegenen Rippen aus der Umrahmung der poralen und interaperturalen Lacunae ein meist 6- oder 4-eckiges Feld. Dieses Feld kann mehr oder weniger regelmäßig durch Rippen in drei polare Lacunae aufgeteilt sein, so meist bei *Sc. laciniata*. Hier und insbesondere bei den anderen Arten des *Scorzonera laciniata*-Typs gibt es dazu zahlreiche Abwandlungen. Es können 2

Lacunae oder nur 1, selten sogar 4 Lacunae vorhanden sein. Daneben kommen auch PK vor, die keine polaren Lacunae besitzen. Die 6- oder 4 eckigen Polarbereiche sind dann lückenlos von der äußeren Columellae-Schicht überzogen. Meist sind dabei die Echini ungleichmäßig verteilt, und es gibt zwischen einzelnen Echini-Gruppen flache Bereiche, die immer die äußere Columellae-Schicht enthalten, aber Lacunae vortäuschen können.

Scorzonera laciniata L. (2)
44,5-54,8 μm, MiW 49,5 μm; 50 PK, 0a

Scorzonera purpurea L. (3)
46,8-59,3 μm, MiW 53,1 μm; 50 PK, 0a

Scorzonera villosa Scop. (2)
47,5-55,0 μm, MiW 51,2 μm; 50 PK, 0a

Scorzonera calcitrapifolia Vahl zu *Sc. laciniata*.

30. Diporatae

Die hier berücksichtigten diporaten PK sind langgestreckt, und die Poren befinden sich an den Enden. In einer Seitenansicht (Quermaß wird als Höhe bezeichnet) ist die eine Längsseite flach oder nahezu flach, die andere gekrümmt. In der senkrecht dazu liegenden Ansicht (Quermaß wird dann als Breite bezeichnet) haben die PK eine spindelförmige Gestalt mit abgeschnittenen Enden (Poren).

1   PK reticulat, microreticulat, retipilat oder echinat bzw. microechinat 2
–   PK psilat oder scabrat 4

2   PK echinat oder microechinat (Tafel 105: 1-18) .... **Campanulaceae p.p.** (S. 449)
–   PK reticulat, microreticulat oder retipilat 3

3   PK reticulat oder microreticulat, 50-75 μm groß (Tafel 96: 5-6) ... **30.1** *Colchicum*-**Gruppe** (S. 422)
–   PK retipilat, 19-35 μm groß (Tafel 96: 1-4) .... **30.2** *Callitriche palustris*-**Typ** (S. 424)

4   PK bis ca. 17 μm groß (Tafel 120: 21-23) .... **30.3** *Ficus carica* (S. 424)
–   PK mindestens 17-20 μm groß 5

5   Poren mit kräftigem Anulus, Anuli 4,0-4,8 μm breit und 3,8-4,6 μm hoch ....
.... ***Myriophyllum alterniflorum*** (S. 448)
–   Poren ohne Anulus 6

6   Porendurchmesser 5-7 μm, PK 20-28 μm groß (Tafel 95: 13-15) ... **30.4** *Cytinus hypocistis* (S. 426)
–   Porendurchmesser 2,5-3 μm, PK (17)26-35 μm groß (Tafel 95: 16-17) .... **30.5** *Itea* (S. 426)

30.1 *Colchicum*-Gruppe
(Tafel 96: 5-6)

PK langgestreckt, einem Brotlaib ähnlich mit einer flachen und einer gewölbten Seite. Die beiden Aperturen sind von den Enden der PK etwas auf die gewölbte Seite verschoben. Die Höhe der PK (gemessen zwischen der konvexen und der planen Seite) beträgt bei *C. autumnale* 37-48 μm, bei *C. alpinum* 35-48 μm und bei *Bulbocodium vernum* 29-36 μm. Die Aperturen sind rundlich (ca. 5 μm; bei *Bulbocodium* meist 10-12 μm) oder länglich (ca. 12 × 8 μm), unregelmäßig mit zerrissenen Rändern

---

Tafel 95

1-3 *Scorzonera humilis*, **4** *Tragopogon pratensis*, **5-6** *Tragopogon dubius*, **7-9** *Scorzonera hispanica*, **10-12** *Scorzonera laciniata*, **13-15** *Cytinus hypocistis* (14 Phako), **16-17** *Itea virginica*. – Vergrößerungen 1000fach.

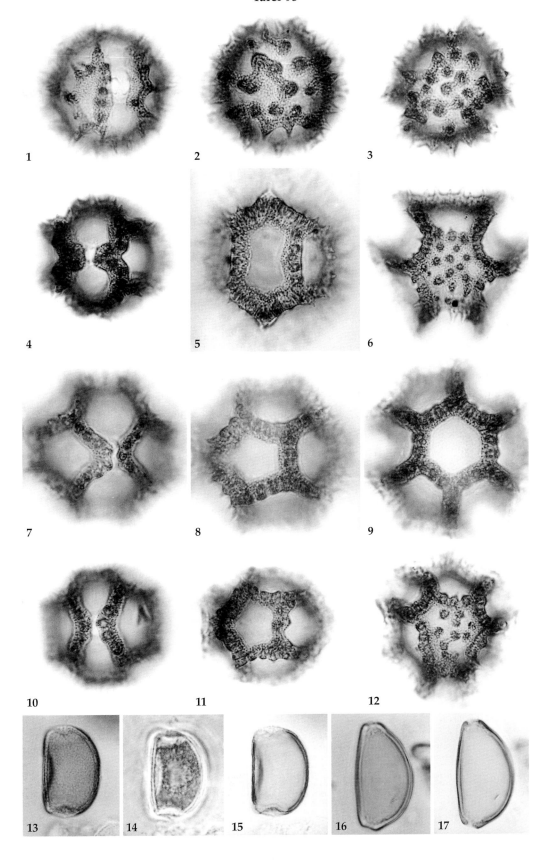

und z.T. mit Resten der Ektexine bedeckt. Die Exine ist 1,8-2,0 µm dick, mit einem relativ dicken Tectum und kurzen Columellae. Die Skulpturierung ist reticulat (*C. autumnale*) oder microreticulat mit Übergängen zu einem Tectum perforatum (*C. alpinum*). Die Muri wechseln in ihrer Dicke, Columellae sind vorhanden, bei *C. alpinum* gut und bei *C. autumnale* und *Bulbocodium vernum* schwer oder nicht erkennbar.

1   PK reticulat mit 1-1,5(2) µm großen Brochi 2

–   PK microreticulat, Brochi bis 1 µm, mit Übergängen zu einem Tectum perforatum ....
.... **30.1.1** *Colchicum alpinum*

Colchicum alpinum DC. (2)
54,8-72,8 µm, MiW 61,2 µm; 50 PK, 0a

2   Höhe der PK 37-47 µm. Länge > 60 µm (Tafel 96: 5-6) .... **30.1.2** *Colchicum autumnale*
Colchicum autumnale L. (3)
60,3-74,8 µm, MiW 67,6 µm; 50 PK, 0a

–   Höhe der PK 29-36 µm, Länge < 60 µm .... **30.1.3** *Bulbocodium vernum*
Bulbocodium vernum L. (3)
49,0-60,0 µm, MiW 54,0 µm; 50 PK, 0a

30.2 *Callitriche palustris*-Typ
(Tafel 96: 1-4)

PK sphäroidisch, retipilat oder schwach reticulat, Columellae netzig gestellt. Muri meist nur schwach entwickelt oder erst bei relativ tiefer optischer Ebene sichtbar. Aperturen stark wechselnd: 2. 3 oder 4 kurze breite Colpen bzw. Poren mit unregelmäßig ausgebildeten Rändern. Exine bis 1,5 µm dick.

Callitriche cophocarpa SENDTNER (2)
19,5-28,0 µm, MiW 23,1 µm; 50 PK, 0a

Callitriche platycarpa KÜTZ. (1)
24,0-32,8 µm, MiW 27,9 µm; 50 PK, 0a

Callitriche palustris L. (1)
19,5-29,8 µm, MiW 24,5 µm; 50 PK, 0a

Non vidi: *C. hermaphrodita* L., *C. hamulata* KÜTZ. ex W.D.J. KOCH.

30.3 *Ficus carica*
(Tafel 120: 21-23)

PK psilat, ellipsoidisch, 11,0-13,5 µm breit. Poren an den Schmalseiten des Ellipsoids, 1,0-1,5 µm groß. Exine 0,9-1,2 µm dick. Unter 50 PK waren 47 diporate und 3 triporate PK. Die triporaten PK haben in Polaransicht einen abgerundet dreieckigen Umriß und sind angular. Im Gegensatz zu *Corrigiola* (S. 434) ist die Exine polar nicht verdickt.

Ficus carica L. (2)
12,5-17,3 µm, MiW 15,1 µm; 50 PK, 0a

Tafel 96

1-4 *Callitriche polymorpha* (2 Phako), **5-6** *Colchicum autumnale*, **7** *Knautia sylvatica*, **8-11** *Knautia arvensis*. – Vergrößerungen: 1-4: 1500fach; 9: 500fach; 5-8, 10-11: 1000fach.

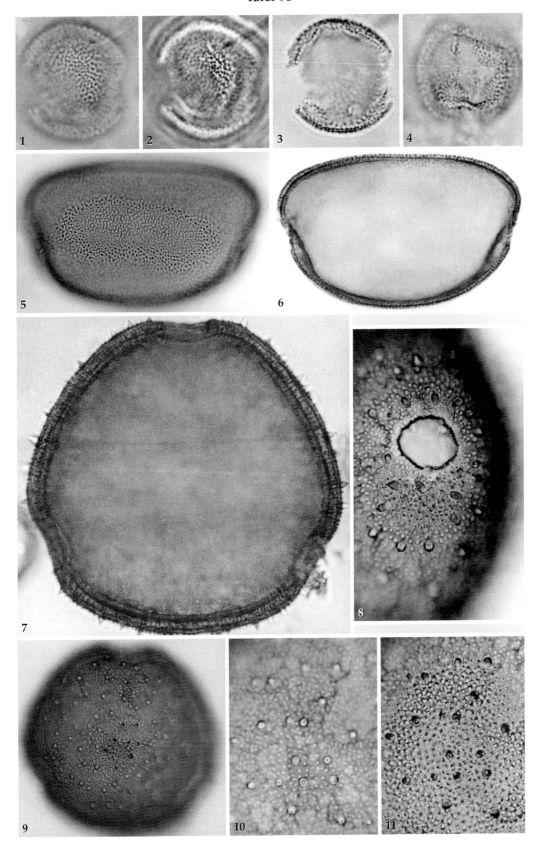

30.4 *Cytinus hypocistis*
(Tafel 95: 13-15)

PK psilat, Höhe ca. 14-18 μm, Breite ca. 16-19 μm. Im Querschnitt dreieckig mit einer konvexen Seite. Dabei ist die in Seitenansicht gerade Seite gratförmig ausgebildet, und die in Seitenansicht gebogene Seite entspricht der gebogenen Seite im dreieckigen Querschnitt. Poren 5-7 μm, von einer dünnen Porenmembran fast vollständig bedeckt. Die Größe der Poren ist sehr variabel, oft sind die beiden Poren eines PK verschieden groß. Exine 1 μm dick. Eine Columellae-Schicht ist im optischen Schnitt sichtbar; in Aufsicht sind Columellae aber nicht erkennbar. Das Tectum ist dünn, oft wellig, die Endexine relativ dick.

Cytinus hypocistis (L.) L. (2)
20,5-27,8 μm, MiW 23,9 μm; 50 PK, 0a

30.5 *Itea*
(Tafel 95: 16-17)

PK psilat, Höhe 15-17 μm, Breite 17-19 μm. Poren 2,5-3,0 μm groß, mit glatten oder unregelmäßigen Rändern. An einem PK können die Poren verschieden groß und mit glattem und unregelmäßigem Rand ausgestattet sein. Exine 1-1,6 μm dick, Columellae nicht erkennbar. In Porennähe ist die Endexine körnig aufgelöst.

Die PK von *Itea japonica* OLIVER sind nur etwa 17-23 μm groß und der Durchmesser ihrer Poren beträgt 1,0-1,5 μm.

Itea virginica L. (2)
25,8-35,3 μm, MiW 29,6 μm; 50 PK, 0a

31. Triporatae

Die bei den Triporatae und Stephanoporatae angeführten Pollentypen verteilen sich in vielen Fällen nicht sauber auf beide Pollenklassen. Das gilt insbesondere für Campanulaceae, Betulaceae, Moraceae, Urticaceae, Ulmaceae (*Celtis*) und Cannabinaceae. Bei der Benutzung der beiden Bestimmungsschlüssel ist das zu berücksichtigen. Vergl. auch die Bemerkung bei den Stephanoporatae S. 441.

6 PK echinat und microechinat (Tafel 97: 11-12, Tafel 98: 1-3) ...**31.2** *Scabiosa graminifolia* (S. 430)

 PK gemmat und echinat (Tafel 97: 5-10) .... **31.3** *Scabiosa argentea* (S. 430)

7 Brochi 2-3 µm groß, Poren ohne Costae, Exine 2-3 µm dick (Tafel 97: 1-4) **31.4** *Phaseolus* (S. 430)

– Brochi 1,2-1,8 µm groß, Poren mit kräftigen Costae, Exine 1,5 µm dick (Tafel 98: 4-6) ....
.... **31.5** *Cucumis melo* (S. 430)

8 Poren mit Vestibulum 9

– Poren ohne Vestibulum, wenn Bereiche um die Poren flach konisch ausgebildet sind (*Myrica*, Juglandaceae p.p.), dann endet die Endexine unter den Rändern dieser Erweiterungen 15

9 PK mit konischen oder halbkugeligen Vestibula, Exine der Vestibula auf der Innenseite stark körnig besetzt (Onagraceae) 10

– PK mit kleinem Vestibulum, Exine des Vestibulums auf der Innenseite nicht auffällig körnig besetzt 13

10 Verstibula nahezu kugelig, PK über 100 µm und bis zu 145 µm groß (Tafel 98: 7-10) ....
.... **31.6** *Oenothera biennis* (S. 432)

– PK kleiner, wenn über 100 µm, dann Vestibula konisch 11

11 PK 30-42(57) µm 12

– PK 56-100(120) µm groß (Tafel 98: 11-12) .... **31.7** *Epilobium* (S. 432)

12 PK in Polaransicht durch stark konische Vestibula dreieckig (Tafel 99: 1-8)..............................
.... **31.8** *Ludwigia palustris* (S. 433)

– PK in Polaransicht rund mit aufgesetzten rundlichen bzw. halbkugeligen Vestibula (Tafel 99: 9-12)
.... **31.9** *Circaea* (S. 433)

13 PK 37-48 µm groß (Tafel 104: 4-7) .... *Carpinus betulus* (S. 446)

– PK kleiner 14

14 Tectum und Endexine trennen sich an der Basis des Vestibulums, Tectum im Bereich des Vestibulums verdickt (Tafel 99: 13-16) .... **31.10** *Betula* (S. 433)

– Endexine endet an der Basis des Vestibulums, Tectum im Bereich des Vestibulums nicht verdickt (Tafel 99: 17-19) .... **31.11** *Ostrya*-**Typ** (S. 434)

15 PK 9-13 µm groß, psilat (Tafel 101: 1-6), interangular, Exine polar etwas verdickt, hier Columellae erkennbar, wenn angular, Exine polar nicht verdickt und Columellae nicht erkennbar, vergl. *Ficus* (S. 424) .... **31.12** *Corrigiola litoralis* (S. 434)

– PK größer als 15 µm 16

16 Poren größer als 3 µm 17

– Poren kleiner 18

17 Poren 5-6 µm groß, ohne deutliche Costae oder Anulus, PK 20-30 µm groß, Äquatorialansicht quadratisch (Tafel 101: 30-32) .... **31.13** *Vicia lathyroides* (S. 434)

– Poren 8-10 µm groß, mit kräftig ausgebildetem, 3-4 µm breitem Anulus (Costae), PK sphäroidisch bis oblat (Tafel 100: 1-2) .... **31.14** *Cucumis sativus* (S. 436)

18 PK sphäroidisch, PFormI um 1,0 19

– PK oblat, wenn sphäroidisch, dann PFormI 0,75-0,90 21

19 Tectum dicker als die Endexine, PK 28-40 µm groß, Columellae-Schicht deutlich, Anulus vorhanden (Tafel 103: 1-4) .... *Celtis* (S. 446)

– Tectum nicht dicker als die Endexine, PK 15-37 µm groß, Columellae-Schicht undeutlich oder nicht erkennbar, anulus-artige Umrandung der Poren vorhanden oder fehlend 20

20 Anulus oder anulus-artige Umrandung der Poren in Aufsicht (besonders Phasenkontrastbild) deutlich, durch schwache Erhöhung und folgende Einkrümmung und Einsenkung des Porenrandes bedingt, PK 20-32 µm groß (Tafel 101: 7-16) .... **31.15 Cannabinaceae** (S. 436)

– wenn mit anulus-artiger Ausbildung der Porenumrandungen, dann nur durch schwaches Aufbiegen der Porenumrandungen bedingt (Tafel 101: 17-29) .... **31.16 Urticaceae, Moraceae** (S. 436)

21 PK 40-67 µm groß, die Poren liegen etwas außerhalb des Äquators, Exine 2,2-2,8 µm dick mit dickem Tectum (Tafel 100: 3-8) ....**31.17 Carya** (S. 438)

– PK kleiner als (41)35 µm, Poren im Äquator, Exine dünner als 2,0 µm 22

22 PK auf den Polarfeldern mit Eindellungen oder mit Furchen (Pseudocolpen) 23
– Polarfelder glatt 24

23 PK 23-31 µm groß, Polarfelder und Interporien mit 5-7 µm großen Eindellungen (Tafel 100: 9-13) ....**31.18 Engelhardia** (S. 440)

– PK 16-21 µm groß, Polarfelder mit parallel und bogig verlaufenden Pseudocolpen (Tafel 100: 14-18) ....**31.19 Platycarya strobilacea** (S. 440)

24 Porenregion schwach breit konisch aufgesetzt, Phasenkontrastmuster der Exinenoberfläche mit in Aufsicht deutlich runden Einheiten (Tafel 102: 1-4) .... **31.20 Myrica gale** (S. 440)

– Porenregion nicht konisch, Phasenkontrastmuster der Exinenoberfläche mit mehr fleckenartigen, auch etwas langgestreckten Skulpturelementen (Tafel 102: 5-7) .... **31.21 Corylus** (S. 441)

31.1 *Knautia*
(Tafel 96: 7-11; Abb. 24k)

PK dimorph echinat, in Polaransicht rundlich-dreieckig, oblat bis sphäroidisch, PFormI 0,49-0,89. Polachse 57-82 µm. Poren rund, 7,5-17 µm groß, gelegentlich auch elliptisch und dann ca. 7,5-15,5 × 15,0-22,5 µm groß. Große Echini scharf zugespitzt, an der Basis 2,0-2,5 µm dick, (2,5)3-4 µm lang, Abstände 3-17 µm. Kleine Echini 1-2 µm lang (bei *Knautia velutina* kleiner als 1 µm), Abstände 1-2 µm. Exine 4,8-6,0(6,5) µm dick. Endexine 2,0-2,5 µm dick, Innenseite nicht glatt, Tectum dünner als die Endexine.

Die Columellae-Schicht ist zweischichtig aufgebaut. Die innere Schicht hat relativ dicke und lange Columellae. Diese verzweigen sich in viele Äste, die das distale Stockwerk der Columellae-Schicht bilden (vergl. S. 239, Abb. 24k).

Knautia arvensis (L.) COULT. (2)
95,0-120,8 µm, MiW 107,5 µm; 50 PK, 0a, Ä

Knautia baldensis A. KERN. (1)
82,5-102,5 µm, MiW 96,0 µm; 50 PK, 0a, Ä

Knautia canescens WALDST. & KIT. (1)
75,0-99,5 µm, MiW 84,8 µm; 50 PK, 0a, Ä

Knautia drymeia HEUFF. (2)
82,5-105,8 µm, MiW 91,6 µm; 50 PK, 0a, Ä

Knautia longifolia (WALDST. & KIT.) KOCH (1)
80,8-102,3 µm, MiW 92,1 µm; 50 PK, 0a, Ä

Knautia dipsacifolia KREUTZER (4)
99,0-123,0 µm, MiW 114,2 µm; 50 PK, 0a, Ä

Knautia velutina BRIQ. (1)
69,3-92,0 µm, MiW 76,1 µm; 50 PK, 0a, Ä

Non vidi: *Knautia brachytricha* BRIQUET, *K. gracilis* SZABÓ, *K. sixtina* BRIQUET, *K. persicina* A. KERNER, *K. intermedia* PERNH. & WETTST., *K. transalpina* (CHRIST) BRIQUET.

Knautia rigidiuscula (KOCH) WETTST. und *K. ressmanni* (PACH. & JAB.) BRIQ. zu *K. dipsacifolia*.

▷

Tafel 97

1-4 *Phaseolus vulgaris* (3 Phako), **5-10** *Scabiosa argentea*, **11-12** *Scabiosa graminifolia*. – Vergrößerungen 1-4, 8-10: 1000fach; 5-7: 700fach; 11-12: 500fach.

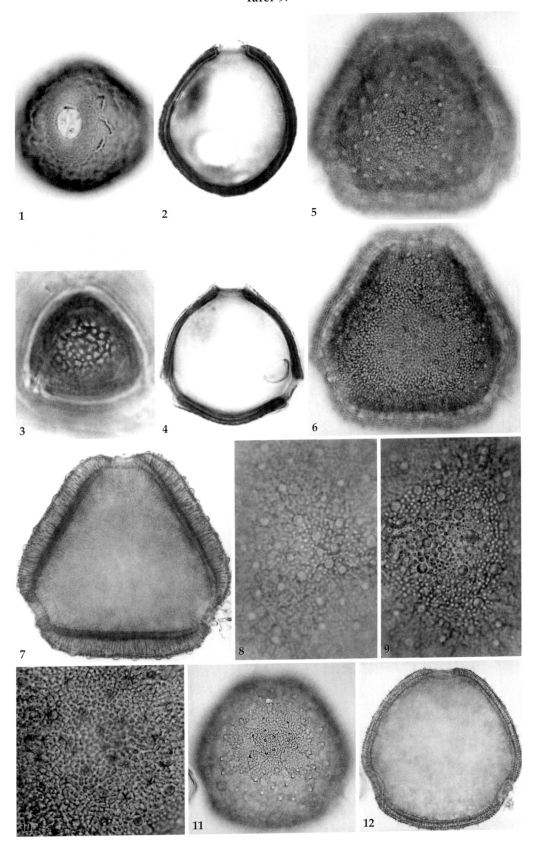

31.2 *Scabiosa graminifolia*
(Tafel 97: 11-12, Tafel 98: 1-3)

PK in Polaransicht dreieckig mit eingesenkten Poren, oblat bis schwach sphäroidisch, PFormI 0,61-0,84. Polachse 60-77 µm. PK dimorph echinat (echinat und microechinat). Große Echini 3,0-3,5 µm lang, scharf vom Grunde an zugespitzt, basal 2,0-2,5 µm breit, Abstände 5-15 µm. Kleine Echini um 1 µm lang, Abstände 1-2 µm. Poren 10-12 µm groß. Exine meist 10-13 µm dick. Endexine 2,0-2,5 µm, Tectum bis 1 µm, Columellae-Schicht 8-9 µm dick. Columellae sehr dicht gestellt, distal bäumchenförmig verzeigt.

Scabiosa graminifolia (2)
81,3-110,0 µm, MiW 101,5 µm; 50 PK, 0a, Ä

31.3 *Scabiosa argentea* (syn. *S. ucrainica*)
(Tafel 97: 5-10)

PK in Polaransicht dreieckig mit eingesenkten Poren, oblat, PFormI 0,57-0,73. Polachse 53-72,5 µm. Skulpturierung dimorph, mit Gemmae und Echini. Gemmae 2,2-2,8 µm hoch und 2,5-3,5 µm dick. Abstände der Gemmae 4-12 µm. Echini 1,3-2,0 µm lang und 0,8-1,0 µm dick. Abstände der Echini nur 1,0-1,2 µm. Exine mir Skulpturelementen 9-13 µm, Endexine 2,0-2,5 µm dick. Columellae lang, dicht gestellt und etwa in dem distalen Drittel bäumchenförmig verzweigt. Tectum ca. 1 µm dick.

Scabiosa argentea L. (2)
83,3-100,8 µm, MiW 93,4 µm; 50 PK, 0a, Ä

31.4 *Phaseolus*
(Tafel 97: 1-4)

PK in Äquatorialansicht rundlich bis linsenförmig, in Polaransicht dreieckig bis rundlich. PFormI 0,78-1,03. Poren (6)7-10 µm groß, bei meridional gestreckten Poren 6-6,5 × 7,5-9 µm. Exine 2,0-3,0 µm dick, unregelmäßig oder regelmäßig suprareticulat bis verrucat. Brochi ca. 2-3 µm groß.

Phaseolus coccineus L. (2)
35,5-45,3 µm; 20 PK, 0a, Ä

Phaseolus vulgaris L. (3)
35,0-47,5 µm, MiW 41,2 µm; 50 PK, 0a, Ä

31.5 *Cucumis melo*
(Tafel 98: 4-6)

PK perreticulat, Brochi (0,8)1,0-1,2(1,8) µm groß, Poren 6-8 µm mit 3-4 µm breiten und 1,5-2,0 µm dicken Costae. Exine 1,5 µm, Endexine 0,8 µm dick, Columellae-Schicht deutlich. Columellae, Tectum und Muri dünn.

Cucumis melo L. (1)
49,0-59,5 µm, MiW 53,9 µm; 50 PK, 0a, Ä

Tafel 98

1-3 *Scabiosa graminifolia* ff., **4-6** *Cucumis melo*, **7-10** *Oenothera biennis*, **11-12** *Epilobium duriaei*. – Vergrößerungen: 1-6, 8-10, 12: 1000fach; 7: 400fach; 11: 500fach.

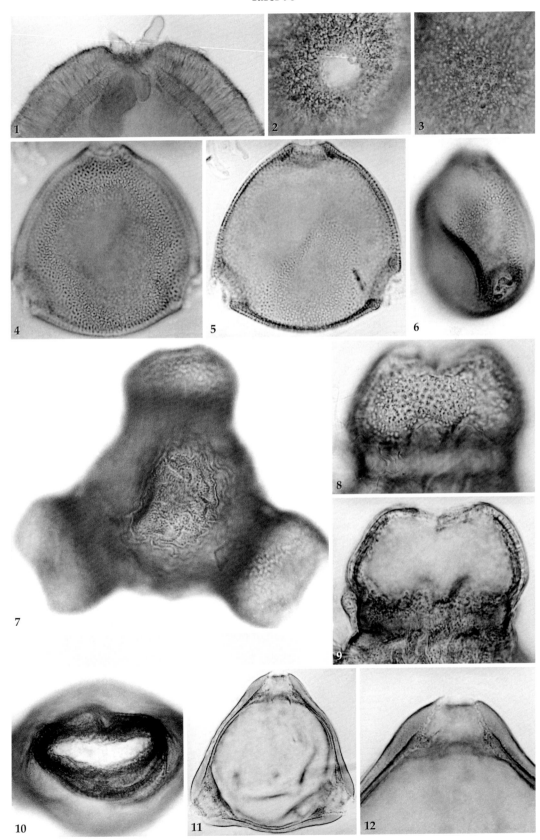

31.6 *Oenothera biennis*
(Tafel 98: 7-10)

Die PK von *Oenothera* sind nach demselben Grundtyp gebaut wie die von *Epilobium*. Sie unterscheiden sich aber nicht nur in der Größe, die über 100 µm beträgt. Die viel größeren Vestibula (Basisdurchmesser 50 µm und mehr) sind nicht konisch, sondern eher kugelig. Das Tectum ist im gesamten Bereich der PK relativ dünn und zusammen mit der Columellae-Schicht vielfach von der Endexine blasig-wulstig abgehoben (quasi vesiculat). Die Columellae sind bis etwa 1 µm dick, in den Vestibula sogar über 1 µm. Die Poren sind äquatorial verlängert, gemessen wurden Werte bis zu 27 × 10 µm. Die Endexine ist wie bei *Epilobium* im unteren Teil der Vestibula verdickt und auf ihrer Innenseite aufgelöst. Die Endexine setzt sich dann in gleicher Stärke wie außerhalb der Vestibula in den mittleren und oberen Teil der Vesicula fort, ist hier auf der Innenseite körnig aufgelöst oder körnig bekleidet.

Oenothera biennis L. (3)
103,0-143,8 µm, MiW 128,4 µm; 51 PK, 0a, Ä

31.7 *Epilobium*
(Tafel 98: 11-12)

PK psilat, mit schwach welliger Oberfläche. Poren am Ende großer, konischer Vestibula. Vestibula mit einem Basisdurchmesser von 31-41 µm, einer Höhe von 10-23 µm und einer äquatorial etwas verlängerten, 7,0-10,0 × 10,5-15,0 µm großen Pore. Porenrand dünn und ausgefranst. Exine 2,7-4,8 µm dick mit einem 1,0-2,0 µm dicken Tectum. Endexine 0,8-1,5 µm dick, Columellae-Schicht 0,6-1,0 µm. Columellae dünn und dicht stehend. Die Endexine verdickt sich an der Basis der Vestibula auf eine Stärke von 2,8-3,5 µm. In diesem Bereich ist ihre Innenfläche körnig aufgelöst. Die Endexine dünnt dann auf kurzer Strecke aus, und meist endet sie hier als zusammenhängende Schicht. Im mittleren und oberen Teil der Vestibulum-Innenfläche erfaßt die körnige Auflösung auch das Tectum, das dann zum Porenrand hin ausdünnt. Im Bereich der Vestibula ist außerdem das Tectum bis zu 4 µm dick und die Columellae-Schicht meist unkenntlich.

Die PK von *Epilobium* besitzen Viscine-Fäden, die im Bereich der Vestibula-Mündungen ansitzen, im fossilen Zustand aber nur selten noch vorhanden sein dürften. Die PK haften oft noch im Tetradenverband zusammen. Ausnahmsweise treten 4 oder 5 porige, sehr selten auch 2 porige PK auf.

Die Größe der PK (Äquatorialdurchmesser) liegt zwischen 56 und 121 µm, die Mittelwerte des Äquatorialdurchmessers bei 66-100 µm. Ohne Vestibula beträgt der PFormI 0,67-1,00; zusammen mit einem Vestibulum gemessen sind die PK immer oblat.

Epilobium alpestre (JACQ.) KROCK. (2)
68,0-91,5 µm, MiW 77,9 µm; 50 PK, 0a, Ä

Epilobium alsinifolium VILL. (2)
63,5-92,8 µm, MiW 77,7 µm; 50 PK, 0a, Ä

Epilobium anagallidifolium LAM. (2)
56,3-77,8 µm, MiW 66,1 µm; 51 PK, 0a, Ä

Epilobium angustifolium L. (2)
75,3-93,0 µm, MiW 85,0 µm; 51 PK, 0a, Ä

Epilobium collinum C.C. GMEL. (2)
68,0-87,5 µm, MiW 77,7 µm; 50 PK, 0a, Ä

Epilobium dodonaei VILL. (2)
70,3-96,8 µm, MiW 84,8 µm; 51 PK, 0a, Ä

Epilobium duriaei GAI (1)
75,3-98,3 µm, MiW 84,1 µm; 50 PK, 0a, Ä

Epilobium fleischeri HOCHST. (2)
71,0-85,5 µm, MiW 79,4 µm; 50 PK, 0a, Ä

Epilobium hirsutum L. (1)
82,5-120,8 µm, MiW 99,9 µm; 44 PK, 0a, Ä

Epilobium hornemannii RCHB. (1)
57,5-77,3 µm, MiW 66,3 µm; 50 PK, 0a, Ä

Epilobium lanceolatum SEBAST. & MAURI (2)
77,0-99,3 µm, MiW 88,2 µm; 50 PK, 0a, Ä

Epilobium latifolium L. (1)
80,3-100,0 µm, MiW 90,8 µm; 50 PK, 0a, Ä

Epilobium montanum L. (3)
70,0-92,0 µm, MiW 85,0 µm; 50 PK, 0a, Ä

Epilobium nutans F.W. SCHMIDT (2)
58,0-78,0 µm, MiW 67,5 µm; 35 PK, 0a, Ä

Epilobium obscurum SCHREB. (2)
67,0-84,5 µm, MiW 76,3 µm; 50 PK, 0a, Ä

Epilobium palustre L. (3)
67,8-85,5 µm, MiW 77,0 µm; 50 PK, 0a, Ä

Epilobium parviflorum SCHREB. (2)
65,0-88,8 µm, MiW 79,1 µm; 38 PK, 0a, Ä

Epilobium tetragonum L. (4)
74,0-93,3 µm, MiW 85,5 µm; 50 PK, 0a, Ä

Epilobium roseum SCHREB. (2)
64,8-79,3 µm, MiW 72,3 µm; 52 PK, 0a, Ä

31.8 Ludwigia palustris
(Tafel 99: 1-8)

Die PK von *Ludwigia* sind tricolporat mit großen Poren am Ende der Vestibula und mit schmalen, kontrastarmen Colpen, die etwa 1,5-2 × so lang sind wie der Durchmesser der Poren. *Ludwigia* ist auch in dem Bestimmungsschlüssel für scabrat-psilate tricolporate PK aufgeführt. Da es Schwierig-keiten bereiten dürfte, die Colpen am fossilen Material zu erkennen, erfolgt die Beschreibung hier bei den Triporatae.
  PK psilat, in Polaransicht dreieckig, in Äquatorialansicht kugelig mit aufgesetzten Vestibula. PFormI ohne Vestibula 0,94-1,12. Länge der Polachse 24,0-27,5 µm. Vestibula konisch, an der Basis 10-16 µm breit, Höhe 2,5-6,0 µm. Die Vestibula sind oft den Äquator entlang durch eine schmale und niedrige Auffaltung der Exine miteinander verbunden. Durch diese Verbindung erhalten die PK in Polaransicht ihre dreieckige Form, während sie in Äquatorialansicht kugelig mit fast zylindrisch aufgesetzten Vestibula erscheinen. Exine 2,0-2,5 µm dick, Tectum und Endexine etwa gleich dick oder Tectum etwas dicker. Columellae nicht erkennbar. Die Endexine zieht sich bis zur halben Höhe in die Vestibula hinein und endet dort. Hier ist die Endexine zu bis zu 2,5 µm dicken Costae verdickt, die auf ihrer Innenseite und an ihrem Ende stark körnig aufgelöst sind.

Ludwigia palustris (L.) ELLIOT (4)
30,0-38,0 µm, MiW 34,1 µm; 50 PK, 0a, Ä

31.9 Circaea
(Tafel 99: 9-12)

PK in Polaransicht rund mit aufgesetzten rundlichen bzw. hablbkugeligen Vestibula. PFormI 0,96-1,08. Skulpturierung psilat bis scabrat, auch rugulat mit 1-2 µm langen Skulpturelementen. Vestibula basal 20-23 µm groß, Höhe 10,5-13,0 µm. Wie bei *Epilobium*, *Oenothera* und *Ludwigia* ist die Endexine im unteren Teil der Vestibula 4-6 µm dick und auf der Innenseite körnig-schollig aufgelöst. Im mittleren und oberen Teil der Vestibula ist die Innenseite der Exine körnig-schollig bekleidet. Poren meist rund, selten äquatorial verlängert, 3-6 µm groß. Exine 1,8-2,2 µm dick, Tectum dünner als die Endexine, Columellae-Schicht nicht erkennbar.

Circaea alpina L. (2)
33,0-42,5 µm, MiW 38,4 µm; 50 PK, 0a, Ä

Circaea × intermedia EHRH. (2)
35,5-47,0 µm, MiW 41,4 µm; 50 PK, 0a, Ä

Circaea lutetiana L. (2)
40,5-57,5 µm, MiW 49,8 µm; 50 PK, 0a, Ä

31.10 Betula
(Tafel 99: 13-16)

PK fein scabrat skulpturiert, in Äquatorialansicht eckig, Polachse 17,5-25,0 µm. PFormI 0,69-0,86. PK mit deutlich aufgesetzten Vestibula. Vestibula 6,5-10,5 µm breit und 1,7-2,9 µm hoch, Tectum im Bereich der Vestibula bis 2,0 µm verdickt. Poren rund bis oval, 2,0-3,8 µm groß. Exine 1,1-1,6 µm dick. An der Basis der Vestibula trennen sich Ektexine (Tectum) und Endexine. Im typischen Fall verengt die Endexine dabei den Innendurchmesser der Vestibula. In sehr vielen Fällen ist das allerdings nur sehr schwer und nicht an allen Vestibula eines PK zu erkennen. Tatsächlich mindert das die Bestimmungsfähigkeit von *Betula* nicht, da *Corylus* keine Vestibula besitzt und der *Ostrya*-Typ fast kugelig und im Bereich der Vestibula das Tectum nicht verdickt ist.

Betula nana und *B. humilis* (strauchförmige Arten) haben etwas kleinere PK als *B. pendula* und *B. pubescens* (Baumarten). Auch in der Breite der Vestibula gibt es entsprechende Unterschiede (7,0-8,5 µm bei *B. pendula* und *B. pubescens*; 6,5-7,5 µm bei *B. humilis* und *B. nana*).

Zur Frage der größenstatistischen Abtrennung der PK von *Betula nana* wird auf folgende in Kapitel 35 »Literatur zu den Pflanzenfamilien« angeführte Arbeiten hingewiesen: BIRKS (1968), MÄKELÄ (1996), STEBICH (1999). TERASMÄE (1951), USINGER (1981)

Betula humilis SCHRANK (3)
22,0-29,5 µm, MiW 25,1 µm; 50 PK, 0a, Ä

Betula pendula ROTH (3)
25,5-31,8 µm, MiW 28,9 µm; 50 PK, 0a, Ä

Betula nana L. (4)
21,8-27,0 µm, MiW 24,5 µm; 50 PK, 0a, Ä

Betula pubescens EHRH. (3)
28,8-33,0 µm, MiW 30,8 µm; 50 PK, 0a, Ä

31.11 *Ostrya*-Typ
(Tafel 99: 17-19)

PK sphäroidisch, schwach scabrat, in Polaransicht rund, in Äquatorialansicht breit elliptisch. PFormI 0,76-0,90, Polachse ca. 25-30 µm. Vestibula 6,5-9,0 µm breit und 1,8-2,0 µm hoch. Porendurchmesser 2,2-3,0 µm. Exine ca. 1,2-1,7 µm dick, Tectum und Endexine mit Zwischenraum, Columellae nicht erkennbar. Die Endexine endet unter dem Außenrand der Vestibula. Im Bereich der Vestibula ist das Tectum etwas verdickt, aber als Anulus kaum erkennbar. Skulpturierung scabrat (Phasenkontrast), mit sehr kleinen, punktförmigen Elementen sowie auch mit größeren, die rundlich oder langgestreckt sind.

Ostrya carpinifolia SCOP. (3)
29,3-34,3 µm, MiW 32,1 µm; 50 PK, 0a, Ä

Carpinus orientalis MILLER (3)
29,5-36,5 µm, MiW 33,2 µm; 50 PK, 0a, Ä

31.12 *Corrigiola litoralis*
(Tafel 101: 1-6)

PK psilat, rundlich bis etwas länglich, in Polaransicht rundlich-dreieckig. Poren rundlich bis länglich, meist um 2 µm, größter gemessener Wert 3 × 4 µm. Exine 1,2-1,5 µm dick, polar etwas verdickt (Tafel 101: 3). Endexine ca. 0,6 µm dick, dicker als das Tectum. Columellae dünn, nur im Bereich der polar verdickten Exine (verdickt durch längere Columellae) erkennbar.

Corrigiola litoralis L. (2)
9,3-12,5 µm, MiW 10,8 µm; 50 PK, 0a, Ä

31.13 *Vicia lathyroides*
(Tafel 101: 30-32)

PK in Äquatorialansicht quadratisch, in Polaransicht rund, angulaperturat. PFormI 0,89-1,03. Exine psilat, 1,4-1,8 µm dick. Poren 5-6 µm groß, bei meridional verlängerten Poren 4-4,5 × 5 µm. Die Endexine ist im Umkreis der Poren höchstens schwach auf einem Breite von 4-5 µm verdickt.

Vicia lathyroides L. (4)
20,5-27,5 µm, MiW 24,8 µm; 50 PK , 0a

▷

Tafel 99

1-8 *Ludwigia palustris*, **9-12** *Circaea lutetiana*, **13-16** *Betula pendula*, **17-19** *Ostrya carpinifolia*. – Vergrößerungen 1000fach.

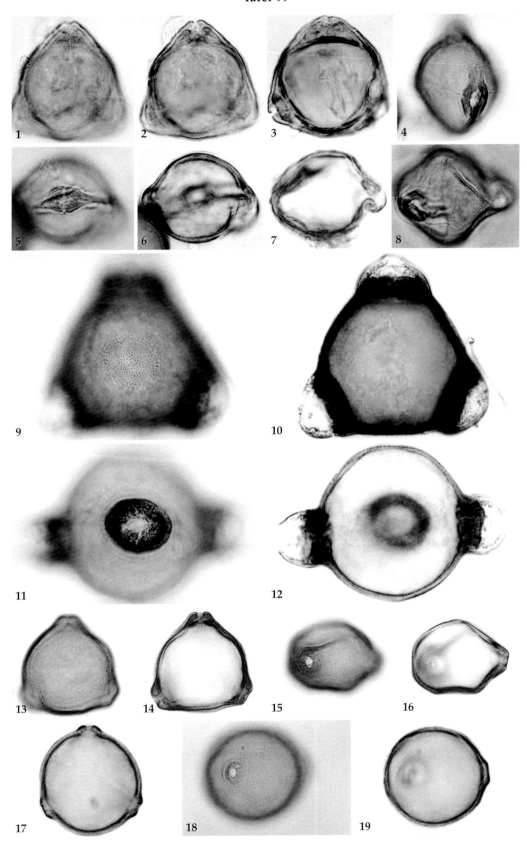

31.14 *Cucumis sativus*
(Tafel 100: 1-2)

PK psilat, oblat bis schwach sphäroidisch, PFormI um 0,7-0,9. Poren 8-10 µm groß, mit breiten Costae. Costae 3-4 µm breit und max. 5-6 µm dick. Exine 1,5-2,0 µm dick, Endexine um 1 µm dick, deutlich dicker als das Tectum. Columellae dünn.

Cucumis sativus L. (2)
48,0-67,0 µm, MiW 60,0 µm; 50 PK, 0a., Ä

31.15 Cannabinaceae
(Tafel 101: 7-16)

PK psilat, dünnwandig, Exine (1,0)1,2-1,5 µm dick. Columellae nur als feines Muster im Phasenkontrastbild (Aufsicht) erkennbar. Poren mit Anulus oder anulus-artiger Ausbildung des Porenrandes (schwache Verdickung des Tectums) zuzüglich einer schwachen Aufwölbung der Porenumrandungen (Breite ca. 2 µm). Der verdickte Bereich ist zur Pore hin eingekrümmt.

PFormI bei *Humulus* 0,78-0,93, Polachse 19,3-22,2 µm. Bei *Cannabis* beträgt der PFormI 0,82-0,98, und die Polachse ist 22,5-27,5 µm lang.

Beide Gattungen lassen sich als Typen durch die Größe der PK (Äquatorialdurchmesser) unterscheiden. Bei Größen bis 24 µm handelt es sich weitgehend um *Humulus*, bei Größen über 25 µm weitgehend um *Cannabis*.

Ähnlich sind dreiporige PK von *Celtis*. Man achte auf Unterschiede in der Größe der PK und Poren und der Dicke der Exine. Das Tectum ist bei *Cannabis* und *Humulus* nicht auffällig dick und die Columellae-Schicht nicht erkennbar.

Cannabis sativa L. (2)   *Humulus lupulus* L. (4)
24,3-31,3 µm, MiW 28,1 µm; 50 PK, 0a, Ä   20,5-27,8 µm, MiW 23,4 µm; 50 PK, 0a, Ä

31.16 Urticaceae, Moraceae
(Tafel 101: 17-29, Tabelle 10)

PK kugelig bis ellipsoidisch. Exine 0,8-1,0 µm dick, Endexine und Tectum etwa gleich dick, Columellae meist nicht erkennbar. Skulpturierung (Phasenkontrastbild) scabrat, Skulpturelemente punktförmig (ca. 0,5-0,8 µm groß), bei größeren PK auch fleckförmig, unregelmäßig verteilt. Exine meist um 0,8 µm dick. Die PK von *Ficus carica* sind überwiegend diporat (S. 424).

Die geringen Ausmaße von Poren und der Dicke der Exine sowie die geringen Kontraste erschweren eine sichere Beurteilung der Verhältnisse an den Porenrändern. Soweit ein Anulus bzw. eine anulus-artige Ausbildung vorhanden ist, handelt es sich meist um ein schwaches Aufbiegen der Interporium-Ränder. Verdickungen oder Einkrümmungen sind selten. Bei *Morus alba* ist ein Anulus offenbar nicht vorhanden. Bei *Morus nigra* ist ein Anulus schwach bis deutlich ausgebildet. Bei *Parietaria* gibt es einen schmalen Anulus, der auf eine äußere und/oder innere Verdickung der Exine zurückzugehen scheint. Das ist auch bei *Urtica dioica* der Fall (Verdickung hier auf der Innen- und Außenseite der Exine), während bei *U. urens* ein Anulus fehlt oder nur schwach bei größeren PK im Phasenkontrastbild oder im optischen Schnitt sichtbar ist.

$\triangleright$

Tafel 100

1-2 *Cucumis sativus*, **3-5** *Carya amara*, **6-8** *Carya tomentosa* (7, 8 Phako), **9-13** *Engelhardia spicata*, **14-18** *Platycarya strobolifera*. – Vergrößerungen 1000fach.

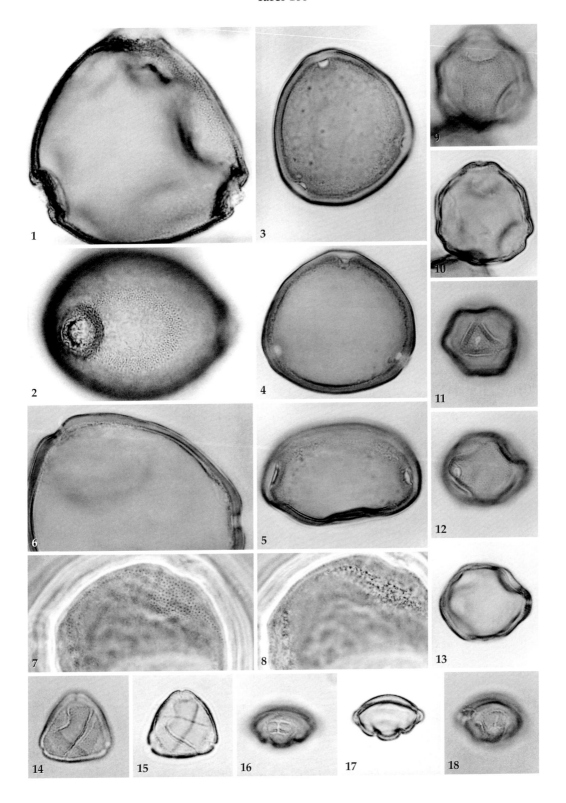

Urtica dioica L. (4)
17,0-21,1 µm, MiW 19,2 µm; 50 PK, 0a, Ä

Parietaria judaica L. (2)
14,7-18,6 µm, MiW 16,8 µm; 50 PK, 0a, Ä

Urtica urens L. (1)
15,2-19,8 µm, MiW 17,5 µm; 50 PK, 0a, Ä

Morus alba L. (2)
20,0-30,0 µm, MiW 25,0 µm; 50 PK, 0a, Ä

Parietaria officinalis L. (2)
11,0-18,0 µm, MiW 14,6 µm; 50 PK, 0a, Ä

Morus nigra L. (1)
28,0-37,5 µm, MiW 32,1 µm; 50 PK, 0a, Ä

Tabelle 10. Merkmale der Poren bei triporaten PK der Cannabinaceae, Moraceae und Urticaceae.

| | Zahl der Poren (50 PK) | | | | Porengröße | Anulus-Breite |
	2	3	4	5	in µm	in µm
Cannabis sativa		48	2		2,0	1,5
Humulus lupulus		50			1,5-2,5	1,5-2,0
Morus alba	11	39			2,5-4,0	fehlt
Morus nigra	1	19	27	3	3,5-5,0	1,0-1,5
Urtica dioica		39	11		1,8-2,2	0,8-1,0
Urtica urens		50			1,6-2,0	fehlt meist
Parietaria judaica		43	7		1,0-1,3	0,4-1,0
Parietaria officinalis		50			1,0-1,3	0,4-1,0

31.17 *Carya*
(Tafel 100: 3-8)

PK in Polaransicht dreieckig-rundlich, oblat, selten schwach sphäroidisch, PFormI 0,56-0,75(0,84). Polachse bei *C. amara* und *C. alba* 27,5-34,5 µm, bei *C. illinoiensis* und *C. tomentosa* 34,5-47,5 µm. Poren rund bis elliptisch, 3,3-5,5 µm groß. Bei *C. illinoiensis* treten gelegentlich PK mit 4 Poren auf. Die Poren liegen etwas außerhalb des Äquators, die Entfernung von Porenrand zum Äquator (bzw. Rand des PK im optischen Schnitt) beträgt dann 1,5-6,0 µm. Vielfach liegen alle 3 Poren außerhalb des Äquators, 1-2 Poren können vereinzelt im Äquator liegen. Eine genaue Position aller 3 Poren im Äquator ist aber selten. Exine 2,2-2,8 µm dick, in Porennähe oft schwach verdickt, mit dünner Endexine, dickem Tectum und dünner Columellae-Schicht. Columellae dünn und kurz, schwer erkennbar. Tectum 1,5-1,8 µm dick, mit der typischen scabraten Juglandaceae-Skulpturierung: Skulpturelemente rund, um 0,5 mm groß, dicht und gleichmäßig verteilt. Die Endexine ist bis zu einer Entfernung von etwa 8-16 µm um die Poren herum körnig-schollig aufgelöst.

Carya amara NUTT. (2)
39,8-49,0 µm, MiW 44,3 µm; 50 PK, 0a, Ä

Carya illinoiensis C. KOCH (1)
48,0-60,0 µm, MiW 53,5 µm; 50 PK, 0a, Ä

Carya alba (L.) NUTT. (1)
43,3-53,3 µm, MiW 48,8 µm; 50 PK, 0a, Ä

Carya tomentosa (POIRET) NUTT. (2)
55,5-66,8 µm, MiW 61,2 µm; 50 PK, 0a, Ä

▷

Tafel 101

1-6 *Corrigiola litoralis* (2, 6 Phako), **7-11** *Cannabis sativa* (8, 11 Phako), **12-16** *Humulus lupulus* (13, 16 Phako), **17-22** *Urtica dioica* (17-18, 20-22 Phako), **23-24** *Parietaria officinalis* (Phako), **25-26** *Urtica urens* (Phako), **27-29** *Morus nigra* (27, 29 Phako), **30-32** *Vicia lathyroides*. – Vergrößerungen 1000fach.

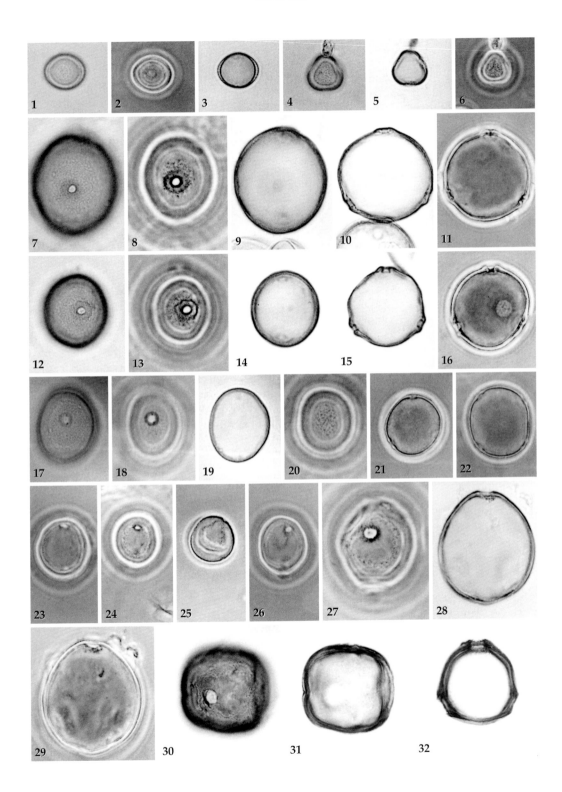

31.18 *Engelhardia*
(Tafel 100: 9-13)

PK oblat, PFormI 0,76-0,90, Polachse 20-24 μm. Exine 1,5-1,8 μm dick, auf den Polarfeldern und Interporien – manchmal nur auf den Interporien – mit meist 5-7 μm großen Eindellungen; die Exine ist hier nur ca. 1,2 μm dick. PK scabrat skulpturiert, Skulpturelemente rund, kleiner als bei anderen Juglandaceae (*Juglans, Platycarya* u.a.). PK in Äquatorialansicht dreieckig, meist aber wegen der Eindellungen im Interporien-Bereich vieleckig. Poren 2,3-3,0 μm groß rundlich oder elliptisch. Die Endexine endet 2-3 μm vor den Poren. Der endexinen-freie Bereich um die Poren ist schwach konisch abgesetzt.

Engelhardia spicata BLUME (2)
23,0-30,3 μm, MiW 26,9 μm; 50 PK, 0a, Ä

Engelhardia aceriflora BLUME (2)
24,0-29,5 μm, MiW 26,0 μm; 50 PK, 0a, Ä

31.19 *Platycarya strobilacea*
(Tafel 100: 14-18)

PK oblat, PFormI 0,62-0,74, in Polaransicht dreieckig, semiangular. Die Polachse ist 12-14 μm lang. Die Exine ist 0,8-0,9 μm dick und scabrat skulpturiert. Die Skulpturelemente sind rund und microverrucat (Juglandaceae-Typ der Skulpturierung), etwa 0,4-0,6 μm groß, oft auch im optischen Schnitt erkennbar. Die Poren sind als schmale, ca. 1,0 × 2,5 μm große Schlitze ausgebildet und müßten definitionsgemäß als Colpi bezeichnet werden. Etwa 3-4 μm vor den Poren endet die Endexine. Der von der Endexine freie Bereich um die Poren herum ist etwa 3 μm hoch, an der Basis ca. 10 μm breit und oft flach-konisch abgesetzt. In Äquatorialansicht, die die Einkerbungen der Pseudocolpi deutlich zeigt, haben die PK eine spindelförmige Gestalt.

Die PK von *Platycarya* besitzen auf den Polarfeldern eingekerbte und eingesenkte Pseudocolpi. Auf jedem Polarfeld gibt es 2 Pseudocolpi. Jeweils 2 Pseudocolpi beginnen am Rand der endexinen-freien Zone einer Pore und laufen bogig und meist parallel auf den Rand der endexinen-freien Zone einer anderen Pore zu, wo sie enden. An einer dieser beiden Poren beginnen auf dem anderen Polarfeld in gleicher Weise zwei Pseudocolpi, die dann eine Verbindung mit dem Rand der dritten Porenregion aufnehmen. Von diesem Grundschema gibt es zahlreiche Abwandlungen. Die PK von *Platycarya* machen auf den ersten Blick den Eindruck »syncolpater« Verhältnisse.

Platycarya strobilacea SIEB.& ZUCC. (2)
16,5-20,5 μm, MiW 18,8. μm; 50 Pk, 0a, Ä

31.20 *Myrica gale*
(Tafel 102: 1-4)

PK abgeflacht, PFormI 0,72-0,83, Polachse 21,0-24,5 μm. Umriß der PK in Polaransicht dreieckig, mit gebogenen Interporien und flach-konisch aufgesetzten Porenbereichen. Diese konischen Bereiche sind 9,5-12,0 μm breit und 3,3-4,0 μm hoch. Die zusammenhängende Endexine endet unter dem Rand des konischen Porenbereiches ca. 3,0-5,0 μm vor dem Porenrand. Sie ist in dem konischen Porenbereich körnig aufgelöst. Poren rund oder elliptisch, 2,0-2,7 μm groß. Exine 1,8 μm dick, Columellae nicht erkennbar. PK scabrat mit dicht stehenden, runden, ca. 0,4 μm großen Skulpturelementen (Juglandaceae-Typ der Skulpturierung; Phasenkontrast verwenden).

Myrica gale L. (5)
28,5-33,5 μm, MiW 31,0 μm; 50 PK, 0a, Ä

31.21 *Corylus*
(Tafel 102: 5-7)

PK abgeflacht, PFormI 0,76-0,90, Polachse 22,5-25,0 µm. Umriß der PK in Polaransicht dreieckig mit bis an die Porenränder mehr oder weniger gleichmäßig gebogenen Interporien. Die Endexine reicht bis an oder bis kurz vor die Porenränder, sie kann um die Poren herum körnig aufgelöst oder eingerissen sein. Exine 1,5-1,8 µm dick, Columellae nicht erkennbar. PK undeutlich scabrat skulpturiert (Phasenkontrast), Skulpturelemente rundlich bis langgestreckt.

Corylus avellana L. (4)
28,0-33,0 µm, MiW 30,6 µm; 50 PK, 0a, Ä

Corylus maxima MILL. (1)
26,3-35,0 µm, MiW 32,3 µm; 50 PK, 0a, Ä

Corylus colurna L. (2)
29,5-40,8 µm, MiW 35,1 µm; 50 PK, 0a, Ä

32. Stephanoporatae

Bei Sippen mit überwiegend stephanocolpaten PK kommen in unterschiedlicher, meist geringer Menge auch triporate PK vor. Diese sind bei den Stephanoporatae ausführlich dargestellt (Campanulaceae, *Alnus*) und werden bei den Triporatae im Bestimmungsgang mit Hinweis auf die Stephanoporatae erwähnt. Andererseits findet man bei Sippen mit überwiegend triporaten PK auch vereinzelt tetraporate Poren (z.B. bei *Betula, Corylus, Cannabis*). Diese Sippen sind in erster Linie bei den Triporatae berücksichtigt.

1   PK psilat oder scabrat, mit oder ohne Tectum perforatum 2

–   PK echinat, microechinat, reticulat oder rugulat, wenn scabrat, dann Skulpturelemente mit nur 1-2 µm Abstand 12

2   PK mit Tectum perforatum, dicker Endexine und deutlicher Columellae-Schicht (Tafel 102: 22-25) .... **32.1 *Theligonum cynocrambe*** (S. 442)

–   Tectum nicht perforiert 3

3   PK zusätzlich mit einzelnen Poren auf einem der Polarfelder, oblat (Tafel 103: 5-9) .... **32.2 *Juglans*** (S. 442)

–   PK ohne zusätzliche Poren auf einem der Polarfelder 4

4   PK auf beiden Polarfeldern mit bogenförmigen, von Pore zu Pore verlaufenden Verdickungen des Tectums (Arcus), wenn ohne Arcus, dann mit einem Knick in der Exine anstelle der Arcus (Tafel 102: 8-21) .... **32.3 *Alnus*** (S. 444)

–   PK ohne Arcus und ohne Knick in der Exine anstelle der Arcus 5

5   PK psilat, Exine 1,7-1,9 µm dick, mit dickem Tectum und dünner Columellae-Schicht. Poren 3,5-4,5 µm groß, mit Anulus (Tafel 103: 1-4) .... **32.4 *Celtis*** (S. 446)

–   Tectum nicht auffällig dick, Columellae nicht erkennbar 6

6   PK mit Vestibulum 7

–   PK ohne Vestibulum, Poren mit einem stark oder wenig stark vorspringenden Anulus oder ohne Anulus 8

7   PK 34-42 µm groß, mit 5-6(7) Poren und (Phasenkontrast) runden, ca. 0,5 µm großen Skulpturelementen (Microverrucae), Polarfelder mit je 2-3 ca. 8-10 µm großen, lacunae-artigen Eindellungen (Tafel 103: 10-15) .... **32.5 *Pterocarya*** (S. 446)

–   PK 37-48 µm groß, mit 3-5(6) Poren, Exine psilat, Polarfelder ohne lacunae-artige Eindellungen (Tafel 104: 5-7) .... **32.6 *Carpinus betulus*** (S. 446)

8   Endexine auf der Innenseite rauh bis schollig, insbesondere im Bereich der Porenumrandung (Costae), Poren mit Anulus, oft deutlich vorstehend (Tafel 104: 1-3) ....
.... **32.7** *Nerium oleander* (S. 448)

–   Endexine auf der Innenseite glatt 9

9   Exine höchstens ca. 0,8 µm dick, Poren mit schmalem Anulus, oder mit einer schwachen Aufbiegung der Porenumrandungen oder ohne Anulus (Tafel 101: 17-29) ....
.... **Urticaceae, Moraceae** (S. 436)

–   Exine dicker, Poren mit sehr breitem und dickem Anulus 10

10   Poren mehr oder weniger gleichmäßig am Äquator angeordnet 11

–   PK in Polaransicht mit 2 einander gegenüber liegenden Gruppen von (1)2-3(4) Poren (Tafel 104: 8-12) ....**32.8** *Myriophyllum alterniflorum* (S. 448)

11   Verdickung der Anuli erfolgt abrupt (Tafel 104: 13-16) ...... **32.9** *Myriophyllum spicatum* (S. 448)

–   Verdickung der Anuli erfolgt allmählich (Tafel 104: 17-18) ....
.... **32.10** *Myriophyllum verticillatum* (S. 448)

12   PK echinat, microechinat oder scabrat, Poren mit auffälligen Costae (Tafel 105: 1-18) ....
.... **32.11 Campanulaceae** (S. 449)

–   PK rugulat oder reticulat 13

13   PK sphäroidisch (PFormI <1,0), perreticulat, Brochi 0,8-1,4(1,8) µm groß, Exine mit Columellae-Schicht (Tafel 104: 19-22) ....**32.12** *Pistacia* (S. 453)

–   PK oblat, rugulat oder mit bis zu 2-5 µm großen suprareticulaten, oft unvollständig geschlossenen Brochi, Umrandung der Poren verdickt, Columellae-Schicht fehlt (Tafel 105: 19-25) ....
....**32.13** *Ulmus, Zelkova* (S. 453)

32.1 *Theligonum cynocrambe*
(Tafel 102: 22-25)

PK psilat, in Polaransicht rundlich bis elliptisch, sphäroidisch, PFormI 0,83-0,94. Äquatorialansicht elliptisch und schwach eckig, PK mit (5)6-7 Poren. Poren rund, kontrastschwach begrenzt, 3-4 µm groß oder länglich (3 × 4 µm). Exine 2,8-3,0 µm dick, mit dicker Endexine (1,0-1,3 µm). Tectum dünn, Columellae-Schicht dick, Columellae 0,7-0,8 µm dick, unregelmäßig verteilt. Tectum dicht perforiert, oft einem Microreticulum ähnlich.

Theligonum cynocrambe L. (2)
29,3-38,0 µm, MiW 33,6 µm; 50 PK, 0a, Ä

32.2 *Juglans*
(Tafel 103: 5-9)

PK oblat bis schwach sphäroidisch, PFormI 0,72-0,85, Polachse bei *J. regia* 32-40 µm, bei *J. nigra* 27-34 µm. Umriß in Polaransicht durch die etwas vorgewölbten Poren eckig. Im Äquatorialbereich gibt es 7-11 etwas gegeneinander versetzte Poren. Hinzu kommen auf einem der Polarfelder 1-6 weitere Poren, auf dem anderen selten eine weitere Pore. Diese Heteropolarität wird durch die verschieden stark gewölbten Polarfelder verstärkt. Die Poren sind 2,0-4,5 µm groß. Diese Vorwölbungen haben

▷

Tafel 102

1-4 *Myrica gale*, **5-7** *Corylus avellana*, **8-14** *Alnus glutinosa* (9 Phako), **15-21** *Alnus alnobetula* (16 Phako), **22-25** *Theligonum cynocrambe* (22-23 Äquatorialebene horizontal). – Vergrößerungen 1000fach.

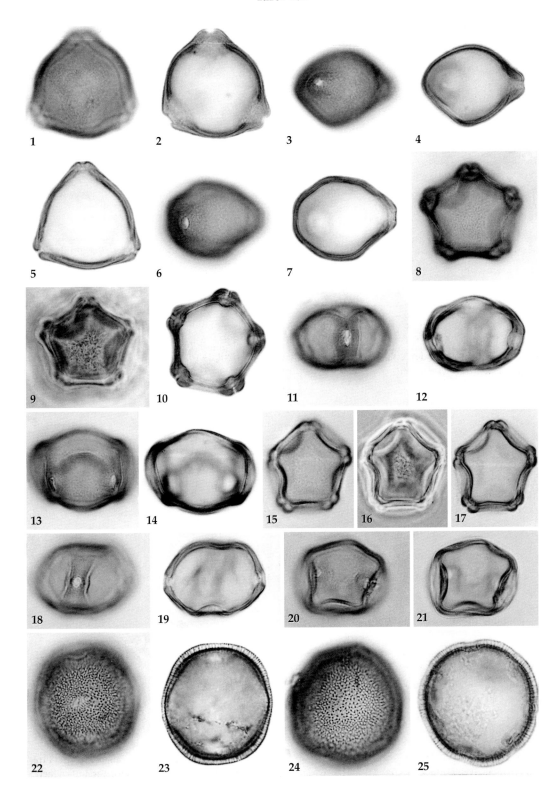

einen Durchmesser von 10-13 µm und eine unterschiedliche, meist geringe Höhe. Im Bereich der Vorwölbungen fehlt die Endexine, und die Ektexine bzw. das Tectum ist etwas verdickt. Die Exine ist 1,8-2,0 µm dick und besteht aus einem dickeren Tectum und einer dünneren Endexine. Columellae sind nicht erkennbar. Die Exine ist fein scabrat skulpturiert. Die Skulpturelemente sind rund, flach und nur etwa 0,4-0,6 µm groß (Phasenkontrast!), ± gleichmäßig verteilt. Die beiden untersuchten Arten unterscheiden sich mit geringer Überschneidung durch ihre Größen.

Juglans regia L. (2)
43,5-53,3 µm, MiW 48,6 µm; 50 PK, 0a, Ä

Juglans nigra L. (3)
33,3-43,0 µm, MiW 38,1 µm; 50 PK, 0a, Ä

32.3 *Alnus*
(Tafel 102: 8-21)

PK abgeflacht, oblat bis sphäroidisch (PFormI 0,62-0,82), mit überwiegend 4-5 Poren, seltener mit 6 und nur ausnahmsweise mit 3 Poren. Die PK sind in Polaransicht entsprechend der Porenzahl (3-) 4-, 5- oder 6-eckig. Typisch ist eine mehr oder weniger rechteckige Form der PK in Äquatorialansicht, zumindest wenn keine Pore im optischen Schnitt liegt. Poren mit Vestibula.

Bei *Alnus incana* und *A. glutinosa* liegt der PFormI bei 0,62-0,82, und die Polachse ist 18,8-23,0 µm lang. Bei je einer Herkunft beider Arten waren 4-porige PK mit 44-58 %, 5-porige PK mit 40-56 % und 3-porige mit 0-1,5 % vertreten. Durchmesser der Vestibula 7,0-8,5 µm, Höhe 3,0-3,5 µm. Am Rand der Vestibula trennen sich Ektexine und Endexine, Vestibulum daher mit abgetrenntem Vorhof. Die Pore sind meridional verlängert, 1,5-2,5 × 3-4 µm groß. Die Exine ist scabrat skulpturiert. Die Skulpturele-mente sind unterschiedlich in ihrer Größe und Form: sie sind rundlich, oval oder schmal und langgestreckt. Die Poren besitzen infolge einer Verdickung der Ektexine im Bereich des Vestibulums einen Anulus. Außerdem schließen sich in charakteristischer Weise an jeden Anulus 4 verdickte bogenförmige Streifen auf dem Tectum an (Arcus), das sind 3-4 µm breite verdickte Bänder, die bogenförmig die Anuli miteinander verbinden. Die Arcus sind auf einem der beiden Polarfelder meist deutlicher ausgebildet als auf dem anderen (Heteropolarität). Die Arcus markieren den Bereich, in dem das Polarfeld nahezu rechtwinklig in die Interporien abknickt. Die Arcus liegen entweder vor diesem Knick oder greifen auf ihn über. Die PK dieser beiden *Alnus*-Arten unterscheiden sich nicht. Alle Messungen waren bei beiden Arten nahezu identisch.

Die PK von *Alnus alnobetula*, syn. *A. viridis*, (Tafel 102: 15-21) sind etwas kleiner als bei den anderen beiden Arten. Der PFormI liegt bei 0,70-0,96, und die Länge der Polachse beträgt 17,8-25,0 µm. Der Anteil der 6-porigen PK liegt bei 2-14 %. 5-porige PK waren mit 58-78 %, 4-porige mit 10-40 % vertreten. Im Mittel von 6 Herkünften waren 4-porige PK mit 22 %, 5-porige mit 70 % und 6-porige mit 8 % vertreten (Summe 400 PK). Die Poren sind schwach meridional gestreckt, 1,2-2,5 × 2,0-3,0 µm groß. Exine 1,2-1,5 µm dick, Columellae nicht erkennbar. Wichtigstes Merkmal ist das Fehlen von Arcus. Arcus wurden nur in ganz wenigen Fällen und zwar nur bei PK mit besonders dicker Exine vorgefunden. Normalerweise ist anstelle der Arcus-Verdickungen nur der scharfe Knick auf der Grenze zwischen Polarfeldern und Interporien vorhanden, der sich jeweils bogenförmig auf beiden Seiten der PK von Pore zu Pore hinzieht und Arcus vortäuschen kann. Die Verdickung der Ektexine im Bereich der Vestibula scheint nur sehr schwach zu sein. Auch ist das Vestibulum in Polaransicht häufig schwer zu erkennen.

Es dürfte gewisse Schwierigkeiten machen, an fossilen PK zu erkennen, ob ein Arcus vorhanden ist oder nur der Knick zwischen Polarfeld und Interporien. In Verbindung mit dem Auftreten 6-poriger PK dürfte die Anwesenheit von *Alnus viridis* bei ausreichenden statistischen Bedingungen feststellbar sein, nicht aber die vollständigen Anteile in den Pollenspektren.

Tafel 103

1-4 *Celtis australis* (3 Phako), **5-9** *Juglans regia* (6, 9 Phako), **10-15** *Pterocarya fraxinifolia* (10, 11, 14 Phako). – Vergrößerungen 1000fach.

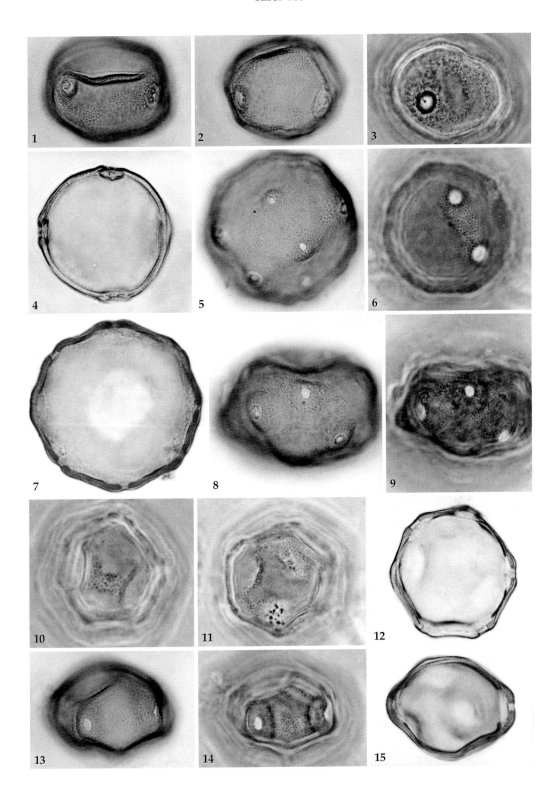

Alnus incana (L.) MOENCH (5)
24,5-32,0 µm, MiW 28,2 µm; 50 PK, 0a, Ä

Alnus alnobetula (EHRH.) K. KOCH (5)
22,5-27,8 µm, MiW 25,6 µm; 50 PK, 0a, Ä

Alnus glutinosa (L.) GAERTN. (2)
24,3-33,5 µm, MiW 29,0 µm; 50 PK, 0a, Ä

32.4 *Celtis*
(Tafel 103: 1-4)

PK psilat, PFormI 0,81-0,97. PK mit 3-5 Poren. Hauptsächlich vertreten sind tetraporate PK, triporate mit etwa 10 %, fünfporige PK mit etwa 5 %. Die Poren sind 3,5-4,5 µm groß, mit 1,0-1,5(2,0) µm breitem Anulus (Verdickung des Tectums). Exine 1,7-1,9 µm dick, mit dickem Tectum (0,8-1,0 µm) und dünner Endexine. Columellae-Schicht vorhanden, Columellae dünn und kurz, aber gut erkennbar.

Ähnlich sind vierporige PK von *Cannabis* oder *Humulus*. Man achte auf Unterschiede in der Größe der PK und Poren und der Dicke der Exine. Das Tectum ist bei *Cannabis* und *Humulus* nicht auffällig dick, und die Columellae-Schicht ist dort nicht erkennbar.

Celtis australis L. (2)
28,8-40,0 µm, MiW 34,5 µm; 50 PK, 0a, Ä

32.5 *Pterocarya fraxinifolia*
(Tafel 103: 10-15)

PK abgeflacht, mit 5-6(7) Poren, PFormI 0,75-0,90, Polachse 28-32 µm. PK in Polaransicht eckig, an den Ecken mit vorgewölbten Vestibula. Durchmesser der Vestibula 8-10 µm, Höhe 2,8-4,0 µm. Die Vestibula werden von der vorgewölbten Ektexine aufgebaut, die Endexine endet an der Basis des Vestibulums. Die Poren sind rund und ca. 3,2 µm groß oder transversal verlängert und dann ca. 2,0-2,2 × 3,0-3,5 µm groß. Die Polarfelder sind häufig mit 2-3 ca. 8-10 µm großen, unregelmäßig geformten, lacunae-artigen Eindellungen versehen. Skulpturierung scabrat bzw. microverrucat, mit niedrigen, ca. 0,5 µm großen und runden Skulpturelementen, die in Abständen von ca. 0,8-1,5 µm stehen (Phasenkontrast!). Exine 1,5-1,8 µm dick, Endexine ca. 0,8 µm dick. Columellae nicht erkennbar.

Pterocarya fraxinifolia (POIRET) SPACH (2)
34,0-41,8 µm, MiW 36,5 µm; 50 PK, 0a, Ä

32.6 *Carpinus betulus*
(Tafel 104: 5-7)

PK psilat, abgeflacht, sphäroidisch, selten schwach oblat, PFormI 0,74-0,88, Polachse 31,3-35,0 µm. PK meist mit 3-5, ausnahmsweise mit 6, 7 oder 2 Poren. Poren 2,8-3,2 µm groß, oft etwas meridional verlängert und dann 2,7-3,5 × 3,0-4,8 µm groß. PK mit 3 und 4 Poren unterscheiden sich größenstatistisch nicht. Poren mit Vestibulum. Durchmesser der Vestibula 9-10 µm, Höhe 2,8-3,0 µm. Exine 1,3-1,6 µm dick. Die Endexine ist im Bereich der Vestibula körnig aufgelöst. Columellae nicht erkennbar.

Carpinus betulus L. (3)
37,5-48,0 µm, MiW 42,6 µm; 100 PK, 0a, Ä

Tafel 104

1-3 *Nerium oleander*, **4-7** *Carpinus betulus*, **8-12** *Myriophyllum alterniflorum*, **13-16** *Myriophyllum spicatum*, **17-18** *Myriophyllum verticillatum*, **19-22** *Pistacia terebinthus*. – Vergrößerungen 1000fach.

Tafel 104

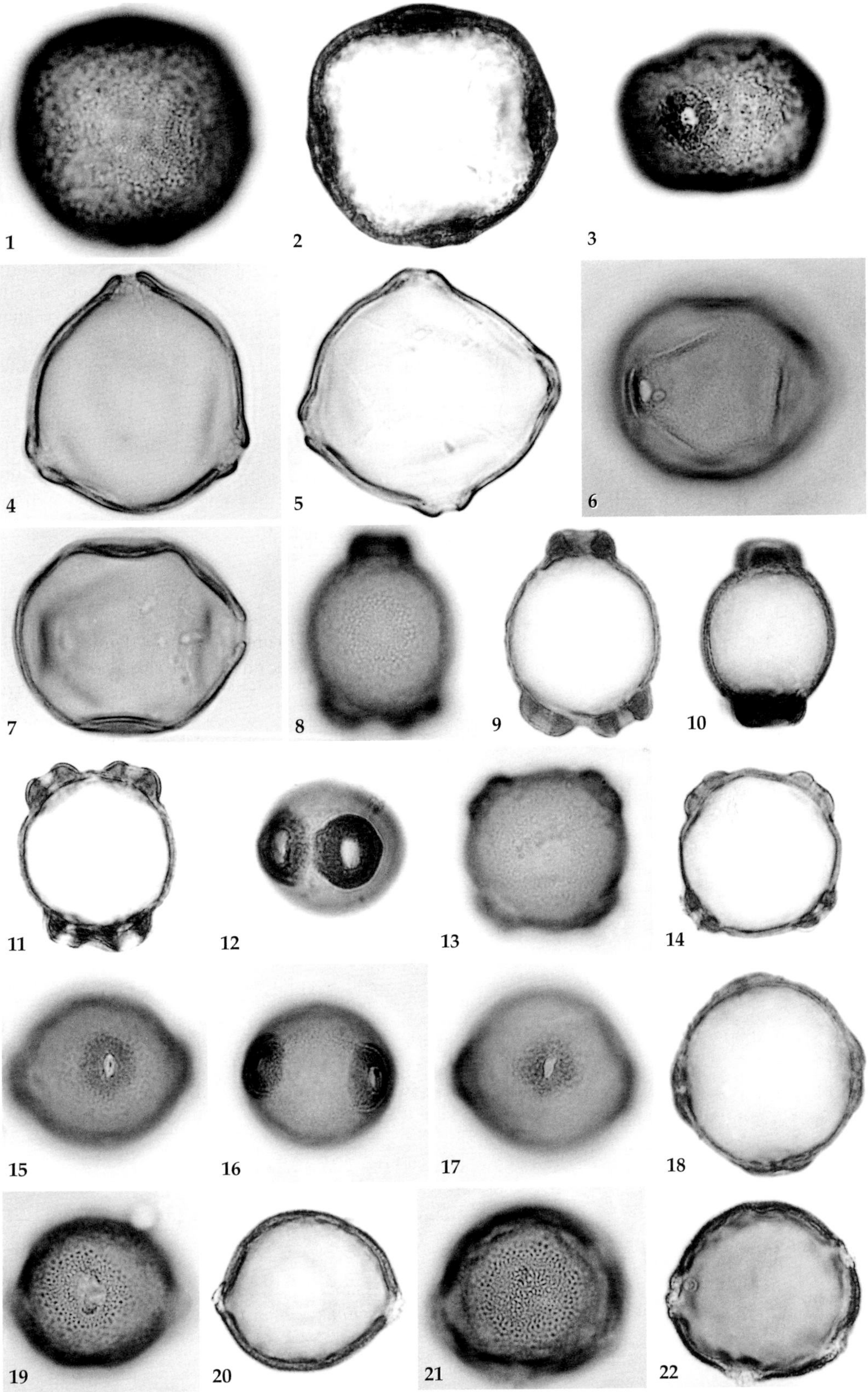

32.7 *Nerium oleander*
(Tafel 104: 1-3)

PK psilat, sphäroidisch, PFormI 0,78-0,88, Polachse 33-39 µm lang. PK mit 4-5, ausnahmsweise mit 3 Poren. Exine 1,7-2,0 µm dick. Columellae-Schicht deutlich erkennbar, Columellae kontrastschwach. Die Innenseite der Exine ist schwach bis grob schollig aufgelöst. Poren mit Anulus und mit stark nach innen vorspringenden Costae, die aus stark vergrößerten körnigen Resten der Endexine bestehen. Die Poren sind oval, meridional gestreckt, 3,5-6,0 × 2,0-4,5 µm groß. Die Costae sind breiter als die Anuli.

Nerium oleander L. (3)
36,8-47,5 µm, MiW 41,9 µm; 50 PK, 0a, Ä

32.8 *Myriophyllum alterniflorum*
(Tafel 104: 8-12)

PK in Polaransicht mit zwei einander gegenüber liegenden Gruppen von (1)2-3(4) Poren, selten mit 1 Pore außerhalb der beiden Gruppen. Poren mit breitem und dickem Anulus. Poren rund bis oval, 2,2-5,8 × 3,8-5,8 µm groß, Durchmesser mit Anulus 10,2-13,8 µm. Anulus 4,0-4,8 µm breit und 3,8-4,6 µm hoch. PK ohne Poren nahezu kugelig, 22-25 µm groß. Exine 1,3-1,5 µm dick, scabrat, Columellae schwer erkennbar. Die Zahl der Poren in den beiden Gruppen variiert in folgender Weise (200 PK, 4 Herkünfte):

1+1   4,5 %
1+2   31,5 %
1+3   4 %
2+2   47,5 %
2+3   11 %
2+4   0,5 %
3+3   1 %

Myriophyllum alterniflorum DC. (4)
29,8-36,0 µm, MiW 32,9 µm; 50 PK, 0a, Ä

32.9 *Myriophyllum spicatum*
(Tafel 104: 13-16)

PK psilat, sphäroidisch und abgeflacht, PFormI 0,81-0,91, Polachse 22,5-27,0 µm. PK mit 4 oder 5, selten mit 3 Poren. Poren mit ca. 2 µm dicken und 3,5-4,0 µm breiten Anuli. Die Verdickung beginnt am Außenrand des Anulus abrupt. Poren meridional gestreckt, 1,8-2,2 × 3,5-4,0 µm, nach innen etwas verengt. Exine 1,0-1,2 µm dick, Columellae nicht erkennbar.

Myriophyllum spicatum L. (4)
23,0-31,5 µm, MiW 27,6 µm; 50 PK, 0a, Ä

32.10 *Myriophyllum verticillatum*
(Tafel 104: 17-18)

PK psilat, abgeflacht, sphäroidisch bis schwach oblat, PFormI 0,73-0,94. Polachse 24,5-29,5 µm. PK mit 4, selten mit 3 oder 5 Poren. Poren mit einem 4,0-4,5 breiten und ca. 2 µm dicken Anulus. Die Verdickung beginnt am Außenrand des Anulus allmählich. Poren meridional gestreckt, meist spaltförmig, 3,5-5,0 × 1,0-2,0 µm. Exine 1,2-1,8 µm dick. Columellae nicht erkennbar.

Myriophyllum verticillatum L. (3)
24,5-34,5 µm, MiW 30,0 µm; 50 PK, 0a, Ä

32.11 Campanulaceae
(Tafel 105: 1-18, Tabelle 11)

PK sphäroidisch, PFormI 0,82-1,05. in Polaransicht rund, rundlich-eckig oder elliptisch, mit 2-6 Poren. Poren 3-6 µm groß, mit Costae. Costae 1-2(3) µm breit und ca. 1,5-2,5 µm dick. PK echinat oder microechinat. PK mit sehr kleinen, im optischen Schnitt nicht sicher erkennbaren und nicht meßbaren Skulpturelementen werden als scabrat angesehen. Echini meist 0,5-1,2 oder 1,5-2,0 µm, nur bei *Campanula medium* 3-4 µm lang. Der Abstand der Echini beträgt bei microechinaten und echinaten PK überwiegend 3-6 µm, bei scabraten PK nur 1-2 µm. Exine um 1,5 µm dick mit relativ dicker Endexine und sehr dünnen Columellae.

1   PK microechinat/scabrat, Skulpturelemente bis ca. 0,5 µm lang, im optischen Schnitt kaum erkennbar und in der Länge nicht meßbar 2

–   PK microechinat oder echinat, Echini bzw. Microechini mindestens 0-5-1,0 µm lang, im optischen Schnitt erkennbar und meßbar 3

2   PK meist mit 3 Poren (Tafel 105: 1-3)....................................**32.11.1** *Jasione montana*-**Typ** (S. 450)

–   PK mit überwiegend 5-6 Poren, 23-30 µm groß (Tafel 105: 4-7) .... **32.11.2** *Legousia*-**Typ** (S. 450)

3   Echini bzw. Microechini 0,5-1,0(1,2) µm lang, selten bis 1,5 µm (Tafel 105: 8-13) ....**32.11.3** *Phyteuma*-**Typ** (S. 452)

–   Echini länger als 1,5 µm 4

4   Echini 1,5-2,0 µm lang (Tafel 105: 14-16) .... **32.11.4** *Campanula trachelium*-**Typ** (S. 452)

–   Echini 3-4 µm lang (Tafel 105: 17-18) .... **32.11.5** *Campanula medium* (S. 453)

Tabelle 11. Campanulaceae. Differenzierende Merkmale.

	Größen	Zahl der Poren (30-35 PK)					Echini: Länge und Abstand (in µm)				
	in µm	2	3	4	5	6	<0,5	0,5-1,2	1,5-2	3-4	Abstand
32.11.1 *Jasione montana*-**Typ** (Tafel 105: 1-3)											
Jasione montana	23,0-29,5	2	27	1			+				1-2
Wahlenbergia hederacea	23,3-30,0	5	24	1			+				1-2
32.11.2 *Legousia*-**Typ** (Tafel 105: 4-7)											
Legousia hybrida	24,5-32,0			10	20		+				1-2
L. speculum-veneris	27,8-33,0			9	11	10	+				1-2
32.11.3 *Phyteuma*-**Typ** (Tafel 105: 8-13)											
P. betonicifolium	32,3-41,0		24	5	1				1,5		3-6
P. comosum	30,0-37,3		14	16				+			2-4
P. globulariifolium	29,5-35,0		1	26	3			+			3-6
P. globulariifolium subsp. *pedemontanum*	30,5-40,0		1	27	2			+			3-6
P. hedraianthifolium	35,0-42,8		2	23	5			+			3-7
P. hemisphaericum	34,5-40,5		1	29				+			2,5-6
P. humile	35,0-42,5			29	1			+			3-7
P. nanum	35,0-40,3		2	21	7			+			3-5
P. nigrum	32,8-42,0		30					+			3-6
P. orbiculare	33,5-40,0		20	10				+			3-7
P. ovatum	30,5-35,8		28	2				+			2,5-6,5
P. scheuchzeri	30,5-39,5		12	18					1,5		2-5
P. scorzonerifolium	29,5-37,8		30					+			2-6
P. spicatum	31,8-38,5		27	3				+			3-6
P. sieberi	31,8-40,5	3	7	14	6			+			3-6
P. tenerum	34,5-45,5		1	9	19	1		+			3-6
P. zahlbruckneri	30,0-37,0		30					+			2,5-6

Tabelle 11. (Fortsetzung).

	Größen in µm	Zahl der Poren (30-35 PK)					Echini: Länge und Abstand (in µm)				
		2	3	4	5	6	<0,5	0,5-1,2	1,5-2	3-4	Abstand
C. baumgartenii	30,3-46,3		9	21				1,5			3-6
C. bononiensis	29,5-34,5	2	28					+			2-3
C. cenisia	32,8-40,5		7	22	1			+			2-3
C. cervicaria	27,5-33,0		30					+			1-2
C. glomerata	25,8-35,0		24	6				+			2-4
C. latifolia	34,5-43,3		30					1,5			3-5
C. patula	28,8-36,3		21	9				+			2-4
C. persicifolia	34,5-42,5	2	6	22	5			+			3-6,5
C. pulla	30,0-38,5	2	28	1				+			3-7
C. rapunculus	32,3-37,3		4	26			+	+			1,5-4
C. rhomboidalis	33,0-42,5		29	1				+			3-7,5
C. rotundifolia	31,8-39,5		11	19				+			2-4
C. spicata	28,3-33,0	6	24					+			2-5
C. uniflora	30,0-42,0		13	16	1			+			1,5-4,5
Jasione laevis	30,8-39,5		30					+			1,0-4,0

32.11.4 Campanula trachelium-Typ (Tafel 105: 14-16)

	Größen in µm	2	3	4	5	6	<0,5	0,5-1,2	1,5-2	3-4	Abstand
Adenophora liliflora	40,0-51,8			27	3				+		2-5
Campanula alpina	27,8-37,8	3	27						+		2-5
C. barbata	27,8-35,5		28	4					+		3-8
C. cochleariifolia	30,0-37,8	10	20						+		4-6,5
C. excisa	24,5-34,5		29	1					+		2-6
C. latifolia	34,5-43,3		30						+		1,5-5
C. rapunculoides	38,8-48,3			19	11				+		2,5-6
C. scheuchzeri	32,5-42,5		20	10					+		2,5-6
C. sibirica	34,3-43,0		28	2					+		1,5-3
C. trachelium	32,5-38,0	1	29						+		3-6
C. thyrsoides	30,3-37,5		30						+		2-7

32.11.5 Campanula medium (Tafel 105: 17-18)

	Größen in µm	2	3	4	5	6	<0,5	0,5-1,2	1,5-2	3-4	Abstand
C. medium	39,5-45,0		29	1						+	7-15

Non vidi: *Campanula kladniana* (SCHUR) WIT.

32.11.1 *Jasione montana*-Typ (Tafel 105: 1-3). PK relativ klein (23,0-30,0 µm) und mit bis ca. 0,5 µm langen Microechini bzw. scabraten Skulpturelementen. Die Skulpturelemente sind im optischen Schnitt auch bei frisch azetolysierten PK nicht sichtbar oder nur so schwach, daß ihre Höhe nicht meßbar ist. Abstände der Skulpturelemente 1-2 µm. PK überwiegend mit 3 Poren.

Jasione montana L. (2)
23,0-29,5 µm, MiW 25,8 µm; 50 PL, 1a, Ä

Wahlenbergia hederacea (L.) RCHB. (2)
23,3-30,0 µm, MiW 27,2 µm; 50 PK, 0a, Ä

32.11.2 *Legousia*-Typ (Tafel 105: 4-7). PK relativ klein (24-33 µm) mit bis zu ca. 0,5 µm langen Echini bzw. scabraten Skulpturelementen. Die Skulpturelemente sind im optischen Schnitt auch bei frisch azetolysierten PK nicht sichtbar oder so wenig, daß ihre Höhe nicht meßbar ist. Überwiegend mit 4-6 Poren, Abstände der Skulpturelemente 1-2 µm.

▷

Tafel 105

1-3 *Jasione montana* (2 Phako), **4-7** *Legousia speculum-veneris* (7 Phako), **8-12** *Phyteuma spicatum* (11 Phako), **13** *Phyteuma pedemontanum*, **14, 16** *Campanula latifolia*, **15** *Campanula trachelium*, **17-18** *Campanula medium*, **19-24** *Ulmus glabra* (21, 24 Phako), **25** *Ulmus minor* (Phako). – Vergrößerungen 1000fach.

Tafel 105

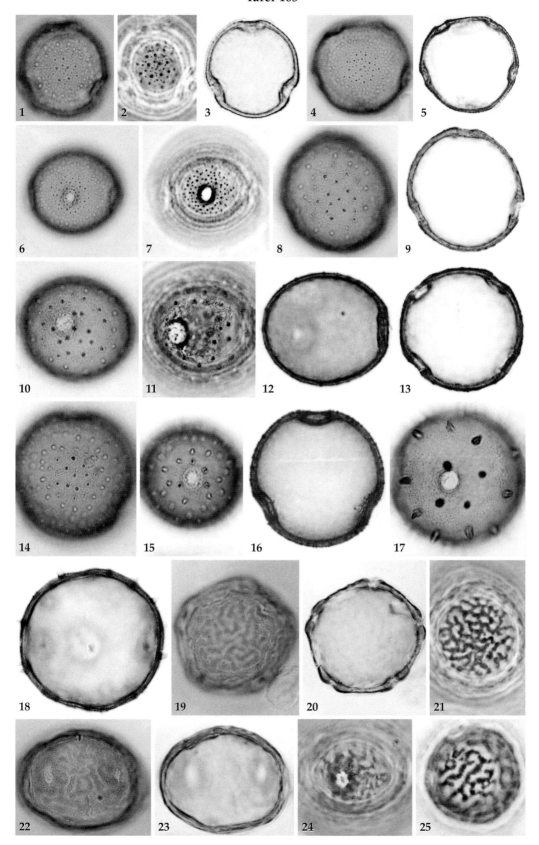

Legousia hybrida (L.) DELARBRE (2)
24,5-32,0 µm, MiW 28,7 µm; 50 PK, 0a, Ä

Legousia speculum-veneris (L.) CHAIX (2)
27,8-33,0 µm, MiW 30,4 µm; 50 PK, 0a, Ä

32.11.3 *Phyteuma*-Typ (Tafel 105: 8-13). PK mit bis zu 1,0(1,2) µm, selten vereinzelt bis 1,5 µm langen Echini, überwiegend mit 3-4 Poren. Abstände der Echini überwiegend 3-6 µm.

Phyteuma betonicifolium VILL. (2)
32,3-41,0 µm, MiW 36,2 µm; 50 PK, 0a, Ä

Phyteuma comosum L. (1)
30,0-37,3 µm, MiW 34,2 µm; 50 PK, 0a, Ä

Phyteuma globulariifolium STERNB. & HOPPE (1)
29,5-35,0 µm, MiW 32,6 µm; 50 PK, 0a, Ä

Phyteuma globulariifolium
subsp. *pedemontanum* (R.SCHULZ) BECHERER (1)
30,5-40,0 µm, MiW 35,6 µm; 50 PK, 0a, Ä

Phyteuma hedraianthifolium R.SCHULZ (1)
35,0-42,8 µm, MiW 39,2 µm; 50 PK, 0a, Ä

Phyteuma hemisphaericum L. (2)
34,5-40,5 µm, MiW 37,4 µm; 50 PK, 0a, Ä

Phyteuma humile SCHLEICHER (1)
35,0-42,5 µm, MiW 40,2 µm; 50 PK, 0a, Ä

Phyteuma nanum SCHUHR (1)
35,0-40,3 µm, MiW 37,3 µm; 50 PK, 0a, Ä

Phyteuma nigrum F.W. SCHMIDT (3)
32,8-42,0 µm, MiW 37,8 µm; 50 PK, 0a, Ä

Phyteuma orbiculare L. (2)
33,5-40,0 µm, MiW 36,6 µm; 51 PK, 0a, Ä

Phyteuma ovatum HONCK. (2)
30,5-35,8 µm, MiW 33,3 µm; 50 PK, 0a, Ä

Phyteuma scheuchzeri ALL. (1)
30,5-39,5 µm, MiW 35,6 µm; 50 PK, 0a, Ä

Phyteuma scorzonerifolium VILL. (1)
29,5-37,8 µm, MiW 34,4 µm; 50 PK, 0a, Ä

Phyteuma spicatum L. (4)
31,8-38,5 µm, MiW 35,2 µm; 51 PK, 0a, Ä

Phyteuma sieberi SPRENGER (1)
31,8-40,5 µm, MiW 37,0 µm; 50 PK, 0a, Ä

Phyteuma tenerum R.SCHULZ (1)
34,5-45,5 µm, MiW 40,0 µm; 50 PK, 0a, Ä

Phyteuma zahlbruckneri VEST (1)
30,0-37,0 µm, MiW 32,9 µm; 50 PK, 0a, Ä

Campanula baumgartenii BECKER (1)
30,3-46,3 µm, MiW 41,1 µm; 51 PK, 0a, Ä

Campanula bononiensis L. (2)
29,5-34,5 µm, MiW 31,7 µm; 50 PK, 0a, Ä

Campanula cenisia L. (2)
32,8-40,5 µm, MiW 37,0 µm; 50 PK, 0a, Ä

Campanula cervicaria L. (2)
27,5-33,0 µm, MiW 30,9 µm; 50 PK, 0a, Ä

Campanula glomerata L. (3)
25,8-35,0 µm, MiW 30,8 µm; 50 PK, 0a, Ä

Campanula patula L. (3)
28,8-36,3 µm, MiW 32,5 µm; 50 PK, 0a, Ä

Campanula persicifolia L. (2)
34,5-42,5 µm, MiW 38,4 µm; 50 PK, 0a, Ä

Campanula pulla L. (1)
30,0-38,5 µm, MiW 34,9µm; 50 PK, 0a, Ä

Campanula rapunculus L. (2)
32,3-37,3 µm, MiW 34,2 µm; 50 PK, 0a, Ä

Campanula rhomboidalis L. (2)
33,0-42,5 µm, MiW 38,9 µm; 50 PK, 0a, Ä

Campanula rotundifolia L. (3)
31,8-39,5 µm, MiW 35,1 µm; 50 PK, 0a, Ä

Campanula spicata L. (1)
28,3-33,0 µm, MiW 31,3 µm; 50 PK, 0a, Ä

Campanula uniflora L. (1)
30,0-42,0 µm, MiW 35,1 µm; 50 PK, 0a, Ä

Jasione laevis LAM. (2)
30,8-39,5 µm, MiW 35,2 µm; 50 PK, 0a, Ä

32.11.4 *Campanula trachelium*-Typ (Tafel 105: 14-16). Echini 1,5-2,0 µm lang, PK mit überwiegend 3 oder 4 Poren. Abstände der Echini überwiegend 3-5 µm.

Adenophora liliifolia (L.) LEDEB. (2)
40,0-51,8 µm, MiW 46,2 µm; 50 PK, 0a, Ä

Campanula alpina JACQ. (2)
27,8-37,8 µm, MiW 33,4 µm; 50 PK, 0a, Ä

Campanula barbata L. (2)
27,8-35,5 µm, MiW 32,7 µm; 51 PK, 0a, Ä

Campanula cochleariifolia LAM. (2)
30,0-37,8 µm, MiW 33,7 µm; 50 PK, 0a, Ä

Campanula excisa SCHLEICHER (2)
24,5-34,5 µm, MiW 29,4 µm; 50 PK, 0a, Ä

Campanula latifolia L. (3)
34,5-43,3 µm, MiW 39,2 µm; 50 PK, 0a, Ä

Campanula rapunculoides L. (3)
38,8-48,3 µm, MiW 43,1 µm; 50 PK, 0a, Ä

Campanula scheuchzeri VILL. (2)
32,5-42,5 µm; MiW 38,2 µm; 50 PK, 0a, Ä

Campanula sibirica L. (2)
34,3-43,0 µm, MiW 38,2 µm; 51 PK, 0a, Ä

Campanula trachelium L. (3)
32,5-38,0 µm, MiW 36,1 µm; 50 PK, 0a, Ä

Campanula thyrsoides L. (2)
30,3-37,5 µm, MiW 34,7 µm; 50 PK, 0a, Ä

32.11.5 *Campanula medium* (Tafel 105: 17-18). PK relativ groß und mit überwiegend 3 Poren. Echini 3-4 µm lang und basal bis 2 µm dick. Abstände der Echini 7-15 µm.

Campanula medium L. (2)
39,5-45,0 µm, MiW 42,4 µm; 50 PK, 0a, Ä

32.12 Pistacia
(Tafel 104: 19-22)

PK sphäroidisch, PFormI 0,83-0,96, Polachse 25,5-29,5 µm, reticulat bis microreticulat, mit 0,8-1,4(1,8) µm großen Brochi. Umriß in Äquatorialansicht oval. PK mit 4 oder 5 Poren, von denen 1-2 etwas außerhalb des Äquators liegen können. PK vielfach auch mit einer oder mehreren zusätzlichen Poren auf den Polarfeldern, manche dieser PK mit 6-8 Poren können als periporat bezeichnet werden. Die Poren sind meist unscharf begrenzt und mit unregelmäßig ausgebildeten Rändern, sie sind meridional verlängert und dabei oval (z.B. 5 × 3 µm) bis spaltförmig (z.B. 6,5 × 2,5 µm). Porenumrandungen oft etwas nach außen gebogen, Opercula vorgewölbt. Exine ca. 1,5 µm dick mit Columellae-Schicht.

Pistacia lentiscus L. (3)
29,0-37,0 µm, MiW 32,7 µm; 50 PK, 0a, Ä

Pistacia terebinthus L. (3)
28,0-35,5 µm, MiW 31,7 µm; 50 PK, 0a, Ä

32.13 Ulmus, Zelkova
(Tafel 105: 19-25)

Ulmus: PK schwach oblat bis sphäroidisch, PFormI 0,68-0,87, Umriß in Äquatorialansicht 4-6 eckig (Poren an den Ecken). PK durch unterschiedliche Wölbung der Polarfelder und unterschiedliche Höhe der Skulpturen auf den Polarfeldern schwach bis deutlich heteropolar. Skulpturierung (supra)reticulat oder rugulat. Brochi bei reticulat skulpturierten PK 2-5 µm groß, oft offen, Muri 0,8-1,5 µm breit. Das Reticulum ist vielfach rugulat aufgelöst, und die Skulpturelemente sind dann 4-8 µm lang, gebogen, auch verzweigt. Es gibt Übergänge zwischen reticulaten und rugulaten Skulpturierungen, auch auf ein und demselben PK. Die Poren sind meist meridional etwas verlängert (2,0-4,5 × 3,5-6,0 µm), wenn rund, dann um 3 µm groß. Die Skulpturelemente treten am Porenrand zu einem Anulus zusammen, der aus verwachsenen oder auch unverwachsenen Skulpturelementen besteht. Die Skulpturelemente sind hier höher als außerhalb der Anuli. Die Exine ist dort (2)2,2-3,0 µm dick, außerhalb der Anuli 1,5-2,0 µm. Die Endexine ist dünn (ca. 0,5 µm), eine Columellae-Schicht ist nicht erkennbar.

Zahl der Poren 4-6(7): Es überwiegen 5-porige PK. Daneben gibt es bei *U. glabra* und *U. minor* in geringerer Menge 6-porige (4-porige PK sind selten), bei *U. laevis* in geringerer Menge 4-porige PK (6-porige PK sind seltener).

Zelkova: Allgemeine Merkmale wie bei *Ulmus*. Zahl der Poren (50 PK) bei *Zelkova carpinifolia*: 28 % mit 4 Poren, 58 % mit 5 Poren, 12 % mit 6 Poren und 2 % mit 7 Poren.

Aus der Gattung *Zelkova* stand ferner ein altes Präparat von der japanischen Art *Zelkova keaki* MAYR zur Verfügung. Dort überwiegen 4-porige neben etwa 20 % 5-porigen PK. Diese PK sind 38,0-48,5 µm groß (34 gemessene PK) und damit trotz der durch Quellung vergrößerten PK des alten Präparates überwiegend größer als die von *Ulmus*. Bei der Skulpturierung wurden auch bei dieser Art keine Unterschiede zu *Ulmus* gefunden.

Ein erhöhter Anteil von 4-porigen PK kann somit durchaus für die Anwesenheit von Arten der

Gattung *Zelkova* sprechen. Um diese Vorstellung abzusichern, müßten allerdings noch weitere nordhemisphärische *Ulmus-* und *Zelkova*-Arten pollenmorphologisch überprüft werden.

Ulmus glabra Huds. (4)
33,0-40,3 µm, MiW 37,4 µm; 50 PK, 0a, Ä

Ulmus minor Mill. (5)
30,0-40,3 µm, MiW 35,3 µm; 50 PK, 0a, Ä

Ulmus laevis Pall. (3)
33,0-39,3 µm, MiW 37,4 µm; 50 PK, 0a, Ä

Zelkova carpinifolia (Pall.) K. Koch (1)
35,3-49,3 µm, MiW 42,2 µm; 50 PK, 6a, Ä

33. Periporatae

Der Porenabstand wird von Porenmitte zu Porenmitte gemessen, die Breite der Interporien von Porenrand zu Porenrand. Die Zahl der Poren wurde durch Auszählung oder Abschätzung (Chenopodiaceae, Amaranthaceae), nicht durch Berechnung ermittelt. Vergl. dazu auch die Bemerkungen S. 468 und S. 482. Es sei darauf hingewiesen, daß in der Gattung *Linum* bei kurzgriffeligen Formen gelegentlich polyporate PK auftreten, die baculat skulpturiert sind. Sie wurden nicht in den folgenden Bestimmungsschlüssel aufgenommen.

1   PK verrucat (ggf. im Phasenkontrastbild entscheiden) bis verrucat-rugulat 2
–   PK nicht verrucat skulpturiert 3

2   PK mit großen Verrucae und wenigen, 6-12 µm großen, mit breiten Anuli versehen Poren (Tafel 106: 1-3) .... **33.1 *Fumaria*** (S. 456)
–   PK mit kleinen Verrucae. Poren kleiner als 8 µm, mit oder ohne Anulus (Tafel 106: 4-16, Tafel 107: 1-18) .... **33.2 Plantaginaceae** (S. 457)

3   PK echinat 4
–   PK nicht echinat, wenn microechinat dann mit Microechini bis um 1 µm Länge (*Stellaria holostea*) 8

4   PK 21-28 µm groß, Aperturen selten als Poren, meistens als kurze Colpen ausgebildet (Tafel 91: 14-20) .... *Koenigia islandica* (S. 405)
–   PK größer, immer mit Poren 5

5   PK bis 60 µm groß, mit papillösen Vorwölbungen der Exine, diese mit je einer Columella und einem bis 1,5 µm langen Echinus oder einem ca. 0,5 µm langen Microechinus. Poren groß und in geringer Zahl (Tafel 107: 19-25) .... **33.3 *Ranunculus arvensis*-Gruppe** (S. 462)
–   PK ohne papillöse Vorwölbungen 6

6   PK 70-155 µm groß 7
–   PK 26-31 µm groß, Echini 1-1,5 µm lang, Poren um 3 µm groß, unregelmäßig und kontrastschwach begrenzt (Tafel 108: 1-3) .... **33.4 *Sagittaria sagittifolia*** (S. 463)

7   PK 130-156 µm groß, mit 6-10 Poren, Porendurchmesser 20,0-25,0 µm, neben 9-11 µm langen Echini ist die Exine dicht mit fädigen Bacula besetzt (Tafel 108: 4-7) .... **33.5 *Cucurbita pepo*** (S. 463)
–   PK 70-140 µm groß, Poren nur 2-4 µm groß, zahlreich, Exine zwischen den Echini nicht dicht mit fädigen Bacula besetzt (Tafel 109: 1-4) .... **33.6 Malvaceae** (S. 463)

8   Poren mit Anuli oder Costae (wenn im Phasenkontrastbild verrucat: Plantaginaceae) 9
–   Poren ohne Anuli 12

9   PK reticulat, microreticulat, mit netzig gestellten Columellae oder mit Tectum perforatum oder intrareticulat (wenn PK nur mit 5-8 Poren, 0,8-1,4(1,8) großen Brochi und meridional verlängerten Poren s. *Pistacia* S. 453) 10

–   PK scabrat, nicht intrareticulat 11

10 PK psilat, intrareticulat oder microintrareticulat, Endobrochi überwiegend offen (Tafel 109: 5-14) .... **33.7** *Alisma*-**Gruppe** (S. 464)

–   PK nicht intrareticulat oder microintrareticulat, die Columellae können netzig angeordnet sein; PK mit Tectum perforatum oder PK reticulat, microreticulat oder perreticulat; das Tectum ist außerdem scabrat oder microechinat skulpturiert (Tafel 110-112, Tafel 113: 1-2) ....**33.8 Caryophyllaceae p.p.** (S. 466)

11 PK mit (25)30 bis >100 Poren, Poren 1,1-3,0(4,0) µm groß (Tafel 113: 3-29) .... **33.9 Chenopodiaceae p.p.,** *Amaranthus* (S. 482)

–   PK mit weniger als 10 Poren, Poren 3-5 µm groß (Tafel 114: 1-10) .... **33.10** *Ribes* (S. 487)

12 PK reticulat (auch reticulat <u>und</u> microechinat), intrareticulat (auch intrareticulat <u>und</u> microechinat), striat oder striat-reticulat 13

–   PK scabrat, psilat, microechinat, microreticulat, mit oder ohne Tectum perforatum, wenn gemmat oder clavat, dann mit großen und kleinen Skulpturelementen, vergl. *Linum* S. 218 20

13 PK striat oder striat-reticulat (Tafel 114: 11-17) .... **33.11** *Polemonium* (S. 488)

–   PK reticulat oder intrareticulat 14

14 PK 100-145 µm groß, dickwandig, mit großen, eng stehenden und eingesenkten, runden und länglichen Poren (Tafel 115: 9-11) .... **33.12** *Opuntia* (S. 488)

–   PK kleiner als 60 µm 15

15 Exine in der Mitte zwischen den Poren intrareticulat mit 1,5-2,5 µm großen Brochi, gegen die Porenränder hin intrareticulat oder microintrareticulat. Skulptur psilat oder microechinat (Tafel 109: 5-14) .... **33.7** *Alisma*-**Gruppe** (S. 464)

–   PK perreticulat, nicht intrareticulat oder microintrareticulat, Reticulum zwischen den Porenrändern gleichmässig ausgebildet 16

16 Exine 2,5-4,5 µm dick, Brochi 1,5-3,0 µm, Poren 1-2 µm groß (Tafel 114: 18-20, Tafel 115: 1-5) .... **33.13 Thymelaeaceae** (S. 490)

–   Exine dünner, wenn dicker als 2,5 µm, dann Brochi deutlich größer 17

17 Brochi 5 bis 7(13) µm groß 18

–   Brochi 1 bis 2 µm groß 19

18 Muri simplicolumellat, 1 Pore in jedem Brochus, Poren kleiner als die Lumina. Endexine 2-3 µm dick (Tafel 115: 6-8) .... **33.14** *Tribulus terrestris* (S. 490)

–   Muri mindestens duplicolumellat, Poren nicht in jedem Brochus (Tafel 116: 1-4) .... **33.15** *Persicaria maculosa*-**Typ** (S. 492)

19 Poren 5-10 µm groß, rund bis länglich, Brochi 1,0-1,5 µm mit breiten, wenigstens teilweise duplicolumellaten Muri (Tafel 116: 5-8) .... **33.16** *Liquidambar* (S. 492)

–   Poren nur 1,5-2,0 µm groß (Tafel 116: 9-13) .... **33.17** *Buxus* (S. 492)

20 PK langgestreckt, etwa kegelförmig, d.h. im Umriß spitz gleichschenklig-dreieckig oder stumpf dreieckig-sackförmig mit 4-6 Poren oder Colpen auf der Mantelfläche und einem Colpus oder einer Pore auf der Grundfläche der kegelförmigen PK (Tafel 116: 14-17, Tafel 117: 1-16, Tafel 118: 1-7) .... **33.18 Cyperaceae** (S. 494)

–   PK kugelig bis ellipsoidisch, Poren ± regelmäßig verteilt 21

21 PK klein, 11-23 µm, mit wenigen Poren und mit Columellae-Schicht, psilat 22

– PK größer, mit zahlreichen Poren, wenn um 20 µm und mit wenigen Poren, dann ohne Columellae-Schicht (*Ribes* p.p.) 23

22 PK mit (4)6-11 Poren (Tafel 118: 8-25) ....
.... **33.19** *Herniaria, Paronychia, Illecebrum verticillatum* (S. 500)

– PK mit 12 Poren, im Umriß sechseckig (Tafel 118: 26-31) .... **33.20** *Polycnemum* (S. 502)

23 PK mit papillösen Vorwölbungen der Exine, diese mit je einer Columella, wenn ohne papillöse Vorwölbungen, dann mit ca. 1 µm dicken, weit gestellten Columellae. PK microechinat, Microechini oft schwer erkennbar 5

– PK ohne papillöse Vorwölbungen der Exine, mit dünneren, nicht auffallend weit gestellten Columellae, PK scabrat, psilat oder microechinat 24

24 PK über 70 µm groß, psilat, mit Tectum perforatum (Tafel 118: 32-34, Tafel 119: 1) ....
.... **33.21** *Calystegia* (S. 504)

– PK kleiner 25

25 PK microechinat 26

– PK psilat, scabrat oder microverrucat 28

26 Je 1 Microechinus über einer Columella (Tafel 119: 2-5) .... **33.22** *Anemone coronaria* (S. 504)

– Microechini anders verteilt 27

27 PK mit meist 10-12 Poren, Poren 4-6 µm groß mit kontrastarmen Rändern (Tafel 119: 6-12) ....
.... **33.23** *Caldesia parnassifolia* (S. 504)

– PK mit 19-35 Poren, Poren 1,5-3,5 µm groß (Tafel 110-112, Tafel 113: 1-2) ....
....**33.8** **Caryophyllaceae p.p.** (S. 466)

28 PK mit mindestens (25)30 bis > 100 kleinen Poren, Porendurchmesser (1.)1,7-3,0(4,0) µm (Tafel 113: 3-29) ....**33.9** **Chenopodiaceae p.p., *Amaranthus*** (S. 482)

– PK mit weniger als 20 Poren 29

29 PK 33-44 µm, Poren 8-13 µm groß (Tafel 119: 13-19) .... **33.24** *Papaver agremone* (S. 506)

– PK und/oder Poren kleiner (im Phasenkontrastbild auf schwache verrucate Skulpturierung achten: Plantaginaceae) 30

30 PK psilat, wenn schwach scabrat, PK mit Lacunae (*Ribes*, Tafel 114: 1-10) 31

– PK scabrat, 6-14 Poren, Poren eingesenkt, 2,5-6 µm groß, unregelmäßig geformt. Exine um 1,5 µm dick. Endexine so dick wie die Ektexine oder dicker (wenn Poren regelmäßig rund und Endexine dünner als Ektexine, vergl. *Sagina apetala*-Typ S. 470) (Tafel 119: 20-25) ....
.... **33.25** *Thalictrum* (S. 506)

31 Exine ca. 0,7 µm dick, Poren 1,5 µm groß (Tafel 120: 1-4) .... **33.26** *Urtica pilulifera* (S. 506)

– Exine 1,2-1,7 µm dick, Poren 3-5 µm groß (Tafel 114: 1-10) ....**33.10** *Ribes* (S. 487)

33.1 *Fumaria*
(Tafel 106: 1-3)

PK rundlich, meist mit 6, seltener 8 oder 10(12) Poren. Verteilung der Poren bei 6 pro PK regelmäßig, bei 8 oder 10 oft unregelmäßig. Poren mit Anulus. Durchmesser der Poren 8,5-12,5 µm. Anulus 2,5-4,5 µm breit, Außenrand häufig gelappt-gekerbt. Porenmenbran dünn, spitz tütenförmig und meist längsfaltig bis auf eine Länge von etwa 10 µm ausgestülpt. PK verrucat, Skulpturelemente 1-5(7) µm groß, in Aufsicht rundlich bis unregelmäßig oder etwas langgestreckt. Überwiegend kleine Skulpturelemente (ca. 1-1,5 μm groß) wurden vor allem bei *F. parviflora* festgestellt. Exine 2-3(4) μm dick, mit dickem Tectum. Columellae-Schicht niedrig, Endexine dünn.

Fumaria capreolata L. (2)
37,0-49,5 μm, MiW 42,1 μm; 50 PK, 0a

Fumaria parviflora LAM. (2)
33,5-47,5 μm, MiW 38,7 μm; 50 PK, 0a

Fumaria densiflora DC. (2)
31,5-40,5 μm, MiW 35,3 μm; 50 PK, 0a

Fumaria rostellata KNAF (2)
26,3-37,0 μm, MiW 33,0 μm; 50 PK, 0a

Fumaria muralis SOND. ex KOCH (2)
34,0-43,3 μm, MiW 38,7 μm; 50 PK, 0a

Fumaria schleicheri SOY.-WILL (2)
26,8-37,8 μm, MiW 31,2 μm; 50 PK, 0a

Fumaria officinalis L. (2)
32,5-40,5 μm, MiW 36,8 μm; 50 PK, 0a

Fumaria vailantii LOISEL. (2)
30,5-37,8 μm, MiW 34,6 μm; 50 PK, 0a

33.2 Plantaginaceae
(Tafel 106: 4-16, Tafel 107: 1-18)

Wegen der Bedeutung einiger *Plantago*-Arten als Siedlungszeiger *(P. lanceolata, P. major)* gibt es bereits einige ausführliche pollenmorphologische Bearbeitungen (FAEGRI & IVERSEN 1993; CLARKE & JONES 1977). Allerdings fehlt dort die Berücksichtigung alpiner und südeuropäischer Arten ganz oder teilweise. Die nachstehende Erweiterung des Artenbestandes erfolgt unter Verwendung wichtiger, von den genannten Autoren verwendeter Merkmale.

PK kugelig bis ellipsoidisch, mit (5)6-17 Poren. Poren mit oder ohne Anulus, wenn ohne Anulus, dann Poren meist unregelmäßig und kontrastschwach begrenzt, seltener rundlich und deutlich begrenzt. Opercula unterschiedlich, entweder wie die Exine (scabrat und verrucat) ausgebildet oder dünnwandig und körnig besetzt, bei einigen Arten auch scheibenförmig und glatt. PK verrucat skulpturiert, Verrucae unterschiedlich groß, dick und deutlich ausgebildet. Das Tectum mit den Verrucae ist von sehr kleinen scabraten (oder microechinaten) Skulpturelementen dicht bedeckt; sie sind im Hellfeld und im Phasenkontrast als feine Punkte zwischen den Verrucae, bei sehr flachen Verrucae auch auf den Verrucae erkennbar. Exine 0,8-1,2 μm dick, Ektexine etwas dicker als die Endexine, Zwischenraum zwischen Tectum und Ektexine im optischen Schnitt erkennbar. Die Columellae und die scabraten Skulpturelemente konnten nur in Ausnahmefällen im optischen Schnitt erkannt werden. Bei diesen Fällen erwiesen sich die Columellae als sehr dünn und dicht stehend. In Aufsicht und im Phasenkontrastbild können sich die Muster der scabraten Skulpturen und der Columellae überlagern.

Hinweise für die Bestimmung:
1. In den meisten Fällen ist eine Untersuchung im Phasenkontrastbild unerläßlich.
2. Schwierigkeiten bereitet die Ermittlung der Porenzahl bei Arten mit kontrastarmen Porenumrandungen und mehr als 10 Poren. Man achte darauf, daß die Exine um die Poren herum meist etwas eingedellt ist.
3. Verwendet werden u.a. Merkmale, deren Verfügbarkeit nicht immer gegeben ist (Opercula können fehlen) oder die nicht quantifizierbar sind (Kontraststärke der Verrucae).
4. Angaben über Größe und Kontrast von Anuli und Skulpturelementen wurden im Phasenkontrastbild ermittelt.

1   Poren kontrastscharf begrenzt (Hellfeld), mit oder ohne Anulus 3
–   Poren kontrastarm (Hellfeld) begrenzt 2

2   PK (32)33-44 μm (Tafel 106: 4-6) .... **33.2.1 *Litorella*-Typ** (S. 458)
–   PK 21-32(34) μm (Tafel 106: 7-13) .... **33.2.2 *Plantago major-media*-Typ** (S. 458)

3   Poren mit Anulus, Anulus als geschlossener Ring mit glattem oder gelapptem Außenrand oder als eine deutlich verdichtete Zone von Verrucae ausgebildet 5

33.2.1 *Litorella*-Typ (Tafel 106: 4-6). Poren 3,5-5,5(7,0) µm groß, unregelmäßig geformt, nicht rund, Ränder sehr kontrastarm und oft eingerissen. Das Operculum ist wie die Exine aufgebaut oder in mehrere Stücke zerfallen, oder die Porenmembranen sind nur mit punktförmigen Skulpturelementen ausgestattet. Verrucae in Größe, Form und Kontrast verschieden, manchmal langgestreckt und bis zweimal so lang wie breit, 1,5-4,3 µm groß. Exine 0,8-1,2 µm dick.

Porenzahlen:

Litorella uniflora	12-17
Plantago fuscescens	8-11
Plantago atrata	6-10
Plantago bellardi	5-8

Wegen der hohen Porenzahl ist *Litorella* pollenmorphologisch relativ sicher bestimmbar, insbesondere wenn *Plantago fuscescens*, *P. bellardii* und *P. atrata* aus Gründen der Verbreitung ausgeschlossen werden können.

Litorella uniflora (L.) ASCHERSON (2)
33,0-43,5 µm, MiW 38,8 µm; 50 PK, 0a

Plantago fuscescens JORDAN (2)
33,3-42,5 µm, MiW 37,9 µm; 50 PK, 0a

Plantago atrata HOPPE (7)
32,5-39,8 µm, MiW 35,9 µm; 50 PK, 0a

Plantago bellardii ALL. (3)
32,5-43,0 µm, MiW 37,4 µm; 50 PK, 0a

33.2.2 *Plantago major-media*-Typ (Tafel 106: 7-13). Poren 3,0-6,0 µm groß, meist unregelmäßig geformt mit kontrastschwachen Rändern (Ausnahmen manchmal bei *P. indica*). Opercula meist nur mit Punkten. Verrucae 1,5-4,5 µm groß, z.T. langgestreckt und gebogen, meist niedrig, nur bei *P. media* oft relativ hoch. Exine 1,0-1,6 µm dick.

Porenzahlen:

Plantago media	7-11
P. major	5-8
P. sempervirens	6-8
P. reniformis	6-7
P. indica	6-7

▷

Tafel 106

1-3 *Fumaria officinalis*, **4-6** *Litorella uniflora* (6 Phako), **7-9** *Plantago media* (9 Phako), **10-13** *Plantago major* (12-13 Phako), **14-16** *Plantago albicans* (16 Phako). – Vergrößerungen: 1-5, 14-15: 1000fach; 6-13, 16: 1500fach.

Tafel 106

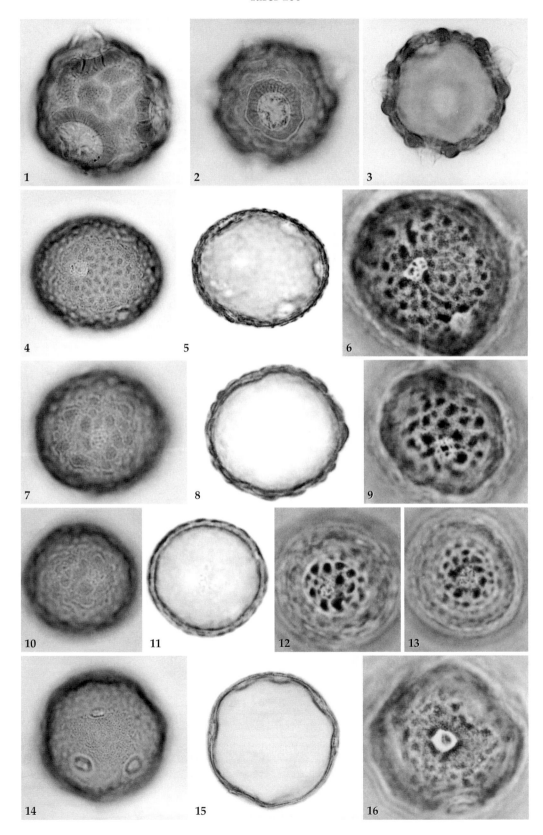

Bei *P. indica* gibt es PK mit einigermaßen kontrastreichen Porenrumrandungen, durch die eine Ähnlichkeit mit *P. tenuiflora* besteht (siehe dort).

Eine Abtrennung von *Plantago major* gelingt nicht mit hinreichender Sicherheit. Die PK von *P. major*, *P. indica* und *P. reniformis* liegen im unteren Teil des Größenbereiches bei dem *Plantago major-media*-Typ, d.h. zwischen etwa 19 und 27 µm, die der anderen Arten *(P. media, P. sempervirens)* bei 27-34 µm. Die Verrucae sind bei *P. major* in vielen Fällen genauso groß und hoch wie z.B. bei *P. media*; allerdings können einzelne Herkünfte auch sehr kleine Verrucae besitzen. Eine Unterscheidung zwischen *P. major* und *P. media* kann daher nur bei PK mit eindeutigen Größenverhältnissen empfohlen werden und wenn andere Arten ausgeschlossen werden können.

Plantago indica L. (5)
23,8-28,3 µm, MiW 26,7 µm; 50 PK, 0a

Plantago sempervirens CRANTZ (3)
27,0-33,8 µm, MiW 30,3 µm; 50 PK, 0a

Plantago major L. (6)
19,5-27,0 µm, MiW 22,8 µm; 50 PK, 0a

Plantago reniformis G. BECK (1)
21,0-27,5 µm, MiW 24,6 µm; 50 PK, 0a

Plantago media L. (9)
27,0-32,0 µm, MiW 28,9 µm; 50 PK, 0a

33.2.3 *Plantago albicans* (Tafel 106: 14-16). PK mit 9-13 Poren. Poren (2,0)3,0-5,0 µm groß, rund oder elliptisch und dann 2-3 × 4-5 µm groß, mit scheibenförmigen Opercula und ohne Anulus. Porenumrandungen kontrastreich mit glattem Rand. Verrucae 1-3 µm, manchmal an den Porenrändern etwas größer und dichter gestellt. Punkte deutlich. Exine 1,0-1,3 µm dick.

Plantago albicans L. (2)
32,5-45,0 µm, MiW 37,9 µm; 50 PK, 0a

33.2.4 *Plantago tenuiflora*-Typ (Tafel 107: 1-4). PK mit 9-12 Poren. Poren 2,8-3,3 µm groß, rundlich oder etwas unregelmäßig geformt, Porenumrandungen meist hinreichend kontrastreich. Opercula körnig skulpturiert. Poren ohne Anulus, selten gibt es eine schwache Verdichtung der Verrucae um eine Pore herum. Verrucae niedrig und kontrastarm, 0,8-1,8 µm groß, scabrate Skulpturen meist gut erkennbar. Exine 0,8 µm dick.

Schwierigkeiten können bei der Abtrennung gegenüber *P. indica* entstehen. Bei *P. indica* kommen PK mit runden, wie bei *P. tenuiflora* kontrastreichen Rändern vor, während die Poren sonst kontrastarm berandet sind (s. *P. major-media*-Typ). Die PK und die Verrucae sind bei *P. tenuiflora* aber überwiegend kleiner und die Exine dünner als bei *P. indica*. Verwechselungen mit dem *Plantago major-media*-Typ können möglicherweise nicht immer ausgeschlossen werden.

Plantago tenuiflora WALDST. & KIT. (2)
20,8-25,3 µm, MiW 23,9 µm; 50 PK, 0a

33.2.5 *Plantago lanceolata*-Typ (Tafel 107: 4-9). PK mit 9-16 Poren. Poren 2,0-5,0 µm groß, mit glatten, scheibenförmigen Opercula. Anulus (1,0)1,5-2,0(2,5) µm breit mit gelapptem, seltener unterbrochenem Außenrand, meist kontrastschwach. Verrucae 1,5-4,5 µm groß, unregelmäßig geformt, meist relativ kontrastschwach. Punktförmige Skulpturelemente meist gut sichtbar. Exine 0,8-1,2 µm dick.

Porenzahlen:

Plantago lanceolata	9-15
P. altissima	12-16
P. argentea	10-15
P. lagopus	9-14

Tafel 107

1-4 *Plantago tenuiflora* (3-4 Phako), **5-9** *Plantago lanceolata* (9 Phako), **10-14** *Plantago coronopus* (14 Phako), **15-18** *Plantago alpina* (17-18 Phako), **19-22** *Ranunculus arvensis*, **23-25** *Ranunculus parviflorus* (24-25 Phako). – Vergrößerungen: 5-8, 10-13, 15-16, 19-25: 1000fach; 1-4, 9, 14, 17-18: 1500fach.

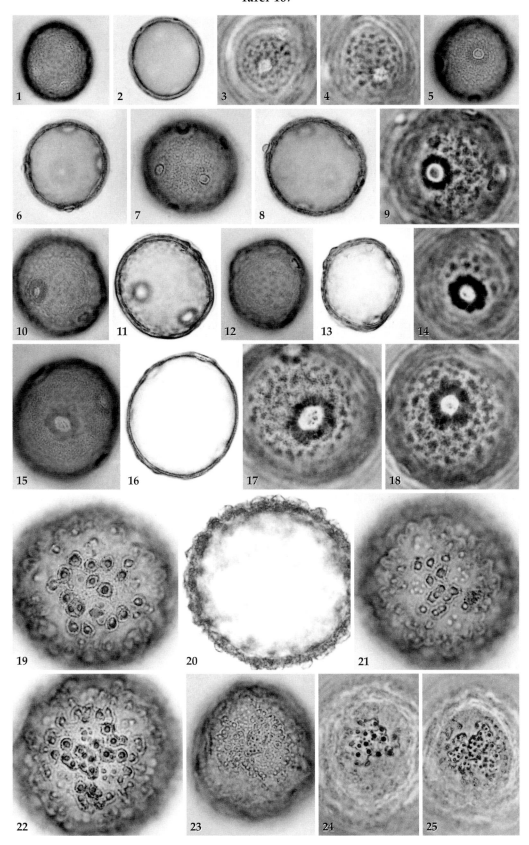

Vereinzelt wurden bei *P. lanceolata* auch PK mit körnigen Opercula gefunden. Die Bestimmung solcher PK führt zu dem *Plantago maritima*-Typ. Die Angaben über die Kontraststärke der Verrucae und Anuli gelten für normal entwickelte und normal große PK. Besonders kleine, möglicherweise unterentwickelte PK zeichnen sich meistens durch besonders dicke Verrucae und Anuli aus.

Plantago altissima L. (2)
30,0-39,8 µm, MiW 34,8 µm; 50 PK, 0a

Plantago argentea CHAIX (4)
21,8-29,8 µm, MiW 26,1 µm; 50 PK, 0a

Plantago lagopus L. (2)
24,8-31,3 µm, MiW 27,8 µm; 50 PK, 0a

Plantago lanceolata L. (7)
22,3-27,8 µm, MiW 25,4 µm; 50 PK, 0a

33.2.6 *Plantago coronopus*-Typ (Tafel 107: 10-14). PK mit (5)6-8 Poren. Poren (2,2)3,0-4,5 µm groß, gelegentlich mit angedeuteten Costae unter den Anuli. Opercula körnig skulpturiert. Anuli deutlich, oft bis zu 1 µm über die Oberfläche der Exine ragend. Anuli 1,7-2,5 µm breit, Außenrand glatt oder gelappt; gelegentlich ist dann die Zusammensetzung der Anuli aus Verrucae erkennbar. Verrucae 1,0-2,0 µm groß. Punkte deutlich *(P. holosteum)* oder schwächer *(P. coronopus)* erkennbar. Exine 1,0-1,2 µm dick. Einzelne PK von *P. maritima* subsp. *serpentina* müssen zu dem *P. coronopus*-Typ gezählt werden.

Plantago coronopus L. (2)
24,0-29,5 µm, MiW 27,5 µm; 50 PK, 0a

Plantago holosteum SCOP. (2)
25,3-32,3 µm, MiW 29,2 µm; 56 PK, 0a

33.2.7 *Plantago maritima*-Typ (Tafel 107: 15-18). PK mit (5)6-10 Poren. Poren 3,5-5,0 µm groß. Opercula körnig skulpturiert. Anuli flach, u.U. erst im Phasenkontrastbild deutlich erkennbar, 1,5-3,0 µm breit mit gelapptem Außenrand oder aus Verrucae gebildet. Verrucae außerhalb der Anuli (1,0)1,5-4,5 µm groß, scabrate Skulpturelemente meist gut sichtbar. Exine 1,0-1,2 µm dick.

Porenzahlen:
Plantago alpina   7-10
P. maritima   5-8
P. martima subsp. *serpentina*   6-9

Bei *P. maritima* subsp. *serpentina* sind die Anuli vereinzelt so hoch, daß solche PK *zum P. coronopus*-Typ gezählt werden müssen. Umgekehrt können bei *P. coronopus* und *P. holosteum* die Anuli gelegentlich so niedrig ausfallen, daß die Bestimmung dann zum *Plantago maritima*-Typ führt.

Plantago alpina L. (9)
28,0-35,0 µm, MiW 32,2 µm; 50 PK, 0a

Plantago maritima L. (6)
27,0-32,3 µm, MiW 29,0 µm; 50 PK, 0a

Plantago maritima L. subsp *serpentina* (ALL.) ARCHANG (3)
29,3-40,0 µm, MiW 34,3 µm; 50 PK, 0a

Außerhalb der Alpen sind, z.T. mit gewissen Einschränkungen, in Mitteleuropa bestimmbar: *Plantago lanceolata*, der *Plantago major-media*-Typ (hier nur *P. major* und *P. media*), *Litorella uniflora*, *Plantago maritima* und *Plantago coronopus*.

33.3 *Ranunculus arvensis*-Gruppe
(Tafel 107: 19-25)

PK kugelig. Unter den papillenartigen Vorwölbungen des Tectums, die mit je einem Echinus bzw. Microechinus versehen sind, steht je eine Columella. Jeweils 2-3(4) Vorwölbungen dieser Art bilden unregelmäßig angeordnete Gruppen. Poren groß, unregelmäßig begrenzt, nicht immer regelmäßig verteilt. Porenmembran scabrat skulpturiert, meist mit einigen stark reduzierten papillösen Elementen.

1   PK 49-60 µm groß, papillöse Vorwölbungen des Tectums deutlich, Echini bis 1,5 µm lang (Tafel 107: 19-22) .... **33.3.1 *Ranunculus arvensis***

–   PK 35-31 µm groß, papillöse Vorwölbungen des Tectums flach, Microechini ca. 0,5 µm lang (Tafel 107: 23-25) .... **33.3.2 *Ranunculus parviflorus***

33.3.1 *Ranunculus arvensis* (Tafel 107: 19-22). Papillöse Vorwölbungen 1,5-2 µm hoch und 3,5-4 µm breit, Echini ca. 1 µm lang. Nur der proximale Teil der Papille ist hohl. Columellae 1,2-1,5 µm lang und ca. 1 µm dick. Poren 6-7 µm groß, Abstand 13-15 µm, nicht immer regelmäßig verteilt. Dicke der Exine inkl. der Echini 3,5-4 µm.

Ranunculus arvensis L. (3)
49,5-60,0 µm, MiW 55,2 µm; 50 PK, 0a

33.3.2 *Ranunculus parviflorus* (Tafel 107: 23-25). Papillöse Vorwölbungen flach, 2-3 µm breit. Microechini ca. 0,5 µm lang, meist nur schwer zu erkennen. Durchmesser der Columellae 1 µm. Poren ca. 7 µm groß, Abstände ca. 12 µm. Dicke der Exine 2-2,5 µm.

Ranunculus parviflorus L. (2)
35,0-50,8 µm, MiW 42,0 µm; 50 PK, 0a

33.4 *Sagittaria sagittifolia*
(Tafel 108: 1-3)

PK rund, echinat. Echini bis 1,5 µm lang, aus breiter Basis scharf zugespitzt, Abstände etwa 2-3(4) µm. Poren unregelmäßig begrenzt, kontrastschwach, etwas eingesenkt, ca. 3 µm groß. Abstände der Poren etwa 10-12 µm. Exine 1,2-1,5 µm dick, tectat, Columellae kurz und dünn.

Sagittaria sagittifolia L. (3)
26,5-30,5 µm, MiW 28,8 µm; 50 PK, 0a

33.5 *Cucurbita pepo*
(Tafel 108: 4-7)

Sehr große PK (Größenmessungen ohne Echini) mit 6-10 operculaten, 20-25 µm großen Poren. Interporien 40-50 µm. Exine ca. 1,8-2,0 µm dick, offenbar ohne Columellae-Schicht. Exine mit 9-11 µm langen, basal 5-6 µm breiten Echini. Abstände der Echini ca. 10-15 µm. Zwischen diesen Echini ist die Exine dicht (Abstände 1-2 µm) mit ca. 2 µm langen und sehr dünnen (ca. 0,5 µm), fast fadenförmigen Bacula besetzt. Diese können gelegentlich auch zugespitzt oder terminal schwach verdickt sein.

Cucurbita pepo L. (2)
131,3-156,3 µm, MiW 142,9 µm; 50 PK, 0a

33.6 Malvaceae
(Tafel 109: 1-4)

Allgemeine Merkmale: PK 70-140 µm groß (gemessen ohne Echini), dicht (Abstände 5-15 µm) mit von der Basis (2,5-4,8 µm Durchmesser) her lang zugespitzten und 7-14 µm langen Echini besetzt. Neben den in der Mehrzahl langen Echini treten in geringer Zahl kleine Echini (6-8 µm) oder distal abgerundete, etwa 5 µm lange und 3,0-3,5 µm dicke Bacula auf. Beigemischte Bacula wurden häufig bei *Althaea pallida* gefunden, selten bei *Malva neglecta*. Bei den anderen Malvaceae treten zusätzlich nur kleine Echini auf. Die Echini besitzen vielfach eine flache basale Verbreiterung, die wurzeltellerartig mit kurzen Fortsätzen versehen sein kann.

Poren 2,0-3,5(4) µm groß, rund bis elliptisch (dann bis 5 µm). Abstände zwischen den Poren 8-25(30) µm. Exine 6-7 µm dick, Endexine 3,0-6,7 µm dick, mit dünner, stark lichtbrechender Innenschicht, oft von wechselnder Dicke. Ektexine 1,5-2,5 µm dick, Columellae 0,5-1(1,2) µm dick, Tectum dünn. Größenmessungen der PK ohne Echini.

33.6.1 *Malva neglecta*-Typ (Tafel 109: 1-2). PK ohne Echini kleiner als 100-105 µm. Länge der Echini 7,5-10 µm, bei *Althaea officinalis* bis 12 µm. Porenabstand 8-13 µm. Columellae 0,5-1,0 µm dick, bei *A. officinalis* 1,0-1,2 µm. Bei *Malva neglecta* treten neben langen Echini vereinzelt auch kurze, distal abgerundete Bacula auf, bei *Althaea officinalis* sind es dagegen 3-4 µm lange Echini.

Althaea officinalis L. (2)　　　　　　　　　*Malva pusilla* SM. (2)
74,5-94,5 µm, MiW 85,2 µm; 50 PK, 0a　　　72,0-95,5 µm, MiW 83,4 µm; 50 PK, 0a

Malva neglecta WALLR. (2)
82,5-100,5 µm, MiW 92,2 µm; 52 PK, 0a

33.6.2 *Malva sylvestris*-Typ (Tafel 109: 3-4). PK über 105 µm im Durchmesser und mit geringem Porenabstand (8-15 µm, nur bei *Althaea hirsuta* 15-20 µm). Länge der Echini 10-14 µm. Bei *Althaea pallida* treten neben den 8-14 µm langen Echini auch 5 × 3,0-3,5 µm große, distal abgerundete Bacula auf.

Althaea hirsuta L. (2) p.p.　　　　　　　　*Malva sylvestris* L. (3)
121,3-146,0 µm, MiW 133,6 µm; 50 PK, 0a　106,3-140,5 µm, MiW 118,1 µm; 30 PK, 0a

Althaea pallida (WILLD.) WALDST. & KIT. (1)
124,5-147,5 µm, MiW 134,3 µm; 50 PK, 0a

33.6.3. *Lavatera*-Typ. PK ohne Echini größer als 105 µm, mit Porenabstand von (18)20-30 µm (bei *Althaea hirsuta* nur 15-20 µm). Echini 10-13 µm lang.

Althaea hirsuta L. (2) p.p.　　　　　　　　*Malva alcea* L. (2)
121,3-146,0 µm, MiW 133,6 µm; 50 PK, 0a　111,5-140,5 µm, MiW 127,4 µm; 27 PK, 0a

Lavatera turingiaca L. (2)　　　　　　　　*Malva moschata* L. (2)
107,8-137,5 µm, MiW 127,6 µm; 50 PK, 0a　107,5-137,5 µm, MiW 119,2 µm; 50 PK, 0a

33.7 *Alisma*-Gruppe
(Tafel 109: 5-14)

PK rundlich-eckig (vorzugsweise 7-8eckig), im Umriß durch abgeflachte bis eingesenkte Porenbereiche eckig. PK psilat oder schwach microechinat, mindestens mit 15 Poren. Abstände zwischen den Poren 9-10 µm, Interporien meist schmal. Die Poren sind etwa 3-6 µm groß. Ihre Membran ist mit groben oder feinkörnigen Elementen besetzt, die auch zugespitzt sein können; die Membranen sind oft eingerissen.

Exine in der Mitte der Interporien maximal 1,5-2 µm dick, zu den Porenrändern hin dünner (ca. 1 µm). Exine mit deutlicher Columellae-Schicht, Columellae reticulat gestellt und weitgehend zu einem Intrareticulum oder Intramicroreticulum verschmolzen, Brochi vielfach offen, Intrareticulum heterobrochat. Brochi in der Mitte der Interporien meist bis 1,5(2,5) µm groß, bei *A. lanceolatum* aber auch hier sehr klein. Zu den Porenrändern hin wird das Intrareticulum kleinmaschiger.

Es ist fraglich, wieweit in allen Fällen von einem Anulus gesprochen werden kann, da die

▷

Tafel 108

1-3 *Sagittaria sagittifolia* (2 Phako), **4-7** *Cucurbita pepo*. – Vergrößerungen: 1-3, 6-7: 1000fach; 4-5: 500fach.

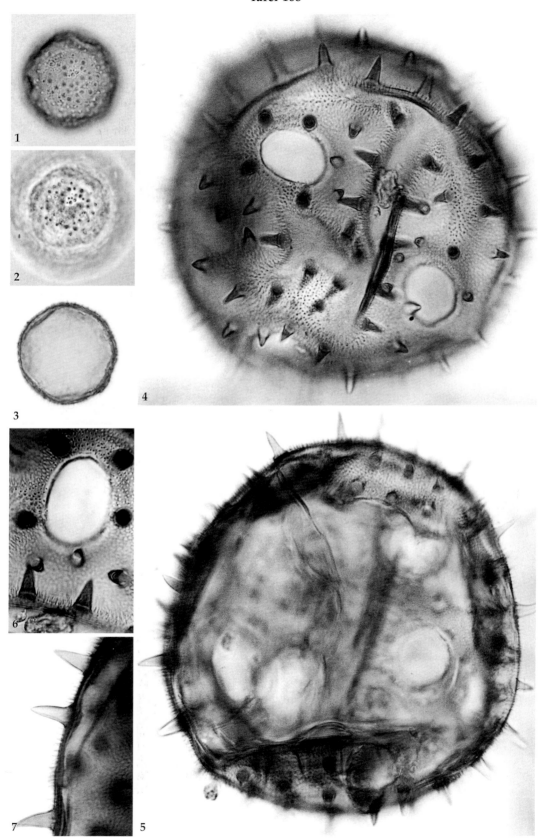

microintrareticulate Zone nach außen hin unscharf begrenzt ist. Sie kann auch mit denen der jeweils benachbarten Poren verschmelzen. Bei den meisten Arten treten immer wieder oder überwiegend PK zumindest mit intrareticulaten Bereichen und mit breitem Anulus auf. Daneben kommen PK ohne Anulus und / oder nur mit microintrareticulater Struktur vor. Das scheint besonders bei *A. lanceolatum* der Fall zu sein. Insgesamt ist die Ausbildung der Poren und die der Strukturverhältnisse sehr variabel.

Eine Unterscheidung zwischen den 3 Gattungen ist schwierig und gelingt am ehesten bei *Luronium natans* durch den dort deutlichen und engen Besatz mit Microechini. *Luronium* kann daher von dem *Alisma*-Typ abgetrennt werden.

1 Microechini fehlen oder schwach erkennbar (Phasenkontrast!) (Tafel 109: 5-11) ....
.... **33.7.1 Alisma-Typ**

Alisma plantago-aquatica L. (6)
22,0-31,8 µm, MiW 27,4 µm; 52 PK, 0a

Alisma lanceolatum WITH. (2)
28,0-37,0 µm, MiW 32,0 µm; 50 PK, 0a

Alisma gramineum LEJ. (1)
22,5-28,3 µm, MiW 26,4 µm; 50 PK, 0a

Baldellia ranunculoides (L.) PARL. (4)
21,5-29,5 µm, MiW 24,2 µm; 50 PK, 0a

– Microechini deutlich, zumindest im Phasenkontrastbild in Aufsicht. Durchmesser der Microechini basal 0,6-0,8 µm (Tafel 109: 12-14) .... **33.7.2 Luronium natans**

Luronium natans (L.) RAF. (4)
26,0-32,5 µm, MiW 29,6 µm; 50 PK, 0a

33.8 Caryophyllaceae p.p.
(Tafel 110-112, Tafel 113: 1-2)

Zu den Caryophyllaceae p.p. zählen hier alle mitteleuropäischen Sippen außer *Spergula*, *Spergularia*, *Telephium*, *Corrigiola*, *Polycarpon*, *Herniaria*, *Paronychia* und *Illecebrum*.

Form, Poren, Opercula. Die PK sind sphäroidisch bis schwach ellipsoidisch und relativ dickwandig. Zahl und Größe der Poren sind sehr unterschiedlich. Die Poren sind operculat und mit Ausnahme einiger Arten der Gattung *Sagina* mit einem Anulus versehen. In den meisten Fällen ist der Anulus etwa 0,7-1,0 µm breit und in sich ungegliedert. Breitere Anuli gibt es bei *Gypsophila* p.p., *Scleranthus* und *Stellaria holostea*. Die Opercula sind entweder flach oder kuppelförmig gewölbt. Sie tragen meist körnige Elemente oder kleine Stacheln. Bei einigen Sippen beschränkt sich diese Bekleidung auf den Rand der Opercula. Bei solchen kronenförmigen Opercula ist die randliche Bekleidung oft zu einem geschlossenen oder stellenweise unterbrochenen Ring verschmolzen.

Tectum und Skulpturen. Das Tectum ist meist perforiert oder es ist microreticulat oder perrecticulat ausgebildet. Die Perforationen haben meist einen Durchmesser von 0,5-0,8 µm. Selten wird 1 µm erreicht. Das Tectum trägt außerdem scabrate oder microechinate Skulpturelemente. Sofern diese sehr niedrig sind, können sie außer bei stark entfärbten und gequollenen PK im optischen Schnitt nicht sicher erkannt werden. Daher ist bei solchen niedrigen Skulpturelementen die Unterscheidung zwischen scabraten und einer microechinaten Skulpturierungen schwierig. Sie ist gelegentlich dennoch möglich, da sich niedrige microechinate Skulpturelemente in Aufsicht und bei hoher optischer Ebene meist als kleine scharf begrenzte Punkte abbilden, während scabrate Elemente eher verschwommene Konturen besitzen und einen Durchmesser von etwa 1 µm erreichen. Im Allgemeinen wird hier aber in solchen Fällen lediglich von scabraten Skulpturen gesprochen.

Je nach Dicke des Tectums und der Größe der Perforationen ist der Kontrast der Perforationen

▷

Tafel 109

1-2 *Malva neglecta*, **3-4** *Althaea pallida*, **5-9** *Alisma lanceolata* (8 Phako), **10-11** *Baldellia ranunculoides* (11 Phako), **12-14** *Luronium natans* (14 Phako). – Vergrößerungen: 4-14: 1000fach; 1-3: 500fach.

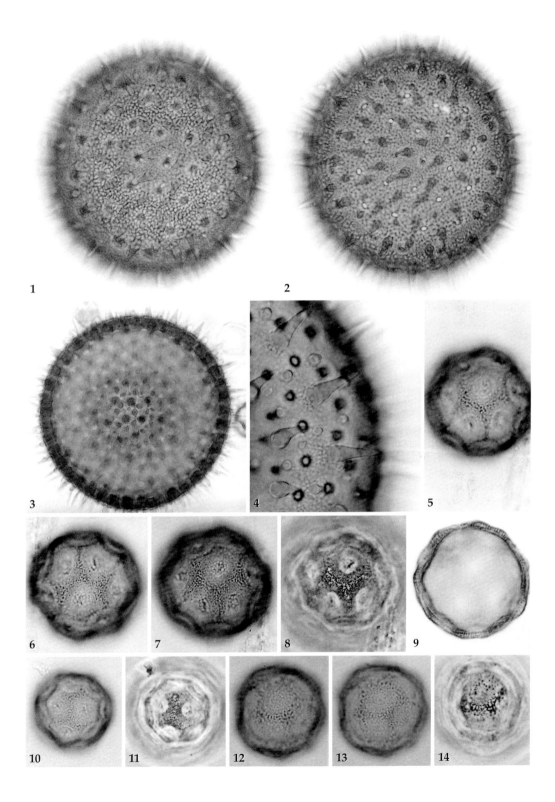

besser oder schlechter. Man sollte die Eigenschaften der Perforationen ggf. im Hellfeld und im Phasenkontrast überprüfen. Bei Caryophyllaceae können neben einem typischen Tectum perforatum (1) auch ein Microreticulum (2) oder ein Reticulum (3) auftreten. Außerdem gibt es Arten mit einem Tectum perforatum und einer deutlich netzigen Stellung der Columellae (4).

ad 1. Meist ist der Zwischenraum zwischen den Perforationen deutlich größer als ihr Durchmesser. Dann handelt es sich um ein typisches Tectum perforatum.

ad 2. Die Perforationen können so dicht zusammenrücken, daß ein Microreticulum entsteht (Microbrochi max. 1 μm, Größe der Lumina bzw. Perforationen höchstens so breit wie die Muri). Der Begriff »Microreticulum« wird hier abweichend von allgemeinen Definitionen auch dann verwendet, wenn ein regelmäßiges Netzwerk vorliegt, die Perforationen aber etwas kleiner sind, als der Zwischenraum zwischen zwei benachbarten Perforationen. Unter der Bezeichnung »Microreticulum« werden hier maximale Brochus-Größen von bis zu knapp 1,5 μm noch toleriert.

ad 3. Eindeutig reticulate (perreticulate) Skulpturen gibt es bei *Melandrium*. Die Brochi sind 1,5-5,0 μm groß, die Muri entsprechend der Dicke der Columellae 0,9 bis 1,0 μm breit, nur selten etwas breiter.

ad 4. Die Netzmaschen sind im Allgemeinen 2-3(5) μm groß, und die Perforationen im Tectum stehen ausschließlich in der Mitte der Netzmaschen. Es empfiehlt sich, die netzige Stellung im Phasenkontrastbild zu begutachten.

Columellae. Zur Frage der distalen Verzweigung der Columellae wird auf die einschlägige Literatur verwiesen. Die Columellae können regellos verteilt, undeutlich netzig oder netzig angeordnet sein. Oft sind 2-3 benachbarte Columellae zu Gruppen oder Reihen verbunden; zumindest ist das bei hoher optischer Ebene erkennbar. Zu unterscheiden sind Pollenformen mit dicht stehenden Columellae und solche mit entfernt stehenden. Im ersten Fall entspricht die Zahl der Perforationen etwa der Zahl der Columellae. Im zweiten Fall sind erheblich mehr Perforationen als Columellae vorhanden.

Für die Bestimmung werden folgende Hinweise gegeben.
1. Für Einzelheiten im Aufbau der Exine (Skulpturierung, Stellung der Columellae, Perforationen usw.) muß das Phasenkontrastbild herangezogen werden. Die jeweiligen Merkmale sollten in ihrer Erscheinung im Hellfeld und Phasenkontrast miteinander verglichen werden.
2. Schwierigkeiten kann die einigermaßen genaue Bestimmung der Zahl der Poren bereiten. Die Methode zur Berechnung der Porenzahl nach McANDREWS & SWANSON (1967), die von den Autoren selber kritisch bewertet wird, führt nicht zu befriedigenden Ergebnissen. Zum Teil gehen diese Schwierigkeiten auf die unterschiedlichen Porenabstände und Porengrößen an ein und demselben Pollenkorn zurück. Die Porenzahl wurde daher hier durch Auszählen ermittelt. Diese Methode führt bei PK mit großen Porenabständen zu sicheren Ergebnissen; bei großen PK mit vielen Poren und geringen Porenabständen erfaßt man bei einer Auszählung dagegen meistens nicht alle Poren. Im Übrigen schwankt die Zahl der Poren innerhalb ein und derselben Art meist ganz erheblich.
3. Angaben über die Porengröße sind stets ohne die Breite des Anulus zu verstehen.
4. Einige Bestimmungsmerkmale sind schwer oder nicht zu quantifizieren, so z.B. die deutliche oder weniger deutliche netzige Stellung der Columellae. Für Enscheidungen muß rezentes Vergleichsmaterial herangezogen werden.
5. Als nicht oder nur bedingt geeignet für Bestimmungen haben sich erwiesen:
– die Form der Columellae im Aufsichtsbild wegen starker Variabilität bei ein und derselben Herkunft,
– eine Häufung der Columellae am Rand der Poren bzw. Anuli. Eine solche Häufung gibt es gelegentlich, ist für einzelne Arten oder nur einzelne Herkünfte kein konstant auftretendes Merkmal. Besonders gut ist dieses Merkmal allerdings zu sehen, wenn die Interporien relativ groß sind. Dann erscheint die Mitte der Interporien besonders arm an Columellae (oft bei *Cerastium*). Nicht betroffen von dieser Feststellung sind Columellae, die in den äußeren Rand der Anuli integriert zu sein scheinen. Das macht es manchmal schwierig, die Breite der Anuli zu bestimmen.

1 Anulus (1,1)1,2-4 µm breit, fein scabrat, microechinat und microreticulat oder mit Tectum perfo-
 ratum, PK meist 8eckig und mit 12 Poren 2
– Anulus 0,6-1,0 µm breit, wenn bis 1,1 µm breit, PK nicht 8eckig und mit mehr als 12 Poren, Anuli
 glatt oder Poren ohne Anulus 4

2 Anuli 1,2-2,0 µm breit, fein scabrat (wenn mit Intrareticulum oder Intramicroreticulum, vergl.
 Alisma-Gruppe, S. 464) (Tafel 110: 1-6) .... **33.8.1** *Gypsophila repens*-**Typ** (S. 469)
– Anuli 2-4 µm breit, microreticulat oder mit deutlichem Tectum perforatum, mit 0,6-1,0 µm breitem
 glatten Innenring 3

3 Columellae an der schmalsten Stelle der Interporien nur 1-2 reihig, Columellae bis 2,0(2,5) µm
 dick (Tafel 110: 7-10) .... **33.8.2** *Scleranthus* (S. 470)
– Columellae an der schmalsten Stelle der Interporien mehr als zweireihig, PK microreticulat und
 microechinat, Columellae 1,0-1,2 µm dick (Tafel 110: 11-16) .... **33.8.3** *Stellaria holostea* (S. 470)

4 Poren ohne Anulus .... **33.8.4** *Sagina apetala*-**Typ** (S. 470)
– Poren mit Anulus 5

5 Zahl der Perforationen oder Microbrochi deutlich größer als die Zahl der Columellae (Tafel 110:
 17-20) .... **33.8.5** *Cerastium*-**Typ** (S. 472)
– Zahl der Perforationen, Mircobrochi, bzw. Brochi oder Netzmaschen in der Columellae-Schicht
 etwa so groß wie die Zahl der Columellae oder deutlich kleiner 6

6 PK reticulat, Brochi 1,5-4,0 µm groß (Tafel 110: 21-22) .... **33.8.6** *Melandrium* (S. 474)
– PK mit Tectum perforatum oder microreticulat 7

7 PK microreticulat: Lumina regelmäßig angeordnet, Abstände der Lumina so groß wie ihr Durch-
 messer oder nur wenig größer; wenn Brochi deutlich über 1,0 µm (*Honkenya* max. 1,8 µm), dann
 Poren kleiner als bei *Melandrium* (Tafel 111: 1-4) .... **33.8.7** *Minuartia verna*-**Typ** (S. 474)
– PK mit Tectum perforatum 8

8 PK größer als 54 µm, mit 30-40 Poren (Tafel 111: 5-10) .... **33.8.8** *Agrostemma githago* (S. 476)
– PK mit weniger als 30 Poren 9

9 Columellae deutlich netzig gestellt, mit je einer Perforation in der Mitte der Endobrochi, Netzma-
 schen im allgemeinen 2-3(5) µm groß 10
– Columellae nicht oder nur undeutlich netzig gestellt, Perforationen nur über den größeren
 Lücken zwischen den Columellae (Tafel 111: 11-13) .... **33.8.9** *Silene*-**Typ** (S. 476)

10 PK 38-48 µm groß, im Umriß 8eckig, mit 20-26 Poren (Tafel 112: 1-5) ....
 .... **33.8.10** *Petrorhagia prolifera* (S. 480)
– PK mit weniger als 20 Poren, im Umriß rundlich 11

11 Opercula kronenförmig oder mit verdicktem, geschlossenem oder unterbrochenem Rand, PK 35-
 67 µm groß, mit 8-19 Poren (Tafel 112: 6-12) .... **33.8.11** *Dianthus* (S. 480)
– Opercula körnig besetzt, PK 42-49 µm groß, mit 12-14 Poren (Tafel 113: 1-2) ....
 .... **33.8.12** *Vaccaria hispanica* (S. 482)

33.8.1 *Gypsophila repens*-**Typ**
(Tafel 110: 1-6)

PK rundlich-eckig, typisch 8eckig mit 12, selten 10, 11 oder 13 Poren. Poren 3-5 µm groß mit 1,5-2,0 µm
breitem feinkörnigem Anulus (Anulus bei *G. paniculata* nur 1,2-1,3 µm breit). Porenabstand 11-15 µm,
Interporien 5-8 µm breit. Exine 2,8-3,8 µm dick, Tectum schwach scabrat oder microechinat skulptu-

riert, mit kleinen Perforationen (0,5-0,6 µm groß, Abstände 1-2 µm), z.T. schwer erkennbar. Columellae 0,8-1,2 µm dick, dicht gestellt, netzig um jeweils eine Perforation herum angeordnet.

Gypsophila fastigiata L. (3)
27,0-34,5 µm, MiW 30,7 µm; 50 PK, 0a

Gypsophila repens L. (2)
30,0-37,3 µm, MiW 34,1 µm; 50 PK, 0a

Gypsophila paniculata L. (1)
23,5-32,0 µm, MiW 27,6 µm; 50 PK, 0a

33.8.2 *Scleranthus*
(Tafel 110: 7-10)

PK mit 12 Poren, im Umriß 8eckig (wenn 2 Poren oben liegen) oder rundlich (1 Pore liegt zentriert oben). Poren 3,0-5,5 µm groß, mit körnig besetzen Opercula. Porenabstand 13-18 µm, Interporien 3,0-5,5 µm breit. Poren mit 3-4 µm breitem, microreticulatem Anulus. Der Anulus schließt zum Porenrand hin mit einem 0,6-0,8 µm breitem Ring ab. Exine 3,5-4,8 µm dick. Columellae (nur außerhalb der Anuli) (0,9)1,1-2,0(2,5) µm dick, rundlich, nicht netzig gestellt, an den schmalsten Stellen der Interporien nur 1-2reihig, Abstände 1,5-3,5 µm. Tectum bis zum Porenrand microreticulat mit bis 1 µm großen Brochi und schmalen Muri. Die etwa 0,5 µm langen Microechini stehen nur über den Columellae.

Scleranthus annuus L. (3)
44,5-54,0 µm, MiW 49,5 µm; 50 PK, 0a

Scleranthus perennis L. (5)
40,3-49,5 µm, MiW 45,3 µm; 50 Pk, 0a

33.8.3 *Stellaria holostea*
(Tafel 110: 11-16)

PK mit 12 Poren, im Umriß 8eckig (wenn 2 Poren oben liegen) oder rundlich (1 Pore liegt zentriert oben). Exine microechinat mit meist nur bis zu 0,8 µm, aber z.T. mit bis zu 1 µm langen Microechini. PK microreticulat bzw. mit Tectum perforatum mit ca. 0,5 µm großen Perforationen. Abstände der Perforationen dann etwa 1 µm. Poren 4,5-6,0 µm groß, Porenabstände 15-17 µm, Interporien 5-7 µm breit. Von dem Rand der Interporien nimmt die Dicke der Exine von 4,2-4,7 µm bis zum Porenrand auf etwa 1 µm ab. Columellae fehlen hier. Poren mit Anulus, der aus einem 2-3 µm breiten äußeren Teil (Columellae fehlen, Tectum mit deutlichen Perforationen) und einem inneren, 1 µm breiten Ring besteht. Die Gesamtbreite des Anulus beträgt 3-4 µm. Die Columellae sind in Aufsicht eckig, 1-1,2 µm dick und stehen in unregelmäßigen Abständen von 1,0-1,5 µm. An den schmalsten Stellen der Interporien stehen die Columellae drei- bis mehrreihig.

Stellaria holostea L. (3)
37,0-42,8 µm, MiW 39,7 µm; 50 PK, 0a

33.8.4 *Sagina apetala*-Typ

PK 21-37 µm groß, rundlich mit 19-35 Poren. Poren 1,5-3,5 µm groß, ohne Anulus (u.U. im Phasenkontrastbild überprüfen). Vereinzelt treten auch bei *S. subulata* (s. S. 473) PK auf, bei denen an einigen Poren der Anulus fehlt. Porenabstände 5-10 µm, Interporien 3-7 µm breit. Exine 2-3 µm dick, nur bei

Tafel 110

1-4 *Gypsophila repens* (4 Phako), **5-6** *Gypsophila paniculata* (6 Phako), **7-10** *Scleranthus annuus*, **11-16** *Stellaria holostea* (12, 14, 15 Phako), **17-19** *Cerastium brachypetalum*, **20** *Cerastium latifolium*, **21-22** *Melandrium album*. – Vergrößerungen 1000fach.

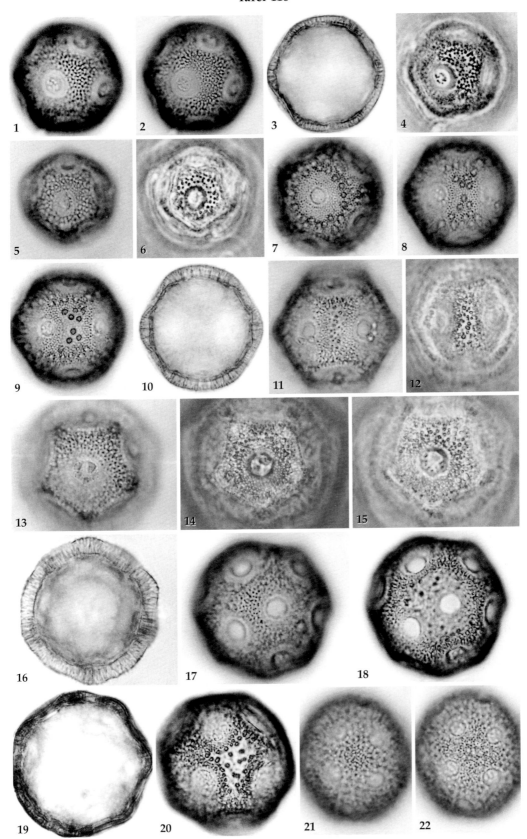

S. apetala 1,5-2,0 µm, microechinat oder scabrat skulpturiert. Perforationen konnten bei *S. apetala* und *S. maritima* nicht festgestellt werden. Bei microechinaten PK ist die Skulpturierung im Phasenkontrastbild meist sehr deutlich zu erkennen. Columellae sind bei *S. apetala* und *S. maritima* sehr fein und oft schwer zu erkennen, bei *S. glabra* deutlich und 0,6-0,8 µm dick.

Bei *S. apetala* besteht aufgrund der dünnen Exine evt. die Möglichkeit einer Verwechselung mit *Thalictrum*. Zum Unterschied von *Thalictrum* besitzt *S. apetala* regelmäßig ausgebildete runde Poren, und die Endexine ist deutlich dünner als die Ektexine.

Sagina apetala ARD. (1)
21,5-29,8 µm, MiW 25,6 µm; 50 PK, 0a

Sagina glabra (WILLD.) FENZL (1)
28,8-36,8 µm, MiW 32,7 µm; 50 PK, 0a

Sagina maritima G. DON (2)
23,5-34,0 µm, MiW 28,1 µm; 52 PK, 0a

33.8.5 *Cerastium*-Typ
(Tafel 110: 17-20)

Tectum microreticulat und Exine stets mit mehr Microbrochi als Columellae. Es gibt vereinzelt Übergänge zum *Minuartia verna*-Typ (z.B. bei *Pseudostellaria europaea*).

Cerastium (Tafel 110: 17-20). PK 28-53 µm groß und mit 10-31 Poren. Poren 3-7 µm groß, mit 0,6-1,0(1,1) µm breitem Anulus. Porenabstände 9-20 µm, Interporien 4-14 µm breit. Exine 2,7-4,5 µm dick, scabrat. Tectum microreticulat mit bis ca. 1 µm großen Microbrochi und ca. 0,5 µm großen Lumina. Columellae (0,5)0,8-1,5 µm dick, nicht netzig gestellt, manchmal in kleinen Reihen zu 2-3, mit relativ weiten, unregelmäßigen Abständen (1,0-3,0 µm). Weite Abstände zwischen den Columellae, oft insbesondere in der Mitte der Interporien.

Die meisten Merkmale zeigen bei den verschiedenen Arten eine beträchtliche Variabilität. Konstante Merkmale sind das Microreticulum und die großen maximalen Abstände der Columellae. Es sind erheblich mehr Microbrochi vorhanden als Columellae.

Cerastium alpinum L. (4)
39,5-49,8 µm, MiW 44,0 µm; 50 PK, 0a

Cerastium arvense L. (3)
37,5-45,3 µm, MiW 42,1 µm; 50 PK, 0a

Cerastium brachypetalum DESP. ex PERS. (1)
39,3-53,0 µm, MiW 45,2 µm; 52 PK, 0a

Cerastium carinthicacum VEST (1)
39,3-47,8 µm, MiW 44,2 µm; 50 PK, 0a

Cerastium cerastoides (L.) BRITTON (2)
33,0-45,5 µm, MiW 41,6 µm; 50 PK, 0a

Cerastium dubium (BASTARD) GUÉPIN (1)
32,0-40,8 µm, MiW 37,3 µm; 50 PK, 0a

Cerastium fontanum BAUMG. (2)
35,5-48,0 µm, MiW 42,2 µm; 51 PK, 0a

Cerastium glomeratum THUILL. (3)
32,0-39,5 µm, MiW 35,9 µm; 51 PK, 0a

Cerastium julicum SCHELLM. (1)
37,3-51,8 µm, MiW 43,7 µm; 50 PK, 0a

Cerastium latifolium L. (3)
40,0-49,5 µm, MiW 45,5 µm; 50 PK, 0a

Cerastium pedunculatum GAUDIN (1)
35,0-50,0 µm, MiW 42,7 µm; 50 PK, 0a

Cerastium pumilum CURTIS (1)
33,0-45,5 µm, MiW 38,9 µm; 50 PK, 0a

Cerastium semidecandrum L. (2)
27,5-37,3 µm, MiW 32,5 µm; 50 PK, 0a

Cerastium sylvaticum WALDST. & KIT. (2)
30,0-38,3 µm, MiW 35,2 µm; 50 PK, 0a

Cerastium tomentosum L. (1)
36,5-45,0 µm, MiW 40,6 µm; 50 PK, 0a

Cerastium uniflorum CLAIRV. (3)
36,0-47,3 µm, MiW 42,4 µm; 50 PK, 0a

Holosteum umbellatum. PK rundlich-eckig und mit 17-24 Poren. Poren 4,0-5,5 µm groß mit 0,6-0,9 µm breitem Anulus. Porenabstände 12-16 µm, Interporien 6,5-10,0 µm breit. Exine 3,1-3,5 µm dick. Tectum schwach scabrat skulpturiert und microreticulat (kontrastschwach) mit 0,8-0,9 µm großen Brochi. Columellae 0,8-1,2 µm dick, besonders in der Mitte der Interporien weit gestellt, Abstände hier bis 4,0 µm, erheblich mehr Brochi als Columellae.

Holosteum umbellatum L. (3)
35,0-47,0 µm, MiW 40,6 µm; 50 PK, 0a

Moehringia. PK 27-44 µm groß mit 8-16 Poren. Poren 3,5-6,5 µm groß mit 0,6-1,0 µm breitem Anulus. Opercula körnig besetzt. Porenabstände 12-20 µm, Interporien 6,0-13,5 µm breit. Exine meist 2,8-4,4 µm dick (*M. trinervia* 2,0-2,8 µm, *M. ciliata* 2,3-3,0 µm), scabrat skulpturiert. Tectum microreticulat, Brochi meist um 1 µm groß. Columellae 0,8-1,7 µm dick, unregelmäßig mit Abständen von (1,0)1,5-3,0 µm. Stets mehr Brochi als Columellae.

Moehringia bavarica (L.) GREN. (1)
35,0-44,0 µm, MiW 40,1 µm; 53 PK, 0a

Moehringia glaucovirens BERT. (1)
30,5-37,0 µm, MiW 32,6 µm; 50 PK, 0a

Moehringia ciliata (SCOP.) DALLA TORRE (1)
30,0-37,0 µm, MiW 33,7 µm; 50 PK, 0a

Moehringia muscosa L. (3)
32,0-37,8 µm, MiW 35,5 µm; 50 PK, 0a

Moehringia diversifolia DOLLINGER ex KOCH (1)
27,5-39,5 µm, MiW 33,3 µm; 52 PK, 0a

Moehringia trinervia (L.) CLAIRV. (2)
28,8-38,0 µm, MiW 33,2 µm; 50 PK, 0a

Moenchia. PK rundlich-eckig mit 12-19 Poren. Poren 4,0-6,0 µm groß mit 0,6-1,0 µm breitem Anulus. Opercula körnig besetzt. Porenabstände 10,5-18 µm, Interporien 6,5-11,5 µm breit. Exine 2,6-4,0 µm dick, scabrat skulpturiert. Tectum microreticulat, Brochi 0,8-1,0 µm groß. Columellae 0,8-1,5 µm dick, Abstände 1,5-4,5 µm, gelegentlich an den Poren gehäuft. Stets deutlich mehr Brochi als Columellae.

Moenchia erecta (L.) GAERTN., MEY & SCHREB. (2)
30,5-38,0 µm, MiW 34,3 µm; 50 PK, 0a

Moenchia mantica (L.) BARTL. (1)
37,0-45,3 µm, MiW 41,9 µm; 50 PK, 0a

Minuartia biflora-Gruppe. PK 21-41 µm groß und mit 10-17 Poren. Poren 2,5-5,5 µm groß, mit einem 0,5-1,0 µm breiten, oft undeutlichen Anulus. Opercula körnig besetzt. Porenabstände 10-17 µm, Interporien 5-11 µm breit. Exine 2,2-4,4 µm, meistens zwischen 2,8 und 4,0 µm dick, scabrat skulpturiert. PK mit Microreticulum, Brochi 1,0 µm vereinzelt bis 1,4 µm groß. Columellae zwischen 0,8 und 1,5 µm dick. Mehr Perforationen als Columellae.

Minuartia biflora (L.) SCHINZ & THELL. (1)
29,8-37,3 µm, MiW33,0 µm; 50 PK, 0a

Minuartia laricifolia (L.) SCHINZ et THELL. (1)
32,5-40,5 µm, MiW 36,5 µm; 50 PK, 0a

Minuartia capillacea (ALL.) GRAEBN. (1)
32,5-40,5 µm, MiW 36,8 µm; 50 PK, 0a

Minuartia rubra (SCOP.) MCNEILL (2)
21,5-29,5 µm, MiW 25,7 µm; 50 PK, 0a

Minuartia graminifolia (ARD.) JÁV. (1)
31,5-37,5 µm, MiW 34,9 µm; 50 PK, 0a

Minuartia rupestris (SCOP.) SCHINZ & THELL. (1)
27,5-34,8 µm, MiW 31,1 µm; 45 PK, 0a

Minuartia grineensis (THOMAS) MATTF. (1)
26,5-34,3 µm, MiW 30,7 µm; 50 PK, 0a

Minuartia stricta (SW.) HIERN (1)
27,0-33,0 µm, MiW 30,4 µm; 50 PK, 0a

Bei folgenden Arten treten anteilig auch PK mit den Merkmalen des *M. verna*-Typs auf: *M. graminifolia*, *M. grineensis*, *M. rupestris* und *M. stricta*.

Sagina nodosa-Gruppe. PK 22-41 µm groß, rundlich mit 19-38 Poren. Poren 1-5-3,5 µm groß, mit bis 0,8 µm breitem Anulus. Bei *S. subulata* kann bei einzelnen Poren ein und desselben PK der Anulus fehlen. Porenabstände 5,0-12,5 µm, Interporien 3-11 µm breit. Exine 2,0-3,2 µm dick, kurz microechinat oder scabrat skulpturiert. Bei miroechinaten PK ist die Skulpturierung im Phasenkontrastbild meist sehr deutlich zu erkennen. Tectum microreticulat, allerdings oft sehr kontrastschwach, Brochi unter 1 µm groß. Columellae 0,5-1,0 µm dick und unregelmäßig gestellt (Abstände 1-3,5 µm). Mehr Perforationen als Columellae.

Sagina nodosa (L.) FENZL (2)
30,0-40,8 µm, MiW 35,4 µm; 50 PK, 0a

Sagina saginoides (L.) H. KARST. (2)
24,3-33,3 µm, MiW 28,7 µm; 50 PK, 0a

Sagina procumbens L. (2)
22,5-32,0 µm, MiW 27,4 µm; 51 PK, 0a

Sagina subulata (SW.) C. PRESL (2)
24,8-37,3 µm, MiW 31,6 µm; 50 PK, 0a

Stellaria aquatica (syn. *Myosoton aquaticum*). PK rundlich-eckig, mit 9-13 Poren. Poren 6,5-7,7 μm groß, mit 0,8-0,9 μm breitem Anulus. Opercula körnig besetzt. Porenabstände 14-18 μm, Interporien 9-11 μm breit. Exine 2,6-3,5 μm dick, scabrat skulpturiert. Tectum microreticulat, Microbrochi 1,0-1,4 μm groß. Columellae 0,8-1,2 μm dick, locker gestellt mit Abständen von 1,5-4,0 μm. Stets deutlich mehr Microbrochi als Columellae.

Stellaria aquatica (L.) Scop. (4)
33,0-40,3 μm, MiW 36,7 μm; 50 PK, 0a

***Stellaria graminea*-Gruppe.** PK 28-46 μm groß, nur *St. palustris* ist deutlich größer (46-60 μm). PK mit 11-21 Poren, Poren mit 0,7-1,1 μm breitem Anulus und körnig besetztem Operculum. Porenabstände 12-18 μm, Interporien 6-11 μm breit. Exine 2,8-4,2(4,7) μm dick, scabrat skulpturiert. Tectum mit Perforationen. Perforationen 0,4-0,8 μm groß, Abstände 0,8-1,2 μm. Columellae unregelmäßig verteilt, 0,7-1,3 μm dick; oft sind dünnere Columellae (0,5-0,6 μm) beigemischt. Abstände der Columellae 1-3(4) μm. Mehr Perforationen als Columellae. Zu *St. holostea* vergl. S. 470.

Stellaria alsine Grimm (4)
28,0-37,8 μm, MiW 32,2 μm; 50 PK, 0a

Stellaria crassifolia Ehrh. (3)
30,0-41,8 μm, MiW 35,3 μm; 50 PK, 0a

Stellaria longifolia H.L. Mühl ex Willd. (1)
32,5-42,0 μm, MiW 36,5 μm; 50 PK, 0a

Stellaria graminea L. (3)
33,3-40,0 μm, MiW 37,2 μm; 50 PK, 0a

Stellaria media (L.) Vill. (2)
36,8-45,0 μm, MiW 40,4 μm; 50 PK, 0a

Stellaria neglecta Weihe (1)
35,8-45,3 μm, MiW 40,5 μm; 50 PK, 0a

Stellaria nemorum L. (4)
36,0-44,5 μm, MiW 41,2 μm; 50 PK,0a

Stellaria pallida (Dum.) Crépin (1)
31,0-37,8 μm, MiW 35,0 μm; 50 PK, 0a

Stellaria palustris Ehrh. (2)
45,5-59,8 μm, MiW 52,8 μm; 50 PK, 0a

33.8.6 *Melandrium* (*Silene* p.p.)
(Tafel 110: 21-22)

PK 32-52 μm groß mit 22-43 Poren. Poren 4,5-6,0 μm groß und mit 0,5-0,8 μm breitem Anulus. Opercula unterschiedlich ausgebildet. Porenabstände 10-14 μm, Interporium 4-8 μm breit. Exine 2,5-3,3 μm dick, deutlich microechinat *(M. album)* oder eher scabrat skulpturiert. Tectum perreticulat, bei *M. album* mit 2,5-4,0 μm großen Brochi, bis 1,5 μm großen Lumina und bis 1,3 μm breiten Muri. Bei *M. noctiflorum* und *M. rubrum* sind die Brochi 1,5-2,5 μm groß und die Muri 0,9-1,0 μm breit. Die Columellae sind 0,8-1,0 μm dick.

Bei PK mit nur bis zu 1,8 μm großen Brochi vergl. *Honkenya peploides* mit nur 3,5-4,0 μm großen Poren (S. 475).

Melandrium album (Mill.) Garcke (4)
40,3-52,5 μm, MiW 47,9 μm; 50 PK, 1a

Melandrium rubrum (Weig.) Garcke (3)
32,0-40,3 μm, MiW 36,6 μm; 51 PK, 0a

Melandrium noctiflorum (L.) Fr. (2)
40,0-47,0 μm, MiW 43,9 μm; 50 PK, 0a

33.8.7 *Minuartia verna*-Typ
(Tafel 111: 1-4)

Bei der Definition dieses Typs kommt es auf die Regelmäßigkeit, die Dichte und die Kontraststärke der Durchbrechungen des Tectums an, die hier als Lumina eines Microreticulums angesprochen werden müssen. In einigen Fällen müssen Arten aus dem *Silene*-Typ zumindest anteilig zu dem *Minuartia verna*-Typ hinzugezählt werden, so *Arenaria gothica* (S. 478) und *Lychnis flos-cuculi* (S. 479).

Minuartia verna-**Gruppe.** PK 22-41 µm groß und mit 11-21 Poren. Poren 3-5 µm groß mit einem 0,6-1,0 µm breiten, oft undeutlichen Anulus. Opercula körnig besetzt. Porenabstände 9,0-18,5 µm, Interporien 5-11 µm breit. Exine 2,4-3,7 µm dick, scabrat skulpturiert. PK mit Microreticulum, Brochi 1,0 µm, vereinzelt bis 1,4 µm groß. Columellae zwischen 0,6 und 1,5 µm dick. Dicht, z.T. eng netzig stehende Columellae. Columellae und Brochi sind zahlenmäßig vergleichbar. Die Abstände der Columellae betragen meist nur 1-2 µm.

Auch bei *M. graminifolia, M. grineensis, M. rupestris* und *M. stricta* (S. 473) treten bei einzelnen PK Merkmale des *M. verna*-Typs auf.

Minuartia austriaca (JACQ.) HAYEK (1)
28,0-37,3 µm, MiW 32,7 µm; 50 PK, 0a

Minuartia hybrida (VILL.) SCHISCHKIN (2)
22,0-39,8 µm, MiW 27,0 µm; 51 PK, 0a

Minuartia recurva (ALL.) SCHINZ & THELL. (1)
30,5-40,0 µm, MiW 35,9 µm; 50 PK, 0a

Minuartia sedioides (L.) HIERN (2)
32,5-41,0 µm, MiW 36,5 µm; 50 PK, 0a

Minuartia setacea (THUILL.) HAYEK (2)
25,5-34,0 µm, MiW 29,9. µm; 53 PK, 0a

Minuartia verna (L.) HIERN (2)
28,0-38,0 µm, MiW 32,9 µm; 51 PK, 0a

Bufonia paniculata. PK im Umriß sechseckig und mit meist 12 Poren. Poren 2,5-4,0 µm groß mit 0,5-0,7 µm breitem Anulus. Porenabstände 9-11 µm, Interporien 5,5-7,0 µm breit. Exine 3,2-3,5 µm dick, schwach scabrat skulpturiert. Tectum microreticulat mit ca. 1 µm großen Brochi. Wenn das Microreticulum gelegentlich undeutlich ausgebildet ist, erscheinen die PK eher sehr dicht perforiert. Columellae 0,8-0,9 µm dick, einzeln oder in Gruppen undeutlich bis deutlich netzig gestellt. Gelegentlich gibt es eine 1-2 µm breite Zone mit besonders dicht gestellten Columellae und mit einem besonders deutlich ausgebildeten Microreticulum im Umkreis um die Poren.

Bufonia paniculata F. DUBOIS (1)
26,0-30,8 µm, MiW 29,0 µm; 50 PK, 0a

Gypsophila muralis. PK rund, mit 17-23 Poren. Poren 2-3 µm groß mit 0,4-0,7 µm breitem Anulus. Porenabstand 7-10 µm, Interporien 3,5-5,0 µm breit. Exine 2,0-2,3 µm dick. Tectum schwach scabrat skulpturiert, meist deutlich microreticulat, vereinzelt mit Brochi bis 1,5 µm. Columellae 0,5-0,7 µm dick, netzig um jeweils ein Lumen herum angeordnet.

Gypsophila muralis L. (3)
19,5-24,8 µm, MiW 22,1 µm; 51 PK, 0a

Honkenya peploides. PK rund und mit 22-26 Poren. Poren 3,5-4,0 µm groß mit 0,6-0,8 µm breitem Anulus. Porenabstände 10-12 µm, Interporien 5,0-6,5 µm breit. Exine 2,7-3,0 µm dick, Tectum scabrat und microreticulat. Brochi vereinzelt bis 1,8 µm, Lumina bis 0,8 µm groß. Columellae 0,8-1,0 µm dick, eng und netzig gestellt. Zahl der Lumina etwa vergleichbar mit der Zahl der Columellae.

Honckenya peploides (L.) EHRH. (3)
32,8-40,0 µm, MiW 36,5 µm; 50 PK, 0a

Pseudostellaria europaea. PK rund bis ellipsoidisch mit 17-19 Poren. Poren 4,0-9,5 µm groß mit 0,8-0,9 µm breitem Anulus. Porenabstände 13-17 µm, Interporien 8,0-10,5 µm breit. Exine 2,9-3,0 µm dick, scabrat und microreticulat. Columellae 0,8-1,0 µm dick, unregelmäßig und dicht gestellt, Perforationen zahlenmäßig vergleichbar mit den Columellae oder etwas zahlreicher.

Pseudostellaria europaea SCHAEFTLEIN (1)
34,5-44,3 µm, MiW 39,2 µm; 50 PK, 0a

33.8.8 *Agrostemma githago*
(Tafel 111: 5-10)

PK sphäroidisch bis ellipsoidisch, Poren 6-8 µm groß mit einem 1 µm breiten Anulus. 33-39 Poren, Porenabstände 15-20 µm. Poren mit kuppelförmigem, dicht microechinat skulpturierten Operculum. Exine (4)5-6 µm dick, mit dünner Endexine und dünnem Tectum perforatum und mit scabrater bis microechinater Skulpturierung. Perforationen 0,5-0,8 µm groß; Abstände zwischen den Perforationen 1-2 µm. Columellae-Schicht mächtig. Die Columellae formen unter dem Tectum ein meist unterbrochenes Endoreticulum, dessen Lumina den Perforationen zugeordnet sind. Columellae deutlich distal verzweigt.

Agrostemma githago L. (3)
54,5-63,5 µm, MiW 58,9 µm; 50 PK, 0a

33.8.9 *Silene*-Typ
(Tafel 111: 11-13)

PK mit Tectum perforatum, meist mit mehr Columellae als Perforationen oder die Zahl der Perforationen entspricht der der Columellae. Die Columellae zeigen meist nur schwach ausgebildete netzige Musterbildung. Die Perforationen stehen aber auffällig nur über den größeren Lücken zwischen den Columellae. Der Abstand der Perforationen beträgt das Mehrfache ihrer Durchmesser. Vereinzelt treten Übergänge zum *Minuartia verna*-Typ auf.

Silene p.p. (Tafel 111: 11-13). PK 27-59 µm groß, mit 17-35 Poren. Poren 3,5-8,0 µm groß, mit 0,6-1,1 µm breitem Anulus. Opercula körnig bekleidet. Porenabstände 7-21 µm, Interporien 2,5-12 µm breit. Exine 2,2-4,8 µm dick, scabrat oder microechinat. Columellae 0,6-1,5(2,0) µm dick, unregelmäßig bis schwach netzig angeordnet oder in kurzen Reihen, Abstände 1,0-3,5. Tectum mit Perforationen, Abstände der Perforationen 1,0-3,5(4,0) µm, Größe der Perforationen ca. 0,5-0,8 µm.

Silene acaulis (L.) JACQ. (3)
27,0-37,3 µm, MiW 33,1 µm; 50 PK, 0a

Silene armeria L. (2)
34,5-45,0 µm, MiW 41,2 µm; 50 PK, 0a

Silene borysthenica (GRUNER) WALTERS (1)
43,3-55,5 µm, MiW 49,4 µm; 50 PK, 0a

Silene chlorantha (WILLD.) EHRH. (3)
47,5-55,0 µm, MiW 50,5 µm; 50 PK, 0a

Silene conica L. (2)
23,0-31,3 µm, MiW 27,6 µm; 50 PK, 0a

Silene cretica L. (1)
31,5-42,5 µm, MiW 36,7 µm; 50 PK, 0a

Silene dichotoma EHRH. (1)
45,5-58,8 µm, MiW 51,4 µm; 50 PK, 0a

Silene elisabethae JAN (1)
27,8-37,0 µm, MiW 31,9 µm; 50 PK, 0a

Silene gallica L. (1)
45,0-51,8 µm, MiW 48,0 µm; 50 PK, 0a

Silene hayekiana HANDL-MAZ. & JANCHEN (1)
29,5-37,3 µm, MiW 33,8 µm; 50 PK, 0a

Silene italica (L.) PERS.
44,5-54,3 µm, MiW 49,2 µm; 51 PK, 0a

Silene italica (L.) Pers.
subsp. *nemoralis* (WALDST. & KIT.) NYMAN. (1)
42,5-54,0 µm, MiW 47,8 µm; 50 PK, 0a

Silene linicola C.C.GMEL. (2)
34,5-40,5 µm, MiW 37,6 µm; 50 PK, 0a

Silene multiflora (WALDST. & KIT.) PERS. (1)
44,5-55,0 µm, MiW 50,0 µm; 50 PK, 0a

Silene nutans L. (2)
40,5-52,0 µm, MiW 46,5 µm; 50 PK, 0a

Silene otites (L.) WIBEL (3)
29,3-34,8 µm, MiW 32,2 µm; 50 PK, 0a

▷

Tafel 111

1-4 *Minuartia verna* (3 Phako), **5-10** *Agrostemma githago* (10 Phako), **11-13** *Silene acaulis* (13 Phako). – Vergrößerungen: 1-3, 5-8: 1000fach; 4, 9-13: 1500fach.

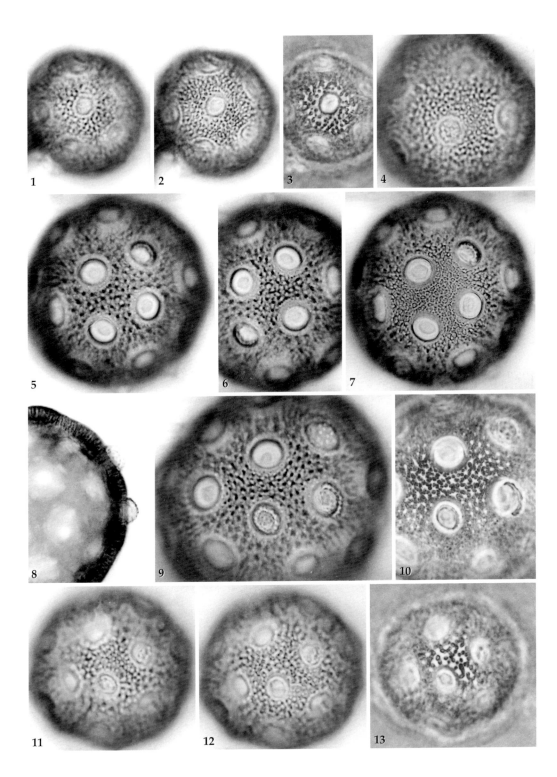

Silene rupestris L. (2)
30,8-40,0 µm, MiW 34,8 µm; 50 PK, 0a

Silene saxifraga L. (1)
30,0-38,3 µm, MiW 35,6 µm; 51 PK, 0a

Silene tatarica (L.) PERS. (2)
42,0-49,8 µm, MiW 45,3 µm; 50 PK, 0a

Silene vallesia L. (1)
35,5-52,0 µm, MiW 45,0 µm; 50 PK, 0a

Silene viridiflora L. (1)
37,8-50,5 µm, MiW 46,2 µm; 50 PK, 0a

Silene viscosa (L.) PERS. (1)
40,3-50,3 µm, MiW 45,2 µm; 50 PK, 0a

Silene vulgaris (MOENCH) GARCKE (4)
42,3-53,5 µm, MiW 47,6 µm; 50 PK, 0a

Arenaria. PK um 25-52 µm groß und mit 12-36 Poren. Poren 2,5-9,0 µm groß, mit 0,5-1,0 µm breitem Anulus. Zur differenzierenden Verteilung dieser Merkmale s. Tab. 12. Porenabstände 7-19 µm, Poren mit körnig besetzten Opercula. Interporien 3,5-10 µm breit. Exine 2,5-4,2 µm dick, schwach und undeutlich scabrat skulpturiert. Tectum dicht perforiert, aber mit Ausnahme von *A. gothica* nicht microreticulat. Perforationen klein, um 0,5-0,6 µm groß, Abstände (0,8)1,0-1,8 µm. Die Zahl der Perforationen entspricht etwa der der Columellae. Columellae (0,5)0,8-1,5 µm dick, unregelmäßig und dicht, seltener schwach netzig gestellt, einzeln und in Gruppen zu 2-3(5), Abstände 1-2 µm. Ausnahme: *A. gothica*.

Tabelle 12. Differenzierende pollenmorphologische Merkmale innerhalb der Gattung *Arenaria*.

Art	Porengröße		Porenzahl		Pollengröße
	2-4 µm	4-9 µm	12-23/25	23/25-36	in µm
A. biflora	+		+		29,5-41,5
A. ciliata		+	+		35,0-45,0
A. gothica	+			+	30,8-40,8
A. graminifolia		+	+		33,5-42,0
A. grandiflora		+	+		30,8-42,0
A. huteri		+	+		36,5-52,0
A. leptoclados	+		+		24,5-30,5
A. marschlinsii	+		+		25,0-34,0
A. norvegica	+			+	35,0-44,5
A. serpyllifolia	+			+	25,5-37,5

Arenaria biflora L. (1)
29,5-41,5 µm, MiW 34,6 µm; 50 PK, 0a

Arenaria ciliata L. (2)
35,0-45,0 µm, MiW 41,2 µm; 50 PK, 0a

Arenaria grandiflora L. (1)
30,8-42,0 µm, MiW 37,0 µm; 50 PK, 0a

Arenaria gothica FRIES (1)
30,8-40,8 µm, MiW 36,3 µm; 50 PK, 0a

Arenaria procera SPRENGEL (3)
33,5-42,0 µm, MiW 37,7 µm; 50 PK, 0a

Arenaria huteri KERNER (1)
36,5-52,0 µm, MiW 43,6 µm; 50 PK, 0a

Arenaria leptoclados (RCHB.) GUSS. (1)
24,5-30,5 µm, MiW 27,8 µm; 51 PK, 0a

Arenaria marschlinsii KOCH (1)
25,0-34,0 µm, MiW 30,2 µm; 50 PK, 0a

Arenaria norvegica GUNNERUS (2)
35,0-44,5 µm, MiW 40,2 µm; 50 PK, 0a

Arenaria serpyllifolia L. (2)
25,5-37,5 µm, MiW 31,2 µm; 50 PK, 0a

Cucubalus baccifer. PK 35-42 µm groß und mit 22-24 Poren. Poren 4,0-4,5 µm groß mit einem 0,8-1,0 µm breiten Anulus. Porenabstände 8,5-12,5, Interporien 4,0-9,5 µm breit. Exine 3,0-3,7 µm dick, scabrat. Tectum perforiert. Perforationen um 0,5 µm groß mit Abständen um 1,5 µm. Columellae 0,8-1,4 µm dick, bis zum Porenrand gleichmäßig dicht stehend mit Abständen von 1,0-1,5 µm, manchmal angedeutet netzig gestellt. Mehr Columellae als Perforationen.

Cucubalus baccifer L. (2)
35,0-41,3 µm, MiW 38,7 µm; 50 PK, 0a

Heliosperma (*Silene* p.p.). PK rund und mit 20-27 Poren. Poren 3,0-5,5 µm groß mit 0,7-0,9 µm breitem Anulus. Porenabstände 8,5-13,0 µm, Interporien 4-7 µm breit. Exine 2,7-3,3 µm dick. Tectum schwach scabrat und mit Perforationen. Columellae 0,8-2,2 µm dick, dicht und meist nicht netzig gestellt. Zahl der Perforationen etwa vergleichbar mit der Zahl der Columellae.

Heliosperma alpestre (JACQ.) RCHB. (3)
28,0-35,3 µm, MiW 31,7 µm; 50 PK, 0a

Heliosperma velskyi JANKA (1)
28,3-33,3 µm, MiW 30,9 µm; 50 PK, 0a

Heliosperma quadridentatum (PERS.) SCH. & TH. (3)
30,5-36,3 µm, MiW 33,6 µm; 50 PK, 0a

Lychnis (*Silene* p.p.). PK rund und mit 25-30 Poren. Poren 3,5-4,5 µm groß und mit 0,5-0,9 µm breitem Anulus. Porenabstände 8-12 µm, Interporien 2,5-7 µm breit. Opercula körnig besetzt oder mit verdicktem Rand. Exine 2,8-3,2 µm dick, scabrat. Tectum mit Perforationen (ca. 0,6 µm groß, oft unscheinbar). Abstände 1,0-1,8 µm. Columellae 0,7-1,8 µm dick, dicht gestellt, selten angedeutet netzig. Die Zahl der Perforationen ist etwa vergleichbar mit der der Columellae.

L. *flos-cuculi* kann anteilig zu dem *Minuartia verna*-Typ gezählt werden (S. 474).

Lychnis coronaria (L.) FR. (2)
33,0-37,8 µm, MiW 35,7 µm; 50 PK, 0a

Lychnis flos-jovis (L.) DESR. (1)
31,0-38,0 µm, MiW 34,1 µm; 50 PK, 0a

Lychnis flos-cuculi L. (1)
28,5-35,3 µm, MiW 31,7 µm; 50 PK, 0a

Petrorhagia saxifraga. PK kugelig mit 27-31 Poren. Poren 4,0-5,5 µm groß, Anulus 0,8-1,0 µm breit. Porenabstände 9-12 µm, Interporien 4-6 µm breit. Exine 3,0-3,3 µm dick, schwach scabrat. Columellae 1,0-1,2 µm dick, dicht, auch netzig gestellt, Abstände 1,0-2,0(2,5) µm. Tectum mit Perforationen (0,6 µm groß), Abstände 2-3 µm. Mehr Columellae als Perforationen.

Petrorhagia saxifraga (L.) LINK (4)
32,0-37,5 µm, MiW 35,3 µm; 50 PK, 0a

Saponaria. PK kugelig und mit 8-12 Poren. Poren 4,0-7,5 µm groß, Anulus 0,8-1,0 µm breit. Porenabstände 14-26 µm, Interporien 9-18 µm breit. Exine 2,7-3,9 µm dick, scabrat oder (bei großen PK) microechinat. Columellae 0,8-1,8 µm dick, regelmäßig mit gleichen Abständen (1-3 µm) bis schwach netzig ausgebildet. Tectum mit Perforationen. Abstände der Perforationen 1,5-4,0 µm. Mehr Columellae als Perforationen.

Abweichende Verhältnisse wurden bei S. *pumilio* festgestellt: PK mit 14-17 Poren, Poren 6-8 µm groß, rund oder ellipsoidisch und dann bis 8 × 12 µm groß. Porenabstand 14-17 µm, Interporien 6-9 µm breit. Abstände der Perforationen 1,5-2,0 µm. Columellae 0,8-1,3 µm dick. Zahl der Perforationen und Columellae etwa gleich.

Saponaria lutea L. (1)
32,0-39,5 µm, MiW 35,6 µm; 50 PK, 0a

Saponaria officinalis L. (2)
42,5-50,5 µm, MiW 47,7 µm; 50 PK, 0a

Saponaria ocimoides L. (2)
32,0-39,0 µm, MiW 35,5 µm; 50 PK, 0a

Saponaria pumilio (L.) FENZL ex A. BRAUN. (1)
39,8-47,8 µm, MiW 44,0 µm; 50 PK, 0a

Viscaria (*Silene* p.p.). PK kugelig, mit 27-31 Poren. Poren 3,5-4,0 µm groß, mit 0,5-0,8 µm breitem Anulus. Porenabstände 8-10 µm, Interporien 4,0-5,5 µm breit. Opercula körnig besetzt. Exine 2,1-2,8 µm dick, scabrat skulpturiert. Tectum mit kontrastschwachen Perforationen, Abstände der Perforationen 1,0-1,5 µm. Columellae (0,5)0,8-1,2 µm dick, dicht gestellt, mit Abständen von 0,8-1,2 µm. Mehr Columellae als Perforationen.

Viscaria alpina (L.) G.DON (2)
25,5-36,3 µm, MiW 30,5 µm; 50 PK, 0a

Viscaria vulgaris BERNH. (3)
26,5-33,0 µm, MiW 30,4 µm; 51 PK, 0a

33.8.10 *Petrorhagia prolifera*
(Tafel 112: 1-5)

PK kugelig mit 20-26 Poren. Poren 3-5 µm groß, mit 0,9-1,0 µm breitem Anulus. Porenabstände 10-18 µm, Interporien 9-10,5 µm breit. Opercula körnig bekleidet. Exine 3,0-3,5 µm dick. Columellae 1,0-1,5 µm dick, dicht und netzig gestellt, Brochi 2-3 µm groß. Tectum mit je einer ca. 0,8 µm großen Perforation in der Mitte der von den Columellae gebildeten Netzmaschen. Stets mehr Columellae als Perforationen.

Petrorhagia prolifera (L.) P.W. BALL & HEYWOOD (4)
38,3-47,5 µm, MiW 44,2 µm; 50 PK, 0a

33.8.11 *Dianthus*
(Tafel 112: 6-12)

PK 31-67 µm groß, rund oder rundlich-eckig. Die größten PK hat *D. caryophylleus* (50,0-66,5 µm), die kleinsten *D. neglectus* (31,3-47,0 µm). Entsprechend der Größe der PK zeigen bei den einzelnen Arten sowie im Vergleich der Arten miteinander die Zahl der Poren, die Größe des Porendurchmessers, der Porenabstände und der Interporien eine erhebliche Schwankungsbreite (Tabelle 13).

Tabelle 13. Angaben zur Variabilität einzelner Merkmale bei *Dianthus*.

Merkmal	minimale Werte	maximale Werte
Zahl der Poren	8-16	16-19
Porendurchmesser in µm	4,0-6,5	5,5-11,0
Porenabstände in µm	4,0-22,0	13,0-28,0
Interporiengröße in µm	8,0-12,0	10,5-20,0

Die kleinste Porenzahl hat *D. neglectus* (8-10), die größe *D. caryophylleus* (16-19). Die kleinsten Poren wurden bei *D. deltoides* (4-6 µm) gefunden, die größten bei *D. plumarius* (6,5-11,0 µm). Die Poren besitzen einen 0,8-1,0(1,1) breiten Anulus. Die Opercula sind überwiegend kronenförmig aufgebaut. Dieser äußere, mit körnigen Elementen oder Microechini besetzte Ring ist nicht immer typisch ausgebildet. Oft steht an seiner Stelle ein einheitlicher, geschlossener oder stellenweise unterbrochener Ring. An das kronenförmige Operculum schließt sich zum Porenrand hin eine 1,0-1,5 µm breite und ungegliederte Membran an.

Die Exine ist (2,5)3-4(4,5) µm dick. Das Tectum trägt bis 1 µm lange, scharf zugespitzte Microechini, die meist im optischen Schnitt deutlich zu erkennen sind. Das Tectum ist perforiert. Die Perforationen sind (0,5)0,8-1,0(1,1) µm groß. Die Columellae sind netzig gestellt, die Netzmaschen sind (1,5)2,5-5,0(6,0) µm groß. Sie sind unregelmäßig geformt, oft lang und schmal. Die Columellae sind meist 1,0-1,8 µm dick.

Dianthus alpinus L. (2)
37,0-47,8 µm, MiW 43,2 µm; 50 PK, 0a

Dianthus arenarius L. (2)
48,0-60,3 µm, MiW 54,5 µm; 50 PK, 0a

Dianthus armeria L. (3)
40,0-49,8 µm, MiW 45,1 µm; 50 PK, 0a

Dianthus carthusianorum L. (4)
37,5-46,3 µm, MiW 42,3 µm; 50 PK, 0a

Dianthus caryophylleus L. (1)
50,0-66,5 µm, MiW 58,8 µm; 50 PK, 0a

Dianthus collinus WALDST. & KIT. (1)
45,0-55,3 µm, MiW 50,4 µm; 50 PK, 0a

▷

Tafel 112

1-5 *Petrorhagia prolifera* (5 Phako), **6-8** *Dianthus caryophylleus* (8 Phako), **9-12** *Dianthus deltoides* (9 und 10 sind identische Aufnahmen). – Vergrößerungen: 1-8, 10-12: 1000fach; 9: 1500fach.

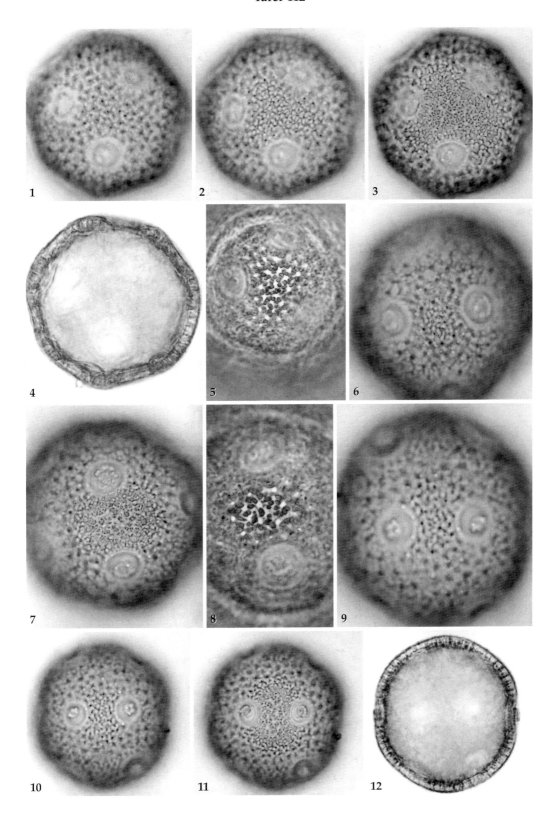

Dianthus deltoides L. (2)
35,0-47,3 µm, MiW 40,7 µm; 50 PK, 0a

Dianthus ferrugineus MILLER (1)
45,5-58,0 µm, MiW 51,2 µm; 50 PK, 0a

Dianthus glacialis L. (1)
37,0-45,5 µm, MiW 41,7 µm; 50 PK, 0a

Dianthus gratianopolitanus VILL. (1)
47,0-63,0 µm, MiW 52,9 µm; 50 PK, 0a

Dianthus monspessulanus L. (1)
46,8-59,5 µm, MiW 52,9 µm; 50 PK, 0a

Dianthus neglectus LOISEL. (1)
31,3-47,0 µm, MiW 41,5 µm; 50 PK, 0a

Dianthus plumarius L. (1)
52,0-64,5 µm; MiW 57,6 µm; 50 PK, 0a

Dianthus pontederae KERNER (1)
37,3-49,0 µm, MiW 42,9 µm; 50 Pk, 0a

Dianthus seguieri VILL. (2)
41,0-53,8 µm, MiW 46,2 µm; 50 PK, 0a

Dianthus serotinus WALDST. & KIT. (1)
50,5-64,5 µm, MiW 56,2 µm; 50 PK, 0a

Dianthus superbus L. (3)
42,0-52,8 µm, MiW 46,4 µm; 50 PK, 0a

Dianthus sylvestris WULFEN (2)
42,5-50,5 µm, MiW 46,9 µm; 50 PK, 0a

Dianthus sylvestris WULFEN
subsp. *tergestinus* (REICENHB.) KERNER (1)
42,0-54,3 µm, MiW 46,6 µm; 50 PK, 0a

33.8.12 *Vaccaria hispanica*
(Tafel 113: 1-2)

PK 6eckig mit 12-14 Poren. Poren 5-6 µm groß mit 0,9-1,1(1,2) µm breitem Anulus. Opercula körnig besetzt. Porenabstände 17-19 µm, Interporien 9-11 µm breit. Exine 3,0-3,5 µm dick, scabrat oder microechinat skulpturiert, Columellae netzig gestellt. Netzmaschen meist 2,0-2,5 µm groß. Tectum mit je einer ca. 0,8 µm großen Perforation über der Mitte der Netzmaschen. Stets mehr Columellae als Perforationen.

Vaccaria hispanica (Mill.) RAUSCHERT (2)
41,5-49,5 µm, MiW 46,0 µm; 50 PK, 0a

Non vidi (für alle Gattungen):

Cerastium alsinifolium TAUSCH
Cerastium biebersteinii DC.
Cerastium diffusum PERS.
Gypsophila papillosa PORTA
Minuartia cherlerioides (HOPPE) BECHERER
Minuartia villarsii (BALBIS) CHENEVARET
Minuartia hybrida (VILL.) SCHISCHKIN (2)

Minuartia mediterranea (LEDEB.) K.MALÝ
Minuartia viscosa (SCHREB.) SCHINZ & THELL.
Moehringia diversifolia DOLLINER ex KOCH
Moehringia dielsiana MATTF.
Moehringia markgrafii MERXM. & GUTERM.
Moehringia villosa (WULF.) FENZL
Silene insubrica GAUD.

Kleinarten, Unterarten:

Dianthus liburnicus BARTL. zu *D. ferrugineus*
Dianthus sternbergii SIEBER zu *D monspessulanus*

Sagina ciliata FRIES zu *S. apetala*
Silene exscarpa ALL. zu *S acaulis*

33.9 Chenopodiaceae p.p., *Amaranthus*
(Tafel 113: 3-29)

Diese Gruppe umfaßt in der mitteleuropäischen Flora die Gattung *Amaranthus* (Amaranthaceae) und alle Chenopodiaceae mit Ausnahme der Gattung *Polycnemum*. Die Gruppe ist gekennzeichnet durch eine große Zahl kleiner Poren, durch geringe Porenabstände, eine psilate Skulpturierung, eine deutliche Columellae-Schicht und ein Tectum ohne Perforationen. In der Regel besitzen die PK über 40-50 Poren, mindestens aber (25)35. Die Höchstwerte liegen bei etwa 110. Die Poren sind schmal berandet (Anulus) oder ohne Anulus und können ein körniges Operculum besitzen. Die Porenzahl läßt sich nicht mit hinreichender Genauigkeit ermitteln. Eine Berechnung der Porenzahl nach MCAN-DREWS & SWANSON (1967) sollte wegen der Inkonstanz der Porenabstände und den Abweichungen der PK von der exakten Kugelform nicht angewendet werden. Die Porenzahl wurde hier mit einer vermuteten Genauigkeit von ±5 auf folgende Weise ermittelt: Zuerst werden die Poren bei hoher optischer Ebene gezählt, soweit sie als Kreise oder Ellipsen erkennbar sind. Dazu kommen diejenigen Poren, die noch etwas außrhalb des optischen Schnittes liegen und meist nur als Vertiefungen zu erkennen sind. Die so ermittelte Zahl wird verdoppelt, und es werden alle Poren hinzugezählt, die im optischen Schnitt liegen.

Insgesamt wurden 14 Gattungen untersucht. Es gibt wenig Unterschiede. Über die einzelnen Merkmale können folgende Aussagen gemacht werden.

Größe. Größen von weniger als 25 µm gibt es vor allem bei *Beta vulgaris* subsp. *maritima* (MiW 21,0 µm), bei verschiedenen *Atriplex*-Arten, bei *Chenopodium vulvaria* (MiW 20,6 µm), *Corispermum leptopterum* (MiW 20,7 µm), *C. marschalii* (MiW 21,4 µm), *Salsola soda* (MiW 22,7 µm) und *Amaranthus lividus* (MiW 22,5). Sehr viele Arten haben Pollengrößen zwischen 25 und 35 µm. Nur in wenigen Fällen werden anteilig Größen erreicht, die deutlich über 35 µm liegen, so bei *Chenopodium bonus-henricus* (max. 43,5 µm) und *Spinacia oleracea* (max. 37,5 µm).

Porenzahl. Porenzahlen zwischen 25 und 40 wurden mit der oben beschriebenen Methode festgestellt bei *Beta vulgaris* subsp. *maritima* (35-40), *Salsola kali* (35-40), *Chenopodium vulvaria* (25-40), *Ch. glaucum* (35-40) und *Ch. polyspermum* (30-40). Die größten Porenzahlen (90-110) haben *Kochia* (80-100), *Spinacia oleracea* (90-110) und *Suaeda maritima* subsp. *pannonica* (75-100).

Porengröße. Die Porengrößen liegen zwischen 1,1 und 3,0 µm. Nur bei *Salsola kali* wurden 3,0-4,0 µm gemessen. Besonders kleine Poren hat vor allem *Salsola soda* mit nur 1,1-1,5 µm.

Porenabstände, Interporien. Die Werte sind bereits innerhalb einer Herkunft oft sehr unterschiedlich. Insgesamt liegen die Werte für die Porenabstände bei 4-7 µm, die der Interporien-Breite bei 2-5 µm.

Exine. Die PK sind psilat, seltener scabrat (oft bei *Corispermum*). Die Dicke der Exine, die in manchen Fällen schwer zu messen ist, liegt meistens zwischen 1,5 und 2,5 µm. Besonders große Werte gab es bei *Camphorosma annua* (2,7-2,9 µm) und *Corispermum leptopterum* (2,7-2,8 µm). Die Columellae erscheinen in vielen Fällen in Aufsicht so dünn und dicht gedrängt, daß sie erst bei starker Vergrößerung (Ölimmersion) erkannt werden können. Normal sind etwa 0,5 µm dicke Columellae und Abstände bis knapp 1,0 µm. In wenigen Fällen sind die Columellae besonders dick (bis 0,8 µm), so bei *Spinacia oleracea*. In den meisten Fällen besitzen die Poren einen schmalen Anulus, der manchmal nur im Phasenkontrastbild erkennbar ist. Der Anulus ist bei anderen Arten schwach entwickelt oder fehlt bei *Salicornia*, *Salsola soda* und *Suaeda maritima* möglicherweise.

Bestimmungsmöglichkeiten. Die wenigen verfügbaren Merkmale zeigen bei den einzelnen Arten z.T. erhebliche Schwankungen. Bei der Anzahl der in Mitteleuropa vertretenen Gattungen und Arten sind die Möglichkeiten zur Bestimmung daher stark beschränkt.

Bestimmbar ist wahrscheinlich *Beta vulgaris* subsp. *maritima* aufgrund der geringen Pollengröße (18,3-22,8 µm) und Porenzahl (ca. 35-40) in Kombination mit sehr dünnen und dicht stehenden Columellae.

Salsola kali kann evt. aufgrund der großen Poren (3-4 µm) in Kombination mit der geringen Porenzahl (30-35) und den relativ dicken Columellae identifiziert werden.

Amaranthus (Tafel 113: 27-29). PK mit 35-55 Poren, Poren 1,3-3,0 µm groß, Porenabstände 3,8-7,0 µm, Interporien 2,8-5,0 µm breit. Exine 1,5-2,1 µm dick, Columellae dünn, dicht stehend.

Amaranthus blitum L. (2)
19,3-25,8 µm, MiW 22,5 µm; 57 PK, 0a

Amaranthus hybridus L. (1)
22,5-32,3 µm, MiW 27,2 µm; 50 PK, 0a

Amaranthus paniculatus L. (1)
25,5-32,5 µm, MiW 29,3 µm; 50 PK, 0a

Amaranthus retroflexus L. (2)
23,0-31,3 µm, MiW 27,9 µm; 50 PK, 0a

Atriplex (Tafel 113: 21-22). PK mit mehr als 40-50 Poren. Poren (1,6)1,7-2,5(2,6) µm groß, Abstände 4,0-6,1 µm, Interporien 2,0-3,0(4,5) µm breit. Poren dünn umrandet. Exine 1,9-2,5 µm dick.

Atriplex calotheca (RAFN) FRIES (3)
20,0-28,0 μm, MiW 25,4 μm; 50 PK, 0a

Atriplex oblongifolia WALDST. & KIT. (1)
23,0-30,0 μm, MiW 26,2 μm; 50 PK, 0a

Atriplex glabriuscula EDMONSTON (1)
20,5-27,0 μm, MiW 24,2 μm; 50 PK, 0a

Atriplex patula L. (2)
22,0-29,3 μm, MiW 26,4 μm; 50 PK, 0a

Atriplex hortensis L. (1)
20,0-25,3 μm, MiW 22,7 μm; 50 PK, 0a

Atriplex prostrata BERICHER ex DC. (1)
22,0-26,8 μm, MiW 24,5 μm; 50 PK, 0a

Atriplex laciniata L. (1)
20,5-29,3 μm, MiW 24,7 μm; 50 PK, 0a

Atriplex rosea L. (1)
19,0-27,5 μm, MiW 23,7 μm; 50 PK, 0a

Atriplex littoralis L. (2)
18,0-23,3 μm, MiW 21,7 μm; 50 PK, 0a

Atriplex tatarica L. (1)
17,8-28,3 μm, MiW 23,1 μm; 50 PK, 0a

Atriplex nitens SCHKUHR (2)
20,0-25,3 μm, MiW 21,5 μm; 50 PK, 0a

Bassia hirsuta. PK mit über 60-70 Poren. Poren 1,9-2,5 μm groß, Porenabstände 4,0-6,0 μm, Interporien 2,5-3,4 μm breit. Exine 2,0 μm dick.

Bassia hirsuta (L.) ASCHERS. (1)
25,8-32,0 μm, MiW 28,8 μm; 50 PK, 0a

Beta vulgaris (Tafel 113: 3-5). PK mit 35 bis etwas über 40 Poren. Poren 2,0-2,7 μm groß, Porenabstände 5,0-5,5 μm, Interporien 2,8-3,2 μm breit. Exine um 2,0 μm dick. Columellae sehr fein und mit engen Abständen.

Beta vulgaris L. subsp. maritima L. (1)
18,3-22,8 μm, MiW 21,0 μm; 60 PK, 0a

Camphorosma (Tafel 113: 16-17). PK mit 85-100 Poren. Poren 1,8-2,1 μm groß, Porenabstände 4,6-5,0 μm, Interporien 2,6-3,3 μm breit. Exine um 2,7-2,9 μm dick.

Camphorosma annua PALL. (1)
27,5-35,8 μm, MiW 32,6 μm; 50 PK, 0a

Chenopodium (Tafel 113: 10-12). PK mit 25 bis über 70 Poren. Poren (1,5)1,8-3,0 μm groß, Porenabstände 4,0-7,0 μm, Interporien 2,2-4,5 μm breit. Poren meist mit schmalem Anulus. Exine 1,8-2,2 μm dick, Columellae-Schicht deutlich, Columellae relativ eng gestellt und dünn.

Die Zahl der Poren schwankt entsprechend der Größe der PK beträchtlich, ohne daß sich dabei Unterschiede von Art zu Art oder innerhalb bestimmter Artengruppen ergeben würden. Porenzahlen bis über 70 wurden bei *Chenopodium album, Ch. bonus-henricus, Ch. botrys und Ch. opulifolium* festgestellt. Porenzahlen von nur 25-35 traten häufig bei *Chenopodium glaucum, Ch. polyspermum* und vor allem bei *Ch. vulvaria* auf. Es bestehen dabei gewisse Beziehungen zwischen extremen Porenzahlen und der Pollengröße.

Chenopodium album L. (3)
23,3-32,5 μm, MiW 27,8 μm; 50 PK, 0a

Chenopodium botrys L. (2)
17,5-27,0 μm, MiW 23,0 μm; 50 PK, 0a

Chenopodium bonus-henricus L. (3)
24,5-34,5 μm, MiW 28,8 μm; 50 PK, 0a

Chenopodium botryodes SM. (1)
17,8-24,0 μm, MiW 21,8 μm; 50 PK, 0a

Tafel 113

1-2 *Vaccaria hispanica,* **3-5** *Beta vulgaris* subsp. *maritima* (4 Phako), **6-8** *Corispermum intermedium* (7 Phako), **9** *Salsola soda,* **10-12** *Chenopodium bonus-henricus* (11 Phako), **13-15** *Spinacia oleracea* (14 Phako), **16-17** *Camphorosma annua* (17 Phako), **18-20** *Salsola kali* (19 Phako), **21-22** *Atriplex littoralis* (22 Phako), **23-24** *Kochia prostrata* (24 Phako), **25-26** *Eurotia ceratoides* (26 Phako), **27-29** *Amaranthus retroflexus* (28 Phako). – Vergrößerungen: 3-29: 1000fach; 1-2: 1500fach.

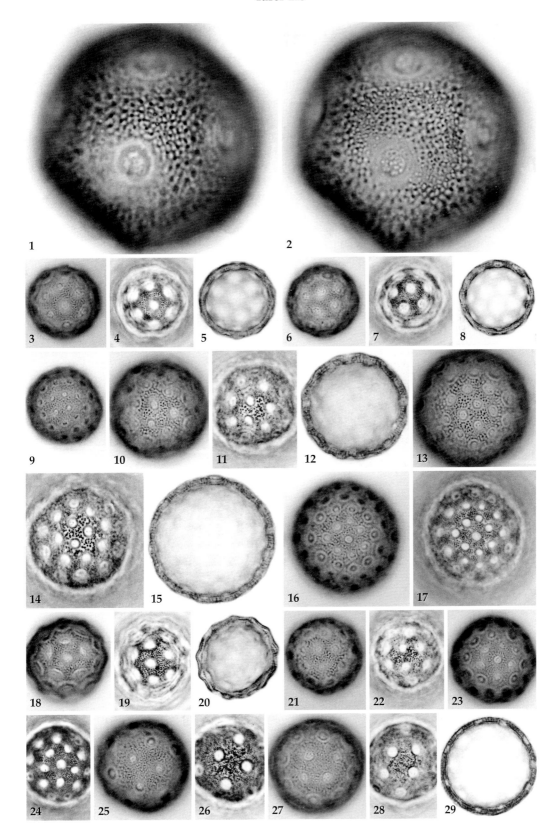

Chenopodium ficifolium SMITH (1)
24,5-30,3 µm, MiW 27,8 µm; 50 Pk, 0a

Chenopodium opulifolium SCHRADER ex KOCH & ZIZ (1)
23,0-32,5 µm, MiW 29,4 µm; 50 PK, 0a

Chenopodium foliosum ASCHERS. (1)
17,8-31,8 µm, MiW 24,9; 50 PK, 0a

Chenopodium polyspermum L. (2)
17,5-25,0 µm, MiW 21,8 µm; 50 PK, 0a

Chenopodium glaucum L. (3)
18,5-25,5 µm, MiW 23,4 µm; 50 PK, 0a

Chenopodium rubrum L. (2)
21,0-27,0 µm, MiW 24,5 µm; 50 PK, 0a

Chenopodium hybridum L. (2)
21,3-29,5 µm, MiW 24,7 µm; 50 PK, 0a

Chenopodium urbicum L. (1)
20,5-23,8 µm, MiW 22,5 µm; 50 PK, 0a

Chenopodium murale L. (1)
20,0-25,3 µm, MiW 23,8 µm; 50 PK, 0a

Chenopodium vulvaria L. (2)
17,5-22,8 µm, MiW 20,6 µm; 50 PK, 0a

Corispermum (Tafel 113: 6-8). PK psilat oder scabrat, mit 40-60 Poren. Poren 1,9-2,8 µm groß, Poren-abstände 4,6-7,0 µm, Interporien 2,0-3,7 µm breit. Exine 1,9-2,8 µm dick. Columellae dünn, dicht stehend, Opercula körnig.

Corispermum leptopterum (ASCHERS.) ILJIN (2)
17,5-23,0 µm, MiW 20,7 µm; 50 PK, 0a

Corispermum nitidum KIT. (1)
20,5-30,3 µm, MiW 26,0 µm; 50 PK, 0a

Corispermum marschallii STEV. (1)
18,8-22,5 µm, MiW 21,4 µm; 50 PK, 0a

Eurotia ceratoides (Tafel 113: 25-26). PK mit 40-45 Poren. Poren 1,6-2,8 µm groß, Porenabstände 4,6-5,1 µm, Interporien 2,0-3,7 µm breit. Exine 1,8-2,1 µm dick. Columellae besonders dünn und eng gestellt.

Eurotia ceratoides (L.) C.A. MEYER (1)
22,0-30,0 µm, MiW 27,0 µm; 50 PK, 0a

Halimione (Atriplex p.p.). PK mit ca. 45-65 Poren. Poren 1,5-2,1 µm groß, Abstände 4,0-5,5 µm, Interporien 2,4-3,8 µm breit. Exine 2,0-3,0 µm dick.

Halimione pedunculata (L.) AELLEN (2)
20,0-29,3 µm, MiW 23,5 µm; 50 PK, 0a

Halimione portulacoides (L.) AELLEN (1)
20,0-27,5 µm, MiW 23,7 µm; 50 PK, 0a

Kochia (Tafel 113: 23-24). PK mit ca. 80-100 Poren. Poren 1,2-2,2 µm groß, Porenabstände (3,2)4,0-6,0 µm, Interporien 2,0-4,6 µm breit. Exine 1,8-2,4 µm dick. Columellae relativ dünn und dicht stehend.

Kochia arenaria (Maerkl.) Roth. (1)
23,0-30,3 µm, MiW 27,7 µm; 50 PK, 0a

Kochia scoparia (L.) SCHRAD. (1)
25,8-35,0 µm, MiW 31,0 µm; 50 PK, 0a

Kochia prostrata (L.) SCHRAD. (1)
20,8-30,5 µm, MiW 26,2 µm; 50 PK, 0a

Salicornia. PK mit ca. 60-70 Poren. Poren 2,3-3,0 µm groß, Porenabstände 5,0-6,0 µm, Interporien 2,3-3,6 µm breit. Exine 2,3-2,4 µm dick. Columellae sehr fein und dicht stehend, Anuli fehlen.

Salicornia stricta DUMORT (2)
23,0-37,0 µm, MiW 27,6 µm; 50 PK, 0a

Salsola kali (Tafel 113: 18-20). PK mit ca. 35-40 Poren. Poren 3,0-4,0 µm groß, Porenabstände 6,0-7,0 µm, Interporien 3,0-4,2 µm breit. Exine 2,0-2,2 µm dick. Columellae dick (ca. 0,6-0,8 µm).

Salsola kali L. (2)
25,3-33,0 µm, MiW 29,0 µm; 50 PK, 0a

Salsola soda (Tafel 113: 9). PK mit 55-75 Poren. Poren relativ klein (1,1-1,5 µm), Porenabstände 4,0-5,0 µm, Interporien 2,7-4,2 µm breit. Exine 2,0-2,3 µm dick. Columellae nicht auffällig dick.

Salsola soda L. (1)
20,5-24,8 µm, MiW 22,7 µm; 50 PK, 0a

Spinacia oleracea (Tafel 113: 13-15). PK mit 90-110 Poren. Poren 1,8-2,8 µm groß, Porenabstände 4,1-6,0 µm, Interporien 2,2-4,8 µm breit. Exine 2,2 µm dick. Columellae bis ca. 0,8 µm dick.

Spinacia oleracea L. (2)
27,5-37,5 µm, MiW 32,2 µm; 50 PK, 0a

Suaeda. PK mit 70-85(100) Poren. Poren 1,5-2,0 µm groß, Porenabstände 4,0-5,7 µm, Interporien 2,6-4,0 µm. Exine 2,0-2,3 µm dick. Columellae sehr dünn, dicht stehend, Anuli schwach.

Suaeda maritima (L.) Dumort (2)
22,5-33,5 µm, MiW 26,1 µm; 50 PK, 0a

Suaeda maritima subsp. *pannonica* (G. Beck) Soó (1)
26,3-35,3 µm, MiW 30,2 µm; 50 PK, 0a

33.10 *Ribes*
(Tafel 114: 1-10)

PK im Umriß rund oder viereckig bis elliptisch, mit 6-8(9) Poren. Poren 3-5 µm groß, zu 1-2 in jeweils einer Lacuna. Poren mit Costae. Eine gut ausgebildete Costa ist 1-2 µm breit und etwa 1 µm dick. Oft ist die Costa nur schwach ausgebildet (Überprüfung im Phasenkontrastbild erforderlich). Sofern eine Lacuna nur eine Pore enthält, ist die Lacuna kreisförmig und hat einen Durchmesser von 7-23 µm. Sofern die Lacunae 2 Poren enthalten, können sie schmäler sein, wenig breiter als die Poren und unregelmäßig oder parallel angeordnet sein. Die Exine ist psilat bis schwach scabrat, 1,2-1,7 µm dick und dreischichtig, Columellae sind nicht erkennbar. Im Bereich der Lacunae ist das Tectum reduziert bis aufgelöst; die Lacunae sind scabrat skulpturiert, besonders randlich.

Es kann bezweifelt werden, ob die im fossilen Zustand meist nur einzeln auftretenden PK von *Ribes* aufgrund der starken Variabilität der einzelnen Merkmale bis zur Art oder bis zu Typen bestimmbar sind. Das kann ggf. in bestimmten Einzelfällen möglich sein. Dazu sollen einige Merkmale aufgeführt werden, die bei den einzelnen Arten in unterschiedlicher Weise ausgebildet sind.

Form: PK von *R. alpinum* sind überwiegend würfelförmig, von *R. uva-crispa* besonders auffällig elliptisch. Nur im Zusammenhang mit anderen Merkmalen brauchbar.

Größe: 20-27 µm große PK treten nur bzw. vorwiegend bei *R. alpinum* und *R. rubrum* auf, 35-40 µm große PK nur bei *R. nigrum* und *R. uva-crispa*.

Zahl der Poren: Ausschließlich 6 Poren besitzen die würfelförmigen PK von *R. alpinum*. Bei anderen PK variiert die Zahl von 6-8. Möglicherweise sind z.B. bei *R. uva-crispa* und anderen Arten mit größeren PK 8 Poren die Regel.

Lacunae: Im allgemeinen sind die Lacunae bereits im Hellfeld erkennbar, zumal die infolge einer dünnere Exine eingesenkt und scabrat skulpturiert sind. Bei *R. alpinum* (Tafel 114: 8-10) sind die Lacunae mit Sicherheit nur im Phasenkontrastbild erkennbar. Kreisförmige Lacunae mit nur 1 Pore wurden bei *R. alpinum*, *R. nigrum* und *R. petraeum* festgestellt. PK mit einzelnen zweiporigen Lacunae haben *R. rubrum* und *R. spicatum* (Tafel 114: 1-3). PK mit mindestens 3 zweiporigen, parallel angeordneten Lacunae haben die meist elliptischen PK von *R. uva-crispa* (Tafel 114: 4-7), die dadurch vermutlich bestimmbar sind.

Ribes alpinum L. (4)
20,8-27,0 µm, MiW 24,2 µm; 50 PK, 0a

Ribes rubrum L. (3)
24,0-33,0 µm, MiW 29,3 µm; 50 PK, 0a

Ribes nigrum L. (3)
30,0-40,5 µm, MiW 35,5 µm; 50 PK, 0a

Ribes spicatum Robson (1)
25,3-32,5 µm, MiW 31,2 µm; 50 PK, 0a

Ribes petraeum Wulfen (3)
28,0-35,0 µm, MiW 32,1 µm; 50 PK, 0a

Ribes uva-crispa L. (3)
26,5-39,5 µm, MiW 31,1 µm; 50 PK, 0a

33.11 *Polemonium*
(Tafel 114: 11-17)

PK kugelig bis etwas langgestreckt. Poren 1,5-4,0 μm groß, rund, Abstände 5-10 μm. Skulpturierung striat bis striat-reticulat. Valla 1 μm breit. Exine 3-4 μm, Endexine bis 2 μm dick. Columellae vorwiegend unter den Skulpturelementen.

1   PK striat, mit vereinzelten Anastomosen zwischen den Valla (Tafel 114: 11-13) ....
.... 33.11.1 *Polemonium caeruleum*

–   PK striat-reticulat (Tafel 114: 14-17) .... 33.11.2 *Polemonium boreale*

33.11.1 *Polemonium caeruleum* (Tafel 114: 11-14). Poren relativ kontrastschwach begrenzt, 1,5-3 μm groß. Valla 2-8 μm lang, 1 μm breit und 1 μm hoch, gestreckt, gebogen oder verzweigt, parallel bis ungeordnet verlaufend und durch vereinzelte kurze Anastomosen miteinander verbunden. Abstände zwischen den Valla 1-1,5 μm. Columellae kurz (bis 1 μm), meist nur undeutlich erkennbar.

Polemonium caeruleum L. (4)
41,5-53,8 μm, MiW 47,8 μm; 50 PK, 0a

33.11.2 *Polemonium boreale* (Tafel 114: 15-17). Poren meist etwas kontrastreicher als bei *P. caeruleum*, 2,5-4 μm groß. Die striate Skulpturierung ist besonders bei hoher optischer Ebene deutlich. Abstände zwischen den Valla kleiner als 1 μm. Parallelanordnung der Valla stärker als bei *P. caeruleum* ausgeprägt. Reticulate Vernetzung der Valla besonders bei tiefer optischer Ebene deutlich erkennbar, Brochi 1,0-2,0 μm groß. Columellae nur unter den Skulpturelementen deutlich erkennbar und ca. 1 μm dick und bis 1,2 μm lang.

Polemonium boreale ADAMS (2)
40,0-56,8 μm, MiW 47,6 μm; 50 PK, 0a

33.12 *Opuntia*
(Tafel 115: 9-11)

PK sehr groß, im Umriß rundlich bis unregelmäßig länglich, durch die eingesenkten, eng stehenden und großen Poren auffällig eckig. Poren nach Größe und Form verschieden: Runde Poren mit einem Durchmesser von 15-22 μm, längliche Poren mit einem Durchmesser von bis zu 43 × 25 μm. Porenmembran dicht verrucat oder eng reticulat skulpturiert. PK reticulat, Brochi etwa 2-6 μm groß, Muri bis 1,5 μm breit. Exine in der Mitte der nur etwa 10-15 μm breiten Interporien bis 11 μm dick, davon entfällt etwa 1 μm auf die Endexine. Die Columellae sind 2-3 μm dick und bis 8 μm lang. In der Mitte der Interporien sind die Columellae am längsten sind und in ihrem oberen Drittel verzweigt. Die Porenmembranen sind etwa 2 μm dick.

Opuntia vulgaris MILL. (2)
99,5-142,5 μm, MiW 122,9 μm; 52 PK, 0a

▷

Tafel 114

1-3 *Ribes spicatum* (3 Phako), **4-7** *Ribes uva-crispa* (5 Phako), **8-10** *Ribes alpinum* (9 Phako), **11-14** *Polemonium caeruleum* (13 Phako), **15-17** *Polemonium humile*, **18-20** *Daphne petraeum*. – Vergrößerungen 1000fach.

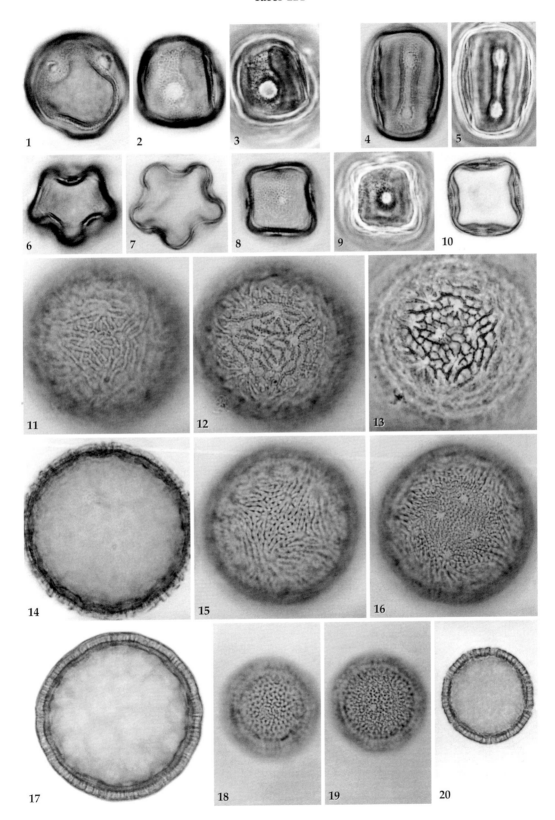

33.13 Thymelaeaceae
(Tafel 114: 18-20, Tafel 115: 1-5)

PK rund, reticulat und microechinat, mit dicker Exine, hohen Muri, kurzen Columellae und meist kontrastschwachen, kleinen Poren.

Die Trennung der Arten der Gattung *Daphne* von *Thymelaea passerina* ist bis zu einem gewissen Grade möglich. Mit Ausnahme von *D. laureola* ist die Trennung aufgrund der Größe der PK möglich. Auch sind bei *Thymelaea* die Porenumrandungen kontrastscharf und die Brochi relativ klein.

1   PK 20-38 µm groß, Poren unscharf begrenzt (Tafel 114: 18-20) .... **33.13.1** *Daphne*

–   PK 34-47 µm groß, Poren kontrastreich begrenzt (Tafel 115: 1-5) .... **33.13.2** *Thymelaea*

33.13.1 *Daphne* (Tafel 114: 18-20). PK rund, selten eiförmig bis eckig, reticulat bis microreticulat, dickwandig. Brochi 1,5-3,0 µm groß, Muri breit, Lumina um 1 µm. Abstände der Microechini 1,0-1,5(2,0) µm. Exine 2,5-4,5 µm dick, Endexine 0,8-1,0 µm. Columellae bis 1,5 µm lang und um 1 µm dick. Poren meist kontrastarm, oft schwer erkennbar, 1-2 µm groß. Abstände der Poren zwischen 5 und 10 µm. In Einzelfällen könnten fossile PK der Thymelaeaceae als inaperturat angesprochen werden. Das ist z.B. bei *D. striata* der Fall, während bei *D. petraea* die Poren gut zu erkennen sind. Andererseits ist das offensichtlich kein konstantes Merkmal, da bei *D. oleoides* Herkünfte mit gut erkennbaren und Herkünfte mit schlecht erkennbaren Poren gefunden wurden. *Daphne* ist auch bei den inaperturaten Pollenformen berücksichtigt.

Daphne alpina L. (2)
22,0-34,3 µm, MiW 30,2 µm; 50 PK, 0a

Daphne blagayana FREYER (1)
26,0-32,5 µm, MiW 28,9 µm; 50 PK, 0a

Daphne cneorum L. (2)
21,8-27,8 µm, MiW 25,5 µm; 50 PK, 0a

Daphne laureola L. (3)
30,8-38,0 µm, MiW 34,4 µm; 51 PK, 0a

Daphne mezereum L. (3)
25,3-32,0 µm, MiW 29,4 µm; 50 PK, 0a

Daphne oleoides SCHREB. (2)
25,0-31,5 µm, MiW 29,9 µm; 50 PK, 0a

Daphne petraea LEYBOLD (2)
21,0-30,0 µm, MiW 26,8 µm; 50 PK, 0a

Daphne striata TRATT. (2)
20,5-30,0 µm, MiW 26,8 µm; 50 PK, 0a

33.13.2 *Thymelaea passerina* (Tafel 115: 1-5). Poren kontrastscharf, um 2 µm groß, Abstände 6-7 µm. Brochi 1,5-2 µm, Lumina maximal 1 µm groß. Da für die PK von *Daphne laureola* Werte bis 38 µm gemessen wurden, sollte bei der Bestimmung fossiler PK der Größenbereich von etwa 34-38 µm nicht berücksichtigt werden.

Thymelaea passerina (L.) COSS. & GERM. (2)
34,3-46,8 µm, MiW 39,1 µm; 50 PK, 0a

33.14 *Tribulus terrestris*
(Tafel 115: 6-8)

PK reticulat mit einer 2,0-3,0 µm großen Pore in jedem Brochus. Die 2,0-3,0 µm großen runden Poren in der Endexine füllen die 4-6 µm großen Lumina nicht aus. Exine 5-6 µm dick, Endexine 2-3 µm. Größe der Brochi 7-9(10) µm. Muri ca. 1,5 µm breit und ca. 1 µm hoch. Columellae 1,2-2,5 µm dick

Tribulus terrestris L. (2)
40,5-53,8 µm, MiW 47,5 µm; 50 PK, 0a

Tafel 115

1-5 *Thymelaea passerina* (4 Phako), **6-8** *Tribulus terrestris*, **9-11** *Opuntia humifusa*. – Vergrößerungen: 1-8, 11: 1000fach; 9-10: 500fach.

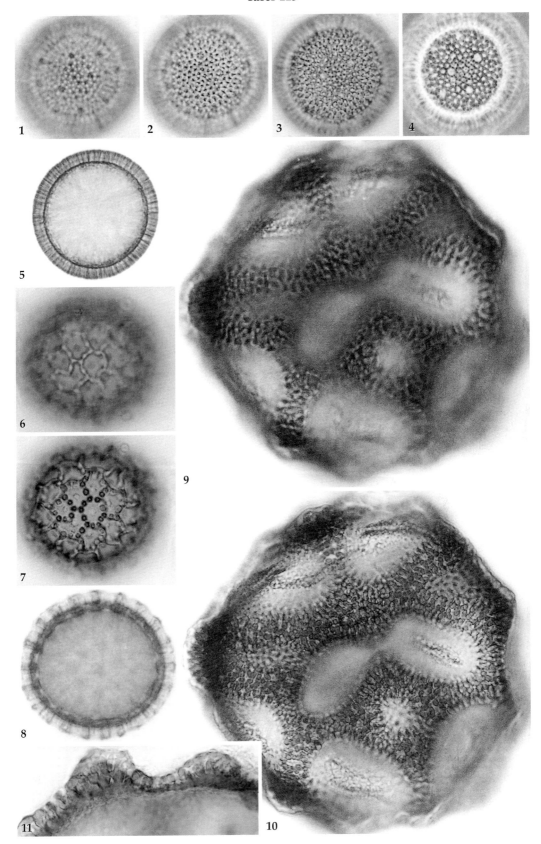

33.15 *Persicaria maculosa*-Typ

(syn. *Polygonum persicaria*-Typ) (Tafel 116: 1-4)

PK kugelig, selten etwas länglich, reticulat. Reticulum dupli- bis triplocolumellat. Brochi 5-13 µm groß, Muri distal schneidenförmig bis abgerundet ausgebildet, proximal 1-2 µm breit. Die Lumina sind mit kurzen Bacula ausgestattet. Solche Bacula sind etwa 1,5 × 0,7 µm groß. Die Exine ist 4,5-6,0 µm dick, die Endexine ca. 1 µm. Poren 2-3,5 µm groß; sie liegen in den Lumina und füllen diese oft nicht ganz aus. Nicht jedes Lumen ist mit einer Pore ausgestattet. Meist befinden sich zwischen 2 Brochi mit Poren 1-2 Brochi ohne Poren. Es treten auch PK mit einer höheren Porendichte auf, so bei *P. hydropiper* und *P. dubia*.

Persicaria hydropiper (L.) DELARBRE (5)
37,8-60,5 µm, MiW 47,2 µm; 50 PK, 0a

Persicaria lapathifolia (L.) DELARBRE (4)
37,0-49,3 µm, MiW 42,2 µm; 50 PK, 0a

Persicaria minus (HUDS.) OPIZ (2)
39,0-57,3 µm, MiW 46,9 µm; 50 PK, 0a

Persicaria dubia (STEIN) FOURR. (2)
40,5-52,5 µm, MiW 46,9 µm; 50 PK, 0a

Persicaria maculosa GRAY (2)
44,0-63,8 µm, MiW 51,4 µm; 50 PK, 0a

33.16 *Liquidambar*

(Tafel 116: 5-8)

PK rund bis etwas länglich, reticulat, mit 5-10 µm großen Poren. Brochi ca. 1,0-1,5 µm groß, Muri breit, mindestens z.T. duplicolumellat, Lumina nur 0,5-0,8 µm groß. Poren eingetieft, rund (Durchmesser 5-8 µm) oder länglich (bis ca. 10 µm). Abstände auf ein und demselben PK sehr unterschiedlich, 10-20 µm, gemessen von Porenmitte zu Porenmitte. Porenmembranen körnig skulpturiert, Skulpturelemente hier bis über 1 µm groß. Porenumrandungen auf der Innenseite der Endexine mit 1-2 µm großen körnigen Elementen versehen. Exine 1,5-2,0 µm dick, Tectum und Endexine gleich dick. Columellae kurz und dünn.

Liquidambar orientalis MILLER (1)
37,5-52,5 µm, MiW 44,6 µm; 50 PK, 6a

Liquidambar styraciflua L. (1)
34,5-46,8 µm, MiW 41,6 µm; 50 PK, 0a

33.17 *Buxus*

(Tafel 116: 9-13)

PK rundlich bis etwas länglich, bedingt formstabil. Exine 2,0-2,5 µm dick, reticulat. Brochi 1-2 µm groß, Muri breit und hoch, Lumina eng (kleiner als 1 µm). Columellae relativ dünn und kurz. Poren 1,5-2,0 µm groß, rundlich bis unregelmäßig geformt, durch die am Porenrand endenden Muri begrenzt.

Buxus sempervirens L. (4)
29,0-38,0 µm, MiW 33,7 µm; 50 PK, 0a

Buxus balearica WILLD. (1)
30,0-42,0 µm, MiW 36,4 µm; 50 PK, 0a

▷

Tafel 116

1-4 *Persicaria maculosa,* **5-8** *Liquidambar styraciflua* (7 Phako), **9-13** *Buxus sempervirens* (11 Phako), **14-17** *Carex acutiformis* (16-17 Phako). – Vergrößerungen 1000fach.

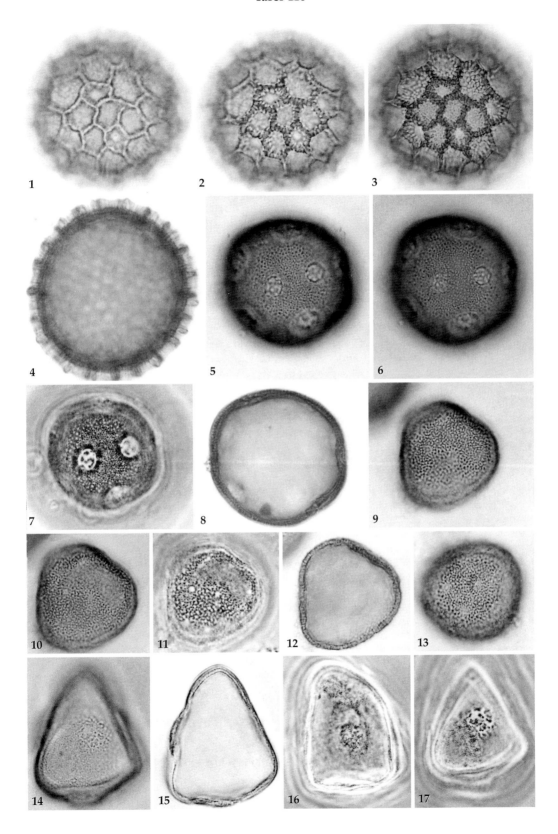

33.18 Cyperaceae
(Tafel 116: 14-17, Tafel 117: 1-16, Tafel 118: 1-7)

Die PK der Cyperaceae sind sog. Kryptotetraden. Sie entsprechen jeweils einer ganzen Tetrade, bei der drei der vier Tochterzellen abortiert sind. Die PK sind vorwiegend kegelförmig und im Umriß dreieckig, aber sehr variabel. Das im Umriß gleichschenklige Dreieck kann eine scharfe oder abgerundete Spitze haben. Die PK können langgestreckt oder kurz sein. Bei der Verkürzung der Längsachse entsteht ein mehr zylindrischer Körper mit parallelen Seitenrändern, einem breit abgerundeten und einem flachen Ende. Diese Formen werden als sackförmig bezeichnet. Schließlich kommen auch rundlich-eckige (polyedrische) und kastenförmige PK vor. Manche Arten besitzen nur eine dieser Formen. Bei den meisten Arten kommen mehrere nebeneinander vor. Bei *Cladium mariscus* endet bei einem meist geringen Teil der PK die Spitze mit einem erweiterten Anhängsel, so daß hier in Einzelfällen eine Artbestimmung möglich ist.

Die Exine ist dünn (0,9-1,3 µm) und besitzt eine meist deutliche Columellae-Schicht. Das Tectum ist undeutlich scabrat skulpturiert oder verrucat bis rugulat, mit bis zu 1,5 µm großen Skulpturelementen versehen. Das Tectum ist außerdem perforiert, wobei allerdings die Perforationen nicht immer deutlich zu erkennen sind. Im Bereich der Aperturen – von einigen Autoren auch als Lacunae bezeichnet – ist das Tectum auf etwa 1,0-1,8 µm große schollige, isolierte Bereiche beschränkt (frustillat), bei denen der normale Aufbau der Exine erhalten ist. Zwischen diesen Elementen fehlen das Tectum und meist auch die Columellae. Wenn zwischen den Elementen noch Columellae vorhanden sind, sind die Grenzen der Aperturen besonders schwer zu erkennen, zumal sich die PK durch die Azetolyse kaum anfärben.

Die Aperturen sind langgestreckt (Colpen) oder rundlich (Poren). Eine der Aperturen befindet sich an der Basisfläche (basale Apertur), die anderen in ringförmiger bzw. paralleler Anordnung zu meist 5-6 an den Seiten des PK (seitliche Aperturen). Die basale Apertur ist meist rundlich, d.h. als Pore ausgebildet. Die seitlichen Aperturen liegen oft in Längsfalten der Exine. Innerhalb einer Gattung können Arten mit Poren und mit Colpen vorhanden sein. Auch innerhalb einer Art oder einer Herkunft gibt es PK, bei denen die Aperturen nach ihrem Längen-Breiten-Verhältnis teils Poren, teils Colpen sind. Colpen können streckenweise verschieden breit sein. Es gibt auch PK, bei denen die frustillate Oberfläche der Aperturen flächenhaft vergrößert ist. Auch kann die regelmäßige Anordnung der seitlichen Aperturen aufgehoben sein.

Wegen der Verteilung der Aperturen ist es schwer, die PK der Cyperaceae auf Pollenklassen zu verteilen. Meistens werden sie bei den Periporatae angeführt. Sie könnten auch als stephanoporat oder als stephanocolpat betrachtet werden, bei denen eine Apertur abseits liegt. Da die Apertur auf der Basisfläche meist eine Pore ist, müßte man evt. sogar von extraporaten Formen sprechen. Bei manchen *Carex*-Arten sind die Poren so schwach von der Exine abgesetzt – wenn sie überhaupt vorhanden sind -, daß man glaubt, inaperturate PK vor sich zu haben. Offenbar liegen manchmal besondere Verhältnisse bei diesen Kryptotetraden vor, die sich nicht ohne weiteres mit normalen PK vergleichen lassen.

Die PK der Cyperaceae werden hier bei den Periporatae behandelt und bei den anderen Pollenklassen mit Hinweis auf die Periporatae erwähnt.

Carex (Tafel 116: 14-17, Tafel 117: 1-8). Für die Arten der Gattung *Carex* gelten alle eingangs genannten Abwandlungen der Form und der Aperturen. Colpen können kürzer oder länger sein, gemessen an der Länge der PK. Arten mit poraten PK sind häufig. Poren sind im Allgemeinen etwa 6-10 × 8-12 µm groß.

Tafel 117

1-4 *Carex sylvatica* (4 Phako), **5-8** *Carex rostrata* (8 Phako), **9-13** *Rhynchospora alba* (13 Phako), **14-16** *Cladium mariscus*. – Vergrößerungen 1000fach.

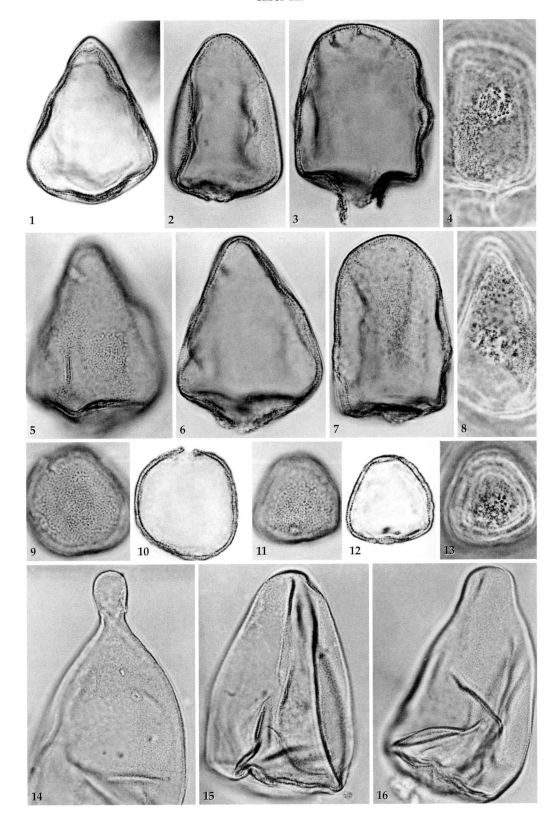

Vielfach gelten die PK von *Cladium mariscus* (53-74 μm) in der Literatur als die größten bei den Cyperaceae, aber verschiedene *Carex*-Arten erreichen auch Größen über 53 μm. *C. pediformis* ist mit 47-73 μm größenmäßigt identisch mit *Cladium mariscus*. Die kleinsten PK liegen bei *Carex* im Bereich von 30-40 μm.

Hinsichtlich der Form der Aperturen lassen sich Gruppen bilden, PK mit überwiegend oder ausschließlich mit Colpen, oder solche mit Poren. Solche Gruppen haben aber möglicherweise nur provisorischen Charakter. Die Gruppe der PK mit Colpen ist relativ klein. Selbständig geführt wird eine Gruppe, bei der PK mit Colpen und solche mit Poren nebeneinander vorkommen. Es überwiegen Arten mit Poren. In einigen Fällen ist dort der Unterschied zwischen Porenmembran und normaler Exine so gering und die Porenränder so undeutlich, daß man solche PK als inaperturat ansprechen kann. Bei einer kleinen Gruppe wurden PK mit flächig ausgebildeten aperturalen Bereichen gefunden. Es muß darauf hingewiesen werden, daß von den meisten *Carex*-Arten nur 1 Herkunft untersucht wurde.

1. PK überwiegend oder ausschließlich colpat.

Carex alba SCOP. (1)
33,0-48,8 μm, MiW 41,1 μm; 50 PK, 0a

Carex atrofusca SCHKUHR (1)
33,0-47,3 μm, MiW 39,4 μm; 50 PK, 0a

Carex curvula ALL. (1)
37,0-50,0 μm, MiW 42,8 μm; 50 PK, 0a

Carex distans L. (1)
37,0-52,0 μm, MiW 45,4 μm; 50 PK, 0a

Carex glareosa WAHLENB. (1)
32,5-42,0 μm, MiW 37,9 μm; 50 PK, 0a

Carex halleriana ASSO (1)
37,3-52,0 μm, MiW 44,7 μm; 50 PK, 0a

Carex microglochin WAHLENB. (1)
32,5-45,3 μm; 29 PK, 0a

Carex pendula HUDS. (1)
45,0-55,5 μm, MiW 51,0 μm; 51 PK, 0a

Carex subspathacea WORMSK. (1)
35,5-49,8 μm, MiW 42,2 μm; 50 PK, 0a

2. PK mit Poren, z.T. anteilig auch colpate PK.

Carex acuta L. (2)
38,0-51,3 μm, MiW 44,8 μm; 50 PK, 0a

Carex acutiformis EHRH. (3)
34,0-43,0 μm, MiW 39,0 μm; 50 PK, 0a

Carex buekii WIMM. (1)
35,8-47,3 μm, MiW 41,0 μm; 50 PK, 0a

Carex canescens L. (2)
29,5-44,5 μm, MiW 35,5 μm; 50 PK, 0a

Carex capitata L. (1)
30,5-39,8 μm, MiW 35,5 μm; 50 PK, 0a

Carex caryophyllea LATOURR. (1)
32,5-44,5 μm, MiW 36,6 μm; 50 PK, 0a

Carex davalliana SM. (1)
36,0-53,0 μm, MiW 45,0 μm; 50 PK, 0a

Carex depauperata CURTIS ex WITH. (1)
37,0-52,5 μm, MiW 42,9 μm; 50 PK, 0a

Carex diandra SCHRANK (1)
37,0-47,5 μm, MiW 42,4 μm; 50 PK, 0a

Carex disticha HUDS. (1)
34,8-47,0 μm, MiW 39,2 μm; 50 PK, 0a

Carex elata ALL. (2)
37,8-50,5 μm, MiW 43,5 μm; 52 PK, 0a

Carex elongata L. (1)
37,8-47,5 μm, MiW 42,8 μm; 50 PK, 0a

Carex extensa GOOD. (1)
39,5-49,3 μm, MiW 44,5 μm; 50 PK, 0a

Carex ferruginea SCOP. (1)
31,8-52,8 μm, MiW 39,0 μm; 50 PK, 0a

Carex flacca SCHREB. (2)
37,0-53,0 μm, MiW 44,3 μm; 50 PK, 0a

Carex flava L. (1)
34,5-49,5 μm, MiW 40,4 μm; 50 PK, 0a

Carex hirta L. (1)
49,8-64,5 μm, MiW 56,0 μm; 50 PK, 0a

Carex hordeistichos VILL. (1)
45,5-64,3 μm, MiW 54,4 μm; 50 PK, 0a

Carex humilis LEYSS. (2)
30,5-42,8 μm, MiW 36,3 μm; 50 PK, 0a

Carex lachenalii SCHKUHR (1)
29,5-40,0 μm, MiW 35,6 μm; 50 PK, 0a

Carex lepidocarpa TAUSCH (1)
39,3-50,5 μm, MiW 45,9 μm; 50 PK, 0a

Carex limosa L. (1)
29,5-44,5 μm, MiW 36,4 μm; 50 PK, 0a

Carex liparocarpos GAUDIN (1)
35,0-47,0 μm, MiW 40,4 μm; 53 PK, 0a

Carex lyngbei HORNEM. (2)
38,0-50,0 μm, MiW 43,5 μm; 50 PK, 0a

Carex mackenziei V. KRECZ (1)
32,0-46,8 μm, MiW 38,3 μm; 50 PK, 0a

Carex montana L. (3)
36,8-52,5 μm, MiW 43,8 μm; 50 PK, 0a

Carex muricata L. (1)
33,0-44,5 μm, MiW 38,5 μm; 50 PK, 0a

Carex norvegica RETZ. (1)
38,0-54,0 μm, MiW 46,0 μm; 50 PK, 0a

Carex otrubae PODP. (1)
37,5-47,5 μm, MiW 42,4 μm; 50 PK, 0a

Carex ovalis GOOD. (1)
34,5-48,8 μm, MiW 41,4 μm; 50 PK, 0a

Carex pallescens L. (1)
33,5-44,3 μm, MiW 39,4 μm; 50 PK, 0a

Carex panicea L. (1)
47,3-59,5 μm, MiW 53,8 μm; 50 PK, 0a

Carex pauciflora LIGHTF. (1)
33,0-51,8 μm, MiW 38,7 μm; 50 PK, 0a

Carex pseudobrizoides CLAVAUD (1)
31,3-44,5 μm, MiW 38,0 μm; 50 PK, 0a

Carex pulicaris L. (1)
34,8-52,5 μm, MiW 43,4 μm; 50 PK, 0a

Carex remota L. (1)
31,8-43,0 μm, MiW 36,6 μm; 50 PK, 0a

Carex riparia CURTIS (1)
38,0-51,8 μm, MiW 46,1 μm; 50 PK, 0a

Carex rostrata STOKES (3)
42,5-58,0 μm, MiW 50,6 μm; 50 PK, 0a

Carex rotundata WAHLENB. (1)
37,0-49,8 μm, MiW 43,0 μm; 50 PK, 0a

Carex rupestris ALL. (1)
36,5-48,8 μm, MiW 41,8 μm; 50 PK, 0a

Carex salina WAHLENB. (1)
37,0-56,8 μm, MiW 44,9 μm; 50 PK, 0a

Carex saxatilis L. (1)
37,5-57,5 μm, MiW 46,2 μm; 50 PK, 0a

Carex sempervirens VILL. (2)
37,6-48,0 μm, MiW 43,0 μm; 50 PK, 0a

Carex sylvatica HUDS. (1)
38,0-57,5 μm, MiW 46,2 μm; 50 PK, 0a

Carex echinata MURRAY (1)
34,5-49,0 μm, MiW 39,9 μm; 50 PK, 0a

Carex strigosa HUDS. (1)
39,8-51,8 μm, MiW 44,8 μm; 51 PK, 0a

Carex tomentosa L. (1)
32,5-45,8 μm, MiW 40,0 μm; 50 PK, 0a

Carex umbrosa HOST (1)
29,5-43,8 μm, MiW 38,1 μm; 50 PK, 0a

Carex vaginata TAUSCH (2)
42,5-55,0 μm, MiW 49,3 μm; 50 PK, 0a

Carex vesicaria L. (1)
38,0-50,0 μm, MiW 45,0 μm; 50 PK, 0a

3. Arten mit colpaten und poraten PK.

Carex aquatilis WAHLENB. (1)
32,5-47,3 μm, MiW 38,6 μm; 50 PK, 0a

Carex atrata L. (1)
35,3-49,0 μm, MiW 42,6 μm; 50 PK, 0a

Carex chordorrhiza L. f. (2)
38,8-50,5 μm, MiW 44,9 μm; 50 PK, 0a

Carex demissa HORNEM. (1)
32,5-42,0 μm, MiW 38,6 μm; 50 PK, 0a

Carex dioica L. (1)
33,0-52,5 μm, MiW 40,3 μm; 50 PK, 0a

Carex firma HOST (2)
40,3-55,3 μm, MiW 48,7 μm; 52 PK, 0a

Carex frigida ALL. (2)
35,0-47,5 μm, MiW 42,0 μm; 50 PK, 0a

Carex lasiocarpa EHRH. (1)
40,0-54,8 μm, MiW 46,8 μm; 50 PK, 0a

Carex nigra (L.) REICHARD (1)
34,0-54,0 μm, MiW 42,5 μm; 50 PK, 0a

Carex paniculata L. (1)
35,5-49,3 μm, MiW 44,1 μm; 50 PK, 0a

Carex pediformis C.A. MEYER (1)
47,0-73,0 μm, MiW 57,2 μm; 50 PK, 0a

Carex pilulifera L. (2)
32,0-43,8 μm, MiW 39,2 μm; 50 PK, 0a

Carex praecox SCHREB. (1)
36,8-49,5 μm, MiW 41,4 μm; 50 PK, 0a

Carex pseudocyperus L. (2)
33,0-45,5 μm, MiW 39,8 μm; 50 PK, 0a

Carex rariflora (WAHLENB.) SM. (1)
39,8-54,5 μm, MiW 46,0 μm; 50 PK, 0a

4. Arten mit flächig entwickelten aperturalen Bereichen

Carex appropinquata SCHUMACH. (1)
36,0-48,0 µm, MiW 42,4 µm; 50 PK, 0a

Carex baldensis L. (1)
31,3-42,0 µm, MiW 37,7 µm; 50 PK, 0a

5. Nicht zuzuordnen, Aperturen sehr undeutlich, PK evt. inaperturat

Carex bigellowii TORR. (2)
32,5-48,0 µm, MiW 40,4 µm; 50 PK, 0a

Non vidi: *Carex arenaria* L., *C. bicolor* ALL., *C. brizoides* L., *C. buxbaumii* WAHLENB., *C. capillaris* L. *C. digitata* L., *C. heleonastes* L., *C. loliacea* L., *C. magellanica* LAM., *C. mucronata* ALL., *C. ornithopoda* WILLD., *C. vulpina* L.

Cladium (Tafel 117: 14-16). PK schmal dreieckig, gelegentlich mit einer papillen- oder fadenförmig verlängerten Spitze, seltener mit einer ovalen Enderweiterung. Diese ovale Enderweiterung wurde unter 6 Herkünften aus Mittel- und Westeuropa nur in einem Fall mit hinreichend auffälligen Anteilen gefunden. PK mit 6-10 × 9-10 µm großen Poren. Exine dünn (0,9-1,0 µm).

Cladium mariscus (L.) POHL (6)
53,3-73,8 µm; MiW 62,8 µm; 50 PK, 0a

Cobresia. PK spitz bis stumpf dreieckig oder rundlich-polyedrisch. Überwiegend mit Poren.

Cobresia simpliciuscula (WAHL.) MACKENZIE (1)
38,0-52,5 µm, MiW 44,3 µm; 50 PK, 0a

Cyperus (Tafel 118: 1-7). Die Arten der Gattung *Cyperus* haben zusammen mit denen von *Rhynchospora* die kleinsten PK unter den hier berücksichtigten mitteleuropäischen Cyperaceae. Die 4 untersuchten Arten sind pollenmorphologisch unterschiedlich. Ihre Form weicht wie bei *Rhynchospora* z.T von einem dreieckigen Umriß ab.

C. *michelianus* (Tafel 118: 6-7) hat rundlich eckige (polyedrische) oder kastenförmige, selten im Umriß dreieckige PK. Die Poren sind rund bis oval, 9-12 µm groß, bei langgestreckten Poren z.B. 9 × 5,5 µm. Es wurden 8-9 Poren pro PK vorgefunden.

Bei C. *esculentus* und C. *fuscus* (Tafel 118: 3-5) sind die PK vielgestaltig, sackförmig bis unregelmäßig polyedrisch, selten im Umriß angedeutet dreieckig. Vereinzelt erkennt man langgestreckte Aperturen. Es scheint aber, als ob daneben große, flächige Bereiche mit der typisch frustillaten Bekleidung der Aperturen vorhanden sind.

Bei C. *longus* (Tafel 118: 1-2) und C. *papyrus* gibt es typisch dreieckige neben sackförmigen PK. Die meist 6 seitlichen Aperturen sind langgestreckt, 10-12 µm lang und als Colpen anzusprechen.

Cyperus esculentus L. (1)
25,0-38,8 µm, MiW 32,7 µm; 50 PK, 0a

Cyperus michelianus (L.) LINK. (1)
22,3-30,3 µm, MiW 25,5 µm; 50 PK, 0a

Cyperus fuscus L. (2)
23,5-33,8 µm, MiW 28,8 µm; 50 PK, 0a

Cyperus papyrus L. (1)
27,5-35,0 µm, MiW 30,3 µm; 50 PK, 0a

Cyperus longus L. (3)
23,5-31,3 µm, MiW 27,5 µm; 50 PK, 0a

Eleocharis. Umriß der PK spitz bis stumpf dreieckig oder langgestreckt sackförmig. Es gibt 6 seitliche (20-23 × 7-15 µm große Colpen oder Poren) Aperturen und 1 basale Apertur (ca. 15-20 µm). Die seitlichen Aperturen befinden sich in Einfaltungen der Exine. Exine 1,0-1,3 µm dick, verrucat bis schwach rugulat skulpturiert, Columellae deutlich.

Eleocharis acicularis (L.) ROEM & SCHULT. (2)
32,0-49,3 µm, MiW 41,3 µm; 50 PK, 0a

Eleocharis mamillata LINDB. (1)
33,5-49,3 µm, MiW 42,4 µm; 50 PK, 0a

Eleocharis austriaca HAYEK (1)
36,8-54,5 µm, MiW 44,9 µm; 50 PK, 0a

Eleocharis multicaulis (SM.) DESV. (1)
30,5-41,8 µm, MiW 36,8 µm; 50 PK, 0a

Eleocharis ovata (ROTH) ROEM & SCHULT. (1)
33,0-44,8 µm, MiW 38,7 µm; 50 PK, 0a

Eleocharis quinqueflora (HARTMANN) O. SCHWARZ (1)
42,0-61,8 µm, MiW 51,8 µm; 50 PK, 0a

Eleocharis palustris (L.) ROEM & SCHULT. (2)
40,0-60,0 µm, MiW 48,9 µm; 51 PK, 0a

Non vidi: *Eleocharis parvula* (ROEM & SCHULT.) LK., *E. uniglumis* (LK.) SCHULT.

Eriophorum. Umriß der PK spitz bis abgerundet dreieckig, eiförmig oder sackförmig. Exine um 1,2 µm dick. Basale Aperturen (Poren) 10-12 × 8-10 µm. Seitliche Aperturen: Bei *E. angustifolium* 6 Colpen (20-30 × 5 µm, d.h. 40-65 % der Gesamtlänge des PK). Bei den kürzeren PK von *E. gracile* gibt es 4-5 seitliche Colpen, die breiter als bei *E. angustifolium* sind. *E. latifolium* hat überwiegend kurz dreieckige bis sackförmige PK mit 4 seitlichen Poren (5-10 × 5-8 µm groß). Bei *e. scheuchzeri* ist die Exine stark scabrat-verrucat skulpturiert, so daß die Aperturen undeutlich erscheinen. Bei *E. vaginatum* gibt es überwiegend eiförmige PK mit 4 seitlichen und 1 basalen Pore.

Eriophorum angustifolium HONCK. (2)
41,0-54,5 µm, MiW 49,1 µm; 50 PK, 0a

Eriophorum scheuchzeri HOPPE (1)
37,8-52,3 µm, MiW 44,0 µm; 50 PK, 0a

Eriophorum gracile W.D.J. KOCH (2)
32,0-40,8 µm, MiW 36,7 µm; 50 PK, 0a

Eriophorum vaginatum L. (2)
33,0-45,0 µm; MiW 40,4 µm; 50 PK, 0a

Eriophorum latifolium HOPPE (2)
32,0-40,0 µm, MiW 35,4 µm; 50 PK, 0a

Rhynchospora (Tafel 117: 9-13). PK bei *Rh. alba* rundlich-eckig bis schwach dreieckig mit stumpfer Spitze, Columellae-Schicht sehr deutlich. Exine 1,1-1,3 µm dick, entweder fein scabrat skulpturiert oder Tectum mit rugulaten Skulpturelementen (bis 2,5 µm lang und um 1 µm breit, gerade oder gebogen, mit gezackten Rändern). Aperturen nicht immer deutlich, rundlich bis gestreckt, die somit teils als Poren und teils als Colpen anzusprechen sind, 10-12 × 5-7 µm, unregelmäßig geformt und begrenzt, nur frustillat. Wenn erkennbar, sind 5 Aperturen vorhanden; bei etwas dreieckigen PK liegt eine davon auf der basalen Fläche. Bei *Rh. fusca* sind die PK größer und meist langgestreckt und im Umriß spitz dreieckig. Rundlich-eckige PK treten ebenfalls auf. Die PK besitzen deutliche und lange Colpen.

Rhynchospora alba (L.) VAHL. (3)
25,5-35,0 µm, MiW 29,6 µm; 50 PK, 0a

Rhynchospora fusca (L.) W.T. AITON (2)
35,3-54,8 µm, MiW 43,8 µm; 50 PK, 0a

Scirpus s.l. PK im Umriß stumpf abgerundet bis spitz dreieckig, auch sackförmig. Bei *S. radicans* sackförmig, stumpf dreieckig bis rundlich-eckig. Exine 0,9-1,2 µm dick. Poren 5-9 × 5-10 µm groß. Die PK der Gattungen *Schoenoplectus*, *Bolboschoenus* und *Scirpoides* besitzen langgestreckte, 12-20 µm lange und 5-9 µm breite Colpen, die frustillat bekleidet und deren Ränder kontrastschwach sein können. Poren besitzen die PK von *Scirpus sylvaticus*, *Sc. radicans*, *Isolepis setaceus* und *Trichophorum alpinum*, während sie bei *Tr. cespitosum* schwach verlängert sind. Bei *Blysmus compressus* sind die Aperturen kurz, bei *B. rufus* lang. Die Zahl der seitlichen Aperturen ist oft schwer zu ermitteln. Soweit feststellbar, beträgt ihre Zahl 4-5, bei *Trichophorum cespitosum* und *Blysmus compressus* 6.

Bolboschoenus maritimus (L.) PALLA (4)
49,5-63,0 µm, MiW 55,5 µm; 50 PK, 0a

Schoenoplectus pungens (VAHL) PALLA (1)
46,3-64,8 µm, MiW 53,3 µm; 50 PK, 0a

Blysmus compressus (L.) PANZ. (2)
40,3-60,0 µm, MiW 49,7 µm; 50 PK, 0a

Schoenoplectus tabernaemontani (C.C. GMEL.) PALLA (2)
49,3-64,8 µm, MiW 56,5 µm; 50 PK, 0a

Blysmus rufus (HUDS.) LINK (2)
49,5-63,3 µm, MiW 57,8 µm; 50 PK, 0a

Schoenoplectus triqueter (L.) PALLA (1)
40,5-58,0 µm, MiW 50,0 µm; 50 PK, 0a

Isolepis setaceus (L.) R. BR. (1)
28,0-38,0 µm, MiW 33,0 µm; 50 PK, 0a

Scirpus radicans SCHKUHR (1)
27,5-35,5 µm, MiW 32,7 µm; 50 PK, 0a

Schoenoplectus lacustris (L.) PALLA (2)
40,8-67,0 µm, MiW 51,4 µm; 50 PK, 0a

Scirpus sylvaticus L. (2)
31,0-43,8 µm, MiW 37,5 µm; 50 PK, 0a

Scirpoides holoschoenus (L.) Soják (1)
40,3-49,5 μm, MiW 45,1 μm; 50 PK, 0a

Trichophorum cespitosum (L.) Hartm. (4)
39,3-59,8 μm, MiW 48,1 μm; 51 PK, 0a

Trichophorum alpinum (L.) Pers. (1)
32,5-45,8 μm, MiW 39,1 μm; 50 PK, 0a

Non vidi: *Isolepis fluitans* (L.) R. Br., *Schoenoplectus. kalmussii* (Asch., Abr. & Gr.) Palla, *Schoenoplectus mucronatus* (L.) Palla, *Schoenoplectus supinus* (L.) Palla.

Schoenus. Umriß spitz bis abgerundet dreieckig, bei *Sch. nigricans* mit 6 seitlichen Colpen. Colpen ca. 20-24 × 5 μm (40-55 % der Länge des PK). Exine 1,0 μm. Die PK von *Sch. ferrugineus* haben entweder Colpen oder Poren.

Schoenus nigricans L. (2)
38,8-58,0 μm, MiW 48,0 μm; 50 PK, 0a

Schoenus ferrugineus L. (2)
40,5-52,5 μm, MiW 45,8 μm; 50 PK, 0a

Insgesamt sind die PK der in Mitteleuropa vertretenen Cyperaceae in ihrer Größe, Form, Dicke der Exine, sowie in der Art, Größe und Verteilung der Aperturen im höchsten Maße variabel. Aufgrund der vorliegenden Untersuchungen dürfte außer einem Teil der PK von *Cladium mariscus* kaum eine sichere Bestimmung von Pollentypen innerhalb der Familie möglich sein.

Ohne Zweifel fehlt aber immer noch eine gründliche Monographie über die Pollenmorphologie der Cyperaceae. Die hier vorgelegte Bearbeitung erfaßt nicht alle mitteleuropäischen Cyperaceen, besonders nicht alle Arten der Gattung *Carex*. Wegen der offenbar sehr beschränkten Bestimmungs-möglichkeiten innerhalb der Cyperaceen dürfte aber ein hinreichender Eindruck von den pollenmor-phologischen Verhältnissen erreicht sein. Eine monographische Bearbeitung wäre zweifellos von Vorteil.

33.19 *Herniaria, Paronychia, Illecebrum verticillatum*
(Tafel 118: 8-25)

PK 11-21 μm, eckig bis rundlich-eckig, Exine in der Mitte der Interporien zwischen 1,3 und 2,2 μm dick, mit dicker Endexine (bis 1 μm) und Columellae-Schicht, psilat. Vereinzelt können Perforationen im Tectum vorhanden sein. PK mit 4-11 Poren. Bei 4 Poren ist der Umriß dreieckig, bei 6 Poren rechteckig und bei 7 Poren fünfeckig. Interporien je nach Porengröße größer oder kleiner als die Poren oder gleich groß. Poren zwischen (3,0)3,5 und 6,0 μm groß, rundlich, unregelmäßig, deutlich oder undeutlich begrenzt, Porenmembranen meist scabrat skulpturiert. Die Exine dünnt meist gegen die Poren hin zu einem 1-2 μm breiten, fein skulpturierten Anulus aus.

Folgende Bestimmungen sind möglich.

33.19.1 *Illecebrum verticillatum* (Tafel 118: 8). Interporien schmäler als der Durchmesser der Poren. PK meist 5- oder 6-eckig, auch rundlich-eckig bis rundlich, mit 6-9 (2,0-3,0 μm) Poren ohne Anulus. Porenränder unregelmäßig ausgebildet, Interporium 4-6 μm breit. Exine 1,8-2,0 μm dick

Illecebrum verticillatum L. (1)
12,0-15,5 μm, MiW 14,3 μm; 50 PK, 0a

▷

Tafel 118

1-2 *Cyperus longus*, **3-5** *Cyperus fuscus*, **6-7** *Cyperus michelianus*, **8** *Illecebrum verticillatum*, **9-11** *Paro-nychia argentea* (10 Phako), **12-20** *Herniaria alpina* (16 Phako), **21-23** *Herniaria incana* (22 Phako), **24-25** *Herniaria glabra*, **26-31** *Polycnemum majus* (27, 30 Phako), **32-34** *Calystegia sepium*. – Vergrößerungen: 1-31, 33-34: 1000fach; 32: 800fach.

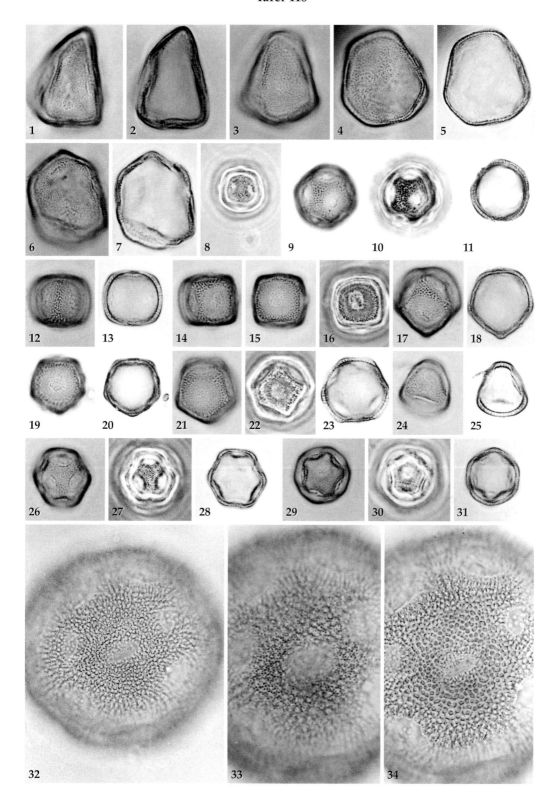

502

33.19.2 *Paronychia* (Tafel 118: 9-11). PK eckig oder rundlich-eckig, mit 8-11 Poren. Poren-Durchmesser (3,0)3,5-5,0 µm, Interporien 3-5 µm breit. Poren meist ohne deutlichen Anulus. Exine 2,0-2,2 µm, Endexine 1,0 µm dick.

Paronychia argentea LAM. (1)
12,8-20,8 µm, MiW 17,6 µm; 50 PK, 0a

33.19.3 *Herniaria alpina* (Tafel 118: 12-20). Poren 4-6 µm groß, mit einem 2-3 µm breiten, fein scabraten, dünnwandigen Anulus. PK im Umriß viereckig oder fünfeckig, mit 6 bis 8 Poren. Interporium 2-4 µm breit. Exine 2 µm dick, Endexine 1 µm. Columellae im Anulus dünner als in den Interporien.

Herniaria alpina CHAIX (1)
15,0-21,3 µm, MiW 18,2 µm; 50 PK, 0a

33.19.4 *Herniaria glabra*-Typ (Tafel 118: 21-25). Poren ohne Anulus, PK mit 4-8 Poren, Umriß dreieckig bis fünfeckig.
Bei *H. glabra* (Tafel 118: 24-25) herrschen im Umriß dreieckige PK mit 4 Poren vor. Die Poren sind 5-7 µm groß, die Interporien 3,5-4,5 µm breit. Die Exine ist nur 1,5-1,8 µm dick, die Endexine um 0,8 µm.
Bei *H. hirsuta* herrschen 6-7 porige PK vor. Die Poren sind 6-7 µm groß, die Interporien 5-6 µm breit. Die Exine ist 1,8-2,0 µm dick, die Endexine 0,8-0,9 µm.
H. incana (Tafel 118: 21-23) hat stark eckige PK mit meist 7-8 Poren. Porendurchmesser 3,0-5,5 µm, Breite der Interporien 4-6 µm. Exine 2 µm, Endexine 1 µm.

Herniaria glabra L.
11,3-16,0 µm, MiW 13,6 µm; 50 Pk, 0a

Herniaria hirsuta L.
14,0-18,8 µm, MiW 16,8 µm; 50 PK, 0a

Herniaria incana LAM.
14,5-19,5 µm, MiW 16,6 µm; 50 PK, 0a

33.20 *Polycnemum*
(Tafel 118: 26-31)

PK psilat, selten schwach scabrat (?), Umriß sechseckig. Stets mit 12 Poren. Poren oft eingesenkt und Ränder dann kontrastreich, Ränder der nicht eingesenkten Poren kontrastarm. Poren 2,8-4,3 µm groß, ohne Anuli. Porenabstände 6,5-8,0 µm, Interporien 3,2-4,5 µm breit. Exine (1,3)1,6-1,9 µm dick, Endexine dicker als das Tectum. Tectum ohne Perforationen. Columellae (Aufsicht, Phasenkontrastbild) meist dünn und dicht gestellt, oft undeutlich, bei *P. verrucosum* am dicksten und kontrastreichsten.
Die PK von *Polycnemum* sind denen von *Herniaria*, *Illecebrum* und *Paronychia* ähnlich. Die PK von *Polycnemum* sind im Umriß regelmäßig 6-eckig (*Herniaria* u.a. 3 bis 5eckig), besitzen konstant 12 Poren (*Herniaria* u.a. nur 4-11 Poren) und meistens sehr dünne, kontrastarme und dicht stehende Columellae (bei *Herniaria* u.a. relativ kontrastreich und dick), Poren stets ohne Anuli.

Polycnemum arvense L. (2)
13,5-22,3 µm, MiW 17,9 µm; 50 PK, 0a

Polycnemum heuffelii A.F. LANG (1)
13,3-18,0 µm, MiW 16,5 µm; 50 PK, 0a

Polycnemum majus A. BRAUN (2)
15,0-23,0 µm, MiW 17,6 µm; 50 PK, 0a

Polycnemum verrucosum LÁNG (1)
15,0-18,5 µm, MiW 17,0 µm; 50 PK, 0a

Tafel 119

1 *Calystegia sepium* ff., **2-5** *Anemone coronaria* (4 Phako), **6-12** *Caldesia parnassifolia* (9, 12 Phako), **13-19** *Papaver agremone* (18-19 Phako), **20-21** *Thalictrum alpinum*, **22-23** *Thalictrum lucidum* (23 Phako), **24-25** *Thalictrum aquilegiifolium* (24 Phako). – Vergrößerungen 1000fach.

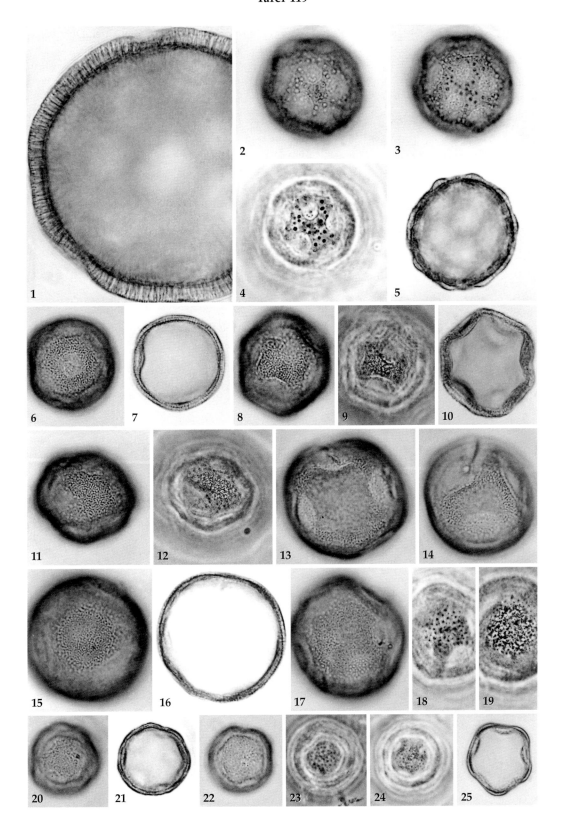

33.21 *Calystegia*
(Tafel 118: 32-34, Tafel 119: 1)

PK kugelig, psilat, mit Tectum perforatum. Perforationen dicht stehend, 0,5-0,7 µm groß. Poren rundlich, 7-9 µm groß, länglich (z.B. 5-8 × 10-15 µm) oder unregelmäßig, immer deutlich eingesenkt, Porenmembranen körnig besetzt. Abstände der Poren 20-25 µm. Exine 4-6 µm dick, Tectum und Endexine dünn. Columellae 3-4,5 µm lang, in der distalen Hälfte oder im distalen Drittel bäumchenförmig verzweigt.

Calystegia sepium (L.) R. BRAUN (3)
74,5-92,0 µm, MiW 84,2 µm; 54 PK, 0a

Calystegia sylvatica (KIT.) GRIS. (1)
78,0-104,3 µm, MiW 91,0 µm; 37 PK, 0a

Calystegia soldanella (L.) ROEM & SCHULT. (2)
87,0-99,5 µm, MiW 92,6 µm; 50 PK, 0a

33.22 *Anemone coronaria*
(Tafel 119: 2-5)

Poren 5-6 µm groß (Abstände 9-10 µm), etwas eingesenkt, PK daher im optischen Schnitt eckig (meist 10eckig). Porenmembranen scabrat skulpturiert. Exine ca. 2,5 µm dick, mit 0,8-1,1 µm dicken, weit gestellten und unregelmäßig verteilten Columellae (Abstand der Columellae 1,5-2,5 µm). PK microechinat mit je 1 Microechinus über einer Columella. Microechini u.U. schwer erkennbar.

Anemone coronaria L. (2)
28,5-33,0 µm, MiW 31,3 µm; 50 PK, 0a

33.23 *Caldesia parnassifolia*
(Tafel 119: 6-12)

PK rund, microechinat und microreticulat mit meist 10-12 Poren. Poren 4-6 µm groß, rund oder länglich, kontrastschwach berandet, stärker oder schwächer eingesenkt, Porenmembranen körnig bekleidet. PK mit kaum eingesenkten Poren sind häufig nicht leicht als periporat anzusprechen. Exine 1,5 µm dick, Columellae-Schicht vorhanden, die Columellae sind deutlich erkennbar.

Soweit bei *Alisma*, *Baldellia* und *Luronium* Microechini erkennbar sind, unterscheidet sich *Caldesia* insbesondere durch das Microreticulum mit sehr dünnen Columellae und durch das Fehlen eines Anulus.

Von *Thalictrum* ist *Caldesia* durch die microechinate Skulpturierung (oft schwer von einer scabraten Skulpturierung zu unterscheiden!) zu trennen. Die Unterscheidung könnte gelegentlich Schwierigkeiten bereiten.

Caldesia parnassifolia (BASSI ex L.) PARL. (2)
24,8-32,5 µm, MiW 27,7 µm; 50 PK, 0a

Tafel 120

1-4 *Urtica pilulifera* (3-4 Phako), **5-7** *Rumex tenuifolius* (Phako), **8-9** *Vinca minor*, **10-15** *Eucommia ulmoides*, **16-20** *Cypripedium calceolus* (Phako), **21-23** *Ficus carica*. – Vergrößerungen 1000fach.

Tafel 120

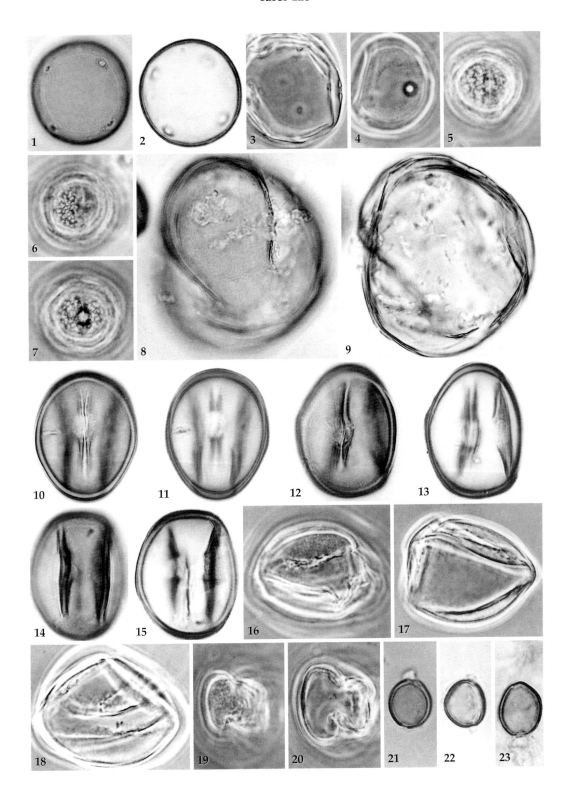

33.24 *Papaver agremone*
(Tafel 119: 13-19)

PK relativ dünnwandig (Exine ca. 1,3-1,8 μm dick) und wenig formstabil. Poren 8-13 μm groß, meist 7-8 Poren pro PK, oft unregelmäßig verteilt und Abstände daher unterschiedlich groß (meist 15-20 μm). Die Poren sind etwas eingesenkt, scabrat bekleidet, manchmal gegenüber der normal ausgebildeten Exine unscharf begrenzt. Exine microechinat (Phasenkontrast!) und mit Tectum perforatum. Columellae in Gruppen.

Papaver agremone L. (4)
33,3-44,0 μm, MiW 37,7 μm; 50 PK, 0a

33.25 *Thalictrum*
(Tafel 119: 20-25)

PK scabrat, Skulpturelemente ziemlich regelmäßig angeordnet, rund, ca. 0,5 μm groß. Exine um 1,5 μm dick, Columellae dünn, unregelmäßig, gelegentlich auch schwach netzig angeordnet. Tectum relativ dick. PK mit 6-14 Poren, Poren 2,5-6,0 μm groß, eingesenkt, rundlich, manchmal elliptisch, meist unregelmäßig begrenzt, Porenmembranen scabrat skulpturiert. Die Endexine ist so dick wie die Ektexine oder dicker.

Die Größe der Poren und damit die Zahl der Poren schwankt zwischen einzelnen Arten etwas, aber auch zwischen einzelnen Herkünften derselben Art. (3)4,0-6,0 μm große Poren wurden bei *Th. alpinum* (Tafel 119: 20-21), *Th. minus* und *Th. aquilegiifolium* (Tafel 119: 24-25) festgestellt, die PK haben hier dann meist 6-9(10) Poren. 2,5-4,5 μm große Poren hat *Th. exaltatum* und meist 10-12(14) Poren pro PK. Bei *Th. flavum* hatten die PK einer Herkunft meist 8-10 Poren, bei einer anderen bis zu 14. Bei *Th. simplex* wurden an einem PK sogar 17 Poren gezählt. Auch bei der Größe der Skulpturelemente gibt es Unterschiede. In den meisten Fällen sind sie um 0,5 μm groß, bei *Th. flavum* und *Th. lucidum* (Tafel 119: 22-23) erreichen sie ca. 0,8 μm, desgleichen bei einzelnen Herkünften von *Th. simplex*.

Vergl. die Bemerkungen über *Caldesia parnassifolia* (S. 504) und über *Sagina apetala* (S. 472).

Thalictrum alpinum L. (2)
17,5-24,5 μm, MiW 20,5mm; 50 PK, 0a

Thalictrum aquilegiifolium L. (2)
19,0-24,5 μm, MiW 20,9 μm; 22 PK, 0a

Thalictrum morisonii C.C. GMEL. (2)
18,5-24,5 μm, MiW 22,5 μm; 50 PK, 0a

Thalictrum flavum L. (3)
15,0-19,0 μm, MiW 17,3 μm; 50 PK, 0a

Thalictrum foetidum L. (1)
18,5-23,3 μm, MiW 20,8 μm; 50 PK, 0a

Thalictrum lucidum L. (2)
18,3-24,3 μm, MiW 20,8 μm; 50 PK, 0a

Thalictrum minus L. (2)
21,5-26,0 μm, MiW 23,7 μm; 50 PK, 0a

Thalictrum simplex L. (4)
17,5-24,8 μm, MiW 21,9 μm; 50 PK, 0a

33.26 *Urtica pilulifera*
(Tafel 120: 1-4)

PK kugelig bis schwach ellipsoidisch, mit 7-10 Poren. Poren 1,5-2,0 μm groß und mit 1,0-1,2 μm breitem Anulus (Verdickung der Ektexine). Exine ca. 0,7 μm dick.

Urtica pilulifera L. (2)
29,0-38,0 μm, MiW 32,6 μm; 50 PK, 0a

34. Zitierte Literatur

NEPF: Abkürzung für »The Northwest European pollen flora«.

ANDERSEN, SV. TH., 1961. Vegetation and its environment in Denmark in the Early Weichselian Glacial (Last Glacial). Danmarks Geolog. Unders., 2. R., Nr. 75: 175 S.
– 1979. Identification of wild grass and cereal pollen. Danm. Geol. Unders. Arbok 1978: 69-92.
ANDERSEN, SV. TH. & BERTELSEN, F., 1972. Scanning electron microscopy studies of pollen of cereals and other grasses. Grana 12: 79-86.
AYTUG, B., 1960. Quelques mesurations des pollens de *Pinus silvestris* L. Pollen et Spores 2: 305-309.
BERGLUND, E. (ed.), 1986. Handbook of Holocene palaeoecology and palaeohydrology. 869 S. Verlag J. Wiley & Sons.
BEUG, H.-J., 1961. Beiträge zur postglazialen Floren- und Vegetationsgeschichte in Süddalmatien: Der See »Malo Jezero« auf Mljet. Teil I: Vegetationsentwicklung. Flora 150: 600-631.
– 1961. Beiträge zur postglazialen Floren- und Vegetationsgeschichte in Süddalmatien: Der See »Malo Jezero« auf Mljet. Teil II: Häufigkeit und Pollenmorphologie der nachgewiesenen Pflanzensippen. Flora 150: 632-656.
– 1961. Leitfaden der Pollenbestimmung. Lieferung 1. 63 S. G. Fischer, Stuttgart. Nachdruck 1963, Fischer, Jena.
– 1992. Vegetationsgeschichtliche Untersuchungen über die Besiedlung im Unteren Eichsfeld, Landkreis Göttingen, vom frühen Neolithikum bis zum Mittelalter. Neue Ausgrabungen und Forschungen in Niedersachsen 20: 261-339.
– 1994. Vegetationsgeschichte. In: HERRMANN, B. (Hrsg.): Archäometrie: 153-168.
BIRKS, H. J. B., 1968. The identification of *Betula nana* pollen. New Phytologist 67: 309-314.
– 1973. Past and present vegetation of the Isle od Skya. A palaeoecological study. 415 S. Cambridge.
BLACKMORE, S., 1984. Compositae – Lactuceae. NEPF 31. Review of Palaeobotany and Palynology 42: 45-85.
BROWN, R., 1960. Palynological techniques. Baton Ruge. Louisiana, 188 S.
BYATT, J. L., 1976. Pollen morphology of some European species of *Crataegus* L. and of *Mespilus germanica* L. (Rosaceae). Pollen et Spores 18: 335-350.
CERCEAU, M.-TH., 1959. Clé de détermination d'Ombellifères de France et d'Afrique du Nord d'après leurs grains de pollen. Pollen et Spores 1: 145-190.
CHAMBERS, T. C. & GODWIN, H., 1961. The fine structure of the pollen wall of *Tilia platyphyllos*. The New Phytologist 60: 393-399.
CHESTER, P. I. & RAINE, J. I., 2001. Pollen and spore keys for Quaternary deposits in the northern Pindos Mountains, Greece. Grana 40: 299-387.
CHRISTENSEN, P. B. & BLACKMORE, S., 1988. Tiliaceae. NEPF 40. Review of Palaeobotany and Palynology 57: 33-45.
CLARKE, G. C. S. & JONES, M. R., 1977. Plantaginaceae. NEPF 15. Review of Palaeobotany and Palynology 24: 129-154.
DYAKOWSKA, J., 1959. On the possibility of determination of the pollen of some species of the genus *Abies*. Acta Biol. Cracoviensia. Série Botanique, Teil II.
EL-GHAZALY, G. & JENSEN, W.A., 1986. Studies of the development of wheat (*Triticum aestivum*) pollen. I. Formation of the pollen wall and Ubisch bodies. Grana 25: 1-30.
ELHAI, H., 1959. Analyse pollenique de deux tourbières Normandes. Pollen et Spores 1: 59-76.
– 1961. La tourbière de Gathémo (Manche-Normandie). Pollen et Spores 2: 263-274.
ERDTMAN, G., 1943. An introduction to pollen analysis. Waltham, Mass.
– 1944. Sädesslagens pollenmorfologi. Svensk Bot. Tidskrift 38: 73-80.
– 1952. Pollen morphology and plant taxonomy I. Stockholm (Nachdruck 1966, 1986).
– 1954. An introduction to pollenanalysis. Chronica Botanica, Waltham, Mass., USA.
– 1957. Pollen morphology/plant taxonomy. Teil II. Stockholm.

FAEGRI, K. & IVERSEN, J., 1950. Textbook of modern pollen analysis. Kopenhagen.

– 1964. Textbook of pollen analysis. Kopenhagen. 2. Auflage (4. Auflage 1993).

FLORA EUROPAEA, 1961-1983, ed. TUTIN, T. G. et al., 5 Bände & Index. Bd. 1 in 2. Auflage (1993).

FIRBAS, F., 1927. Beiträge zur Kenntnis der Schieferkohlen des Inntals und der interglazialen Waldge-schichte der Ostalpen. Zeitschrift für Gletscherkunde 15: 261-277.

– 1937. Der pollenanalytische Nachweis des Getreidebaus. Zeitschrift für Botanik 31: 447-478.

FIRBAS, F. & I., 1936. Zur Frage der größenstatistischen Pollendiagnosen. Beih. Bot. Centralbl. 54/B: 329-335.

FRITZSCHE, J., 1837. Über den Pollen. Mém. Sav. Étrang. Acad. Sci. Petersburg 3.

GUGGENHEIM, R., 1975. Rasterelektronenmikroskopische und morphometrische Untersuchungen an Tilia-Pollen. Ein Beitrag zur Artunterscheidung von Tilia platyphyllos SCOP. und Tilia cordata MILL. in der Palynologie. Flora 164: 287-338.

HEGI, G., 1936-1997. Illustrierte Flora von Mitteleuropa. Band 1-8. 2. und 3. Auflage (soweit erschie-nen).

INGWERSEN, P., 1954. Some microfossils from Danish Late-Tertiary lignites. Danm. Geol. Unsers., 2.R., Nr. 80: 31-64.

IVERSEN, J. & TROELS-SMITH, J., 1950. Pollenmorfologiske definitioner og typer. Danmarks Geologiske Undersogelse, IV. R., Bd. 3; Nr 8. 54 S.

JUNG, W., BEUG, H.-J. & DEHM, R., 1972. Das Riß/Würm-Interglazial von Zeifen, Landkreis Laufen a.d. Salzach. Bayerische Akademie der Wissenschaften, Math.-Nat. Kl., Abhandlungen, Neue Folge 151: 1-131.

DE KLERK, P., JANSSEN, C. R., JOOSTEN, J. H. J. & TÖRNQVIST, T. E., 1997. Species composition of an alluvial hardwood forest in the Dutch fluvial area under natural conditions (2700 cal. years BP). Acta Bot. Neerlandica 46: 131-146.

KÖHLER, E. & LANGE, E., 1979. A contribution to distinguishing cereal from wild grass pollen by LM and SEM. Grana 18: 133-140.

KÖRBER-GROHNE, U., 1957. Über die Bedeutung des Phasenkontrastverfahrens für die Pollenanalyse, dargelegt am Beispiel der Gramineenpollen vom Getreide-Typ. Photographie u. Forschung, Zeiss Ikon im Dienste der Wissenschaft 7: 65-73.

KREMP, G. O. W., 1965. Morphologic encyclopedia of palynology. University of Arizona press, Tucson. 185 S.

KRUTZSCH, W.,1971. Atlas der mittel- und jungtertiären dispersen Sporen- und Pollen- sowie der Mikroplanktonformen des nördlichen Mitteleuropas. Lieferung VI, 234 S.

MÄKELÄ, E. M., 1996. Size distinctiony between Betula pollen types – a review. Grana 35: 248-256.

McANDREWS, J. H. & SWANSON, A. R., 1967. The pore number of periporate pollen with special reference to Chenopodium. Review of Palaeobotany and Palynology 3: 105-117.

MONOSZON, M. CH., 1950. Beschreibung des Pollens der im Gebiet der UdSSR gedeihenden Artemisia-Arten. Trudy inta geogr. Akad. Nauk SSSR 46; Materialy po geomorf. i paleogeogr. SSSR 3: 271-360. In Russisch.

MOORE, P. D., WEBB, J. A. & COLLINSON, M. E., 1991. Pollen analysis. 2. Auflage. Oxford.

MÜLLER, I., 1947. Der pollenanalytische Nachweis der menschlichen Besiedlung im Federsee- und Bodenseegebiet. Planta 35: 70-87.

MÜLLER-STOLL, W. R. 1948. Zytomorphologische Studien am Pollen von Taxus baccata L. und anderen Koniferen. Planta 35: 601-641.

OVERBECK, F., 1958. Pollenanalyse tertiärer Bildungen. In: Handbuch d. Mikrosk. u. Technik II, 3: 325-410. Frankfurt/Main.

PRAGLOWSKI, J. R., 1962. Notes on the pollen morphology of Swedish trees and shrubs. Grana Palynologica 3: 45-65.

PUNT, W., 1984. Umbelliferae. NEPF 37. Review of Palaeobotany and Palynology 42: 155-364.

PUNT, W., BLACKMORE, S., NILSSON, S. & LE THOMAS, A., 1994. Glossary of pollen and spore terminology. LPP Contributrion Series 1: 1-71. Utrecht.

PUNT, W. & DEN BREEJEN, P., 1981. Linaceae. NEPF 27. Review of Palaeobotany and Palynology 33: 75-115.

PUNT, W. & LANGEWIS, E. A., 1988. Verbenaceae. NEPF 42. Review of Palaeobotany and Palynology 57: 75-80.

RAILLE, M., 1992. Pollen et spores d'Europe et d'Afrique du Nord. Marseille. 520 S. Supplement 1, 1995, 327 S. Supplement 2, 1998, 521 S.

RAUSCH, K.-A., (1962). Pollenmorphologie und Systematik der Boraginaceae, unter besonderer Berücksichtigung der mitteleuropäischen Vertreter. Unveröff. Staatsarbeit, Univ. Götingen

REMY, H., 1958. Zur Flora und Fauna der Villafranca-Schichten von Villaroya, Prov. Logroño, Spanien. Eiszeitalter und Gegenwart 9: 83-103.

ROHDE, E., 1959. Überprüfung und Ausbau der Getreide-Pollenanalyse. Unveröff. Staatexamensarbeit Göttingen.

ROWLEY, J. R., 1960. The exine structure of »Cereal« and »Wild« type grass pollen. Grana Palynologica 2: 9-15.

ROWLEY, J. R., MÜHLETHALER, K. & FREY-WYSSLING, A., 1959. A route for the transfer of materials through the pollen grain wall. Journ. Biophysic. and Biochem. Cytol. 6: 537-538.

RUDOLPH, K., 1936. Mikrofloristische Untersuchungen tertiärer Ablagerungen im nördlichen Böhmen. Beih. z. Bot. Centralbl., 54/B: 244-328.

SAAD, S. I., 1961. Pollen Morphology and sporoderm stratification in *Linum*. Grana Palynologica 3: 109-129.

SLADKOV, A. N., 1954. Morphologische Beschreibung des Pollens der Ericales des europäischen Teils der USSR. Geogr. Inst. Acad. USSR 61: 119-159 (russisch).

STEBICH, M., 1999. Palynologische Untersuchungen zur Vegetationsgeschichte des Weichsel-Spätglazial und Frühholozän an jährlich geschichteten Sedimenten des Meerfelder Maares (Eifel). Dissertationes Botanicae 320, 127 S.

STIX, E., 1960. Pollenmorphologische Untersuchungen an Compositen. Grana Palynologica 2: 41-114.

STRAKA, H., 1952. Zur spätquartären Vegetationsgeschichte der Vulkaneifel. Arbeiten z. Rhein. Landeskunde 1.

STRAKA, H., 1954. Die Pollenmorphologie der europäischen *Cornus*-Arten und einiger ähnlicher Pollentypen. Flora 141: 101-109.

TERASMÄE, L., 1951. On the pollen morphology of *Betula nana*. Svensk Bot. Tidskr. 45: 358.

TRELA, J., 1928. Zur Morphologie der Pollenkörner der einheimischen *Tilia*-Arten. Bull. de l'Acad. Polonaise des Sc. et des Lettres, Class. d. Sc. Math. et Nat., Sér. B, 1928: 45-54.

UENO, J., 1951. Morphology of pollen of *Metasequoia*, *Sciadopitys* and *Taiwania*. Journal Inst. Polytechnics, Osaka City University, Ser. D, 2: 22-26.

USINGER, H., 1981. Zur spät- und frühen postglazialen Vegetationsgeschichte der Schleswig-Holsteinischen Geest nach einem Pollen- und Pollendichtediagramm aus dem Esinger Moor. Pollen et Spores 23: 389-432.

VAN CAMPO, M. & ELHAI, E., 1956. Étude comparative de pollens de quelques Chenes. Application à unie tourbière normande. Bull. de la Soc. Bot. de France 103: 254-260.

WEISSKIRCHEN, R. & HAEUPLER, H., 1998. Standardlisten der Farn- und Blütenpflanzen Deutschlands. Stuttgart.

WELTEN, M., 1957. Über das glaziale und spätglaziale Vorkommen von *Ephedra* am nordwestlichen Alpenrand. Ber. Schweiz. Bot. Ges. 67: 33-54.

WODEHOUSE, R. P., 1928. The phylogenetic value of pollen grain characters. Ann. Bot. 42: 891-934.

–   1935. Pollen grains. Their structure, identification and significance in science and medicine. McGraw-Hill Book Company, Inc. New York & London.

35. Literatur zu den Pflanzenfamilien

Weiterführende Literatur entnehme man aus den Literaturverzeichnissen der nachfolgend angeführten Arbeiten.

Acanthaceae

FURNESS, C. A., 1996. Pollen morphology of *Acanthopsis* Hervey, *Acanthus* L. and *Blepharis* Jussieu (Acanthaceae: Acantheae). Review of Palaeobotany and Palynology 92: 253-268.
RAY, B., 1961. Pollenmorpholocal studies in the Acanthaceae. Grana Palynologica 3: 3-108.
SCOTLAND, R., BARNES, S. H. & BLACKMORE, S., 1990. Harmomegathy in the Acanthaceae. Grana 29: 37-46.

Aceraceae

BIESBOER, D. D., 1975. Pollen morphology of Aceraceae. Grana 15: 29-28.
POZHIDAEV, A. E., 1993. Polymorphism of pollen in the genus *Acer* (Aceraceae), isomorphism of deviate forms of angiosperm pollen. Grana 32: 79-86.

Adoxaceae

REITSMA, TJ., & REUVERS, A. A. M. L., 1975. Adoxaceae. NEPF 4. Review of Palaeobotany and Palynology 19: 71-74.

Alismataceae

ARGUE, CH. L., 1972. Pollen of the Alismataceae and the Butomaceae. Development of the nexine in *Sagittaria lancifolia* L. Pollen et Spores 14: 6-16.
– 1976. Pollen studies in the Alismataceae with special reference to taxonomy. Pollen et Spores 18: 161-202.
PUNT, W. & REUMER, J. W., 1981. Alismataceae. NEPF 22. Review of Palaeobotany and Palynology 33: 27-44.

Amaranthaceae

BORSCH, T., 1998. Pollen types in Amaranthaceae. Morphology and evolutionary significance. Grana 37: 129-142.
ZANDONELLA, P. & LECOCQ, M., 1977. Morphologie pollinique et mode de pollinisation chez les Amaranthaceae. Pollen et Spores 19: 119-142.

Apiaceae

CERCEAU, M.-TH., 1959. Clé de détermination d'Ombellifères de France et d'Afrique du Nord d'après leurs grains de pollen. Pollen et Spores 1:145-190.
CERCEAU-LARRIVAL, M. T., 1967. Corrélations de caractères chez les grains de pollen d'Ombellifères. Review of Palaeobotany and Palynology 4: 311-324.
PUNT, W., 1984. Umbelliferae. NEPF 37. Review of Palaeobotany and Palynology 42: 155-364.

Apocynaceae

VERHOEVEN, R. L. & VENTER, H. J. T., 1998. Pollinium structure in Perilocoideae (Apocynaceae). Grana 37: 1-14.

Aquifoliaceae

PUNT, W. & SCHMITZ, M. B., 1981. Aquifoliaceae. NEPF 26. Review of Palaeobotany and Palynology 33: 69-74.

Araliaceae

VAN HELVOORT, H.A.M. & PUNT, W., 1984. Araliaceae. NEPF 29. Review of Palaeobotany and Palynology 42: 1-5.

Aristolochiaceae

MULDER, CH., 2003. Aristolochiaceae. NEPF 62. Review of Palaeobotany and Palynology 123: 47-55.

Asteraceae

BLACKMORE, S., VAN HELVOORT, H. A. M. & PUNT, W., 1984. On the terminology, origins and functions of caveate pollen in Compositae. Review of Palaeobotany and Palynology 43: 293-301.

GADEK, P. A., BRUHL, J. J. & QUINN, C. J., 1989. Exine structure in the 'Cotuleae' (Anthemideae, Asteraceae). Grana 28: 163-178.

LEINS, P., 1971. Pollensystematische Studien an Inuleen. I. Tarchonanthinae, Plucheinae, Inulinae, Buphthalminae. Botanische Jahrbücher 91: 91-146.

LÜDI, W., 1950. Beitrag zur Kenntnis der *Salix*- und *Artemisia*-Pollen. Ber. Geobotan. Forschungsinst. Rübel i. Zürich für 1949: 101-109.

MONOSZON, M. CH., 1950. Beschreibung des Pollens der im Gebiet der UdSSR gedeihenden *Artemisia*-Arten. Trudy inta geogr. Akad. Nauk SSSR 46; Materialy po geomorf. i paleogeogr. SSSR 3: 271-360. In Russisch.

PAYNE, W. W. & SKVARLA, J. J., 1970. Electron microscope study of *Ambrosia* pollen. Grana 10: 89-100.

PRAGLOWSKI, J., 1971. The pollen morphology of the Scandinavian species of *Artemisia* L. Pollen et Spores 13: 381-404.

ROWLEY, J. R. & ROWLEY, J. S., 1981. Substructure in exine of *Artemisia vulgaris* (Asteraceae). Review of Palaeobotany and Palynology 35: 1-38.

SALGADO-LABOURIAU, M., 1982. On cavities in spines of Compositae pollen. Grana 21: 97-102.

STRAKA, H., 1952. Zur Feinmorphologie des Pollens von *Salix* und *Artemisia*. Svensk Botanisk Tidskrift 46: 204-227.

SINGH, G. & JOSHI, R. D., 1969. Pollen morphology of some Eurasian species of *Artemisia*. Grana Palynologica 9: 50-62.

SKVARLA, J. J. & B. L. TURNER, 1966. Systematic implications from electron miroscopic studies of Compositae pollen – a review. Ann. Missouri Bot. Gard. 53: 220-256.

STIX, E., 1960. Pollenmorphologische Untersuchungen an Compositen. Grana Palynologica 2: 41-114.

TORMO, R., UBERA, J. L., DOMINGUEZ, W. & PORRAS, A., 1986. Application of palynology to the study of problems of tribal classification in the subfamily Tubiflorae (Compositae). Pollen et Spores 28: 329-346.

TORMO-MOLINA, R. & UBERA-JIMÉNEZ, J. L., 1990. The apertural system of pollen grains in Anthemideae and Cardueae (Compositae) with special reference to the mesoaperture. Review of Palaeobotany and Palynology 62: 1-10.

WAGENITZ, G., 1955. Pollenmorphologie und Systematik in der Gattung *Centaurea* L. s.l. Flora 142: 213-279.

Balsaminaceae

HUYNH, K.-L., 1968. Morphologie du pollen des Tropaeolacées et des Balsaminacées II. Grana Palynologica 8: 277-516.

Berberidaceae

BLACKMORE, S. & HEATH, G.L.A., 1984. Berberidaceae. NEPF 30. Review of Palaeobotany and Palynology 42: 7-21.

Betulaceae und Corylaceae

AARIO, L., 1941. Die größenstatistische Analyse der Betulapollen in Torfproben. Geologische Rundschau 32: 612-626.

BIRKS, H. J. B., 1968. The identification of *Betula nana* pollen. New Phytologist 67: 309-314.

BLACKMORE, S., STEINMANN, J. A. C., HOEN, P. P. & PUNT, W., 2003. Betulaceae and Corylaceae. NEPF 65. Review of Palaeobotany and Palynology 123: 71-98.

BOZILOVA, E. & PETROVA, E., 1964. La morphologie du pollen des espèces Bulgares chez les genres *Carpinus* L. et *Ostrya* MICH. Ann. Univ. Sofia 57: 49-64. Bulgarisch mit franz. Zusammenfassung.

DONNER, J., 1954. Measurements of pollen of *Alnus glutinosa* and *A. incana*. Compt. Rend. de la Soc. Géol. de Finlandia 27: 49-55.

ERDTMAN, G., 1953. On the difference between the pollen grains in *Alnus glutinosa* and those in *Alnus incana*. Svensk Botanisk Tidskrift 47: 449-450.

FIRBAS, F. & FIRBAS, I., 1957. Über die Anzahl der Keimporen der Pollenkörner von *Carpinus betulus* L. Veröff. Geobotan. Inst. Rübel in Zürich 34: 45-52.

MÄKELÄ, E. M., 1996. Size distinctiony between *Betula* pollen types – a review. Grana 35: 248-256.

STEBICH, M., 1999. Palynologische Untersuchungen zur Vegetationsgeschichte des Weichsel-Spätglazial und Frühholozän an jährlich geschichteten Sedimenten des Meerfelder Maares (Eifel). Dissertationes Botanicae 320, 127 S.

TERASMÄE, L., 1951. On the pollen morphology of *Betula nana*. Svensk Bot. Tidskr. 45: 358.

USINGER, H., 1981. Zur spät- und frühen postglazialen Vegetationsgeschichte der Schleswig-Holsteinischen Geest nach einem Pollen- und Pollendichtediagramm aus dem Esinger Moor. Pollen et Spores 23: 389-432.

WENNER, C.-G., 1953. Investigation into the possibilities of distinguishing the pollen of various species of *Betula* in fossil material. Geol. Fören. Förhandl. 75: 367-380.

Boraginaceae

BEN SAAD-LIMAM, S. & NABLI, M. A., 1982. Ultrastructure de l'exine de l'*Arnebia decumbens* (Vent.) Coss. et Kral. et du *Cerinthe major* L. (Boraginaceae). Pollen et Spores 24: 9-20.

–   1984. Ultrastructure study of the exine of *Borago officinalis* L. (Boraginaceae). Grana 23: 1-10.

CLARKE, G. C. S., 1977. Boraginaceae. NEPF 10. Review of Palaeobotany and Palynology 24: 59-101.

DIEZ, M. J., 1983. Pollen morphology of genus *Anchusa* L. (Boraginaceae). Its taxonomic interest. Pollen et Spores 25: 367-382.

DIEZ, M. J., VALDÉS, B. & FERNÁNDEZ, I., 1986. Pollen morphology of Spanish *Lithospermum* s.l. (Boraginaceae) and its taxonomic significance. Grana 25: 171-176.

GHORBEL, S. & NABLI, M. A., 1998. Pollen, pistil and their interrelation in *Borago officinalis* and *Heliotropium europaeum* (Boraginaceae). Grana 37: 203-214.

GRAU, J. & LEIN, P., 1968. Pollenkorntypen und Sektionsgliederung der Gattung *Myosotis*. Ber. Deutsch. Bota. Ges. 81: 107-115.

RAUSCH, K.-A., (1962). Pollenmorphologie und Systematik der Boraginaceae, unter besonderer Berücksichtigung der mitteleuropäischen Vertreter. Unveröff. Staatsarbeit, Univ. Götingen

STIX, E., 1964. Pollenmorphologie von *Borago officinalis* L. Grana Palynologica 5: 24-32.

Brassicaceae

ERDTMAN, G., 1958. Über die Pollenmorphologie von *Rorippa silvestris*. Flora 146: 408-411.

Butomaceae

ARGUE, C. L., 1971. Pollen of the Butomaceae and Alismataceae. I. Development of the pollen wall in *Butomus umbellatus* L. Grana 11: 131-133.

–   1972. Pollen of the Alismataceae and the Butomaceae. Development of the nexine in *Sagittaria lancifolia* L. Pollen et Spores 14: 6-16.

Buxaceae

Brückner, P., 1993. Pollen morphology and taxonomy of Eurasiatic species of the genus *Buxus* (Buxaceae). Grana 32: 65-78.

Punt, W. & Marks, A., 1991. Buxaceae. NEPF 50. Review of Palaeobotany and Palynology 69: 113-115.

Cabombaceae

Clarke, G. C. S. & Jones, M. R., 1981. Cabombaceae. NEPF 24. Review of Palaeobotany and Palynology 33: 51-55.

Callitrichaceae

Martinsson, K., 1993. The pollen of Swedish *Callitriche* (Callitrichaceae) – trends towards submergence. Grana 32: 198-209.

Cannabaceae

Dörfler, W., 1990. Die Geschichte des Hanfanbaus in Mitteleuropa aufgrund palynologischer Untersuchungen und von Großrestnachweisen. Praehistorische Zeitschrift 65: 218-244.

Punt, W. & Malotaux, M., 1984. Cannabaceae, Moraceae and Urticaceae. NEPF 31. Review of Palaeobotany and Palynology 42: 23-44.

Wittington, G. & Gordon, A. D., 1987. The differentiation of pollen of *Cannabis sativa* L. from that of *Humulus lupulus* L. Pollen et Spores 29: 111-120.

Caprifoliaceae

Böhnke-Gütlein, E. & Weberling, F., 1981. Palynologische Untersuchungen an Caprifoliaceae. I. Sambuceae, Viburneae und Diervilleae. Akad. d. Wiss. u. d. Literatur Mainz: Tropische und subtropische Pflanzenwelt 34: 131-189.

Bassett, I. J. & Crompton, C. W., 1970. Pollen morphology of the family Caprifoliaceae in Canada. Pollen et Spores 12: 365-380.

Punt, W., Reitsma, Tj. & Reuvers, A. A. M. L., 1974. Caprifoliaceae. NEPF 2. Review of Palaeobotany and Palynology 17: 5-29.

Caryophyllaceae

Chanda, S., 1962. On the pollen morphology of some Scandinavian Caryophyllaceae. Grana Palynologica 3: 67-89.

Erdtman, G., 1968. On the exine of *Stellaria crassipes* Hult. Grana Palynologica 8: 271-276.

Nowicke, J. W., 1975. Pollen morphology of the order Centrospermae. Grana 15: 51-78.

Punt, W. & Hoen, P. P., 1995. Caryophyllaceae. NEPF 56. Review of Palaeobotany and Palynology 88: 83-272.

Chenopodiaceae

McAndrews, J. H. & Swanson, A. R., 1967. The pore number of periporate pollen with special reference to *Chenopodium*. Rev. Palaeobotan. Palyn. 3: 105-118.

Monoszon, M. H., 1964. Pollen of halophytes and xerophytes of the Chenopodiaceae family in the periglacial zone of the Russian Plain. Pollen et Spores 6: 147-155. In Russisch.

Uotila, P., 1974. Pollen morphology in European species of *Chenopodium* sect. *Chenopodium*, with special reference to *C. album* and *C. suecicum*. Ann. Bot. Fennici 11: 44-58.

Cichoriaceae

Blackmore, S., 1982. The aperture of Lactuceae (Compositae) pollen. Pollen et Spores 24: 453-462.

– 1983. Palynology of the subtribe Scorzonerinae (Compositae: Lactuceae) and ist taxonomic significance. Grana 21: 149-160.

– 1984. Compositae – Lactuceae. NEPF 31. Review of Palaeobotany and Palynology 42: 45-85.

MEJIAS, J. M. & DIES, M. J., 1993. Palynological and cytological observations in Spanish *Sonchus* (Asteraceae). Grana 32: 343-347.

PAUSINGER-FRANKENBURG, F., 1951. Vom Blütenstaub der Wegwarten (Die Pollengestaltung der Cichorieae). Carinthia II, Sonderheft 13: 7-47.

PONS, A. & BOULOS, L., 1972. Révision systématique du genre *Sonchus* L. s.l. III. Étude palynologieuqe. Botaniser Notiser 125: 310-319.

SAAD, S. I., 1961. Pollenmorphology in the genus *Sonchus*. Pollen et Spores 3: 247-260.

STAINIER, F., COPPENS D'EECKENBRUGGE, G. & GOBBE, J., 1989. La morphologie pollinique chez des plants autopoliploides de *Cichorium intybus* L. Pollen et Spores 31: 187-202.

TOMB, A. S., 1975. Pollen morphology of the tribe Lactuceae (Compositae). Grana 15: 79-90.

Cistaceae

HEYDACKER, F., 1963. Les types polliniques dans la famille des Cistaceae. Pollen et Spores 5: 41-49.

DE RIVAS, C. S., 1979. Pollen morphology of Spanish Cistaceae. Grana 18: 91-98.

Cneoraceae

LOBREAU-CALLEN, D. & JÉRÉMIE, J., 1986. L'espèce *Cneorum tricoccon* (Cneoraceae, Rutales) représentée à Cuba. Grana 25: 155-158.

Convolvulaceae

CRONK, Q. C. B. & CLARKE, G. C. S., 1981. Convolvulaceae. NEPF 28. Review of Palaeobotany and Palynology 33: 117-135.

SENGUPTA, S., 1972. On the pollen morphology of Convolvulaceae with special reference to taxonomy. Review of Palaeobotany and Palynology 13: 157-212.

Cornaceae

STAFFORD, P. J. & HEATH, G. L. A., 1991. Cornaceae. NEPF 48. Review of Palaeobotany and Palynology 69: 97-108.

STRAKA, H., 1954. Die Pollenmorphologie der europäischen *Cornus*-Arten und einiger ähnlicher Pollentypen. Flora 141: 101-109.

Crassulaceae

SORSA, P., 1968. Pollen morphology of four *Sedimum telephium* L. subspecies studied by means of Normaski's interference-contrast equipment. Annales Botanici Fennici 5: 98-101.

'T HART, H., 1974. The pollen morphology of 24 European species of the genus *Sedum* L. Pollen et Spores 16: 373-387.

Cucurbitaceae

LIRA, R., ALVARADO, J. L. & BARTH, O. M., 1998. Pollen morphology in *Sicydium* (Cucurbitaceae, Zanonioideae). Grana 37: 215-221.

Cupressaceae

BERTSCH, A., 1960. Untersuchungen an rezenten und fossilen Pollen von *Juniperus*. Flora 150: 503-513.

BORTENSCHLAGER, S., 1990. Aspects of pollen morphology in the Cupressaceae. Grana 29: 129-138.

DUHOUX, E., 1975. L'aperture dans l'exine et das l'intine externe du pollen de *Juniperus chinensis* L., et de *Juniperus communis* L. Pollen et Spores 17: 191-201.

HO, R. H. & SZIKLAI, O., 1973. Fine structure of the pollen surface of some Taxodiaceae and Cupressaceae species. Review of Palaeobotany and Palynology 15: 17-26.

SOHMA, K., 1985. Uncertainty in identification of fossil pollen grains of *Cryptomeria* and *Metasequoia*. Sci. Rep. Tohoku Univ. Ser. IV (Biol) 39: 1-12.

VAN CAMPO-DUPLAN, M., 1953. Recherches sur la phylogénie des Cupressacées d'après leurs grains de pollen. Trav. Lab. For. de Toulouse 2 (Sect,1, Vol. 4, art. III): 1-20.

UENO, J., 1951. Morphology of pollen of *Metasequoia, Sciadopitys* and *Taiwania*. Journal Inst. Polytechnics, Osaka City University, Ser. D, 2: 22-26.

– 1959. Some palynological observations of Taxaceae, Cupressaceae and Araucariaceae. Journal Inst. Polytechnics, Osaka City University, Ser. D, 10: 75-87.

Cyperaceae

HAFSTEN, U., 1965. The Norwegian *Cladium mariscus* communities and their post-glacial history. Acta Univ. Bergensis, Ser. Math. rerumque Naturv., Årbok for Universitetet i Bergen, Math.-Naturv. Ser. 4: 1-55.

Dioscoreaceae

CADDICK, L. R., FURNESS, C. A., STOBART, K. L. & RUDALL, P. J., 1998. Microsporogenesis and pollen morphology in Dioscoreales and allied taxa. Grana 37: 321-336.

CLARKE, G. C. S. & JONES, M. R., 1981. Dioscoreaceae. NEPF 23. Review of Palaeobotany and Palynology 33: 45-50.

Dipsacaceae

CLARKE, G. C. S. & JONES, M. R., 1981. Dipsacaceae. NEPF 21. Review of Palaeobotany and Palynology 33: 1-25.

SPOEL-WALVIUS, M. R. VAN DER & DE VRIES, R. J., 1964. Description od *Dipsacus fullonum* L. pollen. Acta Botanica Neerlandica 13: 422-431.

Droseraceae

CHANDA, S., 1965. The pollen morphology of Droseraceae with special reference to taxonomy. Pollen et Spores 7: 509-528.

KUPRIANOVA, L. A., 1973. Pollen morphology within the genus *Drosera*. Grana 13: 103-107.

PUNT, W., MARKS, A. & HOEN, P. P., 2003. Droseraceae. NEPF 60. Review of Palaeobotany and Palynology 123: 27-40.

RAJA, M. V. S. & PATANKAR, J. B., 1956: Pollen mophology of three species of *Drosera* L. Grana Palynologica 1: 153-155.

Elaeagnaceae

LEINS, P., 1967. Morphologische Untersuchungen an Elaeagnaceen-Pollenkörnern. Grana Palynologica 7: 390-399.

SORSA, P., 1971. Pollen morphological study of the genus *Hippophaë* L., including the new taxa recognized by A. Rousi. Ann. Bot. Fennici 8: 228-236.

Ephedraceae

BEUG, H.-J., 1956. Pollendimorphismus bei *Ephedra*. Die Naturwissenschaften 14: 332-333.

WELTEN, M., 1957. Über das glaziale und spätglaziale Vorkommen von *Ephedra* am nordwestlichen Alpenrand. Ber. Schweiz. Bot. Ges. 67: 33-54.

Ericaceae, Empetraceae

DIEZ, M. J. & FERNANDEZ, I., 1989. Identification de las Ericaceas espanolas por su morfologia polenica. Pollen et Spores 31: 215-228.

Foss, P. J. & Doyle, G. J., 1988. A palynological study of the Irish Ericaceae and *Empetrum*. Pollen et Spores 30: 151-178.

Oldfield, F., 1959. The pollen morphology of some of the West European Ericales. Pollen et Spores 1: 19-48.

Overbeck, F., 1934. Zur Kenntnis der Pollen mittel- und nordeuropäischer Ericales. Beihefte zum Botanischen Centralblatt 51 (Abt. II): 566-583.

Rosatti, Th. J., 1988. Pollen morphology of *Arctostaphylos uva-ursi* (Ericaceae) in North America. Grana 27: 115-122.

Sladkov, A. N., 1954. Morphologische Beschreibung des Pollens der Ericales des europäischen Teils der USSR. Geogr. Inst. Akad. USSR 61: 119-159. Russisch.

Eriocaulaceae

Furness, C. A., 1988. Eriocaulaceae. NEPF 39. Review of Palaeobotany and Palynology 57: 27-32.

Thankaimoni, G., 1965. Contribution to the pollen morphology of Eriocaulaceae. Pollen et Spores 7: 181-191.

Euphorbiaceae

El-Ghazaly, G., 1989. Pollen and orbicule morphology of some *Euphorbia* species. Grana 28: 243-260.

El-Ghazaly, G. & Chaudhary, R., 1993. Pollen morphology of some species of the genus *Euphorbia* L. Review of Palaeobotany and Palynology 78: 293-320.

Punt, W., 1962. Pollen morphology of the Euphorbiaceae with special reference to Taxonomy. Dissertation, Universität Utrecht. 116 S.

Saad, S. I. & El-Ghazaly, G., 1988. Pollen morphology of some species of Euphorbiaceae. Grana 27: 165-176.

Schill, R., 1973. Palynologische (lichtmikroskopische) Untersuchungen an sukkulenten Vertretern der Gattung *Euphorbia* L. aus Madagaskar. Abhandl. Akad. D. Wiss. u. d. Literatur in Mainz, Math.-Nat. Kl. Tropische und subtropische Pflanzenwelt 2: 151-165.

Suárez-Cervera, M., Gillespie, L., Arcalis, E., Le Thomas, A., Lobreau-Callen, D. & Seoana-Camba, J.A., 2001: Taxonomic significance of sporoderm structur on pollen of Euphorbiaceae: Tribes Plukenetieae and Euphorbieae. Grana 78-104.

Takahashi, M., Nowicke, J. W, Webster, G. L., Orli, S. S. & Yankowski, S., 2000: Pollen morphology, exine structure, and systematics of Acalyphoideae (Euphorbiaceae), part 3. Tribes Epiprineae (*Epiprinus, Symphyllia, Adenochlaena, Cleidiocarpon, Koilodepas, Cladogynos, Cephalocrotonopsis, Cephalocroton, Cephalomappa*), Adeliae (*Adelia, Crotongynopsis, Enriquebeltrainia, Lasiocroton, Leucocroton*), Alchorneae (*Orfilea, Alchornea, Coelebogyne, Aparisthmium, Boquillonia, Conceveiba, Gavaaretia*), Acalypheae pro parte (*Ricinus, Adriana, Mercurialis, Leidesia, Dysopsis, Wetria, Cleidion, Sampantaea, Macaranga*). Review of Palaeobotany and Palynology 110: 1-66.

Fabaceae

Crompton, C. W. & Grant, W. F., 1993. Pollen morphology in Loteae (Leguminosae) with particular reference to the genus *Lotus* L. Grana 32: 129-153.

Cubas, P. & Pardo, C., 1992. Pollen wall stratification trends in *Ulex* (Genisteae: Papilionoideae: Leguminosae) in the Iberian Peninsula. Grana 31: 177-186.

Diez, C. & Ferguson, I. K., 1994. The pollen morphology of the tribes Loteae and Coronilleae (Papilionoideae: Leguminoasae). 2. *Lotus* L. and related genera. Review of Palaeobotany and Palynology 81: 233-256.

– 1996. The pollen morphology of the tribes Loteae and Coronilleae (Papilionoideae: Leguminoasae). 3. *Coronilla* L. and related genera and systematic conclusions. Review of Palaeobotany and Palynology 94: 239-258.

Gillett, J. M., Bassett, I. J. & Crompton, C. W., 1973. Pollen morphology and its relationship to the taxonomy of North American *Trifolium* species. Pollen et Spores 15: 91-108.

MISSET, M.-T., GOURBRET, J.-P. & HUON, A., 1982. Le pollen d'*Ulex* L. (Papilionoideae): morphologie des grains et structure de l'exine. Pollen et Spores 24: 369-386.

PARDO, C., TAHIRI, H., CUBAS, P. & ALAOUI-FARIS, 2000. Pollen morphology in *Cytisus* (Papilionoideae, Leguminosae) from Morocco and the Iberian Peninsula. Grana 39: 159-168.

PLANCHAIS, N., 1964. Le pollen de quelques Papilionacées Méditerranéennes et Subméditerranéennes. Pollen et Spores 6: 515-526.

SMALL, E., BASSETT, I. J. & CROMPTON, C. W., 1981. Pollen variation in tribe Trigonelleae (Leguminosae) with special reference to *Medicago*. Pollen et Spores 23: 295-320.

SMALL, E. 1983. Pollen ploidy-prediction in the *Medicago sativa* complex. Pollen et Spores 25: 305-320.

Fagaceae

BENTHEM, F. VON, CLARKE, G. C. S. & PUNT, W., 1984. Fagaceae. NEPF 33. Review of Palaeobotany and Palynology 42: 87-110.

CERNJAVSKY, P., 1935. Über die rezenten Pollen einiger Waldbäume in Jugoslawien. Beihefte z. Bot. Centralblatt 54: 346-369.

OLSSON, U., 1974. On the use of laser for fracturing pollen grains of *Quercus robur* L. (Fagaceae). Grana 14: 100-102.

PLANCHAIS, N., 1962. Le pollen de quelques chenes du domaine Médeiterranéen occidental. Pollen et Spores 4: 87-93.

SPOEL-WALVIUS, M.R. VAN DER, 1963. Le characteristiques de l'exine chez quelques especes de *Quercus*. Acta Botanica Neerlandica 12: 525-532.

VAN CAMPO, M. & ELHAI, E., 1956. Étude comparative de pollens de quelques Chenes. Application à une tourbière normande. Bull. de la Soc. Bot. de France 103: 254-260.

Gentianaceae

NILSSON, S., 1964. On the pollen morphology of *Lomatogonium* A.Br. Grana Palynologica 5: 298-329.

– 1967. Pollenmorphological studies in the Gentianaceae-Gentianinae. Grana Palynologica 7: 46-145.

– 1967. Note on pollen morphological variation in Gentianaceae-Gentianinae. Pollen et Spores 9: 49-58.

NILSSON, S., HELLBOM, M. & SMOLENSKI, W., 2002. A reappraisal of the significance of pollen in classifications of the Gentianaceae. Grana 41: 90-106.

PUNT, W. & NIENHUS, W., 1976. Gentianaceae. NEPF 6. Review of Palaeobotany and Palynology 21: 89-123.

Geraniaceae

BORTENSCHLAGER, S., 1967. Vorläufige Mitteilungen zur Pollenmorphologie in der Familie der Geraniaceen und ihre systematische Bedeutung. Grana Palynologica 7: 400-468.

EL OQLAH, A. A., 1983. Pollen morphology of the genus *Erodium* L'HÉRIT. in the Middle East. Pollen et Spores 25: 383-394.

STAFFORD, P. J. & BLACKMORE, S., 1991. Geraniaceae. NEPF 46. Review of Palaeobotany and Palynology 69: 49-78.

Ginkgoaceae

KEDVES, M., 1961. Beobachtungen an den Pollen des rezenten *Ginkgo biloba* L. mit besonderer Hinsicht auf die Fragen der Determination der fossilen Pollen der Ginkgoinae. Acta Universitatis Szegediensis N.S. 7: 31-37.

Globulariaceae

PUNT, W. & MARKS, A., 1991. Globulariaceae. NEPF 49. Review of Palaeobotany and Palynology 69: 109-112.

Grossulariaceae

VERBEEK-REUVERS, A. A. M. L., 1977. Grossulariaceae. NEPF 12. Review of Palaeobotany and Palynology 24: 107-116.

Haloragaceae

ENGEL, M. S., 1978. Haloragaceae. NEPF 19. Review of Palaeobotany and Palynology 26: 199-207.

PRAGLOWSKI, J., 1970. The pollen morphology of the Haloragaceae with reference to taxononmy. Grana 10: 159-239.

Hippocastanaceae

HEATH, G. L. A., 1984. Hippocastanaceae. NEPF 34. Review of Palaeobotany and Palynology 42: 111-119.

Hippuridaceae

ENGEL, M. S., 1978. Hippuridaceae. NEPF 18. Review of Palaeobotany and Palynology 26: 195-198.

Hypericaceae

CLARKE, G. C. S., 1975. Irregular pollen grains in some *Hypericum* species. Grana 15: 117-126.
–   1976. Guttiferae. NEPF 7. Review of Palaeobotany and Palynology 21: 125-142.

Iridaceae

CHICHIRICCÒ, G., 1999. Development stages of the pollen wall and tapetum in some *Crocus* species. Grana 38: 31-41.

GOLDBLATT, P. & LE THOMAS, A., 1992. Pollen apertures, exine sculpturing and phylogeny in Iridaceae subfamily Iridoideae. Review of Palaeobotany and Palynology 75: 301-316.

PETROV, S., BORISOVA-IVANOVA, O. & SLAVOMIROVA, E. L., 1988. Palynomorphological characteristics of representatives of family Iridaceae LINDL. found in Bulgaria. Bulgarien Academy of Sciences, 100th anniversary of Academicia Nikolay A. Stojanov, S. 152-168.

SCHULZE, W., 1964. Beiträge zur taxomischen Anwendung der Pollenmorphologie. I. Die Gattung *Iris*. Grana Palynologica 5: 40-79.

Juglandaceae

BOS, J. A. A. & PUNT, W., 1991. Juglandaceae. NEPF 47. Review of Palaeobotany and Palynology 69: 79-95.

STONE, D. E., REICH, J. & WHITFIELD, S., 1964. Fine structure of the walls of *Juglans* and *Carya* pollen. Pollen et Spores 6: 379-392.

STONE, D. E. & BROOME, C. R., 1971. Pollen ultrastructure: Evidence for the relationship of the Juglandaceae and the Rhoipteleaceae. Pollen et Spores 13: 5-14.

Lamiaceae

AFZAL-RAFII, Z., 1983. Les pollens du genre *Salvia* et leur évolution. Pollen et Spores 25: 351-366.

BASSETT, I. J. & MUNRO, D. B., 1986. Pollen morphology of the genus *Stachys* (Labiatae) in North America, with comparisons to some taxa from Mexico, Central and South America and Eurasia. Pollen et Spores 28: 279-296.

GUPTA, A. & SHARMA, C., 1990. Polymorphism in pollen of *Salvia leucantha* (Lamiaceae). Grana 29: 277-284.

HARLEY, H. M., PATON, A., HARLEY, R. M. & CADE, P. G., 1992. Pollen morphological studies in tribe Ocimeae (Nepetoideae: Labiatae), I. *Ocimum* L. Grana 31: 161- 176.

LEON-ARENCIBIA, M. C. & LA-SERNA RAMOS, I. E., 1992. Palynological study of *Lavandula* (sect. Pterostaechas, Labiatae). Canario-maderiense endemics. Grana 31: 187-196.

MÁRTONFI, P., 1997. Pollen morphology of *Thymus* sect. *Serpyllum* (Labiatae: Mentheae) in the Carpathians and Pannonia. Grana 36: 261-270.

POZHIDAEV, A., 1992. The origin of three- and sixcolpate pollen grains in the Lamiaceae. Grana 31: 49-52.

SUAREZ-CERVERA, M. & SEOANE-CAMBA, J. A., 1986. Ontogénèse des grains de pollen de *Lavandula dentata* L. et évolution des cellules tapétales. Pollen et Spores 28: 5-28.

Lauraceae

VAN DER MERWE, J. J. M., VAN WYK, A. E. & KOK, P. D. F., 1990. Pollen types in Lauraceae. Grana 29: 197-206.

Lemnaceae

SLOOVER, J. L. DE, 1961. Note sur le pollen de *Lemna minor* L. Pollen et Spores 3: 5-10.

Lentibulariaceae

HUYNH, K.-L., 1968. Étude de la morphologie du pollen du genre *Utricularia* L. Pollen et Spores 10: 11-55.

Linaceae

ROGERS, C. M., 1980. Pollen dimorphism in distylous species of *Linum* sect. Linastrum (Linaceae). Grana 19: 19-20.

PUNT, W. & DEN BREEJEN, P., 1981. Linaceae. NEPF 27. Review of Palaeobotany and Palynology 33: 75-115.

SAAD, S. I., 1961. Pollen Morphology and sporoderm stratification in *Linum*. Grana Palynologica 3: 109-129.

SAAD, S. I., 1961. Phylogenetic development in the apertural mechansmis of *Linum* pollen grains. Pollen et Spores 3: 33-44.

SAAD, S. I., 1962. Palynological studies in the Linaceae. Pollen et Spores 4: 65-82.

XAVIER, K. S., MILDNER, R. A. & ROGERS, C. M., 1980. Pollen morphology of *Linum* sect. Linastrum. Grana 19: 183-188.

Liliaceae

CADDICK, L. R., FURNESS, C. A., STOBART, K. L. & RUDALL, P. J., 1998. Microsporogenesis and pollen morphology in Dioscoreales and allied taxa. Grana 37: 321-336.

CHRISTENSEN, P.B., 1986. Pollen morphological studies in the Malvaceae. Grana 25: 95-118.

KOSENKO, V. N., 1999. Contributions to the pollen morphology and taxonomy of the Liliaceae. Grana 38: 20-30.

LIFANTE, D. Z., 1996. Pollen morphology of *Asphodelus* L. (Asphodelaceae): taxonomic and phylogenetic inferences at infrageneric level. Grana 35: 24-32

LIFANTE, D. Z., 1996. Inter- and intraspecific variation in pollen size in *Asphodelus* section *Asphodelus* (Asphodelaceae). Grana 35: 97-103.

TAKAHASHI, M., 1980. On the development of the reticulate structure of *Hemerocallis* pollen (Liliaceae). Grana 19: 3-6.

Lythraceae

BOOI, M., PUNT, W. & HOEN, P. P., 2003. Lythraceae. NEPF 68. Review of Palaeobotany and Palynology 123: 163-180.

BORTENSCHLAGER, S. & THAMMATHAWORN, S., 1990. Evolutionary trends in the pollen morphology of the Lythraceae. Journal of Palynology 1990-91: 23-59.

MULLER, J., 1981. Exine architecture and function in some Lythraceae and Sonneratiaceae. Review of Palaeobotany and Palynology 35: 93-123.

Malvaceae

CULHANE, K. J. & BLACKMORE, S., 1988. Malvaceae. NEPF 41. Review of Palaeobotany and Palynology 57: 45-74.

SAAD, S. I., 1960. The sporoderm stratification in the Malvaceae. Pollen et Spores 2: 13-41.

Menyanthaceae

BLACKMORE, S. & HEATH, G. L. A., 1984. Menyanthaceae. NEPF 35. Review of Palaeobotany and Palynology 42: 121-132.

Moraceae

PUNT, W. & EETGERINK, E., 1982. On the pollen morphology of some genera of the tribe Moreae (Moraceae). Grana 21: 15-20.

PUNT, W. & MALOTAUX, M., 1984. Cannabaceae, Moraceae and Urticaceae. NEPF 31. Review of Palaeobotany and Palynology 42: 23-44.

Morinaceae

BLACKMORE, S. & CANNON, M. J., 1983/84. Palynology and systematics of Morinaceae. Review of Palaeobotany and Palynology 40: 207-226.

BLACKMORE, S., BERNES, S. H. & STAFFORD, P. J., 1987-1988. Evolutionary and developmental aspects of pollen morphology in *Morina longifolia* WALLICH ex DC. (Morinaceae). Journal of Palynology 23-24: 19-26.

VERLAQUE, R., 1983. Contribution à l'étude du genre *Morina* L. Pollen et Spores 25: 143-162.

Myricaceae

EDWARDS, K. J., 1981. The separation of *Corylus* and *Myrica* pollen in modern and fossil samples. Pollen et Spores 23: 205-218.

JENTYS-SZAFER, J., 1928. La structure des membranes du pollen de *Corylus*, de *Myrica* et de espèces européennes de *Betula* et leur détermination à l'état fossile. Bull. de l'Acad. Polonaise des Sciences et de Lettres, Cl. Sc. Math. et Nat., Sér. B 1928: 75-125.

PUNT, W., MARKS, A. & HOEN, P. P., 2003. Myricaceae. NEPF 66. Review of Palaeobotany and Palynology 123: 99-105.

SUNDBERG, M. D., 1985. Pollen of Myricaceae. Pollen et Spores 27: 15-28.

Nymphaeaceae

CLARKE, G. C. S. & JONES, M. R., 1981. Nymphaeaceae. NEPF 25. Review of Palaeobotany and Palynology 33: 57-67.

TAKAHASHI, M., 1992. Development of spinous exine in *Nuphar japonicum* De Candolle (Nymphaeaceae). Review of Palaeobotany and Palynology 75: 317-322.

UENO, J. & KITAGUCHI, S., 1961. On the fine structure of the pollen wall of Angiospermae. I. Nymphaeaceae. Journal of Biology, Osaka City University 12: 83-89.

Nyssaceae

SOHMA, K., 1963. Pollen morphology of the Nyssaceae. I. *Nyssa* and *Camptotheca*. Sci. Rep. Tohoku Univ. Ser. IV (Biol) 29: 389-302.

– 1963. Pollen morphology of the Nyssaceae. I. *Nyssa* and *Davidia*. Sci. Rep. Tohoku Univ. Ser. IV (Biol) 33: 527-532.

Oleaceae

AUBERT, J., CHARPIN, H. & CHARPIN, J., 1959. Étude palynologique de querques Oléacées de Provence. Pollen et Spores 1: 7-13.

Bozilova, E., 1966. La morphologie du pollen des rerésentans Bulgares du genre *Fraxinus* L. Ann. Univ. Sofia 59: 85-92. Bulgarisch mit franz. Zusammenfassung.

Carmen Fernandez, M. & Rodríguez-García, M., 1995. Pollen grain apertures in *Olea europaea* L. (Oleaceae). Review of Palaeobotany and Palynology 85: 99-109.

Punt, W., Bos, J. A. A. & Hoen, P. P., 1991. Oleaceae. NEPF 45. Review of Palaeobotany and Palynology 69: 23-47.

Onagraceae

Brown, C. A., 1967. Pollen morphology of the Onagraceae. Review of Palaeobotany and Palynology 3: 163-180.

Lepousé, J. & Romain, M.-F., 1967. Étude de l'ultrastructure des enveloppes polleniques chez *Oenothera biennis*. Pollen et Spores 9: 403-413.

Punt, W., Roers, J. & Hoen, P. P., 2003. Onagraceae. NEPF 67. Review of Palaeobotany and Palynology 123: 107-161.

Rowley, J. R. & Claugher, D., 1996. Structure of the exine of *Epilobium angustifolium* (Onagranceae). Grana 35: 79-86.

Ting, W. S., 1966. Pollen morphology of Onagraceae. Pollen et Spores 8: 9-36.

Orobanchaceae

Minki, J. P. & Eshbaugh, H., 1989. Pollen morphology of the Orobanchaceae and rhinanthoid Scrophulariaceae. Grana 28: 1-18.

Seghagieri Rao, T., 1963. Pollen morphology of two species of Orobanchaceae. Current Science 12: 557-558.

Parnassiaceae

Verbeek-Reuvers, A. A. M. L., 1977. Parnassiaceae. NEPF 14. Review of Palaeobotany and Palynology 24: 123-128.

Papaveraceae

Henderson, D. M., 1964. The pollen morphology of *Meconopsis*. Grana Palynologica 6: 191-209.

Layka, S., 1976. Le polymorphisme pollinique das le genre *Agremone* (Papaveraceae). Pollen et Spores 18: 351-376.

Kalis, A. J., 1979. Papaveraceae. NEPF 20. Review of Palaeobotany and Palynology 28: 209-260.

Phytolaccaceae

Bortenschlager, S., 1973. Morphologie pollenique des Phytolaccaceae. Pollen et Spores 15: 226-253.

Pinaceae

Aytug, B., 1959. *Abies equi-trojani* Aschers. et Sinten est une espè d'origin hybride d'après l'étude des pollens. Pollen et Spores 1: 273-278.

– 1960. Quelques mesurations des pollens de *Pinus silvestris* L. Pollen et Spores 2: 305-309.

– 1961. Etude des pollens du genre Cèdre (*Cedrus* Link.). Pollen et Spores 3: 47-54.

– 1962. Diagnose des pollens de *Pinus silvestris* et *Pinus uncinata* des Pyrénées. Pollen et Spores 4: 283-296.

Birks, H. J. B., 1978. Geographic variation of *Picea abies* (L.) Karsten pollen in Europe. Grana 17: 149-160.

Cernjavsky, P., 1935. Über die rezenten Pollen einiger Waldbäume in Jugoslawien. Beihefte z. Bot. Centralblatt 54: 346-369.

Dyakowska, J., 1964. The variability of the pollen grains of *Picea excelsa* Link. Acta Soc. Bot. Poloniae 33: 727-748.

DUBOIS, G., 1938. Pollen et phylogénie chez des Abiétinées. Bull. Soc. d'hist. naturelle de Toulose 72: 1-21.

FISCHER, J. & JÁRAI-KOMLÓDI, M., 1970. A mathematical method of identifying fossil pollen grains of *Picea omorika* and *Picea abies*. Bot. Közlem. 57: 59-68. Ungarisch mit deutscher Zusammenfassung.

GERASIMOV, D. A., 1930. On the characteristics of the pollen of *Larix* and *Pinus cembra* in peat. Geol. Förening. i Stockholm Förhandlingar 52: 111-115.

HO, RONG HUI & SZIKLAI, O., 1972. On the pollen morphology of *Picea* and *Tsuga* species. Grana 12: 31-40.

HÖRMANN, H., 1928. Die pollenanalytische Unterscheidung von *Pinus montana, P. silvestris* und *P. cembra*. Österr. Botan. Zeitschrift Jhg. 78: 215-228.

JAESCHKE, J., 1935. Zur Frage der Artdiagnose der *Pinus silvestris, Pinus montana* und *Pinus cembra* durch variationsstatistische Pollenmessungen. Beihefte z. Botan. Centralblatt 52: 622-633.

KIRCHHEIMER, F., 1934. Über *Tsuga*-Pollen aus dem Tertiär. Planta 22: 171-178.

KLAUS, W., 1975. Über bemerkenswerte morphologische Bestimmungsmerkmale an Pollenkörnern der Gattung *Pinus* L. Linzer Biol. Beitr. 7: 329-369.

– 1978. On the taxonomic significance of tectum sculpture characters in alpine *Pinus* species. Grana 17: 161-166.

RUDOLPH, K., 1936. Mikrofloristische Untersuchungen tertiärer Ablagerungen im nördlichen Böhmen. Beih. Bot. Centralbl. 54/B: 244-328.

SIVAK, J., 1971. La structure alvéolaire de l'ectexine des ballonets des pollens de querques sapins circumméditerranéens. Naturalis Monspeliensis, Série Bot. 22: 165-176.

– 1973. Observations nouvelles sur les grains de pollen de *Tsuga*. Pollen et Spores 15: 397-457.

STARK, P., 1927. Über die Zugehörigkeit des Kiefernpollens in den verschiedenen Horizonten der Bodenseemoore. Ber. der Deutschen Bot. Ges. 45: 40-47.

UENO, J., 1957. Relationship of Genus *Tsuga* from pollen morphology. Journ. Inst. Polytechn. Osaka City Univ., Ser. D, Vol. 8: 191.

– 1958. Some palynological observations of Pinaceae. Journal of the Institute of Polytechnics, Osaka City University, Ser. D. 9: 163-186.

– 1959. Some palynological observations of Taxaceae, Cupressaceae and Araucariaceae. Journal of the Institute of Polytechnics, Osaka City University, Ser. D. 10: 75-87.

– 1960. Studies on pollen grains of Gymnospermae. Concluding remarks to the relationship between Coniferae. Journal of the Institute of Polytechnics, Osaka City University, Ser. D. 11: 109-136.

VAN CAMPO, M. & SIVAK, J., 1972. Structure alvéolaire de l'ectexine des pollen a ballonnets des Abietacées. Pollen et Spores 14: 115-141.

Plantaginaceae

CLARKE, G. C. S. & JONES, M. R., 1977. Plantaginaceae. NEPF 15. Review of Palaeobotany and Palynology 24: 129-154.

SAAD, S. I., 1986. Palynological studies in the genus *Plantago* L. (Plantaginaceae). Pollen et Spores 28: 43-60.

UBERA, J. L., GALÁN, C. & GUERRERO, F. H., 1988. Palynological study of the genus *Plantago* in the Iberian Peninsula. Grana 27: 1-16.

Plumbaginaceae

ERDTMAN, G., 1970. Über Pollendimorphismus in Plumbaginaceae-Plumbagineae. Svensk Botanisk Tidskrift 64: 184-188.

PRAGLOWSKI, J. & ERDTMAN, G., 1969. On the pollen morphology of the pollen grains in »Armeria sibirica« in specimens from between longitude 30°W and 60°E. With an addendum by Y. Vasari. Grana Palynologica 9: 72-91.

TURNER, S. C. & BLACKMORE, S., 1984. Plumbaginaceae. NEPF 36. Review of Palaeobotany and Palynology 42: 133-154.

Poaceae

ANDERSEN, S. TH., 1979. Identification of wild grass and cereal pollen. Danm. Geol. Unsers. Arbok 1978: 69-92.

ANDERSEN, S. TH. & BERTELSEN, F., 1972. Scanning electron microscopy studies of pollen of cereals and other grasses. Grana 12: 79-86.

CHATURVEDI, M., YUNUS, M. & DATTA, K., 1994. Pollen morphology of *Sorghum* Moench – Sections *Eu-Sorghum* and *Para-Sorghum*. Grana 33: 117-123.

CHATURVEDI, M., DATTA, K. & NAIR, P. K. K., 1998. Pollen morphology of *Oryza* (Poaceae). Grana 37: 79-86.

DICKSON, C., 1988. Distinguishing cereal from wild grass pollen: some limitations. Circaea 5: 67-71.

EL-GHAZALY, G. & JENSEN, W. A., 1985. Studies of the development of wheat *(Triticum aestivum)* pollen. III. Formation of microchannels in the exine. Pollen et Spores 27: 5-14.

– 1986. Studies of the development of wheat *(Triticum aestivum)* pollen. I. Formation of the pollen wall and Ubisch bodies. Grana 25: 1-30.

FIRBAS, F., 1937. Der pollenanalytische Nachweis des Getreidebaus. Zeitschrift für Botanik 31: 447-478.

KÖHLER, E. & LANGE, E., 1979. A contribution to distinguishing cereal from wild grass pollen by LM and SEM. Grana 18: 133-140.

KÖRBER-GROHNE, U., 1957. Die Bedeutung des Phasenkontrastverfahrens für die Pollenalyse, dargelegt am Beispiel der Gramineenpollen vom Getreidetyp. Photographie und Forschung, Zeiss Ikon im Dienste der Wissenschaft 7: 237-248.

LIEM, A. S. N. & ANDEL, J. VAN, 1968. Electron microscopical observations on pollen of some grass species. Acta Bot. Neerl. 17: 248-257.

LIEM, A. S. N., GROOT, J. & KUILMAN, L. W., 1968. The use of silicone oil as an embedding medium for the identification of the pollen of sixteen grass species. Review of Palaeobotany and Palynology 7: 213-231.

ROWLEY, J. R., 1960. The exine structure of »cereal« and »wild« type grass pollen. Grana Palynologica 2: 9-15.

– 1964. Formation of the pore in pollen of *Poa annua*. In: ed. H. F. LINSKENS: Pollen physiology and fertilization, p. 59-69.

SALISH, A., CRANE, P. R. & COX, G., 1997. Confocal imaging of exine as a tool for grass pollen analysis. Grana 36: 215-224.

WHITEHEAD, D. R. & LANGHAM, E. J., 1965. Measurement as a means of identifying fossil maize pollen. Bulletin of the Torrey Botanical Club 92: 7-20.

Polemoniaceae

MOE, D., 2001. Contribution to the flora history of the genus *Polemonium* with special reference to North Norway. Grana 40: 292-298.

STUCHLIK, L., 1967. Pollen morphology in the Polemoniaceae. Grana Palynologica 7: 146-240.

– 1967. Pollen morphology and taxonomy of the family Polemoniaceae. Review of Palaeobotany and Palynology 4: 325-334.

TAYLOR, TH. N., & LEVIN, D. A., 1975. Pollen morphology of Polemoniaceae in relation to systematics and pollination systems: Scanning electron microscopy. Grana 15: 91-112.

Polygalaceae

FURNESS, S. H. & STAFFORD, P. J., 1995. Polygalaceae. NEPF 55. Review of Palaeobotany and Palynology 88: 61-82.

LARSON, A. D. & SKVARLA, J. J., 1961. The morphology and fine structure of pollen of *Polygala alba* NUTT. and *P. incarnata* L. Pollen et Spores 3: 21-32.

Polygonaceae

HEDBERG, O., 1946. Pollen morphology in the genus *Polygonum* L. s.lat. and its taxonomical significance. Svensk Botanisk Tidskrift 40: 371-404.

LEEUWEN, P. VAN, PUNT, W. & HOEN, P. P., 1988. Polygonaceae. NEPF 43. Review of Palaeobotany and Palynology 57: 81-152.

HONG, S.-P. & HEDBERG, O., 1990. Parallel evolution of aperture numbers and arrangement in the genera *Koenigia, Persicaria* and *Aconogonon* (Polygonaceae). Grana 29: 177-184.

Portulaccaceae

NILSSON, S., 1967. Studies in *Montia* L. and *Claytonia* L. and allied genera. II. Pollen morphology. Grana Palynologica 7: 279-363.

Potamogetonaceae

SORSA, P., 1988. Pollen morphology of *Potamogeton* and *Groenlandia* (Potamogetonaceae) and its taxonomic significance. Ann. Bot. Fennici 25: 179-199.

Primulaceae

PUNT, W., DE LEEUW VAN WEENEN, J. S. & VAN OOSTRUM, W. A. P., 1974. Primulaceae. NEPF 3. Review of Palaeobotany and Palynology 17: 31-70.

Pyrolaceae

TAKAHASHI, H., 1986. Pollen polyads and their variation in *Chimaphila* (Pyrolaceae). Grana 25: 160-169.

Ranunculaceae

AL-EISAWI, D. M., 1986. Pollen morphology of Ranunculaceae in Jordan. Pollen et Spores 28: 311-328.

BOT, J. & VAN DER SPOEL-WALVIUS, M. R., 1968. Description of *Ranunculus repens* L. and *Ranunculus arvensis* pollen. Acta Bot. Neerl. 17: 173-182.

CLARKE, G. C. S., PUNT, W. & HOEN, P. P., 1991. Ranunculaceae. NEPF 51. Review of Palaeobotany and Palynology 69: 117-271.

HUANH, K.-L., 1970. Le pollen du genre *Anemone* et du genre *Hepatica* (Ranunculaceae) et leur taxonomie. Pollen et Spores 12: 329-364.

LEE, S., 1989. Palynological evidence for the relationship between *Megaleranthis saniculifolia* and *Trollius* species. Pollen et Spores 31: 173-186.

LEE, S. & BLACKMORE, S., 1992. A palynotaxonomic study of the genus *Trollius* (Ranunculaceae). Grana 31: 81-100.

NOWICKE, J. W. & SKVARLA, J. J., 1983. A palynological study of the genus *Helleborus* (Ranunculaceae). Grana 22: 129-140.

PETROV, S. & BORISSOVA-IVANOVA, O., 1973. Pollen morphology of the Bulgarian representatives of the family Ranunculaceae – *Adonis* L. Compt. Red. Acad. Bulgare des Sciences 26(7): 961-964.

ROLAND-HEYDACKER, F., 1964. Morphologie du pollen de *Ficaria ranunculoides* MOENCH. Ranunculaceae. Pollen et Spores 6: 373-378.

WODEHOUSE, R. P., 1935. Pollen grains in the identification and classification of Plants. VII. The Ranunculaceae. Bulletin Torrey Botanical Club 63: 495-514.

Resedaceae

LA-SERNA RAMOS, I. E., 1996. Pollen characters of Canary Resedaceae with special reference to endemic taxa. Grana 35: 16-23.

PUNT, W. & MARKS, A., 1995. Resedaceae. NEPF 54. Review of Palaeobotany and Palynology 88: 47-59.

Rhamnaceae

BEN NASRI-AYACHI, M. & NABLI, M. A., 1995. Pollen wall ultrastructure and ontogeny in *Ziziphus lotus* L. (Rhamnaceae). Review of Palaeobotany and Palynology 85: 85-98.

PUNT, W., MARKS, A. & HOEN, P. P., 2003. Rhamnaceae. NEPF 63. Review of Palaeobotany and Palynology 123: 57-66.

Rosaceae

BOYD, W. E. GORDON, D. M., NASR, M. E. & TEUBER, L. R., 1987. The pollen morphology of four *Sorbus* species, with special reference to two Scottish endemic species, *S. arranensis* HEDL. and *S. pseudofennica* E. F. WARB. Pollen et Spores 29: 59-72.

BOZILOVA, E. & PETROVA, E., 1964. Etude palinologique sur deux espèces du genre *Geum* L. de Bulgarie. Ann. Uni. Sofia 57: 125-133. Bulgarisch mit franz. Zusammenfassung

BYATT, J. L., 1976. Pollen morphology of some European species of *Crataegus* L. and of *Mespilus germanica* L. (Rosaceae). Pollen et Spores 18: 335-350.

EIDE, F., 1981. On the pollen morphology of *Rubus chamaemorus* (Rosaceae). Grana 20: 25-28.

– 1980. Key for Northwest European Rosaceae. Grana 20: 101-118.

EIKELAND, F. E., 1979. Species distinction in the »Potentilla pollen type« (Rosaceae) in NW Europe. Grana 18: 189-192.

ERDTMAN, G. & NORDBORG, G., 1961. Über die Möglichkeit, die Geschichte verschiedener Chromosomenzahlenrassen von *Sanguisorba officinalis* und *S. minor* pollenanalytisch zu beleuchten. Botaniska Notiser 114: 19-21.

HEBDA, R. J. & CHINNAPPA, C. C., 1990. Studies on pollen morphology of Rosaceae in Canada. Review of Palaeobotany and Palynology 64: 105-108.

HESSE, M., 1979. Entstehung und Auswirkungen der unterschiedlichen Pollenklebrigkeit von *Sanguisorba officinalis* und *S. minor*. Pollen et Spores 21: 399-413.

MONASTERIO-HUELIN, E. & PARDO, C., 1995. Pollen morphology and wall stratification in *Rubus* L. (Rosaceae) in the Iberian Peninsula. Grana 34: 229-236.

REITSMA, T., 1966. Pollen morphology of some european Rosaceae. Acta Botanica Neerlandica 15: 290-307.

– 1967. Some aspects of the pollen morphology of the genus *Sanguisorba* L. (Rosaceae). Rev. Palaeobotan. Palyn. 4: 305-310.

SÁNCHEZ AGUDO, M. C., RICO, E. & SÁNCHEZ, J. S., 1998. Palynological study of *Potentilla* subg. *Potentilla* (Rosaceae) in the Western Mediterranean. Grana 37: 276-284.

TEPPNER, H., 1966. Zur Kenntnis der Gattung *Waldsteinia* 1. Schlüssel zum Bestimmen von Rosaceen-Pollen einschließlich ähnlicher Pollenformen aus anderen Familien. Phyton 11: 224-238.

Salicaceae

LÜDI, W., 1950. Beitrag zur Kenntnis der *Salix*- und *Artemisia*-Pollen. Ber. Geobotan. Forschungsinst. Rübel in Zürich für 1949: 101-109.

ROWLY, J. R. & ERDTMAN, G., 1967. Sporoderm in *Populus* and *Salix*. Grana Palynologica 7: 517-567.

SERBANESCU-JITARIU, G. & TARNAVSCHI, I. T., 1980. Pollenmorphologie einiger Salicaceen-Arten und deren Bedeutung für die Pollinosis. Rev. Roum. Biol., Biol. Veg. 25: 15-19.

STRAKA, H., 1952. Zur Feinmorphologie des Pollens von *Salix* und *Artemisia*. Svensk Botanisk Tidskrift 46: 204-227.

Santalaceae

FERNÁNDEZ, I., 1993. Apertural system and exine stratification in *Thesium divaricatum* (Santalaceae). Grana 32: 308-310.

HUYNH, K.-L., 1977. L'aperture et la position initiale de la cellule générative dans le pollen hétéropolaire du genre *Thesium* (Santalaceae). Bull. de la Soc. Neuchateloise des Sciences Naturelles 100: 127-136.

Saxifragaceae

PASTRE, A. & PONS, A., 1973. Querques aspects de la sytématique des Saxifragacées a la lumière des données de la palynologie. Pollen et Spores 15: 117-133.

VERBEEK-REUVERS, A. A. M. L., 1977. Saxifragaceae. NEPF 9. Review of Palaeobotany and Palynology 24: 31-58.

Scrophulariaceae

BIGAZZI, M. & TARDELLI, M., 1990. Pollen morphology and ultrastructure of the Old World Antirrhine-ae (Scrophulariaceae). Grana 29: 257-276.

BOLLIGER, M. & WICK, L., 1990: The pollen morphology of Odontites (Scrophulariaceae) and its taxonomic significance. Pl. Syst. Evol. 173: 159-178.

FURNESS, C. A., 1985. A review of spiraperturate pollen. Pollen et Spores 27: 307-320.

ICEOGLU, Ö., 1982. Pollen grains of some Turkish Rhinantheae (Scrophulariaceae). Grana 21: 83-98.

KARIM, F. M. & EL-OQLAH, A. A., 1989. Palynological studies in the family Scrophulariaceae from Jordan and Iraq. Pollen et Spores 31: 203-214.

MINKI, J. P. & ESHBAUGH, H., 1989. Pollen morphology of the Orobanchaceae and rhinanthoid Scrophulariaceae. Grana 28: 1-18.

OLSSON, U., 1974. A biometric study of the pollen morphology of Linaria vulgaris (L.) Miller and L. repens (L.) Miller (Scrophulariaceae) and their hybrid progeny in F_1 and F_2 generations. Grana 14: 92-99.

Solanaceae

BERNARDELLO, L. & MOAR, M. C., 1997. Pollen morphology of the tribe Lycieae: Grabowskia, Lycium, Phrodus (Solanaceae). Review of Palaeobotany and Palynology 96: 305-316.

FERNÁNDEZ, M. C., ROMERA-GARCÍA, A. T. & RODRÍGUEZ-GARCÍA, M., 1992. Aperture structure, develop-ment and function in Lycopersicum esculentum Miller (Solanaceae) pollen grain. Review of Palaeo-botany and Palynology 72: 41-48.

MURRY, L. E. & ESHBAUGH W. H., 1971. A palynological study of the Solaninae (Solanaceae). Grana 11: 65-78.

PUNT, W. & MONNA-BRANDS, M. M., 1977. Solanaceae. NEPF 8. Review of Palaeobotany and Palynol-ogy 23: 1-30.

Sparganiaceae/Typhaceae

PUNT, W., 1975. Sparganiaceae and Typhaceae. NEPF 5. Review of Palaeobotany and Palynology 19: 75-88.

Staphyleaceae

DICKISON, W., 1987. A palynological study of the Staphyleaceae. Grana 26: 11-24.

WAANDERS, G. L. & SKVARLAM J. J., 1968. Fine structure of Staphylea trifolia L. (Staphyleaceae) pollen walls. Pollen et Spores 10: 475-478.

Styracaceae

MORTON, C. M. & DICKISON, W., 1992. Comparative pollen morphology of the Styracaceae. Grana 31: 1-16.

SHARMA, CH. & GUPTA H. P., 1978. Pollen morphology and interspecific deliminations on Indian species of the genus Styrax L. Geophytology 8: 43-48.

Taxaceae

UENO, J., 1959. Some palynological observations of Taxaceae, Cupressaceae and Araucariaceae. Journal Inst. Polytechnics, Osaka City University, Ser. D, 10: 75-87.

Taxodiaceae

HO, R. H. & SZIKLAI, O., 1973. Fine structure of the pollen surface of some Taxodiaceae and Cupressaceae species. Review of Palaeobotany and Palynology 15: 17-26.

KURMANN, M. H., 1990. Exine formation in *Cunninghamia lanceolata* (Taxodiaceae). Review of Palaeobotany and Palynology 64: 175-180.

KVAVADZE, E. V., 1988. The pollen of Taxodiaceae and its peculiarities. Akademia NAUK Grusin. SSR. Nr. 3667. 49 S. In Russisch mit englischer Zusammenfassung

LUGAUSKAS, A., KRIKSTAPONIS, A. & BRIDZIUVIENE, D., 2000. Pollen wall development in *Cryptomeria japonica* (Taxodiaceae). Grana 39: 276-274.

VAN CAMPO-DUPLAN, M., 1951. Recherches sur la phylogénie des Taxodiacées d'après leurs grains de pollen. Trav. Lab. For. de Toulouse Sect,1, Vol. 4, art. II: 1-14.

Tamaricaceae

BAUM, B. R., BASSETT, I. J. & CROMPTON, C. W., 1971. Pollen morphology of *Tamarix* species and its relationship to the taxonomy of the genus. Pollen et Spores 13: 495-521.

Theligonaceae

PRAGLOWSKI, J., 1973. The pollen morphology of the Theligonaceae with reference to taxonomy. Pollen et Spores 15: 385-396.

Tiliaceae

CHAMBERS, T. C. & GODWIN, H., 1961. The fine structure of the pollen wall of *Tilia platyphyllos*. The New Phytologist 60: 393-399.

CHRISTENSEN, P. B. & BLACKMORE, S., 1988. Tiliaceae. NEPF 40. Review of Palaeobotany and Palynology 57: 33-45.

GUGGENHEIM, R., 1975. Rasterelektronenmikroskopische und morphometrische Untersuchungen an *Tilia*-Pollen. Ein Beitrag zur Artunterscheidung von *Tilia platyphyllos* SCOP. und *Tilia cordata* MILL. in der Palynologie. Flora 164: 287-338.

INGWERSEN, P., 1954. Some microfossils from Danish Late-Tertiary lignites. Danm. Geol. Unsers., 2.R., Nr. 80: 31-64.

JUNG, W., BEUG, H.-J. & DEHM, R., 1972. Das Riß/Würm-Interglazial von Zeifen, Landkreis Laufen a.d. Salzach. Bayerische Akademie der Wissenschaften, Math.-Nat. Kl., Abhandlungen, Neue Folge 151: 1-131.

PRAGLOWSKI, J. R., 1962. Notes on the pollen morphology of Swedish trees and shrubs. Grana Palynologica 3: 45-65.

TRELA, J., 1928. Zur Morphologie der Pollenkörner der einheimischen *Tilia*-Arten. Bull. de l'Acad. Polonaise des Sc. et des Lettres, Class. des Sc. Math. et Nat., Sér. B, 1928: 45-54.

Tribulaceae

PRAGLOWSKI, J., 1987. Pollen morphology of Tribulaceae. Grana 26: 193-212.

Ulmaceae

NAKAGAWA, N., GARFI, G., REILLE, M. & VERLAQUE, R., 1998. Pollen morphology of *Zelkowa sicula* (Ulmaceae), a recently discovered relic species of the European tertiary flora: description, chromosomal relevance, and palaebotanical significance. Review of Palaeobotany and Palynology 100: 27-38.

STAFFORD, P. J., 1995. Ulmaceae. NEPF 53. Review of Palaeobotany and Palynology 88: 25-46.

STOCKMARR, J., 1974. SEM studies on pollen grains of North European *Ulmus* species. Grana 14: 103-107.

ZAVADA, M., 1983. Pollen morphology of Ulmaceae. Grana 22: 23-30.

Urticaceae

Punt, W. & Malotaux, M., 1984. Cannabaceae, Moraceae and Urticaceae. NEPF 31. Review of Palaeobotany and Palynology 42: 23-44.

Sorsa, P. & Huttunen, P., 1975. On the pollen morphology of the Urticaceae. Abb. Bot. Fennici 12: 165-182.

Valerianaceae

Clarke, G., 1978. Pollen morphology and generic relationship in the Valerianaceae. Grana 17: 61-76.

Clarke, G. C. S. & Jones, M. R., 1977.Valerianaceae. NEPF 16. Review of Palaeobotany and Palynology 24: 155-179.

Patel, V.C. & Skvarla, J. J., 1979. Valerianaceae pollen morphology. Pollen et Spores 21: 81-104.

Wagenitz, G., 1956. Pollenmorphologie der mitteleuropäischen Valerianaceen. Flora 143: 473-485.

Verbenaceae

Large, M. F. & Mabberley, D. J., 1995. An assessment of pollen morphology in the genus Vitex L. (Labiatae). Grana 34: 291-299.

Punt, W. & Langewis, E. A., 1988. Verbenaceae. NEPF 42. Review of Palaeobotany and Palynology 57: 75-80.

Ray, B., 1983. A contribution to the pollen morphology of Verbenaceae. Review of Palaeobotany and Palynology 39: 343-422.

Violaceae

Bozilova, E. & Petrova, A., 1967. On the pollen of some species of the genus Viola L. Cont. Red. L'Acad. Bulgare des Sciences 20: 943-945.

Mullenders, W. & Mullenders, E., 1957. Notulae Palynologicae I. Les pollens de Viola tricolor L. et Viola maritima Schweigg. Bull. Soc. Bot. De belgique 90: 5-12.

Vitaceae

Reille, M., 1967. Contribution a l'etude palynologique de la familie des Vitacées. Pollen et Spores 9: 279-303.

Punt, W., Marks, A. & Hoen, P. P., 2003. Vitaceae. NEPF 64. Review of Palaeobotany and Palynology 123: 67-70.

36. Register

* Pollenanalytisch bestimmbare Sippen.

A

P